中世日本の世界像

阿部泰郎 著
Yasuro Abe

名古屋大学出版会

中世日本の世界像——目　次

第Ⅰ部　芸能の世界像

第III部　仏神の世界像

序章　はじまりのテクスト

中世の世界のはじまりをしるしづけるテクストは、さまざまなかたちとことばの位相において、今も豊かに遺されている。その織り目をほぐすように辿っていくと、思いがけない水脈にぶつかり、それを掘るように読みだすと、あらたな泉となって湧きいだすところに出会うことがある。

はじめに、そうして巡りあったいくつかのテクストに言及してみたい。紀州北部の山間、古く神野《こうの》・真国荘《まくにのしょう》と呼ばれた荘園の一角に位置する猿川郷、その荘官・公文として中世に存続した国覔《くまぎ》家に伝えられた一巻の系図がある[1]。そこには、天暦元年（九四七）に国覔福成によって開発された猿川郷が、嫡子福冨に譲られた後、十五代にわたり相伝され、更に平安末から鎌倉初期にかけて嫡男近宗と次男光阿弥陀仏の両家に分かれ、鎌倉末に至るまでの系図（図1）に続いて、始祖福冨の娘蓮女の婚姻譚と、十三代近信とその孫近元にかかわる三つの伝承が、仮名の物語として記されている。それらの物語は、彼らが観音に申子《もうしご》して女子を授かり、その娘たちが音楽の才芸を習い、その音曲と歌声に惹かれた都の貴人や若君がこの山家に到来し、夫妻となり嫡子をもうけるという形《パターン》をとる。

はじめの祖先伝承では、福冨が観音に授かった「蓮女」が、八歳で「世間遊行人」の頼成たちから、琴と諸事才学、そして読経と歌舞を習う。都へ戻った頼成は、左大臣（源高明か）の若君に娘の美しさを語り、見ぬ恋にあこ

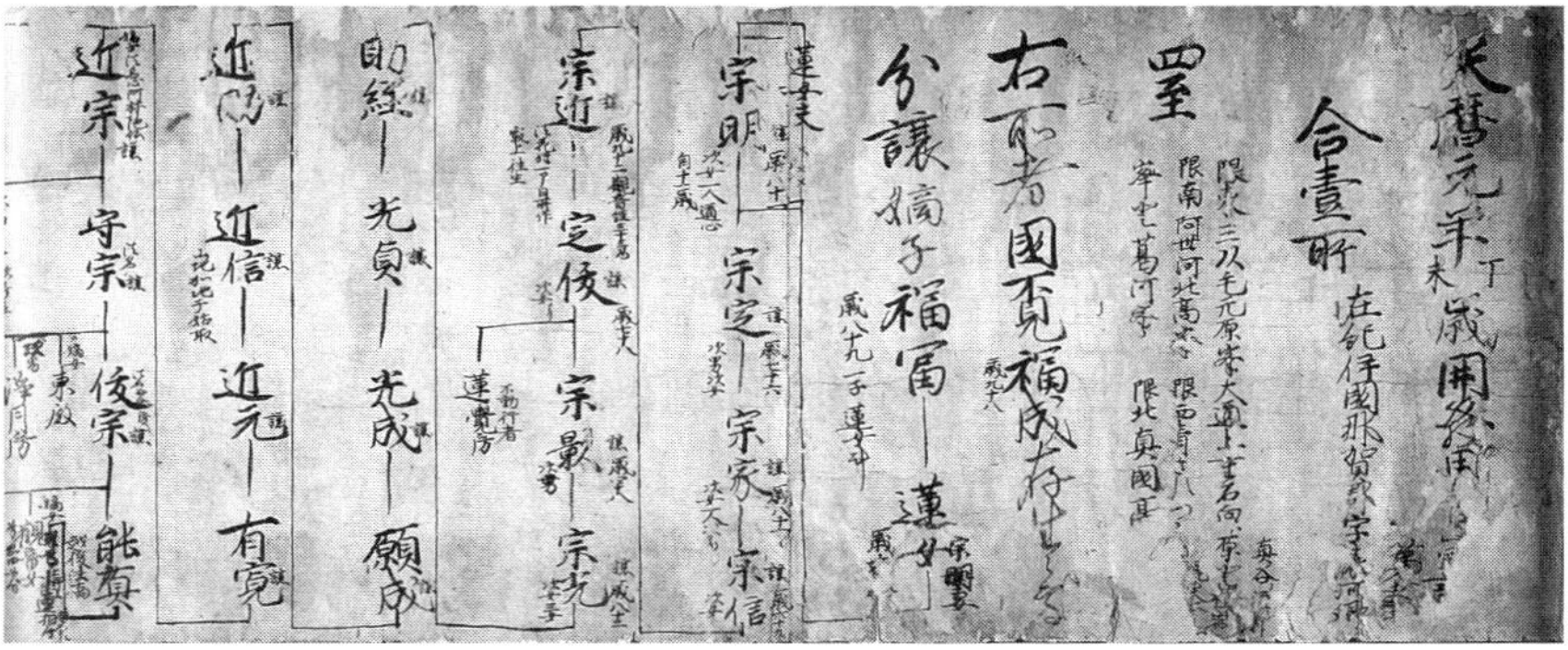

図1　『国覓系図』（和歌山県立博物館蔵）

がれた若君は、頼成と共に下向し、壮麗な屋形に迎え入れられ対面を遂げて、夜もすがら宴遊する。

　蓮女琴を調ぶれば、若殿笛を吹き、主《あるじ》鼓を打てば、頼成舞をまう。家刀自朗詠《ろうえい》すれば、蓮女歌をうたう。（原本の表記を読みやすく改めた）

ここに若君は婿となって宗明と名のり、めでたく往生を遂げた。それはまるで『宇津保物語』における紀伊国の長者神奈備種松の繁栄の世界であり、またあて宮の求婚譚を想起させる設定でもある。

次に、宗明から十三代を経た近信の代に至る。彼もまた子なく観音に申子して生まれた娘（悲母）は、やはり遊行して訪れた、もと妙音院（藤原師長――音楽の大成者として名高い大臣）に仕えた女房であった琵琶弾きの尼を師として「常は琵琶を弾《ひ》き、経を読みて観音に法楽」する毎日を送る。仁平年中（一一五一〜五四）の春、叡山座主の名所遊行に同伴して、源為義の甥六郎殿がこの地に到り、尼の奏でる暁の琵琶の音に惹きよせられ、さらに尼から、上御堂に籠って読経と琵琶の秘曲を弾じ熊野十二所に心経法楽する姫のことを教えられ、そこに推参して姫の音曲に夢中となり、ついに夫婦の契りを結んで嫡子近元を生んだ。悲母は若くしてこの世を去るが、それはまるで九郎御曹司と浄瑠璃御前の恋のような音曲を背景にした語り物の一幕を聴くかのようである。

更に物語は、その近元の受難と救済に及ぶ。この神野・真国荘の領家は大納言成通（今様・音楽と蹴鞠《けまり》の達人）であったが、彼が熊野詣の際、粉河《こかわ》寺で倶舎頌を迦陵頻《かりょうびん》のような美声でうたう児《ちご》に会い、都に伴って取りたて、智秀法橋《ちしゅうほっきょう》として荘の預所とした。この智秀が猿川に赴いたとき、公文所へ馬に乗りながら上りこんだ無礼に対して近元は挨拶もしなかったので、腹を立てた智秀は成通に訴え、近元は都に召し出され大牢に捕われてしまう。もと妙音院の帥《そつ》の女房であった例の尼が取りなすも許されず、歎くところに、有寛という偉丈夫の山臥が来て事情を知ると、ただちに在家に火を放ち、その隙に牢を破って近元を助けだし、足も立たぬ彼を背負い猿川まで送り届けた。近元は有寛に跡を譲り、その子近宗と光阿の両家に分かれて繁栄したとする。――これも、幸若舞の景清の牢破りをイメージさせる勇者の働きであり、また、説経のしんとく丸やさんせう太夫などの主人公の受難と救済を思わせる物語の展開である。

紀伊国の山間にあって、中世に書きしるされた一族の始祖伝承は、一篇の物語の趣きを呈しており、その語りからは、彼らの読経や歌の声や楽器を奏でる音曲が響いてくる。物語は、彼らの演唱する音声が契機となって、男女の邂逅や立身が遂げられ、しかも都とこの猿川郷の地とを活発に往来する「遊行」の芸能者たちが、彼らに芸を伝授し、媒人《なこうど》の役まで果たすのである。こうした地方の開発領主層の豪族が、かくも盛んに都の貴族と交流をもち、その血統までも摂り込んで自らの家祖として語ることを含め、その記憶が系図のなかに物語として書きとどめられたことは、稀有にして実に興味深い現象であろう。同時に、それは法華経の読経の音声《おんじょう》を基調とし、観音の霊験譚として全体が彩られる、宗教伝承でもあった。中世のひとつの世界のはじまりを語り伝える〈聖なる物語《レゲンデ》〉として、霊験寺社の縁起や本地物語などと共に我々の記憶の庫《アーカイブズ》の裡に蓄えておいてよいだろう。

そうした〈聖なる声〉を聴きとることのできる、中世のはじまりをしるしづけるテクストの遺産は、各地に今も守り伝えられている。大阪和泉市横山郷の仏並《ぶつなみ》村の旧家、池辺家に所蔵される『修善講式』一巻（重文）は、永延三年（九八九）の年記を正暦二年（九九一）に改めた覚超による奥書を付した、自筆の仏事儀礼テクストである。[2]その前半を欠くが、併せて伝来する鎌倉前期の写本によって補われ、全体が復原される。天台宗比叡山の学僧で恵

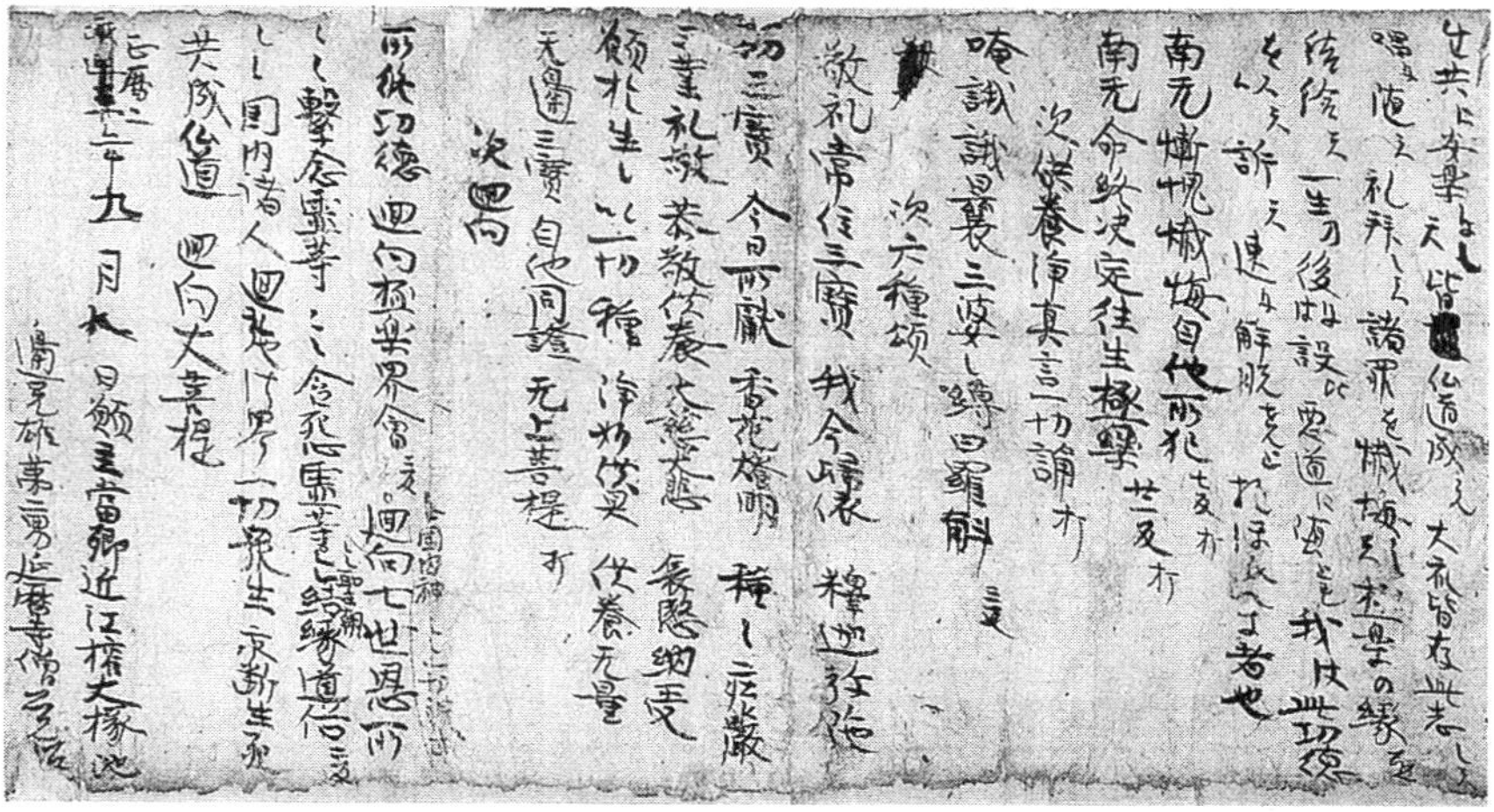

図 2　池辺家蔵『修善講式』覚超自筆本末尾と奥書部分

心僧都源信の法弟であった覚超は、和泉国の古代以来の名族であった池辺氏の出身で、その『修善講式』識語にも「願主当郷近江権大椽池辺兄雄第二男延暦寺僧覚超」と署名する（図2）。比叡山では源信と共に浄土往生を目指す結衆を組織して二十五三昧会を営み、その過去帳を記した、天台浄土教の担い手でもあった。彼は、己れの故郷において、一族を率いて自ら式を作り、修善講を催した。その式文——卒都婆を建立して、これに法華経を納め、三面に三世の仏（釈迦、弥陀、弥勒）と菩薩を図し顕わし、三宝に供養するため、表白を読み上げ、三世仏の功徳を説き、一同の作善を神祇や無縁の怨霊にまで廻向する——は、生々しい推敲の跡をとどめた、まさしく自筆草案である。修善講はこの式文にもとづいて池辺家の一門により近年まで永く受け継がれ、毎年九月九日に営まれた。覚超の御影の前で、当主は式を袋から出して読み上げ、この時以外には拝見を許されなかったのである。

　講式に象られるような、人々の祈りの共同体としての講と、その式を作り、導師として読み上げる声によって成就する願いの営みが、この修善講や二十五三昧会の創始された十世紀末から、中世を通じて至るところで無数に催されていた。早くには貴族の間で行われていた庚申講が今でも民俗のなかで生き続けているように、また修験の峰入りも山上講として民衆の支えるところとなっているごとく、講は信仰共同体であり、その結衆の儀礼である。その運動は勧進と結縁という、社会経済的な結合《リレーションシップ》によって成り立つものであった。覚超のような学僧も、自らの一門や地域のためにその役目を担っていたのであるが、専らそれを勤めとするのは、勧進聖と呼ばれる聖《ヒジリ》、上人たちであった。その作善のための勧進と結縁に用いられるテクストが、加入した人々の名を記す交名帳—名帳であり、覚超の『修善講式』でも名帳が経典と共に卒都婆に納められていた。

この名帳を活用して念仏を勧進し、あらゆる人々の浄土往生への結縁を図ったのが、良忍による融通念仏の運動であった。良忍は叡山僧で大原別所において声明を大成した学僧であるが、その融通念仏は以降の念仏聖たちに継承され、鎌倉末期には『融通念仏縁起』絵巻が制作された。(3) この縁起絵巻においては、良忍による融通念仏の勧進は、鞍馬山の毘沙門天の夢告により始められ、鳥羽院と待賢門院が最初に結縁し、そこから都鄙の道俗に及んでいった、とその創始を権威化する。とりわけ絵巻の中で大きく展開されるのは、鞍馬の毘沙門が良忍になりかわり名帳を持って諸天冥衆や国中の諸神祇まで悉く勧請して念仏に結縁させる場面であり、そこで名帳は神名帳となるのである。絵巻における諸社の図像化は社殿や樹木など諸社の特徴を示す社頭図の集合として描かれ、それら神祇の坐《まし》ます国土そのものが念仏結縁するという構想は、宗教的な中世日本の世界像を巧みに表象した工夫《アイデア》であった。

『融通念仏縁起』絵巻のように、中世的宗教運動のはじまりを、絵と詞、つまり図像テクストと文学テクストの複合した絵ものがたりの媒体《メディア》によって表現することは、とりわけ中世浄土教の祖師絵伝や縁起絵において盛んに用いられた、唱導教化の方法であった。『融通念仏縁起』絵巻のユニークなはたらきは、南北朝期の良鎮による大量の絵巻制作において殊に顕らかになる。彼は願主によって写された縁起絵巻を日本国中に配布して、この絵巻自体を用いて勧進結縁の具とするのである。その成果としての名帳を大和国当麻寺曼荼羅堂に奉納するという方法で、全国に融通念仏を広めようとした。それはやがて、明徳年間に絵巻が版本化され、更に嵯峨清涼寺に室町将軍や上皇女院の結縁をしるしづけた豪華な絵巻が奉納されたように、国家的な大事業となっていった。(4)

融通念仏の運動は、室町時代の後期に至って、河内、和泉、大和という、後世まで民間の聖による念仏結衆の活動が活発に続いていた地域において、中興の法明上人《ほうみょうしょうにん》を主人公とする縁起として、『融通大念仏亀鐘《かめがね》縁起』というあらたな絵巻を生みだした。この絵巻のもうひとつの主役が鐘（鉦鼓）である。この縁起では、鳥羽院が自らの影を写した鏡を内裏で鐘に鋳改め、良忍に賜わったその鐘が、念仏の中絶と共に石清水八幡宮の宝殿に納められていたのを、八幡の夢告により男山の神人と法明上人にその在所《ありか》が示され、取り出された宝物が道中で巡り合い授与される。法明はこの鐘を携え、念仏聖の祖、賀古の教信の墓で大念仏を営むため海を渡るが、悪風に遭い鐘を海に沈めて無事着岸し、大念仏を興行した。その帰途の海上で、大亀が鐘を喰えて浮かび上がり、上人に返した。これが今も亀鐘《かめがね》と呼ばれる、再興された融通大念仏（現在の平野大念仏寺を本山とする融通念仏宗の前身）の宝物である。(5)この絵巻の結びには、やはり名帳をもつ鞍馬の毘沙門を中心に、諸天神祇――ここではみな神体図像として描かれる――ひいては鳥獣までも結縁する、いわば融通念仏に結縁する世界全てのものたちの集会図が縁起全体の頂点として大団円のごとくあらわされる（本書カヴァー参照）。それは、浄土変相図の和様化した曼荼羅というべき、あらたな日本国土の念仏守護の仏神たちの集合（習合）のイメージであり、以下に、本書の全体で論ずることになる中世日本の世界像を示唆する象徴図像であるといえよう。

本書は、右に取り上げたような、中世の人々とその社会共同体が生みだし、伝えたテクストを読むこと、つまりテクスト解釈の実践を通して、中世日本の世界像に接近しようと試みる。ここでのテクストとは、たとえば絵巻から物語・説話・歴史叙述・儀礼・宗教に関わる文献にはじまり、文字資料に限らず、曼荼羅や絵図などの図像イメージの水準も、また和歌・歌謡・声明など音声の次元や儀礼芸能まで含む、広義の多元的な概念である。これらの中世世界を映しだす諸位相のテクストを相互に関連させながら位置づける作業が、本書全体を通じて、一貫してなされるべき課題である。その際、ことに絵巻という文字と図像の複合したテクストと、各種の曼荼羅という宗教世界の図像は、中世世界のインターフェースとして随所で参照されることになるだろう。

中世日本の世界については、歴史学、文学、宗教史、思想史、美術史など、それぞれの人文学諸分野で研究対象として意識され、さまざまなアプローチの許で多くの成果が積み重ねられている。それらの概観は、既に前著『中世日本の宗教テクスト体系』（二〇一三）[6]において試みたところである。しかし、なお、その全体像にどのように向き合うのか、当面の課題設定をこえた、より大きなスケールで中世日本を包括的かつ総合的にとらえようとする試みは、細分化された学術の領域毎では困難になってきている。そのなかで、石母田正の『中世的世界の形成』（一九四六）[7]は、同じ著者による『平家物語』（一九五七）[8]とともに、やはり記憶されるべき達成であろう。同書は、『今昔物語集』の説話に伝えられた猫怖《お》じの長者の面影から説き始められる、ひとつの中世荘園をめぐる文書史料の解釈を通じて、社会全体の消長の運動を見渡そうとする企てであった。伊藤正義の論文「中世日本紀の輪郭」（一九七二）[9]は、古代国家神話が中世に換骨奪胎されて中世の始源を語る豊かな言説として展開する運動の様相を横断的に提示することで、文学と宗教思想の認識枠組を根本から問い直した。[10]あるいは、網野善彦の数多い著作のなかでも、ことに『蒙古襲来』（一九七四）[11]は、モンゴル帝国の日本侵攻という東アジア全体に及ぶ大事変をめぐって、政治史のみならず宗教や文化、民衆の心性世界に根ざす次元にまで及ぶ全体史を叙述し、そこでは絵巻や芸能の象るメッセージが大きな意味をもって読み直されている。また、黒田俊雄の『日本中世の国家と宗教』（一九七五）[12]は、顕密体制論という仏教史認識の革新的提唱によって中世国家観にパラダイム転換をよびおこし、その視点は今も有効であろう。近年では、上島享の『日本中世社会の形成と王権』（二〇一〇）[13]が、あらたな全体史の構想を、宗教史に基盤を置きながら建築史と儀礼研究の成果も摂り入れて提示している。人文学におけるこれらの先駆的な、あるいは挑戦的な研究に触発されながら、ここで選びとった道は、あくまでテクストそのものに則しながら、その解釈のために諸分野の成果を横断的に摂取しつつ総合して、全体像をとらえようとする手法である。その意味で本書は、紛れもなくテクスト学を目指すものであり、文学研究の方法に立脚しているといえよう。[14]

本書を構成する各論は、扱う対象や位相を異にしながらも、それぞれにテクストにもとづき、それらを解釈する過程で相互の関係性を見いだしつつ、そのうえに形成される世界像の認識を、叶う限り多面的かつ動態的にとらえようとした。冒頭に総説として二つの論を収め、まず中世日本の世界像を試論として仮説的に提示すべく、そのための視点と主題毎に展望を試み、次に院政期を中心に、年代記によりながら通時的な中世日本文化の展開を辿る。本篇は三部、全十二章から成る。第Ⅰ部「芸能の世界像」は、中世文化を声（音声《おんじょう》）、童（こども）、性（ジェンダー）、そして神話（王権神話伝承）の諸位相からとらえる。第Ⅱ部「知の世界像」では、説話ないし説話集から、私にいう「対話様式」の諸テクストにわたって、中世の知の形態と様式の諸位相を探り、それを更に儀礼テクストにおける生成や寺院経蔵の宗教テクストの集成に及ぼし、最後に慈円という〝知の巨人〟の遺した一篇の儀礼テクストのはらむ、歴史と宗教と思想の遍歴が、さながら「六道」という仏教世界像の再構築であったことを提示する。第Ⅲ部「仏神の世界像」は、神道曼荼羅の体系構造の分析にはじまり、古代寺院の縁起や霊験記を通して中世的霊場への変貌を跡づけ、そこに焦点化される中世日本の浄土の世界像を、往生を語るテクストと併せて多面的に検討し、最後に、魔界という中世特有の世界観について、天狗を主役とする特異な説話絵巻『七天狗絵』の解読を通じて、その思想史上の位置をはかろうとする。終章では、絵巻こそが中世日本の世界像を映しだす鏡となる、すぐれた絵ものがたりのメディアであったことを全体の各章に言及しつつ関連づける。

以上の諸論は、いずれも、中世日本という興味尽きない豊かな世界への接近を試みたアプローチの一端である。この世界は、多彩な音声の響きに満たされ、神話や民俗に根ざす物語と説話の伝承のなかで、男女、仏神、そして異類が越境し、それらは絵巻や絵伝などのあざやかなイメージのなかで生動し、立ちはたらく。そうした世界の全てが曼荼羅の一幅のなかに悉く縮約されて収まるかと思えば、それは絵解きの語りによって、立ちどころに見るものの前に再現前するのである。芸能は、そうした驚くべき力を秘めて、今も我々を触発し続けている。本書は、それらの魅力あふれる世界への道案内になるのか、それとも著者の踏み込んだ迷宮に導くのか、いずれとなろうか。

総説Ⅰ　中世日本の世界像

はじめに――『信貴山縁起』絵巻の世界から

中世の日本にあって独自の発展を遂げた絵巻は、その絵と詞から成るテクストのうえに、イメージと物語の結びつきによってひとつの世界を生みだす強力なメディアであった。それはまた、その絵ものがたりのただひとつの場面においてさえも、これまでに見たことのない、あらたな世界像をあらわしだすことができた。その一例を、はじめに提示してみよう。

説話絵巻の傑作『信貴山縁起』絵巻の頂点は、弟の「命蓮小院《まうれんこゐ》」を尋ねて旅する尼君が、東大寺大仏殿で大仏に祈りを捧げる場面である（図1）。彼女は仏前で寤《ね》るうちに夢告を得て、紫雲の立つ信貴山の方を見やり歩みだす。巨大な大仏殿の扉口は開け放たれ、壮麗円満な盧舎那大仏の慈眼が尼を見まもる。平安末期の大仏殿は女人の入堂を許さない結界だったが、尼君にとっては推参し越境して哀訴することで叶った、奇蹟の霊告を感得した場面であった。それはまた、治承炎上以前、天平創建時の大仏の姿を伝える貴重な資料という以上に、この縁起絵巻の裡にはらむ重なりあった神話性の結節点といえる。尼君の行手には信貴山の全容が望まれ、山房に辿りついた彼女の声

図 1　『信貴山縁起』絵巻　大仏殿（尼君巻，朝護孫子寺蔵）

に振りかえった聖《ヒジリ》は姉を認める。姉は弟に修行成就のための「ふくたい」を届け、それから二人は山寺で幸せに暮らすことになる。尼は仏に花を供え、聖は行学に励むという、当時の理想の性役割分担を象るとみえようが、およそ尼といえど女人の止宿を禁ずる僧寺としてはありえない光景が描かれているのである。絵詞の元になった『宇治拾遺物語』や『古本説話集』の結びでは、この「ふくたい」が破《や》れ果てたのを蔵めた倉——聖の鉢が長者の家から空を翔《と》んで運び去った倉——も朽ち壊れ、その木の破片さえ毘沙門を刻んで参詣者が競って護《まも》りとするという。つまり、今も社寺で参詣者に販布するお守りと同様な、しかし霊験あらたかな護符の縁起として一篇は語り収められる。なんとも他愛のないお話のようでいて、その実、戒律や社会規範を超えた驚くべき出来事——始源といえるような事態——がそこで生じたこと、その余韻がこの縁起の結びには響き続けている[1]。

この、中世の神話というべき縁起の決定的な場を司るものこそ、東大寺の大仏である。仏教公伝より二百年を記念すべく天平勝宝四年（七五二）に開眼法会が挙行されたとされる盧舎那大仏は、華厳経および梵網経の所説によって構想された、仏教の宇宙論というべき蓮華蔵世界の教主であり、歴史上の釈尊を超越した法身の如来の姿が、聖武天皇を本願として十丈七尺の金銅仏という空前の巨像として造顕された。その法界の世界像《コスモロジー》は、大仏の坐す蓮台上の蓮弁毎に刻まれた、三千世界のヴィジョンによって輝かしく映し出される。そこで仏は、無数の須弥山世界の上に広がる積層する天界の上に、菩薩たちに囲繞されて君臨している。それは、仏教に帰依した古代王権の王のもとで想い描かれた至高者の世界である。

興味深いことに、大仏開眼と同年に始められたと伝える東大寺二月堂修二会《しゅにえ》の、その本尊である観音像（大観音）の光背にも、大仏の蓮弁と共通する蓮華蔵世界が刻まれている。ただし、こちらの須弥山は一つで、より詳細に象られ背後から阿修羅が日月を支えている。また、下界には天衆（神祇）や地獄の相まであらわされ、後世の六道世界の原型が登場している。そうした大仏と共通する世界像を負った観音を本尊として営まれた、悔過《けか》の行法とは、まさに信貴山の聖が行《おこな》いした山林修行と根を同じくする苦修練行である。悔過は、古代仏教を代表する仏事儀礼であり、仏菩薩ないし天部を本尊として作法を修する僧は、唱礼や五体投地の苦行をもって懺悔し滅罪を祈る。南都寺院を中心に今も伝承され、修正会・修二会として諸国の天台・真言寺院でも行われた(2)。東大寺では大仏殿で修正会が営まれたように、大寺院の中心伽藍はその舞台となり、そこには四天王など諸天とその眷属が行法守護のために招喚され、更に神祇も勧請されて、神仏習合の揺籃ともなった。二月堂の修二会は、今も不退の行法として伝承され、勤仕する練行衆たちは厳重な戒律を保ちつつ僧坊生活を送り、別火を含む精進と祓《はら》えを含む禊斎を維持し、何より女人の行法空間への立入りを禁じている(3)。

修二会では、「六時《ろくじ》の行法」として営まれる悔過作法に加えて、種々の作法が営まれる(4)。「お水取り」と呼ばれる香水《こうずい》作法もその一つであるが、その基盤となり、行法の宗教的機能を発動させるのが、神名帳《じんみょうちょう》と過去帳の作法である。それらはいずれも、二月堂の縁起ないし霊験と結びつけて説明される。神名帳によって勧請される日本国中の諸神のうち、若狭の遠敷《おにゅう》明神が漁に夢中になって遅参した、その償いとして香水が湧出したという縁起譚であり、また鎌倉時代の初め、過去帳を読む僧の前に青い衣を着た女人が出現（すなわち内陣に推参）し、なぜ妾《わたし》の名を読まぬと問うたので彼は咄嗟に「青衣《しょうえ》の女人」と読み、そのまま永い習いとなったという霊異譚である。すなわち、法会は苦修練行する聖と神霊との交信ないし交渉の場でもあった。それは、神祇の脱苦と引替えに聖水（若水）がもたらされる霊場であり、性による疎隔を越境し幽冥の亡魂を済度する霊験所である。なお付け加えれば、行法を障碍《しょうげ》しようと隙を窺う天狗という魔界の眷属たちもその周囲を絶えず徘徊しているのであった。

二月堂修二会が今も伝承し続けている世界像とは、大仏の宇宙論的マクロコスモスが縮約されたミクロコスモスであると同時に、民衆の世界ないし民俗の地平に開かれた信仰空間であった。何より本尊の秘仏小観音《こがんのん》は、創始者実忠が難波津で祈念すると補陀洛より海上を閼伽折敷《あかおしき》に浮かんで影向した「生身《しょうじん》」の十一面観音と伝えられ、つまり勧請によって来現した海彼より寄り来るカミと等しい存在であった。[5] 二七日《にしち》の行法中間に小観音を本尊に迎える儀は御輿型の厨子に乗せて遷座し、まるで神祭りそのものである。毎日初夜に読み上げられる神名帳には日本国中の神々が勧請され、その声から日本の像《すがた》が浮かびあがる。こうして、『信貴山縁起』絵巻が物語とイメージのうえで実現した驚くべき〝中世的世界〟の誕生は、東大寺大仏を介して、二月堂修二会の儀礼と伝承の創りあげた世界と通底するのである。

一　行基日本図から聖徳太子絵伝の世界像へ

東大寺大仏を創りあげるのに大きな役割を果たしたのが「菩薩」と尊まれた行基（六六八〜七四九）である。彼は、本願聖武皇帝、初代別当の良弁、そして開眼師として天竺より来朝した婆羅門僧正の菩提僊那《ぼだいせんな》と共に四聖として仰がれ、とりわけ文殊の化身として婆羅門僧正を難波津で迎えた伝承は、両者の詠じた互いの本地を明かす和歌と共に広く知られている。歴史上の行基の事績は、畿内を中心とした四十九院の経営と道路、橋、池の修造など、当時の国家がよく成し得なかった民衆を動員した国土基盤整備事業であった。そのはたらきは、やがて、無数の寺院の開基と仏像造立の祖師として全国に伝承が遍満するに至る。その記憶は、「行基図」（図２）と称される中世の日本図にも投影されているだろう。

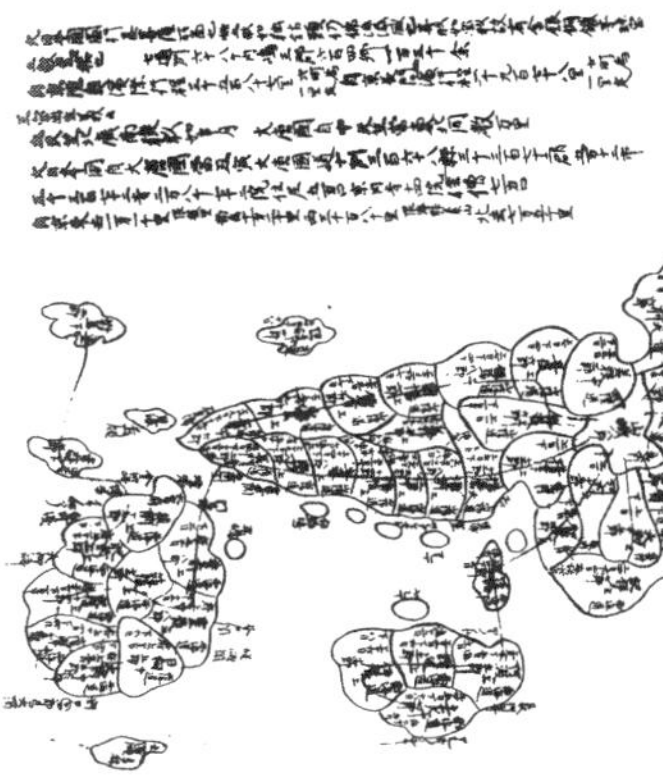

図２　行基図（『拾芥抄』）

行基図とは、たとえば中世の百科全書『拾芥抄』がその典型を示すように、五畿内を中心に、都より発する七道が東西に伸び、その海道毎に国々が団子状に貫かれ泡のごとく連なる構造を有する。この〝五畿七道図〟としての国土の地理を単純に図像化した日本図が、何故「行基図」と呼ばれたのか。

中世には、行基が日本を巡ってその独鈷《どっこ》型なることを示したという所説が、天台宗（『渓嵐拾葉集』）でも真言宗（『高野物語』）においても流布していた。年代の明らかな最古の日本図は、真言宗寺院に伝わる。仁和寺蔵・嘉元三年（一三〇五）行基図は西国部分を欠くが、これに鎌倉時代に遡る称名寺本（金沢文庫寄託）を補えば、ほぼ中世日本の全領域が復原できよう。とりわけ称名寺本は、残された西半分の周囲を黒い蛇体のような帯が取り巻いており、隠岐や対馬はその外側にあり、更に唐や高麗に加え、「雁道《がんどう》」や「羅刹国」「女人国」など、異国のみならず幻想的な異界がその外部に広がっていることを示している。室町期の日本図から知られるように、日本を外界と隔てるこの境界はおそらく己れの尾を口に銜《くわ》えた巨大な龍なのであり、[6]ウロボロス的な龍蛇が日本国を捲《めぐ》るイメージは、独鈷としての日本と重ねてみるとき、よりシンボリックな意味を帯びて、それは単なる五畿七道の行政概念図ではない宇宙論的水準に位置づけられよう。中世東大寺縁起などでは大仏造立に先立って行基が伊勢参宮し祈ったという所伝があり、行基は神仏の関係を取り結ぶ媒《なかだ》ちとされていた。(7) 行基撰に仮託される初期両部神道書『大和葛木宝山記《やまとかつらぎほうざんき》』は、修験聖地である葛木・金剛山を日本の中心としてそこに至高の神格を観念する、いわば宇宙軸的イメージを日本の国土に与えるテクストであった。また、密教の宇宙論的図像のひとつである瑜祇塔図は、龍の化身である亀の甲に須弥山を載せその上に瑜祇塔が立つ。唐招提寺で鑑真将来の舎利を祀るために造られた金亀舎利塔も、共通する発想の許に造立されたものであろう。舎利すなわち宝珠を本尊とする密教図像では、舎利塔や舎利厨子において独鈷（三鈷・五鈷）上に宝珠が戴かれる。それは神祇の御正躰《みしょうたい》でもあり、本地として垂迹の神の図像と一体化した曼荼羅に象られることも多くあった。行基日本図は、そうした中世の本地垂迹図像の一環をなすものであったといえよう。

こうした行基日本図の象る世界像は、中世までに成立した六十六箇国から成る日本国という制度を図像化したものである。この六十六箇国体制は、中世人の世界認識の基本的な枠組として存在し続けたといえるが、それは同時に、龍蛇に表象される日本の境界の〈内部〉と〈外部〉の成立でもあった。つまり、中世日本の境界認識と表裏一体の制度であった。そのことを端的に示すのは、中世に陸奥国が五十四郡という概数で常に伝称され続けたことで、これは出羽十二郡と合わせて六十六郡として日本六十六箇国の縮約された像がそこに与えられていたのである。(8) そうした実態を伴わない、伝承上の幻想としての制度が軍記や芸能、語り物のなかに生き続けていたのも、中世日本の世界であった。そのような〈内部〉としての日本国の成立を、〈外部〉との交渉において体現する存在が、中世にあって仏法の伝来と流布の主役であった聖徳太子にほかならない。

鎌倉末期に成立した中世聖徳太子伝『正法輪蔵《しょうぼうりんぞう》』の太子十八歳（崇峻天皇二年）条(9)では、太子の命により三人の大臣が全国へ検分に遣わされる。帰還した彼らが奏上する諸国とその人民の数は、おそらく当時の事典的知識を反映した名数であるが、その海道諸国毎の情報の基幹構造《マトリックス》を図示すれば、さながら行基図となるのである。加えて、この太子伝では、それまで日本は三十三箇国であったのを、太子の建議により倍の六十六箇国と改めたとし、聖徳太子に六十六箇国体制の始源を帰している。こうした国土設計者としての太子像は、どこに由来するのだろうか。

十世紀に成立した『聖徳太子伝暦《でんりゃく》』は、『日本書紀』を換骨奪胎し、太子の伝記を超えて、帝紀の枠組に仏法の伝来と流通《るづう》を録す年代記へと飛躍した複合的なテクストであった。『伝暦』は、先行する古代の各種の太子伝を摂り込んで成立し、それ自体が注釈の対象となって正典化された、中世の聖徳太子像を規定する宗教テクストでもあったが、その基盤のひとつになったのが四天王寺の「壁」に書かれた太子伝である。太子を本願として難波荒陵《あらはか》に建立された四天王寺では、十一世紀初頭に太子の「自筆」かつ「御手印」をその紙面に捺《お》した『本願縁起（御手印縁起）』[10]が成立し、それはただちに『伝暦』のテクストに織り込まれて流布する言説となった。この『本願縁起』は、四天王寺を釈迦如来転法輪の場所かつ極楽浄土東門の中心と説いて、仏法の聖地とりわけ浄土教の霊場として西門に念仏聖が蝟集する根拠を与えた。この場所《トポス》も中世の新たな世界軸のひとつとなったのである。四天王寺には、既に奈良時代から太子の霊像を祀る聖霊院があり、斑鳩宮の故地上宮王院に救世観音を祀る法隆寺と並んで、太子の遺跡寺院であったが、八世紀末にはここに太子の絵伝を壁画にあらわした絵堂が設けられた。『伝暦』の素材のひとつとなったのは、その「壁」の銘文あるいは図像そのものであったろう。この天王寺絵堂は、十三世紀初めの慈円による再興を経て近世まで存続し、藤原頼長の『台記』に知られるように絶えず絵解かれて物語られた、いわば太子絵伝の本所であった。この天王寺の周辺で、『伝暦』を元に絵解き台本用唱導テクストとして文保年間（一三一六～一九）に制作されたのが『正法輪蔵』である。[11]近世に挿画入りの仮名草子（寛文十年刊『聖徳太子伝』[12]）となるほどに最も流布したこの中世太子伝は、前述の十八歳条に限らず、太子に託して創成された、中世日本を構成する多元的な表象と知識に満たされている。その全体は、中世日本の世界像を示す百科全書であり、それがさながら絵伝として視覚化されていると言ってよい。伝記の唱導―物語テクストは、同時に絵伝のイメージを説きほどくナビゲーションでもあった。

図3　旧法隆寺上宮王院絵殿『聖徳太子障子絵伝』第九・十面

現存する最古の聖徳太子絵伝が、院政期初頭の延久元年（一〇六九）に秦致貞により描かれた法隆寺上宮王院絵殿の障子絵伝（東京国立博物館蔵）である。五間分の壁面を用いて、高さ二メートル、全長十五メートルを超す巨大な画面を満たす太子の事績は、遠景の山岳から近景の土坡の間、渓谷や山野に画された空間、宮殿や伽藍のなかで展開されている。その各場面は、すべて『伝暦』に拠る銘札のテクストによって指示されており、それは喪われた四天王寺絵堂絵伝と共に、中世の太子絵伝の規範となったであろう。しかし何より注目したいのは、この壮大なパースペクティヴが具象化した、太子という時空を超えた〈聖なる〉存在とその立ちはたらく世界像である。たとえば画面正面東北隅には富士山が聳え、その頂には甲斐黒駒に騎乗した太子が飛翔する光景が位置する。対して西面には、四天王寺伽藍の建つ難波の岸から海を隔て唐土（隋）の衡山《こうざん》があり、ここに小野妹子が使いとして赴く様が描かれるが、それら両国の間の虚空には、青龍車に乗り天人に囲繞された太子が前生所持の法華経を取りに飛翔する様があらわされる（図3）。ふたつの太子の飛翔は、絵伝の驚異《スペクタクル》の白眉であると共に、廻国巡幸と外交使節派遣という、ふたつながら国王の政《まつりごと》が神話化されたモティーフでもある。東国と海彼とを往還する太子の君臨する日本は、既に〈内部〉で完結するのではなく、中華との交流を己れの転生の証明の機会として、本朝こそ三国にわたる再誕の〝約束の地〟にほかならないことがあざやかに示される。

平安時代の大画面説話画として唯一の遺例である聖徳太子障子絵伝のユニークな特質は、法隆寺を中心視点とするパースペクティヴに則して構想されていることだが[13]、なおその核心となる本質的な特徴は、単なる俯瞰的視点ではとうてい見えない〈外部〉の世界を一望の許に包摂して可視化するところにあるだろう。ただ、障子絵伝は太子前生の住所として唐土のみを異国としてあらわし、半島の三国は（各国から来朝する人々は描くが）捨象して和／漢の二元的世界観に終始する。その一方で、既に院政期には、和国の太子を救世観音の垂迹とし、天竺では勝鬘夫人、震旦では南岳慧思《なんがくえし》禅師に転生し太子に再誕したという三国転生説が確立していた。それが太子絵伝において天竺の前生譚まで含めて図像化されるのは、鎌倉時代末まで待たなくてはならない。

鎌倉時代、十三世紀から十四世紀にかけて、絵伝や縁起絵などの説話画は、掛幅《スクロール》という高機能媒体を用いることで、移動の自由と、自在に時空を設定できる可能性を獲得し、驚異的な発展を遂げて全国に普及し、宗派を越えて展開していった[14]。聖徳太子絵伝はその中心かつ最大の達成であるが、これも太子絵伝固有の現象ではなく、またその世界像の生成も、いわゆる〝太子信仰〟の範囲でのみ生起したわけではなかったのである。

二　三国伝来の生身仏縁起――善光寺阿弥陀と清凉寺釈迦

善光寺とその本尊一光三尊生身《しょうじん》阿弥陀如来は、中世に至って突如、歴史に登場してくる。十二世紀初期成立の仏教史書『扶桑略記』には、欽明天皇の代の仏法伝来記事のひとつとして「善光寺縁起」が引用され、天竺の月蓋《がっかい》長者が「面見」感得した弥陀仏が飛んで百済に至り、一千年を経て日本の難波浦に浮かび来たった、と本邦最初に伝来した仏像だと主張する。このような縁起が流布し始める院政期に、善光寺は園城寺の末寺となり、長吏であった行尊（一〇五七～一一三五）が四天王寺別当に任ぜられた許で善光寺別当の聖厳が権別当兼惣目代を勤めていた（『四天王寺別当次第』）。やがて同じく長吏で聖護院門主であった覚忠（一一一八～七七）が善光寺に参詣し詠歌を献じている（『続古今和歌集』）[15]。行尊は皇孫であり、名高い歌人、覚忠は関白忠通息で、共に白河院や鳥羽院の熊野御幸など修行の先達を勤めた験徳高い貴種僧である。興味深いことに、この二人は共に西国観音霊験所の巡礼を試み、その「巡礼記」を遺してもいる（『寺門高僧記』）。いわば中世の宗教世界を自ら率先して切り開いたと言ってよい修行者であり表現者であった彼らが、東国信濃の地にあった善光寺と都との回路を司ってもいたのである。やがて治承三年（一一七九）に善光寺は焼亡し、そのことは『平家物語』にも取り上げられて源平争乱の予兆となるが、幕府成立後、将軍頼朝は参詣して再建に貢献し、十三世紀には善光寺如来の信仰が東国を中心に爆発的な勢いで広がった。善光寺の一光三尊仏（その多くは鋳造の金銅仏）を本尊とする念仏聖の勧進により、武士や女人によって数多くの「新善光寺」や如来堂が営まれた。その運動は、中世の社会基盤の再編成と深く関わっていると想像されるが、何よりその本尊が中世における始源を担う〈聖なるもの〉としての生身仏であったことに注目すべきだろう。

三国伝来の生身如来として、善光寺如来と並んで中世に信仰されたのが、東大寺僧の奝然《ちょうねん》が将来した清凉寺の栴檀瑞像《せんだんずいぞう》、優塡《うてん》王造立という釈迦如来である。入宋し五台山や天台山に求法巡礼した奝然は、太宗より完成したばかりの勅版一切経を賜り、開元寺で模刻した釈迦瑞像と仏舎利を携えて寛和三年（九八六）に入京、拝見の貴賤が結縁するなかを行道し蓮台寺に安置、のち創建された嵯峨清凉寺の本尊とした[16]。この清凉寺釈迦像を〝生身〟とするのは、既にその造立段階で期されていた消息が、奝然の胎内納入文書「入瑞像五臓具記捨物注文」によって知られる。この記には、像に仏牙舎利を納めたところ、仏の背に一点の血が生じたと記される。それは、まさに生身の験《しるし》であった。何よりこの像の胎内には、彩絹を以て造られた五臓六腑が納められており、これも同じく「捨物注文」から知られるとおり、当初からの企てであった。その上で、更に舎利、香、鈴など、魂を与え五官を生ずる具を加える工夫がなされており、いずれも日本中世における生身の仏像成立の原点として位置づけることができよう[17]。

清涼寺釈迦の縁起は、中世に至って、撰者を平康頼に仮託する仏法入門書であると共に歌集であり説話集でもある複合的な宗教テクスト『宝物集』の枠組を成す設定として、語られるところにあらわれる。『平家物語』に登場する康頼——鹿谷で平家打倒の謀議に加わった咎で鬼界嶋《きかいがしま》に流され、その途上で出家して性照という聖になる——は、赦免されて帰洛し東山に隠棲していたが、治承二年（一一七八）の春、嵯峨の仏が天竺に〝帰る〟（この行動自体が仏の生身性を語っている）という噂が広まり皆が競って詣《まい》るので、自らも参詣を思い立つ。洛中を横切って清涼寺に到り、寺僧から縁起を聴聞し、そのまま参籠通夜の間、礼堂《らいどう》に集った人々の間で宝物論議が始まり、最後にある僧から仏法こそ最上の宝として十二門の教化が例証の譬喩因縁と和歌を交えて説示された、という仕組である。多数の伝本と変奏された異本の存在が宗派を越えて唱導に用いられ享受されたことを示すが[18]、いずれにも共通する「生身二伝の釈迦」の縁起は、模像を写した奝然の夢に釈迦が現われ「我、東土の衆生を利益すべき願あり、速かに我を渡せ」と告げたので模像を古く偽って本像とすり替えて日本へ渡した、というのである。釈迦像の将来から一世紀を経て、平安末期から清凉寺釈迦像の模刻像が造立され始め、鎌倉時代に至って叡尊ら律僧の全国的な活動の展開と共に盛んに行われるようになった。それは念仏信仰と善光寺生身如来の分身造立の盛行と重なり、対抗するように釈迦信仰と釈迦念仏の本尊として祀られるようになっていく。

康頼に焦点を戻すと、『平家物語』の諸本は、鹿谷事件に連座して配流された人々の運命を驚くべき情熱をもって物語る。なかでも強烈な印象を与えるのは鬼界嶋にただ一人取り残された俊寛の足摺《あしずり》りであり、その悲惨な最期だが、そうした非業をくぐり抜けて、康頼は日本の境界の果てまで赴き、そこから帰還した。彼は、〝往きて帰りし者〟すなわち当事者であり、目撃者であり、かつ証言者として、他の登場人物の運命（帰還を果たせなかった人々）を照らし出す役回りである。『平家物語』覚一本は、康頼の帰還に至る章段を、彼がその後『宝物集』を著したことを以て結ぶ。その一点において、『宝物集』と『平家物語』はたしかに呼応している。そして、道行きする狂言回しとしての康頼の、中世日本の世界を巡るはたらきも、(19) 遥か三国を渡って来たり、また帰ろうとする清涼寺釈迦の存在が照らし出すようである。

中世に至って汎く信仰を集め、宗教運動の象徴となり表象となった善光寺と清涼寺のふたつの如来は、それぞれが〃生身〃の仏として霊験をあらわし、その縁起に三国伝来を主張することにおいて共通する。その特異な仏像様式は、模像によって再現されることでその霊性も継承され、あらたな信仰共同体の核となることができる。そうした運動は、とりわけ善光寺如来においては、縁起や絵伝という宗教テクストにまで拡大して豊かな展開を見せている。

善光寺縁起は、鎌倉時代に多様な形態をとって発展する。儀礼テクストとしては『善光寺如来講式』（金剛三昧院蔵）が作られ、『善光寺如来御事』などいくつかの説草が称名寺聖教（金沢文庫寄託）に遺され、そうした唱導テクストのなかでも長篇の談義本として『善光寺一光三尊生身如来御事（善光寺如来本懐）』（興福寺大乗院旧蔵、内閣文庫本）という徳治三年（一三一二）成立の仮名縁起があり、更に四巻本の真名縁起が室町初期までに成立した。(20)

これらの中世善光寺縁起では、如来の三国伝来の経緯が詳しく物語られる。天竺毘舎離国の月蓋長者が愛子如是姫の病を仏に訴えると、釈迦は目連尊者を龍宮に遣わして閻浮壇金《えんぶだごん》を求め、極楽より弥陀を請じ病平癒の験《しるし》を一光三尊の姿に示してその像を造らせ、これに末代衆生の済度を託す。像は自ら望んで百済国へ飛び移り、更に聖明王の時にまた託宣を発して日本へ渡される。だが物部守屋の破仏に遭って難波の堀江に棄てられ、守屋は太子によって滅ぼされる。その後、信濃国の百姓本田善光《よしみつ》により東山道を下り信濃へ移座し、息子の善佐《よしすけ》が頓死し冥途に赴くも本尊如来脇侍の観音が閻魔王に申し請けて蘇生する。このとき一緒に蘇り堕地獄を免れたのは皇極女帝であって、その報恩として善光は信濃国司となり善光寺を建立したという。縁起では、三国のみならず、龍宮や冥途という他界との往還を含む、壮大で多元的な生身如来の霊験のはたらきが語られる。そのような世界像と異界往還の運動は、たとえば南都興福寺の縁起唱導に根ざした『志度道場縁起』とその掛幅縁起絵にも展開されるところであるが[21]、善光寺の縁起も、その唱導が説く世界像が縁起絵として図像化されたのであった。鎌倉時代に遡る作例として三幅の根津美術館本があり、十四世紀から室町時代、更に近世にかけて多くの縁起絵が遺されている。

注目されるのは、守屋と太子の合戦場面を接点として、善光寺縁起絵が聖徳太子絵伝と重なり合っていることである。その点で興味深い事例は、三河地方の真宗寺院に集中的に伝来する掛幅絵伝群において見いだされる。三河は、親鸞門下の念仏が関東から最も早く流布した地域である。そこには高田派を中心に、太子絵伝、善光寺絵伝（真宗では縁起絵と呼ばず、絵伝と称している）、法然絵伝、そして親鸞絵伝の、古くかつ優れた掛幅絵伝を併せて伝える寺院が多い[22]。岡崎の妙源寺や満性寺、また安城の本證寺などが代表的な〝絵伝の寺〟であり、いずれも聖徳太

図4　鶴林寺本『聖徳太子絵伝』第一幅の善光寺絵伝

子を祀る太子堂を有している。なかでも本證寺は、現存する掛幅画太子絵伝中最大規模の鎌倉末期制作の九幅本太子絵伝に加え、五幅の善光寺絵伝と七幅の法然上人絵伝を共に伝え、空前の絵伝複合を展開している。とりわけその太子絵伝と善光寺絵伝は、守屋と太子の合戦場面をそれぞれに有するだけでなく、互いに中世太子伝中の別伝的な挿話の図像も重なり合って、一見錯綜した絵伝複合を形成している。しかし、この現象は混乱ではなく、むしろ両絵伝（太子伝と善光寺縁起）の唱導の場における有機的で分かちがたい繋がりを示すものなのである。[23] 天台寺院でも、加古川鶴林寺の太子絵伝のように、全八幅のうち第一・二幅を善光寺縁起とする絵伝複合を制作当初から構想している注目すべき例がある（図４）。こうした中世絵伝の遺例からは、その主題とする三国にわたる仏法伝来と本朝での流布と繁昌を、守屋と太子の合戦譚や本田善光の出世譚など民衆に平易で身近な物語として具象化することによって示す、唱導教化の戦略が見てとれる。それらの絵伝の集合は、絵解きの演唱によって法会に臨む人々に圧倒的な感動を与えたことであろう。それこそは、中世の人々が、彼らにとっての世界像を体験する場であった。

三　三国世界観の言説化と図像化

天平の大仏開眼供養会は、仏法伝来の到達点というだけでなく、開眼師に天竺僧の菩提僊那《ぼだいせんな》が臨み、供養の音楽も唐の新・古の楽から林邑楽《りんゆうがく》・高麗楽《こまがく》・伎楽と本朝の歌舞が奏されるなど、いわば三国世界の文化を大仏の許に一望すべく集約した盛儀であった。その遺産《レガシー》は仮面や楽器を含む正倉院御物として献物帳と共に伝えられている。だがその場が期したであろう世界観を明確に記憶し表現するテクストを、これと特定して指摘することは難しい。

「三国」の世界観とその許での日本の自己認識が形成されるのは、仏教の領域でも平安時代に入ってのことと思われる。天台宗では最澄が『内証仏法相承血脈譜』に三国相承の系譜を示し、更に安然が『教時諍』で本朝のみに仏法諸宗が行われているとの認識を示す。真言宗においても、空海の『付法伝』が三国にわたる密教付法の系譜を七祖として示し、これをふまえて十一世紀に至り成尊の『真言付法纂要鈔』において、八祖の空海が真言を伝えた「日本国」こそ密教流布の勝地であると明瞭に主張するに至るのである。[24]

三国世界観のなかに日本を通時的に位置づけるテクストが、さきに善光寺縁起の初出として言及した『扶桑略記』である。十二世紀初め、おそらく天台宗において成立したと推定されるが、序跋を欠き、編著者も明らかでない。だが院政期に流布し、『水鏡』や『仏法伝来次第』など諸方面の歴史書に影響を与え、当時の歴史認識の基盤を提供した史書である。その編年は天皇の紀年に則しながら、天竺は仏滅後の紀年が、震旦は歴代王朝の紀年が参照されており、いわば三国仏法年代記と言うことができる。[25]こうした歴史テクストは、鎌倉時代の『帝王編年記』のように神代の紀年をも整備したものから、地方の社寺で近世初期にかけて書き継がれた年代記に至るまで、中世日本の歴史像を支える基盤となっていたといえよう。

そうした時間軸の座標のうえに世界像を立ち上げるのが物語——説話のはたらきである。源為憲《ためのり》による『三宝絵』(永観二年・九八四)は、その点で重要な意義を担う宗教(図像)テクストであった。内親王の仏法入門のために仮名の絵ものがたりとして作られた成り立ちが、その画期的で斬新な試みが実現した背景にある。三宝の原理を説き示すのに、仏宝は仏伝ではなく菩薩の本生譚《ほんじょうたん》を以てし、法宝は聖徳太子伝から始まり、『日本霊異記』によって構成されて、震旦は捨象され、僧宝も日本の寺院縁起を含む仏教年中行事から成る。あえて日本のみで仏法世界を描きだすことは、女子のもてあそぶ仮名物語の文体を借りたゆえに可能であったのだろう。[26]しかも、「為憲記」として『扶桑略記』に引用されるなど、仏教史の形成を支える典拠のひとつとなったのである。こうした物語——説話の運動は、そこにとどまらない。

院政期までに、三国世界観は日本を中心とする世界認識の構造の許で成立した。その仕組の内実を、いわば物語によって悉く埋め尽くすべく、仏典から歌物語まで、およそ入手・参照しうるあらゆる文献を元に統一された仮名交じりの文体と〝語り〟の枠組により記述し、配列し、体系化しようという壮大な企てが南都寺院の一角で十二世紀の後半に始められた。それが『今昔物語集』である。興福寺松林院の経蔵に収められたまま忘れ去られていた二十八帖の冊子は、室町中期に再び見いだされた後、近世に徐々に流布するようになったが、すべてはいま「鈴鹿本」（京都大学蔵）と呼ばれる、原本に限りなく近いとされる古写本に発する。(27) その構成は、天竺・震旦・本朝の三部がそれぞれを「仏法」と「世俗」に分かたれ、欠巻を除いても現存千話を超える膨大な物語が聚められている。天竺部は仏伝にはじまるが、それは日本において仏伝を体系的に叙述した現存最古のテクストである。震旦部と本朝部はそれぞれ仏法伝来から配列され、各部は仏法僧の三宝に則して各話が一定の編集意識をもって集成される。ただし、あらゆる水準において徹底した編集方針を貫こうとしたため、かえって欠巻ないし欠話、欠字等が生じ、それを如何とも補訂し得ず未完のままに遺されたと推定される。

『今昔物語集』の基本方針は、三国にわたる仏法伝来と流布の諸相を三宝にわたって示そうとするところにあるが、同時に三国について必ず、それぞれ（天竺―仏前、震旦―国史）に世俗の物語を併せて、その世界を全円的に記述しようとするのであり、その志向は本朝に至っては仏法部に匹敵する十巻に及ぶ世俗の物語を聚めるまでになる。その冒頭（巻二十一）には天皇史を想定したらしいが、遂に欠巻のまま残され、したがって神代ないし神祇についての記述を『今昔』は全く欠いている。次巻二十二の藤原氏（大臣）についても整っていないのは、（『史記』の帝紀と列伝に倣って）天皇と藤氏大臣の紀伝を世継翁にものがたらせる『大鏡』とは対照的である。むしろ注目すべきは、巻二十三前半の武芸と（巻二十四の諸道芸能をはさんで）巻二十五に「兵《ツハモノ》」つまり武士の武勇に関わる、合戦譚を含む物語が多く取り上げられることであろう。更には、盗賊などの「悪行」や「霊鬼」など闇の世界、日常秩序の彼方の冥界や他界に及ぶ物語をも含んでおり、そこでこそ『今昔』の仮名交じり文体は生彩を放っている。そのなかには、当時の日本の領域を遥かに越えて北方の異境に赴いた武士の見聞談も収められ、そのまなざしは驚くべきスケールの広がりをとらえている。(28)

なお重要なのは、本朝仏法の最終巻（巻二十）に纏められるいわゆる〝天狗〟譚である。仏法を障碍する「魔」の化身ないし眷属として立ちはたらく存在としての天狗は、『今昔』において初めて位置を与えられる。[29] しかもそれが、天竺から誦経の声に導かれて本朝に飛来し叡山の僧房の厠《かわや》に辿りついて高僧へ転生したという、仏法伝来のパロディと読めるものから、震旦の天狗（智羅永寿という禅僧めいた名が与えられる）が叡山の験徳ある僧をたぶらかそうと試みて返り討ちにあう話（中世に『是害坊絵巻』となって芸能化する）など、〝反仏法〟の三国伝来という転倒が、かえって滑稽味あふれる物語として展開するところこそ、本書の真骨頂なのである。[30]

また院政期の南都では、興福寺の覚憲が『三国伝燈記』において当時の仏教界の三国世界観を端的に示している。承安四年（一一七四）、興福寺における「本願聖霊」大職冠鎌足御影供《みえいく》表白として著された唱導テクストであり、復原されたその全体は、法相宗の立場から三国の仏法を天台・真言を含む各宗の伝来として位置づける。それは、天台の多武峯との抗争を契機として末法の現状を危ぶみ、諸宗の和合を求め維摩の化現たる鎌足の冥助を願う祈りでもあった。[31] 鎌倉時代には、東大寺の凝然《ぎょうねん》が『三国仏法伝通縁起』を著し、南都諸宗から顕密仏教、浄土教までの秩序化を図っている。更に、鎌倉から室町時代にかけて、各宗の立場から「三国」の枠組の許で伝記や因縁など宗教テクストの周縁をなすテクストによる仏教説話集が編まれている。浄土宗では関東において住信による『私聚百因縁集』（正嘉元年・一二五七）、真言宗では勧修寺の栄海による『真言伝』（正中二年・一三二五）、そして天台宗では近江の談義所で生まれた『三国伝記』（応永十四年・一四〇七）など多彩である。ただし、それらの三国仏教説話集は、それぞれ世俗の物語を含んではいるが、いずれにも『今昔物語集』のごとき、逸脱も厭わず偏執的とまで評される徹底した、あらゆる物語による世界構築ないし再現への拘《こだわ》りは見いだせない。その点で『今昔物語集』とは、空前絶後の見果てぬ夢の形見なのである。ちなみに、『今昔物語集』が物語による世界像構築を目指していた証《あかし》は、全体の最終話にある（第三十一巻三十七話「近江国栗太郡大柞事」）。近江の栗太郡に巨大な「柞《ハヽソ》」が生い繁り、その朝日さす影は丹波まで、夕陽の影は伊勢まで届き、天を覆って耕作も叶わない。これを悲しむ百姓の訴えに、

図 5　『玄奘三蔵絵』巻一　登須弥山図（藤田美術館蔵）

天皇は臣下に命じて伐り倒させ、ようやく田畑の稔りを得た。昔はこんな巨木もあったと法外な法螺話で昔語りを結ぶ、伝承の約束事に則って掲げられる巨樹譚は、民族学的解釈からすれば創世からの宇宙樹にほかならず、王がこれを伐って耕作が始まったというのは、最も素朴な国家成立の神話と言ってもよい。

中世の宗教テクストが創りあげた三国世界の像《ヴィジョン》は、図像のうえにおいても豊かにイメージされていた。その一端が、前節に取りあげた善光寺と太子伝の縁起―絵伝複合による仏法三国伝来物語であり、その最も目覚ましい例が、興福寺において鎌倉後期に制作された、法相宗祖師としての玄奘三蔵の伝記絵巻であろう。これは、西園寺家が春日社に奉納した『春日権現験記』と呼応するもので、共に宮廷絵所預高階隆兼が彩管を揮った、中世絵巻の頂点に立つ記念碑的大作である（藤田美術館蔵『玄奘三蔵絵』(32)）。そこには、『大唐西域記』よりむしろ『慈恩伝』を拠に和文化された詞に応じて、求法の旅に赴く三蔵法師の、西域を経て天竺に到る仏跡巡礼と宗論、そして王の帰依を織り込んだ天竺世界が鮮やかに展開される。それは想像上の、絵師の許に聚められた図像資料から再構築された世界像にほかならないが、廃滅した祇園精舎の廃墟の美しさも含め、その見事さに感嘆するばかりである。開巻からほどなく、玄奘の偉大な使命を予言するように夢の中で須弥山に登る場面がある（図5）。頂上から世界を見はるかす玄奘は日月と等しい高みにあり、それは天竺から震旦へと仏法が伝わることを本朝において描くことで、ここ南都にこそ法燈が継承発展しているという明瞭なメッセージをあらわす。一方で、揃って社頭へ『春日権現験記』を奉納するならば、三国仏法の精華を神祇が擁護し霊験が証しだてるというテクストの布置もまた、明らかに浮かび上がる。

法隆寺の重懐《じゅうかい》によって貞治五年（一三〇四）に描かれた『五天竺図』（図6）は、いわば『玄奘三蔵絵』の地図化《マッピング》であった。『大唐西域記』の経路を『拾芥抄』所載のごとき『五天竺図』の上に重ねて、大唐長安からの路程が可視化されている。そこには南海上に補陀洛山が、とりわけ東海中には日本が「四国」「九国」と墨書され、

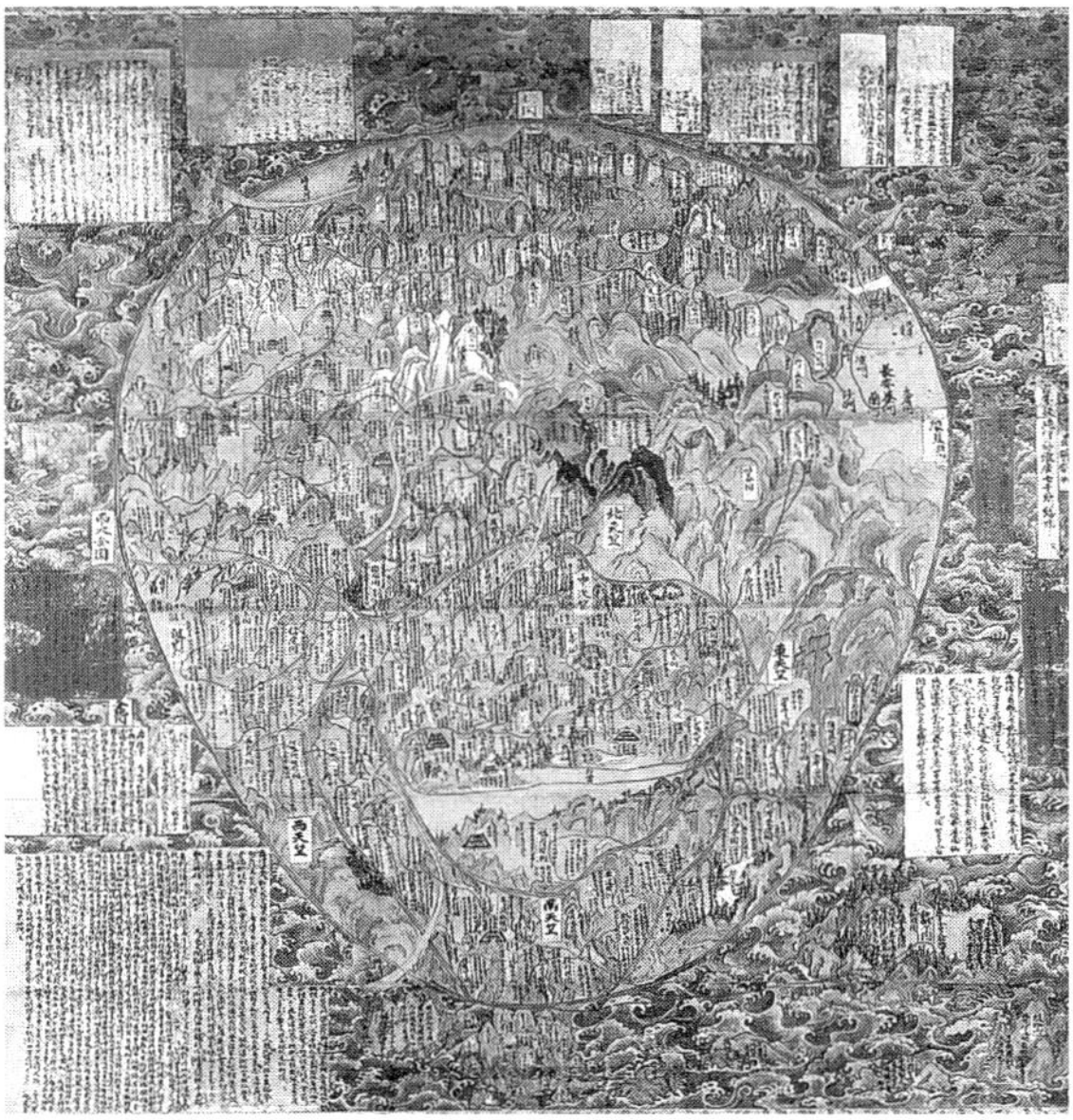

図6　『五天竺図』（法隆寺蔵）

銘札には「秋津嶋」と見えて、当時の世界図のなかで、粟散辺国としての日本の位置が明示されている。重懐は興福寺僧ながら太子崇敬のあまり法隆寺に入った学僧で、『聖徳太子伝暦』注釈『太子伝見聞記』を著し、また自ら筆を執って前述の障子絵伝の修補に携わり、あるいは寺中の延年で自作の『法隆寺縁起白拍子』を披露するなど、多様な太子宗教テクストの生成に関わった[33]。彼が制作したこの『五天竺図』も、その模本が聖徳太子に捧げられる旨の識語を付すように、おそらくは南都において日本仏法の教主聖徳太子の世界像と法相宗の祖師玄奘の世界像とを重ね、統合しようとする企てであったろう。

四　曼荼羅縁起と天神縁起の世界像

鎌倉時代の幕開け、建久二年（一一九一）に、京から一人の女院が南都へ社寺参詣の旅を行い、これを導いた興福寺僧の実叡はその記録を書き遺した。『建久御巡礼記』と通称されるこのテクストは、春日社に始まり七大寺を主とする南都諸寺縁起集という趣きを呈すが、そこに女院ならではの巡礼の目的地が含まれ、彼女のための導きの詞が織り込まれている。(34)たとえば、法隆寺では夢殿に詣でたのに絵殿では絵を説かしめず（つまり絵解きを聴聞しないで）先を急ぎ、途中、達磨の墓（片岡山飢人の遺跡）も横目に眺めて、夕刻に二上山麓の当麻寺に到った。そこで寺僧はこの寺に伝わる「極楽の変相」の縁起を説く。既にその下に縫い付けてあった縁起は破損して見えなくなっていたが、それでもこの曼荼羅は大臣の姫か王妃が本願であると伝えられ、天平宝字七年という年記が僅かに読めたという。もはやその素姓は詳らかでなくなっていたが、さる高貴な女人の発願により、化人によって蓮糸を以て織られたという奇蹟の浄土変相の存在は、この『御巡礼記』を介して宮廷周辺に伝えられたのである。

淳仁天皇の時代に後宮へ入った当麻氏の女性に下賜されたものであろうか、唐より将来された巨大な綴織《つづれおり》の浄土変一輔が、これを奉懸する厨子と御堂と共に当麻寺へ施入され、そのまま永い眠りについた。十二世紀後半に堂は多くの参詣者を容れるために改築され、そこに女院も詣でたのである。それより四十年近く経た嘉禎三年（一二三七）、法然の高弟であった善恵房證空《しょうくう》がこの寺に詣り、変相を拝見して、これが浄土教の祖師善導の観無量寿経注釈『観経四帖疏』を忠実に図像化したものであることを〝発見〟した。證空は大檀那である宇都宮蓮生の助成を得てその模写を善光寺をはじめ日本全国に配布しようと発起した、と伝える（聖聡『当麻曼荼羅疏』、『西山上人縁起』）。證空は田地を寄進して当麻寺の供僧となり、曼荼羅は板に貼り付けられ、厨子には扉が取り付けられて、頼朝や宮廷貴族はじめ多数の結縁者の名が銘記された。また彼は『当麻曼荼羅注』を著したとされ、その流れを汲む西山派歴代の学僧は、宮廷周辺で当麻曼荼羅の講説を盛んに行った[35]。その過程で曼荼羅の縁起と本願の女人像は次第にかたち造られていき、その達成として、おそらく宮廷が関わって制作された記念碑的な絵巻が、『当麻曼荼羅縁起』絵巻（光明寺蔵）である[36]。

図7　『当麻曼荼羅縁起』阿弥陀聖衆来迎場面（光明寺蔵）

曼荼羅縁起の本願は横佩《よこはぎ》大臣の女《むすめ》である。信仰深くして出家し、生身の仏を拝さずは寺を出《いで》じと誓うところに尼が現われ、蓮より糸を採れと示す。天皇に奏して諸国より蓮茎を集め、紡いだ糸を掘り出した井戸の水によって五色に染め、油と藁を用意すると女房が現われて一夜のうちに曼荼羅を織り上げる。これを前にして尼は姫に絵相を説き、了《おわ》るや光を放って昇天し、化尼は弥陀、女房は観音の正躰を現わした。遺された曼荼羅を拝しながら本願尼は念仏往生を遂げる。料紙を縦に継いだ大型の絵巻は、曼荼羅織成に至る不思議な導きと鮮やかに織り上がった曼荼羅による絵解き、そして昇天の奇蹟が連続した大画面の許に展開し、絵巻ならではの有機的な物語が巧みにあらわされる。その最後に本願尼が臨み迎えるのは、水波河海のうえ、山獄の彼方より来迎する聖衆であり、その中心に立つ阿弥陀仏の荘厳に満ちた姿である（図7）。その来迎図は、曼荼羅の極楽浄土から幻視されるようでもある。

今も当麻寺では、本願尼「中将姫」往生の日に練供養《ねりくよう》の法会が営まれる。曼荼羅堂から境内を貫いて娑婆堂まで長大な橋を架け渡し、そこを面と装束・持物によって扮した二十五菩薩と観音・勢至が行道して中将姫を迎えとる。院政期から盛んに催された迎講《むかえこう》の祝祭的法儀を今に伝えるものである。かっては、曼荼羅堂内陣に置かれている阿弥陀立像の中に人が入り出御することもあった。勧進聖の祐全による享禄本『当麻寺縁起』絵巻の最後に加えられた、中将姫来迎の図に替わる迎講の図には、その光景がさながらに映しとられている(37)。

浄土変相図は、それ自体が一箇の世界図である。しかもそれは経典の疏つまり注釈の図像化であり、教説を図解して示したテクストの位相変換の所産であった。と同時に、「変」は仏法の理《ことわり》を平易に教化する方便としての図画を用いての講唱演説であり、またその具《ツール》であった。当麻曼荼羅は盛唐の仏教界においてそうした運動のなかで生み出された最大級の遺産であり、織り付けられた経文以上に豊かなテクストをそのイメージから紡ぎ出す可能性を内蔵したメディアだったのである。それは中世日本の浄土教の本尊図像となって爆発的に全国へ流布した。その現象は本尊仏としての善光寺一光三尊如来の造像と軌を一にしており、しかも〝生身〟顕現の霊験をその縁起に説くところも共通している。縁起における本願尼の奇蹟物語は、とりわけ女人に深い共感と信仰を喚びおこしたことであろう。この縁起は、曼荼羅に籠められた観経欣浄縁に説かれる韋提希夫人《いだいけぶにん》が蒙ったおそるべき悲劇と受難からの救済が、再び読み替えられて物語として再生された唱導であった。曼荼羅縁起の広がりは、当麻寺にとどまらず、諸国の寺院霊場に及ぶ。たとえば高野山清浄心院には、鎌倉時代の当麻曼荼羅一幅と共に、同時期の掛幅当麻曼荼羅縁起絵一幅を伝え、両者は一具として唱導に用いられていたであろう。それが女人禁制の山上に伝来するのも不思議なことである。

曼荼羅縁起の流布と展開のなかで、その物語化というテクストの運動は、やがて本願尼となる前の中将姫の物語を生みだしていく。それは古くからの女人の受難と救済の物語――すなわち継子いじめ譚を導き入れる。継母《ままはは》の讒言により父の不興を買い殺害されそうになるが、処刑の命をうけた武士に助けられ山中に隠れ住み、鷹狩する父と巡り逢うという物語は、古く曼荼羅談義の唱導に生じ、享禄本『当麻寺縁起』絵巻で初めて図像化され、それが物語草子となり、芸能化されて能『雲雀山《ひばり》』ともなる。こうした物語縁起は、『神道集』に編纂集成されるような寺社霊場で中世に生成した本地物語と重なり交錯して成立し、流布したものである。(38) このような中世の当麻曼荼羅と曼荼羅縁起の展開は、古代の日本が受容した、もうひとつの仏教の究極の世界像――浄土世界――が、長い眠りから醒め、あらたな宗教運動の媒体《メディア》となって更なる変容を繰りひろげる姿であった。この織物《テクスト》の曼荼羅から再び織り出される変相の諸相こそは、浄土への憧憬にうながされた中世的世界像の想像力をすぐれて示すものであろう。

あらたな神の縁起も、当麻曼荼羅の発見と同じく鎌倉時代初頭に生みだされた。菅原道真という歴史上の人格を神と祀る、北野天満宮の縁起である。既に十世紀の半ば、京の北野に巫女文子《あやこ》の託宣が契機となって天台僧の最鎮らがその小祠にささやかな寺を営み、それが大臣藤原師輔により本格的な宮寺として造営され、幾許かの託宣記や記文が書かれてはいたけれど、未だ本格的な縁起は備わっていなかったのである。まず建久年間（一一九〇～九九）に成立し、次いで建保年間（一二一三～一九）に改稿されたこの縁起は、化現の小童として登場する道真の生涯から説き起こし、その才学により王の政《まつりごと》を輔佐するに至ったところで一転、左遷配流の悲運に哭《な》き、天道に訴えて死後には「火雷天神《からいてんじん》」と化して朝廷に災禍をもたらす畏るべき荒ぶる神となる。その猛威は無実の罪に陥れた者の命を奪い、護持僧まで脅かして遂には天皇の死をもたらす。やがて冥途に赴いた修行者の前に天界から地上世界を支配する「大政《だじょう》威《い》徳天《とくてん》」として示現し、王による仏法の興隆を方途と教え、小児や巫女に託宣して自らを祀り信仰する道俗男女に利生を施す「天満天神」として顕れる。それは、平安末期までに生成した北野社の託宣記や記文、そして『菅家文草』中の道真自身の詩文から『大鏡』の時平伝のなかの道真記事にまで及ぶ多様な位相のテクストを、読者に呼びかけるような独特な語り口で綴り合わせた異様ともいえる文章となっている。(39)

この北野天神縁起は、承久元年（一二一九）に、類を見ない圧倒的なスケールの絵巻として制作が始められた。その序文に「本地絵像にかきあらはしまいらせて、結縁の諸人の随喜のこころを催」すために作られた、大型の料紙を縦に継いで彩色も鮮やかな八巻の絵巻（光明寺本『当麻曼荼羅縁起』絵巻より更に大きい）は、北野天満宮の内陣に宝物として安置され「聖廟絵」とも称された。それは、以降の中世に数多く制作された天神縁起絵巻の起点として、最初の、記念碑的なテクストなのである。その一方で、この壮大な絵巻は、天神の託宣や北野の創祀、社殿建立、そして利生譚など後半を一切欠いている（その一部が裏打ち紙から見いだされ、今は付録の一巻となった）。下絵に描かれている場面から知られるように、制作が中絶して未完成のままに奉納された奇妙な絵巻である。そして後半七・八の両巻は、修行者日蔵上人が笙の窟で息絶え、冥途に赴く場面に始まるが、その次からは突如、地獄から餓鬼、畜生、修羅、人、天にわたる六道絵となってそのまま終わっている。中世六道絵の作例としては珍重されようが、縁起絵としては全く成り立たない、中途半端なテクストである。下絵から判断する限り、最後まで構想され作画も進められていたのが中止され、六道絵に差し替えて強制終了させたとしか思えない状況である。これほどの大作にして何故こうなったのか。

縁起によれば、日蔵は冥界遍歴の果てに、地獄の極まったところ「鉄窟苦所」に到って業火に焼かれる延喜帝（醍醐天皇）に逢う。無実の讒奏を信じて道真を断罪した責任者である。日蔵はこの王の懺悔聴罪師として告白を受けとめ、更にその苦患を救うための仏法興隆の願いをメッセンジャーとして現世に持ち帰る役目を負う。この展開を見れば、承久本の制作者もしくは願主が敢えて行った異様な中断と改変は、この、天皇が生前に自ら犯した罪によって地獄に堕ちて苦しむ〝王の堕地獄〟をそのままに描きあらわすことをはばかり回避する結果となっている。そのとき、この絵巻の制作が序文に言う承久元年（一二一九）に開始されたことは、大きな示唆を与える。すなわち、二年後の承久三年（一二二一）に惹起した承久の乱が絵巻の制作過程に与えた影響を無視することはできないだろう。この歴史的文脈こそ、承久本天神縁起絵巻というテクストの解釈に不可欠な道筋である。

既にこの絵巻の発願と奉納を九条道家とし、縁起作者を慈円（一一五五～一二二五）と比定する見解が提出され、その後の研究でも『愚管抄』との比較から慈円を作者とする見解を肯定する。(40) 以降も承久本に関する研究が積み重ねられているが、この説に対して決定的な反証は出されていない。慈円の、後鳥羽院との和歌を介した親しい交流は、『新古今和歌集』成立をめぐって文学史の上でよく知られるところであった。その信頼と期待は、慈円の、天台座主として、また院の護持僧としての、国家と玉体への祈りと歴史認識（『大懺法院条々起請事』および『夢想記』）においても確認される。[41] そこに疎隔が生じ、承久元年には院のための祈禱を停め、訣別へと至る軌跡は、翌二年までに書かれ著者の名を匿した『愚管抄』の述作が示している。この長篇の史論は、院の倒幕へと突き進む動きを見ながら、三国史観をふまえ二神約諾神話に支えられた王臣の冥契を説き、道理を尽くしてその非を明らかにし、あるべき方途を示そうとしたものであった。にもかかわらず、仲恭天皇が即位し外戚である道家が摂政となった直後、およそ最悪の時機に勃発した倒幕の挙兵は、鎌倉武士団の団結と時を措かぬ反攻の前に忽ち瓦解し、無惨な敗北を喫した。そして後鳥羽院はじめ三院の配流と近臣の処刑など前代未聞の酷烈な処分が下され、関東による皇位継承への介入と国家支配権の確立がもたらされる。それは、中世国家権力の決定的な主客交替であった。付け加えるなら、中世日本の境界領域を流人の物語において示した『平家物語』が、この承久の乱による後鳥羽院の没落までを構想に入れて成立していることは注意されてよい。

かかる破滅的な顚末に打ちのめされた晩年の慈円は、しかしなお祈りをやめず、貞応二年（一二二三）には聖徳太子ならびに日吉十禅師に告文を捧げ、喪われたかに見えた理想の復活を期し続ける。[42] 乱後の彼が営んだのは、源信以来の天台浄土教の伝統に則った二十五三昧会であった。その結願に当たる承久四年（一二二二）三月、慈円は『六道釈』一巻を著し、現世の人界そのものが六道の苦患を悉く現ずることを観ぜよと釈すのである。[43] そのなかでとりわけ修羅の闘諍については、一結衆の誰もが眼前に見るところとして敢えて詳しく説かず心中に想起させる。それは言うまでもなく承久の乱を念頭に置いている。『大懺法院起請』において保元・平治そして源平争乱の裡に滅んだ亡魂の得脱と怨霊の鎮魂を己れの務めと表明していた慈円にとって、眼前の痛恨事は紛れもなく乱によって滅び没落した者たち、更にまさに悪道に堕ちんとする者への祈りが届かぬことであろう。何より危惧されるのは、生きながら修羅道に堕した後鳥羽院その人であり、その魂の行方であったろう（後年、後鳥羽院は隠岐において『無常講式』一巻を草し、これを京へ送っている。その写本が仁和寺に伝わるが、[44] これがあるいは慈円への応答であったか）。

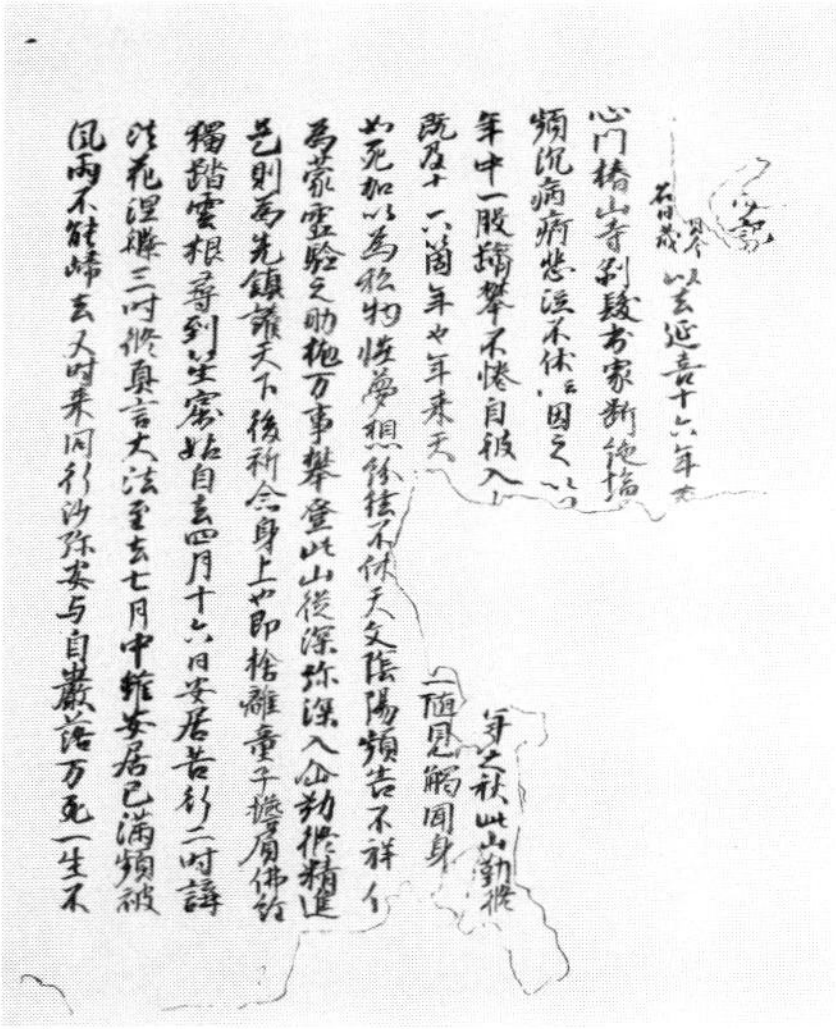

図8 『日蔵夢記』巻頭部分（四天王寺大学恩頼堂文庫蔵）

あらゆる世界を観ずる二十五三昧会の中心となる六道講式に当たる法儀において、今この我らの世界をさながら六道と観よと痛切な自省を込めて呼びかけうるのは、当時、慈円を措いて存在しなかったのではないか。それは遠く、『平家物語』覚一本の灌頂巻が、ただ一人生き残った建礼門院に自身が生きながら六道を巡ったことを後白河院へ語らせ、これを受けた院が日蔵の「六道巡り」に類《たぐ》えるところに響きあうものであった。そして、制作半ばにして『北野天神縁起』絵巻が日蔵の冥界行を六道絵へと変換する作為とも、呼応するものといえよう。これは状況証拠のみによる推論である。しかし、北野天神縁起という中世のあらたな宗教テクストが、一人の宗教者の思惟と表現において現実に向き合い、歴史と格闘するなかで生みだされた所産であったことは疑いを容れない。さればその不具とみえるところもすべて包摂して、中世世界の誕生する苦闘を全身で示しているといえよう。

ここにあらためて注目されるのは、『天神縁起』の原資料《プレテクスト》となり、その成立に決定的な役割を果たしながら、承久本絵巻では躓《つまず》きの石と化した日蔵の冥界遍歴譚である。『扶桑略記』天慶四年（九四一）条所引「道賢上人冥途記」がその略抄本にあたり、広本である宗淵編『北野文叢』所収『日蔵夢記』（内山永久寺旧蔵本の忠実な模写は宗淵自筆の恩頼堂文庫本によって知られる）が原態を伝えることが明らかにされている（図8）[45]。それは日蔵自記の体裁で、吉野にいた日蔵が同行とともに大峯の笙窟で修行するうち頓死して十三日後に蘇生する間の冥界遍歴を記録する。彼はまず執金剛神に導かれ金峯山浄土で僧形の蔵王菩薩と対面し前生を示され、更に「日本太政威徳天」と化した道真に大威徳城で会見し、その怨心ゆえに国土を滅ぼそうとする災厄は悉く使者の所為であり、仏法に帰し吾が名を唱えれば怨心を静めよう、と告げられる。次いで兜率天宮から諸地獄を巡り、最後の「鉄窟苦所」で炎に焼かれる延喜帝に逢う。帝の口からは受苦の因縁として犯した罪業が懺悔語りされ、苦患を脱れる方途として朝廷による作善が勧められる。その上で満徳法主天となった宇多天皇の城へ赴き、寺院再興の願いを聴いて蘇り、ただちにこれら仏天の託言を朝廷に奏した、というのである。

図9　メトロポリタン美術館蔵『北野天神縁起』絵巻　堕地獄の延喜帝と対面する日蔵

こうした修行者の冥途蘇生記は、同時代の『僧妙達蘇生注記』（観智院本『三宝絵』付録）や、絵巻にも作られた『能恵得業蘇生記』、そして『平家物語』に採り入れられた『尊恵冥途蘇生記』など、中世の宗教テクストの裡に一脈の系譜をかたち作っている。それはシャーマンがイニシエーション体験の語りに憑依するように、天神と化した道真の怨霊が猛威を揮う時代に投ぜられた、災因を明かして修行作善により消除させる方便を示す唱導物語なのであった。

この『日蔵夢記』本文に依拠し、その図像化を試みたのが、メトロポリタン美術館本『北野天神縁起』絵巻である。伊豆走湯山に伝来し、鎌倉時代の制作になるこの古絵巻は、承久本とは対照的に、地獄の業火に焦がされる帝の姿を仮借なく描いている(46)（図9）。この絵巻に登場する日蔵は、他の天神絵巻の僧形とは異なり、長頭巾に笈を負う山臥修験者の姿である。そして巡歴する浄土、天宮、地獄のすべての場面にその姿を現わし、それは彼がこの冥界遍歴の主体であり目撃者であって、冥のメッセージを往き還って伝達する媒介者であることを雄弁にものがたっている。この日蔵のような冥顕を交通する媒ちとなる修行者の姿は、中世を貫く冥界遍歴譚、いわゆる〝地獄巡り〟物語伝承を表象する図像のなかに再び立ちあらわれる。『天狗の内裏』や『富士人穴草子』などを経て、その変奏というべき近世初期絵本『義経地獄破り』（チェスター・ビーティー・ライブラリー蔵）(47) において、富士山の麓から冥途に迷い込んで義経一党の破地獄の顚末をその来迎往生まで見届ける修行者は、明らかにその系譜の末に連なる存在だろう。

十世紀に成立した『日蔵夢記』が中世に及ぼしたインパクトは、ただ『天神縁起』生成の契機となったばかりではない。その、此世をあらしめる冥の世界像の幻視《ヴィジョン》と声とを伝える交通のテクストの化身は、彼の（あるいは真如親王の）名で伝承される歌「いふならく奈落の底に入りぬれば設利《せつり》も首陀《しゅだ》もかはらざりけり」――ひとたび冥途に赴けば王者も奴婢も等しく罪業の報いを受ける理《ことわり》を詠む――とも呼び交わして、無常の理と仏法の因果の前では天皇の神聖不可侵も無効となる、中世の王権観を根底から転倒させる梃子《テコ》となったといえよう。

五　巡礼／回国する聖たち

西国三十三所観音巡礼の起源を説く、室町時代に流布していた縁起は、長谷寺の本願の聖、徳道上人の冥途蘇生譚を語っている。上人への閻魔の教勅と仏眼上人および花山法皇の回国修行により、西国巡礼が創《はじ》まったというのである。(48) このように観音霊場の中心であった長谷寺の縁起は、中世に菅原道真の撰と仮託された『長谷寺縁起文』が成立し、大きな影響を及ぼした。『縁起文』は、同じく道真が長谷観音の本地（伊勢の天照大神とする）と神祇の世界を記して宇多天皇に奉ったとされる『長谷寺密奏記』と一具として作られ、『長谷寺験記』に集約される。(49)『験記』上巻第十一話は、菅公の霊が天慶九年（九四六）に影向して長谷寺の鎮守として祀られた縁起を語り、この与喜山天神の祭祀が縁起述作を道真に帰する背景をものがたる（本書第十章参照）。

『縁起文』は、祟りなす巨大な霊木を御衣木《みそぎ》として十一面観音を泊瀬の地に造立する徳道の活動を記したあと、その観音の開眼のために泊瀬に参った行基の冥界遍歴を説く。行基は山内で八大童子に導かれて山中の秘所を巡り、その深秘を開示される。日蔵に仮託される『一代峯《いちだいのみね》縁起』（慶政『諸山縁起』所収）によれば笠置の窟《いわや》から泊瀬山の峯までは吉野大峯と並ぶ修験の斗藪《とそう》の路であり霊地であって、その一端を行基に示したのである。このように、観音巡礼の霊験所と修験の秘所と天神縁起（後には連歌法楽の場となる）とは、長谷において重なり合っていた。(50)

長谷観音は、中世世界像の始源において重要な役割を果たす存在である。大江匡房の言談を藤原実兼（信西の父）が筆録した『江談』の物語のひとつは、やがて『吉備大臣入唐絵巻』（ボストン美術館蔵）として制作され、後白河院によって王権の表象空間というべき蓮華王院の宝蔵に納められた宝物のひとつとなった。描かれる物語は、遣唐使として唐の都に赴いた吉備真備がその才を嫉んだ帝に鬼の出る高楼に幽閉され、次々と試練を与えられ、その難題を真備が鬼の助けを得て乗り越えていく経緯を効果的な語り口でイメージ化してみせる。真備は、『文選』を読み覚え、囲碁の名人に反則というべき詭計を駆使して勝つが、遂に宝志和尚の作った謎文「野馬台詩《やまたいし》」を前に進退きわまる。そこで本朝の仏神（長谷寺観音と住吉明神）を念じたところ、化現した蜘蛛の引いた糸の導きで迷文を読みといたという。『長谷寺験記』もこの物語を長谷観音の最初の霊験として位置づけ、その霊験は遥か唐にまで及び日本《やまと》の秀れた才《ざえ》を支えるものとなる。物語はこのあと、双六の賽で唐の日月を封じて皇帝を降参させ、文選と囲碁と野馬台詩は吉備大臣のもたらすところ、と結ぶ。彼はいわば文化英雄として立ちはたらき、また天の運行を司る才能を揮ってみせる〝博士〟の先祖として描かれている。それは中世の〝知の体系〟の起源を語る説話(51)であり、実際、陰陽道の聖典『簠簋《ホキ》内伝金烏玉兎集』の注釈では、陰陽道の縁起としてこの吉備大臣譚が説かれ続けていたのである。

最古の西国観音巡礼の記録である行尊の「観音霊所三十三所巡礼記」や覚忠の応保元年（一一六一）の巡礼記で

山図（和歌山県立博物館蔵）

は、長谷寺が出発点になっている。それは室町時代以降、現在に至る那智山青巌渡寺《せいがんとじ》を第一番とする経路とは全く異なっている。那智に始まり、美濃谷汲《たにぐみ》山を結願とする西国一周の経路は、東国からまず伊勢参宮を前提として、そこから熊野へ入る伊勢路を経るのであり、谷汲もそこから東山道、東海道経由で東国、奥州へ帰るのに便利な所である。そこには長谷を起点として京洛へ戻る古い巡礼からの大きな転換が認められ、鎌倉幕府成立以降の東国世界に重心が移った状況を反映するだろう。関東三十三所観音巡礼も中世に始まり、その過程で、前述した西国巡礼縁起も形成されていく。なお興味深いのは、室町初期の『醍醐枝葉抄』[52]に見える西国巡礼の起源説である。「長谷僧正」覚忠が頓滅し炎魔王より三十三所の「生身」観音巡礼を教勅され蘇生したという縁起であって、長谷寺徳道上人冥途蘇生譚の古層は、寺門派修験の伝承であったことが察せられる。

室町中期以降、西国観音霊場の巡礼運営は、「本願」ないし「穀屋」と呼ばれる各札所寺院の勧進聖たちと、これら札所寺院を往来する三十三所行者たちの活動に比重が移っていく。[53]その勧進活動の所産と思しいのが、享徳元年（一四五二）に書かれた『竹居清事《ちくきょせいじ》』に載る「搏桑西州三十三所観音巡礼観音堂図記」である。西国巡礼の縁起を説き勧進のため三十三所毎の図絵を一輔ずつ描きあらわして収めたという。それは、今にとりわけ多く遺される那智山を描いた「那智参詣曼荼羅」に代表さ

図 10　『熊野本地絵巻』熊野三

れるところの、〝参詣曼荼羅〞と称される一群の寺社霊場図像の成立をしるしづける記録であろう。

参詣曼荼羅は、今も西国三十三所の半ば近くに遺存し、これ以外の霊場でも、伊勢神宮や多賀大社のごとく複数の作例を伝えるところをはじめ、西国から東国にかけて数多く制作されている[54]。それらは単なる伽藍境内図ではなく、一山周囲の山海と霊場参詣の路を含み、そこに参詣往来する人々の姿をあらわし、また日月を配してその霊地空間を象る。掛幅画であるが、縁起絵や絵伝のような絹本ではなく、紙本で折り畳まれて持ち運ばれ、より簡便な媒体として絵解きにより霊場の縁起と伝説が説き示されて、霊地の世界が再現前される仕掛けである。その基盤となったのは、中世神祇世界を表象する宗教図像である〝宮曼荼羅〞であろう。春日や日吉そして石清水など、多数の作例を遺す代表的な宮曼荼羅は、社頭図を背景に本地垂迹の御正躰をあらわす明確な構造を有している[55](本書第九章参照)。しかし、それぞれが顕し出す世界像は全く異質であり、両者の間には大きな断絶が横たわる(たとえば春日宮曼荼羅は中世末期までの久しい間に数多く制作され、多彩な変奏を示すが、一切〝参詣曼荼羅〞化せず伝来する)。

両者を繋ぐ重要な回路は熊野であったろう。一幅に熊野三山(本宮・新宮・那智)を描きあらわす鎌倉時代の熊野宮曼荼羅が、奈良長岳寺長《なが》床《とこ》衆の什物として伝来した(クリーブランド美術館蔵)。三山の社頭図像は、『一遍聖絵』巻三に描かれる一遍の熊野詣（ここで彼は熊野権現から念仏聖としての回心に至る夢告を得た）の背景となる三山の景観とほぼ等しい。それは『一遍聖絵』の画家円伊が、ほかにも石清水宮曼荼羅や高野山山水屏風など同時代の社寺の図像遺品と共通する霊地図像を用いていることが知られるように、宮曼荼羅によって流布した三山の図像を絵巻に再構成したものであろう（後に、那智参詣曼荼羅を絵巻化した例として國學院大學本・ホノルル美術館本が存在することも参考になる）。熊野宮曼荼羅は、室町時代には三山を各一幅毎に描く杭全《くまた》神社伝来本（フリア・ギャラリー蔵）が成立し参詣路次の景観や王子社も描かれる。こうした三山図が更にあらたな文脈と結合するのが、中世に成立した熊野の神の本地物語を絵巻化するところにおいてであった。

「神も昔は人なりき」（『梁塵秘抄』）と、本地垂迹説を人の世の因縁物語として語るのが本地物語である。熊野権現は天竺摩訶陀国の王と后と王子が日本に神と顕われ祀られた。王の寵愛を一身に集めた五衰殿の后は、他の九百九十九人の后に嫉まれて山中で斬首される。首のない骸《むくろ》は山中で出産した王子をその乳房で育《はごく》み、やがて獣に育てられた王子が聖人に見いだされ王と再会するが、一同は世を厭い蘇った后とともに日本へ飛来する。経典や本生譚にもとづく本地物語の最も早い成立のひとつが熊野であり、十四世紀半ばに東国で安居院唱導の許で編まれた『神道集』にも、二所（伊豆・筥根）の本地や諏訪の甲賀三郎冥界遍歴譚あるいは天神縁起と共に収められる。それは室町末期に物語絵巻として流布したが、その末尾に垂迹した権現の霊地として三山図が展《の》べられるのである（図10）。そして、その最後に位置するのが瀧を指標とする那智山図であった。「熊野の本地」は、いわば物語の水準での三国伝来縁起であり、その絵巻としての展開が熊野宮曼荼羅から那智参詣曼荼羅への橋渡しになっている。そして各地に数多伝わる那智参詣曼荼羅の幾許かは、観心十界図と呼ばれる同形式の掛幅画と一具で伝来している。

「心」の一字から人界を含む六道世界より声聞、縁覚、菩薩そして仏界まで、あらゆる世界が生ずる――逆に言えば万物はすべて心に収まる――という仏法の理《ことわり》を平易に図解したものとして、おそらく宋より渡来した観心法界図を種に生い育って民衆教化の具に用いられたのが、観心十界図である。室町末期の古い作例においては中央の

「心」字から均等に分割された十界図は、近世に大量に制作された類型では、上に人界を人の誕生から老死まで半円形の山に登り下る〝老《おい》の坂《さか》図〟であらわし、下には種々の地獄図を描いて来迎図を加えた、いわば地獄極楽図と化している。これは、熊野比丘尼と呼ばれる女性宗教芸能者の勧進唱導の具として用いられた。その有様はフリア・ギャラリー蔵『住吉祭礼図屏風』の一角、橋の許で十界図を指して絵解きする姿がよく活写するところである(図11)。それは中世の宗教的世界像の辿りついた、最も民衆的な仏教教化のメディアの様相であろう。[56] すべてを心に収めるその世界像には、太子絵伝や縁起絵などに現前した三国世界の視野はもはや全く消え失せている。顕密仏教が繰り返し指弾し批判した禅や念仏の志向と同調する世界認識の地平を、比丘尼たちは最も平俗に指し示していたのではなかろうか。

図 11　『住吉祭礼図屏風』絵解き比丘尼（フリア・ギャラリー蔵）

　鎌倉時代後期に成立した真名本『曽我物語』では、曽我兄弟の仇討物語の背後に、征夷大将軍となった「鎌倉殿」頼朝による幕府草創の歴史物語が展開する仕掛けである。ふたつの物語が結びつく頂点は仇《かたき》を討ち果たす富士の巻狩という場であり、それは頼朝から頼家への王権継承儀礼というべき場を背景に繰り広げられた。そのように中世のあらたな東国政権が誕生する過程が物語全体を貫いている。最後に筥根山で出家した虎が兄弟追善のために善光寺修行に旅立つところまで、物語の骨格が『吾妻鏡』に含まれる記事にほぼ見えていることからも、その推測は裏付けられるところである。[57]

　真名本『曽我物語』には、中世日本の〝境界〟も主人公兄弟の口を介して繰り返し語られる。東は津軽、外の浜、北は佐渡、南は熊野、土佐の幡多、西は鬼界嶋まで、何処までも鎌倉殿の威光の及ばぬ所はないと、幕府の支配の確立を間接話法で示すのである。しかし最も重要なのは、物語前半、頼朝と北条政子が逃避行の末に伊豆山へ隠れ、そこで近従の安達盛長が見た夢を解く、夢合《ゆめあわ》せの一段であろう。盛長は、頼朝が筥根山の矢倉《やぐら》岳に座して祝言の盃を捧げられ、左に奥州外浜《そとのはま》を、右には西国鬼界嶋を踏み、日月を左右の袂に入れ南面して歩む様を見る。同じく夢に、頼朝は八幡の示現を、政子は権現より日本六十余州を現わした唐《から》の鏡を賜わると見たと語らう。そこに平景義が盛長の夢を、頼朝が東西の敵を征討し、天皇や院の後見として「日本秋津嶋の大将軍」となるべき夢とめでたく合わせて恩賞を賜わる。それは頼朝が征夷大将軍たるべき予言に加え、やがて政子が頼朝の後家尼として承久の乱の後に天下を支配する北条執権家の覇権を説明する未来記でもあった。この夢合せ譚は延慶本『平家物語』にも採られ、幸若舞曲『夢あはせ』にも語られる、東国王権の誕生を語る中世神話とも言うべき伝承であった。だが、なお興味深いのは真名本『曽我物語』が、この夢合せ譚について、『平家』に『曽我』を副えて唐土に渡し、政子が賢女と讃えられた、という奇妙な自画自賛の一節を加えるところであり、それは倒叙法的に中世「日本国」の自画像を示すものといえよう。この夢合せ譚には、中世日本のあらたな王としての「日本国大将軍」の登場が象られている[58]。

古代から中世にかけての「日本国」を儀礼の上で実態的に運営し組織する方法から、物語に表象される国土支配のあり方をとらえることができる。そのために用いられる儀礼テクストが「神名帳」である。さきに言及した東大寺二月堂の神名帳はその最も古い姿を伝えている。修二会では毎日、初夜行法の大導師作法のなかで読み上げられ、大菩薩から大明神そして天神や御霊、牛頭天王のごとき疫神に至るまで、序列化された全国の神名が五百七十余所挙げられる。二月堂神名帳は『東大寺戒檀院公用神名帳』と同内容で、およそ十世紀頃の成立と推定されているが[59]、それらは総国分寺としての東大寺における神祇の秩序体系を端的に示すものであろう。このように神名帳とは、仏教の側から寺院儀礼において全国の神祇を道場に勧請し、その守護を願い、また仏事の功徳を法楽に奉って威を増す「神分」の作法とも通ずる儀礼のための宗教テクストであり、読み上げる声によって機能するものであった。

平安時代に、天台宗では如法経守護三十番神において畿内を中心とした有力神祇が網羅されて月毎に毎日の守護神として祭祀され、中世には法華宗に継承されて番神堂に勧請される。真言宗では、醍醐寺三宝院勝覚の『護持僧作法』が、天皇の護持僧が清涼殿二間《ふたま》における夜居加持作法において、毎夜一社宛に二十一社を勧請すると説く。その成立は十一世紀半ばの成尊に遡るという。[60]作法には更に宮城を両界曼荼羅に重ねる観想を説くが、観念上とはいえ、それが天皇の玉体を加持する顕密僧の作法として行われることに重い意義がある。その土台は、空海の創始した宮中真言院後七日御修法《ごしちにちみしほ》の結願に大阿闍梨が清涼殿に参入して行う香水《こうずい》加持において、心中に宀一《ベンイチ》（室生）山の舎利を観念するという口伝にあろう。これが密教による国土観の原型であったが、それが殿上の二間に進出しては神祇を勧請するに至ったのである。二十一社の勧請は、院政期までに成立していた二十一社制を反映している（後三条院の時代に日吉社が加えられ二十二社となる）。それは中世国家による神祇祭祀体制を代表する序列であり、また院政期仏事法会の表白に「王城鎮守」と表現される内実でもある。それはまた、全国的次元では、諸国毎の「一宮」として択ばれた神社を国司が奉幣・祭祀する一宮体制が成立した時代であった。[61]こうした神祇史を再び神名帳の上についてみれば、中世国家がその様々な水準と場において用いた神名帳が、これに対応している。

中世、諸国の一宮やその下に序列化された有力神社では、その神宮寺や本地堂の修正会において神名帳を奉読し、一国の神祇を勧請する。郡毎に神社を挙げる形式が一国神名帳であり、それはおそらくすべての国毎に作成され、備えられたであろう。一方、全国を網羅するものとして、諸国の一宮を挙げる諸国（六十六箇国）神名帳がある。その特徴は、五畿内（王城所在の山城国）から始めて、東海道から七道毎に国々の一宮を国名と共に挙げていく形式である。これは、さきに言及した「行基図」と共通した構造をもつ、その文字テクスト化と言ってよい。この諸国神名帳は、たとえば信濃遠山郷の霜月《しもつき》祭において現在も読まれており、祭儀のなかで諸神を勧請する重要な次第のひとつに位置づけられている。[62]その成立は遥かに中世に遡るだろう。管見に入った最古のテクストは、東大寺東南院から伝来した唱導テクスト『類聚既験抄《るいじゅきげんしょう》 神祇十』（真福寺大須文庫蔵）に含まれる「諸国一宮事」条である。(63) この鎌倉後期写本は、伊勢をはじめとする諸神諸社の縁起説と霊験譚を無住『沙石集』や西行仮託『撰集抄』「日本神国事」なども抄入しつつ構成するが、その中間に全国の一宮を海道毎の神名帳形式で列記し注を付している。その元となった神名帳は既に存在していたのであり、また、それが東大寺を介して伝わることも注目される。

六十六箇国が実体化されるのは、神名帳を読む祭儀の場だけではない。そこに挙げられる一宮をはじめとする国々の寺社霊場に経典を奉納する回国聖の営みにおいて、それは顕在化する。書写した如法経六十六部を諸国を巡って奉納する修行者を「六部《ろくぶ》」と呼んだ。その納経の遺品や遺構は、一宮の神社等の境内に建つ納経塔とそこに納入された経筒・経巻などを室町後期から見いだすことができる。彼ら回国行者の姿もおよそその頃から史料に見え、「六部殺し」などその伝承に至っては近代まで生き延びていた。しかるに、これもその成立は更に遡るのである。称名寺聖教（金沢文庫寄託）断簡のうちに、鎌倉時代書写の六十六箇国の神社名および寺院も記される神名帳の断片（東海道から東山道にかけて残存）の一紙が伝わる。その紙背――むしろこれが表か――に記されるのは、「法華堂縁起」の一節であった。(64) 鎌倉に所在する頼朝の墳墓堂の縁起というが、その中身は六部、すなわち如法経回国聖の縁起であった。日光山輪王寺などに伝わる縁起の全文によれば、頼朝の前生は頼朝《らいちょう》房という回国僧であり、時政《じせい》房や景時《けいじ》房らと共に全国に納経を果たし遂げんと大願を立てながら死に、頼朝に転生したという因縁譚である。またその因縁は、出雲大社で持経者の夢中に示された、と説く。その紙背の神名帳と見えたのは、聖《ヒジリ》が国毎に納経すべき一宮以下の社寺を示す、回国の路程であり納経所のリストであった。頼朝をめぐる中世神話の一端は、六十六部縁起となって諸国神名帳と呼応しつつ生成され、その成立は鎌倉後期に遡ると推定される。頼朝の法華堂をいわば本所としつつ創りだされた、中世日本の世界体系《システム》のひとつだったのである。

六　勧進により建立される中世世界

経塚の造営において知られる埋経は、摂関期の十一世紀初頭に端を発し、院政期の十二世紀に全盛を迎える、まさに中世の成立と共に生じた宗教運動であった。それは円仁の創めた如法経書写供養作法に拠るところの作善業の実践として位置づけられ、上東門院彰子は自ら願文を草して叡山横川如法堂に経と共に納め、その華麗な経筥が今に伝わる。埋経を推し進める決定的な起点となったのは、彰子の父、藤原道長による金峯山への埋経であった。寛弘四年（一〇〇七）に催された参詣と山上で繰り広げられた大規模な儀礼の消息は自筆の『御堂関白記』（陽明文庫蔵）に詳らかであるが、何よりその遺品として、光り輝く金銅製経筒に納められた紺紙金泥願経と経筒に刻まれた道長自草の願文に、その趣意は鮮やかに示されている（図12）。願文は弥勒下生の暁には往生した極楽から再び霊山説法の会座に至り衆と共に聴聞せんと誓い、この使命を「宿命通」を得て覚知する旨が述べられて、彼の確立した権威の宗教的基底が示されると共に不滅への希求を伝えている(65)。金峯山埋経を継承した曾孫の藤原師通は、多数の経典に自筆の作善目録を含む願文を加えて奉納したが、更に慈応上人による一日一切経という未曾有の儀礼を助成し、これを金峯山へ送っている。それは埋経と一切経書写が結びついた初例でもある。道長が奝然の将来した北宋皇帝勅版一切経を自らの造営した

図12　藤原道長奉納　金峯山金銅製経筒（金峯神社蔵）

法成寺に納めて以来、摂関家は王権の威信財としての一切経を造立する主体となった。その後継者の頼通が宇治平等院に一切経蔵（宇治宝蔵）を営み、ここに一切経に加え数多の宝物を聚め、やがて此処を舞台として一切経会を催した。そこに藤氏長者が参って経蔵を開検する「宇治入り」は、中世に至るまで摂関家の権威を公に示す儀礼であった。やがて白河院は、この王権の象徴というべき一切経を再び自らの手に取り戻し、法勝寺における紺紙金泥一切経造立をはじめとして、膨大な作善を営み、これを鳥羽院も継承して、更に拡大展開していったのであるが、それは埋経とも交錯し、重なるものであった。(66)

　埋経儀礼は、十一世紀に北九州の宇佐八幡とその周辺の山岳霊場を中心に展開し、天台僧のネットワークを介して畿内から東国へと、院政期までに全国へ展開した。たとえば白河院が法勝寺にて金泥一切経を供養した康和五年（一一〇三）に、甲斐柏尾山に埋経した勧進僧寂円は、山城国出身で諸国を修行経歴した末に当地の有力者と結縁し如法経を営んだ経緯を詳らかに経筒銘に記す。また白河院は、自身の生涯の作善の結びとして石清水八幡宮に一切経を奉納（『本朝続文粋』敦光願文）した翌大治四年（一一二八）に崩御する。翌五年、天台僧の行誉は那智山瀧下に「金経門」を造立、仏像・曼荼羅・経典等を複合した埋経を営み、その縁起に自らの修行と立山など霊地での夢想や京洛での諸人との結縁を記す（『那智山瀧下金経門縁起』）。こうした修行者の衆庶への勧進による埋経の作善は、鳥羽院の時代に爆発的なまでに全国各地の霊場・霊験所と各寺社にわたって営まれ、それは院による一切経造立と結合するに至る。久安五年（一一四九）、鳥羽法皇は「富士上人」末代による「如法」の一切経勧進に結縁し、宮廷を挙げて大般若経を書写させ、自ら心経と尊勝陀羅尼を写し、結縁者の「人名帳」と共にこれを供養したうえで末代に賜い、上人はこれを富士山頂に納めた（『本朝世紀』）。この時の発願文も伝わり、末代は諸国修行の末に幾度も富士山頂に登拝し、また白山の浄水を得て、東海・東山道の衆庶を勧進して料紙を設け上洛したという。それは、院の王権による作善としての一切経造立と、勧進聖による埋経造営とが連携した、しかもすべてを如法の作法に則《のっと》ってする清浄行としての画期的な達成であった。加えて、その一切経は霊地の最頂というべき（後世、『三国伝記』「富士山事」では「三国一」の山という）、聖徳太子が飛び翔った富士山に埋められたのであり、ここにおいて王と聖人の作善は一体となり、国土の経蔵化を目指したと言ってよかろう。(67)

院政期は同時に、浄土願生者と往生伝の時代でもある。『本朝世紀』は、同じ久安五年条に鳥羽法皇がかねてより結縁していた四天王寺西門《さいもん》の念仏堂を新たに造立供養した記事も載せる。『極楽願往生歌』を遺した西念が自らの作善目録を首に懸けて天王寺西門の西海に入水を試みた（保延六年・一一四〇）ごとく、天王寺は浄土願生者の蝟集する霊地であり、太子と舎利の霊験を憑む人々の参詣する所であった（本書第十一章）。その有様は、自身も熱烈な舎利信仰者であった三善為康の編む『拾遺往生伝』『後拾遺往生伝』に、彼の夢想や感得の霊験を記した序文を含め、詳らかに記録されている。

各所で展開した念仏勧進の運動のうち、最も注目されるのは、声明の大成者であり、『後拾遺往生伝』中の往生人でもあった大原の良忍上人によって創められたと伝える融通念仏である。一人の念仏の功徳を万人に融通互恵するその手立ては、「名帳《みょうちょう》」による勧進と結縁であった。『古今著聞集』には良忍の往生伝としての融通念仏縁起が載せられ、阿弥陀の示現文を種子《たね》に勧進された仕組みが窺える。それを元に、鎌倉末期の正和三年（一三一四）に『融通念仏縁起』絵巻（シカゴ美術館・クリーブランド美術館分蔵）が成立した。(68)この絵巻となった融通念仏縁起の大きな特徴は、その中核に、良忍の勧進に鞍馬山の毘沙門天が応じて夢中に示現し名帳に入るという霊験を位置づけることである。更に進んで毘沙門は諸天神祇に勧めて名帳に入れ、絵巻はその様を虚空に鞍馬毘沙門を中心とした諸天（愛染明王から十王や龍神まで、いわば顕密仏教の諸尊）の集会によってあらわすが、更に日本国中の諸神祇が結縁するところは、代表的な諸社の社頭図（その特徴を示す社殿や鳥居、神木や山など）をもってあらわすという、宮曼荼羅の方法を応用する（図13）。これに対応する詞書では、それら諸天神祇は一連の名帳、すなわち神名帳として書かれており、それは勧請のために読み上げられるようなテクストになっている。こうして『融通念仏縁起』絵巻は、仏天の示現による勧進状としての本来的機能に加えて、名帳と神名帳を複合させ、しかもそれらを図像化し

図 13　『融通念仏縁起』絵巻神名帳段　諸社の結縁図（シカゴ美術館蔵）

て、日本国中の神祇の加入を可視化することによる国土の念仏結縁を、紙上で実現しているのである。[69]

『融通念仏縁起』絵巻は、南北朝期に良鎮によって勧進の具として量産される。彼の識語（願文）によれば、「ゐぞ、いわうが島まで」六十余国つまり日本国中に配布されることを目指し、既に大和国の越智《おち》氏を檀那として三十箇国分の助成を得たという。絵巻による勧進に応じて諸国から集められた名帳は、当麻寺曼荼羅堂の瑠璃壇に納めるべきものとする。つまり、前述した当麻曼荼羅の流布と共通する方法で勧進を展開したのであり、この良鎮勧進本は多くの遺品を今に伝える。彼の活動は、やがて京都の幕府政権および宮廷と結びつき、南北朝合一が果たされた明徳二年（一三九一）には、僧俗公武が詞書各段を染筆して開板に助成した版本絵巻（大念仏寺蔵）が成立する。しかもその末尾には、嵯峨清涼寺釈迦を本尊とし釈迦堂で催される大念仏会の縁起の一段を加えて、弥陀の融通念仏と釈迦の大念仏とが融合した複合縁起絵巻として面目を一新するのである。[70]そして最終的には、応永二十一年（一四一四）、この清涼寺に、足利義満七回忌を期して将軍義持と後小松院以下、公武の染筆による豪華な彩色絵巻が奉納される。ここに至って、融通念仏の勧進はついに王権と結縁するまでになったといえよう。[71]

かくして、勧進による中世世界の形成は、一切経や曼荼羅そして絵巻など記念碑的《モニュメンタル》な宗教テクストの、王権による、あるいは共同による造立と流布に端的に示されるように、社会のあらゆる階層を組織し、諸次元に展開して、世界像を更新していった。その運動の画期であり頂点でもあったのが、東大寺大仏の復興であろう。治承四年（一一八〇）の兵火で焼失した大仏と伽藍の再建は、国家の意志としてなされるべきであったが、打ち続く戦乱のなか、もはや朝廷が単独で遂行することは不可能であり、かつて聖武天皇が大仏造立に際して願ったところの、いわゆる知識結による作善が求められることになった。その要となる大勧進上人としてその任を担ったのが俊乗房重源（一一二一～一二〇六）である。彼を中心に営まれた東大寺大仏再興の活動は、院政期に急激に進行していた中世世界の再構築を、更に加速度的に推し進めることになったといえよう。

重源は、顕密寺院社会の周縁で活動する〝聖人〟であった。彼は醍醐寺において、上醍醐円光院（白河院后賢子墓所）の三昧僧であり、栢社《かやのもり》別所堂の供僧であったが、その密教実践は舎利崇拝と「三角五輪塔」造立に代表される。修験においては熊野大峯を幾度も通り、立山、白山など霊山を斗擻する修行者であり、念仏行者としては善光寺に参詣して〝生身〟の本尊を夢中に感得し、また四国遍路して高野山に入定する大師を仰ぐ〝高野聖〟でもあった。高野では念仏聖の結社を営み、これをはじめ各地に別所を設けて湯施行と迎講を催した。「南無阿弥陀仏」とは、そうした行業のなかで創出された彼の自称である。その活動は更に海を越え、「入唐三度聖人」（高野山観禅院鐘銘）と称すごとく、渡宋して求法巡礼すると同時に商人や工人、技術者とのネットワークを作りあげていた。同じく入宋聖人であり、後に大勧進職を継承した栄西とも連携し、宋からは一切経を何組も将来し、その一部は醍醐寺に、他は東大寺に納めたのである。「勧進」と「結縁」と「造立」に集約される、こうした彼の生涯の活動とその所産の全貌は、晩年の建仁三年（一二〇五）、東大寺総供養を了えた後に記された『南無阿弥陀仏作善集』[72]に自ら目録化するところであり、それは作善目録の形を借りた希代の勧進聖の自伝であった。その筆頭に挙げられるのが東大寺大仏なのである。

大仏の再興は、中世日本における神と仏の関係についても再構築をうながした。後白河法皇が自ら筆を執って大仏を開眼した翌文治二年（一一八六）春、重源は伊勢神宮に参り、神前で夢告を得た。この霊告感得の行動は、その前後に成立した縁起説や神祇書に行基の参宮説話が登場することと無関係ではない。天照《アマテラス》と思しい貴女は、聖《ヒジリ》に、衰えた吾が身を肥やすため般若の法味を求める。聖はこのメッセージを寺中に触れ、二部の大般若を両宮に奉納するため、東大寺衆徒六十名による前代未聞の集団参宮法楽仏事が挙行された。この仏事の詳細については次章に譲るが、その記録《ドキュメント》として『東大寺衆徒参詣伊勢大神宮記』(真福寺大須文庫蔵)[73]が残されている。

後白河院も支援するこの盛儀が滞りなく了《おわ》った後、重源の許に居た聖に「御示現」の歌が夢中に詠まれた。『参詣記』の最後はこの歌で結ばれている。

今日《けふ》こそは天津尊《あまつみこと》のはじめなれ　葦牙《あしかび》もまたいまぞ見ゆらん

それはすなわち、神の再生を言祝ぐ頌歌であった。

一箇の精神史的事件と言ってよいこの参宮を、おそらく伊勢の地で見届けた後、重源との「約諾」により奥州へ大仏塗金の沙金勧進のために旅立ったのは、歌僧西行である。彼はその途次、わざと鎌倉へ赴き、頼朝と一夜面談している(『吾妻鏡』)。任を果たしたのち、西行は畢生の大業として己が生涯の秀歌を撰び、自歌合を企てた。『御裳濯河歌合』と『宮河歌合』は、その判を時の歌壇の長老藤原俊成とその息である俊才定家の親子に依頼し、完成した両宮歌合は伊勢内外両宮に捧げられた。[74]その、天照大神に奉る巻頭歌において、西行もまた次のように詠んだ。

岩戸開《いはとあ》けし天津尊《あまつみこと》のそのかみに　桜を誰《たれ》か植ゑはじめけん

この「御示現」の歌との響き交すような呼応は、おそらく偶然のことではなかろう。ひとつの始まりが、その唱和から立ちのぼってくるようである。

総説II　中世的世界の形成

はじめに――年代記という座標から

歴史書のなかでも、年代記は、一見して無味乾燥な記事の時系列による羅列のように見えながら、そこに自ずから様々な出来事の因果や遠く隔った事象の呼応という関係が浮かび上がるような、読む者にとって興味の尽きないテクストとなりうる。更に、登場する人物の遺した記録や関連する物語・説話などを代入すれば、その面白さは一層増すことだろう。

中世日本の世界像を探り尋ねるにあたり、その生成期といえる十一世紀から十二世紀にかけての、いわゆる院政期の時代を通時的に概観しながら、中世的世界が日本においていかに形成されていったのか、それを政治史としてではなく、あくまで文化史として俯瞰してみることを試みよう。本章ではまず、その中心的主体としての院（上皇／法皇）に注目しながら、文化の中核としての宗教と思想をめぐって、それを支え、働かせる人々の才芸とその所産を、年代記という時空の格子《マトリックス》に載せてみたい。そのために格好なテクストがある。

『百練抄』は、冷泉天皇の安和元年（九六八）から後深草天皇の正元元年（一二五九）までの約三〇〇年間を天皇紀の形式で記録した史書で、現存伝本は金沢貞顕が嘉元二年（一三〇四）に吉田定房・万里小路宣房所持本より書写した金沢文庫本を源とする。勧修寺流〝日記の家〟に伝えられた外記日記など宮廷の記録を母胎に編纂された年代記である。(1) それはいわゆる院政期を全て包摂し、とりわけ院を中心とする皇室と宮廷の主要な事績を網羅しており、その動静がとらえられる点で価値が高い。本章が主として取り扱う院政期文化史上の諸事象を通時的に展望する上でも有用である。それゆえ以下の記述は、特に断らない限りすべて『百練抄』に拠る。

一　法勝寺をめぐって

後三条天皇は、延久二年（一〇七〇）十二月、自らの御願寺として創建した円宗寺を供養し、同四年十月二十五日には、この寺に最勝・法華の両会を始修した。その翌日、天皇は夢想により宇治に臨幸、この地に隠退していた「宇治殿」前関白頼通より如意宝珠を献上されたという。頼通が別業を営んでいた宇治の地には、彼の創建になる平等院があり、頼通はこの寺に延久元年（一〇六九）五月、一切経会を始行し恒例とした。その会場である一切経蔵は、後世「宇治宝蔵」と呼ばれ、一切経已下、摂関家の霊宝が収められた〝聖地〟として、代々の藤氏長者が「宇治入り」して参詣し、経蔵を開いて宝物を御覧し点検する、一種の継承儀礼を執り行う場となった。(2) 如意宝珠の献上とは、それらの象る権威が天皇の許へ移ったことを示す象徴的な行為といえよう。その即位にあたり、高御座の上で大日の拳印を結んだと『御即位記』（大江匡房）に記されて、即位灌頂の先蹤と目される(3)、後三条天皇がめざした王権の構想は、いまだ完全な形でその姿を現わしてはいない。しかし彼の治世において、宗教的領域には確かにあらたな時代を告げる思想の形成が認められる。東密小野流の真言僧で後三条の護持僧であった成尊《せいぞん》が、東宮時代の後三条に献じたとその識語に記す『真言付法纂要鈔』は、三国にわたる密教の伝統を大師空海が伝えた日本国こそ、真の密教流布の約束された地であることを主張する。そこに大日如来と「天照尊」すなわち天照大神が重ねられるのが、中世神話の始発点のひとつであり、また天皇による即位灌頂の根拠ともなったといえよう(4)。

後三条院が早すぎる崩御を迎えた後、その後継者となったのが白河天皇である。しかし後三条の遺志は弟の実仁親王の即位にあり、白河天皇はそのことを強く意識しつつ、自らの権威を創出すべく御願寺の造営を承保二年（一〇七五）に始める。この法勝寺の伽藍が供養されたのは、承暦元年（一〇七七）十二月十八日のことであった。その盛儀は『法勝寺供養記(5)』に願文を含めて記録され、伽藍の規模や構造が詳細に知られる（図1）。金堂本尊は三丈二尺の大日如来で胎蔵四仏を脇侍に配す。その壮大な空間は道長の法成寺を凌ぎ、主要な伽藍堂塔が中軸上に一線に並んで配置される点で、古代的な復古性が指摘されている(6)。翌二年十月三日には大乗会が始行され、講堂で五部大乗経が講説された。これは後に円宗寺の二会と併せて、南都の三会に対し北京三会として成立し、南都仏教から独立した天台僧の僧綱昇進の道を開く、仏教制度史上の画期をなす公請論義法会の場となる(7)。

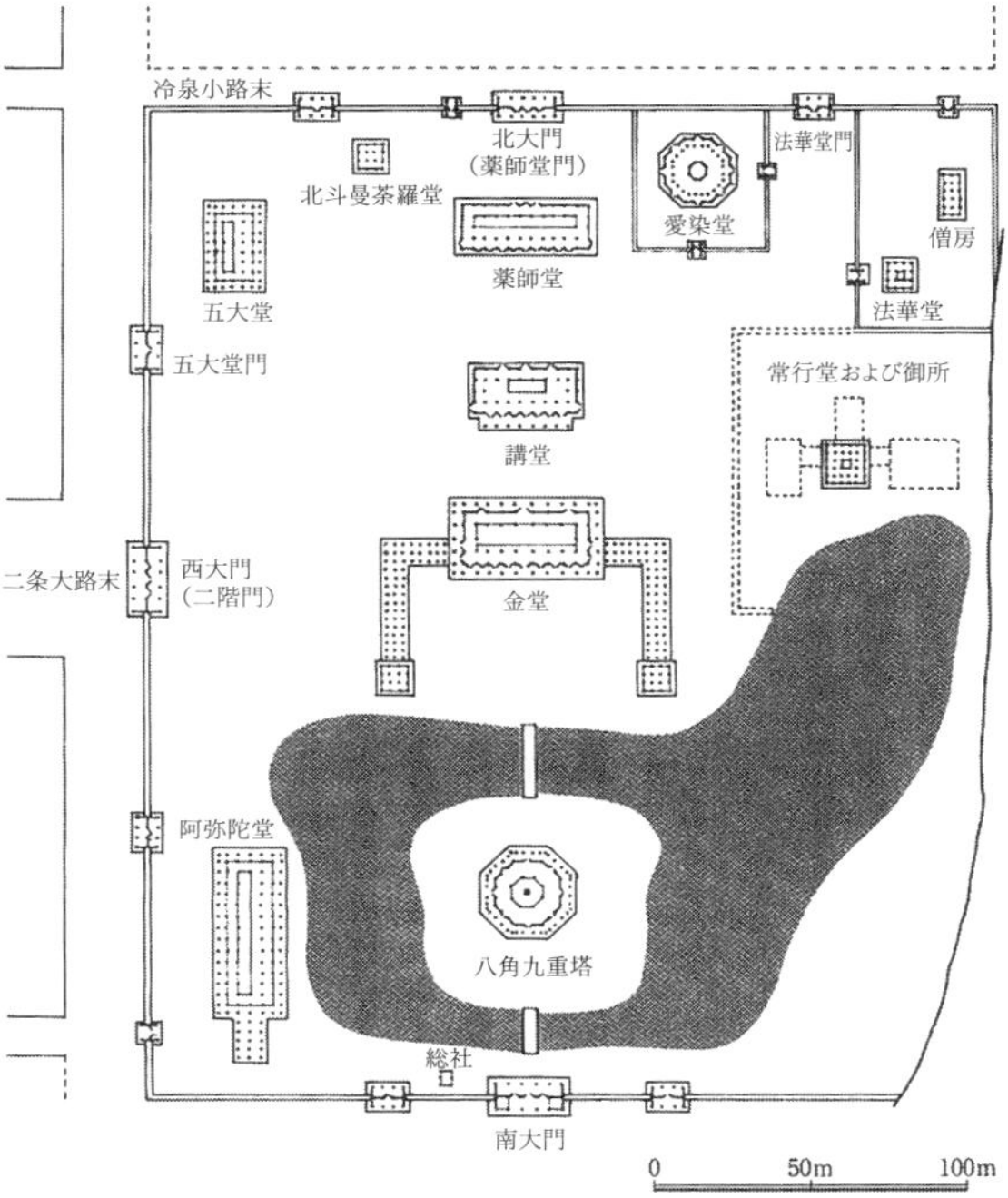

図1　法勝寺伽藍復原図（冨島義幸『密教空間史論』より）

法勝寺について何より注目されるのは、永保三年（一〇八三）十月に供養された八角九重塔の存在であろう。伽藍南庭の中島に、二十七丈の巨大かつ前代未聞の様式の仏塔が建立された。それは洛中洛外に白河院の権威を誇示するランドマークであり[8]、伝統的な和様寺院建築の系譜に立たず、むしろ宋朝様式を想起させる異風であった。本尊は五智如来で金剛界を象り、金堂の胎蔵界と併せて両界曼荼羅の世界を構成した。この新奇な巨塔は建築工学的にかなり無理な構造であったらしく、完成から十五年後の承徳二年にはすでに「傾危」のために再修造され、その後も、保延六年（一一四〇）には心柱の朽損のために基礎を交換するなど、たびたび修理され、絶えずその維持が図られた。しかし、嘉応元年・承安四年・安元二年と度重なる雷火に見舞われ、文治元年（一一八五）の大地震で破損する。そして後鳥羽院政下の承元二年（一二〇八）五月十五日、落雷により焼失した。執行の僧がその衝撃から頓死した珍事は『愚管抄』にも記される。院はただちに再建を命じ、同四年には心柱を立て、早くも建保元年（一二一三）に供養されるが、それは院の王権にとってこの塔の象徴としての重要度が高かったことを物語る。その後、安貞二年（一二二八）九月には法勝寺正庁と宝蔵が盗賊のために焼失し、同十月には塔の九輪が傾いて、権威の失墜が現実のものとなった。やがて鎌倉末期には、法勝寺再興の大勧進として、天台の恵鎮上人円観が入寺し、この寺に円頓戒壇を置く。遁世門の律僧が顕密仏教の復興を担い、その拠点となったところに法勝寺の東大寺や四天王寺と共通する、中世国家の宗教機能を果たすべき性格が窺えるが、もはや院政期における王権を担う多様な機能は喪われ、南北朝の康永元年（一三四二）三月二十日に焼失し、ついに再建されることはなかった。この巨塔をめぐる法勝寺の盛衰は、その履歴じたいが院の王権の栄光と衰亡とを端的に示すようである。

『愚管抄』に「国王ノ氏寺」と評された法勝寺において、白河院は、自らの五十御賀および六十御賀を催した。また、鍾愛する待賢門院所生の崇徳天皇が即位した翌年の天治元年（一一二四）二月には、白河・鳥羽両院および女院の白河御幸と法勝寺渡御が催され「希代之壮観」を呈し、さらにその翌月には桜花御覧のための法勝寺御幸が行われた。その、王権の祝祭と示威の場としての性格は、保延元年（一一三五）三月十七日に飢饉の貧人に米千石を賑給する施行の庭としての機能とも表裏をなすものだろう。

法勝寺において院の主催する主要な法会としては、まず金堂における修正会が挙げられる。それは法成寺において行われていた修正と同じ性格を有し、創建の翌年から恒例として営まれ、竟日には院の臨幸があり、呪師の芸能が演ぜられた。この修正をはじめとして、法勝寺における仏事法会を統括する役割は検校として仁和寺法親王が務め、また別当は天台の山門と寺門の双方から補任された。院の宗教的分身というべき御室法親王が、仏事法会に参勤するため諸寺から出仕する僧侶たちを統率する役割を果たしていた。そのマニュアルというべき次第書が、後白河院政期、守覚法親王により編纂された法儀次第類聚『紺表紙小双紙』のなかに含まれる。『法勝寺修正導師次第』など一連の修正関係の次第・作法に加え、臨時仏事として『法勝寺千僧御読経次第』が加わる。修正次第に関しては、牛玉導師作法を中心として「禅定仙院（法皇）」の玉体安穏・寿福増長を祈る作法が柱となり、これに呪師の芸能が加わる。院がこの牛玉を授かり、芸能を賞翫する光景は当時の公家日記に詳しく記されているが、その舞台となった後戸は中世に猿楽の芸能が誕生する場ともなった。千僧御読経は、白河院によって天皇主催の大極殿千僧御読経を換骨奪胎した、院の沙汰ながら公家仏事の性格をもつ。阿弥陀堂で行われた法華三十講が宮中最勝講と競合するよう意図的に設定されたこともその一例である。そのような、白河院の企てる仏事法会を催行する会場としての法勝寺は、僧が常住せず、御室以下諸寺の僧の参勤により御願が執行されるという構造からすれば、劇場のごとき祝祭空間であった。

十一世紀末の法勝寺の創建に続いて、十二世紀前半にかけて、堀河天皇御願の尊勝寺（康和四年供養）・鳥羽天皇御願の最勝寺（元永元年供養）・待賢門院御願の円勝寺（大治元年供養）と、やがて六勝寺と総称される白河の地の御願寺群が次々と姿を顕わした。それらの建立主体は全て白河院といえよう。各御願寺においては、それぞれ修正会が行われるとともに、結縁灌頂など重要法会も始められ、国家仏教体制の一環に組み込まれていった。

白河院の最晩年に当たる大治年間は、円勝寺の三基の塔を含めて各所に塔が建立・供養された。特に待賢門院は、法金剛院の塔を加えた十基の塔の造立を発願しており、塔への執着は異様なほどで、洛中に仏塔が林立する。それは建築だけが目的なのではない。それを仏に奉献し、その法儀によって善根を成就させる、声明の歌詠と音楽および舞楽によって荘厳された供養法会の祝祭こそ、院の意図を体現すると同時に、この時代が求めていたものであった。その実態の一端は、仁和寺法親王の許で行われた供養法会の記録『大治二年曼荼羅供次第』に窺われ、さらにその記録の原形である仁和寺の「兼賢法橋日記」を類聚した真福寺蔵『法則集』(14)に詳しい。最後に挙げるべきは、白河院の国忌として天承元年（一一三一）から始行された法勝寺御八講である。この論義法会は顕宗諸寺の学侶の学解を競う公請法会として院政期を通じて機能し、やはり院の主催の許で顕密仏教統括の一端を担ったのである。(15)

法勝寺は、法会という祝祭が演ぜられる単なる劇場というばかりではない。そこは一切経が安置され、読み講ぜられる実質的な宗教的機能をもつ場でもあった。承暦二年（一〇七八）の大乗会の始行と同時に、そこで講ぜられる五部大乗経が供養されたが、それは一切経の一部を成すものと推測されている。康和五年（一一〇三）七月十三日に金泥一切経の供養が行われ「希代之大善根也」と評されたのもその一部であったらしく、さらに天永元年（一一一〇）五月十一日、金堂において金泥一切経供養が行われ、御幸があり「是、自㆓御在位之時㆒所㆑被㆑始之御願也」とあるように、それは白河院の当初からの構想として書写されたものであった。院の一切経書写完成にかける強い意志は、この時の供養が降雨で三度も延期したのを怒って雨を鉢に入れて禁獄した、という『古事談』の逸話からも察せられるところである。院の崩後にも追善のために金泥一切経供養が行われ（天承元年六月十七日）、美福門院による一日金泥一切経書写・供養も行われた（久安六年五月十日・十月二日）。

法勝寺の一切経は、法成寺に安置された奝然将来の北宋皇帝勅版一切経の影響下にあり、また、道長追善の銀泥経であったと思しい平等院一切経を意識して、それら摂関家の所有する一切経を超えた権威を構築しようと企てたものとされる。(16)そのうえで、版経とは次元を異にした紺紙金泥の装飾経として、それは王権の荘厳具と化す。一切経を媒介とした、摂関家から院への権威の奪胎という点で興味深い事実は、『後二条関白師通記』嘉保三年（一〇九六）四月五日条、白河院が大江匡房を使いとして「倉鎰」と「一切経目録」を召し、師通がこれに応じたことである。おそらく、長者開検のための平等院経蔵の鎰《かぎ》と、その内容たる一切経目録であり、院はこれを法勝寺一切経完成のために求めたのだろう。それは、前述した頼通による後三条帝への如意宝珠献上を想起させるような出来事であり、院の王権がいかなる象徴と荘厳によって形成されるものであるかを如実に示している。そのことは院の治天の末期、大治二年（一一二七）五月二十六日に肥前国神崎荘から院の許に鯨珠一顆が献上され、早速その珠について「和漢之例」を勘奏させた一件とも根を同じくするものだろう。[17]

法勝寺に形成された一切経は、院政期における経典書写の典型となったと思われる。その一端は、奥州藤原氏による中尊寺の紺紙金銀泥交書一切経であろう。大治元年（一一二六）に書かれた『藤原清衡中尊寺供養願文』[18]には、「禅定法皇」の上寿を祈るとの趣旨が含まれ、この善美を尽くした装飾経が中央の直接の影響下に成立したことが察せられる。対照的に、在地の国衙官人による勧進合力のもとに成立した一切経にも法勝寺一切経の影響が及んだ。承安五年（一一七五）から治承三年（一一七九）にかけて書写された尾張七寺《ななつでら》一切経は、その一部の奥書に、治承三年に京の清水寺において「法勝寺本」を以て写した旨が見え、とりわけ『貞元新定釈経目録（貞元録）』巻二十九には「右点法勝寺金字経」と交点識語を付すことが注目される。わずかな例ではあるが、法勝寺一切経が十二世紀に全国的な経典書写の拠点となり、[19]やがて中世の仏法の基盤となったことを示唆するものだろう。

二　宝蔵と知の類聚

白河院が洛南の鳥羽に離宮を造営し、その南殿に最初の仏堂である証金剛院を供養したのは康和三年（一一〇一）三月のことである。これは丈六阿弥陀堂で絵の色絵形は中御室覚行法親王の染筆であった。翌年の院五十御賀には、この鳥羽南殿へ行幸があった。次いで鳥羽泉殿には永久二年（一一一四）に九躰阿弥陀堂である蓮華蔵院が供養され、さらに塔二基が建立された。白河院の崩御後も追善のために九躰阿弥陀堂がもう一棟、成菩提院として天承元年（一一三一）七月八日に供養された。翌日、生前に造営されていた鳥羽三重塔内に院の遺骨が渡され、「是御平生叡慮也」という。すなわち鳥羽は白河院の墳墓の地となったのである。鳥羽院も、同じ東殿に保延三年（一一三七）に安楽寿院を造立し、同五年には「為二御万歳一」つまり自らの墳墓として此処に三重塔が造立され、久安三年（一一四七）にはさらに九躰阿弥陀堂が供養された。院の五十賀も鳥羽殿で行われ、最晩年には田中殿に九躰阿弥陀堂と釈迦堂を備えた金剛心院が供養されて、五棟の九躰堂はじめ華麗な堂塔の林立する離宮となった。院をめぐる祝祭の場は、王権を荘厳する顕密仏教の儀礼空間たる白河の六勝寺伽藍群に加え、浄土信仰により院の極楽往生を具現すべく水辺の苑池と御所が墓廟と一体となった鳥羽の御堂群に展開したのである[20]。

鳥羽御所の御堂を代表するのが、保延二年（一一三六）に供養された勝光明院であろう。『中右記』に「被レ写二宇治平等院一」とあり、その造営を担当した師時の『長秋記』には造営過程が詳しく記録される。「極楽いぶかしくば宇治の御堂を礼すべし」（『後拾遺往生伝』下）と当時衆庶の口遊《くちずさみ》となったという平等院鳳凰堂と、その定朝作の本尊が後代の規範とされた影響の一端が勝光明院であった。加えて重要なのは、勝光明院に付属して設けられた経蔵である。それは〝鳥羽の宝蔵〟と称され、院の宝物が納められ、院による王権の内実が具体的なモノの次元において管理され、かつ示威されるところであった[21]。『本朝世紀』久安二年（一一四六）八月二十三日条によれば、鳥羽法皇は勝光明院「宝蔵」の宝物を御覧になり、目録が献ぜられた。その内容は「顕密之聖教、古今之典籍、道具書法、弓釼管絃之類、皆是往代之重宝也」という。記録に見られる宝蔵の納物には、空海に関わる本尊聖教・印信文書、そして聖遺物を含む。なかでも注目されるのは、神護寺に伝来した空海自筆と伝える僧形八幡神画像（『古事談』第五）など、真言宗開創をめぐる神話的機能をもつ道具・本尊である。この神影については、東大寺復興事業に際し重源が鎮守八幡宮の本尊にしようと文覚と帰属を争った事件があり、最終的には後宇多法皇により神護寺へ返納されたのであるが、それは、院がその宝蔵に納めた宝物にいかなる価値や意味機能を与え、また求めていたかが如実に示される出来事であった。その点で興味深いのが、範俊が進上したと伝える象徴的聖遺物である空海相伝の如意宝珠であろう。この勝光明院宝蔵の宝珠は、朝廷の危機に臨んで行われた調伏のために、あるいは皇子御産など特別な御修法のために、如法愛染法など如意宝珠を本尊とする修法に奉請された。それは、院の王権が密教修法の威力とその霊威に真正性を付与する聖遺物によって成り立っていた消息を端的にものがたっている。[22] 院の宝蔵は、王権に備わるべき内実を求めた院が収集した貴重物を宝物として納め目録化することにより、己れの権威を象徴化して機能を発揮するメディアとしての場《トポス》なのである。

鳥羽院が造立した、もうひとつの代表的な院の御堂に、長承元年（一一三二）三月に供養された白河の得長寿院がある。その供養記によれば、丈六聖観音を本尊として左右に等身聖観音各五百体（各像中に千体仏を納入する）を安置した三十三間の長大な堂舎であり、院政期に顕著な多数・大量作善の志向の典型というべき例である。こうした院の作善が単に数量のみを競うものでなく、その制作に常に高度な審美眼がはたらき、細心な趣向が要求されていた消息は、大治二年（一一二七）の東寺宝蔵の火災により焼失した真言院五大尊・十二天画像の復元にあたり、一旦制作された画を鳥羽院が「疎荒」と難じ、再び描き直させたと伝える（『東宝記』）ことに察せられる。王朝の仏像や仏画をはじめ、あらゆる造型が「美麗」「善美」という価値観に貫かれ、院はその頂点に立つ美の審判者であった。[23] これを継承した院の御堂が、後白河院の御願になる蓮華王院である。長寛二年（一一六四）十二月に院の御所法住寺南殿に供養された、本尊千手観音と左右に千体の千手を祀る三十三間の御堂を本堂とする蓮華王院こそが、後白河院の随一の御願寺であり、後には不動堂・北斗堂・五重塔などを備え、修正会など六勝寺儀礼も継承した寺院であった。法住寺殿は、院の御所であると共に儀礼と祝祭の空間として多様な機能をはらみ、そのなかの法華堂が法皇の墳墓堂となり御影が安置された。[24] 蓮華王院が供養された翌年、永万元年（一一六五）六月八日に御堂の後戸にあたる「西砌醴泉涌出、承仕有二夢想一貴賤汲レ之」という霊験が記され、『古今著聞集』はこれを説話化する。承安元年（一一七一）十一月十七日には、御仏脇士中より光明を放つという霊験も伝えられる。三十三間堂を

図 2　『法然上人絵伝』第十巻に描かれた蓮華王院（知恩院蔵）

めぐる霊験の喧伝は、儀礼に加えられた院の王権の〝神話〟化とでもいうべき動きであろう。その本尊千手は、「千手の持者」（無住『雑談集』）と呼ばれた後白河院の多年の本尊であると同時に、その熊野信仰とも深く結びついた尊格であった。熊野詣の先達であり法住寺に勧請された今熊野社の別当でもあった覚讃の夢想では、院は生身の千手とも感得されたのである（澄憲『転法輪鈔』）。これに加えて、得長寿院と蓮華王院という二つの院の御堂としての三十三間堂には、興味深い伝承上の繋がりがある。『平家物語』の諸本中、延慶本や長門本などには、得長寿院供養を舞台とする霊験譚が加えられる。法皇御願の御堂供養に際し、諸宗の高僧が導師を望んだが、法皇は当日一番に座に臨んだ者にその役をゆだねた。そこに現われたのは日吉山王の社殿の床下から這い出てきた貧僧であったが、高座に上れば説法の弁舌めでたく、終わった後に光を放ち虚空へ昇天した。その正体は叡山中堂の本尊薬師の化現であった、という霊験である。これと同様な唱導説話が後白河院による蓮華王院供養についても伝承されており、ひいては院の前生の因縁と結びついた民間伝承次元の縁起までが説かれる。法皇の信心が仏神により証誠される霊験譚として、堂供養説話というべき伝承の典型が、モニュメンタルな二つの院の御堂に結びつけられてそれぞれ生成したものであろう。[25] 蓮華王院は建長元年（一二四九）に焼失し、ただちに後嵯峨院により再建された本堂は、唯一現存する院の御堂である（図2）。そこに籠められた院の王権の栄華の記録が、こうした伝承の生成する背景にあるといえよう。

蓮華王院に備わったもうひとつの重要な属性、それが宝蔵と、そこに納められた多数の宝物であった。それが院の権威と不可分に結びついたものであった消息は、建久三年（一一九二）三月十二日の後白河院の崩御後、ただちに関白兼実の許へ宝蔵の宝物散逸の懸念が源（久我）通親より報ぜられ、その対策が協議されたこと（『玉葉』）、また六月二十七日には宝蔵を開いて、納められた「御書」を公家が初めて沙汰した、ということからうかがえる。おそらく点検と確認が行われたのであろうが、七月十二日には「天神御筆」すなわち道真自筆の何らかの典籍を外記局へ返納したことが見える。これは『吉部秘訓抄』に、治承の頃に納められたが「非礼」なるにより返納されたと見え、朝廷伝世の貴重な記録であったと思しい。

蓮華王院の宝蔵に納められた宝物についてみれば、(26)承安四年（一一七四）八月に吉田経房らが執行静賢の立合いの許で「御書目録」を作成したことが『吉記』に見えるが、その際に示された後白河院の方針は、漢籍については「証本」を、また本朝書籍および諸家記は悉く集めるという、典籍と記録を中心とするものであった。同年二月には、最勝光院供養に際し、文庫より取り出した御記と日記に「本目録」を副えて返納し、そのうち勝光明院供養文書については院の仰せにより部類したうえで「別目録」を副えたとあり（『吉記』）、歴代の院の御堂の供養記関係の文書が聚められていたことは、蓮華王院がその系譜の末に連なる位置にあったことを示すものであろう。その宝蔵が基本的に経蔵としての性格を有し、その経典の一部が持明院統を経て伏見宮家に伝来した消息も明らかにされている。(27)他に、主な宝物には、太刀や琵琶などの楽器、万葉集をはじめ、懐風藻・経国集・拾遺・後拾遺・千載等の勅撰集、貫之自筆の土佐日記など国書・歌書を中心とした典籍類、経典、聖教、仏像・仏画（当麻曼荼羅・高雄曼荼羅など）等が知られるが、何より他と異なる特色は、絵巻が多く含まれることであった。その代表は、院の命により制作された『年中行事絵』六十巻である。『古今著聞集』巻十一画図によれば、完成したこの絵巻を院が松殿基房に見せたところ、基房はその誤ったところに一々押紙《おしがみ》を付して返した。院はそれを賞翫し、そのまま宝蔵に納めたという。院の制作になる絵巻としては、『保元相撲図』『城南寺競馬絵』『承安五節絵』など、何れも後白河時代の朝儀復興の一環として催された祭儀を記念する絵巻があった（現存する『年中行事絵巻』摸本中の内宴もそのひとつ）ことが知られ、それらも宝蔵に納められていたであろう。宝蔵の絵として知られるものに『八幡宮縁起（道鏡法師絵詞）』『長恨歌絵（玄宗皇帝絵）』や、院宣により静賢が描かせたという『後三年合戦絵』などがあり、それらは題材こそ異なれ、いずれも当代の院の〝王権〟を照射する主題を秘めた作品群であった。この他にも『御禊行幸絵』『六道絵』『西京竪女絵』の存在したことが知られ、それら「宝蔵絵」は後世の皇室においても永く享受された。天福元年（一二三三）頃、後堀河院は尊性法親王に命じて宝蔵の絵櫃を数次にわたって借り出しており、それは宮中の絵合わせのためであったらしい（『古今著聞集』画図）[28]。また、花園天皇は伏見院より「蓮華王院宝蔵絵」数合を給わって叡覧している（『花園天皇日記』正和二年（一三一三）五月）。そして伏見宮貞成親王は、「宝蔵絵」と題する今は散佚した説話絵巻の詞書を自ら写している[29]。この宝蔵は、それらの絵巻によって中世宮廷のイメージ記憶庫《アーカイヴ》のごとき役割を果たしていたようである。その宝蔵の絵巻について、もうひとつ『古今著聞集』が伝えるのは、頼朝が上洛して後白河院に謁した際、院に宝蔵の「御絵」を一見するよう勧められたのを断ったというエピソードである。絵巻を拝見することは、宝蔵絵が表象し、体現するであろう院の王権の文化的優越を認め、その支配下に置かれることを意味しよう。頼朝は、そうした院の意図を察して体よく回避したのであろう[30]。後に幕府の内紛で将軍への野心を疑われて殺された平賀朝雅が、その前夜に「蓮華王院絵」を見ていたという（『明月記』元久元年（一二〇四）閏七月二十六日条）ことが想い合わせられる。

「宝蔵絵」の一部であった可能性が大きく、後白河院時代に制作された絵巻として重要な作品であり、室町時代（十五世紀初頭）には一具で若狭国小浜の松永庄新八幡宮に伝来し、後崇光院貞成親王が召し上げた（『看聞日記』嘉吉元年（一四四一）四月二十六日条）ことが知られるのが、『伴大納言絵巻』『吉備大臣入唐絵巻』『彦火火出見尊絵巻』（亡佚）の三本である。これらは、神代から上古、そして中古の神話や説話を題材とした説話絵巻として名高い。なかでも『吉備大臣入唐絵巻』が、天永二年（一一一一）に没した大江匡房の言談を、蔵人藤原実兼が聞書した『江談』の一逸話に拠って絵巻化した作品であることは意義深い。前章でも触れたように、古代知識人の代表たる吉備真備が入唐して文物を将来する様を文選と囲碁、そして「野馬台詩」に表象し、才芸を発揮することに託して大唐帝国に対する日本国の優越を示そうとしたこの絵巻は、院政期における文化の起源を説き、かつイメージ化したテクストといえよう。宝志和尚の作と伝えられる「野馬台詩」は、「東海姫氏国」の百王の終末を予言する緯書《いしょ》—未来記として平安初期から流布し、中世の王権や国家観に大きな影響を与えた[31]。それが院政期には、日本の仏神（長谷寺観音・住吉明神）の霊験譚を伴って伝承され、さらに絵巻に脚色されるほどに展開を遂げるのである。

吉備大臣譚のような〝知〟の始源の伝承者となる、突出した院政期知識人である大江匡房（一〇四一〜一一一一）の存在はとりわけ注目されよう。彼は摂関期の鴻儒大江匡衡の孫、後三条・白河・堀河の三代に弁官として仕えて公事に携わり、紀伝道の博士ながらその枠を超え明経・明法・算・陰陽・暦・天文等の諸道に通じ、院政の中枢で活動した文人官僚である[32]。その所産が、関白師通の命により編んだ（『中外抄』）と伝える『江家次第』で、恒例・臨時の朝儀と神事・仏事を「次第」という簡便な形式で記述し類聚した画期的な儀式書である（本書第七章一節）。守覚の『紺表紙小双紙』はこの「次第」という儀礼テクストのフォーマットに倣った寺家版といえる[33]。儀礼に関しては、特に仏事法会の願文作者としても活躍し、自作を聚めたのが『江都督納言願文集』である[34]。そのなかには、法勝寺で営まれる院の仏事作善の意義が修辞を凝らして表現されているが、一方では依頼もされぬ自他の仏事のために敢えて擬作したものも含まれ、その晩年には家に引き籠って雑事を書き散らし「文狂」と称されたような逸脱も見せている（『中右記』嘉承二年（一一〇七）九月末日）。

匡房の業績は多岐にわたるが、何よりその著作群が、院政期の文化状況を尖鋭に映し出す[35]。それは、当時の国家意識をすぐれて示す『筥崎宮記』や『対馬貢銀記』など大宰権帥の任と関わるものや、寺社への宗教政策と絡む仏神の認識を公に示すための著作もあり、八幡を「宗廟」として認知する前駆の役割をつとめた[36]。また、文人として当時の世界像をさまざまな局面から記す。永長元年（一〇九六）の大田楽騒動を記した『洛陽田楽記』や康和二年

（一一〇〇）の怪異を叙した『狐媚《こび》記』などの時代を象る作や、『遊女記』『傀儡子記』など遊芸職能民の生態を描くものなど、一時代前の藤原明衡による『新猿楽記』(37)の祝祭的世界像を受け継ぎながらも、より屈折した多面性を示している。加えて、匡房が射程に入れた領域は「伝」である。慶滋保胤の『日本往生極楽記』に次ぐ往生伝として著された『続本朝往生伝』が、一条天皇や旧主後三条院など天皇を頂点とした明確な身分秩序の階層の許でその霊魂を祀り上げる一方で、『本朝神仙伝』は、正史から排除され逸脱した〝異人〟の伝承を採り上げている。それらの諸伝や『江談』において、そして『石清水不断念仏縁起』（延久二年）が八幡の本地を阿弥陀と認識するような、本地垂迹説の成立する時代にあってそれを領導する役割をも果たしている。(38)

匡房が担った院政期文化を創造し形象する役割は、『江談』の聞き手であり筆録者であった藤原実兼を介して、その子である通憲（信西）に受け継がれた。通憲は、後白河天皇の許で新政の実務を担う能吏として、平治の乱で殺されるまでのわずかな間であるが、一時代を画した存在であった。その業績の意義は、大内裏の再建に象徴されるが、文化的側面では、前述した一連の絵巻の主題ともなった幾多の朝儀の復興を企て、すみやかに実行したことが注目される。保元三年（一一五八）正月の内宴は「長元七年以後、歴㆓百廿三年㆒、今被㆓興行㆒」であり、同年五月の内教坊舞姫御覧を「近代断絶、興㆓行之㆒」、同六月の相撲節会も「保安以来不㆑被㆑行、経㆓卅余年㆒所㆓興行㆒也」であった。翌平治元年（一一五九）の内宴については、「我朝勝事在㆓此事㆒。信西入道奉㆑勅、令㆑練㆓習其曲㆒」と、通憲を中心に運営されたことが知られる。信西が音楽に通暁していた消息は中世の楽書に散見し、当時の世界秩序を司るものと観念された音楽の豊富な知識と、楽人達との交流の許で、それらの営みは実現されたのであろう。

通憲の担った事業を支える知の基盤としての書籍の世界を示唆するのが、『通憲入道蔵書目録』と題される文庫目録である。その成立や伝来はなお確かでないが、院政期の知的中枢たる公家に蓄えられていた最新の蔵書体系の様相を伝えるものとして、信西にきわめて近いところで成ったものであろう。(39)通憲自身の才学の所産は、わずかに『日本紀鈔』(40)や信西の孫にあたる仁和寺僧海恵による願文抄出『筆海要津』(41)などに知られるのみだが、何より『本朝世紀』という国史の類聚編纂を企てている。伝存する部分には、天慶年間の志多羅神上洛事件のような他に類を見ない貴重な記録が含まれており、記録家としての視線のありかを窺わせる。

信西の知の遺産は、その子孫たちに受け継がれた。公家の側で朝廷の政《まつりごと》や文事に携わった成範や脩範、そして後白河院政を支えた蓮華王院執行静賢などが活躍するが、特に真言の勝賢や法相の覚憲など宗教界に多彩な人材を輩出した。真言宗では醍醐寺座主となった勝賢が東密の小野嫡流である三宝院法流を大成し、広沢方の守覚にも伝授して御流の形成を援け、中世密教展開の扉を開いた。[42] 南都興福寺の別当となった法相学僧の覚憲も『三国伝燈記』[43]の著述で知られ、その甥にあたる貞慶と並んで諸宗を兼学した一流の学侶であった。とりわけ、天台宗において説経唱導の道を一家として立てた安居院澄憲が注目される。平安時代に講経論義に根ざした仏事法会の担い手として永い伝統のある説経が、芸能として高度な達成を遂げていた消息は、醍醐寺蔵『転法輪秘伝』[44]に知られるが、澄憲はそれを継承し、さらに平安朝文人の文業の遺産を縦横に駆使しながら、公請法会などで鍛え抜かれた論義問答の蓄積を基盤として、画期的な唱導の一流を創出した。澄憲の名を冠してその表白等の作文を抄出・類聚した『澄憲作文集』、自草の説経釈を編纂集成した『釈門秘鑰』[45]、晩年の文集として『雑念集』[46]が伝えられる。後白河院の許で営まれた公私の仏事法会の導師・講師を勤め、その王権を作文と弁舌を以て荘厳する〝王の説経師〟澄憲の働きは、たとえば承安四年（一一七四）五月の仙洞最勝講において講師として勤めた際、降雨の験があって昇進した事績に代表される。澄憲の唱導の所産は実子の聖覚に継承され、それらから唱導の体系に沿って部類抄出されたのが『言泉集』である。さらに聖覚の分を含む安居院唱導文献を網羅的に集成したのが『転法輪鈔』で、その目録が称名寺（金沢文庫）に伝わるが、そこからは安居院唱導の創出した〝知の体系〟の全体像が窺われ、[47]そのうち表白を聚めた「後白河院」帖には澄憲を介して院の作善により生成した宗教世界が映し出されている。[48]このような唱導家の手に移った院政期の宗教言説の創出は、同時代の南都でも、興福寺貞慶による『讃仏乗抄』や東大寺弁暁の唱導文献などに共通した営みがみられる。仁和寺の守覚法親王とその周辺でも、前述の『紺表紙小双紙』に対応する表白の類聚として『(十二巻本)表白集』や自作を聚めた『表白御草』、そして前代の御室と仁和寺僧の作を編んだ『(二十二巻本)表白集』が遺されており[49]、後白河院の時代は、寺家の唱導家による仏法の領域の言説が集成・類聚される画期なのであった。

唱導がつかさどる仏法の言説の周縁には、譬喩因縁や本生譚をはじめとする厖大な物語が伝承されていた。景戒の『日本霊異記』から源為憲の『三宝絵』を経て、物語による仏法史を編述する系譜のもとで、院政期は、物語の領域までもすべて類聚される時代であった。仏法の各領域における類聚の運動としては、鳥羽院に仕えた勧修寺の寛信による密教事相を中心とする『類秘抄』[50]や同時代の恵什・永厳による密教図像集『図像抄(十巻抄・尊容抄)』[51]からはじまり、後白河院の許で勧修寺覚禅の編んだ百巻にのぼる『覚禅抄』などが顕著な例であるが、物語の領域でも、長承三年(一一三四)写本『打聞集』のように叡山天台の周辺で成立した集成がある。それは、僧伝・往生伝・験記・縁起などを分類し排列して編纂した所産の一端であるが、その際、先行文献からの書承であっても口承を装い物語として伝承されたことを示す枠組の許に記述する、〝説話〟という媒体によってあらたなテクストが成立する(本書第五章参照)。こうした説話による仏法の物語の類聚として最も大きな規模と構想の許に企てられたのが、前章でも触れた『今昔物語集』であった。

『今昔物語集』の各話は、強烈な規範意識の許に「今ハ昔」と語りはじめ、「トナム語リ伝ヘタルトヤ」と結ぶ〝説話〟の枠組を以て類聚される。しかし、全てを統一された方法により整序しようとする野心的な企ては随処で破綻をきたし、現存する鈴鹿本は様々な次元で欠陥を露呈した不完全なテクストである。いわば未完の大作として放棄されたこの『今昔物語集』が、説話という方法を極限まで推し進めて追究しようとした目的は何か。諸家の議論はなお定まらないが、仏法による国家―王権観を堅持した院政期の権門の知的中枢が営んだ所産であろうことは共通して認識されるところである[52]。

武士や盗賊から天狗や悪鬼まで、『今昔物語集』が記しとどめた新たな人間や存在の息吹に満ちた物語の世界[53]は、孤立したものではなかった。平安末期写本が伝わる『古本説話集（仮題）』や鎌倉初期成立と推定される『宇治拾遺物語』には、『今昔物語集』と同文の説話が多く見いだせる。それらの共通母体として想定されているのが、今は散逸した『宇治大納言物語』である。『宇治拾遺物語』の序文が示唆的に描くように、摂関期末の源隆国の作と伝承されるこの物語は、少年の頃の藤原忠実が家の女房から読み聞かせられた経験を語るエピソード（『中外抄』）が伝えるごとく、貴族社会で確かに享受されていた。院政期にさまざまな領域へ流布・展開したその物語群は、単なる民間伝承の筆録ではなく、『宇治拾遺物語』にその見事な達成を示すように、ある豊かな知性の高みから世界をとらえた遊びと巧みの所産として読まれるべきテクストであった。[54] おそらくそれに拠ったであろう『伴大納言絵巻』や『信貴山縁起』絵巻などが、絵ものがたりとして再創造したその物語世界のイメージ化は、前節に言及したように、それらの物語が発する高度なメッセージを受けとめた権門とりわけ王権の営むところであったろう。

説話という媒体を活用した、さまざまな位相の物語を類聚する営みは、院政期を通じて知識層の活動の重要な側面のひとつであった。たとえば源顕兼による『古事談』のごとく、国王・大臣・僧行・仏神などに部類された院政期を中心とする平安朝の逸事が編まれ、国史を拠《よりどころ》とするばかりでなく『江談』『中外抄』『富家語』など言談の聞書が多く抄出利用されており、あたかも院政期の聖俗の世界が縮約されて映し出される。そうした類聚の志向が大規模に追求されたのが、橘成季編『古今著聞集』二十巻である。序に『宇治大納言物語』と『江談』の後継であることをうたい、後嵯峨院政の全盛期、建長六年（一二五四）にその完成を祝う竟宴が行われたが、決して公の催ではなく、その選集はあくまで私の営みであった。同時代の宮廷では、大宮女院の後宮において、古今の作り物語から和歌を撰び出して部類して編むという珍しい企てによる『風葉和歌集』二十巻が成ったが、これがいわば準勅撰であるのと較べてみれば、説話のステイタスは明らかに下位に属するものである。ちなみに院政期は、和歌の領域でも勅撰集の系譜とは別に、歌学における類聚の営みが盛んになされた。特に六条藤家の清輔の『袋草紙』、そして顕證による『袖中抄』二十巻は、その頂点に位置するものであるが、『古今集』注釈をはじめとするその学問を支えていたのは、寺家である御室の守覚法親王であることを付け加えておかねばならない。

『古今著聞集』三十篇の部類は、神祇・釈教にはじまり政道・公事や文学・和歌など、オーソドックスな中世王朝国家の秩序を体現するものとみえるが、とりわけ管弦歌舞すなわち音楽に大きな比重を置いており、その点で同時代の隆円『文机談《ぶんきだん》』が琵琶の伝授系譜を豊かな説話を交えて叙述するのと重なっている（なお、橘成季と隆円は当代随一の琵琶の楽人藤原孝時の兄弟弟子であったが、成季は破門されている。『古今著聞集』がこの一族の逸話を多く収めることも興味深い）。それぞれの〝道〟に執する人々を描く「宿執」篇が立てられることから察せられるように、それは王朝国家を支える体系としての芸能諸道を家の職として相伝する、中世国家の構造を映し出したものと見なされる。加えて、好色・武勇・博奕・偸盗、また、闘諍・興言利口・恠異・変化など、『今昔物語集』本朝世俗の世界にも通ずる社会と人間のありようが範疇《カテゴリー》化されている。そうした、中世の王権の許でそれを支える職の体系として組織された道々の芸能を象った文芸が、職人歌合絵巻である。後鳥羽院時代の建保二年（一二一四）の序をもつ『東北院職人歌合』にはじまり、将軍宗尊親王の関与が想定される弘長二年（一二六二）の『鶴岡放生会職人歌合』など、それらは芸能者が仏神の前に集う法楽の和歌に己が芸能を詠みあう、という設定で絵姿を描く、帝王の発想する遊びの類聚であった。

三　祝祭と霊地参詣および勧進

永長の大田楽は、院政期の王朝の権力が祝祭によって成り立ち支えられるという、いわば芸能国家と言うべき様相を示す点で、重要な事件であった。それは、この一件を記した大江匡房の『洛陽田楽記』によって象られている。『中右記』にその消息が知られるように、松尾社祭礼の穢《ケガレ》による延引に抗って、洛中洛外の衆庶が祇園御霊会に言寄せて惹きおこした田楽騒動を契機に、白河院の近臣集団が自ら組織した田楽集団の御所への群参は、公然たる天皇—摂関体制への挑戦であったと推測されるが[55]、その熱狂をつくりだした力は、最後に院の愛娘郁芳門院の死という犠牲を要求した。匡房の筆は、その皮肉な結末をたしかにとらえている。そこで廷臣たちが競って演じた田楽は、院政期にしばしば闘乱の契機となったことが、康和四年（一一〇二）九月の東大寺手掻会《てがいえ》における田楽推参から興福寺と合戦になり、ついに東大寺八幡の神輿上洛という強訴に至った事件（『中右記』『東大寺八幡験記』）からもうかがえる。『今昔物語集』巻二十八に載せられた、おそらくは『宇治大納言物語』に由来する、若かりし頃の天台座主教円が近江矢馳《ヤバセ》の郡司の堂供養に導師として招かれた際、郡司が舞楽のつもりで結構した騎馬の群行に伴う躍動感あふれた田楽の狂い遊ぶさまが印象深い[56]。それは在地（郷）の御霊会に参加する田楽であった。『年中行事絵巻』に描かれた祇園御霊会や稲荷祭の神輿渡御の行列に立ち交る一ツ物や馬長などの騎馬と一体の田楽集団が、よく当時の姿を伝えている（図3）。『本朝世紀』は、摂関期、とくに道長の治政下で祇園御霊会の祭礼において散楽と称された芸能が時に禁止や追捕の対象となり、これに抗して神の「徴咎」が示されたことを伝えているが、その主体は院政期の田楽に継承されたとみて誤たない[57]。あるいは、白河院の晩年、大治二年（一一二七）五月四日に、鳥羽院とその中宮待賢門院と共に鳥羽殿へ行幸し「田殖の興あり」と伝える。殖女たちに風流の装いをさせ、田楽が奏されたが、それはあらかじめ院御所にしつらえられ閉ざされた祝祭空間での余興にすぎない。その翌年、肥前国神崎荘より「鯨珠一顆」が法皇に献上され、「和漢之例」

図3　『年中行事絵巻』祇園御霊会（国學院大學蔵）

が勘《かんが》えられ奏上された。その一端をなかに含まれる寛信の勘文が伝えるが、そうして作為された院の嘉例と、それを言祝ぐ象徴物出現と祝祭の芸能とは、併せて院の王権を荘厳する役割を負っていたのである。

鳥羽院政期に注目されるのは、近衛天皇の死の前年にあたる仁平四年（一一五四）四月、京中の児女が「風流」を備え鼓笛を調えて紫野今宮社に参り、世に「夜須礼《ヤスライ》」と号したという一件である。今宮神社にヤスライ祭として伝承される芸能の始まりだが、その出来事は『梁塵秘抄口伝集』巻第十四に詳しく記される。今宮社に参入した一団は「悪気」と号す鬼の姿で貴徳の面をつけ、鉦《かね》を叩いて踊り狂い、「やすらい花や」と囃して乱拍子に及ぶ――いわば念仏踊りの要素も含む歌舞である。その記述には加えて『日本紀略』等から一条天皇の頃に行われた紫野・舟岡山での疫神を祭る御霊会の記録が引かれ、洛中の疫病流行の攘却のために民間で営まれた御霊会の系譜上になされたものと解釈される。しかし、その儀が洛中の貴賤ひいて朝廷内の「御覧」に及ぶに至り、ついに勅により禁止されたという顛末からは、この芸能そのものに託された政治上の意図や力学を見ないわけにはいかない。当時鳥羽院の承認の許で執政を司っていた左大臣頼長の強権的な統治に反発する朝廷内の反頼長派と楽人集団の合作による示威であったと見られるが[58]、やがて近衛の死と前後して院も頼長を見放して失脚に至り、院の崩御と同時に保元の乱が勃発する不穏な情勢が、たしかにヤスライ花に反映されている。一方で院の権力が、あの永長大田楽の一件を画期として、公家の負担すべき祇園御霊会の馬長の調進の主体となることを通して、下級官人や職能民など洛中の諸階層を掌握し、事実上の祇園御霊会の主催者となったと指摘される動きも[59]、それと呼応するものといえよう。

保元の乱に勝利して王権を固め、譲位して院政を始めた後白河院は、平治元年（一一五九）九月二日に自ら「結構」して橘逸勢《はやなり》社の祭礼を催した。そこに創められた祭りは「捧㆓持面形㆒為㆓風流㆒」し「以㆓金銀錦繍㆒、天下壮観」であったという。逸勢は八所御霊の祭神のひとつであるが、それをわざと祀り仮面を用いる芸能を中心に盛大な祝祭が営まれ、院自ら見物したところは、やはり院による祭りに言寄せた示威と見なすことができる。「人、以てこれを傾《カタブ》く」と批判の声を伝えることもその推測を支えよう。そのことは、ヤスライ花の芸能も院によって復興されて伝承されたとするさきの見解とも符合するのである。その年の十二月九日には平治の乱が起き、院政の中枢を担った信西は殺された。このクーデターが『平治物語』の描くような院の寵臣信頼の悪逆という卑小な次元の問題でなく、信西の主導する新制—政治・文化政策に抵抗する勢力の策謀であり、後に顕在化する院と二条天皇との相克にも繋がる、根深い対立のもたらした事件であったと考えるなら、その祝祭とはたしかに王権の葛藤に投ぜられた挑戦なのである。後白河院は、やがて前述の蓮華王院を創建するが、その供養に二条天皇が参らなかったのには、そうした背景があった。その蓮華王院に、安元元年（一一七五）年六月に院は惣社を勧請し、十月三日には盛大な惣社祭を催す。この惣社には八幡以下の諸大社二十一社が勧請され、その御正躰にはそれぞれ本地仏と絵像があらわされた。ただし、それに加えられた日前宮と熱田の本地については所見がなくただ鏡が用いられたという。[60]この祭祀は、それまで各社毎に別個に説かれていた本地垂迹説が院の許で一堂に会して形象され、日本一国全体の惣社たるべき構想の許に統合されたものであったろう。このように、王権の許での祝祭と祭祀の構想とは一体不可分のものであった。

　蓮華王院を含む法住寺殿は、後白河院による政治と宗教の場のみならず、近臣の北面の輩と道々の芸能者たちが参入する芸能空間でもあった。それを表象するのが、院の愛好した今様をはじめとする雑芸である。承安四年（一一七四）九月一日に始められた法住寺殿仙洞御所における今様合《あわせ》は、「希代之美談」と評された前代未聞の催しであった。院の今様への耽溺は、やがて勅撰今様集というべき『梁塵秘抄』の編纂と『口伝集』の著作という、帝王として破格な企てに結実する。

　その一部を今に伝える『梁塵秘抄』巻第二は、法文歌と神歌にもとづく聖なる領域の声と、雑歌に代表される世俗の衆庶の声の二つの次元から成る。その声わざの主たる担い手であり、かつて匡房の記の対象ともなった遊女《アソビ》と傀儡子《クグツ》は、その聖俗双方の世界を歌い、また両者を媒介するものであった。『今昔物語集』の言説の厖大さとは対照的ながら、その今様歌群は、院政期社会の世界像をその声とともにあざやかに蘇らせる。しかも、それは時代の

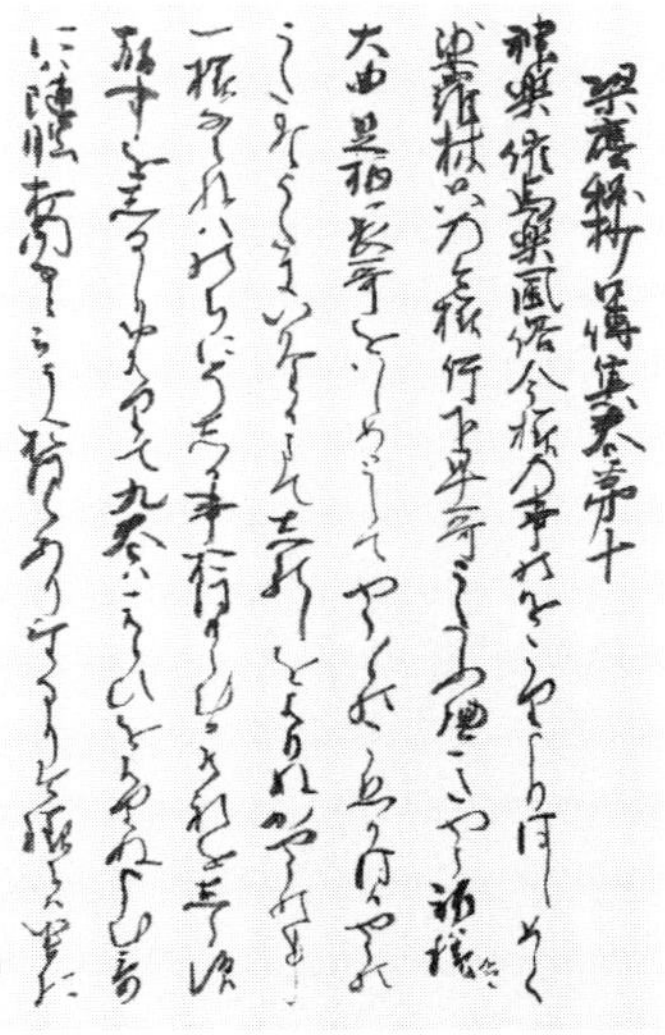

図4　書陵部蔵『梁塵秘抄口伝集』巻第十

現実を和歌以上に直截に響かせて、そのなかには明らかに、保元の乱により讃岐に流され、ついにその死まで帰洛を許されず怨みを抱いたまま死んだ崇徳院の運命を、また無惨な敗死を遂げた頼長をも嘲笑うかのような歌までも含まれている。

讃岐の松山に　末の一本《ひともと》ゆがみたる　捩《もぢ》りさに　嫉《そね》うだるとかや　直島《なおしま》のさばかん（り）の　松をだにも　直《なお》さざるらん

侍《さぶらひ》藤五君《ぎみ》　召《め》しし弓矯《ゆだめ》はなど問はぬ　弓矯も箆《の》矯も持ちながら　讃岐の松山へ入りにしは

一方、「天下不ㇾ静」により怨霊の発動を畏れた朝廷は、崇徳院と頼長への追号贈官を治承元年（一一七七）七月に行い、さらに法住寺合戦後、保元の戦場跡に崇徳院の御霊社が創祀され、元暦元年（一一八四）四月十五日に「院中沙汰」として遷宮された。その祭祀は、前述した院の祝祭興行による宗教・芸能の支配と一連の現象としてとらえることができよう。今様をはじめ声わざを担う芸能者への院の積極的な関与は、院をめぐる冥の領域まで含めた権力闘争と深く絡みあうものであった。養和元年（一一八一）閏二月八日、清盛葬礼の日に最勝光院から「今様乱舞声」が響いたというのも、その一端を伝える挿話であろう。

後白河院の、文化創造者というべきはたらきを窺える興味深いテクストが『梁塵秘抄口伝集』巻第十[61]である（図4）。嘉応元年（一一六九）の出家を機に執筆され原型が成立した巻十は、いわば帝王の仮名日記によって今様の声を媒体として院政期王権の文化の様相を伝えるドキュメントであった。兄崇徳の許に同居していた部屋住みの頃より今様に傾倒して、何度も声を割るほどに飽かぬ歌への執心が綴られ、見聞した名高い歌唱《ウタ》いたちの挿話が説かれ、信西に引きあわされた傀儡子乙前《おとまえ》に親しく習い悉く伝授を得て、ついには彼女の病席を見舞って歌い慰め、没後は追善の読経を営むなど、異様なまでの親昵が語られる（『転法輪鈔』には澄憲の作になるその追善表白が収められる）。かくして今様の道を極めたと自称する院による、近臣・近従を中心とする弟子たちの品定めが連ねられ、そのなかには、康頼や知康など『平家物語』で活躍する興味深い人物も交じるが[62]、それはそのまま院の政治権力の内実とそれを支える人々であった[63]。次に、院が参詣した仏神の霊地において、自ら今様を歌い示現を蒙ったことが列記され、いかに時に適った歌により院の声が仏神の感応を喚びおこしたかが強調される。最後に、かく功を積んだ、聖教の法文と等しい〈聖なる〉今様により、遊女でさえ歌って往生を遂げる、まして我等は、と往生の確信を以て結ぶ。それは王者の特権的優越意識がなせる言挙げである。『口伝集』のなかで、江口・神崎の遊女や鏡《かがみ》と青墓《あおはか》の宿の傀儡子たちが法住寺の供花《くげ》会に「花を参らせ」るため参集し、そこで今様の談義に及ぶ様が叙されて、院の許での芸能空間が垣間みられる。慈円は『愚管抄』に、院の死後、その従者らが後白河の霊託を騙って祭祀を要求した事件を記すところで、院の仏法信仰の深さと裏腹な遊芸の徒や職能民など「サルゴウクルヒ者」たちが常にその身辺にあった消息を伝えているが、それは『梁塵秘抄』の今様の世界そのものであった。

　後白河院の今様については、それのみを単独で論ずることはできない。その声、ひいて音楽の世界は、院の修する仏事と神事の全体からもとらえられるべきであろう[64]。「行真」の法名をもつ院は、寺門派に属し、天王寺で伝法灌頂を受けた台密の阿闍梨、また熊野道者として参詣を重ね、そして「能読」の系譜[65]に連なり長講堂で読経を行う法華持経者であった。後に「読経道」の一流が立てられ声わざの流れを相承する結節点に立つ王である。その点で、『郢曲相承系図』における院の位置とも重なる[66]。法皇をいわば声わざの芸能の家元とするならば、それを含め、声明にはじまり、琵琶を中心としたあらゆる音楽の流伝に関わる元締めというべきが、頼長の子、妙音院太政大臣入道師長であった。『口伝集』巻第十の末尾追記でも、彼が源資時と並んで琵琶の譜を作るためにその凡そを習得して後の規範となる歌いぶりであったと讃え、『文机談』にその偉大な業績が讃美されるように、院政期の聖俗の音楽を統合する役割を果たした。その頂点が琵琶の秘曲を灌頂を以て伝授する儀式（『琵琶伝業式』）の創出であり、その道場が妙音天（弁才天）を祀る妙音堂である。寿永二年（一一八三）正月九日、法皇は自らの逆修のために、師長の発願になる東山妙音堂の供養に臨んだ。それは仏事を介した師長と後白河院の密接な関係をうかがわせる。琵琶の秘曲伝授は鎌倉時代の宮廷に受け継がれ(67)、やがて西園寺家が北山第に妙音堂を移し、その当主が帝師として歴代の天皇に授ける中世王権の秘儀ともなったのである(68)。

『梁塵秘抄』には、後白河院の生涯に二十八度にも及ぶ熊野への参詣に関わると思しい、熊野詣を主題とした今様歌が収められている。

熊野へ参らむと思へども　徒歩《かち》より参れば道遠し　すぐれて山きびし　馬にて参れば苦行ならず　空より参らむ　羽《はね》たべ若王子

後白河院の熊野詣の様も『口伝集』巻第十にあざやかに記し留められる。本宮の長床《ながとこ》で通夜し、柴燈《さいとう》の明かりに照らされた宝殿の御正躰《みしょうたい》が輝き、ひとり心を澄ませて法楽の今様を歌い尽くす。すると暁方に至り、香が薫じ宝殿が鳴動し鏡が自ずから鳴り合って久しく動《ゆる》ぐという示現にあずかった。院の熊野詣は、法住寺殿の一角にある今熊野(69)での精進を前行とし、道中では度重なる垢離《コリ》を取り祓を修し、三山にて仏事作善を営む。参詣の間には「王子々の馴子《なれこ》舞、法施の声ぞ尊《たふと》き」（宴曲『熊野参詣』）と法楽勤行の声が響き、下向の道では解斎《げさい》の遊宴も催されて、全体は仏神への祈りと芸能とが渾然一体となる営みであった(70)。

熊野をはじめとする霊地への参詣─御幸は、十世紀初頭の宇多法皇による熊野や吉野および高野山、次いで花山法皇の熊野や書写山（性空との対面）が早い例として知られるが、それが一挙に展開する画期は白河院の時代である。最初の霊地参詣は、寛治二年（一〇八八）二月の高野山への登山にはじまり、その際の記録が通俊による『白河上皇高野御幸記』である。このときの高野御幸は高野山ひいて真言宗にとって記念すべき盛儀として中世に伝承化され、道宝『高野物語』[71]から『弘法大師行状図画』絵巻、そして『平家物語』延慶本と、独立した唱導テクスト「高野巻」へと展開するが[72]、それらは匡房が御前の談義において大師の霊験や高野の縁起を院に説いたことにより、御幸を思い立ったとする。翌三年（一〇八九）十二月、院は彦根西寺の観音に参詣。当時、その霊験が年を限ってのものと喧伝され衆人が競って参ったことによるもので「天狗所為」と評されている。さらに四年（一〇九〇）正月には熊野山に初度の参詣、五年二月には再度の高野山登山、そして六年七月には金峯山参詣（これは延喜五年の宇多法皇の例を逐うものという）と、毎年のように参詣が行われた。『春日権現験記』は、この金峯山参詣において院が急に病み、自ら春日明神の祟りと告げて匡房に願文を書かせて春日参拝を約したと説話化する。

白河院をこうした頻《しき》りな御幸に導くのは、それぞれを本山・霊場と仰ぐ諸寺・諸宗の顕密僧であり修験者たちである。たとえば真言では応徳二年（一〇八五）に没した仁和寺の大御室性信の高野山崇敬は、弟子として入室出家した白河院皇子中御室覚行法親王に継承され、寛治元年（一〇八七）に師の住山を慕って登山参籠している（『高野春秋』）。それが翌年の父院の参詣を喚びおこしたものといえよう。また天台寺門派では、抜群の験力を以て初代三山検校に任ぜられた増誉や行尊のような護持僧が居る。後三条の皇太子実仁の叔父という貴種であった行尊は歌人でもあり、歌集には熊野・大峯での厳しい修行が詠まれて、西行に大きな影響を与えた。この時代の熊野詣の具さな様相は、白河院に仕えた藤原宗忠の『中右記』に記された自身の参詣記に知られるところだが[73]、その運動のなかから、霊地の始源を主張し記述する縁起が成立してくる。その一例として注目されるのが、真福寺蔵『熊野権現金剛蔵王宝殿造功日記』など六巻一具の熊野・大峯・金峯山の修験霊山縁起である[74]。『役行者事』という伝記を含み、本奥書に延久二年（一〇七〇）という後三条院政期を意識してしるしづけながら、鎌倉初期に南都側で制作されたものと推定されるが、その『造功日記』に白河院の霊地への度重なる御幸と、それに伴う宝殿己下の「造功」供養の事績が記されて、王の信仰と作善による興隆が年代記的に構成される。しかしそれは、前述した初度例などを

『中右記』抄などの史料に拠って骨格とし、そのうえに架空の御幸記事を加えて「捏造」したテクストであった。[75]ここに創出された白河院の初度熊野参詣では、院は秘書「大峯縁起」を聴聞して信を発し、熊野に至り本宮宝前で縁起を御覧じ、匡房がこれを読んだという。やはりここでも匡房が媒《なかだ》ちするのである。院政期に成立した各種の修験道縁起は、最古の仁和寺本『金峯山本縁起』（長承三年（一一三四）写）を鳥羽院の御幸のために高野御室覚法が写させたものと考えられ、また慶政の書写になる九条家本『諸山縁起』[76]のごとく前代に流布していた縁起を先達の口伝を含めて類聚したテクストもある。また、散逸した「熊野権現御垂迹縁起」が『長寛勘文』に引かれるが、それは熊野を伊勢と同体とする主張が朝廷において真剣に議論された事態の産物であり、その背景には社格の異常な上昇と、それをうながす、院の霊地への強烈な信仰がはたらいていたのである。

縁起を頂点とする寺社の記録は、院政期において、参詣の運動にうながされた類聚の営みのなかでテクスト化され、今にそれら寺社の様相を伝える。[77]その典型が、大江親通による二種の南都七大寺参詣記である。嘉祥元年（一一〇六）に巡拝した時に簡潔な『七大寺日記』が成り、次いで保延六年（一一四〇）に再び同じ寺々を参詣した際に諸文献を引用抄出してより詳しい記述となった『七大寺巡礼私記』[78]が成立し、興味深い対照を示す。それらに記し止められた南都諸大寺の縁起は、やがて後白河院時代の建久二年（一一九一）、皇后位にあって出家した某女院の南都巡礼に扈従した興福寺僧実叡の記した『建久御巡礼記』[79]にあらためて統一的に集成された。こうした縁起集として最も注目すべきは、院政期までに伝存していた縁起を類聚集成し、建永二年（一二〇七）に写された醍醐寺蔵『諸寺縁起集』十八帖である。[80]そのなかには「元興寺縁起」をはじめ寺院史および仏教史にとって貴重な記録が多く含まれる。さらに院政期には、各寺社毎に自らの記録を集成し編纂する活動が顕在化する。東大寺における『東大寺要録』（観厳再編・長承三年（一一三四）頃）や醍醐寺の『醍醐雑事記』（慶延編）、石清水八幡宮の『宮寺縁事抄』などが挙げられるが、それらは鎌倉時代に至って縁起をはじめ霊験記や唱導書へと展開する（東大寺の場合は『東大寺八幡験記』『東大寺縁起絵詞』、石清水では『宮寺巡拝記』『八幡愚童訓』など）基盤となるものであった。寺社に拠って各宗派と法流の〝知の体系〟を組織し、厖大な文献を渉猟し集積して体系的に構築する専門家[81]、後に叡山天台の「記家」に代表されるような学問の担い手たちの誕生も、この時代であった。

治承四年（一一八〇）十二月二十八日、南都は兵火に炎上し、東大寺大仏殿をはじめ主要な伽藍と諸仏が焼失、その惨事は仏法と王法の滅尽する末法の世の現前、すなわち「法滅」として認識された。『平家物語』の「奈良炎上」の段は、その阿鼻叫喚の有様を見事に語りあらわす。この事態を受けて、後白河院はただちに東大寺復興の院宣を下し、翌年四月には造東大寺司長官に藤原行隆、そして重源が大勧進に任命され、復興の活動が始められた。重源を中心に営まれた東大寺復興の大事業は、後白河院政後半、激動する中世初頭の転換期にあたって、文化のあらゆる次元に大きな影響を及ぼした。早くも文治元年（一一八五）には大仏開眼《かいげん》が成り、伽藍の再建は、建久元年（一一九〇）に大仏殿の上棟、同六年に落慶供養が行われ、やがて建仁三年（一二〇三）には総供養が催された。それぞれに天皇や上皇の臨行があり、大仏殿供養には鎌倉から頼朝が多くの武士を率いて参列した。

重源が多くの工匠たちを組織しつつ造営していった伽藍・仏像および周辺の施設や細工に至る宗教造型は、建築・彫刻その他多くの分野において新たな様式の創造と古典様式の再生をもたらした。その達成は仏師運慶と快慶の二人に代表される卓越した造像に端的に示されているが、その重源の関与した活動の全体像は、前章でも触れた『南無阿弥陀仏作善集』に目録化されている。そこから知られるところ、重源の勧進活動を支える基盤として、己れと結衆の信仰実践の場として営まれた伊賀・播磨・摂津渡辺・高野山・周防など各地の別所に設けられた宗教空間は、浄土信仰を中心として「来迎芸術」[82]というべき迎講などの祝祭を催す場であり、また湯屋を備えて無遮《むしゃ》の施行を展べる庭であった。一方で、重源と配下の聖たちが勧進の象徴《シンボル》となる舎利などの聖遺物獲得に狂奔したことは、弟子空諦《くうたい》の《の》室生山舎利盗掘発覚により高野山へ出奔した事件（『玉葉』建久二年五月）や、建仁三年五月に太子墓より太子歯を盗み取った事件（その犯人の聖を重源が申し受けている）などによく示されており、様々な手段を用いて〝感得〟した聖遺物の霊威を以って、寺塔・仏像を復興・再生するための力としようと企てたのであろう。その

「誑惑《おうわく》」を操る重源は、単なる念仏聖ではない。『作善集』に窺われる前半生は、醍醐や高野山での聖人としての活動をはじめ、熊野・大峯・立山・白山など霊山での斗擻《とそう》修行も知られ、密教と修験を兼ねる典型的な宗教多元主義の生き方である。「入宋三度」と標榜し、栄西とともに渡宋した際にもたらした宋版一切経は、本拠であった上醍醐に施入され、その活動は東アジアの交易とも関わる国際的な背景の許で展開したことが察せられる。後白河院が重源を任じたのは、彼がそうした多面的なネットワークの要となる存在だったからであろう。

こうした重源の勧進には、すでに先蹤があった。東大寺別当となった永観《ようかん》の復興の活動や、唱導説法で名高かった雲居寺瞻西の東山大仏の造営供養など、院政期の勧進聖人による仏法興隆とは、荘園等の田地開発を伴い、三宝の象徴としての経の書写・鐘の鋳造・橋供養など社会の諸次元の霊的な力を喚起し結びつけるようなはたらきを内在するものであり[83]、その頂点に位置するのが〝大仏〟であった。再建された大仏の胎内や眉間には重源によって舎利ないし宝珠が籠められて〝生身仏〟となり[84]、実際、九条兼実の自筆になる仏舎利奉納願文（寿永二年九月、尊経閣文庫蔵）にも、生身の舎利を籠めることによって大仏を生身仏とするという詞が見えている。大仏こそ勧進聖による勧進の象徴であり焦点だったからであろう。

大仏開眼の翌年にあたる文治二年（一一八六）二月、重源は大仏殿以下の造営を祈るべく伊勢神宮に参籠し、夢告を蒙り宝珠を感得して、東大寺衆徒に参詣を勧め、四月、衆徒は書写した大般若経を以て法楽《ほうらく》のため六十人で参宮を行った。『東大寺衆徒参詣伊勢大神宮記』[85]に記録される、僧侶の神宮群参という前代未聞の催しは、後白河院が院宣を下して後援し、御願に準ずる寺家願文が公家により草されて、尊勝院主弁暁が導師となり、論義の仏事が営まれた。両宮の禰宜もこの祈願を受け容れ、それぞれの氏寺を宿所として提供し、社頭まで参入を許して、一連の法楽はつつがなく終わり、その成功は前章末に引用した夢想の神詠によって祝福された。鎌倉の頼朝もこれを間接に支援したことが知られる。この画期的な企てが催される背景には、東大寺大仏と伊勢神宮を繋ぐ神話的な紐帯があった。『東大寺要録』と『大神宮雑事記』には、天平の東大寺大仏の造営に際し、橘諸兄の参宮が契機となり、本願聖武天皇の夢に玉女が現われて、日本は神国であり、神明（伊勢＝天照大神）は日輪である、また、大仏（盧遮那仏）は大日如来であると告げたという。それは東大寺と伊勢神宮を同体と観ずる本地垂迹説による縁起である。これに加え、行基菩薩が聖武の勅をうけ伊勢参宮して大神宮の託宣を蒙り、内外両宮が日月すなわち両部大日であるという本地垂迹説が示され、舎利を埋めたという『両宮形文深釈』[86]などの両部神道書に説かれる縁起も反映されている。古代に大仏建立を助成した行基は勧進聖の祖となり、そのはたらきは大仏―伊勢同体説を媒介するものとして神話化されたのである。おそらく重源は、これらの縁起説をふまえて、再びその神話を現前させるべく、自ら伊勢神宮へ赴いて宝珠感得の霊験を唱導し、大仏と天照双方のあらたな再生を示してみせたのである。その背後には後白河院があり、その認識と意志は重源に体現されたものだろう。[87]この後、建久六年（一一九五）の大仏殿供養に臨んでは、その成就を祈るために異例の公卿勅使が立てられ、九条良経が派遣され参宮を行った。それもこの文治の参宮が準備したあらたな神と仏の関係の再構築の一環であろう。[88]

図5　快慶作「僧形八幡神像」（東大寺蔵）

重源はこの後も東大寺復興のために神祇の威力を援用すべく、前述したように鳥羽勝光明院の宝蔵に納まる空海筆僧形八幡画像を鎮守八幡宮の新たな神躰として朝廷に申請した。しかし、このかつて神護寺に伝来した八幡神像は、同じく後白河院の援助を得て神護寺復興を遂行する勧進聖文覚の望む霊宝であり、重源の要求は叶わなかった。その替りとして造立されたのが、快慶により守覚法親王をはじめ多数の結縁者を集めて制作された僧形八幡神像である（図5）。[89]この経過からは、院の宝蔵に納められた宝物が、勧進という回路を介してあらためて創りだされ、あらたな宗教的意義を担って復興―再生の象徴となる過程があざやかに浮かび上がる。
院の王権の許で、聖の勧進による仏法復興の営為において、中世を生みだした院政期文化はすぐれて焦点化される。王によって創りだされる、善美を尽くした三宝の荘厳から、一瞬にはかなく虚空へ消える声にいたるまでのあわいに、膨大なエネルギーが勧進を介して吸いあげられ、結集し、類聚され、流通して、価値を付与され、生命力を獲得してゆく。それは時として逸脱し転倒する危険をはらむ祝祭の熱狂とも化して、中世を形成する運動そのものとなったといえよう。

承久元年（一二一九）正月、鎌倉で将軍実朝が暗殺された。その年の四月一日、尊勝寺の塔が焼失、翌日には法成寺、円勝寺の三塔、そして金剛勝院が相次いで焼亡した。七月には、関東の調伏を期したと噂された後鳥羽院御願の最勝四天王院が壊《こぼ》たれ、さらに十一月二十七日には、延勝寺の塔と金堂、成勝寺、最勝寺の塔と金堂、そして成菩提院が悉く焼け、先に再建された法勝寺九重塔を除く白河の華麗な伽藍はほとんど地を払って失われた。この、一時に集中しての消滅は何らかの意図を想像させずにおかない。同時に、宮廷と幕府との緊張は次第に高まってゆく。後鳥羽院の許を去った慈円は、匿名で『愚管抄』を著し、史論に託して院の無謀な企てを批判しようと試みる。だが、それも空しく、承久三年（一二二一）五月に兵が催され、倒幕の院宣が下された。しかし京方は忽ち敗北し、三院の配流という未曾有の結末に終わった。
承久の乱後の怨劇のうちに、入京した武士たちによって宇治平等院経蔵の宝物や法成寺宝蔵の御物が掠奪された。いずれも摂関家の管理下にある宝蔵が侵されたものだが、むしろ院の宝蔵とその宝物こそ、この時それ以上の危機に見舞われたはずである。この珍事がものがたるのは、ただ宝蔵の管理の危機や宝物の散佚ではない。宝物に価値や意味を付与し、機能を発動させる主体たる院による文化創出の構造こそが喪われるかもしれないという事態であろう。炎上する御願寺の堂塔と、あばかれて衆目にさらされる宝物群、それは院の文化が崩れ去る光景であった。

第Ⅰ部　芸能の世界像

第一章　中世の音声と音楽

――聖なる声――

――まづ初声を神きこしめせ（美保神社八乙女舞詞章）

一　神々の声

古代神話は、神々の誕生と世界の生成をめぐる音声に満たされている。言霊《コトダマ》のはたらきが信じられていた上代の世界観を背景に、国家の王権神話として体系化され整序されたテクストにおいて、始源の声はいかにあらわされているのだろうか。まずはそれを『古事記』と『日本書紀』にうかがってみよう。

何より神の名それ自体が、すぐれて神の本質をあらわす言葉である。「天御中主神《アメノミナカヌシノカミ》」のごとく、観念的で抽象度の高い名であるほどに、音声《おんじょう》が担うその霊威からは遠ざかる。皇祖神「天照大神《アマテラスオオミカミ》」もそうである。むしろ『日本書紀』神代上第五段本文に見える「大日孁貴《オオヒルメノムチ》」の方が一層、その日神としての稜威《イツ》を体現していよう。天照に対する弟の素盞鳴尊《スサノヲノミコト》（『古事記』は「健速須佐之男命《タケハヤスサノヲノミコト》」）は、いかにもスサび凄《スサ》まじい荒ぶる力の逸出に満ちた神名である。何しろ、生まれてから以来《このかた》、啼《な》きいさちるばかりで遂に父神から追放されてしまう上に、「悪しき神の音《コヱ》はさ蠅《バヘ》如《ナ》す皆満ち、万《ヨロヅ》の物の妖《ワザハヒ》悉《フツ》に発《ヲコ》りき」（『古事記』。以下、引用本文は全て私に訓読する）という混沌状態に世界をおとしいれてしまう存在であった。このスサノヲがアマテラスに対面しようと天上に参上《マヰノボ》る、それを『日本書紀』神代上第六段は「溟渤《オホキウミ》以て鼓《トドロ》き盪《タダヨ》ひ、山岳《ヤマヲカ》為に鳴《ナ》り呴《ホ》えき」という。これにアマテラスは武装し「雄誥《ヲタケビ》」して対決し、誓約《ウケヒ》により神を生みいだして競いあう。その音も、「瓊音《ヌナト》ももゆらに、天《アメ》の真名井《マナヰ》に振《フ》り滌《スス》ぎて、さ噛《が》みに噛《か》みて吹き棄《ウ》つる気吹《イブキ》のさ霧に成《ナ》れる神の御名は」(『古事記』)と何度も重ねて繰り返される神生成の一段は、まさしく言葉による生成の息吹に満ちている。その結果、清く明《アカ》き心が証されたと勝《カチ》さびするスサノヲの暴状は、この神の破壊的なまでに逸脱する越境者の性格を端的にあらわす。その悪しき態《ワザ》の行きついた果てに、アマテラスの岩戸籠りが招来される。『古事記』は「万の神の声は、さ蝿《バヘ》なす満ち、万の物の妖悉に発りき」と同じ声により世界の無秩序な騒乱状態をあらわす。光を世界に取り戻すための祭儀は、諸《もろもろ》の神たちの役割分担のうえで、天鈿女命《アメノウズメノミコト》による「顕神明之憑談《カムガカリ》」の「俳優《ワザヲキ》」によって神々の哄笑をよびおこし、その動《トヨ》む声にアマテラスが誘いだされて復活が果たされる。一方、スサノヲは千座置戸《チクラノオキド》を負わされて神逐《カムヤラヒ》され、この追放されたスサノヲが詠んだ「八雲立つ」こそが和歌のはじまりなのだった。

岩戸の前での神々の楽《アソビ》の声は、中臣氏と共に宮廷祭祀を担った忌部氏の伝承を記した『古語拾遺』に詳しい。

　此の時に当りて、上天《アメ》初めて晴れ、衆《モロモロ》倶《トモ》に相見て、面皆明白《オモミナシロ》し。手を伸《ノ》して歌ひ舞ふ。相与《アヒトモ》に称曰《イ》はく。

「アハレ、アナオモシロ、アナタノシ、アナサヤケ、オケ」

この歌舞の詞には一句毎に「古語《フルコト》」として注が付され、それは著者の忌部広成の独自な語源説とも、古伝承を載せたともみえるが、本文にも言う「面白《オモシロ》」のそれは後世にまで受け継がれる理解である。何より、その歌声が天岩戸神話の場を祭儀と芸能の庭たらしめていることこそ興味深い。

『古語拾遺』は、岩戸神話を導きだすスサノヲの悪行についてもその一々を挙げて「古語」として訓じているが、総じてかかる「天罪《アマツツミ》」は「今の中臣祓詞《ナカトミノハラヘノコトバ》なり」と、『延喜式』所収の「六月晦大祓詞《ミナツキノミソカノオホハラヘノコトバ》」に当たる大祓祝詞の起源を説く側面のあることが注目される。『日本書紀』神代上第七段一書第三も「天児屋命《アメノコヤネノミコト》をして其の解除《ハラヘ》の太諄辞《フトノリト》を掌りて宣《ノ》らしむ」と、中臣の遠祖のはたらきを祓の祝詞について説いている。大祓という古代国家にとってその存立の根本に関わる祭儀に宣《の》られる〈聖なる言葉〉の起源が、それらの神話の声と響き合っていたのである。

一方、『古語拾遺』はその末に、鎮魂《タマシヅメ》の儀《ワザ》は天鈿女命の遺跡《アト》なるにより、それを勤める御巫《ミカムナギ》の職には子孫である猨女君《サルメノキミ》が任ぜられるべきだという。鎮魂祭は、天皇の魂振《ミタマフリ》のために、毎年十一月の中の寅日に、天石窟の前で天鈿女命が神懸りして天照大神を招出《ヲギダ》した所作を演じた、これも天岩戸神話にもとづく王権の祭儀であった[1]。『貞観儀式』鎮魂祭によれば、御巫は「宇気槽《ウケフネ》覆せて其の上に立ち、桙《ホコ》を以て槽を撞《ツ》く」という所作をする。次いで、神祇官が一から十まで数えて十にて木綿《ユフ》鬘《カヅラ》を結び、女官が御衣筥《ミソハコ》を開いて振り動かす。そして御巫・猨女已下の舞が行われる、という次第であった。一から十までを数える唱言《となえごと》は、十種神宝《トクサノカンダカラ》を象る、石上布留《フル》の社に拠る物部氏が掌った鎮魂《タマフリ》の呪法である。その古伝承は『先代旧事本紀』天孫本紀に載せられ、物部の祖宇摩志麻治《ウマシマヂ》命が帝のために十種神宝を斎き御魂を祀り寿祚《イノチ》の永《イツ》からんことを祈ったのがその起源と説く。平安末期の楽家である源資賢の周辺で成立した『梁塵秘抄口伝集』巻第十四[2]にはその次第が詳述され、猿（猨）女君が人長《にんじょう》として神楽を主《つかさ》どり、その呪言「一二三四五六七八九十《ヒトツフタツミツヨツイツツムツナナツヤツココノツトオ》フルヘユラトフルヘ」と言えば死人も反《カヘ》り生くと、反魂再生の効能を説き、これを布留《フル》の言《コト》の本《モト》という。神楽の人長に口承された秘伝を録したものだが、その鎮魂の呪言について、「是はたましいを振をこす、ゆら〳〵とをこすなり、と語り聞かせしなり」というのが古来の祭儀の意味を生々しく説明していよう。

平安宮廷のなかで形成された御神楽は、そうした神話と祭儀に根ざす古代の俳優《ワザヲキ》のワザを受け継ぎつつ、担い手や芸態を変えて洗練されてきた芸能であった。その過程で早くに御巫や猿女らの姿は消え、もっぱら近衛官人が携わるようになる。清暑堂御神楽から内侍所御神楽を経て成立した宮廷御神楽[3]の次第のなかで伝えられた、最も重要なはじまりの作法が阿知女作法《アチメワザ》である。人長の名乗りに続き、庭燎《ニワビ》によって神楽の庭に神を招《お》ぐ用意が整えられた後、次のような唱言が発せられる。

アチメ　オ、、、　ヲケ

本方と末方の双方で唱和されるのは、「アチメ」を喚《よ》びおこし、その応答として「オ、(称唯)」、そして囃詞の「ヲケ」が受ける、神招ぎと来臨を声に象る作法であった。アチメとは何か、諸説あるが定まらない。ただ『梁塵秘抄口伝集』巻第十一(4)には、神楽について説くうち「阿知女於介、是なん神楽根本神語也」という。芸能に伝承された神代の神のはたらきが声わざに象られる、それがこの「根本神語」に託されているといえよう。

二　仏法の声

——山寺行《やまでらおこな》ふ聖《ひじり》こそ　あはれに尊《たうと》きものはあれ
行道引声阿弥陀経《いんぜいあみだ》　暁懺法釈迦牟尼仏《あかつきせんぼうせいきやうぼうぢふ》（『梁塵秘抄』巻二）

仏教の伝来は、日本の聖なる声の世界に、豊かな音声《おんじょう》と意味の体系をもたらした。それは、韓半島三国の言語も含めた、梵漢和三国にわたる国際的な異言語諸位相の綜合体系であり、それを通して普遍的な意味の理解へ至ろうとする言語論的認識の伝来と言ってもよい。それはまた、仏法によるあらたな祭儀の荘厳《しょうごん》として用いられ経験されたのであり、今に伝わる大法会の定式たる四箇《しか》法要を構成する、唄《ばい》・散華《さんげ》・梵音《ぼんのん》・錫杖《しゃくじょう》が仏を讃え供養する音声の基本であった。これに伎楽や舞楽の音楽が加われば、それは宇宙的時空を綜合する祝祭と化す。天平勝宝四(七五二)年、聖武天皇の許で催された東大寺大仏開眼供養法会は、その全てを日本の楽舞から高麗・唐・林邑の舞楽および西域の伎楽と天竺僧の導師に至るまで大規模に動員し、アジア全体を包摂する構想の許に、宇宙そのものである盧遮那仏を讃え、同時に王権を荘厳する盛儀でもあった[5]。それが縮約された舞楽付大法会を開催することが可能な組織機構は諸国の大寺社に移転され、古代から中世にかけて歌舞の音声が表象する国家仏教の体制は、それを見物聴聞する天皇から民衆までの人々を支配したのである。

仏法の音声のなかで、読経は、仏事法会の基本であり、僧侶の修行と作法の基礎であって、あらゆる仏教儀礼の基盤となる要素であった[6]。漢訳経典の音読は、仏法伝来初期に半島を経由した呉音や「対馬音《ツシマゴエ》」（大江匡房『対馬貢銀記』）によって行われ、後に直接大陸から漢音が導入され、「正音《セイイン》」が国家の公準として整えられて、それに従った音読が僧に必須の資格として求められたのである[7]。古代には護国経典である金光明最勝王経《こんこうみょうさいしょうおうきょう》や仁王経《にんのうきょう》の読経法会が国家儀礼化し、次に大般若経や孔雀経の読経による攘災の威力が憑《たの》まれた。とりわけ大般若経の真読《しんどく》やそれを簡略化した転読は、諸国の国衙から荘園、ひいては郷村の単位にまで流通し、今も数知れぬ大般若経が村落の寺社に遺されている。それらは全て読誦《どくじゅ》されることにより機能が発動し、神への法楽ともなり、除災と豊饒を仏神に祈願する必備の宗教テクストであった。六百巻という厖大な経典の対極にあるその精髄たる般若心経の読誦は、空海の『般若心経秘鍵《ひけん》』がよくその要諦を説いて併せて民間に流布したように、その功徳を集約した万能の呪力を発揮する。誰にでも容易に暗誦される心経の音《こえ》は、ちょうど大祓詞の位相と等しく唱和し合って、仏法のあらゆる領域に通奏低音と化して浸透した。

読経される経典を代表するのは、大乗経典のなかでもとりわけて法華経である。経典自体が自らの読・誦・受持・解説《げせつ》・書写の功能と利益を強調し宣説する（法師品《ほうしぼん》・五種法師）構造をもっていることも、「読誦此経典」を行《おこない》とする営みを勧めた。己れの尊き験《しるし》を熱狂的に宣揚する法華経特有の構造が、既に古代から読経をめぐる幾多の霊験譚を生みだしていた。景戒『日本霊異記』には、法華持経者として山林修行する僧が山中に捨身して骸骨となった後も、舌だけが鮮やかに赤く残り読経の声が響き続ける霊異が収められる。鎮源『大日本国法華経験記』には、一層豊かに持経者の読経による霊験譚が修験道とも結びついて多様に展開されており、それは『今昔物語集』や中世説話集にも及んだ。法華経を一乗教（成仏得脱のための唯一つの教え）の拠の経典とする天台宗では、正しい読誦のための「音義」の学を伝統としていたが、また中世には訓読から発展したとされる法華直談《じきだん》の唱導談義の場において、法華経の一文半句が受持読誦されることで効能を発揮するという霊験譚が中世の末まで永く伝承されていた。そうしたなかで、法華経の行者を自負する日蓮が「南無妙法蓮華経」の唱題を行儀の中心とした、いわゆる題目主義を提唱する。単に音声の水準ばかりか、本尊として題目の文字による曼荼羅を創案したことも注目される。それは中世に汎《ひろ》く盛行し受容された専修念仏《せんじゅねんぶつ》の易行と名号《みょうごう》本尊の影響を受けたうえでの発想といえよう。

念仏は、浄土教の行儀における最も基本単位であり、かつ極小に縮約された行である。浄土三部経のうち最も短い阿弥陀経が読経の中心であったが、何より「南無阿弥陀仏」の六字名号を唱える称名が核となる。当初は庶民の間で忌まれていた念仏が空也《こうや》聖《ヒジリ》の活動を通して普及し、一方で源信が『往生要集』に臨終正念し往生する方法として十念を説示するに及んで、念仏は一挙に救済の簡便かつ究極の手段《てだて》として各階層に受容された。最初の往生伝である慶滋保胤撰『日本往生極楽記』には、早くも念仏の一声と共に往生を遂げる往生者の姿が描き出されている。その背景には〝山の念仏〟が在った。すなわち比叡山における常行堂の念仏が、並び立つ法華堂で行われる懺法《せんぽう》と共に、天台仏法の声の領域の拠点であった。最澄が『法華長講願文』に構想したあらたな宗教実践は、智顗《ちぎ》の『摩《ま》訶《か》止観《しかん》』に基づく四種三昧の修行法に拠るものであったが、その方軌を定め始修したのは円仁《えんにん》である。波瀾に満ちた入唐求法《にっとうぐほう》の旅において目指した五台山で、唐代に流行した法照の五会《ごえ》法事讃の音楽的念仏讃歌に接し、これを導入したのが常行堂に修される常行三昧法則の原型であるとされる。半行半座三昧を修する法華堂においては、読経に加え礼懺文《らいぜんもん》の誦唱による法華懺法が修され、ここにも如法経十種供養法会を創めた円仁の影響がある。円仁が伝えた引声《いんぜい》阿弥陀経の音楽的読経と並んで、懺法の節《ふし》が引声念仏の曲と併せて基盤となり、やがて院政期に山麓の大原別所において、良忍による融通念仏が生まれ、声明の本所となったのである。(8)

天台声明に対して、顕密仏教のもう一方の軸を成す真言密教の声明は、ほかならぬ空海がきわめて自覚的にそのカテゴリーにおいて音声言語を仏法の実践としようと企てたことが注目される。彼が唐から携え来たった聖教の目録『新請来目録』には、梵字の「讃」が九巻も含まれ、弘仁十四年（八二三）の上奏文に、真言宗の僧は「梵字真言讃」を学ぶべき課目と定め、更に承和二年（八三五）には真言宗年分度僧（各宗に国が割り当てた年毎に僧となる度者の定員）の内に声明業を習誦する者を加えるよう請うた。これは「梵字悉曇《しったん》章」の暗誦と「大孔雀明王経」の読誦に加え、自著『声字実相義』の学習が務めであった。

『声字実相義』は、わが国ではじめて創出された音声言語論として画期的な著作である。その冒頭に、空海は、一般にいう声と文字がかりそめのもので実体がなく、一方で実相とは幽寂にして名と言を超越する、という二元論的認識による仏教の常識的世界観を否定する。声字はさながら永遠なる真理を体現するものであり、現実の現象としての声字を離れて外に実相はない、と措定する。その認識の根本は、言語を人間界のなかでの相互の交通《コミュニケーション》の媒体として限定せず、宇宙全ての事象の意味の発現とするところにある。宇宙は全てが生命の顕現であり、その生命より生ずる声も、表象としての文字も、宇宙と等しく遍満し、この声字のはたらきが明らかなところに実相がある、というのである。

空海以前の仏教学である倶舎論《くしゃろん》や唯識教学では、全てに限界を設けて、声字を含む現象に普遍性を認めない。その論理の許で、宇宙の全ての現象は五法に分かたれて範疇化される。故に声は耳識（聴覚）に属す五法のひとつ色法であり、意識の対象たる文字は同じく不相応法に属し、いずれも生滅を免がれぬ有限の存在に過ぎない。それに対して空海の説くところは、如来の説法は必ず文字により、文字の所在《ありか》は六塵《ろくじん》で、六塵の根源は法身仏の身口意の三密であり、六塵は悉《ことごと》く法身《ほっしん》大日の説法の姿であると明かし、その意義を覚知することを大覚（悟）とする。五大に皆な響きがあり、十界に全て言語を具《そな》え、六塵は悉く文字であれば、それら法身はすなわち実相である。五大からの響きとは声である。声を発して物の名を表すはたらきが字であり、またその長短屈曲や曲節が文《あや》を成すのを字という。そうであれば、知覚の全ては文字なのであり、ひいて宇宙は悉く法身の顕現と覚知される。それが一切は声字を離れて存在しないという、徹底した言語即世界の認識を導くのである。[9]

「声字実相」の思想を実践する一端が、万物出生の根源としての声字である阿《ア》字の本来不生不滅（永遠の絶対）なることを観ずる修行としての阿字観である。その意義を説く「阿字義」は、空海の教学の後継者というべき覚鑁《かくばん》の盛んに著すところであった。空海自身は、衆声の母たる阿字の対極として全ての声字の終音なる吽《ウン》字にこそ全ての宇宙のはたらきが籠められているとして、その多義的な仏法の根源の意義を『吽字義』に明かした。そこに展開される思弁と哲理を安易に解説することは、もはや本章の範囲を超える。むしろ、院政期の悉曇学者による日本語音韻表として画期的な五十音図の創出に、[10]空海の提示した理念は生かされたといえよう。加えて、その前身として、やまとことばの声音の体系を暗誦するために、仏法の無常の理《ことわり》を平易なウタにあらわした「いろはうた」四十八字（その終字は「ん」である）が空海の作るところと伝承されることも、深い示唆に満ちている。

宇宙の現象一切が法身説法であると感得するところに、即身成仏の境地が開け、声字実相は永劫究極の仏たる法身が等しく備える身口意の三密であり、衆生本有の自ずからなる曼荼羅であるという空海の認識からすれば、万物の音声も全て法身説法の「法音」である。その声について身口意三密具足の成仏を目指す空海の宗教構想が、種字（文字）を含めた曼荼羅に表象され、入門儀礼としての灌頂や国家法会である後七日御修法《ごしちにちのみしほ》などの法儀にも、その実現が期されていたはずである。ただし、空海その人がこの独創的な思想をいかに実践したかということについて、こと声明に関しては全く資料を欠いている。空海の血脈を相承した宇多法皇の創建した仁和寺に拠った法孫の寛朝《かんじょう》が、密宗声明の祖に擬せられるが、その実態が明らかになるのは十二世紀の守覚法親王に至ってからである。守覚は、自ら伝法・結縁灌頂の大阿闍梨を勤めるために声明を必須とした消息を日記にしるし、自筆の声明詞章の草案を残し、また顕密の法儀の次第の類聚を編み、そして声明に博士《ハカセ》（譜）を施し口伝を注した『法則集』を撰んで真言声明の正典《カノン》を創り上げた。[11]その守覚の日記や著作類において知られ、現在も伝承される真言密教の法儀に明らかなように、密教における法要には必ず声明が伴い、教授であり導師たる阿闍梨は、その供養する全ての三宝（仏・法・僧）について讃歎詠唱する力量を持たねばならなかったのである。

かくして、空海の声字実相の思想は、法儀の発展に伴う声明の高度な体系化とその実践のなかで、声明成仏思想というべき主題を生みだした。『声明源流記』を著して本朝諸宗の声明の系譜を概説した南都学匠凝然は、『音曲秘要抄』に次のように説く。音声《おんじょう》は重なり合った不可思議な網目の如くであって、仏の梵音の声相は無限の広がりをもち、言音の妙なる曲は天竺の梵書の字句の義を表し、漢土と日本の諷誦詩歌も音律屈曲することはこれと何ら異なることなく、経中に歌唄頌仏《かばいしょうぶつ》を説いて如来を讃歎する如くに、日本の歌詠も管絃糸竹も本来は極楽世界に起こり、天衆が仏事のため遊戯《ゆげ》したもので、如来在世に諸天八部衆が供養のために奏した音楽である、と声明および仏事法会の音楽を修辞的《レトリカル》に説明している。その認識は、ひいて世俗の今様・朗詠・催馬楽《さいばら》・郢曲《えいきょく》などの全てが法音であるとして、当時の音楽の領域全てに及ぶことになる。

中世の初頭にあって、その思想の積極的な実践者が、守覚の父でもある治天の君、後白河院であった。

三　今様の声

——極楽世界の御法の声、仏事をなすや（能『仏原《ほとけのはら》』）

後白河院は、仏神への帰依とその霊験のなかに生きた帝王であった。熊野御幸を度重ね、千手観音を仰ぐ行者として蓮華王院を建立し、四天王寺で伝法灌頂を受けて密教の阿闍梨となり、そして法華持経者として生涯に法華経を七万八千三百八十余巻読誦したという。[12] 能誉『読経口伝明鏡集』に記されるところでは、院は、後世に読経道《どきょうどう》と呼ばれる[13]法華読経者の系譜の要《かなめ》に位置する王であって、御所法住寺《ほうじゅうじ》殿や六条長講堂《ちょうこうどう》において僧俗の御読経衆を結番せしめ、自らも不断読経に加わる「能読」の一人であった。(14) いわば声の行者であった後白河法皇の、最も目ざましい声わざに関する営みが、今様の勅撰集というべき『梁塵秘抄』編纂と、『口伝集』の著述であった。

今様は、郢曲と唐様《からよう》に称され、正統な古典の音楽に対しては雑芸《ぞうげい》と呼ばれたが、決して単なる俗曲ではなかった。その冒頭のみが今に伝えられる『口伝集』巻一は、「聖徳太子の伝に見えたり」として今様の起源伝承を語る。それは用明天皇の時代、「声妙《たへ》なる歌の上手」土師《はじ》の連《むらじ》なる者が難波にて夜、歌をうたうにその声を愛でて熒惑《けいわく》星が変化して付けてうたったという、『聖徳太子伝暦』上巻に拠る説話である。(15) 土師連八嶋から怪異を奏された太子は、

図1 『聖徳太子絵伝』九歳螢惑星と八嶋（杭全神社蔵）

その正体を兵乱の災を司る九曜のひとつ熒惑星と解き、それが翌年の蝦夷侵寇を予言する未来記となるのが『伝暦』の創りあげた文脈なのだが、とすれば、八嶋の歌に感応して星が降り下って示したウタとは、古代の童謡《わざうた》に通ずる、無告の民の声が天より政道を正し吉凶を告げる歌と化してそれを聴き取る巫覡《シャーマン》的な言語技術者に担われる、中国古典に言うところの緯書《いしょ》の伝統が遠く響いている。(16) 後白河院は、未だ王位など思いよらぬ若年の頃より今様を好み、遊女《あそび》や傀儡子《くぐつ》たちを召して習い、果ては彼女たちが伝える歌の系譜に連なって、己れをその流れの末から道の祖としてあらためて位置づける。そこから今様は皇室に相承される芸能として奪胎されるのである。院は、そうして習得し収集した今様の歌に、いかなる天の声を聴きとったのだろうか。

『梁塵秘抄口伝集』巻第十は、後白河院自らが今様修行の生涯を回顧し、その師たる乙前をはじめとする歌うたいたちの肖像を語り、更に院の弟子の近臣たちを評し、その上で今様を歌って神仏の示現に遇

ったことを記す。その最後に今様の霊験を連ね、歌いながら往生した遊女の逸話で結ぶ。彼女たちすら往生したのであれば、まして（これほどに修行し功徳を積んだ）我らはどうして往生の叶わぬことがあろうか、とあくまで仏法修行者たる法皇としての特権的優越意識の許で言挙げする。その上で主張されるのは、「法文の歌、聖教の文に離れたる事なし。法花経八巻が軸々光をはなち〱、廿八品の一々の文字、金色の仏にまします」という、経論はじめ仏法の聖教の文字が法文の歌として今様の声を介してこそ成仏得脱の証となるとの確信である。そのよすがは、この一文に続いて引かれる、白楽天の著名な願文（「香山寺洛中集記」）の一節「願はくば今生世俗の文字の業《ワザ》、狂言綺語の過《アヤマチ》を以て、転じて将来世々の讃仏乗の因、転法輪の縁《エニシ》と為さん」という誓願であった。世俗の詩文を作り戯れる営みを、さながら仏道修行とし解脱の善縁となそう、という希求である。『白氏文集』の享受とそれが及ぼした影響は、朗詠という声わざを媒《なかだ》ちとして文芸のさまざまな次元にわたったが、その許で、詩歌文芸の業《ワザ》を狂言綺語、妄想顚倒の戯《げ》論と懺悔しながら却《かえ》って仏法の〈聖なるもの〉に至る悟りへ導く糸口としようという思惟を培った。その思惟は、早くも平安朝の宮廷文人たちによる勧学会《かんがくえ》という信仰結社を生みだす理念ともなった。

　勧学会の、志を同じくする叡山僧と文人が集い、法華講説と念仏を修しながら詩作するという、聖と俗の架橋たるべき営みの様《さま》は、その一員であった源為憲の『三宝絵』僧宝「比叡坂本勧学会」条に描かれる。為憲はそこで天台大師智顗《ちぎ》撰述『金光明経玄義』巻上に説く「此ノ娑婆国土ハ音声モテ仏事ヲ為ス」に拠り、その会を叙《しる》すのに「娑婆世界は、こゑ仏事をなしければ、僧の妙《たへ》なる偈頌を唱へ、俗の貴き詩句を誦ずるを聞くに、心自《おのず》から動きて、涙袖を霑《うるほ》す」と表現する。それは、経典や法則にもとづく法文聖句の偈頌《げしょう》とこれを讃歎する世俗の詩との唱和であり、読経・念仏を中心とする声明と和歌披講、朗詠の声の交響によって成就する場であった。(17)

　「声、仏事を為す」に象られる思惟は、更に院政期、後白河院の時代に至り、天台の唱導家たる安居院澄憲に担われた。後白河院の命により、天台声明を良忍から継承した家寛《けかん》は『声明集』を編んだが、澄憲が執筆したその序文にもこの詞が引かれており、声明は声による仏法実践として価値づけられた。(18)また、宮廷女房を願主として、色好みの所産たる和歌や狂言綺語の最たるものである『源氏物語』をもてあそぶ宮廷人の罪障消滅のために一品経《いっぽんぎょう》供養が営まれ、その導師にも澄憲が請ぜられた。とりわけ『源氏物語』を作る罪により地獄に堕して苦しむ紫式部を救済するためと伝える『源氏一品経供養表白』にも、この詞を以て物語という「綺語」ないし「雑穢語」を仏法へ導く因縁と説くのである。それら説経師が主唱する声—歌—物語を仏事へと転ずる言説を宰領し、その上に君臨するのが後白河院であった。彼にとっての今様とは、読経や声明の功徳と等しい仏事としての声わざであり、それはまた声明成仏の思想とも通底する実践ではなかったか。(19)

『梁塵秘抄』巻二に収められた今様では、法文歌と神歌《かみうた》という仏神の存在とはたらきをうたう〈聖なる〉世界のカテゴリーが、雑歌にうたわれる世俗の世界と並びあっている。法文歌は伽陀《カダ》や偈頌の四句文の形を訓《よ》み和らげた訓伽陀《クンカダ》に等しく、二句神歌は和歌を基本として神祇歌や神詠に連なる。そのうち法文歌は、仏事をなす仏法の声が、経典の意《こころ》を解く経歌を中心に仏法僧の三宝から霊験所歌に至るまで響きわたる。注意されるのは、そこに聞法《もんぽう》の功徳として聴聞による成仏をうたうものが多いことである。法華経二十八品歌に集中して見いだされるそれらは、声明成仏の思想が声に象られたかのような歌群である。次に、その例を掲げよう（各歌の下に付した数字は巻二の歌番号）。

・釈迦の御法《みのり》のうちにして　五戒三帰を持《たも》たしめ
一度《ひとたび》南無《なも》といふ人は　花の苑にて道成りぬ　（二〇）

・阿弥陀仏の誓願ぞ　かへすがへすもたのもしき
一度御名をとなふれば　仏に成るとぞ説いたまふ　（二九）

・十界一如は法算木《ほふさんぎ》　法界唯心覚《さと》りなば
一文一偈をきく人の　仏に成らぬは一人なし〔方便品《ほうべんぼん》〕　（六四）

・法華は何れも尊《たふと》きに　此の品きくこそ哀れなれ　尊けれ
童子の戯《たはぶ》れ遊びまで　仏に成るとぞ説《と》い給ふ〔方便品〕　（六七）

・法華は仏の真如なり　万法無二の旨《むね》を述べ
一乗妙法きく人の　仏に成らぬはなかりけり〔方便品〕　（六九）

・法華経八巻《やまき》が其中に　方便品こそたのまるれ
若有聞法者　无一不成仏と説いたれば〔方便品〕　（七〇）

・一乗妙法説《と》く聞けば　五濁我等《われら》も捨てずして
結縁《けちえん》久しく説きのべて　仏の道にぞ入れたまふ〔化城瑜品《けじょうゆ》〕　（八七）

・法華経八巻は一部なり　廿八品いづれをも
須臾《しゅゆ》の間《あひだ》も聴く人の　仏にならぬはなかりけり〔法師品〕　（一〇三）

・法花経しばしも持《たも》つ人　十方諸仏喜《よろこ》びて
持戒頭陀《ぢかひづだ》に異《こと》ならず　仏に成ること疾《と》しとかや〔宝塔品〕　（一〇九）

・常《つね》の心の蓮《はちす》には　三身仏性おはします
垢《あか》つき穢《きたな》き身なれども　仏になるとぞ説いたまふ〔提婆《だいば》品〕　（一一九）

まず念仏の声が響く。「一度南無《ひとたびなも》といふ人は／御名《みな》をとなふれば」称名の功徳が成道もしくは成仏をもたらす。「一度御名をとなふれば」と同じくする類歌は、「(弥陀の)来迎引摂疑はず」(三〇)、「(薬師)万《よろづ》の病も無しとぞいふ」(三二)といかなる仏の本誓による救いをも喚起する称名の声となる。また、末句の「仏に成るとぞ説《と》いたまふ」ないし「仏に成らぬはなかりけり」も、成仏を約束し確信する仏説授記《じゅき》というべき詞が典型として歌いふるされていることを示している。その拠としての法華経の本文《ほんもん》自体も歌われる。「若有聞法者《にゃくうもんぼうしゃ》、無一不成仏《むいちふじょうぶつ》」。それを歌いほどいたのが「仏に成らぬは一人なし」であろう。成仏を歌う、その根底を支えるのは、人は誰も、否、人に非ざる山川草木まで悉く皆が成仏すべき性質を具えているという「悉有仏性」の思想である。この万人に遍在する仏性《ぶっしょう》を、最後の例は歌う。全ての人に等しく常住に具《そな》わる成仏の台《うてな》としての心蓮台が「三身仏性」の座である。その典拠は「本覚讃」として汎く唱えられた偈頌「帰命本覚心法身、常住妙法心蓮台、本来具足三身徳（以下略）[20]」であるが、その仏の異名たる三身万徳が三身仏性である。すなわち、仏が衆生化度《けど》のために示された法報応《ほっぽうおう》の三身の相のいずれもが仏性の顕現であり、それが衆生にも元より備わっている故に成仏決定《けつじょう》なのである。その鍵語「三身仏性」は、ただちに次の一首を想起させる。

・仏も昔は人なりき　我等も終《つひ》には仏なり
　三身仏性具せる身と　知らざりけるこそあはれなれ〔雑法文歌〕（二三二）

これもまた、万人に等しく示された成仏の授記を知らざる凡夫への哀れみを、高みからでなく「我ら」人からの瞻仰の嘆声となってうたいあげる。この今様歌は、『平家物語』の一段として知られる「祇王《ぎおう》」の物語において、今参りの仏御前《ほとけごぜん》に清盛の寵を奪われ棄てられた白拍子祇王が、心ならずも清盛の御前に召し出され芸を所望される、その舞台で歌い替えられて次のように披露される。

・仏も昔は凡夫なり　我等も終には仏なり
　何れも仏性具せる身を　隔つるのみこそ悲しけれ

当座の景気にあわせて自在に歌い替える今様の芸能の特質が、ここでは物語の文脈に応じて痴愛に隔てられ疎まれた祇王の悲痛な心境を象る。これを契機に出家遁世した祇王の許へ、やがて仏御前も出奔遁世して訪れ、一所に念仏して行いすます。祇王と仏が演ずる愛別離苦・怨憎会苦の煩悩の葛藤は、その苦悩を機に却《かえ》って仏道に赴かしめる逆縁であった。ここに、今様歌は教理の平易な教化の媒体という次元を超えて、いつしか人に等しく訪れよう仏性発得の機縁を唱導する寓話の核となるのである。これを、融通念仏の思想が天台本覚論を基盤に唱導された物語とする見方もある。(21) この今様歌を計《はか》らざる結縁の契機として、女たちは念仏と共に順次の往生を遂げ、成仏は果たされた。彼らの名は後白河院の菩提寺である長講堂の過去帳に入れられた、と物語は結ばれる。過去帳に記されたその名を読み上げられることこそ、確かな往生の証しである。過去帳が読まれる行法の最中に幻のごとく現われた女人が、なぜ妾《わたし》の名を読まぬと問いかけ、僧は当座に「青衣《しょうえ》の女人《にょにん》」と読んだという、東大寺二月堂修二会の過去帳にまつわる話や、西大寺光明真言会の過去帳に和泉式部の霊が已れの名を読み入れることを希ったという伝承は、過去帳を読み上げる僧の声の背後に響く冥の仏神と聖霊《しょうりょう》の声の交流を示唆するものであろう。

四　融けあう神と仏の声

——八百万の神達、小男鹿の八の耳を振立てて、如意宝珠の玉の御簾を上て聞食せ
(二月堂所用大中臣祓)

神仏の宣《の》る〈聖なる声〉でもある歌のことばにおいて、神と仏の領域は、思いのほか深く重なり合っていた。その端的な例を、宮廷の御神楽に伝承された雑歌の一曲「明星《あかほし》」に見ることができる。

希利《キリ》　吉々《キ、》利々々々《リ、、、》　千載栄《センザイヨウ》　白衆等《ビャクストウ》　聴説晨朝《チャウセツジンヂャウ》　清《シャウ》　浄偈《ジャウゲ》や
あかほしは　明星は　くはや此処なりや　何《ナニ》しかも
今宵の月は　ただ此処に坐《マシマ》すや

初句の「希利」云々は、『大金色孔雀王呪経』の末に付された陀羅尼呪《だらに》の一節で、『覚禅抄』孔雀王法はこの句を清浄の意と釈す。(22)「千載栄」は、踏歌に唱えられた漢音による頌と思しい。続く「晨朝清浄偈」は、「法華懺法」の六時行法のなかのこれも漢音で唱えられる声明から採ったもの。いずれも平安朝宮廷の仏事修法や祝宴で誦唱され、聴きとられたエキゾティックな声を、明星のごとくいまだあかあかと燃える庭燎《にわび》のかがやきにうたい籠めた曲である。『梁塵秘抄口伝集』巻第十一には、「星句吉々利々、仏経の説あり。この所、僧中伽陀の音を別《ワ》け、一句ごとに畢《おわる》也」と伝える。伽陀《カダ》は声明の用語で漢音により詠唱される偈頌をいう。つまり、この句は伽陀音で句毎に切って唱えろという。宮廷の外でも、神楽は賀茂や石清水の臨時祭などを重要な舞台として演ぜられた。男山八幡宮は護国寺を中心にほとんど仏教寺院と言ってよい「宮寺《ミヤデラ》」であり、その神事はさながら仏事であった。そうした環境のなかに形成された御神楽に仏事の詞章が摂り入れられるのは、不思議なことではない。

修法や仏事のうちに聴こえる仏法の声が神の領域に立ち現われる現象は、中世に生みだされたあらたな神話のなかにも見いだされる。伊勢神宮鎮座の由来を説く、奈良朝の神護景雲二年（七六八）大神宮神主五月麿の撰に仮託された『倭姫命世記《やまとひめのみことせいき》』は、「大神宮本紀」とも称されて鎌倉時代に伊勢神道の神典のひとつとされた。その前段の天孫降臨神話には、天照大神の「天壌無窮」の神勅の後に、それを受けるホノニニギと共に降臨する伴神たる天児屋根命が掌る解除《ハラヘ》の詞が示される。その「諄辞《ノトゴト》」は、次のような文句である。

謹請再拝、諸神等各念、此時天地清浄、諸法如影像、清浄無仮穢、取説不可得、皆従因業生
（謹《ツツシ》ミ請《ウヤマ》ヒテ再拝ス、諸神等《モロカミタチ》各《ヲノヲノ》念《ヲモ》へ、此ノ時天地《アメツチ》清《キヨ》ク浄《アキラカ》ナリト、諸《モロモロノ》法《ノリ》ハ影像《カゲカタチ》ノ如クナリ、清浄《イサギヨキモノ》ハ仮《カリソメ》ニモ穢《ケガ》ル、コト無シ、説《ヒトコト》ヲ取《ト》テ得《ウ》ベカラズ、皆因《ミナタネ》従《ヨ》リ業《ワザ》ヲ生《ナ》セリ）

これは、『金剛頂経金剛界大道場毘盧遮那如来自受用身内証智眷属法身異名仏最上乗秘密三摩地礼懺文（略題「金剛頂瑜伽三十七尊礼」）』の「白衆等各念、此時清浄偈、諸法如影像、清浄無瑕穢、取説不可得、皆従因業生」の偈《げ》

からの借用で、(23) これも先の「明星」に用いられた暁の懺法の偈と類似する清浄偈の一節である。

『倭姫命世記』は、その後半に、大神の御杖代である倭姫命による「事定《コトサダメ》」として内の七言・外の七言の禁忌を定め、「清浄」の祓の法《ノリ》を定めた。その主な内容は仏法に関する忌詞で、『延喜式』斎宮条の忌詞や『皇大神宮儀式帳』に見える古い習いであるが、それを神宮の創建に遡っての定めとして説くのである。加えて、倭姫命の託宣には「仏法の息を屏《かく》して、神祇を再拝し奉れ」と宣べて遺命とする。倭姫命の〈聖なる詞〉としてこの書が主張する神宮における神仏の分離と疎隔の志向は、そのテクスト自体が仏法の詞を含み込むことと、一見して矛盾を呈している。だが、その矛盾を言挙げするよりも、むしろ仏法の儀礼の声がさながら神道の祝詞の声と化し、密教の観念としての「清浄」が祓の儀礼の意味を規定しているという現象そのものが興味深い。

祓の詞が仏法と深く重なり合っていることを示す、もうひとつのテクストを掲げよう。神祇の側から創りだされた『倭姫命世記』と異なり、仏法の側から神祇について、その最も重要な〈聖なる詞〉というべき中臣祓詞《なかとみのはらえのことば》を主題として空海の著作に仮託された『中臣祓訓解《くんげ》』である。密教の思想と語彙により神祇の世界を解釈する、いわゆる両部神道書の初期の例として、院政期から鎌倉初期にかけての成立と推定されている。(24)

『中臣祓訓解』は、仏が本地の光を和らげて日本の神として垂迹する「和光垂迹」の始源を密教に託し、その「心地」の要点を示すために中臣祓を解《ト》き訓《ヲシ》える、つまり大祓詞の注釈書である。はじめに、この祓について「己心清浄の儀益、大自在天の梵言（中略）无怖畏の陀羅尼、罪障懺悔の神呪なり」と定義する。次いで天地開闢《かいびゃく》の初め、大日如来が無縁の衆生を済度するため応化の姿を現じて「府璽《フジ》を魔王に請《コ》ひ」天照大神となって、外には仏教に異なる儀式を顕し、内には仏法を護る神となる、と中世に普《あまね》く説かれた第六天魔王との契約神話(25)によって伊勢神宮の仏法忌避の伝統を説明する。それは『倭姫命世記』の立場とは対極の位相であるが、そこから「凡そ此の祓は、神明最極の大神呪なり」と祓の意義を解説していく。その所詮は、「解除《ハラヘ》の事は、神秘の祭文を以て、諸《モロモロ》の罪咎を祓ひ清むれば、即ち阿字本不生の妙理に帰して、自性精明の実智を顕はす。而して諸法に於いては、浄不浄の二つを出でず」と、その意義はやはり「清浄」に収斂し、「此れ則ち、滅罪生善、頓証菩提の隠術《ヲンジュツ》なり」と結ぶ。つまり、全く顕密仏教の論理と、それにもとづいて成立した縁起説によって解釈するのである。

中臣祓詞の本文の注釈は、一句毎に、神祇の名目を仏法とりわけ密教の語彙と体系に配当して解釈するのだが、その一節、「天津宮事《アマツミヤコノコト》」条に、「諸法如影像」すなわち前述の『倭姫命世記』に用いられた『金剛頂瑜伽三十七尊礼』の清浄偈を引いて注す《しる》(26)。加えて、その私注として「神の宣命なり、祝詞《ノンコトバ》なり。謂《いわ》く、之《ノ》を宣れば即ち一心清浄にして、常住円明の義を益すなり。是れ浄戒波羅蜜多を修するなり」と説く。それは、さきに示したこの書の思想的位置を開示する段《くだ》りと共通し、清浄偈を引くこの一節が肝要な本文であることを告げている。注釈の終わりにも「天津祝詞《ノトコトバ》。天上の梵語なり」と結ぶことから、「天津」を冠する詞がとりわけて神祇の〈聖なる〉存在を示すものであることが察せられよう（ちなみに、度会家行『類聚神祇本源』神道玄義篇には、この清浄偈を天磐戸を開く時の呪文のひとつとし、「天津宮事《アマツミヤコト》」を天上の神呪とする）(27)。

『中臣祓訓解』の後半は、「吾国は神国なり。神道の初め、天津祝詞を呈《アラ》はし、天孫は国主なり」以下、神祇の祭祀と仏法の理が等しいことを説いたうえで、承和二年（八三五）二月の大仁王会のついでに東禅仙宮院の院主吉津御厨執行神主河継に（空海が）授けた伝記(28)として、神の位相を大日の法報応の三身に重ねて三種に差別するうち、最上の法性身を虚空神となし、実相を大元尊神、所現を照皇天、遍照尊、大日霊尊であるとして、内外両宮二所皇大神と定める。「凡《およ》そ天神地祇は一切の諸仏、惣じて三身即一の本覚の如来、皆な悉く一躰にして二無し」と説いて、本覚神を伊勢、不覚神（実迷神）を出雲など荒振る神、始覚神を八幡宮や広田社などとする三種神を挙げる。その拠るところは、三身即一にして一如となり悉有仏性を観じて仏我一体の成仏を説く本覚思想にもとづいた論理であり、これを神祇に宛てがって垂迹の神の仮の差別を示しつつ、本地の仏の応化の相を論ずるのである。それは、前に掲げた『梁塵秘抄』の今様歌「仏も昔は人なりき　我等も終には仏なり　三身仏性具せる身と　知らざりけるこそあはれなれ」に通底する思惟であり、その「我ら」を神祇に宛ててみれば、まさしく論理構造を共有しながら次元を異にした表現といえよう。『平家物語』は、この歌を本歌として祇王に歌わせ仏御前の寵幸に隔てられる身の悲哀を訴えるが、この白拍子に神祇の「祇」字を宛てるところに含意があると思われる。仏《ホトケ》と祇《カミ》を名に負った遊者《アソビモノ》たちが人界の煩悩に纏われ出離解脱を演ずる因縁物語の巧みな寓意である。単に仏となるべき理を知らぬ凡夫としての遊女白拍子の往生成仏譚というばかりではない。本来この今様歌に籠められていた、元より三身仏性具足円満なれば悉皆成仏は必定にして疑いなしという本覚真如の理が、そこでは遊戯的に神仏の化儀《けぎ》として寓話化されているのである。

ふたたび神道書に戻るなら、そこに見いだされたのは、祓《ハラヘ》という〝神道〟のカテゴリー成立に直結する重要な祭儀をめぐって、その生成を規定する託宣の〈聖なる詞〉の神話化（『倭姫命世記』）やその祝詞の〈聖なる詞〉そのものへの注釈（『中臣祓訓解』）によって神道説の内実を創りだすために、顕密にわたる仏法の法儀のなかで唱えられた詞章が格好な言辞として用いられたことである。それは字義通り「清浄」を生じさせる〈聖なる声〉としての偈頌であったが、その声を介して、神道は〝清浄〟の観念を己がものとしていったのである。角度を変えて言えば、それら神道書成立の基盤には、実際の宗教儀礼やその場が深く関わっていたであろう。院政期に盛んに行われた六字河臨法《ろくじかりんほう》の修法のように[29]、仏事法会のなかに中臣祓が中心的な役割を占めて実修されたことも、逆の方向からそうした〈聖なる声〉の重なり合いを推察させる。古代に始まり、中世を通じて国家的法会として諸宗・諸寺に行われた修正会・修二会の悔過《ケカ》作法とは、罪障を懺悔し苦行によって消滅させて災いを除き豊饒をもたらすための行いであった。その苦修練行の祈りの様は唱礼《しょうらい》の〝声〟を介して聴聞されるものであることを[30]、今に「不退の行法」として伝承される東大寺二月堂の修二会は眼前に示している。その修法の開白《かいびゃく》に臨んで呪師によって黙誦される「大中臣祓[31]」も、確かにその〈聖なる声〉の一部なのであった。

五　神／仏を歌う聖

――法の道　御音《こゑ》（を）聞（けば）ありがたや　神諸共（に）明ほのゝ空（円空歌稿）

うたの声と言葉において神に仏を見いだし、そのことにおいて〈聖なるもの〉を感得する、そうした媒介者があらたに中世に出現した。それが仏神の世界と人間、つまり聖俗を繋ぐ交通を司る宗教者、遁世して俗世の秩序や束縛から脱れた聖《ヒジリ》である。彼らは修行のうちに、草庵の閑居もしくは遊行の旅のなかで詠歌する。その歌において、聖としてのはたらきが実現され、その歌が詠み伝えられて聖の徳行が世にあらわれる。古く、念仏聖空也《こうや》の歌が『空也誄《ルイ》』に採られ、(32) 中古には貴種出身の修験者行尊《ぎょうそん》が入峯修行の裡に大峯笙の崫において「もらぬ岩屋」と詠じ、また説経師で勧進上人の瞻西《せんさい》も説法に請ぜられて「もりやは法《のり》の敵《かたき》」と詠んで、いずれも勅撰集に入集している。そうした伝統の許で、院に仕える武者ながら当時の世人を感歎させる鮮やかな出家遁世を遂げたのが西行である。彼は、作善を勧進しながら遁世の境涯を詠じ、修行の旅に花と月とに心をうかれさせながら仏道を志した。円位という僧名をもち、高野山を拠としながら密教の興隆に力を尽くした。その生涯は生前から半ば伝説と化し、「願はくば花の下にて春死なむそのきさらぎの望月の頃」と詠じ、そのとおりに往生を遂げた聖として、一生が物語化され絵巻ともなった歌僧である。

西行は、『山家集』に収められる分をはじめとするその歌において、己れの修行の旅のなかで、社に参り、神をうたう。『山家集』には、大峯修行の斗藪《とそう》の道に沿って詠まれた歌群と並び、遁世後の初修行として「伊勢の方《かた》へまかりける」途上、鈴鹿山を詠み込んだ「鈴鹿山うき世をよそにふり捨てていかになり行く我身なるらむ」の軽妙な戯れさえ感じられる歌がある。更に、晩年の伊勢居住と伊勢神宮参詣をめぐる歌が勅撰集に多く採られることも注目される。

高野の山を住みうかれて後《のち》、伊勢国二見浦の山寺に侍りけるに、大神宮の御山をば神路山と申す、大日の垂跡をおもひて、よみ侍る

深く入りて神路の奥を尋ぬれば　また上もなき峯の松風　（千載集・御裳濯河歌合）

吉野の山の桜を詠んだ「吉野山雲をばかりに尋ね入りて心にかけし花を見るかな」にも通うあこがれは、伊勢の聖地―神道の深秘に参入するうながしとなり、それは西行にとって和光垂迹の奥義を尋ねることであり、そこに感得されるのは無上の尊神たる大神宮の本地大日如来である。それはまた、風輪際《ふうりんざい》から虚空へと観念を致し、神の法身如来としての境地に想到する、密教に立脚した西行の神の認識が暗喩されていると読める。

伊勢にまかりたりけるに、大神宮にまゐりてよみける

榊葉《さかきば》に心を懸《か》けん木綿四手《ゆふしで》　思へば神も仏なりけり　（山家集）

伊勢太神宮にて

宮柱《みやばしら》下《した》つ岩根に敷《し》き立てて　露も曇《くも》らぬ日の御影かな　（聞書集・新古今集）

西行の大神宮参詣は、ただ僧徒の参宮の早い時代の例として歴史的に注目されるにとどまらない。倭姫命に天照大神が託した「仏法の息を屏《かく》せ」という仏法忌避の聖地に、敢えて西行のような聖が推参することそれ自体が、当時として何より強いはたらきかけを企てる行為といえよう。その上で「思へば神も仏なりけり」と、あらためて天照大神についてその本地が仏なることに思いを致すのは、実にあからさまな本地垂迹説の確認であり言挙げであった。それは歌による思想的デモンストレーションなのである。次の歌で、「日の御影」つまり天照の神威のあらたかなことを祝《ほ》ぎ讃える枕として、大地の底に敷き立てる「宮柱」とは、明らかに神宮の最大の深秘であり象徴である

心御柱《しんのみはしら》をさすものだろう。それをこのように詠み込むことは、よほど思い切った神への参入の仕方といえよう。

神路山にて

神路山月さやかなる誓ひありて　天の下をば照らすなりけり　（御裳濯河歌合・新古今集）

また、別宮月読宮について「さやかなる鷲の高嶺の雲井より影やはらぐる月読《よみ》の森」と霊鷲山の釈尊の和光垂迹として本地説を詠じているが、神路山の歌では神宮全体の神の誓い——すなわち本地の仏が神と迹《あと》を垂れる際の本誓である——としての天下を照覧し国土を守る神徳を神路山に出る月に象るのである。外宮豊受大神宮を月に宛てる中世神道説はそこに少なからず投影されていよう。『中臣祓訓解』など両部神道書の所説にみえる行基《ぎょうき》参宮に示された大神宮の託宣文としての「実相真如の日輪は生死長夜の闇を照らし、本有常住の月輪は無明煩悩《むみょうぼんのう》の雲を掃う」という偈頌も、この頃には既に流布していたのである。

最後に、本書の総説Ⅰでも言及した歌を再び引こう。

御裳濯《みもすそ》川のほとりにて

岩戸開《あ》けし天津尊《あまつみこと》のそのかみに　桜を誰か植ゑはじめけん　（御裳濯河歌合）

内宮の御前を流れる川の辺りは、中世に僧尼の参入が許される境界であり、彼らは此処から遥拝する。月に続き桜に注目するのは、神域に花が咲き初めてその存在に心付いたのであろう。あるいは「桜の宮」を詠んで「神風に心やすくぞまかせつる桜の宮の花の盛りを」（『続古今集』）と、花への執着も伊勢の神境では神の意《こころ》にまかせるばかりである。それよりも、花を契機に天岩戸神話が想起されていることが注意される。神代の往昔《そのかみ》、岩戸を開けて顕われた「天津尊《あまつみこと》」とは、天照大神であり、中臣祓詞に見える「天津宮《アマツミヤコ》」すなわち高天原の神々の総称でもあろう。西行の参宮は、最晩年の『御裳濯河歌合』において、かような歌に象られて自らの歌を再び番《つが》わせ月と花にかけて伊勢神宮に奉納する試みに至り、[33]『西行物語』において大神宮をめぐり胎金両部の曼荼羅に宛てる本地垂迹説が展開される一段ともなったが、「天津尊」の歌については、もうひとつの聖による伊勢参宮の記録、すなわち『東大寺衆徒参詣伊勢大神宮記』が想起される。[34]

　西行のような遁世聖による個の営みと異なり、東大寺という国家寺院の僧侶集団による群参というべき画期的な事態が生起した背景には、大仏再興を契機としてあらためて認識された、東大寺大仏（盧遮那仏）と伊勢大神宮（天照大神）が本地と垂迹の関係であるという認識があった。東大寺側の『東大寺要録』と神宮側の『大神宮諸雑事記』の双方に共通する本地垂迹の神話によれば、聖武天皇が大仏の創建にあたり、橘諸兄を大神宮に遣わしたところ、天皇の夢に「玉女」が現われて大神宮の霊告が示された。その詞は、「当朝は神国なり。尤《もっと》も神明を欽仰し奉り給ふべきなり。而《しこうし》て、日輪は大日如来なり。本地は盧舎那仏なり。衆生は此の理《ことわり》を悟り解し、当《まさ》に仏法に帰依すべきなり」というものであった。この詞に「日輪」と象られるのは、ほかならぬ「神明」天照大神である。それは大神宮が行基に告げた「実相真如の日輪」が内宮をさすことにも重なり、天照大神―大日如来―盧遮那大仏という、西行が認識した「大日の垂跡」を軸とした本地垂迹の体系がここに開示されたのである。

　権僧都弁暁《べんぎょう》に率いられた東大寺衆徒は、後白河法皇の院宣と御願文に準ずる寺家願文を携えて、大般若経を持参し、内外両宮それぞれに法楽の読経と番《つがい》論義の仏事を営んだ。導師弁暁は自作の表白を読み上げ、説法の弁舌を振い、唱導を勤めた。仏事の果てた夜、衆徒は宿所で延年の芸能を催す。乱舞一巡の後、児《ちご》は白拍子の舞歌に「大仏炎上の事」を囀《さえず》り、一同の悲泣を誘う。その後宴に僧と児は歌を詠み交し、後朝《ごちょう》にはその児に聖円空（仁和寺の知法の名人ながら当国に籠居する、と注す。残念ながら「円位」ではない）が歌を贈るのであった。慶俊によるこの記録は、衆徒の参宮の盛儀が、さまざまな仏法の声と、声わざの芸能と、そして歌とによる、多彩な声の唱和を介して成就し言祝《ことほ》がれた消息を如実に伝えている。

　この記録の最後に、「御示現事」という一条がある。衆徒が寺に帰り、一連の儀式が全て了《おわ》った後、重源の弟子の一人、生蓮《しょうれん》という聖が夢想を蒙った。その夢は、衆徒の捧げた法楽の功徳として大神宮の長官つまり内外宮の一禰宜《いちのねぎ》の長寿を予祝するものと夢中に解かれたが、次いで何者かにより一首の歌が詠まれた。いわば夢中感得の神詠である。

今日こそは天津尊のはじめなれ　葦牙もまたいまぞ見ゆらん

この歌は、このたびの参詣法楽により、「天津尊《あまつみこと》」天照大神はじめ伊勢の神々、ひいては天上の神祇のパンテオンが仏法の威徳を蒙ってあらたに再生することを詠む。そのはじまりを象るのが「葦牙《あしかび》」という、天地開闢《かいびゃく》の万物出生のシンボルであり、国土生成を語る神話の表象であろう。大仏の再興とともに大神宮も始源より創成されることを言祝ぐ歌である。歌語「あまつみこと」に加えて、神代を今に甦らせるはじまりの意識を共有するこの歌は、明らかに西行の「天津尊のそのかみ」の歌に響きあう。時しも中世の扉が開く折にあたり、伊勢をめぐる神と仏の再生と顕現は、かくして聖を媒ちとした歌の声の唱和のなかに果たされたのであった。

第二章　中世の童子と芸能
――〈聖なるもの〉と童子――

一　遊ぶこどもの声

遊びをせんとや生れけむ　戯《たはぶ》れせんとや生れけむ
遊ぶこどもの声きけば　我が身さへこそゆるがるれ

『梁塵秘抄』のなかの、この名高い今様歌は、いまも多くの人の口をついて出るほどに知られるものでありながら、かえって固定した解釈に纏われてきたようである。

それは、今様の担い手である遊女や傀儡子たちがふと「無心な」こどもの遊び戯れる声を耳にして、彼らの「無垢」に対して己が汚《けが》れた境涯を省み、その生業にともなう罪障を自覚し、その重さにおののく心の責めを身のゆるぎとして、うたいいだされたもの――と解されてきた。(1) しかし、そうした、遊女を罪深かるべき者とする観念から導きだされるストーリーは、あくまでも一面的な解釈でしかなかろう。それに対して、むしろ遊女の、彼女たち本然のワザとしてのアソビの心性がこどもの遊びの声に喚びおこされ、同調して、おのずから身体がゆるぎだすよ

ろこびをうたったもの――という、仏教的罪障観に発する懺悔の響きから解放しようと試みる解釈も成り立ちうるのである。(2)

それにしても、この歌のなかで聴こえてきた「遊ぶこどもの声」――前章で論じた音声の世界よりもいっそう身近な声――とは、一体どのような声なのだろうか。あるいは、その「声」によってゆるがされる「我が身」とは、はたして誰のことを指すのだろうか。それはまた、誰の身体なのであろうか。それを遊女と最初から自明のこととして把《とら》えるばかりで、この歌をウタとして捉えられるものだろうか。そうした、もっとも根本のところでさえ、この歌はまだ充分に問われていないように思われる。

「遊ぶこどもの声」に感応し、今様をうたいいだした一人の中世人のエピソードが、日吉山王の霊験記(3)の中に語られている。叡山の学匠、陰陽堂僧都と呼ばれた慶増のことである。彼は、己れの行学を恃《たの》み、山上にて修学を怠らねば神慮に叶おうと、麓の山王の社壇に参ろうともせぬ。ところが重い病に罹り命も危うい。同宿の僧が社参して祈請するに、託宣を蒙り、神は慶増が我が所に詣でぬことを恨む、と告げる。己れの非を悟った慶増が参詣を誓うと病は平癒した。のちに彼が大宮の社頭に通夜して念誦していると、そこに小童部たちが集まり、ヒトクメ(4)という遊びをして騒がしい。邪魔だと門外へ追い払って、心静かに法施を奉った夜の夢にあらわれたのは、嗔《いか》りの面持ちで彼を叱責する山王権現である。その告ぐるところ、「(小童部どもの社頭に居ることは)和光同塵のしはざともなき輩までも、皆みちびかむが為なり。いささかの結縁も、出離生死の謀り事にあらずや。されば、社頭にして遊戯《ゆげ》の事、ただ山野郷道の遊宴には似《にる》べからず。忽に是を禁制する事、智者のしわざとも覚えず」という。再び己が非を悟った慶増は、翌日に参詣し、この度は幼き者どもを集めて、ヒトクメの遊びを勧め、自らもこれに交わった。そしてさらに、今様を作り、これを見聞する人々にうたわせた、とある。それは、次のようなウタであった。

大宮権現は　思へば教主《けうす》の釋迦《さか》ぞかし

一度《ひとたび》此地をふむ人は　霊山界会《りやうぜんかいゑ》の伴《とも》となる

山王の本地を明かし、和光同塵の神の社壇——それはすなわち釈尊説法の霊鷲山の会座に連なることにほかならない——への参詣が仏法結縁の利益に預かるのに等しいことを知らしめ勧めるこの今様もまた、『梁塵秘抄』に収められている歌謡のひとつである。

この物語——今様歌の起こりを説き、山王の神威と功徳を讃えながら和光垂迹の利益と参詣の利生を唱導し勧信する、まことに重層的な霊験譚(5)——、その眼目は「遊戯《ユゲ》」である。そこでは、高僧が「遊ぶこどもの声」を契機として神の霊告を蒙り、頓悟回心する。挙句、ともに遊び、うたいいだす。そのウタはまた、遊びと分かちがたい声として響くものであり、また、身をゆるがすいざないでもあったろう。「遊ぶこどもの声」に耳を傾け、かの今様をうたったのは、決して遊女だけではない。そのようにしか見ようとしないのでは、中世の、聖俗のあわいをひるがえりつつ翔びかける「遊びの声」の妙なるはたらき(6)は、とうてい測りしれぬことだろう。

遊び戯れによって交わり、結びつけられるのは、ただ遊女とこどもの間だけではなかった。かの慶増のように、僧もまた、遊び戯れに反撥しながら却《かえ》ってこれに交わり、仏もしくは神との媒ちをつとめることがあった。そうして、遊び戯れの担い手である遊女も、僧たちと遊戯において交わり、そのうえで彼らの希求する〈聖なるもの〉を示し顕わす役割を果たしていた。『後拾遺和歌集』釈教に収められる神崎の遊女宮木の歌は、その詞書とともに、彼女たちが僧——ひいては聖界にとってどのような存在であったかを、あざやかに表現している。

書写の聖、結縁経供養しはべりけるに、人々あまた布施を送りはべりけるなかに、思ふ心やありけむ、暫し取らざりければ

津の国のなにはのことか法《のり》ならぬ　遊び戯《たはぶ》れまでとこそ聞け

この世の「こと」（語・言・事）つまり森羅万象すべてが仏法でありまた仏に縁を結ぶ種子となる理《ことわり》ならば、妾《わたし》たちのワザである遊び戯れまでも、どうしてその供養に連《つら》なれない謂れがありましょう、と反論する。おそらくは供養仏事の当座に捧げられたであろうこの秀逸な詠歌の理《ことわり》に責められれば、聖はその志を納受しないわけにはいかなかったろう。ここにふまえられるのは、「書写の聖」性空上人の持《たも》つところの法華経の方便品に説かれる、仏道成就のための作善功徳のうち、「乃至童子戯、聚沙為仏塔」の句であり、それが遊女の営みとしての遊び戯れに掛けられているところにも、聖俗を転倒し結びつける興がはたらいていることを注目すべきだろう。

図1　『法然上人絵伝』竹馬遊び（知恩院蔵）

やがて、性空上人と遊女をめぐって、神秘的な伝承が物語られるようになる。

『古事談』巻三の記すところでは、法華修行者の成道のあかしとして生身の普賢菩薩を拝見しようと願った性空の夢に示されたのは、神崎の遊女の長者をみよとの告げであった。長者の許を訪れた聖は、遊宴の座の最中に鼓をうちはやしながらうたう彼女に対し、目を閉ずれば普賢が法文を唱え、目を開ければ元の遊女がうたっていると聴く。感泣しつつその座を去る聖に、長者はひそかに追いすがり、妾《わたし》を普賢と観たことを誰にも語るな、と言いおいて遊宴の座で忽ち死ぬ。一座の興はたちまち醒めた、という。その奇蹟譚からは、遊女の遊び戯れのワザ——今様の歌——が、さながら〈聖なるもの〉——法文——となり、ひいてはそのワザを担う遊女そのものが普賢という〈聖なるもの〉の妙色身としてあらわれるという、やはり聖俗を転倒させたところに真如を見いだす思惟の構造がうかがえる。[7] そうして、ここでも、普賢感得は、眼を閉じて観るというイメージとともに、歌の詠唱という〝遊びの声〟に興ずることにより、それを聴くことにおいて果たされているのである。

ふたたび、こどもの遊びの声に戻ろう。それは中世にあって、単なる無心の喧噪ではない。聴くものの心身をゆるがせる〝無垢〟の声は、遊女の声ワザのそれと同じく、聖俗の二元論的分別や境界を飛び越える力として人を揺さぶった。ここに、西行『聞書集』の「たはぶれ歌」の連作を想いおこしてもよかろう。(8)

うなゐ子がすさみに鳴らす麦笛《むぎ》の　こゑに驚く夏の昼臥

ある日、ふと彼は「こどもの遊びの声」に驚かされて浅い眠りから目覚める。

竹馬を杖にも今日はたのむかな　童遊《わらは》びをおもひいでつつ

すでに老境に達した西行は、その遊びの声に触発されて、はるかな幼年の昔の遊びを身体感覚とともに想起する。

昔せし隠れ遊びになりなばや　片隅《かたすみ》もとに寄り臥りつつ

隠れん坊の遊びの身体感覚のよみがえりは、そのままに隠遁の聖としての己が生のありかたを照らしだす。

我もさぞ庭の砂《いさご》の土遊び　さて生ひ立てる身にこそありけれ

砂を聚めて仏を造り塔を立てる、はかなき童子の戯れあそびまでもさながら仏事となる理《ことわり》を、己が営みもそれにほかならぬことよと、こどもの遊びに自らの生を引きあててみる。

入相の音《こゑ》のみならず山寺は　文よむ声もあはれなりけり

諸行無常を告げ、やがて遠からぬ寂滅を想わせる鐘の音（声）ばかりか、幼くより山寺に修学する児《ちご》たちの学びに文を誦する声もまた、ひとしおの哀れを催させる。ここでは児の声も「遊ぶこどもの声」に通ずるものとしてと

らえられているのである。(9)

いま、順を追って抄出した数首のうちにも、西行が、童の遊び戯れに誘いだされ、よみがえったその身体感覚が次第に、己れの隠者として生き、希求した仏法に繋がる回路であったことに想到した過程が描きだされているのではなかろうか。童の遊び、そして「遊ぶこどもの声」とは、仏神の深いこころを告げる言触れの響き、〈聖なるもの〉に通底する媒ちとして、突如、人を訪れるものではなかったか。

ここに連想されるのは、中世の遁世聖の典型として仰がれた増賀上人の入滅に際しての挿話である。大江匡房の『続本朝往生伝』に記され、『今昔物語集』巻十二により詳しく物語られて以降、『発心集』や『教訓抄』などに受け継がれて、増賀という聖の面影と切りはなせぬ話となった。(10) 聖は命終《みょうじゅう》のとき、碁盤を求めて碁を打つ。また馬具の泥障《あふり》を求め、それを首に懸けて手で動かし舞う仕草をする。なぜそのようなことをなさるのかと弟子が問えば、聖は、少年のころこの二つのことを見て、心中に慕わしく思い、今最期に臨んでその思いがよみがえり、本懐を遂げたのである、と。いとけなき児の遊び戯れが、聖の生の終焉を、まことに愛すべき無垢なるものとして荘厳する。泥障を被《かづ》いてかなでるのは、童舞《どうぶ》の華であった胡蝶の舞を当座に真似た猿楽的な興宴の記憶らしい。『今昔物語集』にいう聖の返答では、「若かりし時、隣の房に小法師原《ばら》の多く有《あり》て、咲《わら》ひ嘷《ののし》りしを臨《のぞ》きて見しかば、一人の小法師、泥障《あふり》を頸に懸けて、『胡蝶胡蝶とぞ人は云へども、古泥障を纏《ま》きてぞ舞ふ』と歌ひて舞ひしを好ましと思ひしが、年来《ごろ》は忘れたりつるに、只今思ひ出でられたれば、其れ遂げむと思ひて乙《かな》でつるなり。今は思ふこと露無《つゆなし》」と言うのであった。その思い出は、童の歌舞の声――そしてその身体感覚の記憶とともにあり、それに衝き動かされての身のゆるぎを果たしてこそ、聖の往生は真に成しとげられたのであろう。

二　天神と童子

古く、未然の事を予兆する讖言《しんげん》や、時の治世を諷し批判する言説が、「童謡《わざうた》」として世上に流布し人々のあいだで口ずさまれたのは、これを採って記録する史官の立場や意図とは別に、童の声に宿る何ものかを期す心性が人々の裡にひそみ、それを聴きとることのできる世界が存在したからである。童の発することばの神秘に感応し、これに価値を見いだす文化の構造が、永く受け継がれていたのである。

神の言葉——託宣もまた、こうした童の声に託して此の世にもたらされる。

平安時代の天慶年間(九三八〜九四七)、東国に勃発した未曾有の叛乱は、西国の騒擾とも呼応して朝廷をゆるがし、王権をおびやかした。その将門の乱の余燼いまださめやらぬ天慶四年、大峯に修行する僧日蔵は、笙《しょうの》岩屋《いわや》に籠りながら頓死し、蘇って、その間に冥界に赴いて道真が化した大政威徳天に邂逅した顚末を伝える。ついで天慶五年には、洛中に住む九歳の少女多治比文子《たじひあやこ》に天神の託宣あってささやかな神祠が営まれる。そして天暦元年(九四七)、近江国比良宮の祢宜良種の子、七歳の太郎丸に天神が託宣する。(11)

童の口を借りて、天神は、我が所行は世界の災難であること、松を好み、それが我が鎮座の場所のしるしであること、老松《おいまつ》と富部《とみべ》の二人の不調《ふじょう》にして荒ぶる従者が仕えること、法花三昧の法螺の音を聴くのを欲すること、また自作の詩を誦するのを興ずること、などが告げられる。

やがて、その言のごとく、北野の右近馬場の地には一夜にして数千本の松が生じ、ここに天台僧最鎮たちと文子の伴類が合力して社を造営し、それは藤原師輔を祖とする九条家流の信仰を得て、しだいに繁栄していった。——そのような経緯を、中世初頭に成立した『北野天神縁起』の諸本は叙述し、また絵巻としても描きだす。藤原氏のためにその権勢の頂点から一転して没落し悲運に哭《な》いた文人政治家である菅原道真は、ここに天満大自在天

図 2　『北野天神縁起』絵巻第一巻（北野天満宮蔵）

神というあらたな神格を得て転生する。縁起は、前半に道真の生涯を叙《しる》し、御霊すなわち天神と化して朝廷に及ぼす災厄や怪異に次いで、太郎丸のそれを含めたさまざまな託宣が輻輳してついに神として祀られる過程を、中世のあらたな神話[12]として構成するのである。

中世のあらたな神が顕現するために、修験者・巫女とともに、小童にも大きな役割が与えられた。天満天神に先行して成立し、前後してやはり活発な託宣によってその神威を強化しつつ変化させていった八幡神の場合も、同じく童による託宣の例がいくつも見いだされること[13]は注目してよい。そして、童の役割は、その神話の内部にまでも入りこんでいく。

『北野天神縁起』では、やがて神とあらわれるべき道真自身が、人の子として生まれたのではなく、何処からともなくあらわれた童子として「権者の化現」であることを冒頭に説く。その説は、平安末期に成立したとされる『菅家御伝記』の奥に加えられた元永元年（一一一八）大江佐国《すけくに》の識語に初めて見いだされる。[14]

相公（父菅原是善）、平生の昔日、其宅の南庭に齢五、六ばかりの童子あり。容止（姿）は閑雅にして、体貌奇偉なり。（中略――相公が何処より来たれるか、と問えば）我、居処も父母もなし、相公の親友とならむと欲す。相公、直《ただ》人に非ざるを知り、饗応し許諾す。（原漢文）

天神縁起がはじめて絵巻化された記念碑的大作といえる承久本『北野天神縁起』絵巻の開巻冒頭の場面は、この、是善邸の南庭に垂髪姿の小童として道真があらわれて相公と対面談話するところを描いて、天神の「権者」性を強くしるしづけている（図2）。

天神縁起が形成される過程で加上されたこの伝承ほどに、人から神へと祀りあげられた菅公の神性を特徴づけるものはなかろう。これによって、道真という偉人はもと仏神の化現として人間界に仮に下生した権者だという、本地垂迹的な構想が成り立つのである。それは、たとえば同じく人から「聖霊」というあらたな神＝仏として崇め祀られるようになった聖徳太子をめぐる現象とも相似する。

中世の聖徳太子の礼拝像は、多く、南無仏太子（二歳像）や孝養太子（十六歳像）のごとく幼児小童の姿において象られる。その拠《よりどころ》となった太子伝承における幼少時代の活躍は、権者たる太子の、童子でこそあらわされる神威を物語るものである。その太子も、はやくから救世観音の垂迹と信じられ、幼童神としての太子像は、そうした本地垂迹説と別のものではなかった。慈円は『愚管抄』のなかで、太子も天神も（これにさらに慈恵大師を加えているが）ともに観音の化現であることを強調して、彼らのはたらきが天皇を輔佐する藤原氏による摂関制を成り立たせるものであったと論じている。(15)その認識がふまえるように、天神が本地十一面観音の垂迹であると縁起の末に銘記されていることは、やはり縁起冒頭の童子としての化現と照応する、本地譚の枠組みなのである。

三　観音と童子

道真と同時代の文人貴族として、また中世の説話伝承上でも名高い人物である紀長谷雄《はせお》も、化現の童子であったという。『長谷寺験記』(16)上巻第四話に伝えるところ、紀貞範が文道を興すべき子息を長谷寺に参籠して祈請すれば、結願の夜の夢に、本尊の御帳の内より十二、三ばかりの童子が来たりて、貞範前生の因果により子無きことを告げ、但し我れが汝の子となろう、という。

住馴テ幾世ニ成ヌ此山ノ松ヲ変ラヌ身ノ友トシテ

と詠じて彼の膝上に乗る。「ヤサシキ人ニコソ御坐ケレト、弥（イヨ〳〵）ナツカシク思」い、抱こうとすると夢から覚めた。これは「普門示現ノ八大童子、大慈大悲ノ松ノ緑ニ、抜苦与楽ノ使者トナリ、観音ヲ上首トシ、外用利生ノ友トナル、伽監守護ノ金剛童子ニテイマス」と歓《よろこ》んで下向するに、果たして男子を得た。長谷観音の利生と喜んで、長谷雄と名付けたという。さらに、三歳の時に再び参籠し、御堂の東の大戸の口にて前生の身を問わせれば、長谷雄は「我ハ是、松ノ緑ニ色添テ、往昔ヨリ此山ニ住スル童子ナリ」と答えた。夢想を感じての誕生という間接的な形ではあるが、観音化現の童子が託胎して生《お》いいでたとするのである。

長谷の観音は、中世の物語において、しばしば申し子の祈りを叶える本尊として登場するが、その最も古い伝承のひとつがここにみえる。紀長谷雄の場合、観音が八大童子に示現し、これが使者として守護の金剛童子が身を変えて子として誕生するというのは、長谷寺のはじまりを説く縁起（本書第十章に詳述）に由来するしくみである。

中世初頭に成立したと推定される『長谷寺縁起文』は、さきに言及した菅原道真を作者に擬して仮託したテクストである。長谷寺と道真のつながりは、既述したように彼が十一面観音の垂迹であるとする本地説とも関わろう。また、天神となった道真が、『験記』上巻第十一話では、北野出現以前の天慶初年（九三八）に最初に長谷寺に顕われて祀られた顚末が述べられている。古来の地主神である瀧蔵権現の上にあらたに勧請されて今来《いまき》の鎮守神となった与喜《よき》天神の祭祀は、長谷観音の宗教的性格を一層きわだたせる。荒ぶる威力を揮いながら漂う霊木の御衣木《みそぎ》が遷座をくりかえし、最後に私度沙弥（聖）によって観音と祀りあらわされる、という古くからの神観念に根ざした長谷寺の〈聖なるもの〉のはじまりは、同様に荒ぶる現人神をその書き手とすることで、一層の根源的な神話たら

図3　『長谷寺縁起』絵巻　行基山内巡見（長谷寺蔵）

んとしたのであろう。『三宝絵』下巻所収の条に代表される古い縁起をもとに、菅公撰に仮託された『長谷寺縁起文』[17]では、この霊地の本質を開示するあたらしい要素が加えられ、そこに童子が登場し、そのはたらきが強調される。

『長谷寺縁起文』では、本尊が造立され、顕現した金剛宝石の上に安置されて開眼供養が行われる前夜、本願徳道聖人の許に白衣の金剛童子八人が出現し、我らは「宝盤石守護密迹神」なりと名乗り、観音に祈願する者の求むるところを満足させ、仏法を護り衆生を利す使者であると誓う。これに応えて聖人も誓願を発《おこ》し、童子は証明して空に登った。次いで供養の畢《おわ》った夜、聖武天皇が奇瑞を感得し、これに信を催した行基聖人が参籠中に、観音の右脇より金色童子が忽然とあらわれ、「当山守護八大童子最末金剛使者童子」と名乗り、聖人を始源からの霊地秘所へ導いて、金剛宝石をはじめとする山内を巡礼し、一山の全てが聖衆の修行の地であり秘密荘厳の霊場であることを顕わすのであった（図3）。

長谷寺のはじまりの時空に立ちあらわれて聖に一山の深秘を開示するこうした童子像は、大峯や熊野の山中にあって仏菩薩の垂迹として行者を守護する八大金剛童子と共通する尊格であろう[18]。彼らは、長谷においては観音の垂迹として化身し、本尊に帰依し祈り仰ぐものを守り、その願いを満たして福徳を授け、魔障災難を除く使者としてはたらく存在であった。

童子として長谷の観音の霊威を発現する説話が、『長谷寺験記』の随所に見いだされる。まず、長谷寺自体が伝承する記録にもとづくとされる上巻から、そこに登場する童子の姿をいくつかの類型に分けながら紹介してみよう。

a　出現し護法神として威力を揮う

三話――行基による蓮花院供養に際し、参詣者の喧噪を悪《にく》み、護法善神使者童子が人々を空中へ捲き上げて鳴《なり》を静める。

十二話――新羅王の后、密通の咎を王に罪せられ長谷観音に救いを求めるに、十四、五ばかりの童子が現じて苦難を助ける。

b　霊地を開示し指南する

十三話――大唐天台山の堯恵禅師の前に幻の如く出現した童子は往生の聖地として日域の霊場長谷寺を示す。(加えて、行基に当山守護の童子が告げるに、礼堂西の南一間は天王寺西門と等しい極楽東門中心として往生の間という、とある)

十七話――永承炎上の再興に際し、酒作りの女の夢に童子が来たり、柱を引く人夫に酒を飲ませよと告げ、その通りにすれば富貴となる。

十九話――関白頼通が参籠する夢中に、内陣よりゆゆしく装束した童子が筥を捧げて来たり、当山の本縁を説き告げて、筥中の水瓶より前生の因縁の相が写しだされ、また巻物には得益いまだ定まらざる者の交名《きょうみょう》を記す、と示す。

c　人に憑いて託宣する

六話――大唐国皇帝の馬頭夫人《めずぶにん》が長谷寺に護法善神として顕現するに際し、土師《はじ》時躬の十歳の女子に憑いてそのいきさつを述べる。

十話――当寺の炎上に際し、焼け残った古き頂上仏面の祟りにより災いが起き、十二歳の少童に護法が憑き、「我ハ是、守護ノ童子也」と利生を示したため元通りに仏面を頂上に安じた。

十七話――永承の焼失に際し、不沙汰する奉行人の十七歳の子息に伽藍守護の石精童子が憑き狂い、怠りを責める。

観音の冥慮は、夢中に化現するのみでなく、多くは童子に憑依し、彼を介する託宣というかたちで示される。そこに、災いや祟りの原因が示されもする。それは、前節に触れた天神を含めた御霊神の発現とよく似た現象を呈しており、その意味でも、長谷観音と天満天神との結合が偶然ではなかったことが分かる。長谷観音の霊験と霊威は、多く守護の使者としての童子によって担われている。表向き童子は観音とは別箇の存在であるかに見えるが、いくつかの話でみるように本尊の御帳の内からあらわれ来たる童子は、紛れもなく観音そのものの化身である。それは、普門品（観音経）が説く、観音の三十三変化身のひとつである童男身としてあらわれたものでもある（長谷寺本尊観音像の周囲内陣には、三十三身の像が今も配されとり巻いている）。

『験記』下巻に聚められたのは、寺外に伝承された長谷観音の霊験譚であるというが、そのなかにも多くの童子が登場して観音の利生を発揮している。たとえば、第十一話の三善清行の誕生譚のごとく、すでに言及した上巻第四話の紀長谷雄譚と同巧の申子譚であるように、同じ形の霊験も繰りかえされる。そのうえで、そこには、童子のはたらきを介しての独特な霊験の相が、より広汎な伝承世界に通底するかたちで示されている。いま、その利生の相を取りあげてみよう（話の内容は省略する）。

d　治病の霊験と因果の開示（六話・八話・九話・二十話）

e　所願成就の告示と得益利生の開示（一話・十四話・十七話）

f　堕地獄の救済と冥途蘇生の仲介（二十六話）

このほかにも、観音の利生の対象としての童子についても触れておこう。第十二話は、いわゆる〝山蔭中納言説話〟として『今昔物語集』や『平家物語』をはじめ諸書にみえる話で、摂津国総持寺の縁起でもあるが、『験記』は藤原公任撰の洛東吉田寺の「本縁起」から採ったという。かつて放生《ほうじょう》した亀が、継母によって海中に堕《おと》された幼児を救うという動物報恩譚であり、ここでは、幼児を見まもり、その身命を守護し育むものとして長谷の観音が登場する。これと似たかたちの話が第三十一話にある。自ら人買いに身を売って貧しい父母を助けようとした九歳の娘が乗せられて大津より船出した人買舟《ひとかいぶね》は、悪風にあって沈む。しかし二親の形見として護《まも》りにした長谷観音の加護により、娘は助かり財宝を得る。能『自然居士』や中世唱導譚に散見する、人商人に身売りした孝子が救済される話柄である。両話はともに、水界をくぐり抜ける童を慈しみ守る観音のはたらきを中心に据えている。

これら童たちの観音の利生にあずかる譚のなかで、とりわけ印象深いのは第二十九話であろう。これはまた、上巻について述べたような、観音化現の使者童子が威力を揮うa型と、憑依して託宣するc型の複合した霊験譚でもある。——当寺の傍らに住居する法師丸という七歳の小童がいた。彼は、他の幼い者たちがもてあそんでいる風車《かざぐるま》をみて、羨しくてならない。母に乞うて作って貰うが上手く回らず、悲しくて観音の許に参り、礼拝を重ねて風車を求める。幾度かの後に大風が吹き、虚空より風車が彼の前に落ちた。喜んで夜昼となくこれを翫ぶに、太郎男なる者、「戯《たはぶれ》する」とてこれを取り上げ打ち摧《くだ》いてしまった。すると、この男に「当山守護ノ石精童子」が憑き、「有難キ志ヲ尽スガ糸惜サニ取セタルヲ、汝ガ損スコソ不思議ナレ」と怒り狂わせて、ついには取り殺してしまったという。風車という、こどもの遊び戯れの道具をめぐって展開するこの譚は、『験記』のなかで異彩をはなつ。だがそれは、観音の霊験をかたどるにすぐれてなつかしく、しかもはげしい。観音は、かくもはかなき童の遊び戯れまでも愛《かな》しみ、幼くとも差別せず至心の祈りに応える大悲を施す。(19) しかも、これを妨げるものには容赦ない治罰が下され、その祟りをあらわすのもまた童子である。それは、はじめに掲げた山王の霊験譚とたしかに通ずるものがある。同じく、「遊ぶこどもの声」に感応する〈聖なるもの〉の化儀なのである。

四　童行者

『長谷寺験記』下巻には、さらに、観音をめぐる童子のさまざまな姿やはたらきがあらわされる。下巻では、さきの山蔭説話のごとく、他寺の縁起によって構成されているものがあるが、冒頭第一話も、信濃国更級郡姨捨山《おばすてやま》の新長谷寺の縁起と、河内国天部郷樟葉《くずは》の久修園院の縁起に拠って作られている。後者の説によれば、行基がここに本尊釈迦の霊像を造立しようと発願し大峯に修行していたところ、泊瀬（長谷）にて祈れと天より告げあって、未だ宝座のあらわれぬ前の山内を巡見するに、童子に遇う。この「跡宮雄丸」が淀川の辺《ほと》りのかの地に出現し、生身の釈迦を造り畢えた。彼は長谷観音が請をうけて童男身を現じたものであるという。

寺院縁起において、かような化現の童子により本尊が造顕されるという話は、古くは第十章に論ずる南都元興寺の縁起にみえるところである(20)。元興寺も、同じ御衣木で作ったという中門の観音を通じて長谷寺とつながりがあるのだが、長谷の観音縁起と直接の結びつきがあるのは、讃岐国志度寺の縁起(21)であろう。鎌倉末から南北朝にかけて製作された掛幅画の縁起絵と対応する勧進のための縁起文七巻のうち、「御衣木《みそぎ》縁起」という創建縁起は、『長谷寺縁起文』をその冒頭に用いており、長谷観音と同じく近江国三尾崎から流れ出した御衣木が、宇治河から淀津を経て難波海に流れ、志度浦に着いたものであるという。さらに、これも長谷寺縁起の変奏であるが、本願の園子《そのこ》という尼がこの霊木を祀り十一面観音を造り顕わそうと願うところ、たちまち二十四、五ばかりの童男があらわれ、仏師として一日のうちに仏像を刻み、出来上がったところ、虚空より高声に「補陀落の観音や」と呼ぶ音があって見えなくなった。さらに、二十ばかりの「土師黒王丸」という童子が番匠として堂を七日の内に建立して姿を消した。彼は昼は見え、夜は見えず「自然化来」にして、琰魔法王の化身であったという。この童男仏師（童男番匠）譚は、御衣木の流れ来る経路を縁起伝承の道筋として、その水脈上にある『験記』所載の久修園院の縁起ともつながっている。霊地のはじまりに際して立ちはたらく化現の童子の存在は、権者の誕生に際しての化現の童子に等しい位相をもつが、なお、使者としてさまざまなはたらきを示す童子像の基底をなす姿でもある。そうして、ここにも微妙なる「声」がその正体を顕わす示現の媒ちとなることは、たいへん興味深い。

志度寺縁起は、「御衣木縁起」以下、能『海女《あま》』や舞曲『大織冠《たいしょくわん》』の物語として知られる珠取り伝承を説く「志度道場縁起」を含む七篇の縁起によって構成されている。(22) 注目すべきは、創建縁起以外に「童子」を表題に掲げ、主人公とする縁起が三篇あることである。これらは、いずれも童子が死して琰魔王《えんまおう》宮に赴き、ここで志度寺観音の化身である琰魔王に対して寺の修造再興を誓って甦えるという、冥途蘇生記の体裁をなしている。いま、順にその概略を述べておこう。

(三)『白杖《はくじょう》童子縁起』

淀津の馬借《ばしゃく》である白杖童子は、堂建立の大願を抱いていたが貧しくて果たせぬうち俄かに死に、冥途に赴く。琰魔王は彼の願に感じ、志度寺の本願となれと勅して帰す。道すがら引き立てられる若い女を哀れみ、再び王の前に戻り女を免《ゆる》せと訴えて許される。讃州第一の庁官の娘である女と童子は詠歌を交し再会を契る。三年を経て童子は女を訪ねて夫婦となり、造営の大願を果たす。

(五)『松竹《しょうちく》童子縁起』

京に住む善哉女は父母なく「自然化来」の「孀女《ヤモメ》」であったが、夢告あって俄に懐妊し、長谷寺に参詣して平産の示現を蒙り、下向の路頭、松と竹の叢《むら》の間で男子を産み松竹童子と名付ける。彼は二十五歳の時に病死するが告げにより葬らずにいたところ蘇生し、琰魔王との約束である志度寺修造の大願を述べる。母子は共に出家し、洛中を勧進して志度に赴き、道場を拝して縁起を聴聞、庵室を結び修造の大願を遂げてともに往生した。母は観音の、童子は地蔵の化身であるという。

(六)『千歳《せんざい》童子蘇生記』

山城国広隆寺南大門に住し、寺僧慶忠法印に仕える千歳丸なる童子、病死して三日後に蘇り妻子に語るには、琰魔王宮の庁に召し出され、琰魔王に志度寺修造のため娑婆へ罷り帰れと勅宣を蒙ったことを起請して告げる。のち、地蔵の教誡により大願を果たさんと出家し、諸人の結縁を勧むるため奉加帳を捧げて志度寺へ赴き、縁起を聴聞して深く仰信する。

同じく冥途に赴き、琰魔王の教えを蒙って蘇り、寺の修造再興を勧進する役割を、これらの「童子」たちはつとめている。冥途蘇生記は、さきに言及した北野天神における道賢上人のそれをはじめとして、[23]仏事作善を勧進する唱導の方便として、中世に流行したひとつの典型であった。志度寺縁起の場合、(五)と(六)などにそれぞれ当寺の縁起の聴聞という営為がその一部に組み込まれていることが示唆するように、それは『長谷寺験記』で垣間見たような縁起から霊験記への展開のなかで醸成されていった方法といってよかろう。[24]それはまた、寺社の唱導におけるあらたな託宣の一形態による勧進ともいいうる。その担い手であり媒ちとして多く「童子」が立ちはたらくことの意味が問われるべきだろう。

いま登場した「童子」たちは、いずれも単なる年齢上の童―こどもではない。馬借や、寺僧に仕える童子（堂童子または大童子などと称された寺役を勤める人々）などにみるように、それは中世社会におけるひとつの身分を表示する「童形」の人々の呼称であった。[25]〝童〟とは、元服のしるしとしての結髪をせず生い伸ばしたままの禿《かむろ》の状態をも指すのだが、それは成人以前の幼児少年の姿としてばかりでなく、元服―成人儀礼を許されない身分階級の人々の代名詞ともなったのである。さらに、〝童形〟は、髪に籠め象られた霊力が制御されず、解放されたままの状態として、時には常ならぬ異形としてもとらえられるものであった。[26]いわば、〈賤〉と〈聖〉の両義性を未分化に抱え込んでいる存在が〝童〟だったのである。

志度寺縁起にかぎらず、各地の霊場寺院の始源に登場するもののなかに〝童形〟の多いことは、すぐに気づかされることである。『粉河寺縁起』における「童男行者」は、絵巻に若くりりしい少年として描かれているが、同時に彼は修行者―験者の装いであらわれる本尊千手観音の化身でもあった。そうした存在を、より古く遡って尋ねるなら、東大寺の前身である金鷲《こんしゅ》山寺の縁起にいう良弁僧正、すなわち金鷲行者に行きあたる。平城京の東山中の大椙の下で執金剛神の蹲《はぎ》に縄を繋いで礼拝修行していたこの行者の姿を、『七大寺巡礼私記』では「形躰禿童」とい い、『東大寺要録』巻二にも「童行者」という。最も古く『日本霊異記』中巻第二十一話に述べられる「金鷲優婆《うば》塞《そこ》」の修行者―聖としての形貌は、童子だったのである。それは、修験道の祖とされる「役《えんの》優婆塞」(『霊異記』上巻第二十八話)すなわち役行者も同様であろう。若々しい童子とは対照的な異貌の老翁として象られる彼の自在に飛行して鬼神を使役する力は、持咒《じじゅ》の験《しるし》だけでなく、その髪型が示す童形にも籠められていたに違いない。

これまで見てきたような中世の宗教伝承のなかで童子の姿を共有する人々――行者・仏師・番匠[27]・馬借・堂童子などは、いずれもある特殊な技術〝芸能〟を駆使することのできる職人であった。中世社会のなかで、〝童形〟によって表象されるそれら特殊な〝芸能〟は、どれもが〈聖なるもの〉に通ずる能力であり、それを媒介する霊威と不可分のものであったといってよい。その〝芸能〟のワザと「遊び戯れ」とは、遊女にみられるようにひとつながりの営みでもあった。彼ら童子は、そのワザにおいて現世と他界との境界を自在に往還することができ、そこから何ものかをもたらす存在であると考えられたのであろう。たとえば、馬借が運送の生業に奔走して「経ニ廻水陸之境ニ」(『白杖童子縁起』)するように。観音という〈聖なるもの〉をその始源から絶えず再生させるために童子が立ちはたらくのは、彼らのそのしるしが負う境界的なワザ――芸能の力ゆえであった。

五　逸脱する童子

雪山《せっせん》童子は、半偈を聞くために我が身を投げて鬼神に与えんとする。そのとき、鬼神は帝釈天に変じて童子の身をうけとめた。仏教における童子像のおそらくはじめに登場するのは、このような求法捨身のけなげな姿である。それは、華厳経入法界品に説かれる、善知識を歴訪して法を尋ねる善財童子の面影にも通ずる。『華厳五十五所絵巻』には高山より身を投ずる可憐な姿の童子が描かれており、こうした求法捨身のモティーフは弘法大師伝(28)にも投影された。ただし、童子の捨身はそのような美しいイメージばかりに終始するのではない。

真言密教における童子の代表は、不動明王の傍に侍す矜伽羅・制多迦の二童子であろう。前者は愛念の貌《かたち》、後者は忿怒の相をあらわして対照的な性格をもつ。もともと大日如来の教令輪身《きょうりょうりんじん》たる不動尊自体が童子形であった。『大日経疏』によれば、不動はその本誓に、如来の童僕となり諸《もろもろ》の務めに給仕し、かつ真言行者に使役されるものなるが故にこのような姿をとるのだという。それゆえ、二侍童にもまた、そうした不動のはたらきが分けもたれているのである。

不動の二童子が行者を守護するはたらきは、たとえば『平家物語』「文覚《もんがく》荒行」において、那智滝にうたれ身も凍って息絶えた文覚を救いあげ蘇生させたという名高い譚《はなし》がよく示すところである。童子に救われた荒聖《あらひじり》文覚は、また童子を育《はご》む者であった。同じく『平家物語』は、平家の嫡孫維盛《これもり》の子六代御前を文覚が庇護し助命する物語(29)をその末に配している。そこに、六代が命永らえたのは長谷観音の利生と説く点で、これは童を介した観音霊験利生譚の系譜につらなる伝承でもあった。

行者―聖に常に随い、使役されてその験力をあらわすものを護法《ごほう》と言い、それは多く童子の姿をとった。(30)『信貴山縁起』絵巻「延喜加持巻」において、命蓮聖に仕える剱《つるぎ》護法はまさに少年の姿で虚空を翔《かけ》って登場する。実は、彼も一対の片割れであって、「飛倉巻」において主役となってはたらく鉢もまた護法であった。いまも信貴山では空鉢《くばつ》護法と呼ぶ龍神として祀られている。

書写山の性空聖人にも、乙《おと》・若《わか》の二護法童子が仕えた。書写山の縁起では、乙が毘沙門、若が不動の化身であると説く。それは、性空感得の如意輪観音の脇侍として位置づけられるとも解されよう。注目したいのは、このうち、乙護法が荒ぶるもの――制多迦の忿怒相のごとき――として形象され、ついに聖の許を追放されるという伝承が古くからあることである。『今昔物語集』巻十二第三十四話の性空伝は、乙護法の出現とその姿を詳しく描写する。九州の背振山[31]で修行中の聖の許に「俄かに十七八歳ばかりの童の、長短《たけひき》にて身太くて力強げなるが赤髪なる、何処《いづこ》よりとなく来て、ただこの聖人に仕へまつらむ、といふ」。その童は大変な異能を発揮するのだが、聖は「この童は眼見《まみ》極めて怖ろし。われ更に好まず」という。はたして、もとから仕えていた童と争い、拳《こぶし》ひとつ打ったばかりで死ぬほど気絶させてしまった。聖は「さればこそ不用の童とはいひつれ（中略）なほ悪しき事ありなむ」と、童が泣いて詫びるのもかまわず追い出してしまう。童は「君の懇ろに仕へまつれとて遣はしたれば参りたるを、あながちに追はるれば、待ち受けて必ず罪あらむとす」と歎いて掻き消すように失せた。聖は、この童について、毘沙門天に心に叶う仕者を願ったところ給わった眷属であったが、「煩はしき者」であったので長く置いてはいけないと思って返したのだ、という。

乙護法のように、荒ぶるものとして追放される童子像は、やがて中世の物語のなかで一箇の典型を得ることになる。それが『義経記』巻三における弁慶[32]である。

熊野田辺の別当家に胎内十八か月をへて誕生した鬼子は、一旦は捨てられそうになるが[33]、鬼若と名付けて育てられ、僧にするため叡山に登せられる。しかし学問せず乱行し「不調《ふぢやう》」であると咎められて、衆徒僉議によって追放されてしまう。山を出る時、彼は、みずからの手によって剃髪し法師となり、自分で戒名を付けて弁慶と名乗る。勝手に出家して一種の自度僧―聖として自立するわけだが、この、追放のどさくさ紛れの行為「自剃《じぞ》り」は、実はきわめて逸脱したしわざであった。古代・中世を通じて、大寺院における出家——得度・受戒——は厳重に管理され、国家による統制を受けていた。それは僧綱制を維持し、ひいては八宗—顕密仏教の体制を成り立たせる基盤であったからである。そのなかで、童子（児）から僧になることは、その出自と身分によって細かく規定され制約されていた。こうした制度枠組からみれば、彼の、寺からの離脱と共に許しを得ずなされた児から僧への変貌とは、そうした世界の秩序をゆるがす違乱であったはずである。

修行者となった弁慶は、やがて書写山へ赴き、ここに営まれる夏安居の行に推参《すいさん》して加わる。だが、ここでも大衆に悪戯を仕掛けられて笑われ恥ずかしめられ、怒りのあまり闘諍に立ちいたり、ついには一山を炎上させて遁走することになる。この、弁慶自身も思いがけず惹きおこした破局《カタストロフ》が以降の彼の悪行のはじまりとなり、それがやがて御曹司牛若丸——やはり自ら烏帽子親なくして独り元服する前の児である九郎義経——にめぐり逢い降伏《ごうぶく》されて相伝の従者となる機縁をなすのである。そうした巓末のなかに護法童子の面影を見いだすことは、あながち無理なことではないだろう。書写山にはいまも性空聖人の傍らに仕えるがごとく、乙若護法の社が御影堂の前に祀られてある。参道をはさみ神殿に向かい合う拝殿が、かつての夏安居《げあんご》の道場として今に弁慶参籠の伝承を留めている。それは乙護法と弁慶の伝承像の重なりを鮮やかにものがたる光景である。そうして、両者に共通するのは、その威力が推参を介して逸脱する暴力となり、これを違乱として追いやられる童子のイメージ[34]であろう。

追いやられ、捨てられる童子の伝承像が、酒呑童子——そしてその異本である伊吹童子——の物語に投影されていることも指摘される[35]。そこでは、絵を含めた諸伝本を子細に比較するうちに浮かび上がる童子のすがたのなかに、酒呑童子が自ら叡山の児として育ったことをものがたるテクスト[36]のあることが紹介されている。それによれば、はじめ高貴美麗の「三塔一の稚児学匠」であった彼は、驕慢のあまり飲酒乱行に逸《はし》ったという[37]。酒呑童子の物語は、中世の多彩な宗教伝承を豊かに引き受け、重層した上に生成したものであった。その基盤のひとつである叡山の縁起伝承のなかで霊地の草創に立ちはたらく鬼神などの存在が、酒呑童子の原像の一部をなしている[38]。そのうえで、なお物語が童子を外題に掲げることの意味を、やはり問わねばならない。そのとき、彼が弁慶同様、寺院組織と児という身分から脱落したアウトサイダーであったということは、無視できない重みをもっている。

寺を去り山中に逸《はし》った童子の伝承像は、きわめて古くまで遡る。『諸山縁起』(39)や『古今著聞集』巻二に引かれた醍醐天皇皇子重明《しげあきら》親王の「吏部王《りほうおう》記」逸文がしるす、承平二年(九三二)貞崇禅師の述べた「古老相伝」の言うところは、金峯山中に在る「阿古谷」と呼ぶ「捨身の谿《たに》」の由来であった。

本元興寺の僧に、童子あり。阿古と名つく。少《おさな》くして聡悟なり。試経の時、師、阿古をして試を奉《うけたま》はらしめ、已《すで》に第(及第)を得るに及びて、代わりて他人を度す。これ両度なり、ここに阿古、恨み恚《いか》りて、この谷に身を捨つ。即ち龍身を得る。師、捨身を聞き、驚き悲しみて往きて看《み》る。時に、身は已に龍に化し、頭は猶ほ人の面《おもて》の如くなり。走りて師を害せんと欲す。菩薩、冥護して、石を崩して龍を厭《おき》ふ。故に害を免がる。(原漢文)

のち、貞観年中(八五九~八七七)に観海なる僧がこれを見ようとこの谷に赴き、あらわれた龍に対しその苦を救おうと告げ、菩薩の冥護と示教をうけて、法華経を写し、これを読誦すれば、方便品に至り風がおこって経を飄《ひるがえ》し去ったという。

「阿古《アコ》」は「吾子《アコ》」であり、女性や小児の自称または愛称であったから、その名は限りなく普通名詞的な固有名詞といってよい。それは聖の名に冠されもしたが(40)、中世の伝承世界のなかでは〝悪女〟の名としてしばしば登場する(41)。その意味で、童子「阿古」の捨身と龍への変身そして法花による救済の譚《はなし》が、『法華験記』の「紀伊国牟婁郡悪女」(名高い道成寺説話の初出)の物語と同じ構図で描かれているのは実に興味深い現象である。熊野詣の道中を舞台とするそれが女人を大蛇に変化させているのに対し、これが童であるのは、おそらく金峯山が女人禁制の結界内にあることによるものだろう。そのうえで、なお童―児と女人とは互いに変換可能な記号的存在であることを「阿古」の名は示している。

彼は大寺に属し僧に仕える童子である。[42] だが才すぐれながら得度を許されず、山へ出奔して、生きながら龍という異類に堕した。それは、表層では童子という身分に止め置かれる差別と抑圧への反抗がもたらした寓意的な因果譚とみられないこともない。しかし、それは何と痩せ細った筋書だろうか。人面龍身と化した「阿古」のおぞましい姿と「驚き悲しみ」ながら向かい合った師僧との間には、どこか恩愛の気配[43]が潜んでいるし、菩薩（蔵王権現のことか）の「冥護」として巖石に龍が閉籠《とじこめ》られるのは、結界を破って登山した都覧尼《トランニ》に山が崩れかかるという伝承[44]のごとく、神の怒りを惹きおこすきわめて根源的な〈劇《はげ》しきもの〉が、ここに生起したことをうかがわせる。悪業に堕した、というような因果論の枠組を取り去ってしまえば、「阿古」の龍への変身は、むしろ童子という存在自体が本来もっている逸脱の力――荒ぶるものとしての暴威と越境の表象ではなかろうか。劇《はげ》しい根源的なその力を、童子の追放によって喚びおこし、祀りあらわす祭儀によって、荒ぶる彼の「害」は一旦は圧《おさ》えられ和《なご》められたかもしれない。しかし、それは寺院という制度――秩序の内部からみられた光景であり言説にすぎない。「阿古」のごとき童子像がくりかえし甦るのは、その世界が彼によってでなくては引きだすことのできない、始源の〈劇しきもの〉を欲するからではないか。童子は内部から外部へと逸脱する。己が身に負ったその〈劇しきもの〉にいざなわれ、駆られるように境界を超越する。ほとんど運命的なまでのその運動が導きだすものこそ、内部の人々が童子を渇仰し、祀りながらも畏れ、犠牲に捧げながら真に渇望した〈聖なるもの〉ではなかったか。

第三章　中世の性と異性装

——性の越境——

一　神と英雄の異性装

古代の神話伝承の世界で、女が男となり、男が女となる、性を装い、性にともなう役割を変換する営みは、たしかにその一節に印象深くしるしづけられている。興味深いことに、それはいずれも戦いに臨んで発現するのである。『古事記』中巻の英雄物語の主人公は、小碓命《ヲウスノミコト》（ヤマトタケル）である。彼は熊曾建《クマソタケル》を討つに臨み、うたげの日に童女《ヲトメ》の姿となり女人《ヲミナ》のなかに立ち交り、「童女の髪の如《ゴト》その結《ユ》はせる御髪を梳《ケヅ》り垂れ、その姨《ヲバ》（ヤマトヒメ）の御衣御裳《ミソミモ》を服《ケ》して」女装する。建兄弟は、この「嬢子《ヲトメ》」を見そめて座に引き入れる。辺境のまつろわぬ者共の首魁を騙し討ちにする詭計《トリック》が、英雄の異性装であった。

神代に遡れば、スサノヲが高天原に参上《まいのぼ》るに驚いた天照大神は、わが国を奪おうとするかと疑って武装して向かいあう。その勇み立つ姿のはじめに、「御髪を解き、御角髪《ミヅラ》に纏《マ》きて」と結髪するのは男装を意味する。これに通ずるのが神功皇后（ヲキナガタラシヒメ）の新羅征討にあたっての武装である。ただし『古事記』にはその男装のことは明言されず、それを記すのは『日本書紀』である。巻九、神功皇后摂政前紀に、「吾婦女《タヲヤメ》にして加以不肖《マタヲサナ》し、然れども暫く男《マスラヲ》の貌《スガタ》を仮りて、強《アナガチ》に雄《ヲ》ヽしき略《ハカリゴト》を起さむ」と、やはり髪を結い分《ワ》げて髻《ミヅラ》としている。一書ではより端的に、「則ち皇后、男《マスラヲ》の束装《ヨソヒ》して新羅を討ちたまふ」という。

皇祖神と皇后と、共に巫女そのものでもある女神の戦に臨んでの男装―武装は、それぞれの重要な局面での決定的な行為としてとらえられる〝性の越境〟である。その行為から何がもたらされたのか。女が武装して戦うことで獲得された単なる勝利として一元化できない、むしろ王権が生成する始源を発動させるために欠くことのできない暴力的な何ものか[1]が、その装いによって解き放たれるかのようである。

はるかに時を隔てた中世において、物語のなかに一瞬姿を現わしてたちまち去っていく武装―男装した女の面影を、それら古代の女神たちに重ねてみることは、あまりにも荒唐な想像であろうか。たしかに、『今昔物語集』に登場する、男を鞭打って駆使する男装の女盗賊の謎めいた姿や、『平家物語』に語られる、木曾義仲に従ってその最期の直前まで奮戦する女武者巴《ともえ》の伝承は、神話のなかの戦う女神や皇后の零落した果ての有様だと、もちろん単純に言うことはできない。彼女たちは、それぞれの物語の文脈に即してあらわれ、その世界で独自の輝きを放って立ちはたらいているからである[2]。

二　結界破りの女

平安時代の半ばに比叡山で起きた一女人の登山事件の記録が、『古事談』第五に収められる。寛仁四年（一〇二〇）九月の頃、一人の「狂女」が山上惣持院《そうじいん》の廊下に出現した。これを発見した諸僧は「殴縛《おうばく》」して追い下したという。この記事は続けて、これを前代未聞の不祥事と歎息する老僧が、昔、女が路に迷い登山するに天変あり、山王神が女の登山を咎めたゆえであったが、今日は風雨もなかったので山王の霊験滅亡を悲しんだ、とある。王権を支える仏法の頂《いただ》きである山門を擁す霊山への女人の登山は、地主山王の神の崇咎を招くものという観念が、そこであらためて想起されたのである。その前提にあるのは、神の坐します聖なる山への女人の登山を禁忌とする〝女人禁制〟の習いであり、その認識が、当時あまねく行きわたっていたことであろう。しかもこの禁忌は、その境界を越えて登ろうとする女人の存在と行為を語る右のような伝承によって、おそらく繰り返し意識の上にのぼせられたのである。

大江匡房の著『本朝神仙伝』に登場する唯一の女人が都藍《トラン》尼である。彼女は、己れの修行の力を恃《たの》み、強《あなが》ちに金峯山へ登ろうとしたが、天変あってついに叶わず、今も岩にその爪跡が残る、と伝説化されている。それは、吉野を拝所兼登山口とする金峯―大峯の壮大な山嶽霊場の始源をしるしづける神話の一環として説かれていた伝承であった。最古の大峯縁起のひとつ、真福寺本『熊野三所権現金峯山金剛蔵王垂跡縁起幷大峯修行伝記』(3)には、草創者役行者の後継である義源の姉に「動乱尼」という女人があり、縁起を奪い取りあえて横さまに登ろうとしたが、山が崩れかかって死んだ、と厳しい現罰が山の神により下されたことを伝えている。

叡山と並ぶもうひとつの仏法の聖地であり山嶽霊場である高野山にも、女人禁制の習いとその結界を越えあえて登ろうとする女人の伝承が説かれていた。それは、熊野比丘尼ら女性宗教者の縁起語りや説経の語り物芸能のなかに摂り込まれ、中世を深く貫き流れる伝承として、その女人を開山弘法大師の母として語るのである。説経『かるかや』の、遁世して高野聖となった夫を尋ねて強《あなが》ちにも登山しようとする御台所に対し、宿の亭主が語る「高野の巻」は、大師伝であり高野山縁起である。同時に、大師の母の伝承物語でもあった。それは、三国一の悪女「あこう御前」が父なくして大師を生んだ神異にはじまり、最後にこの母が大師を尋ねて高野山に登ったところ、天変が起き、ついに火炎に包まれて昇天するという枠組によって語られる。それはトラン尼伝承と同じく、根深い伝承のなかに生き続ける霊山の始源を体現する女性像であった。それはまた、立山・白山・大山など他の代表的な霊山でも等しく女人結界に伴って語り伝えられる伝承像でもある。

この伝承上の女人像の記憶が、中世の高野山において、女人の結界破りという突発的な〝事件〟によって喚びおこされることがあった。正和二年（一三一三）に行われた後宇多法皇の高野参詣の盛儀を記した『後宇多院高野御幸記』(4)には、法皇が登山した際に雷鳴とどろき降雨する天変があったという。それは、法皇の一行を見物しようと近里の女たちが大門の辺りまで登ってきたからだという。行人たちが杖で追い払うと、たちまち天が晴れたのを奇瑞として悦んだ。平安の昔の叡山での珍事とは対照的に、今もなお山の霊威は失われず、しかも法皇登山の嘉儀を言祝ぐものとして記されたこの一節は、続けて、「昔、都藍比丘尼は五障《ごしょう》の拙き姿を恥ず」と古い伝承を喚起して、その神話が今ここに再現したと言わんばかりである。しかもなお興味深いことに、この時、押し登ってきた女たちは「男子の姿を仮り」、男装して結界を越えようと試みたというのである。この、女たちの結界破りのしわざは、はたしてその場限りの突発事であったのだろうか。

世阿弥自筆本が今に伝えられる「多度津《タダツ》の左衛門《サヘモン》・高野《カウヤ》の物狂《モノクルイ》」の能は、遁世して妻子を捨て高野へ登った父を尋ねる姫が、乳母《めのと》と共に高野山に赴くところを一曲の頂点とする。(5)そこで姫と乳母は、「女ノユカヌ高野山、男ハ何カ苦シキ」と、烏帽子・長絹《ちょうけん》の物着によって男姿となり、不動《ふどう》坂を推し登ろうとする。折から出逢った父の聖は通してはならじと杖で打ち留める。泣き伏した姫を守り乳母が告げる詞から、はじめて吾が子と知って父子再会の悦びをもって幕となる。その劇としての趣向の中心が、結界を越えるための方便としての男装であり、それは同時に物着による曲舞《くせまい》の導入ともなり、これは当時の猿楽が物狂能の展開のなかで獲得した、最も目ざましい作劇法でもあった。

結界破りが一曲の眼目となる能は、やはり世阿弥が関与した「柏崎」も同様である。遁世し失踪した吾が子を尋ね、物狂となって善光寺に参った母は、女人禁制の如来堂内陣に入り込み、念仏して如来に祈る。寺僧に咎められて曲舞をしいだすのだが、これも夫の形見の烏帽子と衣を身に着けての物狂いで、やはり男姿となる。こうした能における結界破り―男装―曲舞という複合した趣向の到達したところが、能「道成寺」（その原型としての「鐘巻《かねまき》」）

における、女人禁制を告げる道成寺の鐘供養の法会の庭に推参した白拍子が問答の末に立ち入りを許され、曲舞の果て乱拍子の極みに鐘に飛び入り、やがて蛇体と化して顕われるという、芸能史上の画期的な発明に及ぶのである。それは、白拍子という芸能と芸能者そのものが具《そな》える性の越境性に根ざした、しかもその背景に深い宗教性を負った役割を、猿楽が見事に拉《らっ》し来《きた》った手柄であった。

女が霊地の女人禁制をあえて侵犯して乗り越えようとする〝結界破り〟が、能に限らず、芸能の世界で繰り返し演ぜられ語られていたことは、[6] 白拍子芸の後身である曲舞の流れを受け継いだ語り物芸能の幸若舞のなかに、そのことを主題とした曲があることから察せられる。「常盤問答」がそれである。牛若丸の母常盤《ときわ》御前は、吾が子が修行していた鞍馬山へ登り、女人禁制の本堂の内陣に入り礼盤に上《あが》って礼拝する。これを見咎めた寺僧は女人の罪障を説き、伝統的な女人禁制の例《ためし》を楯にとって追い出そうとするが、常盤は真っ向から反論し、法門問答の挙句、ついにその根拠なきことを証《あか》して論破する――女学匠というべき常盤の才学が発揮されるという、異色の曲である。常盤は男装する代りに己が弁才を以て結界を破ったのだ。それは、古い唱導の説話において、自らは登れぬ山に吾が子を上《のぼ》せて修学させ、やがて尊《たっと》い学匠となった子との対面をあえて拒むような高僧の母の伝承類型をまったく反転させたような、大胆な転換である。その物語のなかで、寺僧は初め、礼盤上の常盤を児《ちご》かと見誤っている。それは、中世において、女と児とが紛らわしい差異の少ない装いであった消息を反映してのことであろう。それはまた、芸能上の女と児の近しさにも連なるものであったはずである。曲舞はほとんど女が演ずるものであったと同時に、そこから派生した幸若舞は叡山の児が舞い始めたと伝えている。さらに遡って白拍子の芸能は、女と児とが等しく舞い歌うものなのであった。

三　芸能における性の越境

白拍子という芸能および芸能者の始まりについて、『平家物語』の「祇王《ぎおう》」と『徒然草』第二二五段がそれぞれに起源説を記していることはよく知られている。前者では、鳥羽院の頃に、島《しま》の千歳《せんざい》と若の前《わかのまえ》という二人の遊女《アソビ》が始めたものとし、「はじめは水干《すいかん》に立烏帽子《たてえぼし》、白鞘巻《しろさやまき》を差して舞ひければ、男舞とぞ申しける」が、中頃に烏帽子と刀を除いて水干ばかりを用いるようになった、という。後者では、多久資《おおのひさすけ》の説として、通憲入道（信西）が磯《いそ》の禅師という女に興ある舞の手を教え、その娘の静《しずか》が芸を継いだのが「白拍子の根元」だと言い、「白き水干に鞘巻を差させ、烏帽子を引き入れたりければ、男舞とぞ言ひける」とあり、両説ともに水干・烏帽子・鞘巻（腰刀）という男姿となるための衣裳小道具を身に纏い「男舞」と呼んでいる。それは女が男に扮する舞という意味だろう。白拍子とは、いわば女が男に、あえて異性装することにおいて成り立つ芸能なのである。(7) そして、この芸能のもうひとつの重要な役割は、「仏神の本縁を歌ふ」（『徒然草』）ことであった。それは、仏や神が昔、人であった時の物語でもあったろう。中世の〈聖なるもの〉の本縁を舞にのせて歌う深い宗教性と、『続古事談』が伝える白拍子の哀れを催す舞と歌に対する妙音院師長の「亡国の声」という否定的評価とは、おそらく同一のものの両面である。

一方で白拍子は、寺院の児による芸能でもあった。それは延年の舞の主役である。総説Ⅰ・Ⅱおよび第一章に述べた文治二（一一八六）年の『東大寺衆徒参詣伊勢大神宮記』に書きとどめられた参宮法楽の延年に際し、東大寺の児は「大仏炎上の事を囀《さえず》る」白拍子を舞い歌い、聴衆一同の悲泣を誘った。平家による大仏炎上と数多の寺僧の焼死という悲劇は未だなまなましく、それは、大仏殿再建の祈願を籠めて参宮する衆徒にとって最もふさわしい「仏神の本縁」であったろう。今様と同じく、白拍子も時宜に適った機知ある歌を詠いだすという当座性を、己が芸能の生命としていたのである。

皇族将軍宗尊《むねたか》親王の許で制作されたと推定されている『鶴岡放生会職人歌合』絵巻には、鎌倉の鶴岡八幡宮での放生会《ほうじょうえ》に集った諸職の人々のなかに、遊女と共に白拍子が登場する（図1）。その歌や判詞《はんじ》からは、「一こゑ」「責め」「踏みめぐる」というような白拍子芸の特徴が窺われるが、なによりその絵姿の、垂髪の水干と大口装束、作り眉で化粧した立ち姿は、まったく寺院の児の姿と等しいものである。それは『平家物語』が烏帽子と刀を除き水干ばかりにしたという、その格好でもある。

図1　『鶴岡放生会職人歌合』遊女と白拍子（個人蔵）

つまり、それは単なる男装ではなく、むしろ性の明確な表示をわざとあいまいにした、境界的な扮装であった。白拍子の芸能がその芸能者に求める、女にとっては男姿、男にとっての児姿という異（性）装とは、何を意味するのか。あらためて、『平家物語』の「祇王」という〝白拍子物語〟が注目される。

「祇王」は、物語のはじめに、白拍子という芸能者の独特な社会—文化的な在りかたが提示されて、それが物語の契機となっている。栄華に誇る清盛の許に、己が芸能を賞翫《しょうがん》されようと、「遊者《あそびもの》の習ひ、何か苦しかるべき、推参《すいさん》してみん」と仏《ほとけ》御前は押しかける。清盛は「左様の遊者は、人の召にてこそ参るものなれ、左右なう推参する様やある」と怒るが、すでに三年も寵愛を受けて時めく祇王は、「遊者《あそびもの》の推参は常の習ひでこそ候へ」と取りなして見参《げざん》し芸の披露が叶う。その舞歌に魅せられ、たちまち清盛の寵は仏へ移り、祇王は退出を余儀なくされる。遊女とも共通する「推参」という行動様式こそは、芸能の力をもって社会的規範を逸脱し秩序を超越する、芸能者の生得の権利を体現するものであった。それは、前節に述べた禁制の結界を破る越境をうながす力とも通底する。その反面、貴人の賞翫を蒙り寵を獲た芸能者は、容色が衰え芸の魅力を喪えば、容赦なく追放されてしまう。若く新鮮な今参りが出現すれば、主役の座を明け渡すのが定めである。(8) 祇王の物語は、そうした芸能者の運命をあざといまでに露《あらわ》に語っている。続いて、零落した祇王は心ならずも清盛に召し出され、座を下げられるという恥辱を忍びつつも、己が思い歎きを当座に籠めた今様歌に託し一座の感嘆を得て、芸能者の意地が立てられ面目をほどこす。これを花道として祇王は世を捨て、出家し籠居する。やがて、その庵室に清盛の許を出奔して尼となった仏御前が訪れ、ともに一味同心念仏して往生を遂げる。この芸能者物語は、発心遁世の因縁譚として宗教的救済の構図の枠に収まっているが、同時に白拍子のうたう〝仏神の本縁〟を自らの身の上において語った寓話とも言いうるのである（この二人の仏と祇王という名には、第一章に論じたように深い寓意があろう）。

　祇王物語と同型の類話が、『古今著聞集』「好色」に収められた、御室《おむろ》法親王覚性《かくしょう》の寵を蒙った千手《せんじゅ》と参川《みかわ》という二人の児をめぐる物語である。千手は笛と今様、参川は箏と歌の達者という芸能者で、今参りの参川に寵を奪われ退出していた千手が心ならずも宴に召し出されて今様を歌い、御室は感に耐えかね寵を取りもどし、参川は出奔遁世するという、より単純な物語となっている。祇王と仏、千手と参川、白拍子女と児とは、こうして物語の上ではまったく等価な存在である。(9) 彼らは、それらの物語において、己が芸能により賞《め》でられ、また棄てられるという、自らに負わされた運命を演じている。それは、〈聖なるもの〉の本縁をうたう者が等しく負わねばならない宿業の因縁物語化ともいえようか。彼らがその扮装において性の境界的位相に立つことも、そうした境地に自他を導く手立てではなかったか。

　白拍子は、境界的な性を装って出立ち、その妙なる声と数えつつ踏み巡る舞の芸能において、興宴のなかに〈聖なるもの〉を顕現させ、人の世に媒介する中世独特の芸能であった。しかし性の境界性を、ただ扮装や化粧によって作為するばかりでなく、自らの心身そのものにそれを負う人々も、たしかに居るのである。たとえば、今もヒンドゥー社会にあって「ヒジュラ」と呼ばれる人々は、まさに心と身体のふたつながら性の境界にあって、女性の姿で歌舞を生業として常民に祝福を与えて報酬を得る〈聖なる〉賤者たちである。(10) 日本中世にもまた、当然のことながら、性の境界に生き、ふたつの性を具える人々が居た。その稀有な証言が、『病草紙《やまいのそうし》』に描かれた「ふたなり(二形)の者」である(図2)。『病草紙』は、特異な病や身体性をもつ人を一人ずつ登場させて詞と絵各一段で構成する。その詞を引こう(私に漢字を宛てる)。

中比《なかごろ》、都に鼓を首に懸けて、占《うら》し歩《あり》く男あり。形は男なれども、女の姿にしたることもありけり。人、これをおぼつかながりて、夜、寝入りたるに、ひそかに衣《きぬ》を掻き上げて見ければ、男女の根、共《とん》にありけり。これ二形《ふたなり》の者なり。

図2　『病草紙』より「二形の者」(関戸家蔵)

絵は、宿所室内の臥処《ふしど》に仰向けに眠っている〝男〟を、戸口から忍び込んだ男が衣の裾をまくり上げ、その陰部を露わにして、戸の外から覗く男に見せる情景が描かれる。彼らはあからさまに嘲笑し、その卑しげな表情こそが、暴露された秘所以上に猥褻さを感じさせる。あられもなく剝き出しにされたそれは、たしかに男女の二根を倶に備えた半陰陽であることがわかる。

　烏帽子をつけたままの〝男〟の面ばせは、髯鬚《ひげ》こそあれ細く整った顔立ちで頬と唇は朱が差してある。眠る姿態、手のしぐさもなよやかで、それは女らしさを意図して表現しているのであろう。それは詞にいう、ときどき「女の姿にしたること」に対応する描写である、注目すべきは、さらに描き加えられたその身に付け所持する品々であろう。頸に数珠を懸け、枕頭に鼓と笛が転がり、壁差しには朱の扇がのぞいている。それらは、平生の〝男〟の生業《なりわい》を示唆する小道具ではないか。彼／彼女は、鼓を打ち笛を奏しながら「占し歩く」巫覡《ふげき》、歩《ある》き巫《みこ》というべき宗教芸能者であったと思われる。時に「女の姿」にしたこともあったとは、その両性具有のゆえに容易に――むしろ積極的に演じた芸能と一体のワザであったかと推察される。

それは平安末―院政期の社会において、他に史料からは知られることのない両性具有者の様相をとらえた貴重なテクストである。それは、単なる史料ではない。この『病草紙』そのものが興味深いテクストなのである。(11) それは、後白河院が蓮華王院の宝蔵に納めた己が王権を荘厳する宝物のなかでも重要な意義を秘めた絵巻物のひとつ、六道絵の一部を成すものであったと推定されている。地獄や餓鬼と並ぶ『病草紙』とは、人界の苦患の実相を、あらゆる病という諸相において描き出そうという企てであり、それを以て厭離穢土《おんりえど》を観ずる便りとし、欣求浄土《ごんぐじょうど》の導きとなる、すぐれて宗教的なテクストであったろう。しかし、そこで可視化された「ふたなりの者」へのまなざしが、残酷なまでの嘲笑であったことはやはり記憶にとどめておく必要がある。

聖俗のあわいを性のゆらぎにおいて繋ぐ境界的存在は、白拍子と同じく『鶴岡放生会職人歌合』と『七十一番職人歌合』の双方に登場する「持者《じしゃ》」という宗教芸能者においても見いだされる。『鶴岡放生会職人歌合』の持者は、十一番に相人《そうにん》と番《つが》えられており、占いを業《わざ》とする者と対にされていることが注意される。その詠歌は、月を題として「宿《やど》れ月心の隅《くま》もなかりけり　袖をば貸さん神の宮つ子」と、神社の巫女に呼びかける体で自ら月を宿すばかりの長袖を着ていることが詠われている。また、恋では、「なべてには恋の心も変わるらん　まことはうなひ仮は乙女子《おとめご》」（普通の人とは恋する心ざまも変わることかもしれません、本当は男なのに乙女の姿に仮装しているのですから）。これにより「持者」は女装の男巫であることが示されている。絵は、頭を布で包み花菱紋の長袖の小袖を着て横坐りにしている、ただし口髭で男と判る姿である（図3）。

『七十一番職人歌合』の持者は、六十一番に山伏（羽黒山の客僧）と番えられ、その詠歌は、月を題として「立帰り猶《なを》や眺めむ東路《あづまぢ》の三の御山の月の度々《たびく》」東路の三山とは、伊豆・筥根《はこね》・三島の三つの霊地をいう。恋では「如何にしてけうとく人の思ふらん我も女のまねかたぞかし」（どうして人は私のことを疎ましく思うのでしょうか、そう、私が男ながら女の姿を真似ているからですね）。絵姿は、垂髪で化粧し立ち歩く、浄衣に数珠を首に懸けた歩き巫女の躰である（図4）。注目すべきは、その絵に口上が画中詞として書き込まれていることである。「あらおんかなく／二所みしまも御覧ぜよ」と、陀羅尼の呪文めいた唱え言の下に、二所三島の神も御照覧あれ、と喚《よ》びかける。それは「東路の三の御山」と同じく、伊豆山走湯《そうとう》大菩薩・筥根権現・三島大明神のことである。つまり持者は、東国の中心的な霊地として鎌倉幕府が崇敬した二所三島の間を徘徊する巫女姿の宗教者であった。そこに伊豆峯行者という修験の存在が知られることや、[12]山伏と対にされているところからも、修験者とつながりのある巫者――あるいは、女人結界の裡にも立ち入ることのできる男巫ではなかったか。

図3　『鶴岡放生会職人歌合』十一番「持者」

図4　『七十一番職人歌合』六十一番「侍者」

『梁塵秘抄』巻二、神歌《かみうた》の末の雑歌に「男巫《おとこみこ》」が歌われる。

東《あずま》には女は無きか男巫　さればや神の男には憑く

今も播磨上鴨川《かみかもがわ》に伝承される祭礼では、翁《おきな》舞の果てにその一句（これに続く下句は「女はあれど神のお嫌《きら》ひで男巫」）が歌われ、はるかに東国の風俗を偲ぶに独特なものとして想起された男巫のかたちの一斑が、持者であったかと思われる。

巫覡における性の越境は、おそらくはそのシャーマンとしての脱魂《エクスタシー》や他界巡り、あるいは降神や憑依を喚起すること、そのための威力を獲得することに深く関わるものだろう。それは、倒錯や障害ではなく、性を装い、化粧することにより（それによる他者からのまなざしにおいても）発現する力であった。そこに、芸能と分かちがたく連続する、異性装のはらむはたらきの本質が示唆されている。能を能たらしめる重要なはたらきが、物《もの》まねと物狂《ものぐる》いであることは周知のところである。能は、それを仮面と扮装によって実現し、神や鬼、そして翁など、この世のものならぬ存在を舞台に登場させ、舞い歌い、本縁を語りいだす。巫覡の降神や憑依も能のうちにおいて演ぜられる。「巻絹《まきぎぬ》」で熊野権現の護法童子が巫女に憑いて舞うのもその一例である。直面《ひためん》の能でも、「歌占《うたうら》」でシテの度会《わたらい》某が白山の男巫となって、歌占の遊芸から「地獄の曲舞」を歌いつつ「神気《かみけ》」が憑いて冥途より蘇った有様を現じてみせる趣向など、至るところに巫のはたらきの真似《まね》びと狂いが投影されている。しかし、そうして演ずるうちに性が転換する能は稀有であろう。その一例が、世阿弥の作になる「井筒」である。伊勢物語の古注を本説として巧まれたこの夢幻能では、シテの井筒の女（人待つ女であり紀有常《きのありつね》の女でもある）が「昔男《むかしおとこ》」業平の形見の衣を身に付けて「昔男に移り舞」となり、序の舞のうちに井筒に己が影を写し、「さながら見えし、昔男の冠直衣《かむりのうし》は、女とも見えず、男なりけり、業平の面影」と思慕の昂揚のうちに業平と一体化する。演劇と詩的言語の融合の究みに至り顕現した男への転換は、もはや巫覡の憑依の狂乱に引き戻すことのできない次元に到っている。

芸能から再び宗教世界に眼を転ずれば、そこにも稀有な性の転換が見いだされる。南都における戒律復興の運動が、叡尊《えいそん》や覚盛《かくじょう》によって成し遂げられた鎌倉時代の半ば、彼らによる「興法利生《こうぼうりしょう》」の営みのなかで、自誓受戒《じせいじゅかい》によって創められた持律の僧伽《そうぎゃ》から、さらに進んで尼衆を成り立たせることが要請された。しかし尼衆を導く持戒の尼が居なくてはならない。このアポリアを克服する手立てとして、誰か僧が尼となることが求められる。そこに、ある驚くべき跳躍がなされた。叡尊の自伝『感身学正記《かんじんがくしょうき》』[13]の建長三年（一二五一）条には、このことについて「大小の尼衆の全て未だ再興せざるを悲しみ、一比丘を変じて比丘尼と成すこと、奇特にして常篇に越ゆ」と述べられる。その、あまりに抽象的な言及ながら常識を超えた「奇特」の出来事は、『招提千歳伝記《しょうだいせんざいでんき》』[14]によれば寛元二（一二四四）年四月のこと、唐招提寺において、叡尊の同志であった覚盛が催した舎利会を伴う布薩《ふさつ》の終わりに臨んで起きた。僧房に突如さし込んだ金色の光のなかより神人が現われ、教円《きょうえん》比丘に向かって帝釈天と名のり、覚盛の戒律復興を随喜する十六羅漢の使者として汝を比丘尼としよう、と告げて消えた。あたりは香気に満ち、教円はたちまち女身となり、衆を辞して郷里へ帰り、姉を出家せしめた。その名を信如《しんにょ》という。この信如比丘尼は、後に聖徳太子とその母后の形見である天寿国繡帳《てんじゅこくしゅうちょう》を見いだして中宮寺を再興した人であるが、また一方で、春日若宮拝殿巫女の白拍子芸能に深く親しみ、自らも託宣や夢想を語りだすこともあった、巫女的な性格をもつ尼であった。[15]彼女と、女と変じて尼の出家受戒を導いた教円とが姉弟であったことは偶然ならぬ血縁かつ因縁といえよう。[16]やがて役割を了えた教円は、再び僧に戻り、教団に復帰したという。この転男女身は、あくまでも比丘尼を正しい受戒に導くための方便であったろう。しかしなお、仏教の論理の埒《らち》を越えた、性の転換を現《うつつ》に可能とする霊的な感応の力が強くはたらいていた、その根ざすところが何であったかをあらためて問うことは許されてよかろう。

四　性を越境する物語

性の転換を、異性装において実現しようと試みることを主題とする物語が、『源氏物語』以降の王朝物語の展開のなかで、ひとつの流れを占めている。その出発点であり代表作が『とりかへばや』である。

『とりかへばや』が創出した物語の基本設定は、一組の異母兄妹が互いの性を異にして宮廷社会で生きようとし、好色な男の犯しにより、それぞれの本来の性が露見の危機に瀕する。やがて二人は互いの性役割を交換して元の世界へ復帰し、それぞれ幸せな結末を迎えることになる。この物語の成立が院政期に遡り、それを改作した新しい物語も中世初頭に流布していた消息は、鎌倉初期に著された『無名草子』に詳しく言及されて知られるところである。それによれば、改作前の古『とりかへばや』の方が出産や月経など性に関わる描写がより露骨に表現され、また、一度死んで蘇生するなどの設定があったらしく、それらが「おびただし」く「恐ろし」と酷評されている。一方で、基本的に物語の枠組は共通していたらしい。

主人公兄妹の身体の性と心の性とが食い違うことは、冒頭の紹介で提示される。それは二人の生得の性質、所与の条件として語られ、男らしさや女らしさの表象としての容貌や仕草などもこれに対応する。そして、この〝第二の自然〟としての異なった性のまま、両親左大臣一家の後見の許に二人は宮廷社会に参入することになる。二人の性向に従って意図して撰択された結果としての、妹の女中納言と四宮の結婚と、兄の男尚侍の女東宮への参仕という、性の偽装の許での奇妙な男女関係は、やがて破綻を余儀なくされる。好色な宰相中将が登場し、女中納言と処女妻四宮との夫婦関係は、宰相中将と四宮との密通の結果、四宮の懐妊出産―密通発覚という形で崩壊し、一方、男尚侍は女東宮を懐妊させ出産に至らしめる。さらに女中納言は、〝男同士〟の悩みを語らう間柄でもあった宰相中将に犯され、心ならずも女としての正体を知られ、懐妊するに至る。それゆえに宮廷から失踪せざるを得ず、女君として宰相中将の庇護の下で宇治に隠れて出産を遂げた。しかし中将への不信からそこを脱け出して姿を消す。また、妹の身を案じた男尚侍も行方をくらませて、男に戻り探索行の末に巡りあう。共に吉野へ赴き、ここに隠遁している入唐の宮とその姫君の許で、互いに本来の性に戻る。それは性にともなう互いの社会的身分を交換することでもあり、「とりかへばや」が実行されるのである。かくして、見事に入れ替わった二人は、宮廷に復帰し、男君は四宮と結婚し男子をもうけ大臣として出世を遂げ、女君は帝寵を獲て皇子を産み中宮となるという、典型的な末繁昌の大団円に至る。ただ、そのなかで宰相中将だけが二人の正体を怪しみながらついにその真相を知り得なかった、という落ちで物語は結ばれる。物語は、身体の性とは異なる心性上の性のままに社会的な性役割を演じようとした男女が、正体を暴露されそうになるスリルを読者に味あわせつつ、最後に本来の〝自然〟な性に回帰するという予定調和で幕を閉じる。

『とりかへばや』のこうした筋書とは別に、この物語が主人公に、それぞれの性の齟齬や不調和をいかに意識させているのかが興味深い。二人は、己れのそうした身―心の異和を、共に「世づかぬ身」という言葉で述懐している。「世づかぬ」とは、世間並みでない（尋常でない）という一般的な意味と、男女の仲らい―結婚という性の結びつきに限っての意味があり、この場合はその両方にかかって、彼らにとって己が身心はまさに「世づかぬ」ものとして嘆かわしく自覚されていたのである。また、その原因についても物語は後半に説明を加えている。すなわち、彼らの性の転倒は、天狗がなせるしわざであり、その業が尽きたために本来の性に立ち戻ることができたという。おそらくは前世の因縁により天狗道に堕ちたものの祟りか障碍《しょうげ》の所為として、この性の越境は因果説のなかに意味づけられてしまっている。

『とりかへばや』の影響下に成立した鎌倉王朝物語に『有明《ありあけ》の別れ』がある。これは女が男装して生きることのみをものがたる。女主人公は、父左大臣（のち関白大政大臣）が神に祈って授かった子だが、出生に神の示しあって世に披露せず、男として出仕させ右大将となった。父は一方で架空の后がねとしての姫君の噂も立てている。この女大将、笛の能は天の感応を招くほどであり、また隠身《おんしん》の法を会得し、左大将の息で色好みの三位中将の秘事《みそかごと》を窺い見たりする。女大将は、左大将の北の方の連れ子の姫君を自邸に引きとり正室とするが、二人の間に生まれた子は実は義父左大将の落胤であった。三位中将は、この義妹である姫君の許に忍び密通し、姫が生まれた。この父子による兄妹は、共に女大将の子として養育され、後に左大臣家に引きとられる。やがて、帝は女大将の正体に気付き、契を交わす。女大将は世の常ならぬ身を嘆いて出家しようとするが、父左大臣は大将死去と披露し、その間に女へ戻し、姫君として入内させる。その秘密をただ一人知る帝の寵愛を蒙り、春宮《とうぐう》を生んで中宮となり、後には女院に至った。この物語の前半（巻一）で展開するのは、以上のような錯走した男女関係であるが、その軸をなすのは、女大将から転じて后妃となる姫君の成長と変貌なのである。

『とりかへばや』の、異性装の許で生きようとした一対の男女が、互いにその性を示す装いと役割とを取り替えて、身体に則した性に立ち戻り、いわば〝正常〟な性役割の秩序に回収されてしまう形で終わることは、すなわち、この物語がいかにも珍奇な趣向を追求しながら、結局は既成の文化―社会規範の枠組を逸脱することなく守っていることを示している。『有明の別れ』も、巻一以降の物語展開とは別に、女主人公の性の転換をめぐる部分に限ってみれば、『とりかへばや』と同様に、身体に則した性に復帰し、后がねとしての大臣の女に期待される性役割秩序に回収されていく物語にほかならない。その性の転換はあくまで一時的な逸脱に過ぎず、隠形の法による窃視のみが女主人公にどこかあやしげな性格を与えているにしても、その越境は貫かれることなく再び〝こちら側〟に立ち返り、読者はその趣向をただ消費するばかりで、そこからまったく異なる地平に連れ出されることはついにない。ただし、それこそが中世の読者の欲望であったのかもしれないのであるが。

『とりかへばや』や『有明の別れ』のような〝性の越境〟を主題とする物語は、そこで終焉を迎えたわけではなかった。異性装を手立てとして、男から女へ、女から男へと転換を試みる物語は、中世になおも創られ続けていた。それも絵巻という、絵と物語とが一体化したテクスト形態の許に、二つの対照的な物語が今に遺されている。それらは共通した趣向として、異性を装う主人公に「今参り」という設定を与え、それが物語展開のモティーフともなっている。『児今参り《ちごいままい》（ちごいま）』と『新蔵人物語《しんくろうど》』がそれである。

男から女への転換をものがたる『児今参り』は、室町後期の彩色絵巻と白描小絵絵巻の二種が伝わり、それは奈良絵本の岩瀬文庫本に比べて画中詞に豊かな登場人物の台詞《セリフ》が書き込まれている、注目すべき伝本である。(17) 筋書は、美しい内大臣の姫（東宮から入内を望まれる后がね）と、叡山の座主《ざす》が寵愛する児との間で展開する。姫が病となり、座主が験者《げんざ》として祈禱し回復するが、参仕した児は姫を垣間見て恋患いとなり里へ下る。児の恋を成就させるため、乳母は大臣家の女房に取り入り、児を女装させ今参りの女房として姫に仕えさせる。今参りは琵琶の上手として一同にもてなされ、心許した姫の添臥《そいぶし》となり、一夜、ついに正体を明かして契りを結び、姫は懐妊する。共に困惑のところ、児は座主からの強い帰山の請いに応え、しばらく姫の許を去る。座主はじめ山僧が賞翫するところに、天狗が児を攫《さら》い行方知れずとなる。児の失踪を知った姫は家を出奔し、いつのまにか山中の尼天狗の庵に到る。尼天狗は姫を匿い、そこに児を連れて子の天狗一同が酒宴を催す。その隙に二人を再会させ、自らを犠牲として二人を都に帰した。児と姫は乳母の家に隠れ、若君が誕生する。座主から事の次第と児の素姓を知らされた内大臣は親子を引きとり、一家繁昌した。やがて尼天狗の死を知り供養すれば、夢に兜率天《とそつてん》に生じたことを告げられる。

『児今参り』は、王朝物語の系譜を引きながら、児物語の要素を多く取り入れた絵巻である。座主（門跡）に寵愛され衆徒に渇仰される児が天狗に誘拐されるという設定は、『秋夜長物語』のごとく悲劇に至る重要な契機であるが、この物語ではむしろ露見に瀕した二人の恋が成就するための〝機械仕掛けの神《デウス・エクス・マキーナ》〟による救済となっている。尼天狗の庇護と捨身は、姥皮《うばかわ》型の伝承を下敷にすると思しいが、結果的に天狗の介在が転倒した男女の関係を正常な結婚に立ち返らせるところは、『とりかへばや』に言及された天狗の祟りを想起させる。また、この物語における女装は恋を遂げるための方便、むしろ詭計として押し出されるが、それが成り立つ前提には、前節の白拍子について見た中世の児と女人の装いのうえでの性差や性役割がきわめてわずかであることが踏まえられていよう。

もうひとつの今参りは、女が男となる物語である。『新蔵人物語』と呼ばれている白描小絵巻は、室町初期制作の上巻のみの写本がサントリー美術館に、その室町後期の下巻を備えた完全な転写本が大阪市立美術館に蔵されている。これも画中詞に登場人物の詞が豊かに書き込まれ、詞書の本文と併せて物語を展開している（図5）[18]。

物語は、諸大夫《しょだいぶ》階級の中流公家の一家を紹介するところから始まる。一男三女のうち、兄は蔵人の大夫として帝に重用され、大君は出家し真言念仏の尼となり貴《たっと》く行い、中君は内侍《ないし》として宮仕えし帝寵を得て姫宮を産む。三君の乙姫は、「形も振舞も女房しきこと露なし。見る者は児《ちご》かとのみ言ふ」有様で、自ら男となって蔵人として十二、三歳で殿上する。兄蔵人の替りとしてこの新蔵人は常に伺候し朝夕となく帝に馴れ親しみ、やがて正体が露見するもかえって忍びつつ召され、新蔵人も大胆に応じて「戯《ざ》れ歩《あり》」き、はては姉内侍を押し退《の》けようとの思いさえ萌《きざ》す。

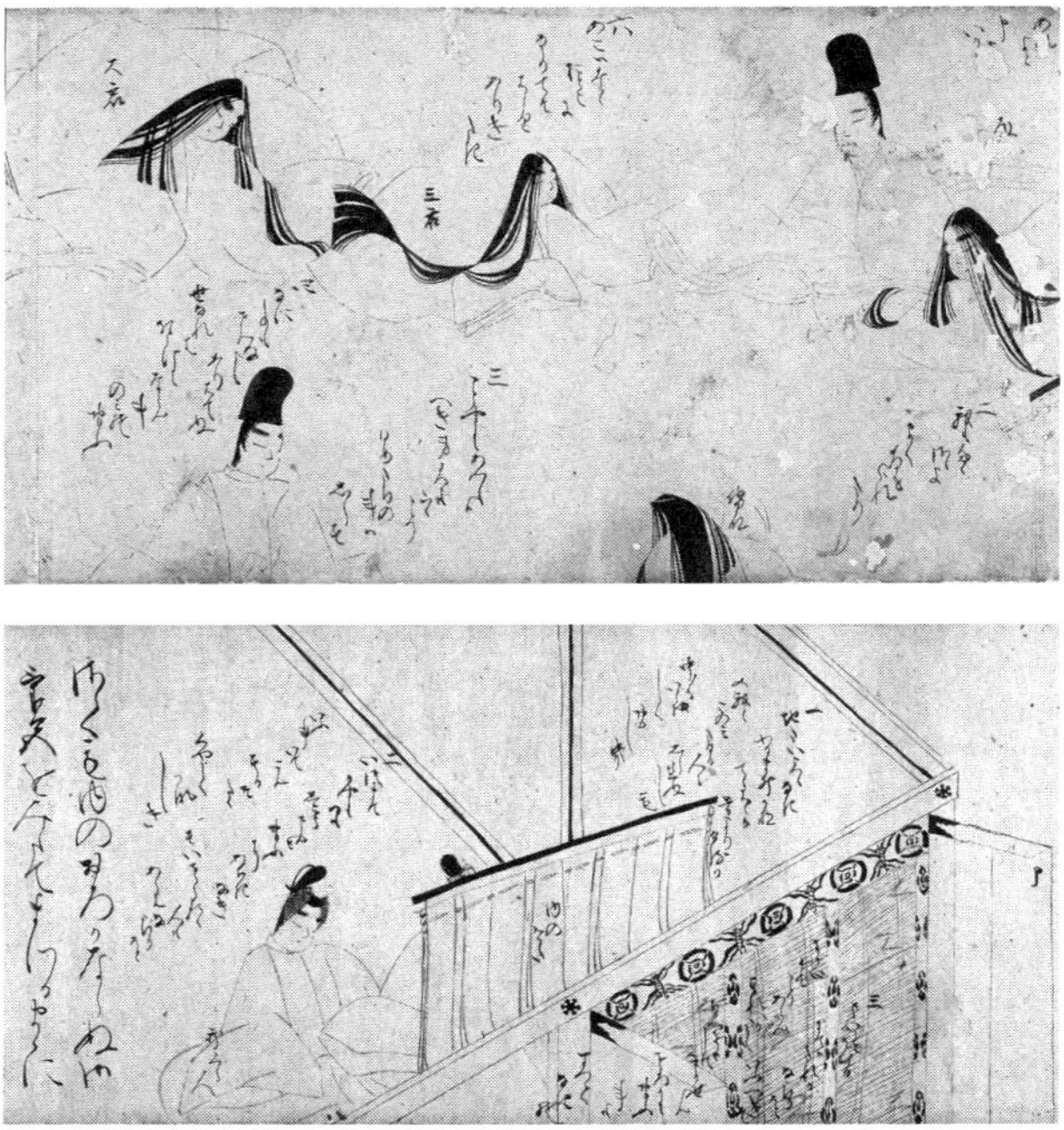

図5　『新蔵人物語』(サントリー美術館蔵)

その人目を憚らぬ驕った振舞は宮廷中の顰蹙を買う。ついに懐妊し若宮が生まれ、帝は密かに姉内侍の若宮として育てるよう命じた。いつしか心奢《おご》りした新蔵人に帝の思いは離れ、いち早くそれを察した新蔵人は遁世を思い立ち、姉尼の許を訪れて出離の思いを告げる。尼の勧めに応じ出家の決意を固めた新蔵人は、兄姉に若宮を託し、帝に別れを告げて宮廷を去った。彼女はいみじく行いすまし、念仏往生を遂げた、という。最後の場面、姉尼の庵室で入道した新蔵人は、姉たちにいかにも僧と見紛うその風姿を皮肉られ、「変成男子《へんじょうなんし》とこそ言え、生きながら変成女子となりたる心地ぞする」と画中詞で述懐する。これはつまり、男として生きようとした「変成女子」の物語なのである。

彼女/彼は、帝に新参の蔵人として仕え、兄蔵人の寵と姉内侍の寵とを共に奪うように一時の帝寵を独占し、傍目にも如何《いかが》と見える振舞に及ぶ。その様子は、重ねて「うつつなき」と批難されるのだが、第三者からは男色と見られたのであろう。その実は女として懐妊・出産に至るが、あくまで男として全うし女に戻り後宮になることはなかった。『とりかへばや』や『有明の別れ』のような転換による復帰は用意されず、帝寵を失ってしまえば退場するしかなかったのである。

二つの物語は、主人公が性を〝変装〟して今参りするという点で共通の趣向を有するが、異性装の許での契りの末を遂げるかどうかで対照的な道筋を辿る。また、いずれも今参りによる一種の秘密の結婚がなされた結果として、二人の間の子をもうけるという点も共通するが、これは『とりかへばや』以来、遡れば『源氏物語』における密通と秘密の子の出生という、物語の基本モティーフの変奏でもある。さらに、『児今参り』の姫と今参り（児）、『新蔵人』の帝と新蔵人の、いずれも同性同士の親昵《しんじつ》する挙句に契りを交わす——これも継承された設定ではあるが、なお、一種同性愛的な外貌の許になされる契りである点が、より強調されているといえよう。

とりわけ興味深いのは、『新蔵人物語』である。帝寵を得て若宮までもうけた女蔵人が、「心おごりのみせられて、誇り過ぐす程に」その傍若無人の振舞から、やがては帝にもすさめられ、次第に疎遠になるのを「あじきなく思《おぼ》して」、自発的に、ひたすら出家遁世へと思い切る。物語はそこで、他と異なり出家遁世譚へと変容する。女蔵人は、自らの増上慢が招いた事態とはいえ、帝との不毛な愛が遂げられぬと覚悟したとき、女の身に戻ることなく入道し、いわば社会的な死を択ぶことになる。本文では念仏往生を遂げたという形で、仏道による救済という次元に回収されるようだが、しかし、それは絞切り型の物語の枠組に収まらない。予定調和を拒み、しかるべき女の役割に帰属せず、あえて「変成女子」のままに在ることを己れの意志として択ぶのである。つまり、彼女は越境したまま、さらに彼方へと跳躍したと言ってよかろう。もちろん、それは一方で挫折と評することもできよう。男になろうとした彼女が、男のままに帝にその〝女〟を寵されてしまった必然的な結果ともいえる、さまざまな評価が可能な身の処し方なのである。

『新蔵人物語』が描く女主人公の生き方は、その異性装による性の越境という要素を除けば、宮廷や帝との関わりにおいて、鎌倉時代の一宮廷女性の著した稀有な回想録《メモワール》である『とはずがたり』を想起させるものがある。村上源氏の嫡流久我《こが》家の女である後深草院二条が、上臈女房として院に寵愛されながら、正妃の女院からはその振舞を常に非難され、ついには院にも見放されて宮廷を追放され、出家遁世して修行の旅に出立つ。その大枠は、相似のかたちを示している。帝との間で密かにもうけた子を姉の子とするのも、二条が密通して生んだ子を院が密かに己れの子として処分することに近似する。むろん、それらは一面の、表層の類似に過ぎまい。むしろ、両者の通底するところは、もう少し別な次元にある。

『とはずがたり』に二条が自ら描き出した己れの運命は、いかに数奇で物語的（実際、『源氏物語』をはじめ数多の物語からの影響が指摘されている）なものであっても、それはあくまで現実の中世王権をめぐる権力闘争の渦中で、貴種間の葛藤に翻弄された一女房の告白である。[19] なによりその著者は、中世物語がその読者と共有した想像力と欲望において創りだした、異性装により宮廷に参内し異なる性役割を演ずるという幻想を生きているのではない。だが、王に仕え、性的に奉仕すると共にその色好み幻想の共犯として女房の役割を務めながら、周囲の複数の貴人の愛欲を受け容れて幾人もの子をなし、果てに追放の恥辱を蒙った女人は、一転して無縁の尼となって現われ、自らを駆りたてて独り、長途の修行の旅に赴く。その生き方は、すでにしていくつもの〝越境〟を果たしている。[20] 己れの性の深淵を覗き込み、女なるがゆえにしたたかに味あわされた思い嘆きは、そこで宮廷や王をさらなる高みから見据えて、その魂の行方を祈る営みに転換し昇華されている。女に課せられた境界を超越する営みは、『とはずがたり』において、物語ではなく、己れの生そのものを書くことによって成し遂げられたのである。ここに至って、もはや異性装は必要ではない。

第四章　中世の王権と物語

――注釈と日本紀――

一　日本紀という運動

中世の日本をテクストの上で規定し創成した書物としてまず挙げられるのは『日本書紀』であろう。この『書紀』をめぐる享受と解釈の歴史のなかで、それは神典として尊ばれ保存されるだけでなく、その本文が訓まれ、厖大な注釈が積み重ねられて、多様な解釈が与えられることになった。そのなかで「日本」は次第に形成されていったといえよう。

本章では、『日本書紀』（ひいては「日本紀」や「日本記」とも呼ばれる。以下、『書紀』と略記）を中心としながら、寺社縁起や、『書紀』と同様に正典化《カノン》して中世日本を象るテクストと化していった聖徳太子伝、唱導に根ざしながら中世東国世界の草創を語りだした真名本『曽我物語』など、周辺の諸位相のテクストまで視野を広げ、とりわけそれらをめぐる注釈活動とそのテクスト化に注目しつつ、その運動のなかで中世日本の像が立ちあらわれていく過程を追ってみたい。

（１）変貌する〝日本紀〟

『釈日本紀』の開題によれば、『書紀』成立直後の養老五年（七二一）に行われたという記録に始まり、十世紀半ば、村上天皇の代まで行われた日本紀講書は、天皇の許に催された官人が参集して営まれる臨時公事であり、〈儀礼国家〉体制を維持するための装置のひとつであった(1)。その所産とされる『日本書紀私記』諸本（また『釈日本紀』秘訓）の訓が、漢文体の『書紀』を徹底して和語として訓もうとする、後代の漢文訓読とは全く異質な志向をもつことは注意してよい。その訓は神代―上古のことばとして固定され聖化された言語なのである。それは、講書を担う博士家の許に伝承され、やがて菅家と江家という二大学統に継承される形で中世の知の集積と媒介を担う学者たちによって管理され、その一端は院政期の『信西日本紀抄』にも反映された(2)。そして中世に併せて平野神主家卜部氏の「日本紀の家」に収斂した。兼方本神代巻と『釈日本紀』は、その達成として、〈本文と注釈〉という二つの位相を兼ね備えた形式を介して、『書紀』がまさしく中世的な知の体系の核としての役割を果したことを、テクストそのものにおいて如実に示している(3)。

一方で、既に平安初期の段階で、『書紀』は、そのものではない異なったテクストへと変貌した(4)。それらは、『書紀』において特徴的な、それ自体が注釈的な構造をもつ「本書」と「一書」を、平準化して再構成する。たとえば『古語拾遺』は、『書紀』を用いて神代の記述を再構築することを通して祭儀と神話とを一元化し、また『先代旧事本紀』は、『書紀』に拠りながら神代に重点を移して各巻を「本紀」として再構成し、『古事記』をも摂り込んでやはり一元化しあらたな神代テクストを仮託する。そうした運動は、今は失われた他の逸書にも及び、それらは『書紀』を中心として解釈活動がくり返され、それと関わりながらさまざまなテクストを生成し続けてゆく『書紀』をめぐるテクストの運動として認識される。それは、もはや『書紀』原典に還元し得ない意味を生成し続けていく。早く『日本紀竟宴和歌』が、『書紀』に題材をとりながら和歌と左注を以て独自の解釈をくりひろげ(5)、それが院政期の勝命注『古今序注』では「日本紀云」として引用されているように(6)。――そうした『書紀』ならぬ「日本紀

（記）」が、一種の記号性を帯びて当時の知の領域に流通し、その多様な言説が更にあらたな意味を付与し生成するのである。

『書紀』の、変容しながらの再生産というべき現象は、平安期の諸大社における縁起テクストの形成においても見いだされる。

『住吉大社神代記』は、天平三年（七三一）に国へ注進言上したと称す「御大神顕座神代記」であるが、十世紀前後に成立したと推定される。[7] その縁起部分に相当する「大明神所二以顕現一者」以下は、ほとんど『書紀』の本文に拠り、その抄出と再構成から成っている。神代巻に拠る住吉三神の誕生に至るまでの段りを前半とし、仲哀・神功紀の神功皇后三韓征討の段りを後半とするが、後者では一書の部分も「或記曰」として叙述に摂り込んでいる。これに、住吉神主津守氏の遠祖である手搓足尼《たもみのすくね》の事績を挿入し、縁起部分已下は「本記」という形で社領に関する在地伝承を列記する。

『尾張国熱田大神宮縁起』は、貞観年中の尾張清稲の古記を基として寛平二年（八九〇）に藤原村椙が再訂し国に奉上したと称する、同じく公文書の形式をとった縁起である。[8] その縁起の中心をなす部分は、日本武尊の東征と草薙釼の祭祀について『書紀』の景行紀から抄出し、次いで素盞烏尊の天蘩雲釼《あめのむらくものつるぎ》の獲得について同じく神代巻から抄出し、全体として大きく再構成して叙述する。これに、尾張連の祖である稲種公の功業の記述を日本武尊の記事の随処に交え、加えて在地伝承や歌謡も挿入されている。

こうしてみると、『住吉大社神代記』と『熱田大神宮縁起』とは、神代を含むその縁起記述を、基本的に『書紀』に拠り、しかもそこからの引用とは全く示さず、その抄出と再構成によって書かれ、そのなかに自社の祭祀者――制作の主体――の祖先の関与を挿入して位置づけるという、共通した方法によって作られていることが分かる。こうした『書紀』の換骨奪胎というべきしわざは、己が神と社の独自な神話として同時に氏の由緒を説こうとする所為[9]であるが、それが堂々と公に提出された文書として自ら権威を纏い、殊更に秘蔵されていたのである（住吉大社ではこの『神代記』は第一殿の奥に二重の唐櫃に納められて秘されていた)。

他方、これらと異なった性格の、『書紀』による神社縁起として、石清水八幡宮の『伝法院絵銘』(『宮寺縁事抄』所収)がある。おそらく障壁画であったと思われる縁起絵の銘文として全十一段に分けて記されるのは、全て出典を明記した諸書からの引用である。そのうち、応神天皇誕生に関する部分は、『書紀』の仲哀・神功紀から三韓征討の段りをほぼそのまま抄出している。八幡神は、『書紀』に見えず、その成立以降に登場した神であったが、平安時代のある段階でこれを神功―応神の母子神として解釈したことから『書紀』を以てその起源が説かれるようになったのである。むしろ、『書紀』に根拠を求めるような志向が祭神の神格の変化を誘ったともいえよう。[10]

以上に例を挙げた、平安時代に遡る大社の古縁起は、それらに位相や機能の差異はあれど、何れも『書紀』を利用して自社の祭神の神話を説くために拉し来たっているのである。そのことは、それらがいずれも朝廷と深く結びついた有力な大社であったことと無関係ではなかろう。

それら諸社の縁起は、中世に至って興味深い展開を見せる。たとえば八幡宮についてみれば、はじめ『書紀』に拠った神功皇后をめぐる記述は、更に大きく変化して、『八幡愚童訓』乙本に代表されるような、諸縁起伝承が集成され一元化した形の、あらたな〝中世神話〟となって結実し、それはやがて絵巻や縁起絵と結びついて各地の八幡宮の縁起唱導の料に供されつつ流布する。そしてまた、この神功皇后伝承は、住吉や熱田においても、その中世の縁起の展開のなかで、『住吉縁起』[11]や『宝剱御事』[12]にその主たる要素として位置づけられ、それらが広く神代の物語をも含みこむという現象は、『書紀』がそれぞれに源泉となって諸社の縁起を生成する過程で共有された中世神話の存在をうかがわせるものである。

(2)〝日本紀〟の仏教神話

『書紀』の欽明紀から推古紀に至る部分は、『古事記』と際立った差異を見せる点のひとつ、『古事記』が全く無視する、仏教の伝来という文化衝撃の纏末を記して、仏教伝来神話というべき叙述を構成している。その頂点が、厩戸皇子（聖徳太子）や蘇我馬子と物部守屋らとの戦いで、それは皇位争奪の内乱というより崇仏派と排仏派との闘争として描かれる。太子が四天王に誓願して勝利を獲て建立された、四天王寺の縁起として説かれるのである。この、肝心の守屋との戦いの事のみはいかなる理由か捨象された『元興寺伽藍縁起』(13)も、共通した仏法伝来の神話を、太子が推古帝の命を奉じて撰進したという仮構の枠組の許に記している。そこに共有されるのは、仏という他国の神が己れを祀らぬ国（共同体）に疫病や災害をもたらし、人民に死と苦痛をふりまき、ついには天皇を死に至らしめるという、祟りなす神の霊威である。それは、荒ぶる神が人民に災厄をもたらしつつ示現して、夢告や託宣を通して王や巫覡がその意を享けて斎い祀る、記紀や御霊系縁起に繰り返される神話的構造と同根である。第十章に詳述するところだが、その系譜は、『三宝絵』に初見する長谷寺縁起において、より根源的に、猛威を揮う霹靂木《カムトケノキ》というモノが民間の聖《ヒジリ》により十一面観音として造顕される縁起として再び出現する。しかも、その集大成として道真撰進の公文書に仮託された『長谷寺縁起文』と一具の『長谷寺密奏記』は、この本尊十一面観音を伊勢の天照大神の本地であることを同じ聖《ヒジリ》が感得するという縁起である。(14)『書紀』に載せられることのない場から生じた仏教神話は、やがて『書紀』の最高神を乗っとるようなかたちで中世に完成するのである。

一方、仏教流布を勝ちとった文化英雄というべき「法王」聖徳太子を神格化する伝記が、古代末期から平安期にかけて次々と作られ、その集大成が「平氏伝」とも呼ばれる『聖徳太子伝暦』である（なお、その成立と関わり深い『三宝絵』の太子伝が『書紀』を平氏撰太子伝と共に典拠として挙げていることは興味深い）。先行の諸太子伝承は、そこに編年体年代記の枠組に嵌め込まれて位置づけられる。これに用いられたのが『暦録』なる年代記であった。その逸文から推察するに、これも『書紀』に拠って作り出された書物であるらしい。(15)『伝暦』は、それを介して『書紀』を再利用したテクストなのである。この『伝暦』が、以降、中世において太子伝の正典《カノン》というべき地位を占め、『書紀』のごとく、その本文は訓を含めて写し読まれ、膨大な注釈が施された。その一方で、絵伝と結びついて物語化した〝中世太子伝〟が、『正法輪蔵』はじめ夥しく生みだされた(16)。この太子伝の運動もまた、『書紀』テクストの運動の外縁をなすものだろう。

仏法伝来神話としての太子伝に接して、もうひとつの神話が中世に成立した。これも『書紀』に全く現われない、善光寺の本尊一光三尊阿弥陀如来をめぐる縁起(17)である。中世に流布した善光寺縁起（『善光寺如来本懐』・応永本真名縁起等）は、その記事が太子伝と重なり絡みあいつつ、守屋によって難波の堀江に棄てられた本尊が本田善光に託宣して信濃へ遷座する物語を説く。最も初期の善光寺縁起を引用する『扶桑略記』は、その仏法伝来前後の部分に、『伝暦』を中心として『霊異記』や『三宝絵』の縁起・説話を併せて引いている。それは、仏法中心の歴史観から『書紀』を照らしだしてみせた年代記であり、同時に、『書紀』がその許で変容を余儀なくされる中世的世界認識を体現するテクストであった。それに拠って仮名物語化したのが『水鏡』であり、これと『書紀』との隔りはまことに示唆的である。更に中世には、東国を中心とした念仏聖の唱導の具として、太子伝と善光寺縁起が、法然伝と親鸞伝と併せて絵解きによって物語られた（その台本として『聖徳太子内因曼陀羅』がある）ことは、これも姿を変えた一種の〝日本紀〟として、中世民衆の世界像と知の体系をかたち造っていたのではなかろうか。それは、国家により創りあげられた神話とは位相を異にした次元での営みである。

中世の浄土教に『書紀』が結びついた興味深い一例は、鎌倉時代の古写本として一遍の撰述とも推考された(18)誓願寺蔵聖教のうち『弥陀観音勢至等文』である。そこに、弥陀の大悲大智が観音・勢至に流現する事として、『安楽集』や『教時義』を引証した上に、「日本記云」として諸冉二神の国生み・神生みの条を述べ、観音・勢至が天竺では応声・吉祥、震旦では伏義・女媧と化したのが、日域には諾冉二神と変じて各天下を治め衆生を利したのは、みな弥陀の大慈悲として観音・勢至の所作であると説く。これに続き、磯長太子廟の瑞相と舎利の事として、太子御記文（いわゆる「瑪瑙記」および「廟崛偈」）が引かれ、また弘法大師が御廟に参籠し太子一族の本地を感得したという御記を引き、太子の本地たる観音が弥陀帰命の命であるとし、それを太子撰と仮託された唱導書『説法明眼論』を以て引証する。一遍が熊野権現の霊告を蒙って念仏化導の遊行を始め、各地の神祇に参詣し結縁したことは『一遍聖絵』に描かれるところだが、もしこの聖教が一遍の著であれば、その遊行の背後に『書紀』（しかも既に『書紀』そのものでない「日本記」）を拠のひとつとする、三国の始祖の神が弥陀所変の観音・勢至とする観念が支えていた消息が知られることは注目してよい。同じく浄土宗では、たとえば東国の住信による『私聚百因縁集』和朝之篇冒頭「我朝仏法王法縁起由来」において、やはり神代を説き「故ニ神代ノ書ニ曰ク」として諸冉二神の国生み・神生みから法然による浄土宗開創にまで及ぶことをも重なる現象なのであり、そこでは、中世における『書紀』とは専修念仏の〝始源〟を支える言説と化しているのである。それを念仏の堕落とか変節としかとらえられないのであれば、我々は『書紀』の運動において〈中世〉を見いだす契機をついに見すごすほかはない。

（3）中世を拓く〝日本紀〟

天皇を祭政の中心として貴族社会が国家を運営する〈儀礼国家〉体制は、皮肉にも太上天皇が治天の君として政務を執るようになった院政の時点で崩壊を迎える。保元の乱と平治の乱を経て「武者《ムサ》ノ世」が到来し、一時の権勢を誇った平氏がはかなく滅亡し、東国に源氏将軍の許で武士集団の独立政権が誕生した激動の季節、あらゆる既成の秩序の枠組が揺らぎつつ変化し、あらたな事態に対応すべく必死に方途を模索していた時代――そこに『書紀』は再び見いだされる。

貴族の頂点である藤原氏摂籙家の一員であり、またこの〈儀礼国家〉の一郭をなす仏法を担う顕密仏教の指導者であった元天台座主慈円は、已れに定められたその立場から、かく成り来った歴史の法則を「道理」として見いだし、なお新興の武家の威力を決して過少評価せぬ現実家として、後鳥羽院による無謀な幕府討伐の企てを何とか阻まねばならなかった。『愚管抄』は、そのきわめて切破詰まった政治的な意図の許に、あえて匿名の書き手による俗語を用いた史書として、和漢の年代記を備えて披露された一種の〝春秋〟である。そこには人王以降の歴代が顧みられるが、それは『書紀』に拠るのでなく『簾中抄』等の王代記に依った記述とされる。

だが、慈円は、それに至る知の営みの最も基礎となるところにおいて、『書紀』をあらたな参照枠として見いだし読んでいたのである。彼の『夢想記』は、建仁三年（一二〇三）に感得した夢を契機に巡らした王権のヴィジョンを密かに記したものであった[19]。平家滅亡の果ての安徳天皇入水による宝剱喪失に究《きわま》った王法の危機をいかに克服するか。同時に、武家の存在をいかに受容するか。これら錯走した状況を統一的に把握する認識が求められていた。その、ほとんど性的なイメージに満たされた夢を密教の象徴を介して想い解くなかで、失われた宝剱は、王の武の護りとして意味づけられ、武家の歴史の表舞台への登場はその代りを担うものと合理化されることとなった。これを裏付けるために、摂政良経より彼の許へ『書紀』神代巻と宝剱勘文が送られ、慈円はそこで初めて『書紀』の本文に接したという。

この時の勘文を作成した博士藤原親経はまた、『春秋暦』という、和漢の歴代を対照する便覧的年代記を編んでいる。現存本は序と巻一の本朝神代および神武の部分を存すに過ぎないが、それは主に『書紀』に拠り、一部に『古語拾遺』を交えた、抄出により再構成されて体系的な秩序化を図ったテクストである。これが慈円にもたらされた勘文そのものではなかろうが、後鳥羽天皇の侍読として親しく仕えた親経の履歴からすれば、これが院のために著された可能性もある。特に三種神器に関する本文が多く採られる点からすれば、慈円の関心事に答えるものであるのはもちろん、宝剱なくして即位した後鳥羽への配慮を想像することもできよう。その、『書紀』の本書と一書を区別しつつ本文と割注とに分かち階層化してモザイク状に組み合わせて記述する方法は、『書紀』の注釈的方法に倣ったものとみえる[20]。

『春秋暦』に続き、やはり『書紀』や『古語拾遺』の本文を抄出し再構成した『秋津嶋物語』は、これも巻一のみ伝世し、神代巻の部分を存している。『大鏡』の系譜に連なり、『水鏡』を遡る神代を扱った仮名の歴史物語である。建保六年（一二一八）と銘す序からは、順徳天皇とその東宮懐成（仲恭）の御世を言祝ぐ趣意が込められていると察せられ、著者は詳らかでないが、さきの親経や、仮名『貞観政要』を著した菅原為長などに連なる和漢の才学を兼ね備えた宮廷知識人と思しく、帝への童蒙という幼学書の体裁の許に、『書紀』講書の当代版として一種の〝仮名日本紀〟を意図したものかと考えられる。ただしその和文化は伝統的な『書紀』の訓とは全く異質なものとなり、しかも『春秋暦』のように注釈的に分節されず、五箇の問答により大きく主題化された神代の老翁の物語として一元的に叙述される。その上で焦点化されるのは、やはり三種神器のことである。[21]

『春秋暦』と『秋津嶋物語』が、何れも『書紀』を中世に再創造したテクスト[22]であり、その関心が王法の象徴である三種神器に収斂することは、偶然ではない。やがて成立する『平家物語』は、平家滅亡の物語であると同時に、そこに歴史観を見いだし宗教的な救済の主題を追究して、和漢古今にわたるパースペクティヴの許に叙述する。これに『書紀』の世界も重ねられるのであるが、それは、語り本が特立させる「剱巻」が説くような三種神器とりわけ失われた宝剱の行方、すなわち王権の行方が、その神代の由来を語るところからあらたに尋ねられねばならなかった。その末に、海底に没した宝剱について、ある博士の説として、剱を奪われた八岐大蛇が八歳の幼帝と化して取り戻したものであるから再び人界に還らぬのは理《ことわり》であるという解釈を示すところなどは、遠く『愚管抄』の認識にも通ずるものであった。この「剱巻」は、内侍所神鏡の由来を説く「鏡巻」と併せて、『平家』語りの秘事とされるのだが、それはまた中世の神代をめぐる言説として流通する三種神器説話とも共有し、[23]むしろその主要な媒体ともなっていたのである。

「剱巻」は、再び『太平記』において再構築され、宝剱をめぐるあらたな物語として、伊勢においてある僧が感得したと称する剱について、「日本紀ノ家」の卜部兼員《かねかず》による公家への勘奏という形で展開される。その勘文は、もはや『書紀』の本文抄出という形ではなく、当時の知の領域に流通していた古今注などの古注釈や神道説と共通する、宝剱や神鏡など三種神器の由来を説く説話テクストと化している。そこに集約されるのは、中世の「日本紀」が担う全くあたらしい地平《パースペクティヴ》である。[24]『太平記』がそうした言談の形で包摂する所説のなかには、たとえば

「龍馬進奏事」に引かれるような、中世にあらたに登場した神話である、王権をめぐって顕密仏教が秘事口伝説として形成した即位灌頂の縁起説話も含まれることになった。

　即位灌頂は、これも慈円の『夢想記』に初めてそのことが見える、天皇即位式の際に顕密の高僧が関白に授け、更に新帝がこれを受けて、高御座上で密かに印を結び明を誦す作法である。[25] それは大日の智挙印であると言われ、しかも『鼻帰書《はながえりしょ》』によればそれはダキニ天の印明であり、伊勢神宮の祭主や子良《こら》の間に伝承された秘事であった。この即位灌頂に関する縁起（因縁）が、天台宗では『太平記』が用いた法華経四要品の口決として穆王《ぼくおう》渡天釈尊直授の説話、およびこれを始皇より授かり不老長寿を得た慈童の物語[26]として説かれ、真言宗では鎌足大臣が狐（ダキニ＝天照大神）より賜った鎌をもって入鹿を討つ物語[27]（早く中世太子伝において語られ、やがて幸若舞曲『入鹿』に至る）として説かれるようになる。それらは『書紀』に求め得ない、しかし源を『書紀』に発する運動が生みだした、中世王権の神話[28]である。

　天台方即位法の穆王・慈童説話は、鎌倉初期から中期にかけて、天台口伝法門の相承の過程で相次いで形成され、[29] 早く東国に伝わってその初期の形が称名寺聖教（金沢文庫寄託）に見出される。[30] その理論化された教説の体系も関東天台の学匠尊海の『即位法門』に説かれ、その一部は春瑜写『日本書紀私見聞』に引かれて、当時の神代巻注釈ないし神道講説と連関していたことが知られるのである。[31] そして、東寺方即位法（摂籙縁起）と併せた即位灌頂説の全体像は、鎌倉末期に伊勢周辺で活動した西大寺流律僧の覚乗の『天照大神口決』[32]において、伊勢神宮の本地垂迹説の裡に位置づけられることにもなった。それらの所説を類聚集成して密教体系の許に聖典化したテクストが『神代巻秘決』という表題を付されるのは、中世の顕密仏教側における『書紀』の位置を象徴的に示している。この領域における神道が『書紀』と並ぶ聖典として創りあげたのが『麗気記』であった。伊勢を中心とした神々と社殿・神宝等の曼荼羅世界を、図像と陀羅尼真言そして特異な訓を以て表現したテクストは、それ自体が『書紀』を密教的に解釈しその方法を以て描き改めてみせたものであろう。その神道の担い手たる諸宗の僧（例えば浄土宗の了誉や天台宗良遍など）は、『書紀』と共に『麗気記』を注釈の対象とし、また、即位灌頂と並び「大日本紀灌頂」や「麗気灌頂」という神祇灌頂―神道伝授の流れが汎く中世の諸方に行き渡っていった。[33]

（4）中世神話としての〝日本紀〟

中世国家神話として重要な位置を占めていたのが、皇室と藤原氏との君臣関係は、その祖たる天照大神（伊勢）と天児屋根命（春日）の契約に由来するという、二神約諾神話である。[34] 天皇とそれを輔佐し政務を執る摂籙による〈儀礼国家〉体制は、この神話によってその始源を説明した。その根拠となったのが『書紀』神代巻の天孫降臨段であった。

慈円は、二神約諾神話の担い手であることを明らかに自覚していた。『愚管抄』巻三に「天照大神、アマノコヤネノ春日ノ大明神ニ、『同ク侍ヒテ二殿内ニ一能ク為ニ防キ護ルコトヲ一』ト御一諾ヲハリニシカバ、臣家ニテ王ヲタスケタテマツラルベキ」とあるように、それはやはり『書紀』の本文を拠とするのであり、むしろ『書紀』によってその神話の正統性が保証されるのである。そして、この神話が、摂籙家の権威が揺らぎ、ついには転倒するに至った院政期から源平争乱の時代にかけて成立したのは、九条摂関家の一員としての慈円において知られるように、その主張に切実な政治的必然性があった故である。

伊勢と春日の約諾神話は形を変えて、前述した『長谷寺縁起文』と『密奏記』の基幹をなす構想としてあらわされている。『縁起文』において本尊の観音を造顕する二人の仏師の本地が不空羂索と地蔵であり、『密奏記』はそれを更に武甕槌命と天児屋根命と明し、本尊十一面観音は天照大神の垂迹であることが徳道聖人への霊告に示される。それは、これが興福寺末寺の縁起であり、伊勢と南都の接点に長谷が位置していることをふまえ、単に本地垂迹説の反映という以上に、長谷寺縁起に付与された時代思想の志向をあざやかに象っている。[35]

伊勢の側でも、二神約諾神話は確かに受けとめられた。通海の著した『太神宮参詣記』は、本書第六章で後述するところの対話様式の許に仮構を巧み、参詣者を聴き手として僧と俗（祠官）の問答の裡に伊勢神宮の歴史を顧み、祭神の由緒や祭祀の意義を尋ね、ひいて当代における神宮の課題とあるべき途を示そうとした書物であった[36]。

祭主家大中臣氏出身の醍醐寺僧通海は、真言密教ひいては顕密仏教の立場から、仏法を忌避し僧尼の参詣を拒む伊勢神宮における本地垂迹の深義を説くのであるが、これと共に、藤原氏に連なり中臣の流れを汲む祭主家の位置を、外宮正殿の相殿二座が春日神と太玉神であるという所説を以て示そうとする。その拠に「日本記曰」として引かれるのが、やはり『書紀』天孫降臨段で、それは訓読文で最後に「同ク殿内ニ侍テ、吉ク防護《ホツキマホリ》奉ル事ヲナセ」と結ばれる。更に、神宮における仏法忌避の起源を説く当時流布していた所説（伊弉諾尊が第六天魔王として天照大神と契約した縁起説[37]）を否定するためにも、「吾朝ノ建立ヲ日本紀ニ註セルニハ」と『書紀』神代巻冒頭が要約されて提示される。その一方で興味深いのは、斎宮の許に太神宮が蛇身と化して通うという「荒説」を排すのに、太神宮の御躰について「コレハヤムゴトナキ御スガタ、アラハニ申ガタシ。日本記ノ神代ノ巻ヲ見侍シカバ、眼ヌケテマキアハセ侍シヨリ後、イヨ〳〵恐ヲナシテ不㆓沙汰㆒事也。荒涼ニ申スベキ事ニアラズ」と、その探秘を詮索することの畏れを、『書紀』神代巻テクストを拝見する（読む）ことの禁忌として、問い自体を封印しているのである。このような『太神宮参詣記』における『書紀』への言及や参照のありようからは、通海独自の伝統的立場からする『書紀』認識と共に、伊勢神宮という中世国家が直面した課題において焦点となった神をめぐって『書紀』テクストの位相が露呈する。それはまた、蒙古襲来という〝国難〟を契機に噴出した再認識の営みでもあって、その参照枠として『書紀』が機能していることが窺われる。

『太神宮参詣記』と前後して、伊勢両宮の禰宜、特に外宮の渡会氏は、自ら積極的に両宮の神格や鎮座の由来、祭祀の故実に関する聖典的テクストを創り出していた。『倭姫命世紀』をはじめとする一連の外宮中心の縁起書（後世『神道五部書』と通称される）がそれである。これらは、その成立や著者を奈良朝の祠官に仮託した一種の〝神代記〟であり、暦年を『書紀』に拠り、随処にその本文を用いて、テクスト自体が『書紀』を意識し、それに連なる神宮側の古典として流布することを企てたものと思われる。これら伊勢神道書の形成[38]において、『書紀』テクストは一旦解体され、他のテクストと併せて再利用されて、全くあらたな「神書」として転生したといえよう[39]。

渡会行忠らによって担われた「神書」作りの営為を受けて、一世代後の渡会家行は、中世の学問として普遍的な方法である抄出による注釈により、その「神道」を確立しようと試みた。『類聚神祇本源[40]』は、「天地開闢」から「神道玄義」に至る十五篇にわたり、神祇に関する体系的な名目（主題）を立て、諸書の本文を引戴列挙することを通して明らかにしようとする、いわゆる「勘文」のスタイルをとる。そこに漢家／本朝（官家／社家／釈家）と分類されて引用された膨大な典籍の裡の一書として『書紀』は登場するに過ぎない。だがそれは、「神道」の領域を創出しようとした当時の知の景観のなかで、却って『書紀』がいかなる位置を占めていたかを照らし出す鏡として見ることもできよう。

再び二神約諸神話に視線を戻すならば、それは遥かに中世末の物語―語り物の世界にも投映されており、それが『書紀』テクストの流動し変貌した果ての姿とも重なるであろう。

幸若舞曲は、軍記物語とその周辺に生じた豊かな物語伝承を連続性の強いシリーズに仕立てるが、これら武家の物語群の前史と位置づけられるような、いわゆる王代物の一連の曲がある。『日本記』『入鹿』『大織冠《たいしょくわん》』『百合若大臣』がそれである。天地開闢から諸冉二神の国生みまでを五行説によって説く仏家の神道説に拠ったらしい『日本記[41]』は、その曲名にかかわらず、もはや全く『書紀』の本文とはつながりをもたないテクストと化している。『入鹿』は、前述した東寺即位法の縁起としての鎌足説話を軸とし、これに還城楽物語という音楽説話を加えた物語であり、『大織冠』はその続篇として語られる、『志渡寺縁起』（『長谷寺縁起文』に連なる）と共通する海人の玉取り説話で、南都（興福寺―春日社）の物語的縁起説として藤原氏の始源神話を構成する。その冒頭に春日神の来由を述べるくだりに、「そも吾朝と申すは、天津児屋根命の、天の岩戸をおし開き、照る日（天照大神）の光もろともに、春日の宮と現れて、国家を守り給ふなり」という一節は、簡略ながら二神約諸神話をふまえており、以下の物語もその展開として位置づけられる。そして『百合若大臣』に至り、八幡縁起の物語化というべき「むくり（蒙古）」襲来とこれを討つ英雄の帰還の物語を導きだすのに、神代から説き起される。繰り返し「そも吾朝と申すは」と始められる神代説は、国常立尊より諾冉二神の一女三男の神生みの事、また日本を魔王が我が国としようと欲し不思議を現ずる事、そして三種神器の事である。ここには、やはり簡略ながら、中世に流通した神道説および「日本紀」説の主要なテーマが揃っている。『書紀』に拠って通海が否定した第六天魔王の神話をはじめ、いずれも『書紀』を遠く離れ、まったく変容を遂げた所説であるが、以下の豊饒な物語世界を含めて、それらはなお、『書紀』を種子とする運動の果てに生い育ったテクストなのである。(42)

二　中世注釈の重層性

日本紀つまり『日本書紀』とその注釈や物語を含む諸言説の、中世における豊かな展開は、更にどのような領域にあらわれるだろうか。また、その運動を担う注釈行為は、たとえばいかなる典拠本文を元にして生い育つのだろうか。そのいくつかの事例を瞥見してみよう。

(1) 野馬台詩注

仁和寺に所蔵される『覚印阿闍梨口伝』（旧心蓮院蔵・承久二年隆澄本奥書・俊玄写・鎌倉初期写本一帖）は、第六章二節に扱う『聞持記』の著者である広沢方の保寿院流学匠自證房覚印の著述になる、六十二条の真言密教の事相に関する故実説を問答体にて記した聖教だが、このなかに「野馬台因縁事」の一条がある。

問、野馬台ト云文ハ誰人作乎。

答、宝志和尚作レ之、自レ唐送二于日本一文也。

問、明二何事一乎。

答、末代ニ日本ノ可有様ヲ書注シテ、態読トセシ文ヲ乱テ作レル文也。仍、日本賢哲、不二能読得一。依レ之、或賢者、長谷寺観音ニ祈二請此事一。忽有二感応一、得二読之一。所謂、載ル事等、日本国ニ女帝、其数可レ有。又、以二藤原氏一、可レ為二関白一之由等云々。

「野馬台《やばたい》」文のことは、大江匡房による『江談』にみえる。その、橘孝親が先祖より語り伝えた話として語られ、説話絵巻の傑作『吉備大臣入唐絵詞』の拠ともなった物語に、唐帝から課せられた大臣の最後の試練として登場するのが、神僧宝志に作らせた謎の文であった。右の『口伝』にみえる「或賢者」とは、もちろん吉備大臣のことをいうのである。

目も瞑《く》れ文も見分《わ》かたず進退きわまった真備は、「本朝仏神」（住吉と長谷観音）に祈念すると文字分明となり、更に長谷観音の変じた蜘蛛の糸の導きにより、迷文を読み下す。彼はこのあと、双六を用いて唐土の日月を封じて皇帝を降参させてしまい、無事に帰朝することができた。それは、鎌倉初期には『長谷寺験記』にも観音の霊験譚として載せられた著名な物語であった。後世では『簠簋《ほき》抄』、ひいては仮名草子『安倍晴明物語』にも収められるように、陰陽道の縁起のひとつとして伝承されてきたものである。

吉備大臣の物語は、はじめに『文選』を博士が宮中で講読するのを真備が鬼の手引きで盗み聴いて会得するという話も示すように、テクストを読む（訓む）ということ自体が中世の文化にあっては特別な能力であり、芸能であった消息をものがたる。囲碁と双六という遊戯―博奕と、謀《はか》りごとにより勝負を決することも、この物語のなかでは同じく芸能であり才《ザエ》である。それらが吉備大臣という「賢者」にあっては、鬼や仏神の助成によって獲得され、ひいては日月の運行のごとき宇宙の法則を支配するに至る——それは、本文を読（訓・誦）むという営為が示す学問という領域が、中世人の知の世界観のなかでどのような位置を占めているかを窺うに足る、象徴的な物語ではなかろうか。

しかしそこには、肝心の「野馬台」の文は、読み得たとばかりで、その「日本事」がいかなることであったかは注《しる》されない。その本文は既に『日本書紀私記』に冒頭の一句「東海姫氏国」が引かれているように、おそらく当時の言談の場においてこの文がいかなるものであったかは周知のことであったのだろう。ともあれ、『覚印阿闍梨口伝』の一節は、この「野馬台」の讖文—未来記としての含意が注として解釈された一端を垣間みせてくれる。そして、『江談』系吉備大臣伝承とは別のかたちの伝承が、早く寺家の学問相承のなかで受け継がれていた水脈の一端が、ここに露頭したのである。

未来記としての「野馬台」は、まさしく迷路のごときその本文を一筋の糸を手操《たぐ》って読むことからはじまり、その訓みによって意味を見いだし、これを本文に還元して解釈することによって、あらたなテクストとして読み替えられていく、そうした注釈という営為の象徴として中世にひそやかに存在し続けたものらしい。ただし、その平安期に遡る古注を知らない。鎌倉中・末期の『延暦寺護国縁起』や『叡山略記』（叡山文庫蔵）にその一片が窺われ、遥かに降って僅かに、東大寺図書館蔵『野馬台縁起』（大永二年写一冊）等室町末写本を知るのみであった(43)。しかるに、より遡ってこの文と注とが生動していた姿を知らしむるのが、一巻本『応仁記』の冒頭である。この、王朝的世界の秩序を確実に終焉させた大乱の次第を叙した物語は、その序に「野馬台詩」の注を据えて、その末句を当代の時世に照応するものとして解読する、すなわち注を書き継ぐ形でこの戦乱をとらえるのである(44)。いわば、物語としての歴史叙述が未来記の注釈（予言の実現）という構造のもとにあらたに生成するということになる。この現象は、中世の注釈という営為がはらみ、触発する機能をまのあたりに示してみせている。

典拠の本文の注釈がすなわちあらたな歴史叙述——物語の生成へと連続するという現象は、前節にもいささか言及したが、それは中世の聖徳太子伝において、より大きな規模で見いだされる。

(2) 聖徳太子伝

古代末期に成立した太子の前生を説く思託撰『上宮皇太子菩薩伝』や『七代記』などにその萌芽がみられるように、太子伝自体が太子の予言としての未来記を内包する。更に、先行の各種太子伝と伝承を聚めて成立した『聖徳太子伝暦』に至っては、太子の前生を明かすことを一篇の中心的な構造とした上に、太子を介した仏法伝来時代の年代記として、歴史叙述の性格をもつ。以降、中世を通じて『伝暦』本文の注釈がくりかえされるなかで、その讖言は絶えず既成の「史実」や人物に宛てがわれて解釈される。むしろ過去から現在にかけての事象は、その本文に拠ることによって「史実」として認識されると言ってよい。その典型は、『伝暦』を元に最も流布した中世太子伝である『正法輪蔵』三十二歳帖における、平安京遷都の予言に連なって遷都の先蹤が列挙されるくだりであろう。この遷都の例《ためし》は平家物語「都遷」段と密接な繋がりのあることが既に指摘されている。[45] そのとき、中世の注釈とは、歴史叙述として積極的な意味を生成する言説であり、世界をあるべき姿へと現象させる基本的な方法であった。

こうした視点に立つとき、中世太子伝が示す豊饒さはまことに興味深い。そこでは、中世学問伝統の一画というべき『伝暦』注釈書の系譜と、一方で多様な異本を生成し続けた物語(同時に絵解きによる唱導でもある)的な太子伝の諸本とは、[46] 全く別箇の営みでなく、絶えず相互に連関し影響し合っていることが、随所に指摘される。[47] それはただ所説記事の共有という水準ばかりでなく、言説そのものを生みだしていく運動の次元での連続である。

あらためて定義し直せば、注釈とは、本文に対してさまざまな水準から分節し記述を加えていく作業であろう。合点朱書にはじまり、傍訓から傍注、割注、欄外注記、裏書、別紙押紙、付属切紙、さらに独立した一書を成すに至る——こうしたテクスト位相の形態展開としてとらえてみると、物語としての太子伝もまた、『伝暦』という本文を訓み和らげ諸説記事を増補嵌入して一本をなした、複合した注釈という位相をもつことに気づく。別の角度からみると、それらの基底に、表層の太子伝叙述をより深い次元から規定し意義づける宗教的な秘事口伝説の体系（血脈相承された太子秘伝の相承という灌頂儀礼まで存在した）があった[48]ことを無視することができない。それは、秘伝として継承されるばかりでなく、注釈の一段ともなり、また物語化した太子伝の不可欠な部分を構成して、そのなかに入りこむことにもなる。[49]

太子伝の一郭にある秘事口伝説のなかには、ひろく中世の諸文芸にわたる諸書に見いだされるものがある。たとえば、『正法輪蔵』の九歳口伝には、太子が富士山へ飛行してその禅定の地獄のなかで祖母である仙女に対面するというくだりがあるが、この「仙女問答事日本記云」は、古今集序の中世注釈書である三流抄と為家抄の両系統にそれぞれ見いだされる赫奕姫《かぐや》説話——すなわち「富士のけぶりによそへて人を恋ひ」の仮名序本文の注として説かれた故事としての物語[50]——の双方にもとづいて、両者の所説を折衷した形の伝承をつくりあげている。[51]

『伝暦』の注釈書にもこの説話は登場し、法空の『聖徳太子平氏伝雑勘文』（身延文庫本）二十七歳条には、永済撰『千金秘決和哥義鈔』という逸書から「富士立煙因縁事」として他の古今序注より詳しい赫奕姫説話が引かれる。おそらくは古今序注と密接な関わりがあろうこの歌学書の著者は、これも身延本『雑勘文』に引かれている和漢朗詠集の注釈書（いわゆる永済注）の著者と同一人物であろう。[52]一方、朗詠注における赫奕姫説話は、『和談鈔』の歌注[53]（慶應義塾大学本）にみえ、これは『三国伝記』最終話「富士山事」の直接の典拠となった記事[54]であるが、そこに太子が黒駒に乗り山上に飛行して霊窟中の宮殿に至り、大蛇と変じた大日如来に対面して問答するという話が加えられる。これは、室町物語『天狗の内裏』において牛若が鞍馬山中より地獄極楽を遍歴し父義朝たる大日如来と対面し、問答の末に未来記を示されるという物語の構想と通ずるものがあろう。あるいはその原形かもしれない。『三国伝記』のなかに冒頭話を含めいくつもみえる聖徳太子説話は、中世太子伝と密接な関係があるのだが、この一節も、さきの「仙女問答事」と共通した、いわば中世太子伝外伝というべき伝承として、注釈の周縁に存在した説であったのではなかろうか。

太子伝につらなる諸書に登場する赫奕姫説話は、この故事伝承によって認識され、解釈される中世文芸上のあるモティーフを示している。それは、たとえば「冨士の煙」について「赫奕姫」の因縁を説くような連関して一具となる志向の文脈を指示する。その上に、この文脈が生みだす言説としての赫奕姫説話によって共有された汎領域的な中世の範疇《カテゴリー》の存在が浮かびあがる。太子伝も、古今注やその他の名目も、その範疇全体からすれば相対化されるべき一項目にすぎない。こうした文脈と言説に繋がれて形成される知の範疇とは、一体いかなる体系をもち、どのような来歴を有し、その機能は何であったのか。

(3) 日本記

鎌倉末期、関東における天台宗恵心流の学匠である仙波の円頓房尊海は、師より相伝した恵心流法華教学の秘伝として『即位法門』(叡山文庫蔵、応永二十一年聡昕写一帖)を撰述するにあたって、即位法の縁起としてそれが山王権現より天照大神へと相承されてきた由来を説く[55]。そのためにまず日本神代の草創と相伝の次第を記すのだが、そこで彼は、この神代物語を唱えるに至った消息を次のように記す。

> 抑、天照大神ハ、此法門ヲ山王ヨリ御相伝有リト云ルハ、有古今学匠、古今ニ日本記ヲ引寄テ之ヲ沙汰ル時、「冨士ナガラノ大事」ト云秘蔵ノ習事ヲ伝ルニ見タリ、ト申間、天台ノ学生トシテハ、幸ニ山王ヲ諸神ノ根本ト承ル事コソ目出レト相存ジテ、如レ此注レ之。

ここに、天台学生尊海と某「古今学匠」の交渉が証言される。そして、この学匠によって「古今」に「日本記」が「引寄」せられて「沙汰」された知の交流の場を、我々も窺い見ることができる。その、「冨士ナガラノ大事ト云秘蔵ノ習事」とは、おそらく古今序注の「大事」であるところの、富士の煙の不断《タタズ》か不立《タタズ》なのかという論題と長柄《ナガラ》の橋の造《ツクル》か尽《ツクル》なのかという論題にかかわるものであったろう。毘沙本堂本『古今集注』は、「冨士煙事不立不断ハ家々ノ相伝也故、衆人ニヨルベシ」と言う。この本や、また「三流抄」と称される古今序注、あるいは曼殊院本伝尊円筆『古今序注』[56]などは、いずれも随所に「日本記云」という所説を引く。それはさきの赫奕姫説話のような故事因縁を説く幾多の物語とともに、神々の系譜や国土の開闢などを説く神道説が中心にあった。たとえば「天地《あめつち》の開初《ひらけはじ》まりける時……」や「荒金《あらがね》の地《つち》にしては素盞烏尊《すさのをのみこと》によりて起れり……」という序の本文について述べられる「日本記」の所説がそれである。尊海が聴聞したのは、そうした一連の神代物語が「秘蔵ノ大事」としてより究尋されて山王神道に結びついた一端なのであった。[57]

「日本記云」という記号化された枠組を冠して〝引用〟される言説は、歌学に限らず注釈という媒体を介した中世諸学のひとつの核として、その体系を支える拠《よりどころ》として機能した。それは、もはや正史たる書紀本文に還元することのできない逸脱した言説として諸学の間を流通し、それがあらたな意味をよびおこし、結びついてより大きな範疇を形成する。かの「古今学匠」の「沙汰」が尊海に影響を及ぼし、己れの相伝した法門の深秘の開悟（それは同時にあたらしい神代縁起の物語叙述のひとつの誕生であった）にいざなうというような例は、決して稀な出来事ではなかったろう。「日本記」がそのような中世の〝知〟の象徴となる過程に、注釈が形成する範疇の独特な意義がひそんでいる。[58]

既に第一節で述べたように、『書紀』は、成立直後より朝廷の公の行事として講書された。了れば竟宴が催され、詩歌が詠まれた。その際の博士たちの訓みが編まれた『日本書紀私記』はあくまでも訓読による、律令制王権を支えるためのテクスト伝承の儀礼であった。院政期の『信西日本紀鈔』は、和漢の学に通じた偉大な学者官僚の、やはり王権復興の営為の一端というべき講義の聞書であり、語を部類に分け目録を挙げて訓を示し、本文の読み下しに沿って解釈が示されるが、そこには僅かながら本文からの揺れと逸脱が認められる。[59]鎌倉中期には、平野神主のト部兼文と兼方父子による『釈日本紀』によって諸家の訓と釈義が集成され、とりわけ兼方本『神代巻』において『書紀』は神典として典拠の本文となり、これを相伝する「日本記の家」が成立した。[60]ト部（吉田）家による日本紀注釈は、中世に一般的であった家による職能—学芸の相承に連なる現象であり、やがて兼倶による唯一宗源神道の提唱や神祇官支配の基盤となる講説に至るのであるが、それより以前の中世の日本紀注釈は、東国の学匠尊海もその一員であるところの寺家に担われていたと言ってよかろう。

中世、神祇は本地垂迹説によって認識され、それは伊勢神宮さえも例外ではなかった。内外両宮を胎金両部の曼荼羅としてとらえ密教の仏菩薩諸天影向の縁起を説いた『天照大神儀軌』が既に院政期に成立していたが、それは「野馬台」作者の宝志和尚の口伝とされる。[61] 次いで、神代巻と並ぶ神典たる『麗気記』が空海や延喜帝に仮託されて成立した。これらを典拠の本文として、応永末年に内宮神主荒木田家出身の道祥とその資春瑜が写した『日本書紀私見聞』等の注釈は、「麗気灌頂」「日本紀灌頂」と後に称されるような血脈相承の学問の一環として成立した。春瑜には即位法の口決切紙（神宮文庫蔵）があり、[62] これと『私見聞』のなかには先述した尊海『即位法門』の神代縁起説がそっくり引かれていて重要な位置を占めている。一方、浄土宗鎮西派の学匠である了誉聖冏《しょうげい》にも応永の初めに『日本書紀私鈔』と『麗気記鈔』があり、さらに『古今序注』がある。ここにも「古今」と「日本記」が一人の学問のなかで分かちがたく一体化している有様が見てとれる。[63] 室町初期に集中するそれらの諸説を継承し集成したのが叡山の良遍であった。彼の講述を記録した『日本書紀聞書』『（同）私見聞』『麗気記聞書』が遺される。[64]

それらの日本紀を中心とする注釈書（談義の聞書）群をつくりあげていたのは、既に訓のみに非ず、口決や物語によって共有され連繋しあっている、中世の普遍な〝知〟の範疇であった。それらに継承され、絶えずあらたな物語として談ぜられる主題は、古今序注に重なる、たとえば〝天地開闢事〟であり〝一女三男事〟であり、また〝三種神器事〟であって、それらを一連の物語として叙述した「日本記」がこの時代にいくつも生みだされた。『熱田宮秘釈見聞』（真福寺本）を基にした『神祇官』はその典型であろう。[65] 幸若舞曲『日本記』はその主題のはじまりの神話を扱っている。天理吉田文庫の『神祇陰陽秘書抄』（大永六年写）の後半に「別伝」として幸若の『日本記』と『神祇官』が写されていることは、「日本記」と総称される神代物語が、そうした神道説として流布していた消息を示す一端であった。

中世日本紀のなかの最大の主題といってよい〝三種神器事〟の物語は、『平家物語』の秘事「鏡巻」や「剱巻」として、その物語世界を形成する核のひとつであった。その諸本のうち、たとえば屋代本の「剱巻」は、三千院円融蔵『三種神器大事』（文安二年写）と本文を共有している[66]。ささやかなこの現象は、物語テクストと神道説の両者がいかなる世界を共有するものであるかを雄弁にものがたる。それは、『太平記』宝剱出現事における卜部兼員の「宝剱勘文」進奏がそのまま中世日本紀の縮図であった事実に、たしかに繋がりあった現象であろう。注釈の運動が示す範疇は、ここに至って既に物語そのものとして立ちあらわれる。

三　「日本紀」と「日本国大将軍」

注釈の言説における〝知〟の運動が〈日本〉を創りだしていった様相からは、それをうながし、かつ支える伝承としての神話もしくは物語とはどのようなものであったか、その具体的なテクストのありようがあらためて問われることになろう。次に、再び「日本紀」を問うことから始めて、その裡から立ちあがる「日本国」の世界像を、中世の「日本国」の形成を説く物語と、そこに立ちあらわれる「日本国大将軍」の存在から探ってみたい。

（1）〈日本〉化装置としての「日本紀」

文学および史学における「日本」とは、まず、何よりも一箇の書物として八世紀初頭に成立した国史に与えられた題名である。『日本書紀』は、続く『続日本紀』以下のいわゆる六国史の筆頭として、「日本紀」という呼称で総称されるごとく「日本」についての紀であり書《フミ》であった。そして「日本紀」とは、これまでに論じてきたように、

『書紀』そのものに限定される名称ではなく、以降の歴史のなかで受け継がれ、読まれ、解釈されて新たな意味を付与されたり変容しながら、絶えず歴史として、また〝神話〟として機能しつづけていた、その総体をさす語でもあった。その時、〝神話〟とは抽象概念ではない。あくまでテクストの上に現象する、起源としての言説、始源を語ることばである。それは、口頭伝承や儀礼・芸能を基盤としながらも、文字言語の上に置きかえられ、特定の文脈に束縛されて成り立った、書物を媒体として〝読まれること〟を予期した言説である。それはまた、さまざまな水準の読書行為を介して、注釈から新たな思想をも紡ぎだすに至る典拠の本文ともなった。(67)

そこに代入された概念としての〈日本〉は、〝神話〟をめぐる運動の焦点として常に座標の中心にあった。『日本書紀』という題自体が端的にそれを担いあらわしている。神代の上下巻にはじまり、以降の歴代の天皇紀を含めた全体が「日本」として表象される。そのことは『書紀』の〝神話〟と歴史記述の基本的な構造を規定するものとみてよかろう。

対照をなすのは、『書紀』に先んじて太安麻呂により撰進された『古事記』が「日本」の語を用いていないということである。『古事記』と『書紀』とは決して相互補完的なテクストではなく、それぞれ独自の世界をつくりだしている書物であるが(68)、両者はさまざまな次元でその位相を異にする。その差異の全てが興味深い対照を呈しており、「日本」もその重要な指標のひとつである。たとえば、『古事記』における国名呼称は、神々による国生みからはじめて各種の変遷を示し、「淤能碁呂島《ヲノゴロシマ》」から「葦原中国《アシハラナカツクニ》」そして「大倭《オホヤマト》」に至る間、それぞれが他界としての「根国」「妣国」「黄泉国」や神々の世界「高天原」等に対して構造的な位相対応をかたちづくっているが、ほかにも「大倭豊秋津嶋《トヨアキツシマ》」や「天御虚《アメノミソラ》豊秋津根州」「大八嶋国」などの異称を挙げている。

これに対して『日本書紀』(69)は、その至るところに「日本」を刻みつけている。国名で言うなら、神代上で国生みにより誕生した大八洲《オホヤシマ》も「大日本豊秋津洲《オホヤマトトヨアキツシマ》」と記され(『日本書紀私記』はこれを「我国之惣名」とする)、「倭」を「日本」に宛てている。そればかりでない。主な例をあげるなら、巻第三で初代の天皇(始馭天下之天皇《ハツクニシラススメラミコト》)である神武天皇の諱《いみな》を「神日本磐余彦天皇《カムヤマトイハレビコ》」とする。彼は「六合中心」たる「中洲《ナカツクニ》」に都を建てるべく東征し戦《いく》さに勝利して即位する。その即位三十一年目に巡幸し、国見して初めて「秋津嶋《アキツシマ》」と名付けられるのである（つまり神代巻の国号はこれを遡って示されており、しかも「日本」を加えていることになる）。この条《くだ》りでは、それに加えて、昔、伊弉諾尊《イザナギ》が此の国を目《ナヅ》けて「日本者、浦安国《ウラヤスノクニ》、細戈千足国《クハシホコノチダルクニ》、磯輪上秀真国《シワカミホツマノクニ》」と言い、大己貴大神《オホアナムチ》は「玉牆内国《タマカキノウチツクニ》」と言い、饒速日命《ニギハヤヒ》は天磐船に乗りこの郷《クニ》に降《アマクダ》って「虚空見日本国《ソラミツヤマトノクニ》」と言ったとあり、それらの異称の表記にも多く「日本」を用いている。

次に、巻第七で英雄としてまつろわぬ国々を征服した皇子小碓命《ヲウスノミコト》を「日本武尊《ヤマトダケノミコト》」（また「日本童男《ヤマトヲグナ》」）と表記する。彼はまず「西洲《ニシノクニ》」の熊襲《クマソ》の魁帥《ヒトコノカミ》を誅戮し、更に「東国」の蝦夷《エミシ》の叛乱を平らげるために、遠く「日高見国」にまで赴く。「吾嬬《アヅマ》」すなわち東国という〈日本〉にとって重要な領域の誕生は、この日本武尊の東征物語のなかで説かれている。ちなみにその死に臨んで『古事記』が倭健命《ヤマトタケル》にうたわせる「ヤマトは国のまほろば」と言う名高い国思歌《クニシビノウタ》は、『書紀』では父景行天皇が九州巡幸中に歌ったものとされている。

更に「日本」が示されるのは、巻第九の神功皇后（『古事記』は「息長帯日売命《オキナガタラシヒメ》」）による、いわゆる三韓征討の記事においてである。皇后自身に下された神託により、西方にある「財国《タカラノクニ》」たる新羅を海を渡って攻めるに、海中の魚は悉く船を負い波を起こして押し運び、その潮は国中に満ちた。新羅王は畏れて「天皇」に従い朝貢することを誓った。その詞に「東有神国、謂日本。亦有聖王、謂天皇」とある。また同巻には、百済国の使者が日本の使に対して、百済王が「東方有日本貴国」と聞いて使を遣したと述べさせる。加えて巻第十応神天皇紀には、高麗王が使を遣して朝貢した際の上表文に「高麗王教日本国」の一文があって、これを無礼と怒って太子が破り棄てたという記事がある。これらの、朝鮮半島の三国との交渉のはじまりについて、武力による征服や修好などそれぞれに異なった関係のいずれにおいても、相手側から「日本」と称させていることが注目される。それらが、諸注釈[70]が指摘するように、『大宝令』（七〇一年）により日本の国号が定められたことによる修文とされることはもちろんとしても、事はそれだけに終わらない。その文脈のなかで、三国の王に等しく「日本」と呼ばせている作為と意図を見てとるべきである。それは律令国家「日本」が、中華帝国に倣った小帝国として、三韓が朝貢すべき立場にあることをそれぞれに起源からしるしづけようとしたものであろう。

神武天皇と日本武尊の名をそれぞれ「日本」と記すことも、そこから遡って理解することができよう。「日本」としてのヤマト国家の成立と、東西の辺境地域の征服（名付けによる東国《アヅマノクニ》の成立）、三韓の服属の、それぞれの支配関係の成立を銘記する表象として「日本」は用いられている。それはもはや伝承されたモノガタリ（「フルコト」）の素朴な記述ではない。意識された、帝国として一貫した意志に貫かれたテクストとして、それは立ちあらわれる。

『書紀』のテクストにおける〈日本〉の神話化は、その継承と享受のなかでどのように認識されたのか。繰り返し述べたところだが、その成立からほどなくして行われた『日本書紀』講書[71]は、天皇の命により、博士による講書を大臣已下の官人に聴かしめ、その疑義について問答がなされ、その成果は『私記』として伝えられた。それによれば、『書紀』本文は全てにわたり独自の訓によって厳密に読むことが求められ、それが伝承されたのである。十世紀まで持続した講書は、後代の儀式書にもその次第が載せられるように、国家儀礼の裡に位置づけられる公事であった。その竟宴において『書紀』中の事物を題として和歌が詠ぜられ、『日本紀竟宴和歌[72]』として聚められている。歌と左注を併せ、これも講書の延長上にある和歌による『書紀』解釈の営みであり、それはこの書物が体現する〈日本〉を和歌を含めて再現前させることであった。勅撰集として『古今和歌集』が成立し、その仮名序において「あらがねの地《つち》にしては、素盞烏尊よりぞおこりける」と和歌《やまとうた》の神話による起源を説き、「八雲立つ」の歌を三十一字の歌のはじまりとするように、竟宴和歌は、天皇の許で和歌を詠じ聚めることで世界秩序を構築しようとする国家の文化システムを成り立たせる儀礼の一環であった。

講書が中絶し、既に国史の編纂も行われなくなった摂関期に至り、『源氏物語』は、光源氏に「日本紀などは、たゞかたそばぞかし（人間世界の一面を示すものに過ぎない）」と言わせて、女たちが戯れにもてあそぶ罪深いものとされた作り物語を認知させようとする。ここに、国史としての「日本紀(73)」は仮名物語の豊饒な展開のなかで相対化されることになった（もっとも、その作者は、一条天皇から「日本紀をこそ読みたるべけれ」（『紫式部日記』）と評されたほどの才女であった）。その後で、いかなる「日本紀」が模索されたのか。

『源氏物語』を模倣するかたちで、仮名物語の史書として『栄花物語』が作られ、次いで院制期に至り、雲林院で大宅世継と夏山繁樹という翁どもが古物語する、その傍聴という装《よそお》いで、あらたな歴史叙述が誕生した。この『大鏡』は、「翁らが説《と》く事をば、日本紀聞《き》くと思《おぼ》すばかりぞかし」と言挙《あ》げし、日本紀講のパロディ、国史のもどきとしての立場を標榜しながら「只今の入道殿下の御有様」藤原道長の栄光を語る。この『大鏡』における「日本」は、もはや『書紀』のような律令国家的国家像を体現するための装置として読むことはできない。また、「ヤマト」と訓ませることもせず、既に「ニホン」としか読めない。それは、「日本第一の御手」（佐理の筆蹟）、「御才《ざえ》日本には余らせ給へり」（左遷された尹周）、「日本の固めと用ゐんには余らせ給へり」（時平を相した狛人《こま》の詞）、「日本国には唯一無二におはします」（道長）、「なを国王こそ、日本第一の事なれ」（法成寺での道長の威儀に驚いた聖人が次に現われた天皇を見て）のように、小国たる日本において、ふさわしかるべき世の固めとして政《まつりごと》をとる大臣、国王に次ぐ、しかし唯一無二の存在として道長を焦点化するために用いられる言葉であった。平たく言えば、日本一の大臣、それが道長だという文脈である。

『大鏡』が創造した新たな歴史叙述は、中世まで受け継がれて展開される。その後の時代を『今鏡』が、遡って神武天皇までを『水鏡』が、六国史（実際に典拠としたのは『扶桑略記』）を仮名物語化することを試みた。更には、神代までもが仮名に姿を変えることになった。『秋津嶋物語(74)』一巻は、序と問答体の枠組の許に、その本文は基本的に『書紀』神代巻の抄出を骨格とし、これに『古語拾遺』を加えて再構成し、和文化したものであって、伝統的な『書紀』訓読とは少なからず異質である。『書紀』の「日本《ヤマト》」の独自な表記に付与された意義を特に認識したとも思われない。それは神代巻の要約本《ダイジェスト》として童蒙のために宮廷に備えられた本であった。むしろそのような書物が建保六年（一二一八）という、後鳥羽院や順徳天皇の許で和歌を中心とした未曾有の文運隆盛の時代に作られた意義に注目すべきであろう。

鎌倉時代に到って、『書紀』の本格的な注釈書が作られたことはすでに述べたが、『釈日本紀』の第一巻「開題」は、「日本」に関する諸説や考証が聚められ、その各種の異称の濫觴など、中世における学問の上での〈日本〉認識を網羅的にうかがうことができるところである。一方、こうした「日本紀ノ家」の学問とは異なった世界で、中世の〈日本〉は独自の変貌を遂げる。それは仏教（密教）と修験道が結びついた新たな神祇説が展開する場であった。一例を挙げれば、行基撰と伝える『大和葛城宝山記』(75)がある。そこでは、「大日本州造化神」として諾冉二神が第六天に坐し、皇天の宣に任せ「天瓊戈」を受けて国土を造り、今「日本金剛山」に在ると言う。すなわち修験道の聖地であり『書紀』では一言主神の山である葛城山（金剛山）が「大和高日葛神祇宝山金剛坐」であるとし、「大日本州」の中心として心柱《シンノミハシラ》（金剛宝杵）の立つ処であるなど、密教のシンボルが観想の裡にそのイメージを次々と変えるように多元的に書かれている。

「大日本国」という呼称は、これら両部神道書の言説においては、「大日如来の本国」という意味であり、それは両界曼荼羅の中心であり全体でもある大日如来が天照大神と重ねられ、両部の曼荼羅世界像の裡に「日本」は文字通り包摂されて観念されることになる。それは、空海に仮託された大祓詞の注釈書である『中臣祓訓解』(76)にも共通するところであり、そこでは「日本」の位置づけがより具体的に、「従レ是東方、過二八十億恒河沙世界一、有二一仏土一、名云二日本国一。神聖其中座、名曰二大日霊貴一。当知、受レ生二此国一衆生、承二仏威神力一、与二諸仏一共遊二其国一。是則仏説、不二是我言一云々」と、仏説として超越的に説示されることにもなるのである。

（2）〈日本〉の境界領域と日本国大将軍

『書紀』において「日本」をしるしづけてその支配を強調した版図周縁の境界領域は、やがて東方と西方のそれぞれ彼方の境界領域へと焦点化されていく。

蝦夷《エミシ》の領域である陸奥国（『書紀』の「日高見国」）に対して、古代朝廷は一貫して征討と鎮撫により支配を拡大する政策をとってきた。その象徴が、坂上田村麻呂の征夷大将軍任命であろう。以降の平安時代を通じて、奥州や東国の平定に携わった武将たちは、この下の官《つかさ》である奥州鎮守府将軍に任ぜられた。前九年・後三年の役で奥州に武威を振った源氏の武将頼義や義家も、その官位に留められていた。やがて関東を中心に東国の支配を確立し、対抗する平氏を西海に滅して朝廷から自立した権力を樹立した源頼朝に至って、征夷大将軍が復活する。それは奥州に自立した勢力を築いていた平泉の藤原氏を滅した後のことであった。

八幡神は、その源氏の氏神として信仰された。八幡大菩薩は、聖武天皇の東大寺大仏造立を助成するために九州宇佐から上洛した神として『続日本紀』に登場する、『書紀』の神統譜には見えない、仏教と習合した新しい神である。社伝では、天平三年（七三一）に朝廷に叛した大隅の隼人《ハヤト》を征討した際に多勢を殺戮した、その罪を贖《あがな》うために放生会《ほうじょうえ》という仏教の滅罪儀礼を始めたという（『宇佐御託宣集』）。そのはじまりから、辺境の征討と鎮撫に深く関わった神であった。それがやがて奈良時代末期の王朝の命運を左右する神となった事情は、道鏡の即位をめぐる託宣事件において明らかである。平安時代にも、行教の勧請によって男山に石清水八幡宮寺が創建され、王城の鎮守として朝廷の崇敬を受けたが、一方、神功皇后と応神天皇を祭神とする説が定着し、応神陵である誉田《こんだ》廟にも祀られ、これを武門の源氏が祖神と仰ぐようになった消息は、頼信の告文が詳らかにするところである[77]。

その八幡宮の縁起として、『書紀』における神功皇后の三韓征討の記事が用いられる。『宮寺縁事抄[78]』所収「伝法院絵銘」は、最古の八幡縁起のひとつであるが、その一部に『書紀』の一節が本文のままに引かれている[79]。これを嚆矢として、神功皇后による三韓征討の物語は、中世に各社の絵巻として大量に制作された八幡縁起の中核的な部分となった。そこでは皇后を援けて住吉神や鹿島神などが活躍し、また龍宮から干珠・満珠を賜ってその威力により異国を降伏するという、彦火火出見尊の神話を借用した趣向で物語が展開した。そして新羅王は皇后に降服して朝貢を誓い、皇后は「新羅国の大王は日本の犬なり」と弓の弭《はず》で石に銘して帰国したという。半島の強大な仮想敵国に対する露骨な侮蔑に満ちた文句となっているが、「日本」を含むその詞は『書紀』の新羅王の詞を種子としたものであると思われる。この説話を含む中世八幡縁起の集大成というべき『八幡愚童訓《はちまんぐどうくん》（甲本）』[80]は、そのなかに元寇の詳細な叙述を含むことでよく知られたテクストであるが、この元寇を契機として八幡宮の神威が宣揚され、その過程で中世における〈日本〉があらためて強烈に意識されるようになった。その一環に神功皇后の神話が位置づけられ、そこに『書紀』の「日本」が姿を変えて自国優越意識を強くまといながら現われたのである。『愚童訓』の底流には、承久の乱における宮方の敗北と武家の勝利を合理化する目的で、八幡による幕府の武威の加護を説くことが意図されており、そこに結びつくかたちで、〈日本〉の領域が中世的なヴィジョンとして姿をあらわす。

当世ハ、素都《ソト》ノ浜ヨリ初テ、鬼界嶋ニ至マデ、武威ニ靡《ナビ》ケル事ハ、只風ノ草ヲ靡《ナビク》如シ。

外の浜から鬼界島まで、それが普遍的な中世〈日本〉の範囲であり境界であった[81]。

源家将軍を焦点として中世の〈日本〉を視野に入れようとするとき、真名本『曽我物語』は、きわめて興味深い〈日本〉像をそこに結んでいる。曽我兄弟が頼朝の寵臣工藤祐経《すけつね》を父の仇として討ち果たした事件は、『吾妻鏡』にも詳しく記録されたが、やがて一篇の叙事詩として物語が成立する。その最も古態を伝えるのが、擬漢文体で書かれ特殊な訓読により読まれる真名本『曽我物語』である。その冒頭に掲げられるのは、『書紀』神代の神統譜からは逸脱した神々の系譜であり、武家のはじまりの〝神話〟であった（原文を読み下し文に直した）[82]。

それ日域秋津島と申すは、国常立尊より以来《このかた》、天神七代、地神五代、都合十二代は神代としてさて置きぬ。地神五代の末の御神をば、早日且居尊《ハヤヒカツイ》と申す。御代に出で御在《おわしまし》て本朝を治《し》らせ給ふこと七千五百三十七年なり（以下、大和日高見尊《ヤマトヒダカミ》—早富大足尊《ハヤトミオホタルノ》—鵜羽葺不合尊《ウノハフキアハセズ》と続き、その後、神代七千年の間が絶えて）。安日《アビ》といふ鬼王世に出でて、本朝を治むること七千年なり。その後、鵜羽葺不合尊の第四代の御孫子神武天王世に出させ給ひ、安日が代を諍《あらそ》ひし時、天より霊剣三腰雨《ふ》り下りて安日が悪逆を鎮め給ひしかば、天王勲《イサミ》をなしつつ安日が部類をば東国外の浜へ追ひ下さる。今の醜蛮《エゾ》（蝦夷）と申すはこれなり。

鬼王安日の一族を外の浜へ追放し、これが蝦夷の先祖となったという(83)、外部の起源が物語の始まりをしるしづける。神武天王はその後に東征して宝祚を継ぎ、帝都を建ててより以来、代々の帝は文武二道を以て国を治め、武の道は源平両氏に担われて逆賊を鎮める習いとなった。そして平氏の興亡を述べた後、源氏の系譜と武功の来歴が詳しく述べられて「日本国の大将軍」たる頼朝の君臨に至る。その頼朝の許で、曽我兄弟が将軍家の陣門を憚らず敵《かたき》を討ち、武芸を施し名を留めた、物語はその「報恩謝徳闘諍合戦」の由来を語ろうとする。その序文に語られたのが、右のような征夷大将軍ならぬ「日本国ノ大将軍」としての源家将軍の武威の神話であった。その武威の対象が、正史の秩序からはみ出した異端の鬼王安日とその領したところの〈日本〉である。この、敗者が追いやられた「外ノ浜」という東の〈日本〉の境界と蝦夷の起源を説くというのは、中世をしるしづける象徴的な視線《まなざし》であろう(84)。

真名本『曽我物語』で、「日本国の大将軍」鎌倉殿たるべき流人頼朝が〈日本〉の支配者となることを予言するのは、巻二に説かれる安達藤九郎盛長の夢合せである。筥根に参詣し、足柄山に登った兵衛佐殿が、左足で奥州外の浜を践《ふ》み、右足で西国鬼界が嶋を践み、左右の袂《たもと》に月日を宿し小松の枝を粧《かざり》として南面して歩むと見たのを、景義は、怨敵を平らげ先祖八幡殿の跡を継ぎ、東国を靡かし西国を平らげ、北国を後見とし南海を宛《しいたげ》る、つまり四海を征することと解き、更に、次のように言祝《ことほ》ぐ。

左足に東国外の浜を践むとは、東は残る所なく平泉秀衡が館《タチ》まで御知行あるべき夢想、右足にて鬼界嶋を践むは平家を滅し西国を残りなく進退すべき夢想、左右の袂に月日を宿すは、主上・上皇の御後見となり、日本秋津嶋の大将軍となるべき夢想。

巻四では、その序に「鎌倉殿とて日本将軍の宣旨に預かり給へり」とあるように、建久元年（一一九〇）に上洛した頼朝は院から「日本の将軍」たるべき勅命を下されたという（史実としての頼朝への征夷大将軍宣下は建久三年七月で、後白河院崩後のことであった。ちなみに『平家物語』では既に寿永二年（一一八三）に鎌倉に居ながら将軍の宣旨を受けたことになっている）。この鎌倉殿の御代となってからは、その重臣である祐経を敵《かたき》と狙う兄弟の企ては、到底許されることではなくなった。その事情を、巻五では兄弟の母の口を通して、次のように頼朝の威令の及ぶ〈日本〉の四至の領域として語る。

　当時の世には、東は安久留《アクル》・津軽・外の浜、西は壱岐・対馬、南は土佐の波迖《ハタ》、北は佐渡の北山。これらの間は何《いずれ》の処何の島へ逃げ越えたりとも、終には尋ね出されて、罪の軽重に随ひつつ、皆御誡《いましめ》どもあらん。

そして巻九、建久四年（一一九三）、富士野の巻狩の狩庭《かりば》において、曽我兄弟は祐経の宿所に討ち入り、ついに本懐を遂げる。この後、一旦この場を遁れようとする十郎に対して、五郎は、

　遁るればとて何処《いづく》まで延《の》がすべき、南は熊野の御山を限る、北は佐渡の嶋を限る、東は𥨫褐《アクル》・津軽・蛮艍《エゾ》が島を限る、西は鬼界・高麗・硫黄が嶋を限る。鎌倉殿の御気《いき》の懸らざる処やは候。

と制して〈日本〉の何処にも逃げ場のないことを説き、名を後代に留め、屍を将軍家の陣内に暴《さら》してこそ、年来の本意を遂げることではないかと説得し、自ら名乗りをあげて十番斬の闘諍をはじめる。それは、もはや単なる私闘ではなく、あからさまな鎌倉殿への挑戦であり、頼朝への叛逆であった。

このように、真名本『曽我物語』がそのなかで繰り返し登場人物に語らせる〈日本〉の領域とは、「日本の大将軍」たる頼朝の威光と支配の及ぶ国土の四至であり、とりわけ東と西の境界であった。それが差異を示しながらも重ねて言及されるのは、その境界に画されて成り立つ〈日本〉を示すことが、この物語にとって重要なメッセージ

であるからにほかならない。その始源を説くのが冒頭の〝神話〟であり、それを頼朝に結びつける未来記が夢合せなのであった。

頼朝の〝神話〟として一方に想起されるのは、中世の六十六部聖《ヒジリ》の縁起である（日光山輪王寺に室町時代古写本が伝わり、鎌倉時代の断簡が金沢文庫寄託称名寺聖教に残る）。頼朝は前生に頼朝《らいちょう》房という本願聖であり、替聖の時政《じせい》房、小聖の景時《けいじ》房と共に如法経書写供養の大願を立て、六十六部を六十六箇国に奉納し一切衆生に結縁せしめた、その功徳で「日本国大将軍」となった（時政房は将軍後見の北条四郎、景時房は日本国侍祖となった）という。これは新平太という武士が出雲大社に詣でて夢想に示現されたもので、更にこの旨を出雲国造が頼朝に注進して御感あり、法華堂を建立してその功徳により往生を遂げたという。如法経を諸国の霊地寺社へ奉納するため勧進廻国する六十六部聖の縁起として、鎌倉の頼朝の廟（御影堂）である法華堂を拠《よりどころ》として唱導されていた伝承である。[85]「日本国大将軍」頼朝の前生の因縁を説きながら六十六部聖が巡る〈日本〉の全ての領域は、逆にいえばそうした仏神の夢告と因果によって神話的に成り立つものであった。それは位相こそ異なれど真名本『曽我物語』における頼朝の夢合せの〝神話〟と響き合うものだろう。これに『平治物語』が頼朝の未来を予言して、六十六箇国の支配を纐纈《かうけつ》源五盛康の夢告を介して語ることを重ねれば、[86]頼朝〝神話〟における〈日本〉の像が結ばれてくる。六十六箇国という中世〈日本〉の領域は、行基菩薩が諸国を巡り分かち定めたものと伝承され、いわゆる「行基図」（総説Iの図2）が描いている。[87]それが「日本国大将軍」たる頼朝の国家像と重ねられるのである。

中世の物語のなかで〈日本〉の像《イメージ》が浮かび上がるのは、多く、帝に仕えて朝家を守る英雄的な武将の活躍が語られるものにおいてであろう。『俵藤太物語』や『田村の草紙』または『酒呑童子』などが想起される。そこで英雄は辺境を侵す夷敵や強大な叛逆者を討ち倒し、あるいは周縁に蟠居する鬼神や盗賊を退治して、そこに〈日本〉の境界が想像され、彼ら異類を排除することにより秩序が回復し、王権は護持され、〈日本〉という国家のトポスが成り立つのであった。[88]そこには、とりわけ王城の東と西にそれぞれ異界としての異国がつくりだされ、異類異形が出現し、彼らを征する「日本国大将軍」が登場する。それら同巧異曲の英雄の活躍の物語が繰り返されて、一脈の系譜となり、その重なり合うところに〈日本〉の領域は中世人の心性に深く刻み込まれていく。そうした伝承こそが〈日本〉の形成に大きくはたらいたといえよう。その伝承の構図は、冒頭に仲哀天皇による鬼神「塵輪《じんりん》」退治を位置づける八幡縁起諸本とも共通しており、この塵輪は、今も中国地方の荒神神楽において重要な邪神降伏の祭式的意義を担う演目である。それらにおいて縁起と物語そして祭儀に通底する構造こそ〝神話〟といえよう。

ただし、『曽我物語』はもはやそうした単純な構図に還元されない、遙かに複雑な物語の世界をつくりだしている。叛逆者曽我兄弟は、これも単なる誅罰されるべき異類ではない。彼らは頼朝の権威を支えるべき武士たちの一員であり、怨みと恩愛の情念を抱き仏神の加護を負った、武の力そのものである。その力が野に放たれて闘諍の末に殺されることにより、荒ぶる御霊神と化し、祀られることで守護神へと変貌する。自らの死を以て逆説的に頼朝の覇権を支える役割を果したといえよう。彼らの殺生の罪業は、彼らとの契りの因縁ゆえに比丘尼となった恩愛深い遊女虎の廻国修行により昇華され、彼女が念仏往生を遂げたことで救済された。「鎌倉殿」頼朝はこうしたあざなえる因果の諸関係を全て媒介することによって〈日本〉の主たり得たといえるのである。

（3）「唐土と日本の潮境」

〈日本〉に閉ざされ、かつ開くテクストについて視野を展げていけば、海彼の文明の中心「唐土」との関係から〈日本〉がいかに在らしめられたか、あるいは〈日本〉をどう在らしめたか、という問いが立てられる。加えて、眼を〝武〟から〝文〟へ転じてみよう。

唐と〈日本〉との関係（交流）を主題として平安時代末期に作られた絵巻が、前述の『吉備大臣入唐絵詞』であるが、この物語で重要な役割を果たすテクストとして登場する『野馬台』とは、『江談』第五にもその一節を引いて示すごとく、〈日本〉の未来を予言する讖《しん》文、いわゆる〝未来記[89]〟のひとつであった。吉備大臣の物語は、むしろ『野馬台』伝承の縁起説話というべきかもしれない。「東海姫氏国」という日本の異名（この名は早く『日本書紀私記』に見え、既に十世紀には『野馬台』讖が存在していたことが知られる）から始まる一文は、本朝の転変を謎めいた五言二十四句に象り、百王の流れ竭《つ》きて猿犬が英雄と称し、ついに全て荒野に帰すという一種の終末思想を示すものであった。こうした〈日本〉の行方を、時間の流れにおいて啓示しようとするテクストの、対中華優越意識を露わにかつ戯画的に表象した物語絵巻において、唐土からの伝来が説かれているのは、皮肉ながら示唆深いことだろう。それは中世の〈日本〉意識を屈折させながら映し出している。

吉備大臣入唐説話の興味深い変奏が、鎌倉時代に真言宗の宗義と歴史を仮名物語化した『高野物語』巻三(90)にみえる。吉備大臣が唐人に「日本」の国名を「日ノモトニテアルニヤ」と問われ（その底意は疑難と嘲笑であると察して）、これに秀句を以て問い返し、重ねて、「我本国ハ、大日如来ノ本初ニ化ヲ垂《タ》レ給所也。サレバ大日ノ本国ト云ト也。日ノモトニアルニハ非《アラ》ズ」とその本義を説いて彼らを閉口させたというものである。前節で触れた両部神道における「大日ノ本国」という認識（読み）は中世顕密仏教を介して普遍化した所説であったが、それを吉備大臣に託して説話化した逸話である。それは、大唐に対抗して〈日本〉を認識しようとする吉備大臣入唐物語の文脈にも適った説話であった。

唐に対する〈日本〉が一幕の劇として象られたのが、世阿弥作と伝える能『白楽天』(91)である。唐帝の命により「日本」の智恵を計るため、白楽天が渡海して筑紫の地に到る。そこに出逢った漁翁と問答の末に、この浦の景色を詠みこんだ詩と歌の優劣を競いあう。白楽天の詩は、

青苔衣を帯びて巌《いはほ》の肩に懸かり、白雲帯に似て山の腰を囲《めぐ》る

こんな詩なら己《おのれ》も歌で詠めると翁は、

苔衣《こけごろも》着たる巌はさもなくて衣着《きぬ》ぬ山の帯をするかな

思いがけず賤しき漁翁までも秀歌を詠むことに驚いた白楽天の前に、翁は住吉明神の正躰を顕わし、唐船は神風に吹き戻されて「神と君が代の動《ゆる》がぬ国ぞめでたき」の祝言で曲は了わる。唐と日本の智恵較べという趣向の上に、「日本」の神威を示現させて「神国」の優越を謳《うた》う舞台を巧みいだしたのは、能作者の手腕であると共に、やはり中世の〈日本〉をめぐる想像力の共同体の所産であったろう。その一曲の核となった詩と歌は、遠く匡房の『江談』に由来するものであった。

唐と〈日本〉が競いあう、その境界をめぐって、中世がいかなる想像力をはたらかせていたか。それは伝承世界の文芸に端的にあらわれる。中世末期の語り物『浄瑠璃』の御曹子義経は、善美を尽くした出立ちで浄瑠璃姫の許へ訪れる。その衣裳は、それ自体が一箇の小宇宙を象っている。その趣向のひとつは次のようである。

唐土の猿《まし》は大国なれば、背も大きに面《おもて》も白く見えてあり。日本の猿は小国なれば、背も小さく面も赤く見えたりけり。唐土の猿は日本へ越《こ》さんとす。日本の猿は唐土へ越さんとす。唐と日本との潮境《しほざかひ》なる、ちくらが沖《をき》にて行きあひて、越さう越さじの堺《さかひ》をば、物の上手が秘曲《ひきよく》を尽して縫《ぬ》ひてあり。[92]

その「ちくらが沖」とは、『書紀』や大祓祝詞にみえる、祓《はらへ》の起源として説かれる素戔嗚尊追放において贖《あが》いに用いられる「千座置戸《チクラノヲキド》（座）」の転訛であろう。罪穢を他方世界へ祓い遣る儀礼上の詞が、唐と「日本」の境界に重ねられて固有名詞化したものと思われる。これも『書紀』の〈日本〉が伝承世界において受肉した一端かもしれない。

「ちくらが沖」の『浄瑠璃』における童話的な光景は、同じ語り物である幸若《こうわか》舞曲『大織冠』[93]では一転して闘諍の舞台となる。唐帝の后に備わった大織冠鎌足の娘が、父のために興福寺金堂本尊の眉間に納めるべき無価宝珠《むげほうじゅ》を贈る。この玉を奪おうとする修羅の軍勢と守護する唐の将軍との戦いが「唐土と日本の潮境《しほざか》ひちくらが沖」で繰りひろげられる。戦《いくさ》に勝った将軍は、龍女に誘惑されて玉を奪われてしまい、鎌足が契りを交した海人《あま》の力を借りて、彼女の犠牲によって取り戻す。それは中世興福寺の縁起の唱導において語られた古い伝承であった[94]。それはまた、宝物の将来と仏法伝来をめぐる唐と〈日本〉の交流の伝承が生み出した最も名高い物語でもあった。

更に、同じく舞曲『百合若大臣』にも、この伝承世界上の境界が登場する。遠い元寇の記憶が八幡縁起とも複合して民間に語られた英雄物語である。壱岐ではイチジョーという巫女が説経祭文として語っていた[95]。吾朝を魔王の国にしようと謀《はか》り、蒙古《むくり》・高麗《こくり》が蜂起して攻め寄せるのに、勅命として討手の大将に備わった百合若大臣は、「日本と唐土の潮境ちくらが沖」に戦って、神仏の加勢を得て打ち破り降服させる。勝利の後に臣下の裏切りで孤島に取り残され、苦難の末に異形の者となって帰還し遂に正躰を現わして復讐を果たす。物語の最後に、彼は上洛参内して帝より「日の本の将軍」に任ぜられたという。かつてユリシーズの遍歴と帰還にも重ねられたこと[96]のある英雄物語は、ここにもまた、古くて新しいあの存在、神を負ったその武威において夷敵を征討して〈日本〉を現出させる大将軍を語りいだすのである。

第II部　知の世界像

第五章　中世的知の形態

——説話の位相——

一　何ものかをもたらす〝説話〟

〝説話〟とは、いかなる言語行為なのか。あるいは、〝説話〟が現象する言語の位相とは、どのようなものなのか。〝説話〟という概念を、既に自明の領域を指すかのような用語として論ずることはできない。それは、文化のあり方を認識するために用いられた操作概念というべき文学史上の所産であり(1)、むしろ、世界像を生成する過程をあずかるひとつの範疇《カテゴリー》を示すための語彙のひとつ、と相対化しておこう。媒体《メディア》としての、言語活動の多様な側面がこの概念にかかわっており、それは互いにからみ合って輪郭を浮かび上がらせる。それはなお、言語の次元のみに限定されない世界に現象するものでもある。絵巻や絵伝、能狂言や語りものなどがあざやかに見せてくれるように、ことばがその世界を生みだすのに欠かせないイメージ（図像）やパフォーマンス（身体演戯）の種々な媒体と結びつき、融合するなかでつくりだされた運動の総体として、このカテゴリーは成り立っている。

そうした認識のうえで、やはり確かめておこう。〝説話〟は、すぐれて言語による営みであったことを。ことばが紡ぎだす想像力の最も活発な媒体として、この概念は中世に発見されたと言ってよい。そこでは他の媒体も、言語を介してはじめて機能し、意味を生ずる。そのことばとは、たとえば仏が衆生済度のために一乗の法を種々な譬喩や因縁をもって説かれた（法華経方便品）ことばがそのまま経となったということを仏教学が論理化するところの認識が示すように、はたらきかけるもの（能記）とはたらきかけられて生ずるもの（所記）との同時にして不可分な過程のなかに現象する。〝説話〟とは、言うなれば、この過程を実現させる媒介的機能にかかわる概念であるといえよう。

「物語《モノガタリ》」という言葉は、古くから、そのような機能としての言語行為を指したものであった。ただし、それは根源的であると同時に多義的で漠然とした言葉であって、言語生成の過程（言語行為）についても、その所産たる言説《ディスクール》についても、また書かれたもの《エクリチュール》についても、みな「物語」と呼ばれるのであって、それらを分節する概念ではなかった。

一方、媒介的機能としての〝説話〟は、「物語」が含みかつ対立するさまざまな言語行為（カタル・ハナス・イフ・ヨム・トク・ウタフ等）の各平面を統合してこれらに特定の志向を与える。そのうえで何ものかをもたらすために組織され、体系化したシステムのごときもの、と言ってもよい。仏の説法から無名氏の談話にいたるまで、志向する機構として一貫して現象するものだ。とはいえ、それはもたらされる何ものかによって、はじめて認知されるたぐいの存在である。

それでは〝説話〟によって何がもたらされるのか。〝説話〟は、媒介し機能し志向して、そのうえに一体何を現象するのか。

……これをききつたへたるものども、一度に、ばつと、どよみわらひけりとか

（『宇治拾遺物語』「仲胤僧都連哥ノ事」）

たとえば、笑い。人間にとって根源的な情動、そして文化でもある。その「わらひ」は、閉ざされた個のしわざ

でなく、「ばつと」哄笑する一座の興として現われた。そこには笑いに表象されるひとつの共同体の生成が描かれているが、ここにテクスト自身がしるしづけるように、笑いをよびおこす「物語」として〝説話〟は現象する。「ヲコ」なるものの「ヲカシ」である笑いはまた、エロスとも分かちがたく連なり、ともに人間の本源的なものに根ざしている。あるいは感きわまり、悲哀に泣く。怪異に怖れおののき、貴き〈聖なるもの〉を仰ぐ。『宇治拾遺物語』の序文は、それらをこんなふうに表現する。「それがうちに、たふとき事もあり、をかしき事もあり、おそろしき事もあり、哀なる事もあり、きたなき事もあり、少々はそら物語もあり、利口なる事もあり、様々《さまざま》やう〳〵なり」。すべてみな、〝説話〟が現象する何ものかであった。

『今昔物語集』巻二十八前半の一群の物語は、まさに「ヲコ」のもたらす笑いが主役であった。歌よみの元輔――清原元輔、清少納言の父――は、賀茂祭の使をつとめて率いる還《かえ》さの渡りが一条大路を通るとき、あまたの見物人の目前で、ものの見事に落馬してしまった。冠《こうぶり》を落とした彼の頭《こうべ》は鍋をかむったようなむきだしの禿頭《はげあたま》である。馬添《ぞえ》が慌てて冠をつけようとするのを制して、彼は「(見物の)君達に聞ゆべき事あり」と、笑いののしる人々に向かって、「君達は、元輔が此の馬より落て冠落したるをばヲコなりとや思ひ給ふ。それは、しか思ひたまふべからず。其の故は……」と、いちいち落馬と冠落ちの原因を箇条を挙げて列挙して「されば理《ことはり》なり」と称し、その上「亦《また》其の例《ためし》なきにあらず」とて、某の大臣、某の中納言、某の中将の冠落しの先例を挙げて、これを咄う君達こそ却《かえ》ってヲコなるべし、と弁ずる。それを、「車毎に向ひて、手を折りつつ計《かぞ》へて云ひ聞かす」と大仰な身ぶりをともなった物云いで演じた。そのあげく、大路の真中に突っ立ったまま、声高く「冠持《も》てまうで来《こ》」と呼ばわり、悠然と冠をつける。彼は舞台上の役者のように大見得を切ったのである。その時、人々は「諸心《もろごころ》」にどっと笑いどよめいた。まさしくこの大路の上に祭りの場《ニワ》ができあがったのだった。更にこの後、元輔と馬添との問答という小景が加えられる。何故あんな「よしなし事」を仰せられたのか、との問いに答えて元輔は、「かく道理を云ひ聞かせたらばこそ、後々には此の君達は笑はざらめ、しからずば口さがなき君達は永く笑はむものぞ」と、いかにも遠き慮《おもんばか》りを披露するのである。この話は『宇治拾遺物語』にも収められている。落馬—冠落ち—禿頭露見というヲコの三重奏は、それ自体が既に笑いの対象であろう。しかし物語の真のヲコは、この事態に落ち着き払って堂々と「道理」を言い聞かせる元輔の「物云ひ」にかかっている。条理を尽くし、先蹤を挙げるその弁舌は、おそらく公《おおやけ》の場で道理を陳ずる弁論術《レトリック》のやり方をもじっている。かかる演技を含んだパロディを、祭りのかえさという晴《ハレ》の場でわざと演じてみせる道化のおかしさである。その末は次のように結ばれる。

　此の元輔は、馴者《なれもの》の物をかしく云ひて人笑はするを役《やく》とする翁《をきな》にてなむありければ、かくも面無く云ふなりけり

物語が自ら注釈して言うところ、元輔が「物をかしく云ひて人笑はするを役とする翁」の馴者（世なれてしたたかなやり手）であったから、このように憶面もなく云うたのであった、とは、元輔個人への言及であると共により大きな世界のなかで、賀茂祭の「かえさの渡り」がもつ祝祭的な場を体現する役回りを見事に演じ切った典型的な存在を示唆するのである。[2]

その前に配される「越前守為盛附六衛府官人語第五」の結びも、群参して大粮米を要求する官人たちに対して泣きおとしと謀《はか》り事をもって退散させた越前守を、「此の為盛の朝臣は、極めたる細工の風流ある者の、物云ひにて人笑はする馴者なる翁にてぞありければ、かくもしたるなりけり」とあって、この場合は謀《たばか》りが半分、「物云ひ」が半分であったが、やはり似たような存在が登場する。

それらに共通する典型的存在に注目するなら、物語の主役は、単なるヲコの笑いではなく、むしろそれをもたらすために欠かせぬ媒《なかだ》ちとしての「物云ひ」のことばであり、また、それをあやつる「人笑はするを役とする」翁という存在にほかならない。

巻二十八の第七「近江国矢馳郡司堂供養田楽語」も同じく「人笑はする」存在が主役である。教円供奉という

「物をかしく云ひて人笑はする説経教化をなむしける」学生説経師が、琵琶湖畔の矢馳の郡司に堂供養の導師に請ぜられる。(3) 舞楽こそ功徳よと勧めたところが、郡司は楽を勘違いして、田楽の一座を迎えてお祭り騒ぎをしでかしたことの次第を、当の教円自身が語り手となって、「をかしく思へども、云ふべき人もなかりければ」帰山して「勇みたる小僧どもの中に田楽の事を語れば、どよみて笑ひけること限りなし」。物語そのものは、この一座の哄笑の裡に終焉を迎える。そのうえで更に加えられるのは、「供奉、本より物云ひの上手なりければ、いかにをかしく語りけむ」という、物語られた教円の語りの場からは離れて眺められた〈伝聞者〉の評語である。

更に続けて、「『賤《あや》しの田舎人なれども、皆さやうの事（供養の楽とは舞楽と定まっている事）は知りたる者を、かの郡司は無下《むげ》なりける奴かな』とぞ、これを聞く人、皆謗《そし》り笑ひける」と結ぶ。ふたたび笑いでくくられるこの一節は、文脈上は再度登場して話の落ちをつける教円の詞とその聴き手「小僧ども」の反応とみえる。だが同時に、「これ（物語）を聞く人」の評判や反応に託しながら物語を閉じようとする、さきに露呈した〈伝聞者〉の結びの詞であるとみてよい。それは、この物語全体を再話する〈語り手〉でもあるのであって、本話は、教円という話中の語り手と全体を伝聞して再現する語り手とによる、語りの二重の媒介によって物語があらわれる仕組みである。それが、二重の笑いという、物語のもたらす興であり語りの場の成就を宣言する行為によって隅《くま》どりされているのである。

物語が、笑いという何ものかによって物語を成り立たせ、同時にしめくくる。物語のことばが生みだす一箇の世界のはじまりとおわりが、笑いという生と死をともにはらむ根源的な情動に象られ、それはまた、語りを聞きふたたび語るというような伝承の媒介によって枠どられている。それは、〝説話〟という言語行為が果たす機能と、その志向によってもたらされたものを、あざやかな光景としてみせてくれる。

二　〝説話〟という枠組

テクストそれ自体に仕組まれる枠組というべきものが、〝説話〟を現象させる。『今昔物語集』が全体を通して各話の冒頭と末尾に欠かさず「今は昔」に始まり「となむ語り伝へたるとや」で終わる形式を与えているのは、そうした枠組の存在をふまえてのことであろう。そこに明らかに表明されているのは、さまざまな物語をこの一定の枠組のなかに嵌め込んで、それらをある志向のもとに機能させようとする、類聚と編纂の一貫した強い意図である。

語りの時空の無限な円環を啓《ひら》く「今は昔」についての解釈は今は措き(4)、しばらく末尾の「となむ語り伝へたるとや」に注目すれば、この句の核が「語り伝へたる」であるように、物語をかたり、それを聞き伝える伝承の媒介のあり方を示している。始めの「となむ」と、末の「とや」は、ともに伝聞・推量の意であるが、前者は前に付く物語を受けて伝え、後者は最後にその全体を括ってそのまま読者に投げだすような効果をもち、併せて全体が、その前に展開された物語（説話素体(5)）テクストを承けて伝え呈示する媒介機能をもつのである。これを『今昔』の「集」としての水準の枠組であるとすれば、更に、その前の各話それぞれの独自な末尾にもまた、固有にして多様な枠組が必ず設けられている。

試みに、先に引いた『今昔』巻二十八の続く八・九・十・十一話のそれぞれの末尾の一節を挙げてみよう。

……中筭《ちゅうさん》はやむごとなき学生なりけるに、亦かく物云ひなむ、をかしかりける　（八話）

……此の助泥《じょでい》は、物をかしく云ふ者にてなむありける。これによりて、「助泥が破子《わりご》」と云ふことは云ふなりけり。これ、をこの事なり　（九話）

……「武員《たけかず》なればこそ、物をかしく云ふ近衛舎人にて、さも、死なばや、とも云へ（中略）」となむ、人云ひ

ける　（十話）

……感秀《かんしゅう》、もとよりきはめたる物云ひにてありければ、唐櫃の中にてかくも云ふなりけり。世に此の事聞えて、「をかしくしたり」とぞほめける　（十一話）

これらはいずれも、単なる話の結びでなく、連ねられる物語に共通した「物云ひをかしき」存在を呈示するために加えられた、いわゆる「話末評語」[6]とも称せられる部分である。それらが、同時に、世間の詞や人の語を含み、伝聞・伝承の形をとることに注目したい。物語に或る志向性を与える機能が、ここでは伝聞や世間話のような媒介（媒介者）に託されている。それは単純に物語が口承された形跡を残す詞ではなく、巻二十八の主たる統一主題を浮き彫りにするために意図的に強調された結語でもあって、『今昔物語集』が採り入れたそれぞれの物語に与えた、個性的な〝説話〟としての枠組[7]なのである。

こうした媒介の構造を内在させる（そのなかに「興」の成就に現われるような場の構造をも含む）枠組によって、物語という広大なことばの世界のなかから、〝説話〟は対象化されて姿をあらわすのである。では、このような視点から説話集と呼ばれるテクストをとらえてみると、そこにはどのような〝説話〟の枠組が見いだされるであろうか。いまは散逸した『宇治大納言物語』を介して、『今昔』とさまざまな繋がりがあったと推察される『古本説話集』と『打聞集』そして『宇治拾遺物語』をみると、それらは冒頭こそ「今は昔」や「昔」などの型を冠してはいるが、いずれも末尾に『今昔』のごとき定型化し統一された編集的枠組をもたず、物語に付随する独自の枠組が露呈している。それらは一見すると、自由な語りおさめであるかのように見える。しかし、そこには、物語が自らを〝説話〟たらしめるべく志向する装置としての枠組が、さまざまな姿で存在している。なかでも、その多彩にして多義的な機能をよくみせてくれるのは、『宇治拾遺物語』に集められた各話であろう。

『宇治拾遺物語』における枠組、すなわち主に話末に付け加えられて物語を〝説話〟として機能させる詞《ことば》は、どのように分節されるのか。各話を読んでいくと、全体のうちほとんどの話は、基本的に「けり」で終わる物語に、何らかの詞が加えられるかたちである。以下にその主な類型を、本文から見いだされる毎に、順不同に摘記してみよう。

枠組の詞《ことば》のうち、最も短く簡潔な形は、前文を受ける格助詞「と」に結合した一句のみが置かれて結ばれるものである。

―となん(む)　／　―とか　―とかや　／　―とぞ

など、いずれもその直前の「けり」で完結した物語世界(8)に対して、それを伝聞し、これこれしかじかのようなことであったそうだ、と〔聴き手〕に呈示する、まさしく端的に伝承を媒介する機能を果たしている句である。そして、単純なだけにより多義的な機能を果たしうる詞でもある。

この機能がもう少し具体的なものを追求すると、次に示すように、その語り手ないし媒介の存在をあらわし示すような形に展開する。

―となん人のかたりし　／　―よし、人のかたりし也
―とぞ人のかたりし　／　―　とぞ申伝たる　／　―とぞききし
―とぞ京にきてかたりけるとぞ
―とかたられけるとぞ
―さて世のするゐまでもかたりつたふるなりけり
―へいちう、みそかに人にしのびてかたりけるとぞ

伝承の媒介それ自体が再び「けり」で括られて対象化され、これにまた「とぞ」が付いて、二重の枠組を形成した

り、独立した一節を形成して物語世界の奥行を深めたりもする。

この伝承の機能に接して、物語世界を語られる場へ呈示し媒介する、もうひとつの機能として、注釈したり想起させたり証明する詞がある。これらもやはり二重の枠組をなすものがある。

―今におはします

―此々《このころ》も今にありとなん

―尋《たずぬれ》ばかくれあらじかしとぞ

そうした機能として最も極端な方向にあるのは、引用の明示であろう。

―と御集にあり

―往生伝に入たりとか

―とぞ日本法花験記にみえたるとなん

一方、伝承的機能とは異なり、多く独立した句節として付されるところの、物語のもたらす何ものか――すなわちさまざまな「興」について評する詞がある。

―をかしく／―うたてしやな

―不思議の事也／―あなおそろし

―あはれに心うくこそ／―あはれなる事どもなり／―あさましき事なりかし

―いかがあるべからん／―いかにくやしかりけん

―そののちは、いかなる事かありけん、しらず物語の〔語り手〕のことばがそのまま残されたかたちともみえるこれらの詞は、最も素朴な入興の嘆声といえるものから、詠嘆や奇異への畏れ、ひいては推量・疑問ないしは〔聴き手〕に物語を投げかえすような、手の込んだ技《ワザ》とみえるものまである。

こうした評価がより積極的になされると、進んで教訓・教化の唱導の詞となる。

—されば物うらやみはすまじき事なり

—人はいかにもなさけあるべし

—人の悪心はよしなきことなりと

—これをききて、かやうの者をば、かまへてうずまじきなり

あるいは評価を「諺《ことわざ》」に代え託して示す。あるいは語や事物の起源説としての形もあり、これらは説明的機能というべきか。

—「……」と、むかしより云ひ伝へたるも、この心なり

—これより「……」と云ふ事、名誉せり

—これを世の人、「……」といふなり

なかには、これらの要素がいくつか組み合わされて複合形態をなしている例（—とぞ「身におひけるにや、あさましき事なり」となん人のかたりし）も散見する。評価ないし説明というのも、いわば名のることのない〔語り手〕の言である。とすれば、これらは皆、物語を〔聴き手〕に擬された読者に媒介する詞として把握してもよかろう。『宇治拾遺』各話の結びに仕組まれるそれらさまざまな機能は、決して一元的なものでなく、物語のトポスを作りあげ、物語に志向を与えるための、重層した多義的な巧みとして認識されるだろう。これらの枠組も一定の秩序

におさまることなく、絶えず運動を続けているようである。物語のなかには、一見して枠組とはみえない話もいくらかある。だが、その多くは、「歌」で了《おわ》り、「秀句」「問答」など発言の詞で了《おわ》り、そしてとりわけ「笑い」で了《おわ》るのである。ほとんどの場合、何らかの興あることば（声）が最後に配される。あるいは、僅かな例であるが、「―けるこそ目出《めでた》けれ」のように語りおさめの祝言のきまり文句や、「鬼一口に食いてける」のごとく昔話の結びを彷彿とさせる了《おわ》りかたもある。こうした多彩な様相を眺めると、『宇治拾遺物語』には、当時巷間に行われていた「さまざま」な語りの伝承の生態が投影されていると察せられるが、むろんそれをただ筆録したばかりの聞書きではない。つまるところは書承と意識的な編集の産物なのである。それら語りの口承の型を吸収して、物語のもたらす何ものかを最も効果的に表現しようと試みた、変化してやまないダイナミクスが枠組と化して、『宇治拾遺物語』では物語を〝説話〟たらしめているのであった。

三　物語の〝説話〟化

物語を媒介する構造としての枠組が物語を〝説話〟化し、枠組はまた物語のはらむ志向をよびおこしたり、付与したりする。かような〝物語の説話化〟というべき現象は、いわゆる「説話集」に限られたことではない。『今鏡』の「昔語」と「打聞」は、それぞれ十余の物語を聚めた巻であるが、その各話は多くが「けり」で了った後になお、上述のごとき『宇治拾遺』で指摘したたぐいの多様な結びの詞によってふちどられている。貴種の系譜に拠って順に叙述されてきた本篇が了り、それまでに漏れたところの拾遺的要素をまとめるのに際し、『今鏡』の作者は、そうした物語を、伝承の形で媒介したり評価や注釈をさしはさんだり、という潤色を付加することによって一篇のテクスト世界のなかに位置づける。つまり枠組を用いて物語群をテクスト内で機能させているのである。

それは、『今鏡』が作品《テクスト》の構造として選択した、『大鏡』に倣った〝対話様式〟の手法の一環として実現されたものであった。すなわち、仮構のある場（時空）と媒介（〔語り手〕―〔聞き手〕―〔記し手〕）を設けて、そのなかで行われる物語（問答―対話）によそおって、叙述されるべき事柄を記してテクストを構成していく、散文芸術の一領域である（この対話様式テクストについては、次章で詳しく論ずる）。

「昔語」は、そうした構造に連続するかたちで、老尼という〔語り手〕が〔聞き手〕にいざなわれるかたちの、

「さらば昔語りも、なほいかなる事か聞き給ひし、語り給へ」といふに、「おのずから見聞き侍りし事も、ことの続きにこそ思ひ出で侍れ、かつは聞き給へりしことも、たしかにも覚へ侍らず、伝へうけたまはりしことも、思ひ出づるに随ひて申し侍りなむ」

という前置きにはじまり、「打聞」の

……など、いとやさしくこそ申すめりしか

に至るまでの大きな語りの場のなかに、さまざまな物語（「昔語」）を、見聞し伝承された事どもを「思ひ出づるに随ひて申」す体にて列記したかたちである。それゆえに、物語毎の結びには、「となむ」や「と聞き侍りしか」のような伝承を示す詞から評論・注釈に至るまで、長短精粗さまざまに、各物語を〝説話〟として機能させる小さな媒介の枠組が、老尼の語りのしるしとして設けられている。

遡って、対話様式テクストの最大傑作たる『大鏡』は、物語という媒体（言語行為）を作品そのものの構造として縦横にはりめぐらした網目のなかに、叙《しる》すべき事柄をすべて鋳込んだ、統一された構想による精妙な巧みの所産である。物語という装《よそお》いを纏った数多の事柄は、帝紀・列伝の整然たる柱に沿って配されている。それは、雲林院の菩提講の聴聞の座で講師を待つ間にふと生じた語りの場において、驚くばかり年老いた翁どもの、〔聴き手〕を

前にしてその「あど」や問いかけに応えながらの「いと興ある」「昔物語」としてなされる。その上で、この物語に興ずる一座を傍らでただ聴いている一人の宮廷人がその始終を自らの感興まで含めて再現した、という最外周の設定がなされており、「物語」はその仕掛けに媒介されて対象化されテクストとして在らしめられる、という仕組みになっている。

『大鏡』の〔語り手〕たち――世次や重木――はまことに表情ゆたかな存在である。はてしなく次々と操りだされる物語に興ずる彼らの姿や仕草も〔聴き手〕の眼から描かれており、物語に挿しはさまれるそれらの記述は、決してただの遊びでなく、むしろ事柄を物語として説かれるべく分節する巧妙な方向づけのごとき役割を果たしている。あるいは事柄が〔語り手〕に伝承される消息を明かし、自らの述懐を交えるなど、物語に応じて変幻するそれらすべては、物語を〝説話〟化する多元的な枠組としてとらえることができよう。

「実《まこと》は、世の中に、幾許《いくそばく》、あはれにも、めでたくも、興《けう》ありて承《う》け給はり、見《み》給《たま》へ集めたることの、数しらず積りて侍《はべる》翁共とか、人々おぼしめす」と〔聴き手〕を感嘆させるこの〔語り手〕は、その一方で、わざと「ひが事」をまじえ、また、「そらものがたりする翁かな、とおぼすもあらん」皆まことのことよ、三宝照覧あれ、と仏神に誓いうそぶくかと思えば、「いみじきあざ《(戯)》れ事に侍れど、まことにこれは、徳いたりたる翁共《ども》にて候、などか人のゆるさせ給はざるらん」と豪語しつつ、物語の媒介者としての自らを形象している。

『大鏡』の物語世界は、かように多元的な媒介の枠組に組み込まれて渾然と分かちがたく融合した姿をあらわす。それは、いわゆる説話集のように物語が一話毎に区々の枠組のなかに固定されて並べられた形ではない。「物を繰り出すやうに云ひつゞくる」変転きわまりない自在な語り――一座の人々の感興や対話と倶に生成するダイナミックなことばの運動の連鎖として在らしめられる。仏にも類《たぐ》えられる「只今の入道殿下（道長）のめでたき御有様」を象るために用いられたのは、〝説話〟のもつ、語りという媒体を介して一回ごとにあらたなものとして実現する当座の興のありうべきすがたであった。

これほどに壮大精緻な構築物ではなくとも、およそ〝説話〟テクストは必ず物語を〝説話〟たらしめる枠組をそなえている。その枠組は、必ずしも可視的でない場合もあろう。本文の外側にあって、物語に直接かかわらぬ「集」もある。編まれた配列そのものが物語に志向を与える、潜在する枠組がひそんでいる「抄」もある。そのように、物語を一話毎の単位で認識するばかりでなく、さまざまな水準での連続や集合の全体が与える機能を考慮しないわけにはいかない。

『宇治拾遺』の場合も、その枠組はおそらく各話単位の水準のみに存したのではない。「物語」集としての、ゆるやかに全体を括り、さまざまな物語をひとつのテクストに統合するために、それらの生成の場から本として成立するまでの過程を記すあやしげな「序」が存在する。

……（宇治大納言は）もとどりをゆひ曲《わ》げて、〔をかしげなる姿にて〕むしろを板《いた》にしきて、〔涼《すゝ》み居《ゐ》はべりて〕大《おほき》なる打輪《うちわ》を〔もてあふがせなどして、往来《ゆきき》の物〕上中下をいはず〔よびあつめ〕、昔物語をせさせて、我は内にそひ臥《ふ》して、語《かた》るに随《したが》ひて、大《おほき》なる双紙《さうし》にかかれけり……（〔　〕内は写本欠文を板本より補入）

口承による「昔物語」が書承《テクスト》に転換する過程をあざやかなイメージでとらえたこの一節は、むろん、それが事実であるか否かの詮義に及ばない。典型化された〝説話〟テクスト生成のありうべき姿がここに象徴的に演じられているのだから。一同に聚められたさまざまな物語の、定められた枠組をもたぬかにみえる自在な語り口に擬したかたちは、この「序」が示した志向をある意味で実現しているのであろう。逆にいえば、『宇治拾遺』の物語たちが〝説話〟として志向したものを、「序」はそれらしく擬《こら》して形象したのである。[9]

『大鏡』にすぐれた達成をみた〝対話様式〟のテクスト作法は、基本的に、〝説話〟の枠組としての装われた語り（騙り）を実現するための場と媒介の構造を、〝説話〟テクストと共有している。一篇の全体に及ぶ大宇宙から一片の物語が成す小宇宙まで、何れも仮構の語りがその叙述を形成する仕組みを具《そな》えている。たとえば『宇治拾遺』のなかにも、一話の裡で既にこの構造を明らかにそなえている物語が見いだされる。「海賊発心出家ノ事」(板本巻十第十話)の冒頭はこうである。

今は昔、摂津国にいみじく老たる入道の、おこなひうちしてありけるが、人の「海賊にあひたり」といふ物語するついでに、いふやう、「我は……

物語する(という場の)ついでに語られるのが、元は海賊であった老入道の発心の由来である。これは入道自らの懺悔語りとして記されて、最後は「……俄にかく(出家に)成てあるなり」とその語りが結ばれ、それに、「とかたり侍りけり」と彼の語りを明確に対象化(媒介)して了る。「けり」で終止するように、この結句もまた物語の一部であり、物語られた世界のなかに属すことを示す。その意味では枠組とは見えないようであるが、しかしこれが物語と不可分な、物語が成り立つのに本来的にもっていた枠組であることは、物語のほとんど全てを占める入道の一人称の回想としての語りが一貫して破綻ないところから容易に察せられる(なお、この「ついで」つまり次第に語るときの機制である「次第」については、本書第七章に論ずるところである)。いかに単純簡潔であれ、その誕生から場と媒介の構造を刻印されたテクストは、それ自体に枠組を内蔵して、独立した〝説話〟世界をつくりだしているのである。

このような懺悔語りは、ひとつの伝統となって中世に継承されていったらしく、やがて『三人法師』という、唱導の世界に伝承された因縁物語を綴り合わせてその枠組のなかに鋳込んだ佳作を生みだすに至るが、その伝統とは、とりもなおさず物語の形成をうながす〝説話〟の枠組の生命力でもあった。いささか極端な言い方をすれば、物語は、〔語り手〕によって物語られた、という枠組を示すだけで、充分に〝説話〟として機能するのである。

『古本説話集』巻上の冒頭話「大斎院事」においては、その末尾に、主人公たる大斎院選子内親王がめでたく往生を遂げられたことを叙しておわるのに、……一定極楽へまゐらせたまひぬらんとなむ、入道の中将よろこびたまひし、と語りたまひし。

という形で結ばれている。この〈語り手〉は誰かむろん定かにしないが、その「語り」は、単に入道中将の事もしくは選子の往生の事にのみかかるものではなく、切れ目なくより大きな範囲、あえていえば一話全体にかかる詞と読みとれる。後半部の同文的共通話である『今昔』巻十九第十七話では、末尾の「と語りたまひし」が例の「となむ語り伝へたるとや」なる編集句となっており、『古本』の場合も恐らくは〝説話〟として成立した（テクストとして記述された）時点で付与された枠組とおぼしい。

その結句は、この冒頭話が担う、かつて華やかなりし王朝文化への追懐——大斎院が体現したその世界を、いくつかの挿話によって物語ろうとする〈語り手〉の存在を示している。そこだけでなく、前半の『大鏡』師輔伝の選子条に拠ったとおぼしき部分では、最初の一段にあえて「……と人申し伝へたり」と加えており、ここにも〝説話〟としての語りの刻印を打っている。一話の中心となる後半の『今昔』と重なる部分は、世も末となり、斎院も遙かに年経て久しくなった或る日、雲林院の不断念仏の帰途に殿上人たちが月あかき夜更け、斎院へ推参して夜もすがら遊び興じた、という趣深い物語である。それ自体も、この殿上人らが「殿上にてあはれに優しく面白かりつるよしを語れば」とあって、彼らの口を介してその次第が伝えられ世の語りぐさとなったように仕組まれているのである。

この、雅びながらも亡びゆく王朝の残映を回想する挽歌のごとき物語は、『今鏡』村上の源氏「有栖川」において令子内親王の斎院のうちを殿上人が訪れる段にも反映されている。更に、『無名草子』の末つかたに女房の語りのなかで想起され語られるのにも実にふさわしい逸事であった。とりわけ、話中において、院の女房たちが「夜より物語りして、月の明かりければ居明さむと思ひて居たる」という物語の場を院中に設けていることは興味深い。それは、やがて、対話様式テクストとしての『無名草子』が設けた場[10]（そして女房たちの夜すがらの語りとそこに訪れる聴き手の参加・聴聞という点で、媒介としても）の先蹤としてふまえられた世界であったと思われる。

物語の〔語り手〕の存在がテクスト上に浮き上がり露見（発言）するという現象は、いわゆる作り物語における、「草子地」の形と相似する。装われた仮構の存在としての〔作者〕が、物語られる世界について、その内部に登場してさまざまに口をはさむ言説を、『源氏物語』注釈史上の用語として「草子地」と呼ぶ。それは「作者の、主体を伏せみずからを虚構化する最も巧妙なかくれが、ついに不透明の場所[11]」として、物語が対象化され、その作品世界が生成する鍵となる重要な役割を与えられもする。にもかかわらず、「草子地」の概念自体は時に応じ人によってさだかならず、限定された狭い範囲をさす場合も、また地の文全体に拡大されてしまうこともあり、揺れ動くものであった。さらに、『源氏』以外（とりわけ以降）の多くの作り物語において、「草子地」が、そのテクストのなかで全体の構造と分かちがたく結びついて作品世界をあらしめるべく機能している、と明らかに認定できるものはきわめて少ないだろう。[12]つまり「草子地」は作り物語にとって必ずしも普遍的な方法ではなかった。それは、たしかに物語を枠組に入れ、その全体に明らかな志向を与えて投機する仕組みであるが、同時に物語られる世界をそこに巧まれる〝対象化のまなざし〟によって解き放ち、更なる世界をよびおこす開かれた連鎖としてあった。これに対して〝説話〟の「草子地」的枠組は、物語を求心的に囲い込み、与えられた志向を限定された時空において完結させる閉じられた環である。〝説話〟が短篇物語であることの本質的な機制がそこにあろう。そこには必ずや有名無名の媒介者たる〔語り手〕がさまざまな水準であらわれて物語の位相を定立するであろう。むしろ〝説話〟は、その〔語り手〕の存在がテクスト成立に積極的な役割を果たすところにこそ、独自の世界の発見があったとはいえないだろうか。

四　媒介としての〝説話〟と中世説話集の成立

〝説話〟という言語行為―記述は、枠組に〔語り手〕などの媒介者の存在が示される場合、物語られた言説の輪郭やそれに志向を与え、意味づける機能が、明らかに浮かび上がる。

『今昔物語集』巻二十四「俊平入道弟習筭術道語第二十二」は、その後半を、女房どもが庚申の夜に物語して居たところに「けづらひて（呆けて）」居た主人公に「をかしき物語」して笑わせよと求めたところ、筭を置いて術をかけ皆を死ぬばかり笑い転げさせたというヲコ話でおさめるが、「ける」で一応物語が了った後に、「然《さ》れば『……』とぞ、聞く人皆云ひける」の結びの評価―伝聞の一節を置き、更に加えて「かく『筭の道は極めて怖しき事にてあるなり』とぞ、人語りし……」と納める。前者の結びの詞は物語に密接した内部的なもの、後者は物語の全体を俯瞰して結ぶ評価―伝聞ととらえられるのであって、単なる繰り返しではない。「聞く人」と「人語りし」は、この物語が〔聞き手〕より〔語り手〕へと媒介される二重の枠組を設けてあることの符牒のごとき存在であり、（庚申の夜という〝物語の場〟も含めて）物語られた世界がその複合的な媒介によって一挙にあざやかに浮上する。

このような二重の媒介によって物語の言説が〝説話〟化を強調される、よりあらわな例は、『今昔』巻五第三話とその同文的類話『打聞集』第十五話「玉盗人成㆓国王㆒ニ事」にみることができる。いま『打聞集』によれば、この物語が了った後に加えられる枠組は、

……となむ云けると経に説たる、と僧の語りし。今、此事をききて得㆑心《こころうる》に……（以下に教訓が説かれる）……是以《これをもって》知りぬ、善悪一《ひとつ》なりと云事（を）

（原文の表記を私に改めた）

「経」とあるのは『撰集百縁経』巻八「盗賊人縁」のことであるが、この物語の原拠を、本説を引用して「僧」に

語らせるかたちで示し、更にこれを聞いた者がその「心」を「得」(解し)て理《ことわり》を呈示し、結論づけるという、明らかに意図された枠組が設けられている。

さらに例を加えるなら、一話のなかに登場する〈語り手〉が物語を語り、それが〝説話〟として機能することにより一話全体も〝説話〟たり得るという構造をもつのが、『長谷寺験記』下巻十九話「高助遇レテ難ニ後猶依二テレ帰スルニ当寺一ニ得レ益事付里野延命往生浄刹事」である。一向に信仰の果報のないことを歎く高助に、礼堂で出会った「山僧とて世にさかしう物知たる者かとをぼしき僧」が「いさめて云く」と、長谷観音の利益空しからざることを説いて、「其中に、近比《ちかごろ》、上《かみ》の京に一人の貧(しき)侍有りけり」に始まる高階里野なる男の往生を遂げた物語——観音の利生譚を語る。その話中話は次のように結ばれる。「……如此、遠き大聖(観音)の御計《はからい》なれば、汝が祈請も敢て空《むなし》かる事あるべからず。ゆめ〳〵退屈する事なく、久く功を入奉るべし』と云ければ……」。この教化を蒙った高助は不信を悔い、たゆまず月詣してついに利生にあずかった、という次第である。

ひとつの霊験譚が〝説話〟として成り立つために、その内部でそれ自体が完結した一箇の〝説話〟が語られる。物語中の主人公なる〈聞き手〉に〈語り手〉が物語を説き示すという形の媒介を通じて、〝説話〟が企んだ「利生」は呼応して生じ、完結する。それは閉ざされた回路内で自足しているようだが、観音の霊験の功能はこの構造を通じて二重の真実性をもって訴えかけてくる。まさに〝説話〟が露わになっているのである。そして、そうした現象が、説経や霊験譚のような、唱導という明確で強い志向をもつ領域の文脈に多くあらわれるのは、注目すべきことである。

中世に陸続と生みだされた「説話集」は、いずれも物語を〝説話〟たらしめる枠組が多様化し、大きな比重を占めるようになっていく。それは〝説話〟を成り立たせる志向—機能がより強められたからであり、そこに期待されるものが増大したゆえであろう。その現象を眺めると、中世の言語文化のなかで〝説話〟の果たす役割がいかに大きなものであったかが察せられる。

『発心集』は、枠組が全体にわたって各物語の後に章段化されている。やはり物語自体は基本的に「けり」で了り、その後に長短さまざまな文詞が付加されるかたちである。そこで特に押しだされるのは、長文の「評論」――むしろ解釈・述懐・信仰表明または勧信の唱導というべき言説であって、それはもはや物語に付随する結句ではなく、それ自体が物語と並び立つほどの比重を占めるに至る。それも画一的な形式ではなく、なかには一段が丸ごと述懐や論説のみで成るものがあれば、逆に、物語を叙しての末に「……と語りける」のごとき有名・無名の〔語り手〕の発言を枠組として呈示して一語を構成するものも多い。更に、物語を誰から聞いたのかなどの伝承や、〔語り手〕について詳述したり逆にわざと朧化したりの注記を含み、書物からの引用にも言及して、物語の真実性を強調しようとする。

序・跋を含めて『発心集』の枠組に見いだされるこれらの現象は、それまでのテクストにはそれほど強くあらわれなかった、物語を〝説話〟化しようとする志向や媒介への強い意欲に発している。そこには〝説話〟を媒介し方向づける存在としての主体的な〔作者〕の姿がはっきりと見えてくる。

これに対して、『撰集抄』における最も特徴的な枠組は、（たんに肥大化した話末の「評論」的言説ではなく）むしろ〔作者〕に仮託され、序と跋にその像を刻みつけ、全篇にわたって諸国を巡り遁世者や往生人に出逢い、古えのかしこき例《ためし》を見聞しながらこれを編み、書きつけるように装われた、「西行」という存在であろう。ここでは、西行に擬された〔作者〕が〝説話〟を媒介し志向させる機能そのものとして、テクスト内部の複合的な装置の一部に化している。その反面、真の〔作者〕は、その構造の彼方に全く姿をかくしてしまっているのである。これは、ついに名乗らぬ〔作者〕が仮構された物語の場と媒介の構造の彼方に姿をくらませる『大鏡』以下の〝対話様式〟とはいささか異なりこそすれ、基本的には〔作者〕という概念も広義の媒介機能のひとつとしてテクストのなかで相対化されるという点で共通している。(13)

西行と同じく遁世者にして物語伝承上の存在でもある康頼が、いかにもそれと知られる態《てい》で登場、述懐を交えつつ道行《みちゆき》して物語の場たる清凉寺釈迦堂の礼堂へ赴き、参籠通夜のうちに始まった対話問答に耳を傾ける――この仮溝の設定のなかに、仏法入門の勧説を次第に説くのが『宝物集』である。〝対話様式〟による仮構のテクスト構造がすなわち〝説話〟の枠組として全体を覆っている。問いかけに応える僧の説法としてなされる物語は十二門に体系立てられ、多くの和歌や経文などと共に提示される膨大な〝説話〟は、装われる説法の語りの文脈に吸収されて自由に要約・変形させられて展開する。一話単位でまとまり巻序を整えるような「集」とは全く異なる光景が現出する。その〝説話〟化について特徴的なのは、十二門の各主題が展説されるなかで、その所論の「証《しるし》」、すなわち証拠であり先例であり具体化として提起・列挙されて現われてくることであろう。「――少々その証を申侍べし／――のためし、多く侍るめり」等々の前置きを述べて物語るのである。後にその「心」を釈することもあるが、直接〝説話〟を機能させる枠組はその前に付いてそれを誘い、押しだすことになる。これは、まさしく唱導における説法教化の語りの方法を用いていると思われる。

仏教の言語媒体の体系的機構《システム》というべき唱導が、〝説話〟という範疇の成立、具体的にはその枠組の形成に終始深く関与していたことは、生みだされるテクストのなかに紛れもなく刻印されている。

『沙石集』は、諸宗兼学の唱導僧無住の、「狂言綺語のあだなる戯《たはぶ》れを縁として、仏乗の妙なる道に入しめ、世間浅近の賤き事を譬《たとへ》として、勝義の深き理《ことわり》を知しめんと思ふ」（序）という目的のもとに、「徒《いたづ》らなる興言を集め、虚《むなし》き世事を注《しる》し」し、また「雑談の次《つゐで》に教門を引《ひき》、戯論《げろん》の中に解行《げぎょう》を示す」ものとして著された。それは、聖なる言説としての経論と対立する俗なる人間世界の文芸や民間伝承などの物語をもって、却ってそれを介してこそ仏道へ導こうという、教化の思想実践であり手立てであった。無住が説経・説法の名手であったことは『沙石集』の随所にうかがえるが、また同時に、性来愛好してやまなかった「興」ある「物語」を記そう、という抑えがたい衝動がこの「集」の生成を支えている。この人物は、よき聴き手であり、語り手であり、そして記し手でもあるという、最良の〝説話〟媒介者の資格を一身に備えていた。

『沙石集』に無住が用いた枠組は、まず彼が直接間接に見聞した当代の生々しい物語を呈示するために、叙した後でそれを証し立てるさまざまな言説によって、その事実性を強調するところにあらわれる。そのためには媒介（媒介者・伝承経路）が明らかにされることも必要であったし、なかにはほとんど起請か誓文のような一節も見いだされる。「慥《たしか》の事なり」とは、そこによく登場し一話をしめくくる、最も単純にして端的な結句である。(14) これは戯れでなくまじめな主張であった。このような事実性の表示が、説法の単位ともみえる各節毎に多少とも必ず見いだされることは、それが無住の、物語を媒介し、志向を与え、機能させる〝説話〟の方法であったことを示している。これを介して、その志向のもとに更なる物語を提起したり、経論名句を引用したりして説法が展開し、やがて事実は仏法の真実を象るものとして現前する仕組みである。

何事にも饒舌な無住は、『雑談集』にも、「利益有《あら》ば教訓等《など》に妄語する事有り。方便也。若し利益有る妄語ならば反《かえり》て実語也」（巻三）と、己れの言説を説話として機能させるための趣意を告げる。世俗の物語（妄語）がさながら仏法を開示するための手段（方便）として表現されることによって真如へ導く詞（実語）となるのである。そこには、聖と俗とが分かちがたく翻転《ひるがえり》しながらともに生成するダイナミックな文化の構造を、彼が〝説話〟を介して認識し、自らつくりだしていた消息が如実に示されている。(15)

五　潜在する枠組――学問体系の中の〝説話〟

これまでは、〝説話〟テクストが枠組を内部化した例を主として論じてきたが、一方で、これまでに挙げたような枠組をみせず、もっぱら物語の言説のみが記されているテクストの存在を無視することはできない。いわば何の注釈もなしにむき出しで投げだされているかのような記述―語りのテクストである。だが、それらにも実は物語の周縁や外部に多元的に存在する枠組があって、それが記述をして〝説話〟たらしめていた。その好例は、仏法の領域で見いだされる。

鎌倉初期に活動した仁和寺菩提院の行遍僧正による『参語集』は、真言密教の学問伝統のなかで醸成されてきた教義作法の一郭にある故事故実――知の体系――の一端を集成した書である。(16) 各条「……事」は行遍の口伝を弟子の兼遍が記したもので、ほとんどが「……と云云《シカジカ》」で了っており聞書した物語をそのまま収録・編纂したものと思われる。ただし、「……此事をたれにも披露なかりけるを、僧正御房（行遍）ばかりに被レ仰セけり。僧正御房は万歳蔵人入道に被二レ語仰一セ、文応元年庚申十二月十八日兼遍に被二ル語仰一セ」（巻二「神楽事」）のごとく、ところどころに〔聞き手〕―〔記し手〕兼遍の語が姿をあらわして、〔語り手〕行遍を対象化した部分も見いだされる。その、五巻に分かたれた篇目は、次のように示されている。

巻一　古今凡聖物語等　　浅略
巻二　内外雑談口伝等　　深秘上
巻三　仏事并教相物語等　深秘下
巻四　修法物語等　　　　秘中深秘
巻五　事相密談等　　　　秘々中深秘

ここには、「物語」「雑談」「口伝」など、中世に生きた言語行為が真言密教の世界のなかでいかなる位置づけを与えられていたかが明らかである。そこでは、密教の相承伝受の階梯であるところの「四重相伝」を口伝の言談のヒエラルキーとして、物語が秩序づけられている。具体的には、巻一は僧俗の伝記逸事や寺院縁起などが聚められ、巻二では前半に神祇・宮中祭祀・音楽等（「外物語部」）、後半を寺院や仏法の雑名目・故実等（「内物語部」）とする。凡―聖・外―内と分節され次第に聖なる秘密教の深秘に至る構造は、その内容のみでなく用いられる言語媒体の序列化によって支えられている。『参語集』は、真言密教の学問の体系をテクストの体系化として布置することによって、そのなかに組み込まれ記述された「物語等」を〝説話〟化しているのである。[17]

世俗の領域でも、このような現象は同じく認められる。たとえば、『古事談』が、大半「云云」とのみで了る各記事を、一書全体の構造のなかで〝説話〟として位置づけている。全六巻の名目は、「王道后宮／臣節／僧行／勇士／神社仏事／亭宅諸道」だが、それは帝を項点とする王朝文化のヒエラルキーを体現しており、この秩序の許に記録や日記をはじめとする文献の抄出を中心とした記事は分類され、配列されて呈示される。そこには、仏法におけるような横竪にわたる立体的な構造はない。代りにそこに現出するのは、有職故実という称に表されるような、朝廷が組織する、家門流派が担うところの諸道諸職の体系である。天台・真言の顕密仏教もまたその一部として包摂された。行遍の属す御室の院家もその例外ではない。この秩序＝体系の拡大と分立は、やがて類聚すべき名目（部類）の細分化と百科全書的増大をよびおこし、ひいては『古今著聞集』のごとき大規模な、類書として索引的機能をもはらんだテクストを生みだす。編者成季がその完成を、日本紀や勅撰集の「竟宴」の儀に擬して祝ったところにも、その〝説話〟によって王朝の秩序＝体系を構築しようという志向が明らかに示される。

その『著聞集』が、序に『宇治大納言物語』と共に大江匡房の『江談』を自らの営為の先蹤として挙げていることは、これら王朝文化の世界秩序の一環たるテクストが何を基盤としているかを明かしている。それは『古事談』の主要素材のひとつでもあった。匡房の談話を信西の父である藤原実兼が記した『江談』は、この大学者が残した厖大な「記録」の範疇――『江家次第』や『江都督納言願文集』をはじめとするまさに秩序＝体系そのものと言うべきテクスト――に納まらず、逸脱した世界を、「談」すなわち物語・口伝という媒介を通して記述したものであった。「公事・摂関家事・仏神事／雑事／漢詩／詩事／長句事」という名目は、あくまで文の領域にもとづきながら、朝廷の体制をあらしむる〝知の体系〟を言語行為を介して再生産をもくろむ回路の一端であったことだろう。物語それ自体に見えない外部の枠組は、実はそれを生みだし、位置を与え、伝承する大きな体系としての学問のなかに含まれている。

そのとき、各記事の末に付される「云云《…トシカジカ》」とは、古文書学的に単なる引用とか省略の符号と解されるだけではとらえ切れない機微《ニュアンス》に満ちている。それは、ちょうど「となむ」や「とか」などに匹敵する、きわめて最小単位《ミニマム》に凝縮された形ではあるが、そうした学問の言談の場と聴聞―伝承―筆録―抄出等の媒介の構造をすべて含む、多義的に複合した〝説話〟の枠組なのである。たとえば「日本記云」という〝引用〟のかたちではじまる、典拠の本文に還元できない物語が歌学書をはじめとして中世の諸書にあらわれる。それは、その世界の体系を根深いところで支える〝説話〟の枠組を告げるしるしではなかったか。

やがて、中世仏教のテクストのなかには、しばしば「物語云」ではじまり「云云」で了る記事が見いだされるようになる。そうした「物語」を、たとえば光宗の『渓嵐拾葉集』という書物は多く含んでいる(18)。彼は、中世天台宗の顕・密・戒にわたる事相と教相の故実説を記録する、記家と称して灌頂により継承される一流派に属したテクスト管理者であった。完存すれば三百巻に及ぶという膨大な類聚の産物である『渓嵐拾葉集』は、まさに天台教学の学問の体系を成すものである。それを形成するテクストのなかに「物語云」の言説が占めてはたらく位相は、この世界の体系を「物語云」から「云云」まで、すなわち〝説話〟の枠組によって支えるものであったことを知らしめる。

それぞれの学問の一分野であり、また中世の諸学を横断し重層する方法でもあった注釈・談義という活動のなかにも、この「物語云」は登場する。その言説によって、注され談ぜられる古典テクストは活性化し、あらたな意味を獲得し、ひいてはその学問の範疇が絶えず生成される。やはり天台においてみれば、栄心の『法華経直談鈔』は、記家が媒介し、あるいは安居院の唱導も関与するところのそうした中世の学問〝知〟の延長上にある一箇の集大成と言ってよい。そこに数多く含まれ、ほとんど注釈記述の半ばを占めるに至る「物語云」に枠どられる所説は、それ自体が独立して直談の領域に伝承される「因縁」の物語の体系と系譜をつくりだすに及び、『往因類聚抄』(19)や

『直談因縁抄』[20]という中世説話集の掉尾を飾る類聚を生みだすに至った。また同時に、固定せず流動して諸領域と結合しさまざまな志向を与えられつつ〝説話〟として機能する現象も、至るところで見いだされるのである。

聖俗にわたる「物語」のテクストにおける位相を窺い見るとき、まさしく学問という巨大な知の体系そのものが〝説話〟の枠組であった、というべきであろう。

第六章　中世的知の様式
——日本における対話様式の系譜——

一　対話様式テクスト論

（1）「如是我聞」

仏教をひとつの文学の営み、ないしテクストの運動として普遍化してみるならば、それは、その法の拠である経典が、「仏説」として釈迦の口から説かれたことばを書記したものであるという前提で成り立っている。法身として永遠の存在である如来の教えも、歴史上の実在として応化された釈迦の説法を介して、口頭言語として装われながらあくまで書記化されなければならないという根本的命題を負っている。

経の一言一句は、仏の金口《こんく》から告げられた説法―獅子吼《ししく》の声として聴衆（対告衆《たいごうしゅう》）に聴聞され受持された聖なることばである。しかしそれを書記化した経典には、仏のことばが対告衆のはたらきを介して生起する、その過程が基本的な構造として欠かせない一部になっている。つまり、経典というテクストは、仏のことばのみを記した一元的なものではなく、必ず誰かに対して語りかけ、問いかけ、答え、説かれるという対話の弁証的構造を内包している。ゆえに、その場に集う対告衆もまた、仏を迎え、問いを発し、讃え、礼拝する種々のことばを仏と交す存在である。経典とは、仏とそのことばをめぐって、多声的なことばの交響が現出する、そうしたテクストなのである。第一章で扱った仏教儀礼において、経典のなかの偈頌《げしょう》など韻文の詞章を音楽的に詠《うた》う声明《しょうみょう》は、まさしく声という媒体において経典のそうした構造を表出し、感得させるものといえよう。

この経典を解釈《げしゃく》すなわち分節化する「科文《かもん》」という方法論では、まず冒頭を「序分《じょぶん》」として、あらゆる経典に共通する普遍な「通序」の部分と各経典の固有な設定である「別序」とに分かち、以下の本文を仏の教えの本質的な部分である「正宗分《しょうしゅうぶん》」とそれを演《の》べ広めるための譬喩因縁を説く「流通分《るづうぶん》」とに大別し、最後に説き了《おわ》った仏の前から対告衆が辞去する「作礼而去《サライニコ》」で結ばれる、一貫した構造を成していることが、その基本的な分類において認識されている。この科文による分類は、大乗経典について一層細分化してなされる。その「通序」は、更に「如是（信）我聞（聞）一時（時）仏（主）在……（処）与大衆（衆）」の六成就に区別され、それらを具足して初めて仏説が宣《の》べられるとする（『大智度論』）。また、以下の流通分と正宗分中の説明的なくだりは悉く「経家（経典編纂者）」の語である、として仏説から切り分ける。こうした手続きにより、〈聖なる仏の言説〉は、それをめぐり讃嘆し、奇蹟が現出する情景を描きだし、対告衆の反応や問いかけを叙《しる》す部分が弁別され、その上に立ちあがる。逆にいえば、それらの要素こそ仏説を成就させるのに欠かせない枠組《フレーム》としての装置であり、荘厳であった。

科文というテクスト解釈の方法に拠る中国仏教における経典解釈学は、疏《そ》または文句《もんぐ》の学問と呼ばれる。それは天台大師智顗《ちぎ》の法華三大部と湛然《たんねん》のその注疏に至ってひとつの頂点を迎えるが、その過程で分析は精緻を究め、細分化を重ね、煩瑣なまでに発展した。仏教を受容して間もない古代日本にもその影響は早く及び、聖徳太子が自ら講讃し撰述したと信じられて流通した維摩・勝鬘・法華の大乗経典の注釈『三経義疏』は、その流れに連なるものである。

本章で述べるのは、こうした経典の解釈学や、学問としての仏教が日本でいかに展開したかということではない。むしろ、それらの分析が現象し、認識せしめたような、経典が実践してみせた〈聖なる仏の言説〉を書かれたテクストに定位しようと試みるところからの表現の可能性を、日本の文学がいかに受けとめ、あらたな文学の創造をもたらしたか、その諸相を尋ねたい。本章は、いわば「如是我聞」の文学ともいうべき、仏説が聴き伝えられ書かれたものとなるという媒介を経て、読まれる媒体として機能する経典の構造は、仏教の領域の内部ばかりでなく、むしろその外部で花開き、豊かな果実を生みだしたといえる、その幾許かの達成についての記述である。

（2）『三教指帰』の実験

経の内蔵する構造が外部に展開するにあたり、ひとつの契機として注目されるのは、中国仏教が終始意識して向かい合った、儒・道二教との対決・論争である。中国の歴史において、仏教と国家・王権との関係は常に緊張をはらんだ、危ういものであった。円仁が入唐中に遭遇した武宗の大規模な破仏のように、それは壊滅的な迫害をもたらす可能性を常に抱えていた。唐代の法琳撰『弁正論』[1]の「三教治道論」は、四人の仮構の人物が儒・道・仏の三教の立場を代弁し論争するうちに他の二教に対する仏教の優越を論証する、という構想である。それを踏まえ、その影響を受けながら、より一層大きなスケールで展開し巧妙な作品に仕立てあげたのが、その序に延暦十六年（七九七）の成立を銘記する空海による『三教指帰《さんごうしいき》』であるといえよう[2]。

『三教指帰』をめぐっては、写本として流布し、また中世に板行されて大師「御書」として普及したテクストとは別に、空海自筆と伝えられ『聾瞽指帰《ろうこしいき》』と題された異本が高野山に孤本として蔵される。このヴァリアントをも視野に入れて、その構造を瞥見しよう。

『三教指帰』は、一般に戯曲的と評されるように、三教論とその仏教による止揚が、四人の仮構の登場人物の発言—対論によって展開される。序には全体の設定が提示され、また「余」と自称する作者の像が押し出されている。まず本書執筆の動機（「人の憤《いきどほ》りを写《そそ》ぐ、何ぞ志を言はざらむ」）が述べられて、止みがたい志を吐露しようとする渇望が表明され、次いで「余」の自叙伝的記述が続く[3]。若年からの修行遍歴の果てに親族との葛藤をへて出家を遂げたが、外甥の遊蕩非行に傷心する出来事があり、それが述作をうながしたと明かしている。そこで儒・道・釈の三教を代弁する三者（亀毛先生《きもうせんじょう》・虚亡隠士《こもういんし》・仮名乞児《けみょうこつじ》、いずれも虚構上の存在であることをあえて名に示している）を主人（兎角《とかく》主人）の許で議論を戦わせ（「倶に楯戟《じゅんげき》を陳《つら》ねて」）、その甥（蛭牙公子《しつがこうし》）を箴《いまし》める、という設定の許に、一場の戯論《げろん》を巧《たく》んでみせた。それを三巻に録し名付けて「三教指帰」という、と書名の命名まで含む。

一方、『聾瞽指帰』の序は大きく異なる。共通するのは仮構の設定を述べる部分のみ。しかも一巻となし名付けて「聾瞽指帰」という、と結ぶ。序の前半は、自伝的要素が全くなく、執筆の動機として詩賦を作り詠じて意《こころ》を述べようとする志について、唐の張文成の『散労書』と本朝の日雄人の『睡覚記』とを評し、いずれも高き志を弁ずるに足らぬと退け、甥の非行を目前にして拙くとも心中に正法を述べるべく表現への意欲が湧きいだした、と動機を表明している。

『三教指帰』に戻ると、各論は、設けられた大きな枠組の許に、論者が主人の前に弁士のように進み出てそれぞれ蛭公を箴めるという形をとり、前者を後者が論破し、前者が後者に教えを乞い、後者が訓説するという、弁証法的構造を有している。儒・道二教の論は単純な形に終始する導入に過ぎず、最後の仮名乞児論が最も複雑な構成をもち、これが本書の眼目を成すことを示している。また、仮名乞児論の冒頭には、序の自伝的部分と呼応するように仮名乞児の自叙が述べられ、そこに描き出される肖像はやはり空海その人の写し絵にほかならない。そこでは、彼の出家に反対する「或人」との問答が繰りひろげられ、制止に抗って決断に至るまでの乞児の精神遍歴が「懐《おもひ》を写す頌」を挟んで表白され、ついに出家を遂げ修行に出で立ち、山林を出でて兎角の家の門に到ったところまでが叙される。ここで亀毛先生と虚亡隠士の「論諍之戦庭」に逢着した、という表現が用いられ、論争を戦いに譬《たと》える趣向は、更に、それまでの論戦を門の側《かたわら》で佇みながら聞いていた乞児がいよいよ言を発し論場に向かおうとするところで、「遂に乃《すなは》ち智慧の刀《つるぎ》を砥ぎ弁才の泉を涌かし、忍辱の介《よろひ》を被《き》て慈悲の驥《むま》に駕《の》り、疾《はや》きにも非ず徐《おそ》きにも非ず亀毛が陣に入り、驚かず憚らず隠士が旅《たむろ》に対《むか》ふ」と出陣し戦いを挑む譬えによって展開される。こうした華麗な修辞を駆使して論陣を張った乞児の弁説の前に、たちまち二人の論客は屈伏して蛭公ともども帰依し、以下は全く乞児の独壇場となって「無常の賦」「生死海の賦」など世の無常を観じ生死の流転を歎ずる詠《うた》を交えながら仏法の深遠へと導く。

『三教指帰』が文学史上に画期的な位置を占める理由は、これが、表現することへの志を高く掲げた著者により、己れの精神的遍歴を対象化した上で一箇の思想の劇を紙上に現出させたことにある。これだけでも前代未聞のことであったのだが、なお斬新な試みはその上に巧んだ仮構にある。『文選』の賦にも見られる古い伝統をも吸収し、護教論の範にも倣いながら、空海はその思想劇を、仮構の場と登場人物を設けなして演じさせた。彼らの辞《ことば》を操るなかに著者の主張を語らせその正しきを説くばかりでなく、その主役に己が分身を投影し、巧みに自らを語らしめているのである。

『三教指帰』は、これを大師御書と仰ぎ習い伝えるべき聖典として重んじた真言宗の僧侶に限らず、平安時代の学者文人にも影響を与えたと思われる。「余（予）」が登場し仮構の人物との間で問答を交したり見聞したことを記す形をとった漢文作品が残されているからである。空海に仮託される『玉造小町子壮衰書』のように唱導色の濃厚な宗教文学や、世俗の祝祭性に満ちた藤原明衡《あきひら》の『新猿楽記』がそれである。また、空海自身の著作でも、『秘蔵《ひぞう》宝鑰《ほうやく》』のごとく宗義を論ずるのに同じく仮構の人物を設けて問答によって構成されたテクストがあり、それは仏法ひいては真言門へ初学の入門者を教導する啓蒙的な役割を戦略として有している。後世に言う「四部の書」のような幼学・童蒙書より上位にこうしたテクストは位置づけられ、訓読や注釈(4)を介して寺家の僧侶の学問の基盤を成す書物のひとつとなると同時に、宗門と世俗の学問を繋ぐ典籍でもあったと思われる。真言宗僧侶の学問伝統のなかで『三教指帰』が意識され再生した作品としては、次節に詳しく紹介する、十二世紀半ばに仁和寺僧覚印の著した『聞持記《もんじき》』がある(5)。

やがて、仏法の世界そのものを対象化した書物が、世俗の側から創り出された。源為憲が尊子内親王に捧げた

『三宝絵』である。その文体は漢文でなく女子のための仮名で書かれ、(6)しかも物語の草子と同じく絵を伴うものであった。敦煌の変文や変相からうかがわれるように、仏教の唱導においては絵解きにより経典の説経を平易に行う風儀が汎《ひろ》く行われていた。その基盤の許で、公―男―漢の文化を私―女―和の次元に転移させる運動が仏法の〈聖なる言説〉にも及ぶものであった消息を、『三宝絵』は鮮やかに示している。その担い手となったのが、天台僧と文人貴族が共同して営んだ勧学会《かんがくえ》という結社であり、法華経と浄土教を基底に詩文を唱和する僧俗の知識人の姿は、同書下巻、僧宝の仏教年中行事のなかにも描かれている。ただし、『三宝絵』は『三教指帰』の試みたような仮構の枠組をもたない。その実験があらたな作品として結実するのは次の時代まで待たなければならない。

(3)『大鏡』の達成

『三教指帰』で空海が挑んだ実験は、世俗から仏法へと跳躍する運動でもあったが、およそ三世紀をへて、その動きは世俗の側において、異なった主題について装いを一変してあらたに試みられた。それは確かに、はじめから書物として書かれたものであり、最古の完本には(7)詳細な注としておそらく本文の作者が参照したであろう多様な記録類が裏書されている。にもかかわらず、その仮名の文体は平俗な口語の趣きで〝語り〟を装い、全篇は一貫して一人の聴き手の回想というべき水準に統御されて、これを〝書いた〟という一言はついにどこにも見出されない(後節参照)。『大鏡』は、説かれるところの〝語り〟を聞き受け持《たも》つ、まさに「如是我聞」の構造の許に成り立つテクストである。しかも『三教指帰』がいかにも作者空海の自画像を登場人物の上に描きだすのとは異なり、『大鏡』では周到に作者の痕跡が消し去られ、テクストの構造の背後に隠蔽されているのである。

藤原氏摂関政治の全盛時代を創りあげた御堂関白道長の栄光は、既に『栄花物語』正篇によって、女房の筆になる仮名物語の文体と視点で、六国史を継承する歴史物語というべき新たなジャンルを切り拓いたところにしるしづけられた。その体制が過去のものとなりつつあった院政期に至り、同じく道長と、それを取り巻く宮廷社会のありさまを、その父祖の事蹟や系譜から包括的に記そうと試みる、あらたな歴史物語が創りだされた。それには、『栄花物語』にはなかった独特な世界構築の巧みがほどこされていた。

道長の繁栄が絶頂にあった万寿二年（一〇二五）の春に時を定め、洛北紫野の雲林院《うりんいん》に催された菩提講という仏事の場、無縁聖人の勧進(8)による法華経講説に洛中の貴賤衆庶が結縁するその場において、聴聞に参った聴き手は、礼堂に集《つど》って講師を待つ人々のなかに、ひときわ異彩を放つ老翁の咲《わら》い声を聞きつけて注視する。既に百九十歳と称する大宅世継《おおやけのよつぎ》とそれより僅かに若い夏山繁樹《なつやまのしげき》の二翁と、それに合の手を入れる三十余りの侍《さぶらい》を交じえ談笑する一座の〝語り〟に聴き手はいつしか魅せられ、傍へにじり寄って耳を傾ける。講師登場までの僅かな間に、目も眩むばかりに虚実とり交ぜた興ある物語が展開される。その〝語り〟は、とりとめのない雑談《ざうたん》のようにノイズをわざと交じえ、語り手の表情や仕草の描写にまで及ぶが、宇多天皇より歴代の帝王の御次第、藤氏の大臣の次第、更に眼目となる道長物語、そして末に昔物語（「雑々物語」とも）を添える四部に大別され、整然と配された、『史記』の帝紀と列伝に倣った人物中心の歴史叙述が、その装いの許で展開されているのである。

『大鏡』が自ら掲げる目的は、世継自身がその語り始めに宣言するごとく「只今の入道殿下［道長］の御有様の世にすぐれておはしますことを、道俗男女の御前《おまへ》にて申さん」ことであり、また「この御有様申さむと思ふ程に、世の中の事の隠れなくあらはるべき也」と、転変する人の世の姿を、古けれど明《あきら》けき鏡に映しだすように見せることにあった。この、世間の実相を顕らかにしようという志向は、仏法の「諸法実相」の理《ことわり》にも通ずるものであろう。仏法と通底するその立場を、作者は次のように世継の口を借りて法華経を以って説明する。本題たる道長の物語の前提として「あまたの帝王・后、又大臣・公卿の御うへを［語り］続く」ことについての言《コメント》である。

つて《（つと）》に承はれば、［釈尊は］法華経一部を説き奉らんとてこそ、まづ余教をば説き給ひけれ。それを名付けて五時経とは言ふにこそはあなれ。斯《しか》の如くに、入道殿の御栄《さか》へを申さんと思ふ程に、余教の説かるゝと言ひつべし。

天台の五時教判の説に譬えて、道長を語ることが法華経を説くことであるとすれば、帝のことは余経でしかなく、説法する霊山の至尊を世継にも重ねていることになり、まことに恐れ入った言挙げであろう。世継の詞では、そうした自讃と道長賛美とが結びついているが、次に示す自讃も同様である。

世継はいと恐《おそろ》しき翁に侍。真実の心おはせむ人は、などか恥かしと思《おぼ》さざらん。世中《よのなか》を見知り、浮《うか》べ立てて持《たも》ちて侍る翁也。目にも見、耳にも聞き集めて侍る万《よろ》づの事の中に、只今の入道殿下の御有様、古へを聞き、今を見侍るに、二もなく三もなく、並びなく、計《はか》りなくおはします。たとへば一乗の法《のり》の如し。御有様の返々《かへすがへす》もめでたき也。

ここでも道長は唯一無二の一乗法に譬えられ、法華経方便品の「十方仏土中、唯有一乗法、無二亦無三（十方仏土の中《うち》、唯だ一乗の法《のり》のみ有りて、二つ無く亦《ま》た三つ無し）」の本文を拠とした〈聖なる道長の物語〉が、やはり仏説と等しい高みに持ち上げられて語られることになる。それは、同じく世継の自讃に「今日の講師の説法は菩提の為と思《おぼ》し、翁らが説く事をば日本紀聞くと思《おぼ》すばかりぞかし」と、菩提講の法華経講説に自らの語りを対置していることに照応している。(9) しかもその「日本紀聞く」とは、日本紀講のこと、つまり村上天皇の時代まで宮廷の公事《くじ》として継承されていた正史『日本書紀』の講説(10)を指している。かく仏になり代り、公の史官をも僭称して語る世継を、聴く人々は尼・法師に至るまで「額に手を当てて、信をなしつゝ聴きゐたり」と崇めるのだが、その世継によって語られる道長も、春日行幸に帝の外祖父として詣でた威容を「そこら集りたる田舎《ゐなか》世界の民百姓、これこそは確かに見奉りけめ。たゞ転輪聖王などはかくやと、光《ひか》る様におはしますに、仏《ほとけ》見奉りたらんやうに、額に手を当てゝ拝み惑ふ様、理《ことはり》なり」と、やはり民衆に仏のごとく礼拝されたと殊更に述べているのである。そうした、現世の仏としての道長像は、やがて道長権者《ごんじゃ》説へと展開される。「かゝれば、或は聖徳太子の生《むま》れ給へると申、或いは弘法大師の、仏法興隆の為に生れ給へるとも申めり。実《げ》にそれは、翁らがさがな［性《さが》無き］目にも、只人とは見えさせ給はざめり。なを権者にこそおはしますべかめれとなん、仰ぎ見奉る」と欽仰したうえで、その治世の許で人民が豊楽を得たと讃え「かく楽しき弥勒［下生］の世にこそ逢ひて侍れや」と祝言して結ぶ。ここに至り、道長の神聖化は頂点に達する[11]。

一方、語り手の世継は、相方の繁樹から「誰か又、かうは語らんな、仏在世の浄名居士と覚え給ものかな」と讃められるように、維摩経の主役として、仏より遣わされた文殊菩薩をやりこめるほどの弁才智恵の持主である維摩居士に類《たぐ》えられてもいる。こうして、〝語り〟のなかで語りの対象（道長）と語り手自身（世継）とを共に神聖化する言挙げが成り立つのは、〝語り〟の場である雲林院菩提講の一種独特な宗教的性格[12]を踏まえたものであろう。また、そこで活躍していた説経僧たちの唱導の芸能性[13]も、世継の〝語り〟のパフォーマンスを支えているように思われる。これらの点について、いま少し説明を続けよう。

本篇の物語が了《おわ》り、いわば気楽な余興としての昔物語のなかで、世継は己れの過去を次のように回想する。

> されば、その世に見給へし事は、なを末までもいみじき事と思《おぼ》え侍ぞ。人々聞《きこ》しめせ。この座にて申は憚《はばか》りある事なれど、かつは若く候し程、いみじと身に染《し》みて思ふ給へし罪も、今に失《う》せ侍らじ。今日、この伽藍にて懺悔つかうまつりてむとなり。

このような仏前での懺悔語りめいた述懐も、〝語り〟を喚びおこす装置のひとつであった。それはどうやら、この菩提講の仏事としての特質に由来するらしい。その消息が、世継の〝語り〟の最後で菩提講の〈聖なる場〉の仏神を引きあいに出して己れの物語の虚言《そらごと》ならぬ事を誓う次の詞に、よく示されている。

空《そら》ものがたりする翁かな、と思《おぼ》す［方］もあらん。我心に思《おぼ》えて、一言にても空しき言《こと》加はりて侍らば、此御寺の三宝、今日の座の戒和尚に請ぜられ給《たまふ》仏菩薩を証として奉らむ。中にも、若うより十戒の中に妄語をば持《たも》ちて侍る身なればこそ、かく命をば保たれて候へ。今日《けふ》この御寺の宗《むね》とそれ［戒］をば授け給ふ講の庭にしも参りて、誤《あやま》ち申べきならず。

自らの長寿を、法華経に言う「甚深《じんじん》々々希有《けう》々々也とはこれを申べき也」とまたしても仏に類え、何より妄語戒を保つ身だとぬけぬけと言挙げする世継であるが、その真実性は、この菩提講において参詣者が罪障を懺悔し、戒を授かって滅罪を得る功徳によって保証されていたのである。世継の妄語戒を破らぬという誓言は、〝語り〟の結びの詞でも繰り返されており、そこでは神明への起請となっている。「今日、この御堂に影向し給らん神明・冥道達も聞しめせ」神も照覧あれ、と語りかけるように締めくくるのは、菩提講の仏事の庭が人ばかりでなく冥衆も結縁し救済される場であった消息[14]を踏まえているだろう。

『大鏡』が世継の〝語り〟に託して創りあげた、仏―一乗法―権者としての道長像と、それに重ねられる世継自身を権者に仕立てあげる大言壮語とは、一体となって語り手と語られる者との超越性を宣揚する。そうした像《ヴィジョン》は、いかなる言説の地平から成り立ったのであろうか。そこに注意されるのは、これも世継の〝語り〟のなかでたびたび言及される「説経」や「説法」のことと、それを操る説経師の存在である。昔物語の終盤に世継は、若い頃は「仏法うとくて」己れの乏しい法会聴聞の経験に照らして印象に残ったのは、三河入道寂照（大江定基）の入唐の時の八講における清照法橋の説法――その説法により発心した多くの男女が出家した――と、その清照がひそかに聴聞した清範律師による犬の追善仏事のための説法である、と語る。「無下のよしなし事に侍れど」と言いながら、名説経師の名高い説法の逸話を取り上げ、ついでにそれに伴う笑話まで添えるのは、この世継の〝語り〟が説経師の講説―説法を主役としていた雲林院菩提講の唱導を背景に負っていることを示していよう。そして、この

〝語り〟が高座ではなく礼堂でなされ、講師登座の前に行われることが示すように、その位相はあくまで周縁であり境界線上の戯れである。その点で、この翁たちが猿楽の翁——滑稽な弁舌やヲコな物云いを演ずる芸能者の姿と重なることには、単なる趣向という以上の含意がある。中世の翁《おきな》猿楽の構成になぞらえれば、世継は翁、繁樹が父尉《ちちのじょう》、侍は冠者《かじゃ》に相当するだろう。翁はまた神聖な存在でもあり、仏神の化身として祝福をもたらし言祝《ことほ》ぎする異人《ストレンジャー》であった。猿楽の翁がまとうそうした両義性を、世継たちもまた体現しているのではないだろうか。翁たちの万歳（漫才）芸的な掛け合いのなかで維摩の化身にまで成り上がった世継が繰りだす不思議な興ある物語は、そのとき、富婁那《ふるな》尊者の化身というべき説経師の見事な説法の「もどき」（これも猿楽芸の核心）として位置づけられる。ここにひとつの示唆を与えるのは、中世天台本覚論の口伝書である忠尋撰と伝える『法華五部九巻書』[15]のなかで、猿楽の翁をはじめ父尉や冠者が法華経の深義を象る存在として登場させられていることである。そこで翁たちは釈迦や文殊・弥勒など仏の化身として意義づけられている。そうした思惟は後世のものながら、『大鏡』の、法華経に根ざして形象された〈聖なる翁〉の〝語り〟という像《ヴィジョン》と通い合うものではなかろうか。

（4）対話様式としての歴史物語

『大鏡』は、その内部に完結した〝語り〟の世界を創りあげ、これを〝聴く〟ことを介してテクスト上に現わし出すという手法を獲得した。その成功は、語り手と聴き手のはたらきで生みだされる媒介の仕掛けにより隔てられた作者が構造の彼方に姿をくらまし、今日に至るまでその正体を隠し通していることにおいて逆説的に証《あか》されている。そして、ここに、明らかな方法意識をもって一篇のテクスト世界を創造する、その規範が自覚された。それを様式の誕生と言い換えてもよい。この様式は、テクストの内部に枠組を設けて、その裡に世界を構築する。その内部に仮構の時空と存在を設けなし、彼らにより交わされる言説、つまり対話により媒介される言説が仮構の世界から伝達される。この、テクストが設定し内蔵する疎隔と媒介の構造（後節参照）により伝達される言説は、ある価値や志向を帯びて流通し呈示されることになる。それは、仏説を「如是我聞」と受持する経典の基本構造と相似の、しかし類型的に形式化したのとは逆の、仮名によって語りほどく和様化を志向する意匠である。

日本の文学史のなかで、この様式はまず宗教テクストの一画で、「論」「賦」として一人の傑出した宗教者の軌跡を刻み込みながら読者を仏法へ導き入れる書物として試みられ、次いで宗教性を濃く纏いつつ、あくまでも世俗の覇者の系譜を次第を逐って語る、歴史物語においてすぐれた達成をみせた。いま、これを「対話様式」と呼ぶことにする。(16) この様式が、古代から中世の転換期にあたり、帝をはじめとした大臣たちによる公（国家）を対象としながら、しかも周到に装われ、巧まれた私的な立場からの歴史叙述において成立したことの意味は少なくない。それは口承―語りに深く根ざした文学が担う文化伝統の伝承や再創造の役割と無関係ではなかろう。その役割は、早く『古事記』において自覚的に実践されていた。その、王のためにフルコトを語り伝える伝統の再現が、古代の語部のような伝承者の末裔である世継の造型にも託されていただろう。(17)

『大鏡』は、多くの後継テクストを生みだした。十二世紀末に、その後の院政期を対象とした、ほぼ同時代文学といってよい『今鏡』と、その前に遡り神武以降の人王の歴代を対象とした『水鏡』が続けて成立し、更に十三世紀初めに、神代を対象とした『秋津嶋物語』や中国の歴史を対象とした『唐鏡』が出現し、更に時を隔てて十四世紀半ばに、鎌倉時代の宮廷史を後鳥羽天皇から後醍醐天皇まで叙した『増鏡』がそれらの掉尾を飾った。これら一連の、明らかに継承を意図して作り継がれた歴史物語の系譜は、「鏡物」と呼ばれる。『大鏡』が自ら説くように、歴史認識とその叙述を「鏡」というメタファーで象り、そこに照らし出された歴史像を対話様式の許でテクスト化を試みたのである。

『今鏡』は、嘉応二年（一一七〇）三月、長谷寺へ詣る途上の女房たちが、世継の孫で「あやめ」と名乗る百五十歳の老女に出会い、木の下《もと》で『大鏡』以降の御世について語るのを聴くという設定で、すべらぎ（帝）、藤波（藤氏）、村上の源氏、御子たち（皇子）、昔語《むかしがたり》、打聞《うちぎき》という、『大鏡』より細かく分節して構成された王朝貴族の事蹟や逸話が〝女語り〟の態《モード》で叙される。

『今鏡』で注目すべきは、最終章「作り物語の行方《ゆくへ》」である。『源氏物語』を作った咎による紫式部の堕獄説が提起され、序において式部に名付けられたゆかりを語った語り手の老女は、その「妄語」「虚言《そらごと》」の罪を否定し、「綺語」「雑穢語」としての作り物語を弁護する。そこで白楽天の「願以今生世俗文字之業、狂言綺語之誤、翻為当来世世、讃仏乗之因、転法輪之縁（願はくは今生《こんじょう》世俗の文字の業《わざ》、狂言綺語《きょうげんきぎょ》の誤りを以て、翻《ひるが》へって当《まさ》に来たる世世の讃《さん》仏乗《ぶつじょう》の因、転法輪《てんぽうりん》の縁《ゑにし》と為すべし）」の摘句と、涅槃経の「諸仏常軟語、為衆故説麁、麁言及軟語、皆帰第一義（諸仏は常に軟語《なんご》し、衆の為に故《ことさら》に麁《あら》く説けり、麁言《そげん》及び軟語は、皆な第一義に帰せり）」の本文を引き、『文集』を作れる白楽天は文殊の化身であり、仏も『譬喩経』で「なきことを作り出し」て説かれたことは虚妄ならず、女人ながら『源氏』ほどのものを作り出した式部は妙音天や観音などが化して法を説き人を導いたのであろうと、紫式部を権者とし『源氏』を経典に類《たぐ》えて神聖化して論義を結ぶ。そして立ち別れるにあたり、老女は「来む世に植木《うゑき》の許に仏となりて、これが様《やう》に法《のり》説きて人々に聞かせ奉らばや」と誓願して去る。最後に語り手自身が仏になり説法しようと期すところ、白楽天―文集、仏―経、紫式部―源氏という三者のアナロジカルな対比の許に、語り手によって現前したこの書物が焦点化され価値づけられている。(18)『今鏡』が『大鏡』に倣い、対話様式を用いて歴史を叙そうとした意図は、経典につらなる仏法の功徳と世俗の物語とを止揚統一しようとの企てにあると察せられよう。

『水鏡』は、二月初午《きさらぎはつうま》の日に長谷寺へ参詣した老尼が、礼堂《らいどう》に通夜するに壮年の修行者に会い、彼の口から去々年の秋に葛城山中で仙人の語った「神の世より見侍りし事」を伝え聞く、という二重の媒介を設定する。その過程で、媒《なかだ》ちの修行者が「経」を尊く読む持経者として登場し、その法華読誦を賞《め》でて仙人の物語が始まることが注意される。これも法華経が歴史語りを喚起するのである。また、仙人の語りは仏教の四劫説から語り始められ、仏滅後の末世に見聞する事は悪しき事のみであるという厭世的な諦観が全体を覆っている。

なお、『水鏡』の結びでは、聴き手の老尼が、修行者の語りが終わり、去って跡をくらました後で、「本意《ほい》なき事限りなし、心より外には［出さじ］と言ひしかども、此の事を消《け》ちて止《や》まん事口惜しくて、書き付け侍るなり」と、あえてその物語を書き記したという、書き手としても働いている。それはまた、『水鏡』が〝書かれたもの〟として自己規定していることを示す。つまり、『大鏡』や『今鏡』が言及しなかった〝書くこと〟を押し出すのである。(19)また、『今鏡』が殊に意識した紫式部と『源氏』を引き合いに出し、『紫式部日記』から彼女が「日本紀の御局」と笑われたという逸話を取り上げて、女が歴史を書くことへの批難を意識して、そこで謙辞と呼応している。『今鏡』の場合と同じく、実際の作者の性別とは別に、歴史物語とは女の文化的カテゴリーに属すということが銘記されるのである。

『秋津嶋物語』は、『水鏡』が「詞《ことば》にあらはし申さんにつけて、憚《はばか》り多く侍るべし」として避けた神代を対象に、『日本書紀』神代巻および『古語拾遺』に拠り抄出し仮名物語化している。序の設定では、建保六年（一二一八）に難波の南、柏《かしわ》の渡しで或る隠遁者が塩土老翁《しおつちのおきな》と出会い、対話が始まる。翁の述懐に「津守主《つもりぬし》」（住吉明神）の教えとして、千年に一度、文武を兼ね備えた明王が出世する、今がその当代であると言祝ぎ、隠者の問いかけに答えるかたちで、神代の物語をおよそ五箇の大きな主題に分節して叙している。それにより神代記が平易に梗概化《ダイジェスト》されるが、その営みの基底には、住吉の神訓として説かれる王法仏法の相依による末代の治世を王に対して期する理念がある。(20)また、これが聴き手も含め全て男で占められ、女の語りが介在しないことが注意される。

『増鏡』は、二月十五日、嵯峨清涼寺の涅槃会に参詣した女房を聴き手として、百余歳の老尼が語るという設定である。その序の末に「さらば、今のたまはん事をもまた書きしるして、かの昔の面影に等しからんとこそは覚ゆれ」と、これも明らかに『大鏡』『今鏡』などの先行作を意識してその後を継ぐべく〝書かれたもの〟なのであった。しかし本文はひたすら歴史叙述に終始し、それが〝語り〟であることを示す詞はほとんどみえない。その点では対話様式としては平板なテクストである。

この『増鏡』が前半に力を込めて記したのは後鳥羽院による倒幕の企てが敢えなくついえた、いわゆる承久の乱のことであるが、乱に先立ち、同時代にあってその危機を警告するために匿名で一篇の歴史叙述を試みたのが慈円であった。その『愚管抄』の史論では、前提として「世継ノモノガタリ」（『大鏡』）について、その書き継ぎというもの（『今鏡』を指す）があるというが未だ見たことはない、と言いながら「ソレハ皆、只ヨキ事ヲノミ記サントテ侍レバ」と、彼がとらえようとする乱世の実相を記し得ていないことを批判して、自ら「大和言葉《ヤマトコトバ》ノ本躰」としての「仮名ノ戯言《ザレゴト》」を駆使して歴史を叙そうとするのである。そうした立場から『愚管抄』は対話様式テクストの存在を承知しながら採らず、歴史を直叙してその道理を論ずるのであるが、その認識は、乱世の時代における歴史物語の位相を鋭く浮かび上がらせている。

（5）『宝物集』からの展開

対話様式は、歴史物語だけが独占していた方法ではない。言い換えるなら、国文学の一ジャンルに閉じ込められない広がりのなかにある。そのことを端的に示すのが『宝物集』[21]である。

早く『和歌色葉』に「康頼が宝物集」とあり、平康頼撰とされるこの書物は、『大鏡』とは対照的に、その枠組で〝作者〟の姿を押し出す。治承二年（一一七八）の春、「薩摩国の島」より帰還して東山の草庵に居た彼は、嵯峨の釈迦が天竺へ帰るという噂を風聞し清涼寺へ参詣を思い立つ。二月二十日夜、洛中と内裏の趾を宮仕えの昔を回想しつつ通り過ぎて寺へ赴き、法華読誦しながら参籠するに、寺僧が隣の局《つぼね》で縁起を語るのを聴聞し、更に通夜の間に「心有計《こころあるばかり》の者共」が「越し方行末の事語《かたり》はやりて」いつしか人中第一の宝とは何か、という宝物論義を始めるのを聞く、という設定である。最後に、仏法こそが真の宝物であると主張する僧の〝語り〟として展開される本体の論が了ったところで、後夜の鐘が打ち鳴らされ、語り手も下向する人々のなかに紛れ失せる。以下の跋にあたる彼の述懐には、宮仕えの時は和歌に疎かった自分が、流されてからは歌に心を入れ、その徳により「おそろしき人」（清盛）に哀れまれ許された、古今の仮名序に説かれる歌徳を身をもって思い知り、自らも「一巻の文《ふみ》を作るべき事を営む程に、幸いに仏の御前の物語しるして、名を宝物集といふなるべし」と結ぶ。これも〝語り〟を記し〝書かれたもの〟としてテクストを成り立たせる。聴き手であり書き手であるこの人物が、安元三年（一一七七）の鹿谷事件で清盛により俊寛・成経と共に鬼界島へ流された平康頼であることは、『平家物語』の読者であれば周知のことである。『宝物集』は、むしろそのような数奇な運命を生きた康頼という存在を仮構の媒介者として積極的に押し出しながら、立ちはたらかせたところに意図があった。[22]

一方、『平家物語』は、たとえば覚一本巻三「少将都帰」の結びに、「康頼入道は、東山双林寺に我が山荘のありければ、それに落《おち》ついて、先《まづ》思ひ続けけり。（歌一首省略）やがてそこに籠居して、憂かりし昔を思ひ続け、宝物集といふ物語を書けるとぞ聞えし」と、明確にその作者と認定し、『宝物集』の著述をもって彼の物語を結んでいる。『平家』の康頼譚は、跋とも呼応していわば『宝物集』の成立を説明する縁起ともいえるのである。

『宝物集』の本体部は、宝物論義の末に、一人の僧（「声少しなまりたる者の法師なめりと覚ゆる」）が片隅からさし出で、それまでの論を否定し、仏法こそ宝と説きいだす。「座静まりて、鳴《なり》を止《や》めて、物云ものなし。やゝしばし有て、若やかなる女声《ごゑ》にて『仏法の宝にてあらん事を聞かばや』」といざなう。この問いかけに答えて僧による仏法（三宝）を宝とする解説の〝語り〟が始められ、区切り毎に問いの声が介入して主題を誘導しながら展開していく。聴き手は局を隔て隣の物語の声だけをひたすら聴いているという設定である。僧の説くはじめに語られるのは、『仏説五王経』（大正蔵十四）に拠る、天竺の普安《ふあん》王の説話である。この王が他の四王を招いて園遊を催し、一同にこの世で最も望ましいものは何かと問う。王たちがそれぞれ語るのを受けて、普安王は最後に仏法こそ最高の宝であると説き、四王を信伏させたという。この仏典説話が[23]『宝物集』導入部の宝物論義の趣向の源泉であることは既に指摘されているが、[24]加えて『源氏物語』帚木巻の雨夜の品定めの論義も、また遠く揺曳しているだろう。以下には、経説以外にも各種の説話・伝承を主題毎に例証としてまず簡単に要旨を掲げ、次いでそれを詳しく説き、最後に証歌として詩偈を含む和歌を配列してその趣意を示す。この整然とした形式で、まず六道を説き、これを離れるための仏道に入る要諦として十二門を立て、順次説いて浄土往生への途を示す構成である。

『宝物集』は、『三宝絵』と同じく、仏法の入門書として教化の意図を明らかに掲げた仮名テクストであるが、その枠組に対話様式を用いて、完結した〝語り〟の場を創りだし、その世界内の物語において仏法が体系的に説示される。それを、康頼という――院近臣の北面検非違使、今様上手の芸達者、遁世した念仏聖、荘園の領主、そして歌人であり、物語世界の住人であった――人物を媒介者として一篇を世に出すのである。康頼を著者とすることは既に通説化しているが、『宝物集』がその帰洛を『平家物語』と一年違えているのは不審というほかはない。『平家物語』との呼応という点では、一方で読み本系諸本には康頼の『宝物集』著作のことが見えず、延慶本では、配流の前に恩愛深い老母に「往生ノ私記」を書き与えたというのみである。そのような『宝物集』の立つ位相は、さまざまな領域の間にまたがり定め難い、しかし宗教文学としてすぐれて多様な要素を複合させつつ統一されたテクストである。「仏の御前の物語を記し」たと称すこの康頼は、一面で、経典において仏説を聴聞信受してこれを記す、多聞第一で十二部経結集者たる阿難のごとき役回りなのである。故に、朧化して正体を隠すのとは反対に、わざと顕示して己れを語ることも、彼に与えられた役割の一部なのであろう。

『宝物集』の影響は、和歌の領域では、建久九年（一一九八）成立の上覚（明恵の師）撰『和歌色葉』（これも対話様式の枠組をもつ）が、山寺の児の問いに答えて老僧が語るという比較的単純な設定の枠組の許に、和歌の知識を体系的に類聚するところにも見いだされる。むしろ、対話様式の実践という点で興味深いのは、それと同時期に仮名物語の領域を対象化した『無名草子』である。

『無名草子』の序に構築される枠組は[25]、ある年（建久七年以降）の五月半ば、八十三歳の老尼が東山を逍遥して最勝光院から西へ歩み、月光のなか、とある邸内に迷い込む。尼の法華経読誦を契機として、この家の女房たちの談話の座に交じらい、やがて夜もすがら彼女らの〝語らい〟を聞く、という設定である。それは、本文中にも言及されている、大斎院の御所に月夜、殿上人たちが訪れて女房と語らったという、『古本説話集』や『今昔物語集』にみえる風雅な逸話を踏まえたものであろう。聴き手（ここでは〝書くこと〟は示されない）の尼は、物語が始まってからは座の傍らに打ち臥して空寝しながら女房たちの声のみを聴く。その点で『宝物集』と共通した〝語りの声〟が主役となる仕掛けを巧む。また導入部に、月から始まり法華経に至る、「この世にとりて第一に捨てがたきもの」を論《あげつら》う、『宝物集』と同じ趣の談義が交わされて、その上で「この世一つならず珍らか」な『源氏物語』の論に及ぶことになる。あの『源氏』に法華経の一偈一句すら引かれていないのは何故、という疑問から提起される、逆説的な展開である。本体は、そこから新旧の作り物語をめぐる取り沙汰が次々と繰りだされ、次いで和歌集論、そして女人論へと至る。その最後は、それまで「女の沙汰」ばかりであったが、男による物語も、と『大鏡』に言及して言いさした形で中絶したように終わっている。それは、男の物語はここで扱う対象ではないということを表明すると同時に、女による、女の物語の「沙汰」を一箇のテクストとして立ちあげるべくそれまでの叙述をあらためて位置づける、印象的な幕切れといえよう。

中世初頭に成立した対話様式のテクストを、歴史物語とは異なった例から眺めてみれば、そのテクスト毎に一箇の領域ないし問題提起が浮かび上がる。むしろ、それらに課せられたのは、その問題を対象化する役割であり、そのテクスト群は、それらの課題が要請して創出された所産なのである。その点で対話様式とは、単なる形式上の枠組ではなく、対象化された世界を顕わし出し可視化させる枠《フレーム》としての方法であった。そうした側面での対話様式テクストの系譜は、鎌倉時代を通して確かな流れを形成している。その枠組については不完全な形でしか伝わらないが、琵琶の道の相承とその正統を叙す隆円の『文机談《ぶんきだん》』はその好例であろう(26)。それらの作品の枠組となる仮構の世界の設定は、その対象領域や課題と分かち難い性質を帯び、しかも濃厚な宗教性に満ちている。舞台を構成する各要素は何らかの聖性を付与され、そこに対象化される世界も〈聖なるもの〉に連なるように布置される。しかも、一方でそこに意識される状況や登場する人物が負う履歴ないし発言は、深く時代を刻印され、反映したものである。そのような特色を鮮やかに体現した、鎌倉時代を代表する対話様式作品を三篇挙げてみよう。

『高野物語』は、承久乱を契機に遁世した武士が嵯峨法輪寺へ参詣し、礼堂で念仏・天台・禅の宗義を小童に教訓主張する三人の僧の対論を傍らで見聞するという設定で始まる。(27) そこに、内陣より出現した老僧が真言教の優越を禅僧の疑難に答えて説くに、三僧は帰伏する。ここまでが前半で、更に小童の問いに応えて、老僧が真言密教の日本に伝流する必然の由縁と経緯を説くのが後半である。(28) 蒙古降伏の祈禱を勤め、伊勢参宮の事跡も伝えられる東密小野流の勧修寺道宝僧正の撰と伝えられる。法華経の序・正宗・流通の三段に倣った構成をもち、三宗の対論を止揚し、真言の優越を譬喩と因縁を以て論証する。その上で中世国家の顕密体制における東密真言宗の位置を、特に空海伝を中心にその法流の歴史を叙述して、その正統性を宣揚するという、『三教指帰』の中世版というべき作品である。(29)

『太神宮参詣記』は、伊勢祭主家大中臣氏の出身で醍醐寺僧となった通海の著作と考証される。(30) 弘安九年（一二八六）八月、伊勢神宮の遷宮上棟祭に臨み、外宮を経て内宮へ参詣した老僧が、社頭で僧と俗（祠官）の問答を交わすのに際会し、これを記録したという設定である。上巻は内宮から外宮にかけて巡拝する次第に、僧の問いに答え、祠官が神宮の沿革および祭主家の歴史を〝語る〟体で神宮の諸記録や伝承が再構成される。下巻では僧が神宮の仏法禁忌を問うことから神宮の神仏関係について僧と祠官の論義が交わされ、本地垂迹説が展開する。そこから神宮における法施の意義が蒙古降伏のために創建された法楽舎をめぐって強調され、王に仕える忠節が称揚されて了る。全体は、元寇によって惹起された国家の危機意識が、神宮の歴史と本質（本地垂迹）をあらためて認識しようとする試みとなり、それは、やはり顕密体制に属す僧により担われたのである。

時代の転変に臨み、情況に応じて己れの立場や主張を表明しようとする意図が、これらのテクストでは次第に色濃くなっていく。その点で最も強烈に攻撃的なまでのメッセージを表明したのが『野守鏡《のもりのかがみ》』であろう。(31) 播磨国書写山に登った老入道は、宝蔵が開かれて性空《しょうくう》聖人の足駄を衆人に観せて勧化唱導する壮年の僧に会う。如意輪堂で再会したこの僧と、夜もすがら歌道の疑念を晴らすために語らう。上巻では、この僧の〝語り〟として当代にもてはやされる京極為兼の歌風を批難するため、本尊如意輪の六道を救う六の御手《みて》毎に箇条を掲げて説く。下巻は、僧が己れの経歴を内典・外典に則して語り、自らが属す天台大原声明の正統を唱え、世上に流行する禅と念仏を、それぞれ十の難を挙げて批判する。別れた後、聴き手はその内容を記すことを憚り思い煩っていたが、夢想を得て住吉明神の意に適うと決意し、永仁三年（一二九五）九月に記した、と跋文において〝語り〟が〝書かれたもの〟としてその成立を示す。

『野守鏡』は、やはり顕密仏教体制の一画に属す天台宗声明道の思想的立場から、いずれも新興勢力である京極為兼の和歌と禅および専修念仏に対して批判を加えており、今様の和歌と新義の仏教は異端として共通のカテゴリーで弾劾される。それを象徴するのが上巻の為兼批難のなかで一遍の行儀を引き合いに出すところで、語り手の僧は自ら一遍と歌問答を交わしたという。同じく禅と念仏の両宗を批判し、特に一遍を「天狗の長老」とその行状を戯画化して描くのが、永仁四年（一二九六）に作られた『七天狗絵』（天狗草紙）[32]である。『七天狗絵』は第十二章であらためて論ずることになるが、両者は連動して同時代に特定の標的を攻撃しつつ、思想―文化の次元で戦略的にメッセージを発信していたのである。[33]

右に挙げた一連の対話様式テクストは、何れも鮮やかに当時の政治と宗教の間に生じた対立や葛藤を反映しており、むしろその状況に積極的に投機しようとする、明らかな論争性を帯びている。この方法を以って、中世の渾沌とした現実を映しだそうとする論義を巧むのは、『太平記』のなかの「北野通夜物語」である。更に、この巨大な乱世の歴史叙述のなかには、物語の裡の物語として、それ以外にも多彩な語り手が登場して様々な言説によるメッセージを交わし合っている。

院政期に始まり、鎌倉時代を経て南北朝に至る中世は、対話様式による作品創出が最も生産的になされた時代であった。室町以降も、諸宗の勧信唱導のための談義本や室町物語のなかに趣向として摂り入れた作例を見ることはできるが、それらにはもはや時代に投機しようとする強い動機は喪われている。[34]ただし例外もある。中世から近世への転換期のなかで、不干斎ハビアンによるキリシタンの勧信教化の書『妙貞問答』に、この様式は再び用いられた。[35] おそらく、対抗し克服すべき相手として対象化される仏教側の方法を逆に用いたのであろう。その作者の編になる天草本『平家物語』が、「書写」「抜書」されたものでありながら、喜一検校と右馬之允の問答を格子として〝平家語り〟をテクスト化した作品であることは興味深い。彼もまた、この様式が生きた世界の伝統を受け継いでいたのである。

経典の形式が和様に血肉化された所産というべき対話様式は、歴史叙述において一箇のジャンルを生みだすほどに、中世において有効な文学の方法であった。それは、典拠の本文・記録・伝承などを抄出・再編し和らげて新たな器に盛って提供する、有効な枠組として用いられた。前章で検討したように、〝語り〟はその必須の装いである。言説は、仮構の語り手と聴き手、あるいは書き手によって媒介され、この隔たりの陰に作者は身を隠して読者と向き合う。加工され媒介されてもたらされた言説は、経典のように超越的な世界像を語るものではなく、その時代の情況に応じて訴え、働きかける手段として機能し、作者の立場や主張を世に表明する、すぐれて政治的な文化上の装置であった。その書き手もしくは作者像が、正体を隠したり顕わしたりする両極の振幅を見せるのは、その目的に応じて周到に撰択された結果であるが、いずれも著作することへの自意識はきわめて強烈である。そうした著作を営む精神の裡には、またそれを要請し受容する文化には、仏教を言説化しテクスト化することによって鍛えられた強い規範意識が遍在していたであろう。それが翻って世俗の転変を照らし出す、鮮やかな鏡として変成した基盤にあると思われる。

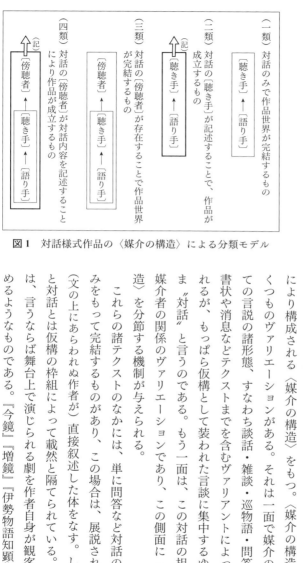

二　宗教テクストの方法としての対話様式

（1）媒介の場の構造としての対話様式

前節で「対話様式」と命名した一群のテクストは、話者〔語り手・問い手・答え手〕と聞者〔聴き手・傍聴者〕、さらには記者〔記し手・筆録者〕というような、仮構された架空の言談・物語ないしテクストと、その担い手たちにより構成される〈媒介の構造〉をもつ。〈媒介の構造〉にはいくつものヴァリエーションがある。それは一面で媒介の媒体としての言説の諸形態、すなわち談話・雑談・巡物語・問答あるいは書状や消息などテクストまでを含むヴァリアントによって構成されるが、もっぱら仮構として装われた言談に集中するゆえに、いま〝対話〟と言うのである。もう一面は、この対話の担い手たる媒介者の関係のヴァリエーションであり、この側面に〈媒介の構造〉を分節する機制が与えられる。

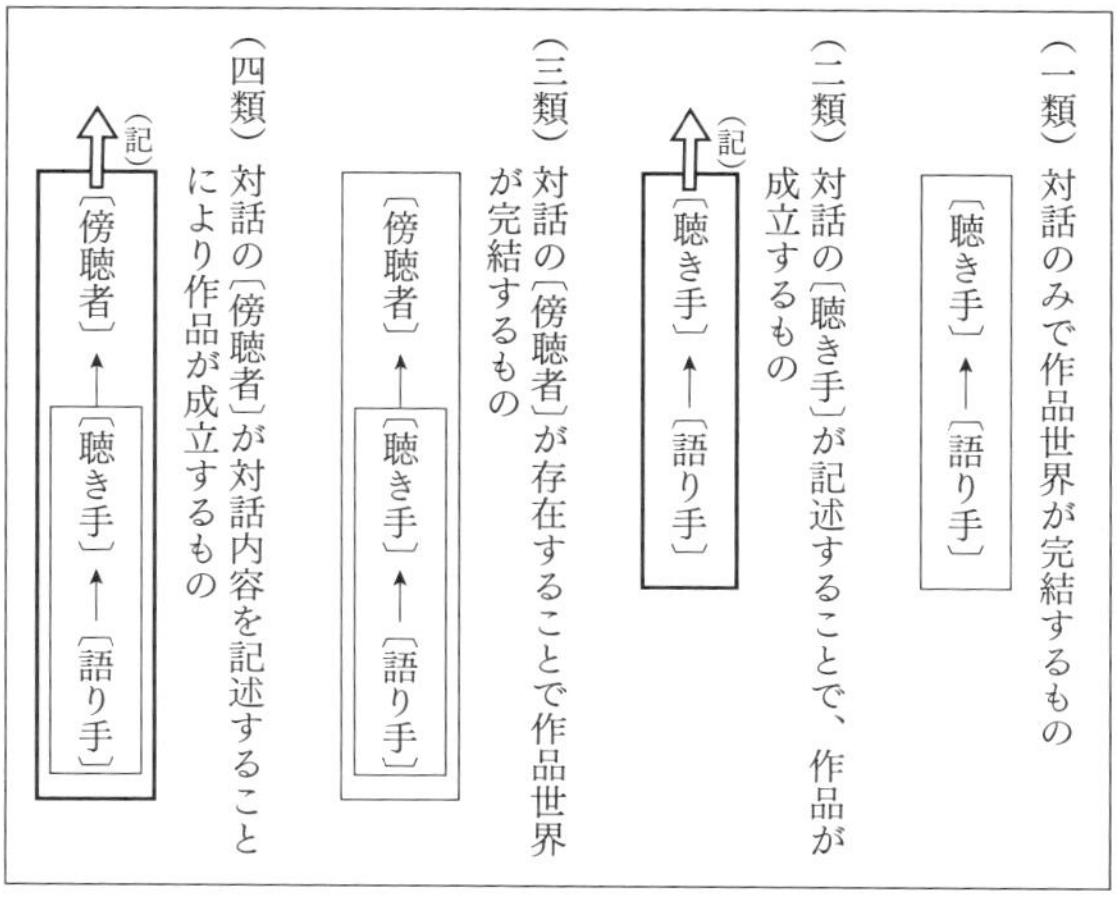

図1　対話様式作品の〈媒介の構造〉による分類モデル

これらの諸テクストのなかには、単に問答など対話の諸様相のみをもって完結するものがあり、この場合は、展説された対話を（文の上にあらわれぬ作者が）直接叙述した体をなす。しかし作者と対話とは仮構の枠組によって截然と隔てられている。その様子は、言うならば舞台上で演じられる劇を作者自身が観客席から眺めるようなものである。『今鏡』『増鏡』『伊勢物語知顕集』『秋津

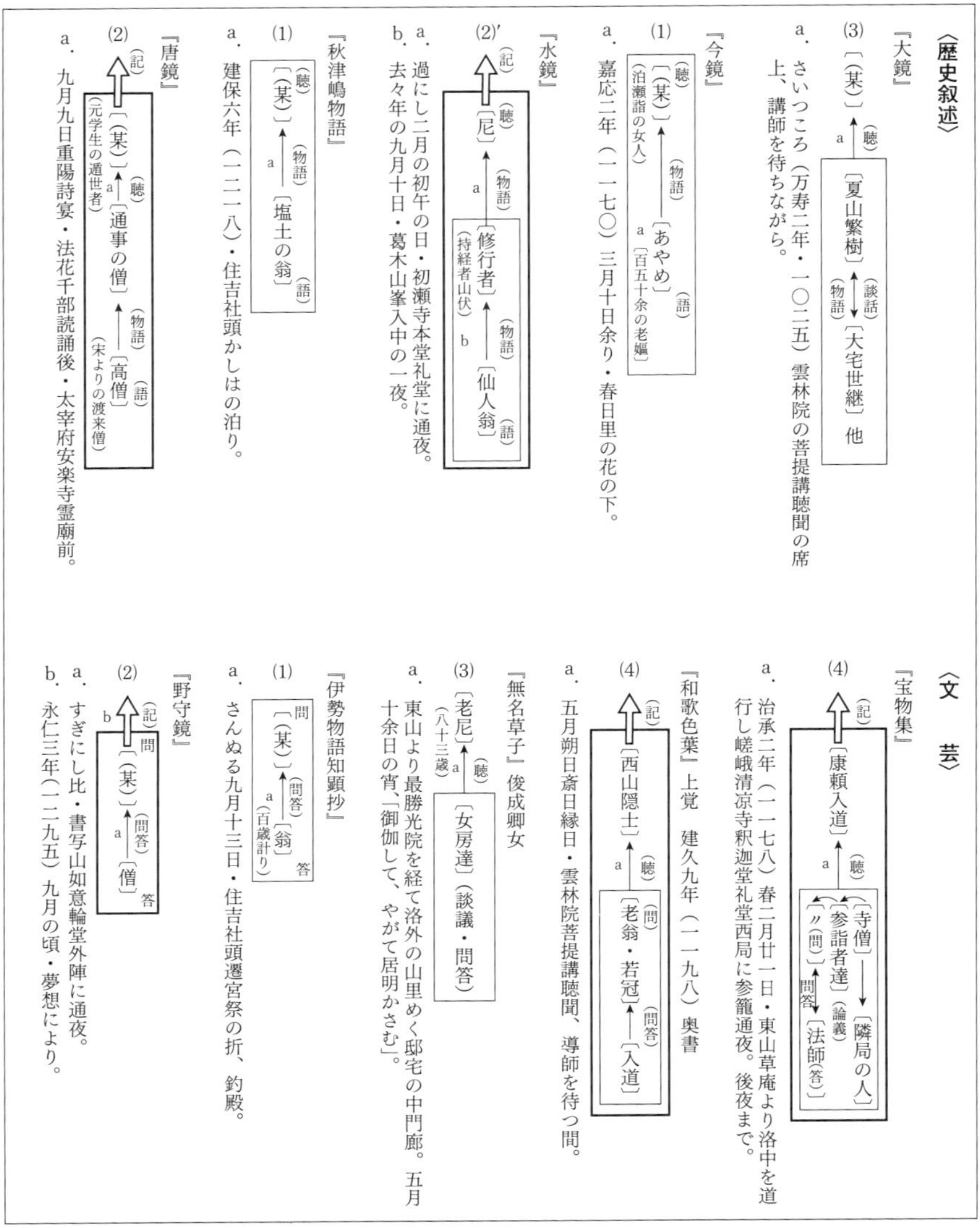

図 2　対話様式による諸作品のヴァリエーション（鎌倉時代まで）

注）(1)〜(4)は図 1 の一類〜四類を指す。a と b は対話がなされる場と時間を示す。

〈宗　教〉

『三教指帰』『玉造小町壮衰書』

『聞持記』（内閣文庫蔵影写本）仁安二年（一一六七）本奥書

(4)

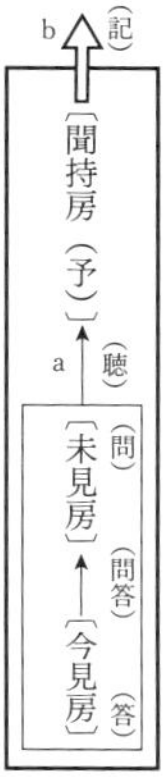

a．応保元年（一一六一）三月十五日・石間寺礼堂参籠中。
b．同年・石間藤室草庵。

『高野物語』（醍醐寺三宝院本）

(4)

a．貞応元年（一二二二）九月十四五日・嵯峨法輪寺礼堂参詣通夜。

『帰命本願鈔』向阿證賢

(4)

a．某年の八月十五日、白川洛東真如堂の礼堂に参詣通夜。

『西要鈔』向阿證賢

(4)

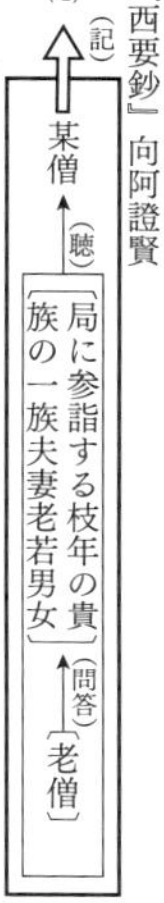

a．過にし九月廿日余りの頃、嵯峨清凉寺礼堂に参籠通夜。

『大神宮参詣記』通海

(4)

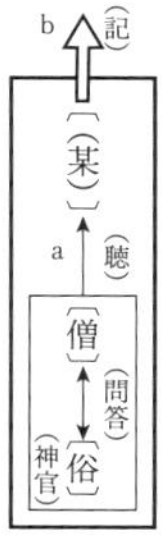

a．弘安九年（一二八六）八月十四日・伊勢内宮二鳥居の内、大木の下。
b．同八月廿三日・外宮遷宮上棟を拝見の後。

〈その他〉

『真俗交談記』守覚法親王

(2)′

a．建久二年（一一九一）九月九日重陽会・御室御所と覚しき会席上。
b．同年九月十日。

『文机談』文永九年（一二七二）以降　隆円

(1)

a．或る一夜・或る寺の仁王堂。（冒頭欠文）

『駿牛絵詞』

(3)

a．去五月五日・賀茂社頭五月会競馬祭見物衆の中。

『日吉山王霊応記第三（扶桑古語霊異集）』（叡山文庫天海蔵写本）

(2)

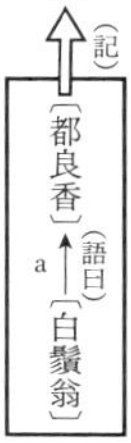

a．貞観七年（八五六）三月上旬之候・江州湖水辺比良山の瀧下。

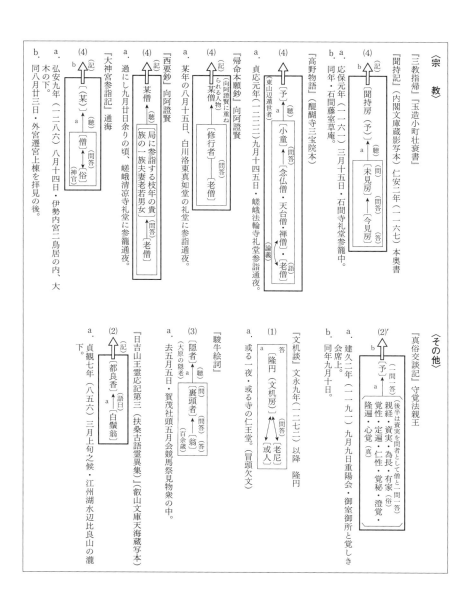

嶋物語』『峯相記』等がそれにあたる。これをいま仮に一類とするなら、二類とは、この対話を、話中の〈聴き手〉が記述することによりテクストが成立するものである。記述の明示ということにおいて叙述は一挙に対象化されるが、『水鏡』『唐鏡』『野守鏡』『筑波問答』などがこの類である。記述（筆録・書写）という媒介の行為もまた重要な仮構の枠組のひとつの装置であり、いわば舞台上の俳優のひとりが観客に向かって語りかけるような局面をもつような態である。更に複雑化した〈媒介の構造〉では、この対話に直接関与することのない〈傍聴者〉が登場し、対話に耳を傾けてのみ居ることにおいてテクスト世界が完結するものがある。『大鏡』をその代表として、『無名草子』や『駿牛絵詞』もこれに属す。文中にただ見聞のありさまのみを叙述するこれらを三類とするなら、四類はその上にこの〈傍聴者〉がまた対話された言談を記述するという行為を明示して、これにより枠組が全く二重化したテクストが成立するものである。それはちょうど劇場全体を俯瞰した位置に立つようなものであって、更にそこでの見聞を観客の一人がドキュメントとしてテクスト化して伝えてくれる態とみればよかろうか。『宝物集』『和歌色葉』『高野物語』『大神宮参詣記』『梅松論』などがそれに属す（図1・図2参照）。

テクストそれ自体が具えて実現するところの、巧みいだされた作中世界と作者との間の距離が同時に媒介でもある。長短さまざまな距離をもつこれらの書物群は、媒介をそれぞれに構築し、その仮構の枠組のなかに表現すべき言説を鋳込むようなテクストである。この媒介とは、同時に作者と読者との間に設けなされた幾重もの目眩ましの幕あるいは疎隔でもある。疎隔と媒介という両義的な構造がテクストを統御している、このような書物群について、従来の文学史記述もしくは作品研究において包括的に論じられることは多くなかった。いま、さして意識することなく用いられている〝鏡物〟、〝歴史物語〟、〝枠物語《フレーム・ストーリー》〟等々の呼称を一旦捨象して、これを普遍的かつ論理的に把握するためのテクニカル・タームが必要であろう。その意味で、対話を基本的な手法として疎隔と媒介の構造を己れの裡にそなえたこれらのテクストを、本章では「対話様式」と呼ぶ。

このテクスト世界は、劇場を用いたさきの比喩のごとく、きわめて演劇的な見せかけの上に展開される。前節に取り上げた『三教指帰』では、ある家を舞台として三教それぞれを代弁する語り手が次々と聞き手の前に登場するように、語り手と聴き手、問者と答者、ないし巡礼者と案内者、または批判者と弁護者など、さまざまな役割と性格・風貌をもつ登場人物が発信するものとして叙述が位相化されており、そのなかで表現しようとするものが互いの関係性のなかで実現していく仕組みは、たしかに戯曲を想わせるものがある。しかしそれは決して上演されることのない台本であった。いずれも対話の装いのもとに、あくまでも読まれることのみを予期するテクストなのである。たとえば『大鏡』は対話をきわめて視覚的に描き出すゆえに、まるで舞台を観るように戯曲的という評が自然に感じられる。これに対し、『宝物集』や『無名草子』ひいては『西要鈔』は暗闇のなか互いの顔も見わかたない処での対話に傍聴者が耳をすませているのであって、語る声色によって話者が形象されるばかりで視覚は一切排除され声のみが介在して語りを純粋化するが、これらは演劇との安易な類比を峻拒するものだろう。

しかし、それがなお演劇的なアナロジーと離れがたいのは、これらの枠組がそれぞれに舞台というべき固有の時空をつくりだしているからだろう。時間と空間があいまって形成される対話の〝場〟の存在が、対話様式のもう一方の欠かせぬ特質である。[36] これを、さきの〈媒介の構造〉に番《つが》えて、〈場の構造〉と称することにしよう。

〈場の構造〉は、そのなかにテクスト世界を規定し象徴するコードを内在させている。その設定は巧妙に配慮し計算されたものであり、その場が対話される叙述にとって最もふさわしかるべき時空であるように周到に選びだされているようである。『大鏡』が設けた万寿二年（一〇二五）の雲林院の菩提講に、その講師の登壇を待つ僅かな間、群参する聴衆のなかで礼堂の一隅にふとできた雑談の座とは、いまだにその含意が悉く明らかにされたとは言えまいが、摂関期の王朝の栄華を清濁とり交ぜて回想し讃仰するに格好の〝場〟であったとみえる。[37]

いま主な中世初期までの対話様式作品の〝場〟を瞥見するだけでも、その趣向《プロット》がその時その処でなされる対話を位相化する記号であった形跡は察せられよう。嘉応二年（一一七〇）三月十日余り、泊瀬詣道中の春日里の路傍花の下《もと》で語りはじめる『今鏡』二月初午の日、泊瀬寺へ参詣して通夜の間、礼堂から舞台へ出て、修行者より去る秋に葛城山中の一夜に仙翁の語りしことどもを伝聞する『水鏡』。重陽日の詩宴を催す大宰府安楽寺聖廟の前で法花千部転読の果てた後に唐僧の語るを通事を介して承る『唐鏡』。治承二年（一一七八）の春二月二十一日、東山の草庵をさすらい出て荒廃した京洛を経て嵯峨清涼寺に参籠し、礼堂の局で通夜の間に参籠者の論義をよそながら聴く『宝物集』。晩春五月十余日、栄華の残光が映える最勝光院の西門より迷いいでて、洛外の某邸宅の廊に入りこみ女房たちの物語談義を御伽がてら夜もすがら聴いている『無名草子』。住吉社頭より難波津柏《かしわ》の泊りに出で、塩土老翁より神代の物語を承る『秋津嶋物語』など、これらが多くは当代の霊験所や寺社参詣のなかで、またはその道筋をたどるうちになされていることは重要な指標である。これらの聖域に集《つど》い歩みを運ぶ人々こそが、記されるべき言説を媒介するものであるという、〈聖なる場／聖なる対話／聖なるテクスト〉とでも言うような観念が、この時代の宗教的環境に沿って具象化されている。対話の場も、あるいは二重化して、修験道の聖地より言説が観音霊場へもたらされる『水鏡』のごとき神秘化をほどこす。または清水坂北斗堂での通夜の雑談のなかで、さらにそれまでの道行や巡礼の途次で名所や霊地について説かれたさまざまな語り手たちの物語を、再話するように諸国一見の聖が談ずるという『諸国一見聖物語』(38)など、作品がしくむ空間のパースペクティヴは、媒介の構造と不可分に、語られるべき言説にふさわしい〝場〟をテクストの裡に立体的に創りだしている。

対話のなされる空間は、仏神の周縁である。礼堂や拝殿のごとく仏神の御前に臨む礼拝参籠の場から、中世後期に展開する対話様式作品ではその範囲が拡がって、鳥居の傍の樹下となり（『太神宮参詣記』(39)）、某寺仁王堂（門）の軒下（『文机談』）、山寺の宿坊（『峯相記』）、北野社の僧房（『鹿苑院西国下向記』(40)）、社寺の門前の茶屋や旅宿（『塵滴問答』・『旅宿問答』）、御旅所（『桂川地蔵記』）等々、寺社の周辺の境界的な地点が選ばれている。それは、中門廊（『無名草子』）や釣殿（『知顕集』）、池亭（『筑波問答』）などと併せて、対話の媒介性をその中世世界固有の〝場〟の性格に託して表象するものであろう。

対話がなされる時間も、それは多く仏神のきざしが示される時に沿い、もっぱら夢告や示現を蒙るべき通夜のあいだになされる。または仏神の祭祀を営む儀礼の前後に展開される。供養法会そのものが対象となり（『雲井の御法』『相国寺塔供養記』）、法会の会場に至るまでの道中や、祭礼や縁日の当日、たとえば遷宮祭（『知顕抄』・『太神宮参詣記』）や競馬祭（『駿牛絵詞』）、または宴会の後、たとえば重陽詩宴（『真俗交談記』・『唐鏡』）や法楽連歌（『太平記』北野通夜物語）など、文芸遊戯の席にも連なり、そこからかえりみればそれらの時節はすべて言談の諸形態が生起する契機となるべき〝場〟なのであり、いずれも仏神の顕現する祝祭の非日常的時空を示すものであった。

（2）仏教の言説体系が生みだすテクスト様式

対話様式の〈媒介の構造〉と〈場の構造〉の諸相をうかがうに、それらを覆う濃厚な宗教性を無視することはできない。それを仏神の聖なる原理と言うばかりではその説明にならない。寺社の唱導説法、参詣の礼拝祈願、祭礼に臨んでの談義詩歌といった、仏神との交信をはかる詞が流通するその延長上や周辺に、それをもどくようなかたちで展説される言談が対話様式テクストの叙述である。それならば、こうした宗教的言説（とその営為）の体系のなかにこそ、これらの作品の本籍地はあったのだ。

対話という枠組の構造が、実は作品を成立させ規定するものであるということに視点を転ずると、それが中世宗教世界の言説の環境に重なり合っているという現象の意義は少なくない。とりわけ仏教はその中心にあって、常にそれらの言説に規範と典型を与えていたことだろう。むしろ、仏教こそがこうした構造、ひいては様式を生成せしめた最大の要因ではなかったか。

前節で詳しく述べたところだが、経典の様式が、基本的にこの構造を用いていることは、あまりに自明すぎてかえって意識にのぼらない。仏の説きたまいし金言を伝持して末代の衆生に流布せんがため、一期化導の釈尊の説法を聴聞衆を代表して受け、「如是我聞」とまず冒頭に置く。次に「一時仏住……」と時と所とを示し、次に菩薩から異類に至るまでの対告衆〔聴き手〕を列記して宣説の座を設けととのえた上で、仏の聖なる言説を聴聞する。その場の情景、仏の獅子吼に感応して奇瑞が現出し、また聴衆が示す反応も問いかけも、さまざまに仏説を分節する枠組となっていることは『法華経』に壮大な好例がみられる。説き了ったのち、聴衆が「作礼而去《サライニコ》」と座を立つところで経の対話の〝場〟は締めくくられる。ここに注意すべきは、経典の多くが釈尊の語りかける相手を「我聞」の受持者とは別に設けていることである。仏は、対告衆の代表たるこの文殊や舎利弗ら仏弟子とのやりとりのうちにその所説を展開していく。ここに類型的ながら〈場の構造〉のみならず〈媒介の構造〉は明快な形であらわれる。これは一見したところ（「我聞」を文字通りにうけとれば）対話のみで完結している一類にみえるが、聴衆の一人が筆受することを自明の前提とした形と伝統的に解しているゆえ、対話の〔聴き手〕が記述することによりテクストが成立する二類といえる。しかもなお、この聴聞―筆受者を宣説の座に立ち合いながらこれに直接に参加することのない〔傍聴者〕ととらえれば、三類とも四類ともいいうるのであって、単純にみえた経典の〈媒介の構造〉は、実に対話様式のヴァリエーションをすべてにわたり貫いているであろうことが想定されよう。

　古代から中世にいたるまで、最も読（誦・訓）まれ、解釈され、書写を繰り返された宗教テクストは経典にほかならないということを思えば、それが当時のテクスト観に与え続けた影響はそれ自体が考察に値する。[41] けれども、各テクスト毎の生成についてその全ての根元として短絡的に結びつけることは危うい。対話様式の諸テクストは、それぞれ経典から直ちに創案されたわけではなく、素材・典拠の面を別にしても、様式が意識されるまでの間には、仏教において醸成されたテクスト論の諸方法が横たわっている。すなわち、経典の教相判釈（文献批判）にはじまり、その所産たる論と疏を介した論談決釈（問題の体系化とその討義）から、その過程に生みだされた論義書や要文集や注釈書などの膨大な堆積が存在した。この、テクストが、プレテクストからあらたなテクストやパラテクストおよびメタテクストを産みだしていく営為のなかで、様式はあらゆる実験を試みたことであろう。

　仏教における多様なテクストの経験とは、同時に修学の階梯でもあった。僧侶とは、頌や経の誦習から高踏な論の製作にいたる、あらゆるテクストの読解と技法を習得し実践する専門家であった。加えて、中世では寺院が最大の教育機関であったが、文章に関する幼学書・指南書・類書・辞書・往来書等の多くはここに由来し保存された。[42]とりわけ、これも前節で論じた対話様式作品の先駆というべき空海の『三教指帰』について、とくに院政期以降、仏家と儒家の間で注釈が繰り返し行われていたのは、これが幼学書ないし文章の典例として、寺家と博士家の学問にとって初入門の基礎知識を与える格好の素材であったからだろう。

仏教のこうしたテクスト習得課程の体系は、狭義の教学（教相）面ばかりでなく修法儀礼（事相）面を含めた複雑なシステムの上で伝承されている。一般に、事相面を併せた仏教（これを当時は「顕密二教」と空海の規定に則して呼びならわした）の習学は、師匠から弟子への伝授（師資相承）の形式のなかで継承されており、その課程でさまざまな文章・書籍を訓み習い、師より賜わった「御本」を書写校合し、その上で更に師の前でこれを読み、口頭にて注釈と印可を与えられ（面受口決）て受業を了える。これが重ねられ、受戒と灌頂がこのカリキュラムの始まりと終わりを画す。この間に教授されるものは、教相についてみれば、各階梯での論義講問を遂げて昇進するための経・論・疏とそこから展開される注釈・要文抜粋（抄・鈔）、音義（言語学）や因明（論理学）に基礎を置く各分野と、これらを綜合し実践に結びつける修辞学があり、またその諸領域のインデックスたる名目《みょうもく》が備えられた。[43]更に、師資の相伝を単位とする院家の集合体としての寺院—寺社組織の運営に伴う年中行事・儀式の故実と法則類も伝写されなくてはならない。[44]こうした記録類に至る全体を網羅する管理者として学僧は在ったわけだが、天台ではこれが中世に記（録）家として成立し、顕密戒の諸領域を綜合し各流を兼修して体系化をはかり、その「記録」を灌頂をもって口決相伝する学派となった。[45]その記家の最秘事として重んぜられた日吉山王権現の縁起のひとつが、『日吉山王霊応記第三』別名「扶桑古語霊異集」として、[46]やはり対話様式によって記述されていることは、きわめて示唆深い現象であり、この様式がもつ特質をよく表すものだろう。

（3）密教における宗教テクストの方法

天台・真言の密教においては、同じく教相の経・論・疏を基礎としながらも、その中心はあくまでも金胎両部（天台は蘇悉地を合わせて三部）の諸尊を本尊とする修法の、印・真言・観想を組み合わせた作法の次第を、さきの師資相承のシステムの上で継承実践していくことにあった。[47] 伝法灌頂がこの階梯を完成する。このなかでとくに口決は大きな比重を占めていた（顕教も中世には同様の事情にあり、口伝法門が盛行した）。口決は中世にいたり、四重相伝（初重を浅略として次第に深秘・秘中深秘・秘々中深秘とする）と三箇大事（流や師毎に随意名目を立てる）等に分化展開して、印信という文書の形式で伝授されるようになり、これに契約状や起請文ないし譲状や血脈（相伝系図）が添付されてひとつの法流が体系化された。この神秘化された方法は、「切紙」という形態が端的に示すように、そのものの聖化と同時にテクストの解体をももたらしたのである。

「鈔」つまり注釈書の場合にも、その形成や相伝書承の間にこうした過程が混入することが一般的であり、経典の注釈書にも、灌頂・血脈こそなけれど、談義という修学の場を介して、師説（物語云）を加上し、更に受者（記述者・編纂者）自身のコメント（私云）が添えられるという形で、何段階もの先学の所説が一書のなかに摂り込まれている。[48] あるいは、師談のみを録して一書を成したものも特に事相関係に多く存在する。事相においては先徳名匠の修法記録が重視され、これを典礼化し部類化して模範としたのであったが、その周辺に先師の所説や関連する文献の引用が列記され、各作法には故実や見聞が付加されて、相承の次第が載せられる。[49] 東密においてこの傾向が顕在化するのは院政期からであるが、中世には師伝の口決のみをまとめたものが各門流の独自性を担う聖教重書の中核となっていた。たとえば、醍醐寺三宝院流の最も有力な法流となる報恩院流を創めた憲深の所説を地蔵院流の祖である親快が記した『幸心抄』[50] をみれば、その序に「雑談之次、尋レ之」と云い、末には「受法之時、面談口決、尋二不審一、聞二口決一」とその成立の消息を述べるところに、そうした様相が明らかに知られる。[51]

他方、師資相承は、受者の発問とこれに応える教授者の回答という、問答の過程を通して実現するものであるが、この形態のままその次第を忠実に記述することによってテクスト化される問答書が在った。顕教において最も重視されたのは宗典について論義を行い学解を究明することであったが、これも問答形式のもとに運営されていた。これは「研学竪義」等と呼ばれ、東密でもたとえば仁和寺では院政期に伝法会が創められ、高野山でも中世に学侶による論義法会が始められ「問答講」と称した。大寺院では近世まで、これが学僧集団の共同体を維持するほとんど儀礼化した法則として再興・継承されていた。かつてそこで論争された論題のうち、評価を得たものは記録にとどめられ後代に範例として類聚されることがあった。天台における「義科」「問要」という分野などはその集成をさす。この問答体は、伝統的に教学上の議論における普遍的方法でもあって、論述者自身が、自らの裡なる思考の発露として、論を弁証法的に深化展開させる形式にも問答が用いられた。論文の一部もしくは全てにこの形が導入されることも多い。空海の『即身成仏義』や安然の『教時問答』などはその代表的な著作である。

単純ながら、この、あらかじめ仮構された対話によって成るところのテクストは、教学上の書物としてはとくに序跋にその旨を明記せぬ限り、前述した実録としての問答書と表面上の差違をほとんど弁じがたい。しかし、こうした虚構は確かにきわめて普遍的に存在したのであり、学匠らは現実にかく自問し、自答を書きつけて一書を容易に構成した。しかるに、その事情は単なる学問上の方法に由るばかりではなかったようである。この点の消息の一端をうかがわせてくれるのは、寺家の階層の頂点にあり、その知的世界の中心に在って、寺家のテクスト体系からすれば周縁に属するかと思われる歴史叙述（年代記・未来記を含む）を著した青蓮院門主かつ天台座主の慈円である(52)。

彼は、眼前に已れが拠って立っていた体制が崩壊していく有様を見つめながら『愚管抄』を著す。この史論書は、巻三冒頭によれば「世継ガモノガタリ」すなわち『大鏡』を批判的に継承するという意識をもふまえて書かれた。しかるにその叙述においては、さきに述べたような『大鏡』のごとき対話様式を採らず、已れの著者としての正体を終始隠蔽しながら、自ら「仮名ノ戯言《ザレゴト》」と言う平俗な口語を混えた片仮名文によって談話的な表現を用いた（それは当時の寺院内外での雑談《ザフタン》や軍語《いくさがた》りに近いものであったらしい)。その、一人称での匿名の虚構は、畏きあたり(後鳥羽院)へ向けられた諷諫の意図を韜晦するため、時として奇妙なねじれを呈している。「コハ以《(モッテ)》ノ外《ホカノ》事ドモ、カキツケ侍リヌル物カナ。コレカク人ノ身ナガラモ、ワガスル事トハ、スコシモヲホヘ侍ラヌ也。申バカリナシ〳〵。アハレ、神佛モノノ給フ世ナラバ、トイマイラセテマシ」(巻七)。ここに示唆される仏神の霊告、託宣や夢想は、慈円自らが終生離れることのなかった精神史的環境であったが、それは決して『愚管抄』の表面に出ることはない。しかしその背後に深く潜んで彼の論ずる「道理」を支え、さらに表現方法にも影響を及ぼしていたのである。全体の最末尾に至って、世のなりゆくさまを如何とすることもできず、「言語スデニ道断侍リヌルナラム」と絶望に身もだえしながらも、彼はなお次のように述べて最後の一節を書きつけた。

物ノハテニハ問答シタルガ心ハナグサムナリ

この最後の一節は、ほとんど当時の託宣の有様を彷彿とさせる、いささかならず不可解な問答体である。『愚管抄』全体のなかでその異質さの際立つところだが、これもまた著書の姿を晦ましつつ仏神に託す態で自らの政治的かつ具体的な主張を示そうとしたものと察せられる。慈円は本書述作の前提として『大鏡』のほかに日本紀以下の史書と漢籍の史書・政道書を挙げており、その一方で先徳の内典に言及することも忘れない。けれども仏典の影響は具体的に明瞭には示されないのだが、その意味でこの問答は、著者の思惟を問答のなかで表現しようとした際の究極的方法として、しかも顕密仏教の学問における伝統を反映した所為として理解されよう。慈円自身の密教著作のなかにも[53]、そのような問答体による論述はいくつも見いだされる。

著者(論者・筆者)における虚構意識とその方法は、既に『三教指帰』が実現したように、まず「余」が臨み耳を傾けるところの、仮構された対話の「座」と、そこに集う話者(弁論者)の寓意的な形象に与えられ、その議論を生彩あるものとした。ただしこれには、その対座する〝場〟についての記述が、巻一亀毛先生論の冒頭部に、

「偶《たま》また休暇の日に就いて兎角公が館に投《いた》る。爰に筵《むしろ》を肆《の》べ席を設け、饌を薦め盞を飛ばす。三獻已に訖って膝を促《ちかづ》けて談話す」（『聾瞽指帰』は「双談話言」）とあるばかりでいたって描写に乏しい。しかし、やがてはその末裔が、積極的に一書全体を仮構の場（時空）と媒介（言談の諸形態とその担い手たちの姿はたらき）の構造の枠組をはりめぐらせたなかにつくりあげるようになる。対話様式の諸テクストがみせる様々なる意匠は、そこに描かれる対象のうわべの装いにとどまらず、意匠そのものが対話に仮託された記述とあいまって、ある主張を訴え、象徴するべく意味と機能を与えられている。これは、いままでに述べた教学相承上の宗教テクスト形式の伝統からすれば、それまでにない遥かな飛躍をとげた姿である。この飛躍とは何か。それは何を実現させたのか。それらについて識るためには、とりわけ寺家の著作における対話様式テクストの具体的な検討と分析が必要であろう。

『真俗交談記』（群書類従本）は、その異本である尊経閣文庫蔵『真俗擲金記』甲乙二巻と連なる、仁和寺の守覚法親王の著作であろうと推定される。[54]『真俗交談記』は、建久二年（一一九一）、某御所にて重陽の詩宴が催された際に「真俗」の名匠鴻儒が集い、その参加者のうち一名を発問と進行の役に宛て、各々の故実に関する知識と所説を一問一答にて披瀝する、その発言を「予」が一座の表情や光景とともに記録したもの、という体裁をもつ。『真俗擲金記』もまた、某年の十月十日に仁和寺とおぼしき御所で文事の雅遊に会した「真俗」衆より、各自が一巻に記し携えた「秘説」を、「予」が後日書き連ねたものと序文に示される。両書に登場する人物も重なり〝場〟の設定などもよほど近いものがある。しかるに、これら「真俗」の一堂に会しての「交談」は、およそ実際には起こりえなかった架空の〝場〟であった。この二つの「記」において登場し発言する人物の生存・活動期間は史実と一致せず、官位表記も建久二年時点にはありえないものが多い。つまり時代不同の人物たちが一所に同時に集い、談話を交しているのである。それは、意図的に韜晦を企てた設定であり、撰者と推定される北院御室守覚法親王があたかも現実に行われた催しの記録であるかのように装った虚構の産物と判断される。

当時、分岐はなはだしかった東密の法脈の統合を、後白河皇子守覚は一身の上になし遂げようと試み、小野・広沢両流を兼修し、各流の名匠より伝受を授かった。とりわけ、小野の三宝院流勝賢より『秘鈔』十九巻を、広沢の保寿院流覚成《かくぜい》より『澤鈔』十巻を、それぞれ口受の上で著した[55]。このほかにも数多の密教学に関する著述や修法記・故実書をものし、更には和歌や管弦にも堪能であったこの人物にとって、受業修学の段階における「交談」が必須の経験であり方法であった消息は、自ら撰した『北院御室拾葉集[56]』に次のようにみえる。

> 交談事。常師弟閑談可レ有レ之。朝夕語二聞道故実之事一、錬磨基也。常随給仕之弟子、勝二他所住弟子一云云。只是依レ聞二朝夕物語一也。相構於二行学隙一徒勿二雑談一。宗端々相互法侶同心、不レ可レ忘二交談一也。是為二無双稽古一云云。

それは、守覚一個人の好尚を超えた、当時の真言教学一般の共有する学びの習いであり、この時代の学問伝流の過程（おそらく、ことは真言教学に限らず「俗」の側たる博士家なども同様であったろう）に、こうした方法が深く根を下ろしており、彼にとっては、それが平生の基盤にあればこそ、文道の清華を後に貽《のこ》すため書物上に彫鏤の趣向を凝らして、「交談」を仮構の枠組の要に用いた一箇のメモリアルな「記」を創り出そうと試みたのではないか。自らの姿を隠し架空の会合を紙上に展開するこの飛躍は、かかる積極的な意図にもとづく方法意識の具象化であったらしいのである。

（4）密教学匠による対話様式宗教テクスト『聞持記』

守覚の真言教学は、主として広沢流の法脈上に成り立ったのであるが、その法系のひとつに保寿院流の覚印が在った。大御室性信法親王の付法、成就院寛助より、保寿院・慈尊院・忍辱山・西院の四流が分かれたが、その上足である平等房法印永厳《ようごん》の資として、保寿院流の正嫡を継いだのが覚印である。師の永厳について守覚は『追記[57]』のなかで「朝夕閑談、自二道故実一之外、全無レ之。然者、動レ目驚レ耳之程秘事秘決、永厳、頗傍若無人、放レ言鳴レ肯」

と伝える。その狷介で孤高を恃《たの》んだ名匠の付法に、覚成僧正と覚印《かくいん》阿闍梨とがあり、守覚はもっぱら覚成より受法したのであるが、のち覚印にも遇って再受したと言う[58]。

下野阿闍梨自証房覚印は、平師季の子、長寛二年（一一六四）に六十八歳にて没した。『北院御室拾要集』によれば、永厳の内甥であり「常随給仕弟子」として「稽古傍無人」であったが、同記の「公家御修法等存二法上下一弁二人甲乙一事」条によれば、かつて仙洞に金輪護摩六観音供を修した際、彼が金輪護摩を承った。一方、天台座主が六観音供を担ったが、これを中央壇として母屋に構え、本来上壇たるべき金輪壇のみは東北隅の庇に置かれた。覚印は院の恣意によるこの差別を不服として修法を拒否し、「永抛二芝砌之名望一、探二卜蘿山之臥雲一」て逐電しそのまま隠遁してしまった。この出来事は、「凡、一寺相騒、万人周章、重事其一也」という騒動に発展し、「誠、於二門跡耻辱一者、恐傍若無人歟。叡慮、殊依二被レ歎思食一、度々雖レ被レ立二勅使一、堅辞退申之間、不レ及二御力一」と、院の慰撫も彼の法を保つ意地を曲げることが叶わなかったと述べている。覚成はこのことを深く歎いたとあれば、守覚はこの一件を彼より聴いたのかもしれない。更に、「当世、覚印阿闍梨相二中其仁一歟。行学世以無レ隠者也」とその覚悟を賞讃しているのである。

この覚印の著述として、典型的な対話様式テクストのひとつに数えられるべき『聞持記』一巻がある。管見に入った伝本は僅かに二本。いま仮に甲・乙本と称す。これに加えて、現在未見の一本（残闕本）が存し、これを丙本とする。

甲本は、東寺観智院金剛蔵聖教（第一二九函五号）康安二年（一三六二）賢宝写一帖。墨付二十丁、押界、半丁六行宛書写。表紙外題に「石間聞持記自證房」、内扉外題に「石間聞持記覺印」とあり、第一丁本文冒頭の内題に「聞持記」とある。第十九丁裏で本文は終わり、第二十丁表右下に「覺印阿闍梨草」とあり、続く本奥書と、同丁裏の書写識語は次のとおり。

寫本 承久二年（一二二〇）五月十四日於上乗院書寫了　　隆澄

右師主上綱最後筆跡也。末終寫功、大漸期臻。仍、忌陰勤修之餘暇、拭愁涙、遂書功了。可哀〻〻。

康安二年八月日　　賢寶　　／　交了

乙本は、真福寺大須文庫蔵（第六十九甲合四号）鎌倉初期写本一帖。[59] 墨付十四丁。半丁七行宛書写。第一丁本文冒頭の内題に「聞持記」とある。第十三丁裏より、本文の奥書（後掲）に続いて、やや長文の本奥書が記される。

本奥　仁安二年（一一六七）丁亥三月六日、於浄珠房本書留了。

雖極無用、為悉仁和寺覚印下野阿闍梨之所為云〻。此記之興為片兼意阿闍梨云〻。諸尊別行・道場要集等、兼意所撰也。高雄五大虚空蔵、運移于高野山人、先兼意闍梨之弟子之所為云〻。仍、為破彼此之所為、作此記云〻。而其次、引入醍醐之事、頗奇恠事也云〻。

両本ともに本文は漢文。随処に読点と仮名訓を施す。奥書から判断する限り、両本は伝来を異にし、直接相互の関係を示す証はない。本文を比較するに、全体に甲本が秀れ、乙本は誤脱がやや多いが、稀に甲本を補う箇所もある。

丙本は、高山寺聖教（第一四八函二五号）寛元三年（一二四五）隆真写一巻。[60] 首缺。残存部は三通の文書を料紙に用いる。仮名訓点を付し、瑞裏書に「自證房覺印阿闍梨作」とある。本奥書と書写識語を次に記す。

書本云／元久三季（一二〇六）四月十六日、於神護寺東御房／給之／勤杲

寛元三季六月二日巳時許、於高山寺東御房／西南部屋書寫了／右筆隆眞生□才

本書は、目録によれば「文中ニ高雄五大虚空蔵、東寺講堂ノコト等見エタリ」とあって、後掲のごとく後半部の第

四・五段のみを存するらしい。奥書から見る限り、これも甲・乙本と直接の関係にないようである。本文についての詳細な報告は他日を期したい。

以上、三本はともに覚印の著作として伝写されていたことを明示する。

対話様式作品としての『聞持記』は、その奥書において最外周の枠組が示されている。それは次のようである。

> 應保元年三月十五日、修行求法僧聞持房記照、於石間藤室草庵記之。此外秘蔵事等、銘心府了。未曾有聴聞、偏行法悉地也。其後、各相尋、闇跡了。[61]

結論から言えば、この奥書もまた仮構の一部である。応保元年（一一六一）は永暦二年九月四日に改元して始まる。したがって元年の三月十五日とは存在しない架空の日時である。この場合、改元を知らなかったのではなく、わざと新元号を用いているのであろう。あるいは後世の偽作が馬脚を露わしたものとも見なされるわけだが、乙本のごとく僅か五年後に写されていることを考慮すればその可能性は少ない。後述するように、それも仮構（なることをあえて示す）の趣向のひとつと考えられる。

その仮構とは、冒頭の序文部と跋文部（ともに後掲）と呼応するものである。応保元年の春の一日、「予」すなわち聞持房が石間寺に参籠し、礼堂の片隅で無人声の幽玄境に神《たましい》を遊ばせるうち、二人の客僧すなわち未見房と今見房が参入して「対面談話」する。それは「花鳥」の詞からはじまり、やがて興に乗じて「雑談」に及び、ついに法門問答に至った。この「数剋清談」は晩陰に到って漸く果て、両人は偶然の参会を賀《よろこ》びつつ「互作礼而去」と失せた。右の奥書は、この座談にての問答を「聞持房」が傍らに聴き、これを草庵にて記したことを説くのである。

こうした本書の結構は、先述した対話様式の分類についてみれば、四類（対話の〈傍聴者〉が対話内容を記述することにより作品が成立するもの）に属し、『宝物集』等に類する。媒介の構造では最も複雑な仕組みをもつのであり、その成立が仮に本の言うところを信じて応保元年とすれば、『大鏡』に次ぎ、『今鏡』『水鏡』と前後し、『宝物集』

に先行するところに、かような形態を具えるものが成立することが注目されよう。

次に、本書の枠組を設定している冒頭の序文部と終結の跋文部（跋文は甲乙両本とも一字下げにて書かれる）を引く（甲本を底本として乙本にて補い、読点・訓は両本を併せ用い私に本文を作った）。

> 醍醐山ノ奥ニ有ニ小霊験所一。号ニ石間《イハマ》寺ト一。近隣ニ而深山ナリ、人中ニ而メ仙洞也。依レ之、顕密南北ノ賔客、続蹤《跡イ》無絶。修練苦行ノ禅侶、結レ菴有レ数《アマタ》。予、応保元季〔年〕中春之比、初以参籠。于時、行者悉ク退出ス。誠、寂漠（ト）シテ無ニ人声《ヲト》ナリ一。纔ニ耳〔可〕目所レ触ル、、落花廻リレ風、山鶯囀ルレ谷ニ之許也。仍、為三静ニ満ニ二呪遍ヲ一、隔テ、二礼堂ノ片隅《カタスミヲ》一、飲《ノムテ》レ気キヲ隠居。適、所ニ留住一客僧二人。所謂、未見房与今見房也。倶有レ心無レ破名真言《ワリ》師云ゝ。爰ニ、巳時許ニ同時ニ入堂、各所作了。対面談話、以ニ花鳥一発言之序、互ノ言詞、有ニ其興一。雑談了テ、未見房、殊（ニ）促《チカツケテ》レ膝ヲ、発問云。
>
> （中略）
>
> 数尅清談、臨ニ晩頭ニ一。未見房、長息居去テ云。可レ然参ニ曾当山ニ一、毎レ事蒙ニ恩訓ヲ一了。是、機縁時至、宿運相催也。不可説ゝゝゝ。
>
> 今見云。馴ニ日来対面ニ一、依ニ当時芳言一、以前之条ゝ、任ニ胸臆ニ一申開了。更ゝ不レ可レ令レ用ニ誠諦之言ト一。今驚ニ高問ニ一、忽廻ニ短慮ヲ一。豈後代口実ト哉。真実是、未見今見、不レ知ニ案内一、斯謂也。
>
> 如レ此言了、互作礼而去［了］。

一読してただちに諒解されるように、聞持房という名は〔傍聴者―記述者〕として対話の媒介の機能を与えられた作中の寓意的被造物としてまことにふさわしい。未見房・今見房という名も、未得見の不審について問いを発し、これに解答を与えて明らかに照見せしむる対話者の配偶を同じく象っている。両者の問答を礼堂の隅の暗がりに己れの姿を隠して聴聞し、のちにこれを（「記照」とは記すに照らしての意か）草庵において記したと言い、また二人の対話者は跡を晦ました、[62]と説くのも、これらがまさしく紙墨の間に生みだされた筆者の造化の産物であることを示すものであろう。

〈場〉の背景をなす石間寺は、序に示されるように、上醍醐より東へ峯づたいに越えた笠取山の頂に在る千手観音を祀る「霊験所」である。修験の道場であると共に疾《はや》くから西国観音巡礼三十三所のひとつに数えられた醍醐寺末寺であった。上醍醐准胝堂より石山寺へ至る巡礼路の中間に位置する。『阿娑縛抄』諸寺略記に収められた縁起によれば「山城国宇治郡、醍醐山奥、笠取山東峯也。泰澄大師建立……」とあって、泰澄がこの山に十二箇年の坐禅苦行を経た後、桂樹より本尊を造立したと言う。その利生効験を語る「古老伝」も併せて収められ、園城寺の叡效がここに三年の苦行をなし法花六千部の転読を果たして本堂より桂樹へ捨身したところ、三度も護法に助けられ遂に僧官に昇ったと言う。これは天台側の伝承であるが、『続古事談』にも同じく縁起説が抄記されており、[63]いずれにせよ宗派を問わず「修練苦行ノ禅侶」が蝟集する聖地であったのである。『聞持記』が右のごとく序と跋そして仮託の奥書によって創りあげた仮構の世界は、多分に当時の実相に裏付けられたものらしい。[64]

それが創りだした〈場〉のリアリティは単に石間寺という舞台ばかりに限らない。登場から退場まで、その上でなされる問答は演劇よろしく表情を豊かに与えられ、未見房と今見房は、互いの問答に大仰に感嘆してみせたり評言や述懐をいちいち加えて会釈を忘れず、終始「対面談話」の座の呼吸を伝える工夫がなされている。しかもその叙述は必ずしも発言だけを記述するものでなく、僅かながら話者の描写まで加えられる（たとえば前半第一段に「今見房、再三仰天、答云」とか、第二段に「未見房、傾レ耳、佇《トハカリアリテ》問テ云」「今見房、微咲テ答云」とあるのがそれである）。「聞持記」とは言いながらその媒介の性質は必ずしも聴覚の純粋さに統一されず、視覚上の戯れをもその構造に含むものであった。

『聞持記』は、対話に託していかなる事柄を説こうとするのであろうか。最初の未見房の発問に、一篇の旨趣が大方示されている。

抑、真言秘密ノ宗、難レ伝、難レ習。而ニ近来、極テ事易ク罷成了歟。其所以者、伝燈ノ明匠、知法ノ識者、各題ニ『諸尊別行』一、或号ニ『道場要集』ト一、悉載テニ随分ノ秘事ヲ一、競テ顕ニ所学ノ密伝ヲ一。仍、上古ノ師説、秘蔵ノ口傳、頗似レ無ニ其残一。故ニ、種子・三形、浮ヒニ限前ニ一、密印・秘契、有ニ掌中一。此外ノ要撮《シュ》、何事哉。若、一巻一部モ伝写テ披閲《エッ》スル輩ハ、皆是、知法ノ真言師也。如何。

これに今見房が「再三仰天」して答えるには、「被レ示旨、實以然也」と承けて、こうした風潮が真言の学道の廃れる基であると慨歎し、「撰集之先達」はみな一宗の明匠であるからには、どうして書物に法の相承を譲ることがあろうか。いま流行しているのは、すべて「無聞非見之輩」の未練の躰であって論ずるに足らない、と非を鳴らす。以下は具体的な法（薬師法―阿閦儀軌等）を例に挙げてその失を説き、正しい教えに違えば法験なき時は人の信を失ってしまう。（こういう有様では真言）法の興隆はどうなることか、と歎息する。しかし正しき法を尋ねるに人なく、「知法徳行之人」は公私の職に追われて（請用出仕に明け暮れ）弟子に教授する暇もなく、「閑居隠屈之輩」は己れの修行にのみ専念して学ぼうとする人を厭う状況である。今、恣《ほしいまま》に「別行」を創りだして真言師と称する者は、あたかも「抄出(ノ)学生」のごとき連中で、尋常の伝授は最も困難な時世になってしまった、と舌峰するどく当時の真言教界への批判を展開する（以上、問答第一段）。

次に、真言の相承にこのような違失の出現することの不審を問答する（問答第二段）。

その後、曼荼羅中の諸尊の印と真言を以って別尊法の秘事とすべからざることの不審を問答する（問答第三段）。

次（問答第四段）に至り、未見房は、「進退惟谷《レキハマリテ》、邯鄲《カムタン》ノ歎キ出来タリ。自レ本、無ニ指(サセル)師伝一。只、尋ネニ窺カヒ如レ此抄記等ノ文ヲ一、成ニ随分(ノ)真言師ノ思ヲ一。弥随ニ聞及一、以ニ書持ヲ一為レ事ト之間、大躰迷方ノ所為、不レ可ニ指南ス一云々」と自己批判するにいたり、一転して、「若然者、捨レ之ヲ、又可レ受ニ誰明師正説ヲ一耶。且、其人難レ値。縦《タトヒ》値(トモ)、被ニ決授一之条、不レ可レ有レ之。然則、枉(マゲテ)承(ラバ)ニ教導之雅訓(ヲ)一、一遍(ニ)可レ趣ニ其道ニ一耳二」と、従来の僻見を捨て、今見房について教えを蒙りたいと師事の態度を明らかにする。

今見房は、「申旨一往(ノ)事也」と受けて、これら諸説も料簡を加え取捨して用いよ、偏《ひとへ》に棄つべからず。稽古才覚を貽《のこ》す人もある故に、中庸を保て、と訓《おし》えて次に正しき筋道を示す。「須ク堪ラム二其ノ器ニ一者、先得二儀軌本経之意ヲ一、次(ニ)聞ケ二明師説ヲ一。是、尋常ノ義也。又、雖(モ)レ無二多聞広学一、只受(ケヨ)二一流相承之説ヲ一。是非不レ論ニ、深以(テ)二仰信(ヲ)一精進修行スル是、第一義也」と修学のあるべき形を提示して、却って批判すべき対象を示す。「而、近来、離二此彼両義ヲ一、遍披二閲(シ)私《〔秘〕》記・抄物等(ヲ)一、成二所作已(ニ)弁《(ワキマフ)》之思ヲ一。既(ニ)汲《クムテ》二流派ヲ一、忘スレ二源濫ラムヲ一了。誠ニ、道ノ荒廃《クワウハイ》、法ノ擁遏《ヰヨウカツ》、最在二此時ニ一歟。適令ハレ存二此旨ヲ一、自然(ニ)令レ帰二相承之道ニ一而已」。この問答を通して、次第に著者が非難する行儀や風潮の姿が露わになると同時に、その理想とする「相承之道」の躰も浮かび上がってくる。

以上、前半四段の問答を、問答の過程で問題点を鮮明に示す導入部とすると、以下後半五段の問答は、より具体的に、法の伝流やその故実について、末見房が「第一」から「第五」まで箇条を列挙して、これにそれぞれ「今見答云」と解答を与えるという単純明快な構成になっている。前半と後半は、問答の形態も、その内容に対応して明らかに異なっており、発問と応答の関係が前半ではいまだ柔軟な応酬のなかに一抹の緊張が漂うものがあったのに対し、後半では明らかに一々の疑問について教えを乞い、これに口決を与える〝口伝〟のかたちに変じている。

その後半の所説を発問の側からとらえてみよう。

第一段：東密がいつ醍醐寺と仁和寺の両方に分かれ、何故大きく所説が異なるようになったのか。

第二段：法花経法と仁王経法は真言においていかなる意義があるのか（真言にて顕教の釈迦所説の経を所依として法を行うことへの疑問。「或人云」に法身所説ゆえと解す例があるが如何）。

第三段：世間に舎利法というものが流行し、醍醐より出て天下に流布し珍重されているという。その故を尋ねて伝受を蒙りたい。

（序）聞持房、於石間寺礼堂見聞未見房今見房談話事

（未見・今見の問答）

前半
一、近来真言師専為秘事口伝行儀事
二、真言相承違失事
三、曼荼羅諸尊印言不可成別尊法秘事事
四、可蒙明師教訓事

後半
一、野沢両流分立事
二、法花・仁王経法差別事
三、舎利法流行事
四、高雄五大虚空蔵尊事（付神護寺建立事）
五、東寺講堂由緒事

（跋）未見・今見房別離之事

（奥書）聞持房、於藤間草庵記録之事

図3　『聞持記』の構成

第四段：高雄（神護寺）の五大虚空蔵は大師（空海）の御持仏と聞くが、或る人が高野山に安置したと云う。これは大師の遺徳を仰ぐためか、それに非ずは無益のことか。また高雄は誰の建立か。

第五段：先年、東寺を巡礼した際、講堂の様ははなはだ不審であった。諸寺の講堂では阿弥陀を安ずるのに、此は中央に五仏、東に五菩薩、西に五大尊を配置する。これは大師の建立か。それならいかなる由緒があろうか（以上の『聞持記』の構成を図3に略示する。各条の表題はいま仮に私に付した）。

これらの項目を通観すると、そこに自ずから或る秩序への志向というべきものが立ちあらわれる。第一・四・五条のごとく法流や草創についての歴史的な問題を多く扱うことに注意すべきだろう。そこに選ばれたいくつかの論題は、総じて真言密教の正統を確認し、伝法のあり得べき姿を追求し、これを示そうとするためにある。

解答に示されるその立場は、仁和寺すなわち広沢流に属しながら、当世の秘事口伝を濫《みだ》りに用いて抄記を多く作ったり、別尊行法を創り出して流行に投じて高位に登り、公私の修法に忙しく求法修行を怠る人々を苦々しく思っている。[65] こうした主張から浮かび上がってくる著者の肖像は、まさしく先述した守覚が伝える、法の意地を貫いた孤高の学匠たる覚印の姿に重なるものだろう。石間寺という霊験所に籠居して修行僧に交わる媒介者の造型も、現実はどうあれ、隠遁した覚印の境涯から発想されるにふさわしい設定と思われる。

しかし著者の伝記よりほかに、こうした著述をあらわした事情について説明する材料が求められよう。この点で参考になるのは、『事相料簡』（大正新脩大蔵経第七十八巻所収）一巻である。「永暦二年《（一一六二）》二月二十六日、於㆓白川僧房㆒、為㆑改㆓同法等侶之異執㆒、隠老覺印記㆑之」という奥書をもった小篇であるが、その永暦二年が『聞持記』の応保元年と同年であることに注意したい。更に、先述した『聞持記』丙本（高山寺本）の書写者隆真は、同じ寛元三年の五月晦日にこの『事相料簡』一巻を、やはり勤杲（が建永元年に覚印自筆草案本により写した）書写本を写している（『高山寺経蔵典籍文書目録』第二巻、三二六頁）。両書はおそらく一具として相伝されていたらしく、著者もまた何らかの連続を意識していたであろう。

その序文に言う。真言の事相面においては、口決を受け信じ行うことを本道とすべきであるのに、近来の宗儀は「或号㆓別行㆒、或称㆓抄〔集〕物㆒、雖㆘記㆓所伝之尊法㆒往㆗異説之雅訓㆖」とて本文を弁えず、義はかえって浅くなり、肝要を欠き、纔かな抄記を事として是非を分別せぬ有様である。そこで今、「本経儀軌」より愚案を廻らして勘え注するものである、と。そこで当世に流布する説や法について七箇条（一、如射衆星光事。二、決定如来事。三、仁王経法弁曼荼羅事。四、金翅鳥法與佉樓羅同異事。五、摩訶迦羅與大黒天神同異事。六、本命供図位事。七、神供図様行法不可事）を挙げてその批判すべき点を指摘し、各箇条末にその子細を別紙に草した旨を記している。たとえばその第六条では、「仍為㆓自行㆒、草㆓次第一帖㆒了。号㆓『問答次第』㆒、委注㆓如㆑此義㆒間、重々問答有㆑之故也」と、独立した一篇を著したと注しており、その意味で本書は問題点の要約書という性格をもつ。そこに指示された『問答次第』とは内容からして『聞持記』とは別書であるが、著述の形態が問答体をとるところが注目されよう。

『事相料簡』に説かれた各問題は『聞持記』と直接に重複しないが、その問題意識、つまり当時の真言の名匠が濫りに新義を説き秘事口伝をもって別行を盛行させることをたしなめる意図に出たものであることは、全く等しい。本文中に展開される論理も随処で共通点が見いだされる。三井（台密）・小野・勧修寺の諸流の説を否定する立場も同様である。しかるに『聞持記』は、『事相料簡』の単なる姉妹篇という範囲を超えて、その方法において、全く独立した一箇の宗教テクストとして完結するものであろう。

両書の対比のなかで際立つものは、『聞持記』の明らかな輪郭を創出する虚構の仕掛けである。この仮構の設定にくるまれた所説は、全体が真言密教の宗門という一領域の、〝道〟としてあるべき世界像を目指す、同時代への強くやみがたい主張である。その対話の過程のなかで、批判し克服されるべき対象は自ずからそれと姿を現わすように仕組まれている。それに比して、著者覚印自身は、その媒介の構造に己が正体をゆだね、場の構造の彼方へ姿を晦ませてしまう。この設けなされた疎隔によって、テクストは著者と決定的な断絶を果たし、著者はいわば〝作者〟と化し、その教理問答ないし論争書は一箇の巧まれたテクスト世界へ離陸を遂げた、と言うことができよう。

『聞持記』のごとき聖教に対象化された世界は、宗門や流派・教義という当時確固とした位置を占める仏法の領域である。ただし、それだけにとどまらない。疎隔と媒介の構造が織りなす諸変奏が自らのあるべき位置の認識と主張の確立への道筋を形象するものとすれば、むしろこうした構造を与えられたテクストこそがかかる領域をつくりあげた、といえよう。そこでは、媒介と場の構造に規定されつつ、諸説が一定の志向へと秩序を目指している。広く対話様式の諸テクストを振りかえってみても、その現象するところは相似する。対話のなされる現在から始源へ溯行して通時的に展開されたり、また譬喩や例証による平易な初入門から高度な理念の論証へと段階づけられたり、あるいは類聚・集成として、それぞれ一箇の世界像の体系化を企図するはたらきが、この様式には本質的に内包されていたのではないだろうか。それは必然的にいわゆる歴史的な問題（たとえば本書のごとく流派の相承次第や寺院の縁起といったことがら）をはらむものであり、ひいては『大鏡』以下の歴史叙述として立ち現われることにもなる。だが歴史とは、この様式が媒介することの一面に過ぎないように思われる。その他の多くの側面と、この様式が実現させた諸領域については、更に中世の対話様式諸テクストを具体的に分析することによって各個に論じられるべきであろう。

三　語られたテクストと語りを書くテクスト

「対話様式」と私に呼ぶテクストの諸相を、文芸から宗教にわたる諸領域について見渡してきた。そこにあらためて注目されるのは、それらの、仮構された語りの場が生じ、そこで〝語りを聞くこと〟から、書かれたものとしてのテクストが読者にもたらされるまでにわたる、テクストの媒介における方法意識である。本節では、これまでに論じた分も含め、それらのなかの〝語りを書くこと〟に言及したテクストに注目して、対話様式の形成についてさらなる考察を試みたい。

(1)『大鏡』における〝語り〟を〝聴くこと〟

その一篇すべてが仮構の「むかしものがたり」として巧みいだされた『大鏡』は、世継翁をはじめとする語り手たちによる〝語り〟によって構成されている。彼らの〝語り〟は、そのことばのみでなく、それにともなう身ぶりや表情までもが豊かにあらわされ、これに包みこまれるようにしてあり、一座の談話の「興あることゞも」は、それらが綯《な》いあわされた運動《パフォーマンス》として生成される。そうして、その〝語り〟は、これを、一座の傍らに居ながら一言も発さず、ただ聴き、観察するのみの存在である聴き手により〝聴かれたもの〟としてある。この聴き手は、世継らの〝語り〟に絶大な関心と興味を覚えながらも、最後までその座中に加わって問いかけたり口を差しはさもうとはせず、たとえば巻五末尾のように「ここにあり」と名乗り出ようと思ったほどに際どい場面もあるが、ついに直接の関わりをもたない。この語り手と聴き手との間に設けられている疎隔は、たいへん印象的である。この両者の疎隔は、『大鏡』において〝語る主体〟とこれを聴く主体について、厳密な次元の区別が設定されていることの端的な現象であろう。徹底して意図的に区別されたこの二つの次元のあいだの緊張が、その全体を統括している。

その一方の次元を担って登場させられる、この決して名乗ろうとしない覆面の聴き手は、いわゆる近代的な作者とは同一視できないのは無論であるが、『大鏡』が一箇の統一的なテクストとして成立するための欠くことのできない媒ち――狂言回し――の視点主体としてあらしめられているようである。

この聴き手の存在に注目するとき、そこに一貫して保たれている顕らかな現象に気づかされる。『大鏡』は冒頭、「さいつころ、雲林院の菩提講にまうでゝ侍しかば」と、聴き手が万寿二年(一〇二五)の時点を回想する形で始められる。彼はそこで「翁らが物語」を聴きながら、途中に随所で感想や観察を交えて〝語り〟を分節するようにして、その始終を忠実に再現する態で述べてゆく。だが、〝語り〟の場が閉じられ語り手が姿をくらました後に至っても、その見聞したことどもを書き記した、という言辞はどこにも見いだすことができない。[66] すなわち、『大鏡』の全体を包摂する聴き手の次元の言説は、あくまで回想された〝語り〟を再び語るものとしてあり、〝書かれたもの〟ではないのである。この現象を率直に受けとめるならば、聴き手はせいぜいが再話の語り手となるにとどまり、書き手――記録者――ではないということになろう。[67] 少なくとも、〝語り〟をいかに記述――文字化――したかということや、もしくは記録されたものとしてしるしづける消息は、『大鏡』のテクストの外部にあるのであって、内部では周到に排除されている。つまり、『大鏡』は〝書かれたもの〟として自己規定をしていない。この現象は、『大鏡』というテクストの、自らをテクストたらしめる断固たる原則といってよい。それは同時に、ひとつの文芸領域の誕生を告げる方法の宣言ともいえよう。

『今鏡』は、明らかに『大鏡』をふまえ、継承しているが、同時にその原則―方法も受け継いでいる。その語り手は、世継の孫にあたる老嫗であるが、彼女に対して直接に対面しつつ問いかけ〝語り〟を引きだす(この点では『大鏡』における両者の厳然たる疎隔は解除され、もしくは越えられている)聴き手の女房は、やはり最後までその聴いたことどもを書き記した、とは述べていない。その結びにあたる巻十打聞「作り物語の行方」において、語り手は『源氏物語』を念頭において物語弁護論を説くのであるが、これを最後に語り手と名残を惜しみつつ別れた聴き手は、ついに再会の叶わぬことを「くやしくのみ覚えてこそ過ぎはべれ」と閉じて、如上の〝語り〟について書き記したということは、やはり作品の内部には言及されない。すなわち、『今鏡』の全体も、『大鏡』同様、聴き手によって回想された〝語り〟の再話もしくは想起というべき性質の物語としてとらえられるのである。その聴き手はあくまでも書き手ではなかった。

　これに対して、『水鏡』は、聴かれた〝語り〟が、更にまた〝書かれたもの〟としてしるしづけられている。これも『大鏡』を継承するものとして歴代の帝紀を遡って物語化するのであるが、その方法は前二者と大きく異なる。すなわち、葛城山中に出遇った仙人の〝語り〟を聴いた修行者が、また、長谷寺参籠の通夜の間に遇った老尼に対して再び〝語り〟伝える。そうして、聴き手の老尼が、この「あさましかりしことのありさま」について、「此事をけちてやまむ、くちをしくてかきつけ侍也」あるいはまた「われひとり見んとて、かきつけ侍ぬ」ということが、語り手が聴き手の前から姿を消した後、全体の結びにあたるところで述べられている。『水鏡』における〝語り〟は二重化されており、その間に立つ修行者は聴き手であるがまた語り手でもある。そして、これを聴く老尼は書き手となってこれを書き記したと明記する。その部分では、『今鏡』同様、これも『大鏡』の存在と紫式部が『源氏物語』を書いたことを想起し、それらには及ぶべくもない、と自謙詞をもってへりくだるのであるが、そこでは、「世あがり才《ざへ》かしこかりし人の『大かゞみ』などいひてかきをきたるにはみて《(似ばみて)》」と、明らかに『源氏物語』と並んで『大鏡』を〝書かれたもの〟として認識してもいる。これは、『水鏡』が自らの〝語り〟を〝書かれたもの〟としてあらためて位置づけることに通じる言及なのであろうか。そこでは作品内部に〝語り〟の書記化が明示されるのである。『水鏡』においてあらわれたこの現象は、何を意味するのであろうか。『大鏡』や『今鏡』におけるテクストを成り立たせる原則―方法というべきものは、ここでは放棄され無視されてしまっているように見える。そこには、異なった方法意識がはたらいている。

　ふたたび、中世以降に『大鏡』等の三鏡を継承して作られた、いわゆる〝歴史物語〟において、この点、つまり、テクストの内部に、〝書く〟という過程が含まれるかどうかをあらためて確認しておきたい。

『秋津嶋物語』は、その本文中に建保六年（一二一八）としるしづけて『水鏡』以前の神代を対象としたものであるが、匿名の、隠遁者である聴き手が住吉辺で出逢った塩土翁より「この世の始りの事ども」を問答の体で聴聞するという形をとっており、それを書き記したということは見えない。

『唐鏡』は、やはり鎌倉初期に成り、対象を唐土の歴史として、太宰府安楽寺の聖廟において重陽の詩宴に臨み、唐僧の談を通事の僧を介して同じく匿名の元学生の隠者が聴く（この、異国の詞を翻訳させながら聴くという設定もまた疎隔と媒介の一趣向である）という形であるが、これは聴き手が、語り手の姿を消した後、「不ランレ知人ニ語申サマホシケレトモ」、自らが忘れぬために一端を記したということを、冒頭の序にあたる部分で述べている。

『増鏡』は、降って南北朝期に成り、鎌倉時代の朝廷史を扱うが、これもやはり冒頭部に書き記すということが見えている。すなわち、語り手の老尼に匿名の聴き手が昔物語を求めるところで、「かの雲林院の菩提講に参り会へりし翁の言の葉をこそ、仮名の日本紀にはすめれ、又、かの世継が孫とかいひしつくもがみの物語も、今もてあつかひぐさになれるに」と先例を挙げて誘《いざな》うのであるが、これに応えていましも語りだそうとする語り手の前口上に対して、聴き手は「さらば、今のたまはん事をもまた書きしるして、かの昔の面影（先行の〝鏡〟をいう）に等しからんとこそは覚ゆれ」と答えて唱和するのである。これは、はじめから〝書く〟ということを前提として〝語り〟に対するのであって、『増鏡』自体が〝書かれたもの〟であることを冒頭から宣言しているにひとしい[68]。

以上に瞥見した歴史物語類において、〝語られたもの〟を〝書くこと〟は、あるものでは全く言及されず、あるものでは連続してテクストが成り立つための不可欠な装置をなしている。両者の関係はテクスト毎に異なり、〝書くこと〟が、『大鏡』において創りだされた〝語り〟によって完結し統一された作品世界に対する背馳なのか夾雑物であるのか、この狭い範囲のなかでは定めがたい。それは、より広い文学史の地平において検討されるべき課題であろう。

（2）〝語り〟を〝書く〟ことを意識し設定するテクスト

『大鏡』において見事な達成をみせた対話様式は、以降、『大鏡』に範を仰ぎ、また、それぞれにその継承を意識しつつ、鎌倉期にはいわゆる歴史物語に限らず、広汎な領域において次々と創りだされていく。そのなかには、作品の内部あるいは枠組のなかに、〝語り〟を聴くのみならず、これを更に書き記すという文字テクスト化への媒介を加上する作品が、『水鏡』に限らず多く見いだされるようになる。〝語り〟を媒介する〝対話〟の仕組みは、同時に、それと裏腹なかたちで〈語られたこと〉としての言説と作者とを隔てる疎隔となって立ちあらわれる。ここに、〝書くこと〟という媒介の一形態は、いかに位置づけられるのか。そのはたらきは何であろうか。

中世初頭の典型として挙げられるのは、『宝物集』である。その冒頭部で、読者には直ちに平康頼（性照）と知られる設定の許に形象された人物が、嵯峨の釈迦が天竺に〝帰る〟という噂にうながされ、東山の草庵より出で立って洛中を横断し、清涼寺釈迦念仏会の通夜に参入して、そこに生じた一座の〝語り〟に耳を傾ける。何を宝とするかという談義は、やがてそのなかの一人の僧が問いに答えて説示する十二門開示へと展開する。かの聴き手は、その傍聴者（この点は『大鏡』と同じ）として僧らの〝語り〟を聴く。この〝語り〟の場は、語り手の僧が「紛れうせぬ」と姿を消すことによって閉じられるのだが、この後に更に聴き手の述懐の一段が加えられており、自ら歌の道にいそしみ、そのあかしとして「一巻の文《ふみ》を作るべき事を営む程に、幸いに仏の御前の物語しるして、名を宝物集といふなるべし」と結ぶのである。『宝物集』には異本が多く、諸本間の差異がはなはだしいが、首尾を欠く一巻本を除いて、この枠組にあたる部分については何れもほぼ同様である。

作者を思わせる存在が作品上に姿をあらわして、これを書き記したのだ、という主張や銘記は、以降、『発心集』『閑居友』『撰集抄』などの中世仏教説話集の序や跋ないしは文中において、名をあらわすものも、あらわさないものも等しく、自ら書き記したということを操り返し強調する現象に連なるものといえよう。それは、たとえ書承により全て典拠にもとづいて作られたものであっても、口承されたモノガタリの態《モード》において、〝語り〟という枠組によって表現されなければならなかった（前章に述べたように、『今昔物語集』における「今は昔」と「となむ語り伝へたるとや」が典型的である）〝説話〟が〈集〉として成り立つのに際し、中世に至ってあらたに浮上してきた現象というる。[69] 説話集の編著者が自身、媒介者としてモノガタリを伝聞したことを証しだて、これを更に或る志向の許に意味づけ、配列して一篇の書物となす営為が、〝作者〟の自己主張すなわち〝書くこと〟として露出し、せり出している。その〝作者〟とは、たとえば『撰集抄』の西行のように、全篇にわたって仮託された擬装のもとに形象される存在でもある。[70] その点で『宝物集』の康頼もまた、単純に近代的な作者と同一視することはできないであろう。

これに連なって同様な現象を示すのが『和歌色葉』である。冒頭、「西山隠士」と称す人物が雲林院の菩提講に詣で、導師を待つ間に、堂内で雑言する人々のうち入道と老翁の対話を聞く、という『大鏡』を全く踏襲したような形である。ただし、その〝語り〟においては、入道が老翁の伴った冠者に教訓するという口伝の様式[71]をとり、和歌の本縁から説きおこし「和歌の色葉、製作の手本」を仮名にて体系的に叙したものとされる。その末尾は、ついに和歌の至極に言い及ぼうとする矢先に導師が登壇し説法をはじめたため聴聞するという中断の態で了っており、説法の後に語り手たちが散り失せたところで、傍聴者たる隠士が「不慮」「自然」に聞き知った道の故実を「かつは愚なる心の廃亡に備へむため、かつは初心の童蒙を勧《すすめ》むがために、宿坊に馳帰りて早筆にかきしるす」と結ぶ。更にその後に「于時建久五年仲夏上旬、西山隠士上覚抄記」なる奥書が付されており、これによれば「隠士」は〝作者〟上覚と同一人物だということになる。聴き手が書き手となり、しかもこの媒介者がそのままいわゆる〝作者〟であるという消息が明らかになっている。〝語り〟と〝書くこと〟はこのようなテクスト上の媒介者の存在によって強く結びつけられているのである。

『無名草子』は、『宝物集』や『和歌色葉』と対照的に〝書くこと〟を記さず、〝語り〟を聴くことのみによって成り立っている。[72] 冒頭、老尼が最勝光院より西へと赴き迷い込んだ邸宅に御伽する女房たちの夜もすがらの物語を聴く。はじめこそ聴き手は語り手たちと言葉を交わしつつ、『宝物集』の趣向に通ずる〝めでたき物〟についての論が開始されるが、やがて老尼が法華経一部を読誦した後は「つくぐ〵と聞き臥」すばかりで、以下は全く傍聴者と化し、女房たちの物語談義が次々と展開されていく。その閉じめは、語り手たちが、かような「女の沙汰」のみでなく帝の代々の事にも及ぼうと、「世継大鏡を御覧ぜよかし、それに過ぎたることは、何事かは申すべき、と言ひながら」と、言いさしたところで中絶した形になって終わっている。再び確認するなら、それは決して単なる底本の欠損等による中絶ではない。むしろ、そこまでに展説してきたことが、『大鏡』に代表される男の文学の領域とは別箇な、女の物語の領域をかたどろうとしたことの逆説的な表現であって、却《かえ》ってその中断とは、それまでの語らいがすぐれて「女の沙汰」であることをあざやかに浮かび上がらせる作為であろう。[73] ただ、そこに読まれるべきものとして『大鏡』を掲げていることは、『無名草子』が己れを創りあげるにあたって意識していた対象を示すものであって、その〝語り〟が聴き手に媒介されるままのかたちで〝書かれること〟を記さない点も、その認識のうちにあったかと想像される。

むろんのこと、『無名草子』は、女の物語の世界の中心的存在である『源氏物語』への熱烈な讃仰と傾倒に紙幅を多く費やしている。そのような、『源氏物語』とそれを書いた紫式部に対する賛美と関心とは、再びかえりみるに『今鏡』や『水鏡』における（女人によって書かれた物語として設けなされるテクストの）『源氏物語』への強い意識と通ずるところがあるだろう。

『今鏡』では、冒頭で語り手自身が、かつて「源氏といふめでたきものがたりつくりいだして、よにたぐひなき人」たる紫式部の許に仕えて異名（これが「今鏡」という書名となる）を賜ったと告げ、また、結びにおいて「ものがたりなどいひて、一巻二巻の文にもあらず、六十帖などまでつくり給へる文の、すこしあだにかたほなることもなくて……」このようなしわざに何の功徳も無いことがあろうか、と弁護するに及んで、『今鏡』そのものの成り立ちと存在証明を『源氏物語』と作者紫式部は与えているのである。『水鏡』では、その結びに、聴き手の側が『大鏡』と並べて「紫式部が源氏など書きて侍るさまは、たゞ人のしわざとやはみゆる。されども、その時には、日本紀の御つぼねなどつけて笑ひけりとこそは、やがて式部が日記に書て侍れ」と、かの非凡な式部でさえ当時の人々に嘲けられたのに、まして自分などが書くものは、といって謙遜する。いずれも、その位相こそ異なれど、『源氏物語』とその作者への関心は、それぞれの作品を作りあげる〝書く〟意識と密接に関わっているといえよう。とくに『水鏡』が、例の聴き手による〝語り〟を〝書くこと〟の強い意志表明の根拠としてこれを引き合いに出していることも、やはり留意すべきだろう。

作品の枠組の母型としての『大鏡』を除けば、『無名草子』の中心主題というべき物語定めは、『源氏物語』帚木巻の、いわゆる雨夜の品定めに倣って発想されたものと見てよい。それは、〝語り〟の方法においても支えられる。帚木前半、「長雨《ながめ》、晴れ間なき頃、内の御物忌さし続き……」と始まる一段は、徒然なる一夜に、源氏を取りまく頭中将や左馬頭・藤式部丞など「世のすき《（好色）》者にて、ものよくいひとほれる」者たちが参りあい、女の品々をわきまえ争う、まさに語り手による〝語り〟の場であった。それは、三人の好《す》き者たちによる女の品についての論義から三者三様の品の女についての物語にいたり、これを源氏が時々に口を挿しはさみ、からかい、うながし、やがては空《そら》寝入りしながら耳を傾けている、という構図である。物語世界のなかでは、源氏が聴き手の役割を果たしている。ただし、雨夜の品定め一段の開始のところには、「いと聞きにくきことおほかり」という草子地が挿入されているが、これのみをもって、物語全体を更にさる傍聴者が聞き伝えたものとするのは無理があろう。あるいは、また、〝書くこと〟ないし書き記す媒介者もむろん登場しない。しかし、複数の語り手と聴き手との対話による物語の場としてまことに生彩あふれた言談の時空を紙上に巧みいだした雨夜の品定めは、『大鏡』の対話様式創出に大きな影響を与えたことは確かであろう。そうして、これを含む『源氏物語』全体が、『大鏡』以降の対話様式作品にも影響を及ぼし続けていたのである。

（3）『栄花物語』に現われる〝語り〟と〝書くこと〟

物語文学における〝語り〟を〝書くこと〟について、まず注目すべきは『栄花物語』であろう。雨夜の品定めにおいてうかがわれるように、『源氏物語』ではいまだ明らかに意識されていなかった〝語り〟を書くという営為と書き手の存在が、ここには確かに登場するのである。

『栄花物語』において〝書くこと〟が作品全体の基調となっていることは、巻一の冒頭に次のようにあることからも明らかである。「世はじまりてのち、この国の帝《みかど》六十余代にならせ給にけれど、この次第かきつくすべきにあらず。こちよりての事をぞしるすべき」（傍点引用者、以下同）。これに呼応するかのように、正篇三十巻の末尾「鶴の林」の末では、次のように結ぶ。「（入道）殿の御前の御ありさま（中略）唯一无二におはします。出家せさせ給しところの御事、終《おはり》の御時までをかきつゞけきこえさするほどに、今の東宮・みかどの生れさせ給しより、出家し道を得たまふ、法輪《ほうりん》転《て》じ、涅槃の際《きは》まで、発心のはじめより実繋《じつけ》のおはりまでかきしるすほどの、かなしうあはれに見えさせ給ふ」。このように、いわば一篇の首尾をなすところに、繰り返し「書き記す」ということが強調されている。とりわけ、冒頭のところで代々の帝の「次第」を「かき」「しるす」と言うのは、『大鏡』がその帝紀冒頭のところで、「すべからくは神武天皇をはじめたてまつりて、つぎ〴〵の帝の御次第をおぼえ申べきなり」と世継に語らせているのと鮮やかな対照をなしている（この「次第」を書くこと、ないし「次第」に語ることについては、次の第七章に論じよう）。

さらに重要なことは、『栄花物語』では、巻々毎の叙述構造において、語り手が登場させられ、その〝語り〟によって〝書くこと〟がひきだされるという現象である。それは、巻十七「おむがく」から巻十八「たまのうてな」に至る一連の法成寺供養の儀式や堂塔の有様を叙すところにあらわれる。はじめに、供養の法会を見物しようと老若あまた参らんとする様が描かれるが、当日に至り、「この見佛聞法の人〴〵」のなかからクローズ・アップされるのは四、五人ばかりの尼君たちである。以下、巻十八にかけての叙述は全てこの尼君たちの行動や見聞およびその言葉に沿って展開する。のみならず、さらに彼女たちの〝語り〟を〝書く〟媒介者の存在があらわれる。それは、巻十七の中間、いましも供養の法会が最高潮に達しようというところにおいて姿をあらわす。

すべてあさましく目も心も及ばれず、珍かにいみじくありける日の有様を、世中の例《ためし》に書きつゞくる人多かるべし。そが中にもけ近く見きゝたる人は、よく覚えて書くらん。これは、物も覚えぬ尼君たちの、思ひくに語りつゝ書かすれば、いかなる僻事かあらんとかたはらいたし。

治安二年七月十四日に行われた法成寺供養の大法会については、『堂供養不知記』(74)をはじめとする公家の日記・記録が多く残されており、『栄花物語』も当然それらを参照したはずである。その上で、それらの記録に対して己れの記述の独自性をこのように称すのである。むろん、それは表面では自謙詞として他の記とは較べようもないという弁解であるが、むしろ逆説的に自らの叙述が一工夫された産物であることを表明してもいる。あるいは次のように、それをいささか省略したかたちで述べているところもある。

御前達《おまへたち》の御ものがたりのことゞもは、えうけ給はらねば書きつゞけず。おかしき事どもあるべけれどもたやすくうけ給はらぬこそ口惜しけれ。

これは、さきの一文がなければ、直接に書き手が見聞したことを記しているように見えるところである。また一方では、貴人たちの内々のことに及んでは知らず、記述しえなかったことを弁解するかたちでの省筆の遁辞といえよう。先のように、明確なかたちを提示しないながら、そこにはたしかに意識的な媒介の構造が萌芽的に姿をあらわしていると思われる。ただし、続く巻十八においては、そのような媒介の構造の指標はほとんど見いだされず、もっぱら「例の尼君たち」(やがて、その名が「かたのゝ尼君」「たけくまの尼君」「山の井の尼君」などと知れる)の法成寺諸堂への巡礼と参詣の勤めを行うありさまを通して、道長の栄花の象徴たるこの世界を描きだすことに費している。そこでは、この尼たちの語らいの詞や詠歌を交じえて一篇の参詣記が綴られているが、彼女たちの〝語り〟を聞きつつ書き記したということ、もしくはその記者の存在はもはや顕在化しない。ただ僅かに「かたのゝ尼君」の詠歌一首を掲げた後に、「あまたあれど書かず」という一文が見えるのみである。

やがて、巻二十「御賀」の末に至り、道長の道心開発《かいほつ》し七大寺巡礼や種々の作善を営んだことを叙したあげく、

> 御有様の尽きせぬを、世のためしに語りつゝ書きおくべきにや、と見えさせ給。されど、かやうの折、参りみる身は、心あはたゞしうて、その儀式たしかに見覚え難く、又、音ばかりに伝え聞く人、はたまいていかでかは。いと書きつゞけ難げなる事どもなれば、たゞ片端許をだにとてある、ものまねびなるべし。

という一文が見える。ここにおいては、巻十七の尼君たちのごとき語り手は登場せず、直接に「語りつゝ書く」(古典文学大系本では此処を「語《かた》り続《つづ》(け)書《か》き置《お》く」と校訂しているが、いまは、さきに引用した巻十七の例文と同じ形を示しているその底本に忠実な形で解しておく)という、書き手自身が〝語り〟と〝書くこと〟の二つの媒介を一身に具えたような存在として立ちあらわれている。これも例の自謙詞のたぐいとして、片端ばかりの「ものまねび」だと言ってはいるが、その叙述は、たぐいなき「世のためし」として〝語り〟によってこそ〝書きおく〟べきものであったのではないか。なおそこには解釈を究めるべき余地があるが、そこに露見した書き手は、いかにも通り一遍の作者概念ではとらえきれない、未分化な存在としてあらわれる。こうした、『栄花物語』のなかに散見する、それぞれ一元的な存在に還元しえない語り手と書き手――ひいては〝語り〟と〝書くこと〟――の流動する様は、はじめに取り上げた『大鏡』の、実に論理的で明晰な語り手・聴き手の担っている機能と媒介の構造とは、きわだった対照をなしている。しかしまた、『栄花物語』、とりわけこの巻十七と巻十八の物語叙述が『大鏡』を準備したということも、大いに蓋然性のある推測なのである。[75] そこに見いだされる媒介の構造の萌芽と〝書くこと〟との結びつきは、『大鏡』の背景にあるものが思いのほか単純ではなさそうなことを示唆している。

(4) 仏教における〝語り〟の仮構とそれを〝書く〟ことの意義

対話様式の源が既に仏典のなかに在ったことは先に述べた。すなわち、経典が普遍的にそなえているあの確固とした枠組のことである。仏の宣説された法をその本躰とする経典は、その仏説を聴聞・受持する側からとらえた、「如是我聞」とはじまり「聞佛所説、歓喜信受、作礼而去」(阿弥陀経)と了るような形式の許に呈示される。そのなかで、「一時、佛在……」と或る時空が設定され、そこで説きいだされる仏説の展開されていく構造は、規模の大小、構想の差異こそあれ、経典のいずれもが基本的に共有するものである。それは、仏(語り手)の説法と、これを聴聞する大衆(聴き手)との二極に分かれるが、この間に、仏の前に進み出て讃嘆し、問いかけ、仏より親しく呼びかけられ告げられる菩薩や声聞などの対告衆が登場し、彼らを介して仏説は広宣され無量の大衆の許に達するのである。彼らは聴き手の一人であると同時に、大衆に代わって、信受し流通《るづう》する役割を果たす点で、一種の多元的な媒介者である。これらの関係と過程とが経典それぞれの差異となって変奏される。そのなかには、維摩経問疾品のごとく、維摩居士と文殊菩薩との対論が中心となって展開される、それこそ一篇の対話文学と呼ぶべきものを含む経典も存在するのである。おしなべて経典には、仏説を頂点とする(語のみならず偈頌歌詠に及ぶ)〝語り〟のさまざまな位相と音声の響きが壮大微妙に開展されているけれども、それらは全て最後に至って「如是我聞」つまり聴かれたものとして一元的に収斂されて(ここに聞く主体としての「我」が誰かということも重要な問題ではあるが、いまはこれを問わない)、これを書き記すということは見えない。書き手の存在もしくは〝書くこと〟は経典が内包する媒介の構造のなかには明瞭に位置づけられないのである。これは、経典がその成立の基底に、口頭で伝承されてきた〈聖なることば〉としての仏の金言をそのままに伝達するということを本義として保ち続けていた事情に由来するためではなかろうか。

ただし、その最後に「受持仏語」という法華経の場合は、これに加えて〝書くこと〟について注目すべき要素が加えられている。法華経は、自らのなかで、この経を受持する者に対する莫大な利益とその反面にこの経を誹謗する者に対する激烈な悪報とを繰り返し説いているのであるが、それは、まさに仏説の最中でありながら、既に己れが読誦される（書かれた）テクストとして成り立っていることを自明の前提としているという、奇妙な現象にほかならない。具体的にその所説をうかがうに、法師功徳品において、仏は五種法師（受持・読・誦・解説・書写）の功徳を常精進菩薩に説いて「此経」の流通を勧めるのであり、最後の普賢勧発品に至って、「是故智者、應當一心自書、若使人書、受持読誦、正憶念、如説修行」と、経典としての己れを書写せよと繰り返し主張するのである。これは、仏説の〝語り〟を直接に媒介する〝書くこと〟ではないが、「書写」という営為が法華経自体の構造の内部にあって自己言及するという点で興味深い。このことは、〝語り〟を〝書く〟という媒介の方法の意識化に何らかの影響を及ぼした可能性があろう。

『大鏡』が世継の〝語り〟の口開けに際し、「(仏は）法華経一部を説きたてまつらんとて、まづ余経をば説きたまひけれ」と、法華経に類《たぐ》えて道長の「御栄へを申さん」とするように、対話様式の創出にあたっては法華経も強く意識されていたはずである。しかしそれは、この五時教判の譬えのごとく抽象的な観念上の次元でのことか、具体的なテクストや媒介の構造にまで及ぶものであるのかは判然としない。(76)とはいえ、さきに挙げたところの雨夜の品定めにおける三者の論義の方法が、法華経の三周説法（法説・譬喩説・因縁説）をふまえたものであるとする源氏古注釈（『花鳥餘情』）の理解は、そこまでが果たして紫式部自身の方寸に出でた工夫であったか否かは別としても、経典の包含する各種各次元の構造が、その解釈学と結びついて、物語という運動と絶えざる交渉をもっていること、また、物語の生成や享受に常にはたらきかけていた消息を想像させるのである。

仏教の領域が、経典の受持・書写・解釈にとどまらず、あらたなテクストを創出するに及んで、経典のはらむ構造は、更にあらたな要素をも摂りこんで（あるいは置換されて）、変貌しつつ転生してあらわれる。

前述の『三教指帰』は、その最も初期の、しかも秀れた思想性と表現力とを兼ね備え完結したテクストとしてあらわれた。注目すべきは、その序において、冒頭に「文之起必有由」と著作の動機を述べ、この一篇をあらわす理由を表明するなかで、「余」が仏道に赴くにあたり「我」をなお世俗に繫ぎとめようとする者を説得せんがために、自らつくりだした仮構の人物たちによる一場の論を記録して書物とし『三教指帰』と命名した、とテクストの誕生について言及していることである。

彼此両事、毎日起レ予、所以、請二亀毛一、以為二儒客一、要二兎角一、而作二主人一、邀二虚亡士一、張二入道旨一、屈二仮名児一、示二出世趣一、倶陳二楯戟一、竝箴二蛭公一、勒成二三巻一、名曰二三教指帰一、唯写二憤懣之逸気一、誰望二他家之披覧一。

ここに「予」といい「余」というのは、むろんこの一篇をつくりあげた空海に重なる存在であるが[77]、同時に、名を匿して仮構の語り手たちを設けなして語らせ、その〝語り〟を〝書くこと〟を担った媒介者とも認識すべきであろう。そのような「予」の存在は、後世、『菅家文草』中の「白頭翁」の語りに耳を傾ける「予」であり、または、大師作に仮託された『玉造小町壮衰書』において小町の語ることを聞き述懐の詩を作る「予」にも通じよう。

『三教指帰』は以降、宗門において永く読まれ、学問注釈の対象となって影響を与え続けたのであるが、その流れの末にもあらたな対話様式テクストが生みだされる。前節に詳しく紹介した平安末期の仁和寺の学匠自證房覚印による『聞持記』がその一例である。石間寺に参籠した「予」が、礼堂にて語らう「今見房」と「未見房」と名のる二人の問答をひそかに聴聞する。この問答において、当代盛んに跋扈する法流への異義が唱えられ、また相伝の故実が尋ねられる。やがて二人は挨拶を交して別れるが、「如此言了、互作礼而去」とは、全く例の経典の枠組を借用している。続く奥書部分には、応保元年三月十五日（応保への改元は九月四日）の日付と共に「修行求法僧聞持房記照」が石間の草庵にて記したと言い、また、最後に「其後、各相尋、闇跡了」と、かの二人の語り手が姿をくらましたと言う。これは奥書の体裁をとってはいるが、やはり一篇を成り立たせるための仮構の枠組の一部であり、聴き手たる「予」がその役割にふさわしい「聞持房」としてあらわれ、その法名も「記照」とするのも、その聴聞した語を書写する書き手としての役割を体した命名だろう。歴史的には存在しえない非在の時日に、いかにも架空の人物による対話とその記述に至るまでが虚構の上に巧みだされている。その上でなお、この一篇には、前節に述べたように、単なる韜晦や隠蔽ではない、ある積極的な思想上の立場の主張、きわめて論争的な信条告白の趣が諒解される。それは確かに『三教指帰』の精神に連なるものである。

　真言宗における対話様式作品の創出は、中世に至っても継承された[78]。その一例たる『高野物語』は、鎌倉初期の東密の僧が匿名であらわしたものである[79]。冒頭、遁世者たる「予」が、東山の草庵から嵯峨の法輪寺に詣でた通夜の間、礼堂にて小童をめぐり三人の僧が各々自宗（天台・浄土・禅）の秀れたることを勧説する（のを見聞する）。そこに内陣より老僧が出現して一々これを論破し、更に小童の問いに答えて、本朝相応の真言宗の深義を明かし、次いで八祖より次第に相承する密教の法流を大師伝を中心に物語る、という展開である。前半の宗論などはいかにも『三教指帰』に範をとったかのようであるが、三僧に体現された、真言教により超克されるべき三宗の教義の主張や、以下に小童の発問から展開される課題からは、承久の乱以降に中世顕密仏教が課せられ、自覚された思想上の問題意識が如実にうかがえる。その、序に相当する部分の結びにおいて、これらの問答の物語を聴聞した「予」が、「実ニ仏法ノ肝要、愚ナル心ニモ覚《サトリ》ヌベキ心地トテ覚ヘ侍シガ、久成侍ナバアヤナク忘ヌベシト覚ヘ、承シ事ヲアラ〳〵書付テ侍ナルベシ」とはじめに断わって、以下に物語が記されることになる。既に序において枠組の結構が示されるのも、やはり『三教指帰』に倣ったところがあろう。この形は『唐鏡』も同様であった。

　中世に至り鎌倉時代末期の浄土宗僧である向阿証賢（浄華院——現在の清浄華院の中興）による浄土教仮名法語「三部仮名抄」のうち、『帰命本願鈔』三巻と『西要鈔』二巻は、これも典型的な対話様式による仮名法語であった。前者は、証賢自身を想起させる人物が東山の真如堂に参詣し、その仏前で老僧と修行者の通夜物語を傍らで聴くという仮構の設定による。その語りは、問いに答えつつ逐次に浄土往生のための念仏の要諦を平易に説き、最後に鎮西義の正統性を示して談話を了え、二人の対話者は下向の朝露に紛れて消え失せる、という結構である。また、その続篇というべき後者は、同じ聴き手かつ記し手が嵯峨の清凉寺釈迦の許に詣ると、その本堂にさきに真如堂で姿を見失った老僧が参り合せ、彼が別の局で参籠中の貴族一門に招き入れられて、その簾中で一門の男女が次々と浄土往生と念仏の疑問を質すのに答えることを傍らで聴く、という媒介の構造をもつ。これは明らかに『宝物集』に倣った設定で、その姿は見えず声のみを聴き、のちにその問答を記すという形である。つまり、両者とも明らかに聴いた物語（法話）をその問答ごと記すという、〝書くこと〟を銘記して成り立つテクストであった[80]。

以上のように、古代から中世にかけての対話様式作品のもうひとつの系譜は、仏法の領域のなかに見いだされる[81]。それらはいずれも、テクストの構造の枠組のなかに〝語り〟を〝書くこと〟をしるしづけ、また、聴き手であり書き手となる媒介者「予」をその要として登場させることにおいて共通している。加えて、いずれもが他に対して己れの拠る法流や宗旨の正義を立て、ひいてはその源を尋ね究めようとする意図を示すことは、これまた『三教指帰』に連なり、特にこの領域に顕らかにうかがえる現象であった。仮構の〝語り〟によってもたらされた言説を〝書くこと〟において成り立たせる作品がもつこのような能動性は、互いに無関係な現象ではなかろう。

（5）〝語り〟を〝語るように書く〟者の姿

〝語り〟を〝書くこと〟が意識され、しるしづけられるようになることは、どうやら偶然ではなく、作品の成り立つ時代の精神に深くかかわるもののようである。個々の作品について読むだけでは見えない問題が、対話様式テクストという視野の許には入ってくるように思われる。さらに、もう少し異なった角度から眺めてみれば、その風景がまた違った奥行をもっていることに気づくかもしれない。

ここでふたたび眺めてみたいのは、中世初頭の一人の書き手の肖像である。

『愚管抄』は、その名をあらわそうとしない筆者により、随所に繰り返し著述の動機、ひいては〝書くこと〟への意志が表明されている。匿名性は、それと表裏一体の現象であろう。承久の乱直前に成ったと推定され、来るべき破局の予感に突き動かされるように書かれたと考えられる『愚管抄』は、覆面の筆者による直叙の形で書かれた。しかし、その叙述の方法は、前提として『大鏡』を強く意識し、その上であえて『大鏡』の方法―様式を採らず、筆者にとって最もふさわしいと判断された筆法でその主張を表現しようとしたのである。

筆者は、保元の乱以降、「乱世」となるに至った世の転変、そして世の成り行く様に「道理」を見いだそうと日夜心を砕く。人王以来の代々の帝の治世については、「世継ノモノガタリ」すなわち『大鏡』にしるされているけれども、それ以降のこと、とりわけ保元の乱以降のことは、少しはあると聞いてはいるが未だ見ていない。おそらく『今鏡』を指しているそれは、皆「ヨキ事ヲノミ記《シル》サントテ侍レバ」あえて乱世の実相やその原因を追及しようとはせず、眼を塞いでいる。それが、これら〝歴史物語〟の限界であったというのである。それへの批判と、これを弁えぬ人々の心が道理に背くのみであることの反省のために、また筆者自身が「(道理を)思ツヾクル心ヲモヤスメント思テ、カキツケ侍也」(巻三冒頭部)というのである。同様の趣旨は、巻二の末と巻七にも表現を変えて繰り返される。そして、この道理を書き記すためには、「和語ノ本体」としての「仮名ノ戯言《ザレゴト》」たる口語および仮名表記により、はじめて実現することができ、これによって、「人ノ物語ヲモ聞加エン人ハ、其マコトソラ事モ心エヌベシ」(巻六末)というはたらきが期待される、という。明らかに読者を予期してしるされたこれらの文辞からは、筆者が、書き手として、〝書くこと〟へと踏み出さずにはいられない強いうながしと使命感が伝わってくる。そして、そこに選択されたのが卑俗な〝語り〟の文体であることも、〝書くこと〟と無関係ではあるまい。

この「乱世」の時代、最も活発に生きてはたらいていた〝語り〟は、いわゆる説話の領域に目ざましく立ちあわれる。既に『大鏡』自体がそれを己れのうちに摂り込んで生い育ったテクストであったのだが、それは流動し変化しつつ、鎌倉時代に至って、『宇治拾遺物語』という一箇のテクストを結実させた。その冒頭に、みずからの成立事情をめぐる、奇妙な序文が付されている。それには、これらの説話のたぐいの巨大な源泉となったとされる『宇治大納言物語』というテクストを書きあらわした宇治大納言源隆国という人物の、洛南宇治南泉房における、次のような印象的な姿が記されている。ふたたびこれを示そう。

もとゞりを結ひわげて、［をかしげなる姿にて、］むしろをいたにしきて、［すゞみゐはべりて、］大なる打輪を［もて、］あふがせなどして、［ゆきゝの者、］上中下をいはず［よびあつめ、］昔物語をせさせて、我は内にそひ臥して、語るにしたがひて、おほきなる双紙にかゝれけり。

（［　］内は刊本による補綴のことば）

刊本では適当な詞が補われているが、写本には欠文があり――これはむしろ意図的な朧化とも推測される[82]――、それにより却って行間に想像力がかきたてられる。何より、ここには、隆国の〝語り〟を〝書くこと〟の姿が端的に表現されている。彼は、聴き手として語り手たちに語らせ、それを直ちに「大きなる双紙」に書き記す書き手として立ちはたらく。「語るに随ひて」書くというリアルタイムで直接的な媒介は、対話様式の枠組における媒介とはいささか異質であるが、「内に添ひ臥して」聴くところには、〝語り〟からある種の距離をとった、例の媒介の構造の一面たる疎隔の設定が明らかに感じられる。その〝語り〟とは、以下の文に列挙されるごとく、実に「さま〳〵様《やう》〳〵なる」昔物語、すなわち説話の森羅万象の世界そのものであった。それらを〝書くこと〟を表現した右の一節は、事実を伝えるものでなく、それが一篇の「集」として成り立つ瞬間の、象徴的な光景であったろう。これを一種の神話的始源として、〝語り〟は「双紙」に筆録された後で、「本」として伝来し、増補され、改編されるという書物としての流転をへて、この「拾遺」の集として誕生するまでが説かれるのである。ここでも〝語り〟を〝書くこと〟は、『宇治拾遺物語』という作品を成り立たせるのに欠かせない枠組かつ媒介として機能している。ただし、その全体や各話のなかに籠められた〝書くこと〟へのつながりとはいったい何であったのかは、序における隆国の異装としぐさから明確なメッセージを読みとることができないのと同様、いまだ謎のままである。

〝語り〟を〝書くこと〟の光景もしくは書き手の姿は、物語テクストのメディアとしてのもうひとつの典型である絵巻のなかにも見いだすことができる。『宇治拾遺物語』にも「信濃国聖事」として同話が収められている『信貴山縁起』絵巻は、第一巻を開くと同時に、驚くべき奇蹟が突如として生起し、これを繙く者をして倦ませない。その最後の場面、山に留められた倉から米俵が聖人の鉢に率いられて飛翔して還ろうと目指す長者の宅《いえ》は、いまだ静かである（図4）。信貴山へ赴いた長者の一行はまだ帰っていない。門に面した屋形の庇には、老僧が一人座している。傍らには彼が手習を教授していると思しい小童が一人居る。庭上には、いま門より駆け入って来た下人が蹲居し、老僧に向かって何か喋る様子である。老僧は指南を中断し、傍らの続紙《つぎがみ》を取り、下人の詞に耳を傾けながら何かを書き付けている。このすぐ続きの場面、同じ宅の反対側では天空より俵が続々と落下して女たちが周章叫喚、一転して再び奇蹟の喧噪となって一巻が締めくくられる。そこには、まさしく〝語り〟と〝書くこと〟が一図のうちに鮮やかに描きだされている。これが何を意味するものか、詞書や説話のテクストには相当する事柄は説かれず、そもそもこの老僧の存在自体が見えないのである。さまざまな解釈が、この行為にも、また老僧が何を書いているかについても可能であろう。はたして絵師がこれに限定した一箇の意味しか与えずに表現したものかどうか。とはいえ、これは決して単なる遊びや蛇足ではあるまい。むしろ、ここに示唆されているのは、この驚くべきモノガタリ、ひいては絵巻の物語全体に及ぶことどもが、かくして〝語られ〟そして〝書かれた〟のだという消息を絵において象ろうとした、この物語の成立を告げるメッセージではないだろうか。物語絵自身がその物語（化）を描く、それは一種のメタ・テクストを示唆するのであるが、洋の東西を問わず、絵画表現のなかでそうした巧みは決して稀なことではなかろ

図4　『信貴山縁起』絵巻　飛倉の巻末尾　長者の宅において“語り”を“書く”僧の姿（朝護孫子寺蔵）

う。[83] ただ、顕らかにすぐそれと気づかれては仕掛けた甲斐がないだけである。ともあれ、いかなる水準にせよ、この一場面が担うものは、これまでに本章が追尋してきた問題の一面を鮮明に浮かび上がらせて興味が尽きない。

『大鏡』によって対話様式が新しい物語の範型として成立してからほどなく、そこに予感された胎動はやがて巨大な激動となって王朝の世を揺り動かした。古代から中世への過渡期は、はた転換期というべきか、また慈円のごとく乱世というべきか。この時期に、その様式を踏襲した作品が次々と生みだされ、多くの領域に簇生した。そこに多くあらわされるのは、『大鏡』にはなかった〝書くこと〟である。〝語り〟そのものに語らしめようとする『大鏡』の企図するところには含まれなかった〝書くこと〟は、それぞれの作品にとって、己れが成り立つにあたって欠かせない契機であった。それらの作品が、あえて〝語り〟を〝書くこと〟を通して表現しようとするのは、ことさらに自覚された能動的な、精神史的認識に発する現象ではないだろうか。[84] それがどういう事情で実現したのか、性急な解釈を下すことはできない。しかし、仏法の領域においては、この様式の試みは早くからなされており、そこには既に〝書くこと〟が明らかに宣言されていて、その継承者は『大鏡』の後を逐いながらも、なお〝書くこと〟を介して、この様式の許に己れの主張や世界観を構築し究《きわ》めようという強い志向を示すのである。むしろ〝書くこと〟への強いうながしが〝語り〟を選択し、その言説の価値を高めようとするのではあるまいか。換言すれば、〝語り〟という仮構によって生ずる世界像を、より効果的に流通させ享受させるための回路が〝書くこと〟であったといえよう。

第七章　中世的知の集成
――寺院聖教の世界――

中世の知が集積され、更に編成される場として、朝廷―公家と並んで寺家―顕密寺院が大きな役割を担っていた。諸宗の中枢となる大寺院は、大きく分けて二つの側面でその機能を果たしていたと思われる。ひとつは宗教的実践としての儀礼の場であり、仏事法会から芸能までが行われかつ演ぜられて、それらは全てテクストにより分節され、運用され、記録される。この、儀礼を中心とした領域のテクストによる規範化を、「次第」という実践的な方法概念を視座に、中世を横断する共時的な座標としてはじめに取りあげよう。続いて、寺院の知の集積の場である経蔵を対象に、その体系を可視化したテクストである目録を指標とした知の世界が形成され、展開する様相を、その主体となる学僧たちの営為と所産から、また、中央の大寺院からその周縁や地方の拠点寺院へと流伝していく知のネットワークの広がりを含めた、通時的な座標によって縦断的にとらえてみたい。

一　次第を読む

（1）寺家の仏事法会儀礼の〝次第〟

後白河院の第二皇子であり、仁和寺の法親王として、源平の争乱をはさんだ十二世紀末期に活動した守覚《しうかく》法親王（一一五〇～一二〇二）は、先行研究(1)に詳らかなように、自身、膨大な著述を遺している。いまも仁和寺御経蔵に蔵される自筆本を含めたその御作のなかに、従来、守覚の作とは知られていなかった一纏りのテクストがある。「紺《こん》表紙《びょうし》小双紙《こぞうし》」と通称される、一合の筥に整然と収納された、七十八結、現存三百五帖の四半切大の小冊子の一群は、紺紙の包《くるみ》表紙と白地の題簽により統一された装丁を有し、謹直に書写・校訂された、守覚在世時に遡るとおぼしい一具の写本である。(2)

紺表紙小双紙は、〝次第〟の集成─類聚である。その各帖はほとんどが「――次第」と題され、それぞれ一箇の仏事法会の儀式またはその一部を構成する、さまざまな組み合わせによって一結をなしている。その仏事法会は、仁和寺の分をはじめとして、法親王および東寺長者が職務上宰領し関与する公家の行事としての仏事法会に及び、一方では、恒例の年中行事として行われるもの、臨時の仏事として催されるものを併せ、あるいは、法親王が院と女院のため御願寺供養や出家受戒、御賀などに勤仕する儀、また次代の法親王たる皇子のための灌頂を中心とした継承儀礼、そのほか公私の追善忌日法事や、高野参詣・諸社奉幣・遷宮なども含んだ多様で広汎な儀礼が網羅され、その一々について「式」とその詞章を記述したものである。

その成立は、対象となった仏事法会の年代と、仁和寺本の識語に加え、称名寺二世釼阿《けんあ》が相伝書写した金沢文庫寄託称名寺聖教本(3)の本奥書を併せてみると、守覚が法親王となってからその入滅直前までのほぼ三十年間にわたり、逐次、草した「御本」を下し賜わり書写校訂させたものであること、また時期を隔てて「再治」した「御本」によってそれを改訂した消息が知られ、守覚の主導の許に房官や弟子僧らが営々とたゆまず製作し続けた様子が窺える。何故に、こうしたテクストが作られたのであろうか。

御室《おむろ》の法親王のつとめるべき責務の中心をなすのは、天皇をはじめとする皇室の一族を加持し、御病平愈を祈り、后妃の御産平安を禱る、つまり〝玉体安穏〟を密教修法すなわち〝御修法〟によって全《まっと》うさせる大阿闍梨の役割である。そのことは、御室法親王の列伝というべき『御室相承記』[4]に、歴代の法親王の事績としてまず記述されるのが御修法の記録であることからも明らかである。この各種御修法についても、守覚御作の〝次第〟が仁和寺に現存しており、これは紺表紙小双紙より一回り大きな渋染の包表紙で装丁された冊子（それ故、渋表紙中双紙と仮称する）九帖である。真言院後七日御修法《ごしちにちみしほ》次第以下八箇の御修法についてその法儀と詞章が記され、その奥には守覚自筆の識語が付されている。[5]守覚は、建久三年（一一九二）に、御修法全体にわたる部類・便覧というべき『修法要抄』六巻を著し編んでいる一方、時期は知られないが、これら仏事法会および御修法において実際に用いた、もしくは用意のため擬作した表白の文章類を、『表白御草《ごそう》』に編輯集成している。[6]それは更に増補されて他の作になる表白を加え、いわゆる「十二巻本表白集」なる類聚が成立した。十二巻に及ぶ分類編目は、両者の〝次第〟群と重なるものである。[7]また、紺表紙小双紙とは別個に、東寺長者および法務・僧綱のために、『東長儀』三巻と『法綱儀』二巻を著しており、[8]これもやはり〝次第〟の類聚である。守覚は、宇多法皇以来、御室に相承された密教の法流を再編し、更に汎く他流を受法して、あらたに「御流」を創始した。その大阿闍梨として、自ら相伝した覚成による広沢流と勝賢による小野流の諸尊法と作法を、口伝を加えてテクスト化したものが『秘抄』百二十余巻である。これは、大覚寺に「青裹《あおづつみ》」と称す守覚自筆奥書を有す證本というべき一具が伝来し、[9]彼による御流〝聖教〟の中核部分を今に伝えている。これを含めた、守覚による御流聖教の全貌は、仁和寺御経蔵に伝来する『密要鈔《みつようしょう》』六合に今もその大半が保存され、[10]これは付属する高野御室性仁法親王の識語を付した『密要鈔目録』一巻、および称名寺聖教中の釼阿写『御流目録』一巻において、自身による伝受目録というべく、灌頂をはじめとする守覚の「愚作」が網羅されている。

紺表紙小双紙および渋表紙中双紙によって記述された仏事法会と御修法は、更に、守覚自身によって、『釈氏往来』という十二月往来の形式をもった消息文例集により集約され、典型として象られてもいる。実際に儀式に携わった房官や僧綱および貴族層に文書の主体を託して表現する巧みをこらしているのである。(11)

守覚は、その生涯を通じて、日記を記し続けていたと思われる。その一部は、独立した〝御記〟として灌頂や供養など大法会の記録として伝存し、または断片的に抄出されたり、引用されて逸文として残っている。本来の〝日次記〟として、守覚自筆本を含んで伝来する仁和寺蔵『北院《きたいん》御室御《おむろおん》日次記《ひなみき》』(12)は、治承四年（一一八〇）秋と寿永元年（一一八二）冬の僅かな時期を残すに過ぎないが、それは守覚が初度の大阿闍梨として執行した公家恒例の仏事としての観音院結縁灌頂に関連する記録であった。治承四年に一旦は企図されながら、東国の逆乱や福原からの還都など打ち続く政情混乱によって中止され、二年後の寿永元年十二月に漸く行われた、それぞれの経過の記録であり、加えて当日の法会についての独立した御記が、これも自筆本で遺されている。この日次記には、守覚が灌頂法会の執行者として、いかにその準備に心肝を砕いたかが、手にとるように鮮やかに記されているが、就中、その過程で、灌頂の「式」の「次第」がいかに成立したかということを詳しく記述している。その原型は、治承四年記によれば、四条隆季によって作られ中山忠親に依頼して清書された「式」であって、仁和寺には従来恒規の式はなかったらしい。寿永元年記では、守覚はそれを基に自身が作製し、忠親らに故実を問い「押紙《おしがみ》」により訂されたり、勤仕する弟子たちに授与したり、出仕の公卿たちに差図と共に頒ち、更に習礼《しゅらい》においては自らそれを手に失錯を糺し、当日に臨んでいた消息が、関係文書と共にいちいち克明に書きつけられている。紺表紙小双紙中、四十帖一結という最大の規模をもつ「観音院結縁灌頂次第」は、この時の、後白河院と八条院とが臨幸され入壇された盛儀のための次第を中核として構成されている。(13)

守覚の、その法親王としての務めと不可分に結びついて産みだされた著述の世界は、更に幅広く、奥深い。日次記や御記のごとき記録の彼方には、自身の感慨の表白であり後人童蒙への教訓でもある『御記（北院御室拾葉集）』『左記』『右記』などが著され、病弱で屢々枕席に臥さなければならなかった守覚が、寺門の輩、ひいて次代の後継者への訓戒のうちに、争乱の時代における危機感にうながされての法門に対する情熱と、後世にあるべき故実を遺そうとする記録への意志というべきものが、その全てに溢れている。それは更に、〝真〟と〝俗〟にわたる法流と学問の故実に関する秘説蒐集と記録の企てとなって、『真俗交談記』と『真俗擲金記』という、仮構の会合を設けなしてその虚構の枠組の上で名匠や学者たちに所説を披露させるという巧みを生みだすに至った。(14)

このような営為は、守覚にとっては、密教法流の儀軌を相承する責務というべきものに根ざしていた。そのために、彼は自他の習修すべき密教修法を多くの〝次第〟として作成し、後継者となる宮（のちの道法）をはじめとした門弟および妹の殷富門院《いんぷもん》のごとき入門者に授けるのである。『密要鈔』にはそうした〝次第〟が多く含まれ、仁和寺にも遺されているが、その『十八道次第』『諸尊別行次第』などは、いずれも体系立った修業の課程に則した作法書の一部であり、それら全てに守覚の奥書識語が加えられて、(15)その内容を保証すると共に対象を明示している。そうした守覚の〝次第〟作りの営みは、法流以外にも周辺の諸領域に及び、公家における有識故実《ゆうそくこじつ》の各分野の第一人者に問いつつ記すことが頻《しき》りであった。平基親に聞書した貴人の葬送作法である『吉事《きちじ》次第』や、中山忠親と三条実房に質《ただ》した書状書様の『消息耳底抄《しょうそくじていしょう》』などがその好例である。

その点で、より大規模な記録の対象となったのは音楽と和歌である。特に、自身が声明の一流の相承者であった守覚は、妙音院師長所伝の琵琶譜に拠って伽陀《かだ》の節博士《ふしはかせ》を定めたと伝えられ、また琵琶の名人藤原孝道もその許に仕え、音楽には深い関心を抱いていた。(16)自らの歌集の詞書には、亡き童の遺品として「横笛の譜・神楽・催馬楽・風俗の譜」「声明法則《しょうみょうほっそく》までもいたらぬくまなくしたためおきたるさま」を見いだして「末の世の宝、此道の鏡」と評すのであるが、それはまた彼自身の営むところであったろう。管絃音楽の諸記録の類聚・集成として『絲管要《しかんよう》抄《しょう》』十巻が編まれ、これは蓮華主院の宝蔵に納められたという。(17)その本文の一部は『體源抄』に引かれているが、(18)

その「御遊儀」や「右舞作法」はそれぞれ公家の儀式や舞楽の〝次第〟そのものである。また、和歌においての事績は、何よりその収集・所蔵になる歌書の目録と推定されている南院御経蔵の「古蹟歌書目録」[19]に窺われるところであろう。そこには、多くの歌集と共に、清輔や顕昭ら六条藤家の歌人による歌学書の著作が収められ、とくに顕昭は仁和寺に入り守覚に古今集注をはじめとする注釈書を進献している。[20]守覚において、こうした諸道・諸学への関心と文献収集とは、自身の記録や著述と不可分の関係にあった。

かかる守覚の多岐にわたる活動を、儀礼の面で統合するものが、各分野各種にわたる〝次第〟作りであり、そしてそれを読み授ける口伝であったと思われる。〝次第〟が、単にテクストの上だけで流通するのでなく読誦の音声を介してその機能を発揮していたことは、守覚の法流に連なる菩提院大僧正行遍《ぎょうへん》の口伝を没後に弟子兼遍が編んだ『参語集』五巻（第五章に言及した）にその好例を見いだすことができる。密教法流に相承される事相・教相の故実を世俗の雑談《ぞうたん》・物語まで含めて聞書するなかに、様々な〝次第〟の事が説かれている。[21]その記述は、いささか整序すれば再び〝次第〟テクストになる態のものである。

院政期に成立したあらたな権門であるところの、顕密仏教の寺院勢力を東密の側で統率する皇室出身の仁和寺法親王は、覚性の時代、後白河院によって「賜綱所《ごうしょ》」つまり僧綱所を支配する権威を与えられた。[22]後代「総法務」と称されるごとき御室法親王による国家仏教の儀礼的側面での統括は、公にはこの時点から開始されたと考えられる。この法親王が担った寺家および公家（国家）の儀札体系を、覚性の後継者である守覚は、〝次第〟というテクストの体系として記述し、これを読み、また書写せしめて後代に伝えようとしたのである。しかるにそれは、この時代において、既に公家の儀礼体系のなかで実現されていたことであった。

（2）朝廷儀式から生まれた〝次第〟

公家―朝廷の儀式書の歴史について、その成立史的研究[23]に拠ってその大概を俯瞰するならば、およそ三期に分けてとらえることができる。平安前期（九〜十世紀）には、天皇の命による勅撰として「式」が作られた。律・令・格・式の律令国家を構成するテクストのひとつとして位置づけられるものである。『内裏式』三巻や『儀式』（貞観儀式）十巻がその代表である。今は逸しているが、村上天皇親撰の『清涼記』も作られた。平安中期・摂関期（十世紀末〜十一世紀）には、これが臣下による私撰となり、源高明《たかあきら》による『西宮記』十五巻や、藤原公任《きんとう》による『北山抄』十巻が編まれた。前者は後に源経頼により「音縹書」と称される勘物《かんもつ》を付され増補された異本も作られ、共に貴族層に盛んに享受され流布した。平安後期・院政期（十一世紀末〜十二世紀）には、いわゆる日記の家・記録の家による撰述となり、大江匡房により『江家次第』二十一巻や、藤原為房により『撰集秘記』が編まれた。とりわけ『江家次第』がその成立後ただちに大いに貴族層に用いられた消息は、関白忠実の口伝を録した『中外抄』に、「近年識者、皆悉持レ此」と云い、「常ノ次第ハイミジキ物ナリ」と評されたり、同じく『富家語』に「神妙物」と讃えられることによって知られる。ただし、忠実のその評価の前提に、「定有僻事《ひがごと》」とか「サカシキ僻事」という認識があることは注意される。

何より、匡房の儀式書が、〝次第〟をその名に付していることが注目される。本書には、先行の『北山抄』などが材料として用いられているが、その記述にあたり、「儀式の〝次第〟を理解しやすくするため、改行を多くし、文章を整えるなど工夫している(24)」というように、明らかに記述の様式に大きな変化が見られる。すなわち、儀式の進行にしたがい、その構成要素の一単位毎に行を改めて書き、その各条の冒頭に「次」と順を示し、本文は一字下げて記す形式である。〝次第〟の名称のゆえんは、端的に、この記載方法に拠るのである(25)。守覚の紺表紙小双紙も、また明らかにこの方法を採るがゆえに〝次第〟をその名に付しているのである。

『江家次第』以降、院政期に作られた儀式書には、〝次第〟を題名とするものが多く見られるようになる(26)。そのなかには、守覚とも密接なつながりのあった中山忠親の作になる『元日節会次第』なども見える。彼の日記『山槐記』治承四年十月条によれば、守覚に自作の『季御読経次第』を進献しており、さきに述べた観音院結縁灌頂の場合を含めて、紺表紙小双紙〝次第〟の形成に大きな役割を果たした人物でもあった。また、彼と三条実房の儀礼故実についての口伝を三条実守が聞書した『三条中山口伝』[27]は、それら〝次第〟のテクストがいかなる言説によって支えられていたかを示す貴重な資料である。

平安時代を通じて、朝廷の儀礼に際しては、天皇の命を奉じて関白もしくは左大臣が「式」を作り、これを各執行者に下して書写せしめ、一同がそれを所持して儀式に臨んだ。了った後に、各人が自らの日記にこれを当日の記録として名称注記などを加えて書き遺しておくのが慣いであった。それを後日また部類・便覧化して編輯されたものが儀式書となる場合もあった。そうした儀式記録の過程では、むしろ〝次第〟の記述様式こそ、本来の実用テクストたる「式」という文書の形態を伝えるものであろう。この点で、そうした儀式用文書の書式を以って、はじめて体系的な儀式書の類聚の記述様式に適用した『江家次第』は、画期的な意義をもつものであった。

従来の「式」のテクストは、多くの古典テクストと同様に章節全体が続け書きされて、専門的かつ特殊な知識と技能によらねば、これを読み解いて実際の儀式にフィードバックさせることが困難であるような、高踏的で権威——王権の神聖性——を体現するような閉ざされたテクストであった。〝次第〟は、これに対して、仮に同内容であったとしても、それを儀礼の通時的構造に随って構成要素毎に分節し、各節毎に改行、つまり分ち書きにして、更にその首尾の輪郭と順序を示すために、冒頭の儀式過程の開始に「先」と付し、以下の各条毎に「次」を付し、それを行頭に掲げ、本文は一字下げで記すのである。ゆえに、紙面には上段に「次」が整然と次々連なるように現われるのであり、「次」が時間軸に沿った進行の順序を担う表示として視覚的にも明らかに機能するのが〝次第〟のテクストなのである。それは明晰で、実践的・実用的な性格をもち、いわば世俗的で日常平易な開かれたテクストであった。

このような記述様式をもつテクストとしては、同じく仏事法会のための法則《ほっそく》や、唱導の用に供される、いわゆる〝説草〟(説経の草紙)がある。これも、仏事法会の儀礼の〝次第〟としての機能をもつのであるが、紺表紙小双紙がそのなかに含む表白については文を分ち書きにせず白文で記すのに対して、〝説草〟は表白を含めた各種の文をもほとんど分ち書きにして訓点等をほどこしている点が相違する。〝次第〟というテクストの範囲については、こうした唱導文献[28]をも視野に入れてとらえるべきであろう。

『西宮記』以降の儀式書は、そのいずれもが、本躰の〝式〟に加え、諸記録や日記等から引用して勘物―注記をほどこしたり、裏書や押紙によって記事を補ったりと、本文に加上する形で、全てが一種の〝注釈〟の様相を呈していることにも注目したい。『江家次第』もその点では同様であり、匡房自身が絶えずそれに改訂と増補を繰り返して倦《う》むことがなかった消息も知られており、その規模は従前のそれを遥かに凌ぐものであった。

『江家次第』は、〝注釈〟と〝次第〟の二つの面で、前代の儀式書の面目を大きく改めているが、加えてもうひとつ、類聚―部類の面でも変化がある。これは、従来の〈恒例〉（年中行事）―〈臨時〉（公事）の二元的な分類をふまえつつ、この上に新たに、〈神事〉〈佛事〉という宗教儀礼についての巻立てを特立させているのである。その規模はいまだ小さく（巻十三佛事には六条のみ）、当時、白河院の許で盛行していた法勝寺をはじめ膨大な仏事法会の大規模な展開に較べて意外の観を否めないが、ともかくここに一箇のカテゴリーが成立したのであった。それは、同じく匡房による、「擬作」をも含めた数多の仏事法会のための願文の部類―集成である『江都督納言願文集』[29]全六巻の編纂と無関係な現象ではなかろう。

守覚の「紺表紙小双紙」は、『江家次第』のその〝次第〟の面を本躰として、そこに萌芽的に成立した〝仏事〟のカテゴリーを、当時の法親王が関与する領域下において、最大限に拡大して網羅した類聚といってよかろう。ここには〝注釈〟の面はきわめて少なく、僅かに「高野御参詣次第」などに見える先行諸記録の押紙注記等に散見するばかりである。このプレテクストとして、仁和寺僧の編になる『法則集』上下二巻（真福寺大須文庫蔵）[30]があり、院政期の公家仏事法会の中心となる堂塔供養の大法会や曼荼羅供など、記念碑的な仏事儀礼の次第と記録が類聚されている[31]。一方、〝次第〟と密接に対応し、もしくは包含される表白のテクストについては、前述のとおり自ら

『表白御草』として著述し、また、「擬作」や他作も含めた類聚として十二巻本が編まれるなど、あまねく周到な営為は、明らかに匡房の遺産の寺家仏法の領域における発展的継承を目指したものといえるだろう。

（3）和歌と音楽芸能における〝次第〟

〝次第〟というテクストが姿を現わす現象は、公家や寺家の儀式書の分野に限らず、それらとほぼ同時期の和歌の領域においても認めることができる。それは、院政期歌学書における、和歌の故実・作法の類聚と体系化のなかでの端的な一面を担っている。いま知られる限り、最初の〝次第〟は、藤原清輔の『袋草紙』上巻に「和歌会次第」が、公宴として天皇が臨席する殿上の歌会の儀を〝次第〟として記述し、また下巻（遺篇）には「和歌合次第」が、「兼題」と「宿題」毎に記述される。ただそれらの記述は、いわゆる〝式〟の部分のみでなく、その間に先例や故実としての記録の言及や引用もしくは勘注などを挿入しており、当時の儀式書と同じく注釈的な要素も多分に含まれるものである。しかし、ここに注目すべきは、平安時代に盛行し公の儀式として練りあげられた歌会と歌合という詠作と披講の場が、一箇の典礼として他の公事儀式と同様に認識される対象となって、その記述が〝次第〟という形をとっていることである。

歌学書における〝次第〟は、更に中世に入って、順徳院の『八雲御抄《やくもみしょう》』巻二作法部において、はじめに歌合（内裏歌合・執柄家歌合）、次いで歌会（中殿御会・尋常会）のそれぞれ〝次第〟を記すところに、より整然と部類された形のテクストを見ることができる。それは、比較的簡略な御撰本と詳細な精撰本とで大きく姿を変えてはいるが、これらもその行間に先例・故実を挙げて考勘の筆を加えており、そうした注釈的性格も一層強くみられるものである。これに対し、それ以前に成った、上覚の『和歌色葉《いろは》』四「詠作旨趣」には、付《ツケタリ》として「会次第・返歌様」が加えられ、詠歌の作法の次に、歌を書く時の晴《ハレ》の儀式に及び、「その文台に置《お》くに様々《やうく》の作法あり、これを披講するに重々の次第あり」と述べて、「和歌会事」として〝次第〟が記される。これは本書の文体に合わせて仮名で記述されている。これには、前二者におけるような記録や故実を引く類いの注釈的な要素はほとんど見られず、単純な〝式〟としての〝次第〟のみが叙される。こうした、いわば普遍的で抽象的な会の〝次第〟のみを記述したものに、定家の『和歌秘抄』中の「和歌会次第」がある。これも行間書入や割注の形で作法故実についての注記を僅かに交えているが、基本的に記録儀式書における漢文体の〝次第〟の記述様式と最も近いものである。[32]

以上に瞥見したような、和歌の領域において〝次第〟の登場してくる時代は、六条藤家や御子左《みこひだり》家という和歌の〝家〟とその学問が成立し、また、それらの歌人およびその上に立つ天皇による和歌の〝道〟が強く意識されるようになる時代である。その、ひとつの源としては、顕季《あきすえ》による人丸影供《ひとまるえいぐ》の創始、元永元年（一一一八）の『柿本影供記《かきのもとえいぐき》』や、以降に盛行する『人丸講式』の製作および実修が、象徴的な意味をもっているように思われる。こうした現象は、「中世和歌の文学的達成は、常に一方で宗教儀礼化の過程を伴ってこそ可能であった」と評され[33]るように詠歌の営為と不可分のものであったが、その「儀礼化の過程」とは、端的に、〝次第〟によって担われていたのである。

〝次第〟によってその〝道〟もしくは〝家〟が象られることは、音楽の領域でも、この時代に同様な現象が見いだされる。伏見宮伝来文書のなかには、鎌倉期に皇室と西園寺家により相承された琵琶の秘曲伝授とりわけ三曲《さんぎょく》の灌頂に関する記録が多く伝えられているが[34]、そのなかに一群の〝次第〟がある。

第一に掲げるべき最古のテクストは、妙音院師長作と伝える『楽家伝業式《がくけでんごうしき》』（端裏書には「次第」とあって見せ消ちにして「式」と訂す）である。妙音院金堂において、装束（堂荘厳《どうしょうごん》）を了え、師と弟子とが対座し妙音天の宝前にて導師諷誦《ふじゅ》の後に人を払い「伝授秘曲」し師が退下するまでの儀式が、仏事法会の〝次第〟と全く類似した（むしろ伝法灌頂の儀式に則した）記述様式によって書かれたものである。これに続いて、元久二年（一二〇五）、師長の弟子であり西流の琵琶の相承者として当代に自他共に許された名人の藤原孝道によって、『琵琶灌頂次第』が著された。琵琶に関する数多くの楽書を著述した孝道の、その〝道〟における最極の大事というべき秘曲伝授についてのテクストである。「先、帝王御灌頂次第」と始められるが、師長のそれに対して、これは仮名で叙《しる》されて厳密な〝次第〟の記述様式をもたない。むしろ灌頂の次第にともなう故実や心得を注《しる》し、古記を引用するなど、〝式〟としての〝次第〟の注ないし口伝という性格を含むものである。加えて、そこに言及される琵琶灌頂の〝次第〟成立に関する消息は興味深い。

灌頂の次第も、本説《ほんぜつ》たしかならずといへとも、賢縁《けんえん》・院禅《いんぜん》など式をつくりたるよし、妙音院仰給き。くはしく注し置《を》かれたる事もなかりし也。御物語のありしばかり也。形《かた》の様《やう》に注《しるし》をく也。外見あるべからず。子孫等かたのやうに心得んためばかり也。

琵琶が、妙音天の三摩耶《さまや》形《ぎょう》であり、曲はその三摩地《さんまぢ》であり、大日秘密の深法なるが故に「殊に秘すべき道」である旨は、この三曲伝授の灌頂という儀式に具現されるのであるが、その媒体としてのテクストが、口伝（物語）を基とする〝次第〟なのである。その〝次第〟が意識され、記述されて姿を現わしてくるのが、師長から孝道という、守覚とも密接な交流をもった人物の活動する、和歌のそれと同時代のことであった。

やがて皇室および西園寺家に継承された秘曲伝授の灌頂儀式は、たとえば実兼《さねかね》からその息兼季《かねすえ》へ伝授された折の記録でもある『琵琶《びわ》伝業《でんごう》次第』（一三一一）や、親王に授けるための儀を記した『御琵琶《おんびわ》始《はじめ》次第』（一三二一）など、ほぼ固定化し典礼化した故実の〝次第〟となり、中世の王権を支える儀礼装置のひとつとして受け継がれていく。(35)

中世初期という時代にあって、以降に継承される〝家〟によるそれぞれの〝道〟が伝えられるためには、〝次第〟は欠かせぬものであったのではなかろうか。それは、むしろ伝承の構造そのものに根ざした現象といってよかろう。琵琶に限らず、音楽（管絃・舞楽）の道々の各領域で成立した楽書に、それは共通してあらわれる。

たとえば、端的に楽の習い事の心得は、ひとつの儀式の故実を介して教訓されるのであって、『糸竹口伝《しちくくでん》』(36)の「管絃講之時次第」のごとく、整然とした〝次第〟が（おそらくは口頭を介して）示されるのである。

先大皷、次ニ鞨鼓、次ニ笙、次ニ横笛、次ニ篳篥、次ニ琵琶、次ニ箏也。是ハ、カシマシキ物ヨリ留メテ、次第ニ面白クヤサシキ物ヲ残テ遊ブ習ヒ也。

庭訓としてのこうした故実の〝次第〟は楽書の至るところに見いだされる。その例は『教訓抄』にも枚挙にいとまがない。むしろ、そうした〝次第〟が音楽という芸能の習得の上でいかに認識され、また身体化されているかということについて、琵琶の楽書である中原有安《なかはらありやす》の『胡琴教録《こきんきょうろく》』(37)をうかがおう。

愚案云。曲を覚ゆるには、二の様《やう》あるべし。一には心に覚ゆる。これは覚《おぼ》えざる也。必《かなら》ず手慣れずといふとも、次第を案じ連《つら》ねて覚ゆるなり。曲を弾《ひ》く時には未練なる様なれども、弟子に曲を教ふる時はよきなり。一には手に覚ゆ(中略)

もし人ありて次第を問ふ時、初めより弾き連《つら》ねざる物、分明ならざる物、此二つの事をみな咎とす。然あれば、心に次第を覚えて、又、手につけて、よく〱練習すべきなり。もし一事《こと》欠けたりといへども、一方《かた》の徳をもちて可レ支之故也。

〝次第〟によって曲は「心に覚ゆる」すなわち体得されたものとなるのだが、それはまた〝次第〟によってこそ弟子に教え、相伝することが可能となるのである。こうした、「覚え」て、また再現され、伝承される、構造的な方法としての〝次第〟は、後述するように、ことばの営みにおける〝次第〟を「おぼえ」ての語りや、〝次第〟というテクストを媒介としての儀式の再現―執行と、基本的に同質の構造を負うものであろう。その点で、笛の楽書である『懐竹抄《かいちくしょう》』(38)が、曲の相伝のためのテクストである「譜」について次のように述べていることは注目される。

古キ日記ハ、西ノ宮ノ父《(ママ)》、九條殿ナムド云、此等ノ日記ノマヽニ公事ヲ沙汰スレバ、余リ古代ニテ、末代ノ作法ニハ可レ叶モナケレバ、次第ニ事ヲヤワラゲテ用ル様ニ、笛ノ譜モ(中略)今ノ様ハ替ルベキナンメリ。

〝日記の家〟に担われた公家の儀式書も、そのままでは時代の状況に適さないため、〝次第〟に「事」(言)を和らげて用いる。そのように、譜もまたその表記様式は古《いにしえ》と今様とは変遷するべきものである、という。ここに、逆に、当時における〝次第〟というものの位相とそのはたらきが浮かびあがる。譜が〝次第〟と重ね類比されるのは偶然ではない。これも、院政期に音楽と声明の分野間相互の交流から、あらたな譜のテクストが産みだされるような状況[39]と対応するものであった。また、秘曲伝授の灌頂では、曲の伝授の後に、「譜」に奥書をしるして授与することが行われた(孝道『琵琶灌頂次第』)のであるが、そうした相伝の根本たる譜というテクストと公事の〝次第〟とは、それぞれに世界を継承し再現するのに必須の書記言語として、絶えずその姿を変えながら機能するものであった。[40]

ひるがえって、守覚の紺表紙小双紙も、同じく、法親王が統合し領導する世界について、公家と寺家にまたがり、音楽をはじめ数多の〝道〟の領域を包摂する一大体系を儀式により再現し継承するべき具《テクスト》として、絶えず増殖し改訂されてその姿を変貌させながら形成されていった〝次第〟であることが、あらためてその壮大な構想への感嘆とともに実感されるのである。

(4) 歴史語りと説話の語りにおける〝次第〟

「次第」という語は元来は漢語[41]である。「次序」と同じく順序の意で、「次」も「第」も同義であり、ツギ〱と順番に物事が継起することをいう。これが日本においては記録語として流通すると共に、そこから多様な用法が生起した。「次」の訓であるツギは「継」にも「嗣」にも通ずる。すなわち、次々と継承され後に嗣《つ》がれるもの、またはそのことを指して「次第」という場合もある。家の系譜や職の相続などについて、その一々の名を順に連ねて逐っていくことがそれにあたる。ひいては、その記述そのものが〝次第〟と呼ばれもするのである。この、歴代の記述は、名のみを列挙した簡単なものから、その年代や事績その他の記事をも加えた詳細にわたるものまで、例を挙げるに暇がないほどである。寺院関係に限ってみても、『天台座主次第』や『興福寺別当次第』など各権門寺社にはこうした記述が必ず属し、なかには既にその寺社の中核的な法会について一箇の年代記を構成するものさえある。しかるに、〝次第〟は、こうした過去帳のごとき単なる歴代の世譜に限らない。むしろ、記録としての〝次第〟の背後には、前述した儀礼の〝次第〟と同様、生きてはたらくツギ〳〵の「次デ《ツヰ》」のことば、語りを生成する〝次第〟が存在したのではなかろうか。

そうした、〝次第〟語りとでもいうべきものを想像させてくれるのが『大鏡』である。大宅《おおやけ》（公家）の世継といら、まさしく名詮自性の語り手によって説かれるところは、目指すところはむろん道長の栄花についてであるが、その前提として述べられなければならなかったのは、それに至る歴代の天皇と藤氏の大臣の〝次第〟であった。

この世始りて後、帝《みかど》は、まづ神の代七代を措《を》きたてまつりて、神武天皇をはじめたてまつりて、当代まで六十八代にぞならせ給にける。すべからくは、神武天皇をはじめたてまつりて、つぎ〳〵の帝の御次第をおぼえ申べきなり。（巻一・帝紀冒頭）

帝王の御次第は、申さでもありぬべけれど、入道殿下の御栄花も何《なに》により開けたまふぞと思へば、先、帝《みかど》・后《きさき》の御有様を申べき也。（中略）しかれば、まづ帝王の御つゞきをおぼえて、次に大臣のつゞきはあかさんと也。（巻一・帝紀末尾）

帝紀の列伝の前後を画する、世継の語り出しの枕にあたるところと結びにあたるところ、それぞれにいう「帝の御次第」すなわち「帝王の御つゞき」を「おぼえ」るとは、そらんじて語ることであって、以下の叙述によるならば、それは、次々の帝の御名・歴代・父母の御名・即位よりの治世・御子の御名・その事績・そして逸事などが、定まった順序で「つぎ〳〵」と語られるのである。これは、巻二以下の藤氏物語も同様である。その首《はじめ》においても世継はやはり〝次第〟を語ろう、という。

この十一人の太政大臣達の御次第ありさま始終申侍らんと思ふなり。　　（巻一・末尾）

かくして始められる「つぎ〳〵」の藤氏物語の末がやがて道長の物語に至るのであるが、こうしてみると、『大鏡』は基本的に、世継による〝次第〟語りによってその骨格を形成しているといってよい。巻五の後半、道長物語の末には、「この鎌足の大臣よりのつぎ〳〵、いまの関白殿まで十三代にやならせ給ぬらん、その次第をきこしめせ」と、一ツ書の形式の許に歴代の大臣の位と外戚の事がそれこそ〝次第〟そのままで記されるくだりがあるのだが、それは、そうした〝次第〟的性格が直接に露呈した箇処といってよかろう。『大鏡』は、その骨組もしくは網目《マトリックス》のうえに、数多の逸話（その多くは書承にもとづく素材である）を語りのよそおいの許に伝聞や見聞の態《てい》に加工して加えているのである。

語りにおける〝次第〟は、その意味のあらたな展開もしくは拡張を担っている。それは説話集のなかに収められた物語―説話において至るところで現象する。たとえば、『古事談』第五ノ十一、八幡検校成清《なりきよ》の出世物語は、前半に成清の出自と不遇な時期のうちの自他の夢想が説かれ、鳥羽法皇が御灸治の「アッサナグサメ」のため御前伺候の人々に「巡《めぐり》物語」をさせるうち、夢想の当事者である医師重基による「此成清事、夢想之次第、委令㆓語申㆒之間」、法皇はこれに感じて随喜し、成清を召し出して引き立てる。以降、成清の「次第昇進」の消息が述べられて遂に別当検校に至ったいきさつが説かれる。成清出世の纏末を説くうちの、後の〝次第〟は前述した元来の意味で用いられるが、前のそれは、栄達の契機となった夢語りともいうべき物語りであり、これを〝次第〟というのである。それは、ただ物事の列挙ではなく、事柄のはじまりから結末に至る一連の始終を語ること、いわゆる〝事の次第〟である。出来事の一部始終を筋道たてて順序正しく語ること――そうしたモノガタリのあり方を対象化していう用法といいうる。

説話において語られる〝事の次第〟のありようは、中世初頭に、たとえば次のようにあらわれる。『宇治拾遺物語』下、白河法皇が北面の輩に受領の任国下りの真似をさせるに、行遠という者、従者のヲコなしわざにより不参の仕儀とはなった。そこで法皇は、

> 「進奉不参、返々奇怪なり。たしかに召《め》し籠《こ》めよ」と仰下されて、廿日あまり候ける程に、此次第をきこしめして、笑はせおはしましてぞ、召《め》し籠《こ》めは許《ゆ》りてける、とか。

軍記物語に眼を転じてみれば、『平家物語』（覚一本）巻十一、内侍所《ないしどころ》都入《みやこいり》の事において、

> 九郎大夫判官義経、源八広綱を以て、院の御所へ奏聞せられけるは、「去んぬる（中略）」の由、奏聞せられたりければ、法皇、大きに御感あって、広綱を御坪の内へ召して、合戦の次第を委しく御尋ねあって、御感のあまりに、広綱を当座に左兵衛にぞなされける。

いずれの場合も、法皇を「笑はせ」たり「御感」せしめたりするのは、〝次第〟のことば、その語りであった。それは単なる形式的な詞ではなく、また抽象的な辞でもなかろう。それは不参に至ったヲコなる事の纏末であり、広綱自身が駆けぬけた戦場の塵にまみれた軍《いく》さ語りであろう。しかもその語りは、法皇の命によって奏上されるものであり、後者の例でいえば、公式の「奏聞」とは別に褻《ケ》なる場においてなされるモノガタリであった。それは、あの『古事談』第四の著名な軍さ語りの逸話を想起させる。白河院が老いたる武者後藤内則明を「召出テ合戦ノモノガタリセサセラレケル」時、彼が語り出した冒頭の一句のみを聴いて「事ノ躰、甚幽玄ナリ」と感興を催し後を止めて御衣を賜ったという。そのような、「先申云」の「此一言」のみで以下に続く次々の「残事等」が定まってしまうような語り、それもやはり一箇の〝合戦の次第〟であった。

事の始終が定まった〝次第〟の語りのあり方は、そうしたことばを支え、生成する〝次第〟に象られるような機構《システム》の存在を想起させる。それは、あるテクストを定められた方法で始めから終わりまできちんと読むことにも当

てはまるだろう。すると、そうして読まれたテクストは〝次第〟と呼ばれるようになるのではないか。読むことに限らず、それを、修法を行うことや芸能を演ずることに適用してもよい。そのようにとらえるなら、儀式書や法則などのテクストが〝次第〟と称される理由も、おのずと明らかになろう。(43)

一箇の世界が成り立つために、事の本末《もとすえ》が通り、始終を全《まっと》うすることばとして、〝次第〟は在らしめられた。それは、能における〝次第〟のことを想起させる。その一曲のはじまりに、ワキやシテなどの諸役が舞台上に登場するにあたって、囃子《ハヤシ》とともに地謡がうたう定型化した詞章である。これは、その人物の紹介であり、またはその感懐などを低い平坦な旋律で謡うもので、末句は繰り返され、その曲の主題的な気分をかもし出す。それについて世阿弥は『能作書』に、「開口《かいこ》人出でゝ、指声より次第、一歌まで一段」と、既に明確に分節された能の構造上の要素として認識してもいる。この能の〝次第〟は、通説によれば、声明の〝次第〟に発するものであるという。(44) 仏事法会を音声の側から形成する声明において、「対揚」や「廻向」などの曲で、句頭(音頭)と大衆(色衆)とが、同一の句を、一定の間を置いて唱える演奏法をいう。「次第を取る」とこれをいうのであるが、順に、交互に繰りかえされる詞―声がつくりだす情調は、仏事法会という儀礼の場を、その声の響き《ポリフォニー》あいによって見事に象るのである。

語りにしても、謡《うた》いにしても、また音楽や進退作法にしても、それ自体の運動によって時間をつくりだし、その時間を分節し支配する、つまり秩序づけて制御することばのはたらきが〝次第〟ということではないか。かつて古代国家が〝式〟というものをもって国家を運営した、その組織がそれを中世に〝次第〟と化して、それによって作りだしとらえようとしたものは何であったか。院政期に、院というあらたな王と王権のもとで、〝次第〟というあらたな書記体系は、公家儀式や宗教儀礼をはじめとして、言語芸術や音楽芸能を中心とする多様な領域を、その秩序のなかに摂り込んでいった。そうして、これらの芸能を担う諸職の〝道〟や〝家〟が、〝次第〟と共に生まれてきたのである。中世初頭に成立した、紺表紙小双紙の如き〝次第〟の類聚は、守覚法親王一個人の営為を超えて、そのような中世文化の基盤を形成する、普遍的な現象を象徴する所産であった。

二　中世寺院における知的体系の展開

（1）説話の場としての中世寺院

「次第」という座標《マトリックス》により分節されて可視化され、更に生成された中世の世界体系のなかで、大きな推進力としての役割を果たしたのが説話であった。この、中世の知を最も動的な次元で体現する〈説話〉という言説が、実際に、いかなる場において生成し、はたらいたのか。それは、これまでの各章で取り上げたように、「唱導」という媒体や「注釈」という機構のうえにとらえることもできよう。あるいはまた、神道（日本紀）、縁起（験記）、伝記（祖師伝・太子伝）、音楽などの諸領域もしくは文化の各範疇の許にみることもできるだろう。[45]

その中核的な問題領域が「学問」である。世俗の学問と寺家の学問とに大別される、社会的制度というべきこの範疇は、その一端に〈説話〉の言説が確かに関わり、生みだされる〝場〟であった（その消息は、第四章に取り上げた『江談』の吉備大臣入唐説話を想起すればよく察せられよう。この譚《ハナシ》は、第四章に言及したように寺家にも伝承された形跡があり、両者の学問は互いに交錯するものであった）。特に、寺家——国家仏教を担う諸宗の大寺院——における学問については、その制度や体系をめぐって、既に宗教史や学制史あるいは仏教学ないし各宗門の仏教史学の立場から成された業績が存在している。[46] また、その頂点に立つ祖師や先徳の著述ひいて思想については、これもそれら諸学や思想史の分野で、やはり膨大な研究が積み重ねられている。更には、ある一人の中世の学僧の生涯と学問の営為について、東大寺尊勝院宗性に関してなされたように、文献にもとづいて詳細に史料化した研究[47]もある。そうした研究は、いわゆる「聖教」という、寺院において学問の所産として生みだされ伝承された宗教テクストの総体をフィールドとする。宗性の書写した大型の冊子群に一箇の典型をみるような、「聖教」に結実する学僧（学侶・学生）の営みの軌跡を辿ることは、そのまま自《おのずか》ら、古代から中世を経て千年以上の命脈を保った寺家の学問の継承と再生産の様相を明らかにすることにほかならない。その過程にも、〈説話〉という伝承の枠組の許に生成する物語（言談、談話、談義、雑談など）が不断に立ちはたらいていたであろう。覚鑁の談義打聞集は、(48)その姿を如実にとらえた聖教である。光宗の『渓嵐拾葉集』という聖教類集も、(49)その好例であろう。寺家の学問は、それを生きる学僧にとってたしかに〝説話の場〟なのであった。

この課題は、自ら学問の主体となって寺院の中心を担う僧侶の遺した経蔵の聖教において、その世界における知の体系がいかなるものであったかを問うことによって適切に俯瞰されるであろう。(50)その成果を基礎として、ただ説話文学研究という立場からのみならず、歴史学・宗教学・仏教学等の人文学諸分野の研究者からなる共同研究として、多くの角度からの複眼的な視座を綜合した「聖教」研究が、その世界の実相を解き明かすために求められよう。(51)既に、寺院とその聖教を対象とした綜合研究として、高山寺の明恵教団の遺した聖教を対象とする調査が、訓点語学の領導する共同研究により進められて、『高山寺資料叢書』(52)が刊行されている。高山寺における祖師である、学僧にして遁世僧、歌人かつ夢想する記録者であった明恵の全貌を示す『明恵上人資料』一～三集をはじめ、高山寺聖教の各種目録が刊行され、蔵中の各種貴重文献も紹介されて、その伝来を含めた全体像を見渡すことができる。これを、たとえば説話文学を問題提起の発端とする研究として仮想してみよう。『今昔物語集』という、巨大な未完の物語類聚は、院政期の成立から室町時代の半ばに至るまで、中世に数百年間も南都寺院の聖教の裡に埋もれていた。その編纂主体や成立はなお多くの謎を秘めているにしても、鈴鹿本は、紛れもなく中世に寺家の学僧の営為が堆積していくなかで永く忘却され、またそのなかで再発見されてきたのであった。(53)そして、『今昔』の方法と知識の一端は、平安末期の南都興福寺菩提院の学僧である蔵俊（とその編になる『類集抄』）の学問や、広くは法相教学に通じるものがあることも指摘(54)されている。南都における〈聖教〉にかたどられた学問を復元することが叶うなら、(55)そのなかに『今昔』の位置を探り当てる可能性もあるだろう。

あらためて考えてみれば、〈説話〉ないし物語という言説が、古代から仏教と寺院とを大きな母胎として育まれ、その懐で成長したことは、『霊異記』を引き合いに出すまでもなく、その伝統は近世まで引き継がれている。唱導における説経や説法の弁舌に乗ってあらわれる物語や、論議問答の矩を超えた談義の席での物語は、それが書記化されたテクストの上に鮮やかに姿をとどめている。それらはいずれも、寺家の学僧による学問活動が展開されるなかで生みだされ、それが創り出すところの動的な知の体系の一環であった。しかもそれは、寺院の内部に限られるものでなく、同時代の文化全体を領導する、大きな広がりをもった有機的な中枢であった。『今昔物語集』のごとき、仏法に加え世俗の物語を豊かに包摂した説話集は、そうした場においてこそ成り立ったといえよう。既に第五章で論じたところであるが、〈説話〉テクストの位相を確かにとらえるためには、寺院の経蔵文庫の典籍資料の全面的な調査によってその属する世界を見渡す必要があり、その〝資料学〟の全体像の地平から、〈説話〉を含めた諸テクストの位置や役割をあらためて認識する必要があるだろう。[56]

（2）仁和寺から称名寺へ

こうして、説話研究を含む諸分野の文学研究者が共同の調査と研究の対象として取り組んだ〝場〟のひとつが、仁和寺である。とりわけ、大きな転換期であった十二世紀後半に御室《おむろ》寺務を司った後白河院皇子の守覚法親王の許で、仁和寺は、真言密教の諸法流が糾合されるばかりでなく、世俗の学問や和歌や音楽など諸道の好士が参集し、その故実や秘説を披露しつつ、[57]書物が蓄えられる、いわゆる「仁和寺文化圏」と称されるような〝場〟であった。その実態の一端は、前節に述べた、仁和寺に伝来する御経蔵聖教の一部を成す『紺表紙小双紙』と銘された一合三百余帖を整理・解読・分析することによって浮かび上がったものである。この「次第」と名付けられる聖教を焦点として、院政期に御室法親王が担った顕密仏教儀礼（仏事・法会）の多様にして壮大な体系を記述したテクスト群については、既にその全貌を紹介すると共にその意義を解明した。[58]

次いで、同じく御経蔵聖教を対象として、更なる守覚の著作の全貌を明らめるための調査が続けられた。この包括的な書誌調査の過程で解明されたのは、守覚による、御室法親王が担う東密法流「御流」聖教の体系的な編纂と撰述の営みである。すなわち、「密要鈔」と総称される大規模な密教事相書群が御経蔵に伝存し、守覚による伝授目録と思しい『密要鈔目録』に記載される書目を現在の聖教と照合してみたところ、そのほとんどが一致し、しかも守覚の自筆本が多く含まれることが判明したのである。その調査にもとづいて復原した御流聖教の概容は、『守覚法親王と仁和寺御流の文献学的研究』[59]に報告された。そこでは、聖教目録に沿って現存する聖教の再構成を試みているが、ここに〝復原〟という調査・研究上の方法論が提起され、実践されている。その文献学的探究は、『密要鈔』を中核とする御経蔵聖教全体を介して、更なる多くの問題群を喚びおこした。それは、この共同研究に参加した歴史学・宗教学等の諸分野の研究者それぞれの論として展開されている。そのなかには、守覚と醍醐三宝院の勝賢との交流による伝授、ひいて聖教形成を論じて、中世真言法流のなかで最も広く流布した三宝院御流の成立過程を明らかにし、[60]守覚による御流聖教の成立からおよそ一世紀を経て、後宇多法皇と禅助による、その一部を移転させて大覚寺御流を成立させた企てを掘りおこす[61]など、御流の成立と展開について大きな意義をもつ研究が含まれる。とりわけ重要な発見は、守覚による御流聖教が、金沢文庫に寄託される称名寺聖教のなかから大量に見いだされたことであろう。それによって明らかにされたのは、鎌倉後期に仁和寺御流聖教が多く鎌倉に伝わり、幕府を支配する得宗家を学問において支える立場であった金沢北条氏の氏寺、諸宗兼学の学問寺であった称名寺の二世長老釼阿の手により、大量に書写されていた事実である。[62]そのことを象徴する称名寺聖教（金沢文庫寄託）釼阿自筆の『御流目録』（延慶二年写）は、前述した仁和寺蔵『密要鈔目録』とほぼ同内容の伝授目録であり、その全てが写されたのではなかったにしても、それらの枢要が御室の准后法助から頼助を経て益助、そして益性から釼阿へと伝えられた消息が明らかである。それ以外にも、さきに触れた「紺表紙小双紙」が『御流作法』の名で伝来していたことが知られる。これら称名寺聖教中の御流聖教の概容は、金沢文庫特別展図録『仁和御流の聖教――京・鎌倉の交流』[63]に紹介され、更に調査が進められて、全貌が『守覚法親王と仁和寺御流の文献学的研究・資料篇 金沢文庫蔵御流聖教』

に目録化された[64]。このなかには、仁和寺にもはや伝存しない御流聖教や記録類も多く含まれ、資料篇にも、守覚の許での編纂と思しい二十二巻本『表白集』や、歴代御室等の伝法灌頂記、あるいは守覚撰の後七日御修法次第などを紹介している。関東に伝流した御流聖教は、実に豊富かつ良質な諸分野の文献をその周囲に具えていたことが、そこから容易に察せられる。

関東へ伝えられた分までを含めた、御流聖教および守覚の著作類からうかがわれる密教事相書群に注目するならば、従来、教相分野に較べて、加持祈禱をもっぱらとし秘事口伝に拠って文献主義に立たぬものとして軽視されていた事相テクストが、実際には、きわめて高度な文献学的方法により、精緻な学問的体系の所産であったことが、あらためて認識された。師説や口伝なども、守覚にとっては、全て記述し、編纂・類聚されるべき対象であった。加えて、その前提として、守覚の前代の御室に当たる覚法から覚性へと受け継がれた御流事相の伝授折紙類聚（諸尊法・作法から諸尊図像集にまで及ぶ）としての『故御室折紙』聖教[65]が出現し、守覚の厖大な業績の先駆かつ原型が確認される。同時に、そのテクストは王朝の美意識に貫かれた繊細な配慮に充たされている。そこには、院政期に形成された新たな宗教権門としての御室法親王が、伝統的な南都・北嶺の教学に対抗して何を目指したかが、如実にうかがえる。その達成は、中世に至って鎌倉の武家権門が己れの寺院に収め、分裂した皇統の一方が新たな法流創出のために移転を試みたのである。

（3）諸領域の交流のなかの称名寺聖教

称名寺聖教は、幾多の変転を経ながら、なお現在も宋版一切経を中心として諸宗・諸流の膨大な聖教を包摂し、仏教のみならず神道はじめ諸道芸能の典籍・記録を集積する、金沢文庫と併せて中世学問の綜合文献庫《アーカイヴ》であった[66]。そのなかに、聖教形成に中心的な役割を果たした釼阿が自ら書写した、『言泉集』をはじめとする安居院流唱導文献の一群が存在することはよく知られている[67]。なかでも最も大規模な類聚である聖覚編『転法輪鈔』は、その『転法輪鈔目録』[68]をみれば、やはり一流の聖教として、一箇の道（家）を成り立たせる高度な体系を内包したテクストであったことが見てとれよう。[69]これに連なり、またはそれと別個に独立して伝存する同時代の南都東大寺の学僧弁暁による唱導書（説草）も紹介されたところである。[70]

これら唱導書も、やはり中央の諸大寺と鎌倉との様々な水準での交流のなかでもたらされたものだろう。従来は、徳治二年（一三〇七）に鎌倉へ下向した安居院僧都覚守の事蹟のみが知られていたが、その時ばかりが伝流の契機ではなかったはずである。称名寺の唱導書に遡る古写本[71]はいま中央の諸寺には纏まって残されておらず、僅かに澄憲編『釈門秘鑰』一帖[72]が仁和寺に、『転法輪鈔』が高山寺や東大寺（尊勝院宗性書写聖教）および国立歴史民俗博物館に断片的に伝存するなど[73]、顕密寺院の聖教中にその痕跡を留めるばかりである。しかし釼阿写『転法輪鈔目録』の本奥書[74]が示すように、安居院唱導の一大類聚は確かに仁和寺に鎌倉中期には存在していたことが知られる。聖教を介して都と関東とを繋ぐ〝場〟は、称名寺のごとく、諸宗・諸流の聖教が集められ、これを目がけて往来する学僧たちの活動の結節点となるような寺院であった。鎌倉における、そうした結節点のひとつとして、仁和御流との関係で注目されたのは、安達氏によって支えられた佐々目の遺身院であった。このような拠点寺院は、鎌倉のみならず関東各地に存在したことが聖教の奥書識語によって知られている。それらの寺院間を経廻する学僧たちの活動は、ただ聖教の書写ばかりではない。その前提となる法流の授受相承や、日常に行われる談義講説という学問の営みのなかに、いわゆる〈説話〉を含む各種の言説―典籍の流通と形成をとらえようとすることが、研究のひとつの焦点である。そして、聖教の伝流書写という運動が示す中世の学僧たちの〝知の営み〟の交流は、たしかに〈説話〉テクストに及ぶものであった。

その突出して顕著な事例として注目されるのが『七天狗絵』である。この、いわゆる『天狗草紙』詞書[75]が、釼阿により書写されて称名寺聖教の一部に加えられた。断簡を併せて復原すれば全十一帖一結から成るこの絵巻詞書は、永仁四年（一二九六）に東山霊山の天台僧寂仙上人遍融により著されたものである。光宗『渓嵐拾葉集』縁起によれば、徳治年中に彼自身が鎌倉へ下向した際に携えられ、問注所の幕府閣僚たちと宗論をくりひろげたことを契機として、彼らの注目するところとなり、釼阿が書写するに至ったものであろう。第十二章においてあらためて論ずるところであるが、『七天狗絵』は絵巻として構想され、表象することによる強烈なメッセージを期していた。天狗に託された顕密寺院諸権門間の対立と紛争の隙に立ち現われた新興仏教諸勢力――禅宗と時衆――への強い危機感と批難[76]とは、ただちに鎌倉幕府の中枢に伝わり、その情報はテクストとして寺院の管理することとなったのである。

（4）真福寺聖教の復原的研究

濃尾平野の中央、尾張と美濃の境になり東国の境界でもある木曽川畔に位置していた大須の真福寺は、鎌倉末期から南北朝にかけて争乱の時代に成立した。開山の浄泉上人能信は、伊勢国関の慈恩寺において実済より律を兼ねた三宝院流密教を稟け、また同国鳥羽泊浦の大福寺にて寂雲より禅を兼ねた安養寺流[77]を伝え、更に遠く東国に赴いて武蔵国高幡不動虚空蔵院において儀海から中性院流等の相伝を受けて、それぞれの法流の膨大な聖教を書写した。称名寺（金沢文庫）と並んで、著名な古典籍を数多く所蔵する真福寺（大須文庫）は、この能信による聖教がその母胎であり地平でもある[78]。

真福寺聖教の中核をなす能信の書写本には、その多くに付された奥書識語により、ただ能信による書写活動のみならず、その底本や祖本がいかなる系譜の許に相承されたか、その流れを詳しく辿ることができる。しかも、その能信書写本を仔細に検ずるならば、その筆写は多くの手によって分けもたれ、決して能信の全一筆によるものではない。むしろ、能信の決して能筆とは言えない独特な癖のある筆体は一部に過ぎず、表紙などにその名を銘した識語も含めて奥書識語に至るまで別筆による例が多い（粘葉の丁合糊代部分に実際の筆者名が隠されている場合もある）。おそらく能信は多数の僧侶（同朋や弟子）との協同により分担しつつ、短期間で大量の聖教を書写したものだろう。

特に、儀海の許における中性院頼瑜の著作の書写は、嘉暦三年（一三二八）にきわめて高い密度で集中してなされており、その内容（教相の注疏類）を含めた聖教形成活動の焦点がこの時期にあったことを示している。(79) その後、貞和五年（一三四九）から宥恵による書写が多くなり、文和三年（一三五四）の能信入滅後は彼が書写活動の中心に立つことになる。

宥恵は能信の弟子の一人であったが、また儀海にも師事してその伝授を受けた。そして能信の嗣法であり次代の真福寺住持となった信瑜に対しても伝受を授けたのである。いわば宥恵は真福寺の相承と聖教形成の中継ぎの役割を務めた存在であった。こうした複雑な相承関係は、現存する印信類に端的に示されているが、その役割を聖教相伝の上で鮮やかにあらわすのが、彼の名を表紙識語に銘した『聖教目録真福寺』一帖である。(80) その意義は、おそらく能信入滅の後、文和五年頃に信瑜に与えられた、宥恵に委ねられた能信一門による諸法流の聖教の〝伝授目録〟というべきものであったろう。全十九篋からなる聖教（第十四篋には灌頂道具が含まれ、厳密には「聖教・道具」というべき）は、この時点での能信を代表とする一門の諸流の受法と習学のほぼ全貌を網羅するものであり、その書目にまま付された「安養寺」「泊大福寺」や「慈恩寺（方）」「高幡（不動）方」という注記が示すように、所載の聖教の出自もしくは帰属が意識されていたことがうかがえる。現存の真福寺聖教は、その識語を手がかりとすれば、相当数がこの目録に記載されている書目と同定が可能であり、直接原本に当たって確認するなら、前述した仁和寺御経蔵において『密要鈔目録』に拠って守覚の自筆聖教を『密要鈔』として復原したような作業が可能となる。

宥恵の『聖教目録真福寺』に見渡される密教聖教の特徴は、『密要鈔』のごとき事相書にとどまらず、教相方面の聖教が飛躍的に充実していることである。大日経や大日経疏をはじめとする経論疏の注釈、および大師御作の御書の注釈など、いわゆる「抄」がその中心である。とりわけ頼瑜の著作（大疏指心抄、釈論開解抄をはじめ御書等の抄出・勘注・愚草など主要注釈書を網羅する）は大量で、これに正智院道範の著作や大楽院信堅の加点本などが加わり、鎌倉中期の高野山と根来とで競い合うように活発に展開していた真言教学の最も豊かな成果が、僅かな時を経て

（しかしその流伝は地理的には遥かな奥州をも経て）、ここに一堂に会している。その壮観は目も眩むばかりである。更にその周囲には、密教の先徳の重書・秘書のみならず、天台・法相等の諸宗の聖教も交じえ、声明や唱導に関する書目も含まれる。とりわけ第十七篋に見える『説経才学抄』は、能信一門のなかでも長老格の聖真を撰者として注した類聚による唱導書であり、その一部は現存する[81]。能信による講説や談義の聞書もその例であるが、真言において、寺家の学問が再生産され、しかも多くの〈説話〉を含む唱導の用に供された所産としても貴重な文献であろう。総じて、この聖教目録に体系化された、真福寺に結集した中世真言教学は、様々な意味での顕密を具有した綜合的な学問および儀礼の相貌を明らかにしている。この目録上で各篋毎にカテゴライズされたそれらの聖教群を、真福寺という学問所（実際に談義所とも呼ばれている）の指標として、その〝知の体系〟を読みとる試みがなされてもよかろう。すなわち、〝目録を読む〟ことを実地の聖教調査と併せて行うことによって、中世寺院への〝知のフィールド・ワーク〟が敢行されるのである。

宥恵によって、他に二種の聖教目録が残されている。殊に注目されるのが、『真言書目録桑名大福（田）寺』一帖[82]（文和五年（一三五六）宥恵奥書識語）である。これには信瑜による転写本もあり、「目録」の上での相承が裏付けられる。その識語には、これが桑名に在る大福田寺長老の賢誉の所持本を聖印により目録化されたものであることが知られ、真福寺からは木曽・長良・揖斐三川の下流で河口の対岸に位置する桑名の津にあった西大寺流律宗寺院（後宇多院の勅願により忍性が再興したと伝える）に住持した賢誉の蔵書目録である。天地日月から始まる十五合に分かたれた真言の体系的な聖教であり、広沢方の西院流を中心とした事相書が多いが、教相方面も少なくない。とりわけ興味深いのは、末尾の「信・潔・真」三合に収められている唱導書および説話集の類いの書目である。そこには、『法花験記』『地蔵験記』や『古事談』『注好撰』『簾中抄』など、寺院において利用されたであろう験記や類書に交って、『閑居心師抄上中下三巻』など心惹かれる逸書がみえる。なにより、安居院流唱導書の名目が『言泉集』『転法輪鈔』『釈門秘鈔』『四十八願釈』『法花一部釈』『十王釈』など経釈を含めて見いだされることは、最後の「真」合が「仏経釈并因縁等」という、まさしく唱導の実践に供せられたであろう説草（前述の称名寺のそれを想起させる）の一纏りであることと併せて、それらが真言聖教の一環として位置づけられていることの意義は重要である。『真言書目録』に見える唱導書は、さきに言及した称名寺聖教のなかの安居院流唱導書と、『説法明眼論』[83]などを含めて共通しており、それらがどのような系路でそれぞれ伝来したかという筋道を考える上で、大きな示唆を与えるものだろう。ひいて、それは真福寺聖教とも関連しよう。実際に、真福寺には各種の唱導書が存在し、そのなかには澄憲の法華経開結一部三十品釈[84]を冊子化した文永七年（一二七〇）源昭識語本『花文集』二帖が含まれている。[85]また、澄憲による仏事の説法草案の全体がテクスト化された他に類を見ない正応三年（一二九〇）写『安極玉泉集』[86]など、能信らの書写でない鎌倉期の古鈔本が存在することは、それら安居院流唱導書の寺院間での活発な往来を想像させるのである。

真福寺聖教を検じてみると、賢誉を介して伝わった聖教が少数ではあるが見いだせる（『秘鈔』第十・第四、『請雨経法』、『北斗護摩口伝』、『駄都口伝集』等）。その識語を辿ると、賢誉は鎌倉（亀谷清涼寺）において師である定仙の御本を写している。定仙は醍醐三宝院の道教が伝えた御本を書写したのである。『秘鈔』は、守覚と勝賢の連携により成立した真言事相諸尊法集成として、野沢両流の秘伝を統合した密教修法の規範となるテクストである。それが、醍醐から地蔵院流の法脈を経て定仙により鎌倉へもたらされ、そこでただちに賢誉が写して伊勢へ携え来たり、実印（実済）がこれを能信に授けたのである。頼瑜の聖教が儀海と能信を介して東国を大きく経由するのと共通した、学僧による法流と聖教の還流という様相が浮かび上がってくる。その担い手として、西大寺流律僧が介在することが注目されよう。特に、中世において東国への玄関口であった伊勢における律僧と律宗寺院の活動が、鎌倉と深く結びついて展開していた消息が金沢文庫古文書により明らかにされている。[87]その活動が、顕密仏教の諸法流の伝授流通と聖教の書写相伝と一体のものであったことを、真福寺聖教は如実に示しているのである。

（5）談義所としての真福寺と天台談義所

称名寺が、顕密聖教の交流の焦点のひとつとして、今にその偉容を伝え、それが遠く真福寺とも呼応するものであった消息も、漸く明らかになってきた。それはなお、他の分野にも及ぶものであろう。一例を挙げれば、神祇書が重要な意義を担う領域である。多く称名寺のそれと重なる真福寺の神祇書は、やはり学僧たちの活発な交流の許にもたらされたことが察せられる。特に重要な伊勢神道書の一群は、そのなかに伊勢神道の実質的創始者である度会行忠自筆の『伊勢二所皇大神宮御鎮座伝記（大田命訓伝）』を含むことに代表されるように、その形成初期の貴重な伝本を中心とするが、それが二世信瑜の仕えた東大寺東南院門跡聖瑜法親王の許に聚められていた、鎌倉後期歴代の東南院門主を輩出した鷹司家から伝来した文献であった可能性が高い[88]。賢瑜写本『古事記』もその一環として「日本紀の家」平野神主家の所伝本を写し伝えたものであった。または『神道切紙』（神宮文庫蔵）の例[89]が端的に示すように、称名寺聖教中の神道切紙断が紹介されることにより[90]、これが東国を経て形成され、やがて神宮文庫道祥写本のごとき集成を経て、真福寺本『日本記三輪流』のような密教における神道伝授の類聚として広く行われた系譜を辿ることができる[91]。

学問の〝場〟としての真福寺が、能信の許で〝談義所〟として機能していた消息は、聖教自体にも、また文書にも明らかに示されている[92]。それは、鎌倉時代に関東を中心に活発に展開した天台宗寺院の談義所と共通した成立の経緯や性格をもっている。真福寺の周辺では、春日井の密蔵院がそれである。『三国伝記』に載せられた開山の慈妙上人（一二九一～一三六一）の伝によれば、常陸鹿嶋の出身で叡山に登り恵心流を学び、法曼流を受けて顕密兼学の学僧として、伊勢に参宮して霊告を蒙り美濃へ遊化した。その後、尾張へ移り円福寺に拠って談義を始め「篠木ノ談義所」を開いたという。伊勢参宮と霊告を契機とする点で、能信の伝と相似することが注目されよう。密蔵院には今も慈妙の伝えた葉上流の印信を多数残している。庄内川沿いのその立地は、東山道の脇往還にあたり、交通の上でも大須真福寺と共通する性格をもっている。

天台の談義所として室町期に最も大きな役割を果たした近江国の柏原談義所成菩提院は、美濃から東山道を西へ辿り、関ケ原を越えた伊吹山麓に位置する、東国と西国の境界にあたる、やはり交通上の要衝である。その開山である貞舜（～一四二二）の伝によって、その活動圏である美濃の天台談義所の成立と展開を、聖教の識語を併せて跡づけることができる。『円乗寺開山貞舜法印行状』によれば、彼はその師より印可と共に聖教を授けられたという。その一部は、談義の所産の聖教と共に今に伝えられている。貞舜の活動は、『鎮増私聞書』から浮かび上がる室町時代の天台円戒律僧鎮増の談義を中心とした一生涯の行実(93)にも照応するものであり、その実態は、やがて聖教の悉皆調査の成果として、より精密なかたちでとらえられるだろう(94)。

柏原成菩提院に連なる美濃の天台談義所のひとつに、神戸《ごうど》の円乗院がある。文明十一年（一四七九）にそこで書写された、法華経直談の因縁譚のみを類聚した〝説話集〟というべき『往因類聚抄』が、真福寺に伝来している(95)。そこには、日光輪王寺天海蔵の『直談因縁集』(96)とも類似した、談義所における直談の物語としての〈説話〉の世界が鮮やかにくりひろげられている。それも、中世寺院が構築し、流通させた〝知の体系〟のネットワークの生みだした豊かな果実の一片であった。

（6）中世宗教の形成過程を開示する真福寺聖教

真福寺に再び視点を戻そう。宥恵を介して初代能信の遺産（大須三流聖教）を継承した二世信瑜（一三三三～八二）は、前述のように若年より南都に修学し、当時、顕密寺院権門の一翼を担った東大寺東南院の聖珍法親王に仕え、その許で真言諸法流を伝授し多くの聖教を書写した。信瑜は、歴代門主の仏事遂行や記録渉外を司《つかさど》る「助《すけ》法印」であった学僧頼心（根來中性院頼瑜の弟子）や頼済の役割を継承したらしく、彼らの聖教記録や目録等も相伝し真福寺にもたらしている(97)。更に、東南院に伝来した経蔵聖教の目録作成にも従事し、『東南院御経蔵聖教目録（東南院御前聖教目録）』を貞治三年（一三六四）を作成している(98)。この目録には、平安時代に形成された南都諸宗の学僧による教学の達成はもちろん、院政期から鎌倉時代を通じて宋および高麗から将来された禅を含む最新の仏教の情報が書目を介してとらえられ、東アジアを包摂する視野の許で最先端の動向が把握されていた〝知の拠点〟であったことがうかがえる。[99]その聖教の一部は大須に携えられて伝わり、これら旧東南院聖教には外典の唐鈔本や古鈔本を用いて紙背に書写されたもの（『阿弥陀経流』紙背『漢書食貨志』など）が含まれ、書物そのものに学問における宗教と文化の重層が刻みつけられている。東南院に伝えられた古代の僧綱補任（『七大寺年表』）や仏教説話集（『日本霊異記』、また『扶桑略記』）のように仏教史の基本文献から、最古の軍記である『将門記』など世俗の史書まで幅広い古典籍を多く伝えるが、いずれも東南院伝来本であった。[100]あるいは、法華山寺で慶政が書写した往生伝等の伝記類聚が一括して写し伝えられ、[101]また修験霊場の縁起類[102]も類聚編纂された。それは東大寺と興福寺との寺領をめぐる争論が生みだした所産であったが、そのままに写本として伝来する。そのなかで、まさにそうした類聚の一端を伝える『類聚既験抄神祇十』[103]一帖は、諸杜神祇の縁起説を類聚した抄物であるが、無往の『沙石集』から『春日権現験記』のプレテクストというべき霊験譚、そして西行仮託の『撰集抄』「日本神国事」段を最後に引用（ただし「撰要集九云」とする）ように、中世神祇説話を網羅し腑職する説話集であり、それは紛れもなく東大寺東南院という知の拠点における集成なのであった。

第八章　中世的知の統合
——慈円作『六道釈』をめぐりて——

一　承久の乱まで

慈円にとって、後鳥羽院との親昵と決別は、その生涯のうちで最も痛切な悲喜の極みであり、承久の乱により一天の覆えるのを眼前にしたことは、その最大の苦悩であり試練であったろう。それについては、慈円自身が遺した膨大な文章や歌によって、よく知られるところである。慈円の著した『六道釈』は、その消息を更に詳しく、しかも彼の祈りと行いの最も奥深いところにおいて伝えてくれるものであった。本章では、この『六道釈』を紹介すると共に、それを介して窺われる、慈円の、宗教と歴史および文学との関わりについて考察を試みたい。

神田本『慈鎮和尚伝』(1)は、承久の乱に至るまでの院との関係について、「建久の初めより建保の終りに至るまで二十六箇年の間、我君、一向に師檀の芳契を致し、万端に繊芥の相い隔て無し」(原漢文を私に訓み下す、以下同)という永い蜜月時代が続いたが、やがて次第に疎隔を生じ、「上皇の叡慮、日を逐て浅く、和尚の祈念、年に随て疎し」という。その間、慈円は中山寺や四天王寺に経廻して洛中に止住せず、また、院の御願による祈禱修法は、承久元年（一二一九）以降は全て廃退してしまったことなどが述べられている。そのことは、『門葉記』門主行状の慈円年譜を参照しても確かめられる。[2] 果たして、「両三年の後、世上の擾乱、天下観を改む」と乱の勃発を述べ、これを評して、「蓋し銷金の謗りを用ふるに依り、忽ち被蒼の咎を招くものか」と、院が慈円に対する讒言を容れて疎んじたことが、その没落を招来したと暗に言うようである。

『伝』の叙べるところはひとまず措いて、慈円その人にとって、後鳥羽院との関わりとは如何なるものであったか。そして、両者が決定的に道を異にし境を隔てることになった承久の乱を、慈円はいかに受けとめ、更にこの事態が容赦なく突きつけた現実の問いに、どのように答えたか。本章の主題となるこれらの設問を確かめるためにも、いま少し乱以前の慈円の意願のありようを辿ってみよう。

乱の直前、承久三年三月九日付の『九条道家願文』[3]において、起草者慈円は、道家に代り、藤原氏の祖大織冠以来の摂籙の正統が九条家に担われていることを強調し、一度ならず挫折し沈淪した国家の柱石としての祖業を、今ふたたび中興する機の到来を期している。すなわち、道家の妹にして良経女立子が順徳天皇との間にもうけた皇太子である懐成親王の即位がそれである。この願文中に、「祈る所もし道理あらば宜しく擁護を加うべし。願うところもし宿運なくば須らく霊告を蒙るべし」と希うのであるが、こうした理想の実現に向けて慈円を導いてきたのは、実はかつて彼が蒙った「霊告」であった。建保四年（一二一六）頃とされる「霊告」の具体的な内容については、後年の『聖徳太子・十禅師願文』[4]に至って漸く明らかにされるのであるが、その示すところにより慈円が庶幾した構想が表明されるのが、承久元年頃に草された『本尊縁起』[5]である。これは、彼の国家祈禱道場である大懺法院の本尊である十一尊曼荼羅について供養・讃嘆し、その利生を説くものであるが、その後半に、「なかんづく小僧（慈円）、国□（主）太上天皇（後鳥羽院）、十一歳の御元服より今四十の宝算をかぞへ給ふ、三十年、玉躰を護持し奉る。今上陛下（順徳天皇）、践祚の聖運を催し給ふの時、深き宿縁を結び奉らずには非じ。東宮御□（懐成親王）、兼日に之を覚知す」と、後鳥羽院に対する永年の護持僧としての祈りが、やがて東宮懐成の即位をもたらすものであることを述べ、それは「此の凡夫（慈円）の本懐は、彼の諸尊（本尊）の本誓なり」と、本尊と一体となった慈円の宿望であったとまで言う。ただし、その末尾に、「小僧の涯分に過たりといへども、末代の理乱は之を知り難し、争《いかで》か中興の発願なからむ」と懸念を示し、内外典の教えは全て「道理」に収まり、自らの本懐もこの道理に導かれてのことであり、「一期七旬の思惟」もここに尽きる、という。とりわけ自身の誓願として、この本尊の施主には「正法」を以て天下を治めるべき仁を期し、一天四海の安穏泰平を祈るところに、彼の政道に対する強い期待がうかがわれよう。

慈円の、こうした政道への理想追究は、それを支える「道理」を基本理念として承久二年（一二二一）頃に書かれた史論書『愚管抄』に、如実に顕われている。しかも、その巻六末尾には、当時の現実認識として強い危機感があからさまに表明されている。

サテ、コノ後ノ様《ヤウ》ヲ見ルニ、世ノ成《ナ》リ罷《マカ》ランズル様《サマ》、コノ二十年ヨリ以来、今年《コトシ》承久マデノ世ノ政《（マツリゴト）》、人ノ心バヘノ、報《ムク》イユカンズル程ノ事ノ危《アヤウ》サ、申カギリナシ。コマカニハ未来記ナレバ、申当《ア》テタランモ誠シカラズ。タヾ八幡大菩薩ノ照見ニ顕《アラ》ハレマカランズラン。ソノ様《ヤウ》ヲ又書《カキ》ツケツヽ、心アラン人ハ、記《シル》シ加《クハ》ヘルベキ也。

彼が最も恐れている事態、その具体的なことに言い及ぶのは「未来記」のごときものになるから、と詳述は避けられているが、それは遠からぬ乱の勃発を予感するかのような口吻であり、その行末が更に書き継がれるべくあらたな歴史叙述が期されている。そのように、慈円における「未来記」的な運動は止むことがない。

これも承久二年と推定される、西園寺公経宛の慈円消息（『門葉記』所収）には、三昧院修造に事寄せて、太神宮《（伊勢）》と鹿島《（春日）》の約諾にもとづく藤原氏なかんずく摂籙家の担うべき政道についての沿革を述べ、これに新興の武士が加わって天下を治めるべき道理の必然を説く。この覚悟によってこそ日本国の衆生利益と安穏泰平が保たれる、として公経の理解と協力が求められている。更に続いて、後鳥羽院に対する批判が展開される。実朝暗殺後の将軍位をめぐって、「院御意」はきわめて険悪で「叡慮底ニハひしと行はず」という状況であったところ、道家の息三寅（頼経）が任ぜられたのは慈円の「奇謀」に出たものであることが明かされ、これについての院の否定的な認識が「以の外御ひが事」であり「御不覚之至極」と評されているのである。『愚管抄』にしばしば言及される慈円の理想像「文武兼行の摂籙臣」[6]としての藤氏将軍という構想が、後鳥羽院には全く理解されず受け容れられなかったことが逆に知られるところだが、しかるになおこれを強行したのは、「仍《(すなはち)》、只今世間大事ハ可レ候也」という焦慮にうながされたからだという。そして、なおも院の反省がなければ、八幡神の計らいにより沙汰あって、「世間大事ニ猶御不得心、可令顕現候バ、其以前ニ君御聖運ハ決定々々尽候なんずる也」とまで言い放っている。院の命運の究まるべき「世間大事」が承久の乱として惹起するのを目前に控えての言であった。

やがて乱が生ずるや、関東に内応するものと疑われて誅されようとした公経の助命と安全を日吉社に祈る告文を匆匆に草した（『門葉記』所収）。このなかでも、天照大神と天児屋根命との盟約による降臨以来の約諾が説かれ、この「往昔之神約」により摂家より将軍の下向したことは、自らの「精誠」が天に通じたものである由の「霊夢」が一ならず示すところ、いま、この「乱逆」にあってその「霊告」を疑うのは愚かしいことだ、と述べて、こうした事態に到っても、なお霊告を恃む心を喪ってはいない。

同じく乱の最中、慈円は、かつて良経が編んだ『日吉社百五番自歌合』を再び書写し、あらたに跋文を付して神殿に奉納する。[7]そこには、自らの和歌への好尚と後鳥羽院による新古今撰集に際し多数の入集を得た誉れを述べ、更に以降の百首歌でもより勝れた歌を詠じたと言い、それらを含めて清書した、とある。この営みは、さきの公経助命の祈りと並行してのものであり、院による「乱逆」の渦中にあって、己が歌をもって祈りに代え、山王神の納受を期したものであろう。

その、三宮二番に収められ、『自讃歌』十首の最末にも掲げられた歌に、慈円の祈りは直截に集約されている。[8]

我《わが》たのむ七《なゝ》の社のゆふだすき　かけても六の道《みち》にかへすな

二　『六道釈』解題

三千院円融蔵に収められている康暦二年（一三八〇）写本『六道釈』[9]一巻は、巻末の慈済[10]の識語によれば、「自之御筆」なる「正本」をもって写したものである（図1）。その本奥書には、承久四年（一二二二）三月十五日にこれを草し、四月十一日に清書し了ったこと、執筆は成源僧都なること、そして、「願以此功徳、為一仏土縁」の廻向文に続いて、「金剛仏子慈―」の署名がある。省筆の右傍には、本紙の虫触で定かではないが、「圓」と判読できる注記が付されている。それゆえ本書は、当時、前の天台座主にして青蓮院門跡かつ四天王寺別当であった慈円大僧正の著作と思しい。

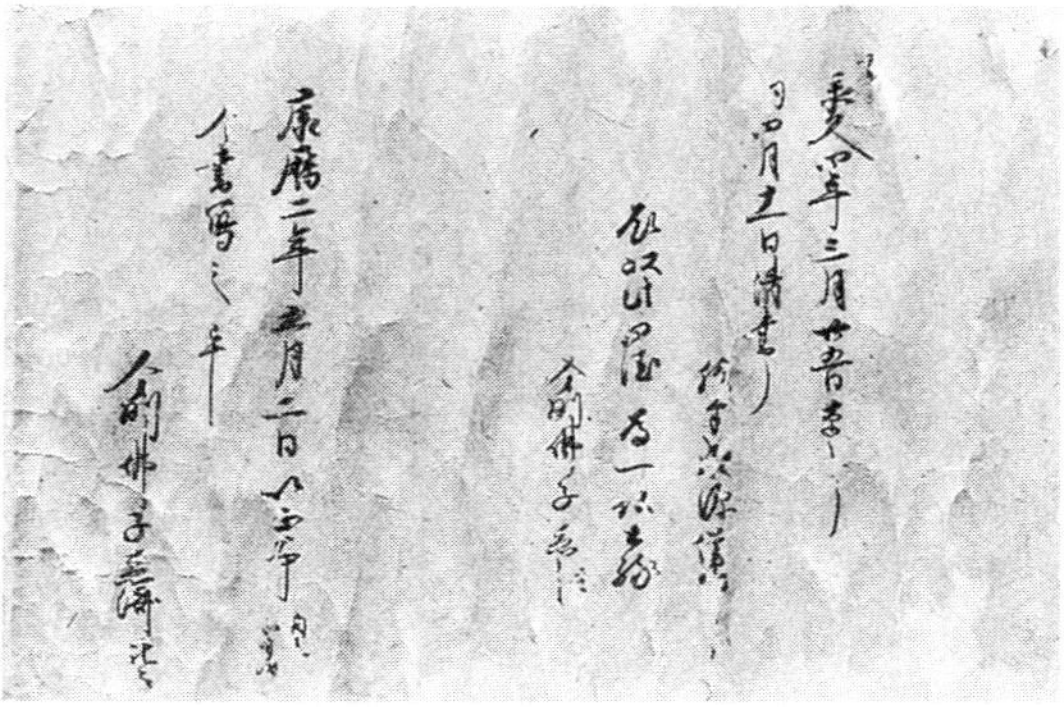

図1　『六道釈』巻末（三千院円融蔵）

清書を担った成源は、慈円晩年の弟子で、青蓮院門徒にして大懺法院供僧。慈円以降数代の門跡の顕密の仏事に勤仕すると共に、慈円に近侍してはその談話や口決を筆録編輯し、またその著述を清書し書写した人物である[11]。「金剛仏子」の署名も、慈円の著作に往々にして見られるところ[12]であり、この本奥書を強いて疑うべき理由はなく、信ずべきものと判断される。

本書は、内題の下に「付廿五三昧念仏第五」とあり（図2）、序を参看するに、毎月十五日に催された二十五三昧会の第五回の式に用いられるべく草されたと思われる〝講式〟の一種である[13]。

二十五三昧会は、源信が叡山横川に創めた、浄土往生を願う僧徒が参会して念仏を行じ臨終正念を遂げるべく相互に助成した結社であった[14]。源信はその会のため、『往生要集』の実践として、自ら式次第を作った。それが『二十五三昧式』である。その中心は、阿弥陀経を転経する間に六道それぞれの苦患の相が説かれるところにあった。罪業の報いとして輪廻すべき六趣の有様が一界毎に叙べられたあと、偈頌・念仏・礼讃が唱えられ、各々一段をなす。初夜より始めて後夜に至り、全ての次第を了えれば晨朝となる。十五夜の満月は既に山の端に傾いている。

『二十五三昧式』の六道段を中心に構成された式文は、後に「六道講式」の称で流布したが、それは中世の二十五三昧念仏の盛行と共に多様な変奏を生じ、宗淵の編纂した『魚山叢書』[15]には『二十五三昧式』諸本も多数聚められ、そのなかには「六道釈」と題する本書の転写本も含まれている[16]。

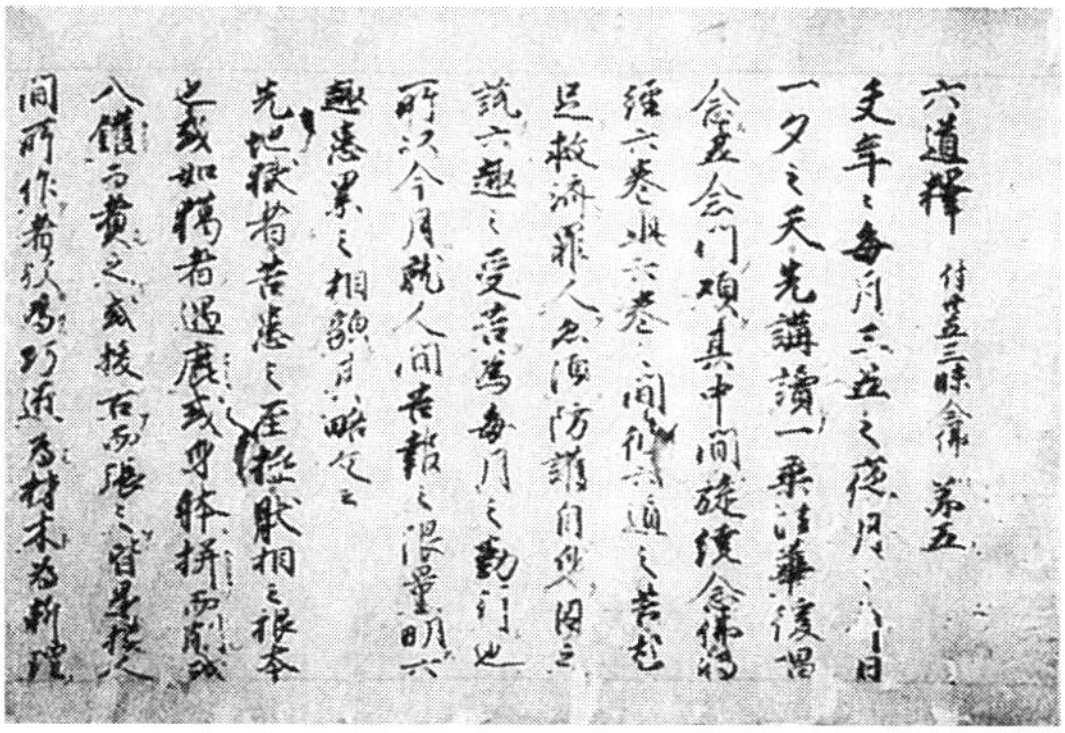

図2　『六道釈』巻頭

「六道釈」の名は、安居院流唱導書の一大類聚『転法輪鈔』の目録[17]にも、第七箱「表白」の第四帙一結中の七に「六道尺」として見え、寺院内の僧中仏事の一環に澄憲作の〝釈〟が存在したようである。それらの遺例のひとつを、嘉禄元年（一二二五）に書写された仁和寺本『六道釈』一巻に見ることができる。奥書[18]によれば、松殿（基房）追善のための二十五三昧に用いられたものである。それは、六道段のみで構成され、次第なく、各段は偈頌のみが付される単純な形式だが、本文は源信の式に拠って、その文辞を随処に織り込みながらも大幅に潤色しつつ作文されており、とりわけ人道については、その四倒八苦の相が故実を引きつつ詳らかに説かれ、経典の引用と併せて増加いちじるしい。これが安居院所用のものか定かではないが、こうしたテクストに当時の二十五三昧会が有していた唱導的性格の側面がうかがえよう。

このような「六道釈」は、二十五三昧会の次第・法則に組み入れられて、その仏事において結衆の意願に応えて講演されるべく、半ば独立的に製作され、流布し、利用されたテクストであった。そして、それはまた、当座の一回限りの特別な「釈」として草されることもあったはずである。

慈円の『六道釈』は、源信の『二十五三昧式』に拠るものと異なり、全く独自の文章から成っている。一読するに、各段は、対句を骨格とした明確な輪郭をもち、明晰な論理が繁縟に走らず要を得て展開され、しかも修辞の意匠が隈なく凝らされている。

その意匠の基本というべき、独自な構想は、六道の苦患を表現するのに、すべて人間界における苦の諸相においてこれを観《み》あらわそうとするところにある。すなわち、序に、「所以《ゆえ》に、今月は人間の苦報の限量に就きて、六趣の患累の相貌を明す」とまず示され、また各段でも、修羅道に「但し今月は、釈するに人界を以てし、五道を観ず」とあり、また人道では、「已に四悪趣の中に、苦の相を人界に寄せて、悲心を結衆に催す。亦た、我れ、人道に法《のっと》つて、早く其の得脱を祈る」と、再三にわたり提示されている。それは、本釈が内題下に示されるように「第五」、すなわち六道のうち五番目の人道にあたる「今月」のために用いられる釈であった故とも考えられる。六道段において、結衆の一人ひとりの眼前の苦患として六道の様相を一つひとつ観ぜしめて罪報を自覚させ、懺悔を誘い信を勧発することは、二十五三昧の本来的な旨趣であろう。しかし、それが本釈におけるような特異な構想を自ずと生んだとは考えにくい。それが何処から何故に発想されたかを問うためにも、まずは本文について、その意匠がいかに表現されているかを、各段を逐って検じてみよう。

地獄道では、「或いは獦者の鹿《カセキ》に遇ふが如く、或いは身体に拼《スミウチ》て削る、或いは鑊《カナヘ》に入れて之を煮る、或いは舌を抜きて之を張る」と連ねて、これら堕獄した罪人の獄卒に責められる様は、「皆な是れ、人間の所作を摸すものか」と評し、「巧匠の為には材木と為《な》る、料理の為には菜羹《アツモノ》と為る。我が身を熱き鑊の内に観じ、我が身を利《と》き刀の鋒《ホコサキ》に寄せ、罪人を憐れむべし、此の身を慎むべし」と、日常世間の営みのしわざの裡に地獄の苦患の相を見立てる、かの構想の直喩的な適用である。

餓鬼道では、「三伏の飢饉の歳、九重の道路の間、眼に満てるものは死骸、耳に聞けるものは乞者。一日の食の両度に及ばざるの家、明日の粮を用意すること能はざるの人。之を憐むと雖も与ふるべき食なく、これを悲むと雖も助くるべき道なし。此の朝市の飢苦を看《ミ》て、彼の餓鬼の罪報を知りぬ。聴きて苦患を想像《ヲモヒヤ》ること、已にかくの如し」と嘆じ、ここでは『方丈記』の一節のごとく、まさしく眼前に展開していたであろう京洛の民庶の飢渇、餓死者の亡骸や乞食の物乞いの声に餓鬼道の苦患そのものを想うのであり、これは見立てと言うよりは一層切実な現世の実相である。

畜生道では、この世界が人道と重なり、人界から視られるものであることをまず説き、その上で、「此の畜衆の一道に於ては、荐《シキリ》に人倫の要因を支ふ」と示して、「常に禽獣の和鳴を聞く。九州の嶋の牛、六郡の奥の馬。河海の水民、山野の鳥鹿。車馬を衢《チマタ》に飛ばして人臣の貪欲を催す、鳥魚を膳に備へて群輩の宴会を調ふ。五月の郭公の声、寒夜の鴛鴦の音。春の薗林の鶯舌、秋の田面の鳫書。苦の音か、楽の音か。聞く人は和歌の題と為す、見る者は景気の興に乗る。畜衆の苦、人界の辜《ツミ》、並べて耳目に在り、翫びて興遊と成す」と、今度は一転し、人間の世俗における権威や興宴の翫弄物《もてあそびもの》としての牛馬鳥獣、ひいて和歌の題材として賞でられる鳥類の声音に耳を傾け、これに戯れ興ずる「人界の罪」を問うのである。そこには、慈円の歌人としての経験をふまえながら、これを仏教の世界観から相対化してみせた反省が吐露されている。

修羅道に至るや、こうした人間の耳目に触れるところのものを諸道の苦患と観ずる〝見立て〟は一層おし進められ、それは人界の歴史ひいては今昔の戦さのなかに見いだされることになる。「就中、和漢の闘戦は甚だ盛りなり。此の苦を以て彼を知るべきなり。先づ、漢家に聞く。秦の始皇の諸国を把《と》る、唐の大宗の尭舜を欣《ねが》ふ。漢の高祖の項羽に悩さる、唐の玄宗の禄山に相逢ふ。王莽・会昌の代《よ》、挙げて算《かぞ》ふべからず。戦場の伝聞、兵軍は書に在り。日本国は、朱雀の御宇には将門、白河の御宇には貞任。保元より以降、得て称すべからず」と漢家・本朝の戦乱ないし謀叛の先蹤を列挙し、『愚管抄』で既に自らそれ以降を「乱世」ととらえ「武者《ムサ》ノ世」と認識した保元の乱から後は絶えざる逆乱が続くという。すなわち、いまは常住に闘戦の絶えない修羅の世なのである。

その上で、あらためて想起されるのは、紛れもなく最前に後鳥羽院によって惹きおこされた承久の乱のことにほかならない。「近年、都鄙の人、朝野、貴賤の輩、誰か修羅の苦しみを知らざるの類、誰か闘諍の報ひを悟らざるの者。委しく述ぶるに憚りあり、唯だ一結の中心に収めよ。各《おのお》の皆な、勝つことは三宝の力なり。又た、負くることは徳政の無きに依りてなり」。この末尾の一文は、一般論として言いなしながらあからさまに院への批判であろう。そこでは、乱についての直接の言及は「委しく述ぶるに憚りあり」と避けられているが、口を緘することによって却ってその衝撃は生々しくうきあがる。そして、一同の眼前にし、心中に深く刻みつけられたこの〝修羅〟こそが、直接、慈円にこの『六道釈』を書かせた動機であったことを、この一節は何より雄弁にものがたっている。

人道は、前の四道各段を受けて、それら四悪趣における観念を人界に収めるべく、とりわけ一結の僧徒へ、そして「我」自身の上において罪の自覚が求められる。「知らざるや否や。眼前の四苦、猶も之を悟らざるが如し」と勘発し、改めて念を押すかのように、人界の四苦・四倒・四部弟子について呵責の語を連ね、とくに「婬欲即是道」の文[19]を聞きては貪着の思いのみあって文の深義に智解の及ばず、「定業亦能転」の文[20]を見ては儚き命を省みず観音の慈悲を信ぜずして、皆、迷倒の至極せるばかりである、と批判する。それらは、当時、緇流の間に瀰漫していた本覚思想や現世利益への傾倒が、菩提心の開発に至らず、却って単なる我執の満足や世俗の際限なき肯定に堕してしまう危うさを鋭く突いているのである。その舌鋒は続けて「委悉に之を論ずれば、言ふに足らず。巨細に之を尋ぬれば、会釈すべきこと無し」と突き放したような激語に至る。その自他の罪を済《すく》うべき方途は、僅かに弥陀の念仏と法華の懺法のみであるという。ここに、如上の四道の苦患を人界の上に観じた慈円の痛切な自省、絶望的なまでの痛悔の上に辛うじて立ちながらの祈りを思うべきであろう。

続いて、この二十五三昧の行儀を『和漢朗詠集』十五夜に収められる白楽天の詩を織り込んで叙すところは、それまでの痛苦に満ちた言葉を一転して和らげて、一同に仏事の勧信を誘掖する配慮の機微にあふれている。

天道段に及んでは、これまでのように人界について観ずる釈を示さず、所詮は虚しきものなる天上の快楽《けらく》の相は論じても由なし、とする。「盛者必衰の苦しみ」が天人の業《ゴウ》であり、「会者定離の悲しみ」が天上の報いである。この苦楽の定め、五衰の到来の必至なるを悟るなら、九品往生を願う者がどうして天上を求める必要があろう、とつれなく捨て去る。

そして最後に、『往生要集』のひそみに倣い(21)、文言の法、作書の例《ためし》として特に加えられた「惣結」の一段で、慈円は、この二十五三昧の意義をあらためて一結衆に問いかける。そこに六道それぞれの苦報の軽重を論ずるのであるが、なかんずく修羅道において、「修羅の一道は、開合不同なり。此の道に於ては、智者の専ら定めて弁《わきま》ふべし、凡慮は未だ其の悟りを得ず」と留保し断定を避けていることが注意される。おそらくは、生きながらこの修羅道に堕ちたであろう後鳥羽院を慮《おもはか》ってのことかと察せられる。その上で、調子を改めて、この二十五三昧念仏の本意と、本釈の基本構想にもとづくところの根本としての「志」と「願」とを提起する。

「抑も、我れ、人道に今の念仏を修するの志は、如何。一結、発願の如く之を知るや、之れを悟るや。疑心は頗ぶる事新しく、教導は誠に事古りたり」と畳みかけるように問いかける。それはほとんど、慈円の内心の疑念と煩悶の噴出といってよい。この自問に答えるべく、二十五三昧の行儀の本質を一々に分析的に論ずるが、その上で、「信心の一事を以て、順次の往生を遂ぐ（中略）。各《(おのお)》の、纔かに毎月今夜の勤行を以て、必ず臨終往生の来迎を得べし。此の道理、衆ごとに知りて知らざるが如し。此の正意、人皆な覚りて覚らざるに似たり」と、更に勘発する。慈円における思想上の鍵語である「道理」が、念仏による浄土往生の理《ことわり》を説く文脈で用いられているのは興味深いが、やはりここに、きわめて意志的な法にもとづいた行の実践を支える認識として、この語が用いられている点が注目されよう。

六道と惣結の全段を了えた次第の末に、更に「例に任せ、儀に依て」として、本師釈尊を礼讃する一段を加えるが、これは通行の二十五三昧式には見えず、ないしは省かれる部分であって、ここには慈円の頑ななまでに天台浄土教の正統を守ろうとする立場が明らかである。そこに想起されるのは、彼が入滅の期に臨んで、ことさらに舎利を礼し釈迦宝号を弟子たちに唱えさせたこと（神田本『慈鎮和尚伝』）である。浄土往生を希求しながら、臨終に念仏ならぬ敢て釈尊を憑むその本意と、この『六道釈』の構想とは、おそらく一貫しているだろう。

以上、一篇を通読するに、全体はまことに深刻かつ痛切な言葉に満ちている。懐疑と反省を繰り返す、呵責と聴こえるまでの辞《ことば》は、ただ結衆に向けられたのみではなく筆者自らへの問いかけにほかならない。それに応えるべく、会の行儀の本意を再確認しつつ救済を求めようとする、切実な志と願いの表白となっている。

それは、承久の乱という「人界」に生じた修羅というべき大事変に直面した慈円が、これをいかに受けとめ、どう対処したか、そのひとつの回答というべきものである。彼が、晩年に至り、この乱に際会して、いましも実現されようとした積年の希望が崩壊し、しかもそれが仏教者として自らが担った勤めや祈りの挫折であり敗北であるという、二重の絶望的な状況を、いかに克服するか。この重い課題に答えるための回路として、二十五三昧の祈りの場とそこでの詞、つまり『六道釈』が撰ばれたのである。

その詞章――これが、仏事のために導師が読み上げ、結衆がこれを聴聞して一同に唱和するという共同の媒ちとしての儀礼テクストであることの意味は重い――は全篇が、時代の状況に真摯に向き合い、その罪と苦悩の根源を探り、自己の裡へと厳しく問い詰め、それに応えようとする省察的な対話性[22]というべき姿勢に貫かれている。そして、苦悩から自他を救済するため、天台の正統に拠りながらその本義について認識を新たにしつつ、結衆一同と倶に仏にはたらきかける再生への意志もまた、全篇に満ちている。しかも、その旨趣は論理的に修辞を尽くした見事な文章によって表現され、その高揚した緊張感は他の慈円の文章と較べても遜色ない達成を示している。本釈において、人界について六道を顕わすという独自な構想は、何よりそうした慈円の能動的な表現への意志からもたらされた所産であろう。

人界の諸相の裡に六道の苦患を観ずる、という構想―方法からただちに想起されるのは、『平家物語』灌頂巻における、建礼門院が後白河院にものがたる「六道の沙汰」である。六道巡りという設定が二十五三昧式――ひいては平曲の原型とも言われる六道講式にもとづくものであろうとは、早くから指摘されていたことであった。だが、物語文芸上の趣向として、女院の嘗めた苦悩をさながら六道の苦患として自ら語るという方法の由来するところが何かということについて、従来は明らかにされてはいなかったと思われる。

慈円の『六道釈』は、この問題について、以下に掲げる三点において有効な説明を与えるだろう。すなわち、歴史認識――戦乱と敗亡に遭遇した時代の状況を契機として、それより生ずる苦悩を省みる――、宗教観――天台浄土教の教義と念仏儀礼の伝統にもとづいた更新ないし再生――、文芸表現――〝見立て〟とも言うべき譬喩と類比による積極的な視点の転換とそれを支える高い修辞性――のそれぞれの面において、それらが併せて一体となって実現されるという点でも、灌頂巻の女院六道巡りの構想の源泉のひとつとして位置づけてよいのではなかろうか。少なくとも、本釈の出現によって、「六道巡り」の構想が全て『平家』(作者)の創造に帰されることは、もはや不可能となったのである。

『六道釈』と『平家物語』との対応は、細部においても見いだされる。天道段における天人の業報は「盛者必衰」と「会者定離」で表されるが、前者の語は、言うまでもなく『平家』冒頭の一節に「諸行無常」と一対となって用いられる、物語の基調をなす語である。また、この祇園精舎の一節には、続いて「おごれる人」「たけき者」の例しを「遠く異朝をとぶら」い「近く本朝をうかがふ」、和漢の先蹤を列挙するくだりがある。これと、修羅道段の、人界に修羅を観ずる例として漢家本朝の闘戦・叛逆を並べ挙げるくだりとは、掲げられる事例にこそ相違はあるが、相似のかたちを示すのである。何より両者が、源平の闘諍と清盛―平家滅亡、そして承久の乱と後鳥羽院配流という、それぞれにおいて主眼となる事態を意味づけ喚びおこすための前提としての〝先蹤〟である点で、やはり歴史認識に発する表現構造[23]において相似することが注目されよう。

奇しくも『平家物語』の冒頭と終結部にあらわれる、それぞれ物語のきわめて印象的な〝趣向〟としての表現、それが『六道釈』と相似し、しかも『六道釈』におけるそれは、本釈の根本にある慈円独自の歴史認識や宗教観からもたらされた発想であり表現構造であることは、偶然の一致とは思われない。『平家』におけるそれらの〝趣向〟が、背後に深い思想性や歴史観を負っているとすれば尚更である。両者を繋ぐ経路はいまだ全く不明である。だが、『六道釈』それ自体が、慈円と『平家物語』との、思想と表現の次元での密接な繋がりを示す、もっとも内在的な回路ではないだろうか。

三　承久の乱の後

仏法の実践としての仏事の表白のなかに、歴史と物語とは包懐され、その〝場〟において声に出して説かれるべき言葉のはたらきに、それらをあらたに認識しようとする——『六道釈』のはらみ、また期する可能性とはそのようなものであった。それは、おそらく自ら導師を勤めたであろう慈円の生涯と思想の辿る軌跡のなかで、どのように位置づけられるだろうか。

承久の乱前後における慈円の動向とその精神の履歴については、既に筑土鈴寛が『慈円』(24)において天台思想をふまえて深い省察を試み、更に赤松俊秀が『鎌倉仏教の研究』(25)で新たな慈円資料を紹介しつつ論じ、これらを基に多賀宗隼が『慈円の研究』(26)に、その和歌と聖教著作および願文等を駆使して、詳細かつ周到な分析と考察を展開している。それら先学の業績をふまえながら、そのなかにこの『六道釈』を置いてみたとき、慈円の精神の道程はいかなる相貌を呈すであろうか。既に第一節にも触れたが、承久の乱の前後、彼はもっぱら神仏に対して繰り返し願文ないし告文や表白の類いを草して捧げている(27)。本章ではその一端から窺ってみたい。

神仏との対話というべき、今に遺されたそれら慈円のテクストを辿るなら、それはまさに一箇の人間に凝縮された時代と精神の格闘の劇《ドラマ》と称してよい営みであった。そこでは、彼の心中で凄まじいせめぎ合いがくりひろげられ、裏切られた霊告への疑念と此を恃《たの》んだ自らへの不信に煩悶しつつ、突き付けられた現実にいかに対応し、再解釈と実践の方途を探っていくかという、切端つまった課題が負わせられていたのである。

三院配流という衝撃的な処分が定まった後、慈円は己れの後継と定めていた後鳥羽院皇子道覚への門跡相承を改め、承久三年（一二二一）八月一日付で弟子良快に譲状を与えている（『門葉記』）。これと同時に、かつて得た霊告を記した書を焼却するように命じている。また十月一日、天王寺聖霊院の太子宝前にて、述懐の歌十二首を啓し、これを焼いている（詠草を本尊の前で焼くことは、その歌に籠めた祈願を仏神に届け伝達する手段であった）。そのうちの次の一首は、当時の彼の絶望の深さがいかばかりであったかを察するに足るものである。

世の中を思しぞかしかかりとて　かかるべしやは夢かうつつか　（五〇〇三）

閏十月十日、彼は「冥顕三宝」に祈願を籠め、そこで、かの「不意の違乱」「無道の非機」がいかなる天の道理と因果によって出来したものかを見きわめようとし、これを機縁としてあらためて国家を正しき道に帰そうとする祈りを捧げた。しかしその歳末、吉水の山王新宮に通夜の間、その願文中に道家に代って摂政となった近衛家実の夭死を願う呪咀の言のあることを「還着於本人」と咎める霊告があり、これを省みて祈願を止め、本意を正すという告白を、翌四年二月二十五日の追記にしるしている(28)。二十五三昧念仏はこの間、おそらく承久三年の十二月に地獄道より始められ、『六道釈』はその追記が書かれた翌月の二十五日に草されたのである。翌四月十五日の二十五三昧会のために読み上げる目的で書かれたものだろう。前節に述べたごとく、ここに、慈円の苦悩の根源を尋ねる省察がなされ、そこからの脱却がはかられた。彼の裡で、ひとつの回心が遂げられたといってよい。

貞応と改元された翌五月、二十五三昧会が天道について修され一巡を了えたであろう月、それは承久の乱の惹起より一箇年を経た時であるが、自身の逆修仏事を始めて晦日に結願し、以後、日吉十禅師にて法華八講、天王寺にて如法経供養、将軍家のための金輪法など、顕密にわたる仏事法会を次々と修している。その年の暮には、かつて後鳥羽院の御願寺として創建され関東調伏の道場とされた最勝四天王院の跡地であった三条白川旧房の地が慈円に還付される（以上『門主行状』に拠る）。ここに再び大懺法院を建立し、国家のための祈禱を再開すべく、慈円は自ら『願文』を草し、またその本尊の〝釈〟をあらためて著すのである。

この、貞応元年十二月に書かれた『大懺法院再興願文』(29)では、「一向乱世」であった己れの生涯を回顧し、かつて天台座主として大願を発し、院の御願に応えて大懺法院を創建し顕密の行法を営んだ旨を述べる。しかしこれが破却され炎上し行法も退転して、「御聖運忽然と尽き訖《おわ》り、遠島に臨幸の事あり」、また「天下大事」に至り「太《はなは》だ以て違乱、未曾有と謂ふべし」と、恐れていた事態が現実となり、実現したかに見えた構想も潰えてしまったのは、ひとえに此処において行法が維持できなかった故である、という。その上で、この天災七難の到来する今こそ、あらためて日本国の中興を期し王法を祈る時節であり、発願の深旨は、末法と百王の末にあたり、諸社神祇と観音化現の権者の加護により、新たな本尊を祀り、怨霊の得脱と、来るべき世を担う王臣らの盛運を祈ることにある、と述べる。

更に、あらためて自身の境涯について述懐し、なおも「道理」に導かれ仏神を仰ぐ至誠を訴えて成就を願い、最後に自問自答を試みている。その著述において肝心の処であらわれる彼の方法である。己れが既に祈請の冥加を信じていたのであれば、どうして忽ちかような天災が生じたのか、という、それは乱が起こって以来慈円に付き纏って離れぬ疑問であり、『六道釈』にも一貫して響き続けていた問いかけであった。それに対して、院近臣の讒により修法停止の奏聞に至った顚末を鑒みるに、末法にあっては仏法の威力により滅亡は抑止されるが、また「人の積悪」によりすたれてしまうものであるから、なお信を発して冥加を願うべきだ、と確信を述べるのである。

この再興大懺法院における祈願の具体的な内実を示すものが『大懺法院十五尊釈』（『門葉記』巻第九十三・勤行四）である。本尊たる十五尊について、まず一日と晦日の首尾を釈迦と定め、以下、金輪・毘沙門・尊勝・弥勒・

地蔵・文殊・薬師・十一面・千手・不動・仏眼・虚空蔵・普賢・阿弥陀の順で、仏・菩薩・明王および天部についてそれぞれ二日を宛て、その功能と利益を讃嘆し祈るもので、候文体を交え平易に聴聞者の耳に入るための一種の唱導文である。多賀氏が既に指摘されるごとく[30]、その中核に安然の『教時問答』に拠った〝一仏一切仏〟一即一切の理念を立て、これを〈惣―別〉のはたらきにおいて認識しようとする。故に各尊の功能は全て相互に融通し合い全体に及ぶ。惣については、各尊毎に天下泰平と怨霊亡卒得脱の祈りが繰り返され、別においては各尊の本誓利生の機にしたがって衆生利益の相が示されるしくみである。『六道釈』との関連は、阿弥陀釈における浄土教の立場にうかがえる。十五日の釈には特に一条を加え、当世の僧侶中に専修念仏の行者として弥陀の本願を憑みながら造悪を事とする輩への非難が説かれ、慈円の専修への態度が明らかに示されている。また、二十八日の釈では、念仏は末代悪世に盛んに行われ、九品来迎は末法の結縁として勝れたもの、と前置きして、「宿縁限りあり、怨霊抜済の願念、納受疑いなし。祈願に私なし、亡卒抜苦の慈心、哀愍誠ある者か。然らば則ち、無縁の慈悲は我が道場に在り。弥陀来迎の船、苦海に浮び易し。有縁の済度は此の乱世に在り。浄土端座の蓮、盛りに宝池に開く者か」と結ぶのは、当世流行の念仏に対して、大懺法院での弥陀への祈念が無私の有縁無縁への救済である、との差別を強調しようとするのである。この姿勢は『六道釈』と共通し、釈迦と弥陀を両極としての構成も重なっている。

『十五尊釈』に加えて、一座行法の末に「発願文」が位置する。これは、建永元年（一二〇六）の『大懺法院条々起請事』の末にもほぼ同文が載せられており、既にこの時点で成立していたものとも解される[31]。しかし、ここに表白される慈円の仏事に関する構想と理念とは、修辞と併せてよく『十五尊釈』と符合し、その各篇の総括というべき趣があり、この時点での草としてよい。『門葉記』ではこれが遡って『起請条々』に付されたものであろう。

この「発願文」中でも『六道釈』に共通する部分がある。「(天下の) 興廃・盛衰の道は、仏神利生の門なり」と前置きして、漢家と本朝の悪王の例を挙げ、また仏法伝来以降、本朝帝王の善悪の政の例を挙げる。次いで、「然るに、保元以後、怨霊一天に満ち、亡卒四海に在り。然りと雖も、未だ抜済の徳政を聴かず、亦た中興の朝議無きか。春の夢の中に紅涙を袖に流し、秋の眠りの間に丹心は胸を焼く。彼の怨霊を済度し、此の朝家を扶けんは、唯だ仏法の法力に在り、専ら対治の治術に帰せり」と説く。この一連の〝乱世〟の認識とその救済の願いに至る論理構成は、『六道釈』修羅道段のそれと明らかに重なっており、更に発願の語句は前述の『大懺法院再興願文』とも共通し、それらの点からも再興後、祈禱再開に際しての作文と思われる。

以上の経過とその節目毎での表現にうかがわれるごとく、承久の乱が与えた打撃から慈円は漸く立ち直り、強靱な意志力をもって王法中興のための仏法の世界を再建しようとするのである。その公へ向けた祈願の表明の背後にあって、それを支える私的な営みとして、慈円以下の一結衆による二十五三昧念仏が修されていた。その弥陀—釈迦二尊を本尊とする念仏—法花の行法は、やはり彼が担い再興しようとする天台の正統の立場に連なるものであって、そこで説かれた言辞もまた、やがて彼の最晩年における宗教と政治の再構築へと展開していく前提となるものであった(32)。

四　二十五三昧と和歌

『六道釈』自体の成立の背景としての、慈円における二十五三昧念仏について、最後に考察を加えたい。慈円の宗教世界の構想のなかで、二十五三昧は儀礼上ではいかに位置づけられていたか。『門葉記』勤行一「恒例仏事」において、青蓮院が管轄する叡山の仏事のなかでは、横川の華台院二十五三昧が毎月十五日に行われている。これは、源信の創めた二十五三昧会の流れを汲むものであろう。慈円自身に関しては、『大懺法院条々起請事』毎月仏事条（『門葉記』巻第九十一・勤行二）において冒頭に十五日の念仏を掲げる。「右、毎月十五日、内衆を集め、外衆を勧め、一夜念仏す。是れ、各々の自行、面々の功徳なり。然して、本意は済度衆生に在り、廻向は鎮護国家に存す。〈此の行者に於て、別に起請文在り。具さには彼に譲り、以て之に載せず〉」とその旨趣を述べており、これを二十五三昧とは称さず、また「起請文」も確認できないが、彼の宗教理念の実現を目指した大懺法院において、念仏が恒例不断の行法に不可欠な一環として位置づけられていたことが知られ、そこからうかがわれる輪郭もおよそ二十五三昧念仏と軌を一にするものとしてよい。

慈円の催した二十五三昧念仏については、無動寺法印と称された若年の頃より営まれていた消息が、兼実の日記『玉葉』から知られる。とくに、その寿永二年（一一八三）八月十五日条は、詳しくその様相を伝えて興味深い。

> 夜に入りて御堂に向う。法印《（慈円）》、弟子等を率い、二十五三昧念仏を修せしむ。〈源信僧都此の行を始むと云々〉。最上の功徳なり。此の法印、年比は住房に於て之を修す。今月は此辺に座す。仍て御堂に参らしめて修せらる。余、結縁のため、女房を率いて聴聞する所なり〉。聴聞の為に参る所なり。天曙の後、宅に帰る。大将《（良通）》、同じく参入す。余、扇少々を僧達に施さんと欲す〈法印、八口を相い加う〉。而るに別願により、此の如き事無しとの由、法印示さる。仇ち翌日、彼の房に送るなり。

平家西走、義仲入京の直後の不穏な時節の最中に行われた念仏である。この記事によれば、慈円は以前より二十五三昧を自房、おそらく山上の無動寺において行っていたことが知られる。八月十五日という、念仏に最もふさわしい時季に弟子と倶に下山して九条家邸内の持仏堂において営み、兼実の結縁を得たのである。慈円は「別願」ありとして当座の布施を辞退しているが、この時、おそらく兄弟ともにこの二十五三昧に何か深く期するものがあったのであろう。以降、『玉葉』には文治四年（一一八八）まで慈円の二十五三昧念仏に参じて聴聞したという記事が散見する。(33)

この時期の二十五三昧に用いられた、安居院澄憲草の「阿弥陀経釈」が、澄憲自纂の『釈門秘鑰』に収められている。(34) この釈には、「無動寺検校慈円法印」の命により、二十五三昧衆の追善のために注進したという識語が付され、本文中には、「同法亡魂」を経の功力によって極楽往生せしむるためにとあることから察するに、この二十五三昧念仏は、慈円とその弟子たちを中心とする一結衆（「内衆」）の順次往生を願い追善を祈ることが基本にあり、不断に行われていたものだろう。その上に「外衆」を勧めて結縁せしめ、更に随時「別願」の祈りを加えていたものと思われる。

こうした、二十五三昧念仏を中心とする慈円の浄土教実践の場は、彼の精神世界においても一貫して持続し意識されていたらしい。その消息を伝えるのが、『拾玉集』(35)に収められる彼の和歌である。詠作年次は詳らかでないが、二十五三昧念仏を直接の契機とし対象としたのが、「廿五三昧夜にさしふけて、くもれる空はれて月くまなかりければよめる」という詞書をもつ次の一首である。

あみた仏ととなふ《ふ》る声に雲きえて　みちたる月を今宵《こよひ》みるかな　（五四〇二）

慈円がその和歌において浄土への志向と念仏の行願を託すことは、早い時期から見える。『初度百首和歌』の述懐の末に、

入日さす西にこころをかくる身は　暮行年《くれゆく》のをしからぬ哉　（八〇）

また、『述懐百首』には、

あけくれば西《にし》に心のかかる哉　月日のいるをうちながめつつ　（一七一）

この浄土への懐《おも》いが、念仏の声として発露するのが、文治三年（一一八七）の『厭離百首』である。

阿みた仏と十たびとなへてまどろまむ　やがてまことの夢ともぞなる　（六八一）

阿みた仏やあらましごとはふかき江に　そのことのはは沈《しつ》みぬる哉　（六九九）

摂津国《つのくに》のあしの八重ぶきひまもなく　となへて過よ南無阿みた仏　（七〇〇）

この念仏は、建久元年の『一日百首』では、臨終正念の願いとして、述懐の末に次のように詠ぜられる。

願《ねが》はくは終《をは》りみだれぬ身となりて　十度《たび》となへん南無阿弥陀仏　（一〇〇一）

同年の『勒句百首』冬には、終夜《よもすがら》の念仏の場での感懐が、

よもすがら仏の御名をきくからに　さめてうれしき夢のうたたね　（一二〇〇）

『勒句』と一具の『賦百字百首』最末「おもふこと」は、

とことはにおもふ事こそつきもせね　欣求浄土と厭離穢土とを　（一三〇三）

「欣求浄土と厭離穢土と」、慈円の真俗二諦の一致を追求する生において、その底に終始流れている懐《おも》いは、とりわけこれらの歌において告げられている。その多くが述懐として詠ぜられ、また百首歌の末に配されることも、その念《おも》いと分かちがたいものだろう。やがてそれは、念仏の声に重ねて西方浄土へ導く月の光を欣求の秋《とき》と感取する。

『詠百首倭歌』釈教に、引声念仏を、

たつ杣や南無阿弥陀仏のこゑ引ば　西にいさよ《(な)》ふ秋の夜《よ》の月　（二五〇三）

また、『賀茂百首』秋に、

西《にし》の山に月は入《い》りぬる暁に　たか《(た)》阿みた仏の声ぞ残《のこ》れる　（二五五八）

こうした慈円の浄土への志向は、承元年間以降の西山隠棲の時期において、一層あきらかなものとなる。次の詞書（原漢文）をもつ歌も、二十五三昧念仏に際しての詠と思しい。

承元二年四月十五日念仏の夜、空清み、天晴れ明なること秋の如し。余寒膚にあり、樹の枝を廻りて繁く月の光漏る。

山ふかみ木の間《ま》にまよふ月影を　をしへしひともうかりし物を、此句用了。たえ〴〵袖に宿してぞみる

（五一一一）

承元三年（一二〇九）には、その名も『厭離欣求』と題された百首歌が詠まれた。その末尾三首を並べて掲げてみれば、そこには確かに慈円の浄土思想と行のありかがうかがわれる。

なにとなきくちすさみまで契ける　仏の御名は南無阿弥陀仏　（三四七五）

鷲山《（わしのやま）》やまのあなたも知《し》られにき　入ても月の面変《おもかは》りすな　（三四七六）

たのむぞよ霊山界会《海本》釈迦大師　たれゆへとてか世に出たまふ　（三四七七）

弥陀の称名から霊鷲山の釈尊へと祈りの対象を転じて結ぶところ、明らかに『六道釈』と軌を一にすることが注意されるが、すなわちそれは慈円の二十五三昧の方軌でもあったと思われる。

晩年、承久の乱後にあってはいかがであろうか。『六道釈』と重なる時期では直接確かめられないが、貞応元年（一二二二）七月に「すゞろ」に詠まれた一連の歌群に含まれる一首、

いくとせに南無阿弥陀仏の成ぬらん　みなもち月の空をながめて　（五二一二）

明らかに十五夜の二十五三昧念仏の際に詠まれ、生涯の回顧の一端として、永きにわたった念仏の営みを述懐した

歌であろう。こうした晩年の述懐として、端的な一首、

愚《をろ》かなる心なれども思ふことは　往生浄土臨終正念　（四七四三）

生涯の暮方に、慈円が己れを顧みて、この歌のごとく果たして正念に住して浄土往生を願うばかりであったか、一首のみをもっておしなべて言うことはできないが、少なくとも彼の心緒の一端が吐露されている。以上の和歌からも、慈円の宗教世界の一画にはたしかに浄土教が位置し、その信仰生活の場としては終始二十五三昧念仏が営まれており、そこでの経験が彼の〝述懐〟を喚びおこすものであったことが知られる。

更に二十五三昧は、慈円にとって、己が仏道と和歌を繋ぎ渡し思想化する基盤でもあった。ここに注目すべきは、『拾玉集』第五冊中に収められる、歌論というべき一文である。その成立は承元年間の西山隠棲の時期と推定され、これが後鳥羽院に献ぜられたものである可能性が論ぜられている。(36) そこに説くところ、はじめに和語が梵・漢の言語と対等な価値を有し、これを導きとして仏道を学ぶに足る聖なる言語である、と論じ、ひいては和歌の道に就て仏道も成るという主張に至る。その論を更に仏道の実践において展開するところに、次のような一文がある。

仏、この国は仮《かり》に出たまひて、すべて界内界外の浄土よりはじめて、廿五有の有様《ありさま》を教《をし》へ給《たま》ふ。されば恵心院の源信僧都も、これをとりなしつつ、書《か》き置《を》けるなるべし。ここに、煩悩にそめたる濁世を厭《いと》ひ離《はな》れて、菩提をさとる浄土を願《ねが》ひ求《もと》めよ、と教《をし》へ給《たま》ふ。諸教の中に四教五時のまなこにて侍るを表《あら》はせり。

源信の『往生要集』の主旨を要約したと思しい「教へ」(37)は、生死の果報によって生ずる全ての世界である二十五有の有様を観じ、そこから出離する手立てを示すものである。それでは、いかにして菩提を悟り濁世を離れられるか。大師先徳に倣って山林に修行しようとしても、そこは既に闘諍の庭となり果てている。源信の『二十五三昧式』人道段を引いて、「家《いへ》を出ながらみな俗塵に交はり、心を剃《そ》らず心を染《そ》めざる事よ」と当時の僧徒を批判し、遁世の

聖をも否定して、慈円自らは「至《いた》れる誠《まこと》に責《せ》め出されて」仏道を思惟するなかで、和歌の道が仏道と畢竟分かちがたい理《ことわり》を悟るに至った、と説く。つまり慈円の和歌即仏道の思惟を導き出す拠には、源信によって示された教えと、その実践としての二十五三昧の行儀があったのである。(38)

慈円は、その理の証しを恋の歌において見て、それが憂世を離れぬためしと思われながら、先に示された仏の教えの核心というべき「厭離の心《こころ》をも教《をし》へ、欣求の心《こころ》をも表《あらは》さむ」営みであるとして、百首を詠じ五十番に仕立て、ここに煩悩を離れ仏道へ入らんとする志が籠められていると思いなして判を下して欲しい、と希っている。それが後鳥羽院に対しての依頼か否か判断は留保するとしても、これは、和歌を介しての慈円の祈りであろう。こうした、彼の和歌と仏道を分かちがたいものとする認識が、やがてはそれを転倒させて、『六道釈』の畜生段における、和歌の興や景気の語《ことば》として鳥獣の苦楽の音《こえ》を聴くという発想に至らしめたものかもしれない。和歌を以てさながら仏道成就の祈りとする、壮年の慈円が掲げた理想は、時を隔て、後鳥羽院の運命を眼前にした後に至り、二十五三昧の仏事の実践のなかで、『六道釈』に、祈りそのものとしてあらわされた、といえよう。

それでは、己が仏道の実践と分かちがたい和歌において、『六道釈』の祈りは、いかなる歌として詠ぜられたであろうか。『六道釈』の草から四箇月を隔てた貞応元年(一二二二)七月五日、天王寺にて如法経書写の行を始める朝、「すゞろ」に詠じた歌のなかに、次のような一首が含まれている。

目《め》に見《み》ゆる畜生《ちくしやう》は　なほ美麗なり　此世の人は餓鬼か地獄か　(五二〇二)

この歌が放つインパクトの激烈さは、その背後に、「此世」の人間界の有様を餓鬼道とも地獄道とも観じ、畜類の姿や音を歌に賞で、やがては修羅のごとく流血する、そのおぞましさを六道においてとらえた慈円の精神の営みがあればこそ、もたらされたものであろう。

三千院円融蔵『六道釈』翻刻

〔書　誌〕

円融蔵整理番号、俳箱、十九号。巻子本一巻（無軸、無表紙）。楮紙打紙。法量、縦二八・〇糎・横五九五糎（十五紙、各紙幅約四〇糎）。界高二三・四糎（天地界）。

端裏外題（後筆）「俳　六道釋別本（承久年間作）大正七マテ七百年」。内題「六道釋　付廿五三昧念佛　第五」。尾題無し。奥書・識語は翻刻本文参照。本文は一筆。本文と奥書・識語とは別筆。

蔵書印等の印記無し。全面を裏打修補する。紙背・裏書無し。本文に朱句切点、墨仮名訓・返点・傍注（本文と同筆）、一部に声点および連読点を付す。

〔翻刻凡例〕

一、原本に忠実な翻印を旨としたが、印刷の制約上、次の各条の処理を施した。

一、原本の体裁に従い、行取り、文字の大小を再現するようにした。これに各紙の継目と行数の表示を添えた。

一、漢字の字体は、原本の字体に近似した正字と通用字体を併用した。異体字はその何れかに訂してある。

一、仮名訓・返点および連読点・声点は原本のままに翻印するよう努めたが、一部の仮名字体は現行の形に訂したものがある。

一、原本の見せ消ちおよび訂正・補入についてはその指示に従い本文を訂し、補入の文字については左傍に圏点を付した。また傍注については、そのまま傍記して示した。

一、原本には朱句切点が付されてあるが、必ずしも全文にわたるものでなく、ゆえに、これを表示することをせず、いま私に句読点を施した。

一、本紙の欠損等で判読不能の文字については、およその字数分の空格を以て示した。

〔訓読凡例〕

一、翻刻紹介した『六道釈』を、読者に理解しやすいテクストとして提供するために、試みに訓み下し文を作成し、翻刻本文の下段に、ほぼ対応する位置に配した。

一、この訓み下しは、中世初期の漢文訓読を再現するような厳密な方法にもとづいたものではなく、あくまで現代における漢文文献の慣用的な訓読法に沿って、私に試みたものである。

一、ただし、『六道釈』原本に付されている仮名訓や返点を尊重し、叶う限りこれにもとづいて訓み下そうと努めた。

一、文章の構成に則して段落を分かち、修辞の様式も分かりやすくするよう配慮したが、煩雑となるのを恐れて完全な分かち書きにはしていない。

一、各段末の偈頌については、本来音読であったと思われるが、参考のためにこれも訓み下しを試みた。

一、本章に引用した本文は、この訓読文を用いている。

六道釋　付廿五三昧念佛　第五

夫、年〻毎月三五之夜、月〻斎日一夕之天、先講讀シテ二一乗法華一、後唱念ス五会門ノ頌ヲ一、其中間ニ旋繞念佛、轉経六巻。此六巻之間、彼六道之苦、尤足リ救済ルニ二罪人ヲ一。亦須クシ防護自身ヲ一。因レ之一、説テ六趣之受苦ヲ一、為毎月之勤行ト一也。所-以、今月ハ就人間苦報之限量ニ一、明ス六趣患累之相貌ヲ一。其略文云。

先、地獄者、苦患之至極、猒相之根本也。或如獦者ノ遇鹿《カセキ》ニ一、或身躰ニ拼《スミウチ》而テ削ル、或入鑊《カナヘ》ニ一而煮《ニ》ル之ヲ一、或抜舌ヲ一而張之ヲ一。皆是、摸人間所作ヲ一者歟。為メニハ巧匠一為《ナ》ル材木ト一、為料理ノ一」一紙為菜-羹《アツモノト》一。観シ我身ヲ於熱鑊ノ内ニ一、寄セ我身ヲ於利刀ノ鋒《サキ》ニ一。可憐罪人ヲ一、可慎此身ヲ一。凡、抜キ妄語舌ヲ一、割《サ》ク飲酒口ヲ一。昇リ愛欲之釼林ニ一、入ル嫉妬之火坑ニ一。貪瞋癡之猛火、殺盗婬之鐵丸。虚受信施之大罪、用三寶物之重苦。往生シ阿鼻之浄土ニ一、来迎ス猛率之火車ニ一。然則、寒氷熱炎之責罪人ヲ一、聞ク道理於獄率之教誡ニ一。悪鬼毒虫之成ス極苦ヲ一、悲ム宿業於泥梨之躰質ニ一。今夜、

訓読『六道釈』

夫れ、年々毎月の三五の夜、月々斎日の一夕の天、先づ一乗法華を講読して、後に五会門の頌を唱念す。其の中間に、旋繞して念仏し、転経すること六巻。此の六巻の間に、彼の六道の苦は、尤も罪人を救済するに足り、亦た須《すべから》く自身を防ぎ護るべし。之に因り、六趣の受苦を説きて、毎月の勤行と為すなり。所以《ゆえ》に、今月は人間の苦報の限量に就きて、六趣の患累の相貌を明す。其の略文に云く。

先づ、地獄は、苦患の至極、厭相の根本なり。或いは獦者の鹿《カセキ》に遇ふが如く、或いは身躰に拼《スミウチ》て削る、或いは鑊《カナヘ》に入れて之を煮る、或いは舌を抜きて之を張る。皆な是れ、人間の所作を摸す者か。巧匠の為には材木と為《ナ》る、料理の為には菜羹《アツモノ》と為る。我が身を熱き鑊の内に観じ、我が身を利き刀の鋒《ほこサキ》に寄せ、罪人を憐れむべし、此の身を慎しむべし。凡そ、妄語の舌を抜き、飲酒の口を割《サ》く。愛欲の釼林に昇り、嫉妬の火坑に入る。貪瞋癡の猛火、殺盗婬の鉄丸。虚しく信施を受くるの大罪、三宝の物を用うる重苦。阿鼻の浄土に往生し、猛卒の火車に来迎す。然らば則ち、寒氷熱炎の罪人を責め、道理を獄卒の教誡に聞く。悪鬼・毒虫の極苦を成す、宿業を泥梨の躰質に悲しむ。今夜、

一結衆、観自身ヲ一、済ヒ罪人《亡者歟》ヲ一、顧罪根ヲ一、念《奉》レ
弥陀ヲ一。頌曰。
非異人作悪　異人受苦報
自業自得果　衆生皆如是
　南無西方極楽世界阿弥陀佛抜済
　　地獄道往生安楽國　」二紙
次念佛　　次礼讃
極楽荘嚴間雜寶　實是希奇聞未聞
寶鳥臨空讃佛會　哀愍雅亮發人心
　南無西方極樂教主弥陀種覺
次、餓鬼道者、凡畜生之外ハ、人界ニ皆隔ッ
其躰ヲ一、我等更ニ不知彼ノ類ヲ一。只聞経ノ説ヲ一、深
生悲心ヲ一而已。三伏飢饉之歳、九重道
路之間、満眼ニ一者《モノ》ハ死骸、聞耳者乞者。一
日ノ食不及両度ニ一之家、明日ノ粮不能用
意ニ一之人、雖レ憐レ之ヲ一無ニ可レ与之食一、雖レ悲レ之ヲ一
無ニ可レ助之道一。看《ミ》テ此朝市之飢苦ヲ一、知ヌ彼ノ餓
鬼之罪報ヲ一。聴テ而想《ヲモヒヤル》－像苦患、已如此一、受テ而
屠《ホフ》ル魂ヲ一之刹那、又如何。然則、可願フ檀波羅
密、可慎一於其自身尚不受用之文。可レ　」三紙
護尸羅波羅密、可レ持ッ不樂欲樂□好－行樂
恵施之文。仍各為済餓鬼之苦ヲ、可唱弥

一結衆、自身を観じ、罪人(亡者)を済《すく》ひ、罪根を顧りみ、
弥陀を念じ奉れ。頌に曰く。
異《こと》人の悪を作し、異人の苦報を受くるに非ず、
自業は自ら果を得る。衆生は皆な是《かく》の如し。
　南無西方極楽世界阿弥陀仏、抜済
　　地獄道、往生安楽国。
次、念仏。次、礼讃。
極楽の荘厳の間は雑宝も、実に是れ希奇にして聞も未だ聞かず。
宝鳥は空に臨み仏会を讃え、哀愍雅亮にして人の心を発《おこ》す。
　南無西方極楽教主弥陀種覚。
次に、餓鬼道は、凡そ畜生の外は、人界に皆な其躰を隔つ。
我等、更に彼の類いを知らず。只だ経の説を聞きて、
深く悲心を生ずるのみ。三伏の飢饉の歳、九重の道路の間、
眼《まなこ》に満てるものは死骸、耳に聞けるものは乞者。
一日の食の両度に及ばざるの家、明日の粮を用意すること能はざるの
人。之を憐むと雖も与ふるべき食なく、之を悲むと雖も助くるべき道
なし。此の朝市の飢苦を看《ミ》て、彼の餓鬼の罪報を知りぬ。
聴きて苦患を想像《ヲモヒヤ》ること、已にかくの如し。受けて魂を屠《ホフ》るの刹那、
又た如何にせん。然らば則ち、檀波羅密を願ふべし、
其れ自身に於て尚ほ受用せずの文に慎しむべし。
尸羅波羅密を護るべし、欲楽の文を楽《ねが》はず好行し恵施を楽《ねが》ふの文を持《たも》
つべし。仍ち各《おのおの》、餓鬼の苦を済はんが為、

陀名号ヲ一。頌曰。
夜叉餓鬼等　飢渴所逼苦
叫呼求食苦　抜済得解脱
　南無西方極楽世界阿弥陀佛抜済
　　餓鬼道往生安楽國
次念佛　　次礼讃
佛國清浄従心現　種〻荘嚴心裏生
足指擦地三千界　虚空性海坐花臺
　南無西方教主弥陀種覺
次、畜生道者、五道之中《ウ》、人道之前ニ、於此
畜衆之一道者、荐《シキリ》ニ支二人倫之要因ヲ一、常ニ
聞二禽獣之和鳴一。九州之嶋ノ牛、六郡之奥ノ　」四紙
馬。河海之水民、山野之鳥鹿。車馬飛
衢《チマタ》ニ一而催ス人臣貪欲ヲ一、鳥魚備レ膳ニ一而調フ二群
輩之宴會ヲ一。五月郭公之聲、寒夜鴛
鴦之音。春ノ薗《エン》林之鸎舌、秋ノ田ノ面《ヲモ》之雁‐
書クル、苦ノ音歟。樂ノ音歟。聞ク人為ス和哥之題ト一、
見者乗ル景氣之興ニ一。畜衆之苦、人界
之辜《ツミ》、並而在耳目ニ一、翫テ而成ス二興遊ヲ一。経云、
又常負(平)重(平濁)、随路而行、可矜〻〻。然則、彼
師子奮迅シテ而無由一、全非浄土之業ニ一。金
翅扇海ヲ一而何《ナニカセ》‐為、唯催小龍之苦ヲ。今、一結

弥陀の名号を唱ふべし。頌に曰く。
夜叉、餓鬼等の、飢渇に逼らる所の苦、
叫呼して食を求むる苦、抜済して解脱を得ん、
　南無西方極楽世界阿弥陀仏、抜済
　　餓鬼道、往生安楽国。
次に、念仏。次に、礼讃。
仏国は清浄にして心に従て現ず。種々の荘厳は心の裏《うち》に生ず。
足指にて地を擦すること三千界、虚空性海の花台に坐す。
　南無西方教主弥陀種覚。
次に、畜生道は、五道の中《ウ》ち、人道の前に（あり）。
此の畜衆の一道に於ては、荐《シキリ》に人倫の要因を支ふ。
常に禽獣の和鳴を聞く。九州の嶋の牛、六郡の奥の馬。
河海の水民、山野の鳥鹿。
車馬を衢《チマタ》に飛ばして人臣の貪欲を催す、鳥魚を膳に備へて群輩の宴会
を調ふ。五月の郭公の声、寒夜の鴛鴦の音。
春の薗林の鸎舌、秋の田の面《ヲモ》の雁に書（くる）。
苦の音か、楽の音か。聞く人は和歌の題と為《な》す、
見る者は景気の興に乗る。畜衆の苦、人界の辜《ツミ》、並べて耳目に在り。
翫びて興遊と成す。経に云く。
又た常に重きを負い、路に随ひて行く。矜《あは》れむべし矜れむべし。
然らば則ち、彼の師子の奮迅しても由なし、全く浄土の業に非ず。
金翅の海を扇《あふぎ》しも何《ナニ》かせむ、唯だ小竜の苦を催すのみ。

諸衆、向見聞觸知之畜類ニ一、成シテ抜済解脱之観念ヲ一、夜天ニ弥揚念佛之聲ヲ一、月ノ前ニ増《マスく》致スヘシ救度之心ヲ一。頌曰。

鵄梟鵬鷲等　蚖蛇及蝮蝎

諸悪虫輩衆　解脱其苦患

　南無西方極樂世界阿弥陀佛抜済　」五紙

　　畜生道往生安樂國

次念佛　　次礼讃

弥陀本願大慈悲　此地凡夫不覺知

九品蓮開相接引　慮恐衆生出世遅

　南無西方教主弥陀種覺

次、修羅道者、経論文未必委、往生要集中甚略之ヲ一。但今月、尺ニ以人界ヲ一、観五道ヲ一。就レ中、和漢ノ闘戦甚盛ナリ。以此苦ヲ一、可知彼ヲ一也。先、漢家ニ聞ク。秦始皇之把ル諸國ヲ一、唐ノ大宗ノ欣フ堯舜ヲ。漢ノ高祖之被悩《ナヤマ》項羽ニ一、唐ノ玄宗之相逢フ禄山ニ一。王莽・會昌之代、擧ケテ而不可算一。戦場傳聞、兵軍在書ニ一。日本國者ハ、朱雀ノ御宇ニハ将門、白川ノ御宇ニハ貞任。従保元以降　」六紙　得而不可称一。而モ修羅之敵對者ハ、天帝釈。合戦之戦場者、須弥山。得通自在之兵衆、威光勢力之将軍、四王之繋ル鋒《サキ》ニ一悪

今、一結の諸衆、見聞触知の畜類に向かひ、抜済解脱の観念を成して、夜天に弥《いよい》よ念仏の声を揚げ、月の前に増《マスマ》す救度の心を致すべし。頌に曰く。

鵄・梟・鵬・鷲等も、蚖《ガン》・蛇《ジャ》及び蝮蝎《マツカツ》も

諸の悪虫の輩衆も、其の苦患を解脱せん。

　南無西方極楽世界阿弥陀仏、抜済

　　畜生道、往生安楽国。

次に、念仏。次に、礼讃。

弥陀の本願は大慈悲にして、此の地の凡夫は覚知せず。

九品の蓮は開《ひら》けて相ひ接引し、衆生の出世の遅きを慮《おもはか》り恐るゝ。

　南無西方教主弥陀種覚

次に、修羅道は、経論の文、未だ必ずしも委《くは》しからず。往生要集の中にも甚だ之を略す。但し今月は、釈するに人界を以てし、五道を観ず。就中《なかんずく》、和漢の闘戦は甚だ盛りなり。此の苦を以て彼を知るべきなり。先づ、漢家に聞く。秦の始皇の諸国を把《と》る、唐の大宗の尭舜を欣《ねが》ふ。漢の高祖の項羽に悩《ナヤマ》さる、唐の玄宗の禄山に相逢ふ。王莽・会昌の代《よ》、挙げて算《かぞ》ふべからず。戦場の伝聞、兵軍《つはもののいくさ》は書に在り。日本国は、朱雀の御宇には将門、白河の御宇には貞任。保元より以降《このかた》、得て称すべからず。而《しか》も修羅の敵対は、天帝釈。合戦の戦場は、須弥山。得通自在の兵衆、威光勢力の将軍、四王の鋒《ほこサキ》に繋る悪鬼、

鬼、天軍之中《アタ》ル矢ニ一羅刹、可思〻〻、可悲〻〻。
然則、近年都鄙《ヒ》之人、朝野貴賤之輩、
誰不知修羅苦ヲ一之類、誰不悟闘諍報ヲ一
之者《モノ》。有憚于委述ニ一、唯収一結之中心ニ一。各
皆、勝コトハ三寶之力也。又負コトハ依三無二徳政ノ一也。今、
済フコトハ念佛之功也。又、度スコトハ法花妙文也。仍、弥以
弥陀寶号ヲ、可備慢心之抜済ニ一。頌曰。
有四阿修羅　羅睺婆稚等
古今聞説法　則除憍慢心
　南無西方極樂世界阿弥陀佛抜済
　　修羅道往生安樂國
次念佛　　次礼讃　　」七紙
弥陀春樹覺花開　功徳池中坐寶臺
三昧庭前求解脱　摩尼殿上礼如来
　南無西方教主弥陀種覺
次、人道者、已四悪趣之中カニ、寄テ苦ノ相ヲ於人
界ニ一、催悲心ヲ於結衆ニ一。亦法《ノト》テ我人道ニ一、早祈ル
其得脱ヲ一。先就ニ一結僧徒一、當ニシ謝三業之
罪根ヲ一。自是非他、貪欲嫉妬、虚妄瞋恚、
上慢放逸。晝夜朝暮之所行、造次顛
沛之威儀、為之如何。不知哉否、眼前ノ四
苦、猶如不悟之ヲ一。心上ノ四倒、更亦無慮コト之ヲ一。形

天軍の矢に中《アタ》る羅刹、思ふべし思ふべし、悲むべし悲むべし。
然らば則ち、近年、都鄙の人、朝野、貴賤の輩、
誰か修羅の苦しみを知らざるの類、誰か闘諍の報ひを悟らざるの者。
委しく述ぶるに憚りあり。唯だ一結の中心に収めよ。各の皆《み》な、勝つ
ことは三宝の力なり。又た、負くることは徳政の無きに依りてなり。
今、済《すく》ふことは念仏の功なり。又た、度すことは法花の妙文なり。
仍ち、弥よ弥陀の宝号を以て、慢心の抜済に備ふべし。頌に曰く。
四の阿修羅・羅睺・婆稚等ありて、
古今の説法を聞き、則ち憍慢の心を除けり。
　南無西方極楽世界阿弥陀仏、
　　抜済修羅道、往生安楽国。
次に、念仏。次に、礼讃。
弥陀の春樹は覚花を開き、功徳池の中の宝台に坐す。
三昧の庭の前には解脱を求め、摩尼の殿の上には如来を礼す。
　南無西方教主弥陀種覚
次に、人道は、已《すで》に四悪趣の中に、苦の相を人界に寄せて、
悲心を結衆に催す。亦た、我れ、人道に法《のつと》つて、早く其の得脱を祈る。
先づ、一結の僧徒に就きて、当《まさ》に三業の罪根を謝すべし。
自ら是れ他に非ず、貪欲・嫉妬、虚妄・瞋恚、上慢・放逸、
昼夜朝暮の所行、造次顛沛の威儀、之を如何にせん。
知らざるや否や。眼前の四苦、猶は之を悟らざるが如し。
心上の四倒、更に亦た之を慮《おもはかる》ことなし。

者ハ已剃レ頭一之形、心者専着レ欲之心。凡、
四部弟子、皆以此咎如有カ一。二世資糧、都‐
以其貯《タクハ》ヘ似レ無キニ一。聞二婬欲即是道之文ヲ一、弥有リ
貪着之思ノミ一。然モ全ク智解不及彼文ニ一、見テ定 」八紙
業亦能轉之文ヲ一、不顧旦暮之命ヲ一、又更
信心無在コト観音ニ一。毎レ人唯迷倒ノ至極セル也。
委悉ニ論之ヲ一者、不足言ニ一、巨細ニ尋之ヲ一者、無
會釋スヘキコト一。適勸一室之同行ヲ一、纔修一夜之
念佛ヲ一。知辜ヲ一可念佛ヲ一、悔テ過ヲ一可讀経ヲ一。然
則、新月之色者、三五《ハ》今夜《夜中》之観、惜シム月
輪ヲ於西方之山ニ一。古人之心者、二百往日之
跡、猒フ人界ヲ於東土之境ニ一。高聲念佛
之音聲ハ、混《コン》シ水月之應ニ一、稱讃衆僧之
礼讃ハ、滅《ケ》サム風鳥之迷ヒヲ一。仍、各熾盛ニ念佛シテ、
唱伽陀偈ヲ一。頌曰。

弥陀本願特超珠　慈悲方便引凡夫
一切衆生皆度脱　稱名即得罪消□(滅)
　南無西方極樂世界阿弥陀佛一心
　　一稱来迎引摂 」九紙

次念佛　　次礼讃
西方浄土無囂《ケウ》塵カマヒスシ衆生到即断貪瞋
惣是善人菩薩衆　亦無悪趣及怨親

形は已に頭《かしら》を剃るの形、心は専ら欲に着《ぢやく》するの心。凡そ、四部の弟子は、皆な以て此の咎あるが如し。二世の資糧は、都て以て其の貯《タクハ》へなきに似たり。「婬欲即ち是れ道」の文を聞きては、弥《いよい》よ貪着の思ひのみ有りて、然《しか》も全く智解は彼の文に及ばず。「定業亦た能く転ず」の文を見ては、旦暮の命を顧みず、又た更に信心は観音に在《ましま》すことなし。人ごとに唯だ迷倒の至極せるなり。委悉に之を論ずれば、言ふに足らず。巨細に之を尋ぬれば、会釈すべきこと無し。適《たまた》ま一室の同行を勧めて、纔かに一夜の念仏を修す。辜《つみ》を知りて念仏をすべし、過《とが》を悔て読経をすべし。

然らば則ち、新月の色は、三五今夜（夜中）の観、月輪を西方の山に惜しむ。古人の心は、二百《じはく》往日の跡、人界を東土の境に厭ふ。高声念仏の音声は、水月の応ずるに混《コン》じ、称讃衆僧の礼讃は、風鳥の迷ひを滅《ケ》さむ。仍ち、各の熾盛に念仏して、伽陀の偈を唱へん。頌に曰く。

弥陀の本願は特に珠を超へ、慈悲の方便にて凡夫を引く。
一切の衆生は皆な度脱し、称名すれば即ち罪の消滅するを得ん。
　南無西方極楽世界阿弥陀仏、
　　一心一称来迎引摂

次に、念仏。次に、礼讃。
西方の浄土には囂塵《カマヒスシ》きことなし、衆生の到るや即ち貪瞋を断つ。
惣じて是れ善人は菩薩衆たり。亦た悪趣及び怨親なし。

南無西方教主弥陀種覺
次、天道者、夫、天上果報者、受樂自在、
通力非無キニ一、因テカ何ニ一猒ハム之ヲ一。唯帰生死ニ一之輩
也。故、擧快樂相ヲ一無レ由、不可欣楽一之故也。
凡、盛者必衰之苦ハ、是天人之業、會者
定離之悲ハ、亦天上之報、人不猒哉、聞
勿願カフ之ヲ一。樂シム之時ハ以テ樂ム、苦シム之間ハ知ルレ苦クヲ一者歟。
然則、聞五衰ヲ於天上ニ一、蓋願九品ヲ一、聞九
品於人間ニ一、誰求天上ヲ一哉。仍、各為天人
出離、可唱伽陀偈ヲ一。頌曰。
惣観猒此人天樂　無常八苦火焼人　」一〇紙
念佛誦経除罪障　諸佛遥加護念身
南無西方極楽世界阿弥陀佛速除
五衰患往生安樂國
次念佛　次礼讃
弥陀徒衆普慈心　怜愍衆生至意除深歟
水鳥樹林皆説法　何況如来微妙音
南無西方教主弥陀種覺
抑、惣結ノ一段者トイハ、六巻短聲之轉經、六
番高聲之念仏、六道抜済之解説、
六趣稱讃之伽陀、悉ク修レ之ヲ了ハテ、以惣結之
詞ヲ一、達スル一衆之聴ニ一者也。已、往生要集之中ニ

南無西方教主弥陀種覚
次に、天道は、夫れ、天上の果報は、受楽自在にして、通力無きに非ず。何に因てか之を厭はむ。唯だ生死に帰するの輩（なれば）なり。故に、快楽の相を挙ぐるも由なし。楽を欣《ねが》ふべからざるの故なり。凡そ、盛者必衰の苦しみは、是れ天人の業。会者定離の悲びは、亦た天上の報。人の厭はざらん哉、聞て之を願ふ勿《なか》れ。楽しむの時は以て楽む、苦しむの間は苦を知る者《もの》か。然らば則ち、五衰を天上に聞きて、蓋し九品を願はん。九品を人間に聞きて、誰か天上を求めん哉。

仍ち、各の天人の出離の為に、伽陀の偈を唱ふべし。頌に曰く。

惣て此の人天の楽を観じ厭へば、無常八苦の火は人を焼く。

念仏と誦経とは罪障を除き、諸仏は遥かに身に護念を加へん。

南無西方極楽世界阿弥陀仏、速除
五衰患、往生安楽国。

次に、念仏。次に、礼讃。

弥陀の徒衆は慈心を普くし、衆生を怜愍して至て意《こころ》深し。

水鳥樹林は皆な説法す、何ぞ況や如来の微妙音（においてをや）。

南無西方教主弥陀種覚。

抑も、惣結の一段といふは、六巻短声の転経、六番高声の念仏、六道抜済の解説、六趣称讃の伽陀、悉く之を修し了《おは》つて、惣結の詞を以て、一衆の聴《きき》に達するものなり。已に往生要集の中に、此の一段有るを哉《ヤ》。

有ル此一段一哉《ヲヤ》。是レ皆ナ文言之法《ハウ》也、作書之例也。然、今月念佛之席ロニ、又各以此ノ意ヲ一、弥可勵其勤ヲ一歟。地獄者大苦也。大罪犯テ三業ニ一、重苦受一趣ニ一。餓鬼者中苦也。但、對シテ地 」十一紙 獄雖非極苦一、誰亦堪忍哉。畜生者輕苦也。実類遥ニ別レテ、浅深不同ナリ。人界ニ常視ミル目下ニ一、諸衆宜レ悲ム心ノ底ニ一。修羅之一道者、開合不同也。於此道者、智者専可レ弁定テ、凡慮未得其悟リヲ一。天上ノ果報、尤可思惟哉《カナ》。抑、我人道ニ修今念佛ヲ一之志、如何。一結、如發願、知之哉、悟之哉。疑心頗事新ク、教導誠事古タリ。但、共行与約諾、斎日与縁日、弥陀与法花、講讀与念佛、一〻ニ可起深念ヲ一、細〻可削ツル妄念ヲ一。夫、共行者ハ、非獨身ニ一、互助成ス之ヲ一。約諾者ハ在起請ニ一、尤須要也。斎日縁日、弥陀法華、感應功用、憑ニ因縁之和合ヲ一。毎月一夜、〻〻五更、行事法用、為《タル》易キ勵ミ二之大善上者歟。 」十二紙 皆成佛道之法花之行、罪人来迎之弥陀之誓ヒ、天台善導之遺法、傳教慈覺之将来、五畿七道之廣行、練若憒(去)閙(入)之通用。以信心之一事ヲ一、遂ヌ順

是れ皆な、文言の法《ハウ》なり、作書の例なり。
然るに、今月念仏の席《むしろ》に、又た各の此の意を以て、
弥よ其の勤めを励すべきか。地獄は大苦なり。大罪の三業を犯して、
重苦を一趣に受く。餓鬼は中苦なり。但し地獄に対しては極苦に非ず
といへども、誰か亦た堪忍せんや。畜生は軽苦なり。
実類遥かに別れて、浅深不同なり。人界に常に目下に視る、
諸衆宜しく心の底に悲しむべし。修羅の一道は、
開合不同なり。此の道に於ては、智者の専ら定めて弁うべし。
凡慮は未だ其の悟りを得ず。天上の果報は、尤も思惟すべき哉《カナ》。
抑も、我れ、人道に今の念仏を修すの志は、如何《いかん》。
一結、発願の如く之を知る哉《や》、之を悟る哉《や》。疑心は頗ぶる事新しく、
教導は誠に事古《ふ》りたり。但し、共行と約諾と、
斎目と縁日と、弥陀と法花と、講読と念仏と、
一々に深念を起すべし、細々に妄念を削るべし。夫れ、共行とは、
独身に非ず、互ひに之を助成す。約諾とは、起請に在り、
尤も須要なり。斎日と縁日、弥陀と法華は、感応と功用、
因縁の和合を憑む。毎月の一夜、一夜の五更、
行事法用し、励み易きの大善たるものか。
皆成仏道の法花の行、罪人来迎の弥陀の誓ひ。
天台・善導の遺法、伝教・慈覚の将来。
五畿七道の広行、練若憒閙《れんにゃくはいし》の通用。
信心の一事を以て、順次の往生を遂ぐ。

次之往生ヲ一。依不退之三業ニ一、待ッ得脱之
本懐ヲ一。各、纔以毎月今夜ノ勤行ヲ一、必可シ得
臨終往生之来迎ヲ一。此道理、毎衆一知而
如不知一。此正意、皆人覺而似不覚一。早驚
惣結語言ニ一、決定セヨ順次菩提ヲ。仍、重テ礼讃シ、
弥發願スヘシ。頌曰。
万行之中為急要　迅速無邊浄土門
不但本師金口説　十方諸佛共傳證
不如西方快樂國　到彼花臺随意開
但有傾心能念佛　臨終決定坐金臺　」十三紙
　南無帰命頂礼一結諸衆即得往生極楽國土
次、任セ例一、依テ儀一、可奉礼恩徳廣大ノ本師
尺尊ヲ一。夫、雖近而不見ノ、移シニ常在之霊
山ヲ於道場ニ一。佛語實不虛。開カム無上之佛
道ヲ於法莚ニ一。仍、揚聲ヲ、讃教主ヲ、投テレ躰一、礼
大師ヲ一。頌曰。
釈迦如来因地時　歴劫共行不思議
頓捨身財求妙法　唯佛与佛乃(能)□□
　南無大恩教主尺迦牟尼如来　」十四紙

不退の三業に依りて、得脱の本懐を待つ。
各の、纔かに毎月今夜の勤行を以て、必ず臨終往生の来迎を得べし。
此の道理、衆ごとに知りて知らざるが如し。
此の正意、人皆な覚りて覚らざるに似たり。
早く惣結の語言に驚きて、順次の菩提を決定せよ。
仍ち、重て礼讃し、弥よ発願すべし。頌に曰く。
万行の中《うち》に急要となすは、迅速無辺の浄土門なり。
本師金口の説を但《いつはら》ず、十方の諸仏共に伝証せり。
西方の快楽国に如《しか》ず。到れば彼の花台は意《こころ》に随て開けたり。
但《た》だ心を傾け能く念仏あらば、臨終には決定して金台に坐せん。
　南無帰命頂礼、一結諸衆、即得往生極楽国土。
次に、例に任せ、儀に依りて、恩徳広大の本師釈尊を礼し奉るべし。
夫れ、近くして見ずと雖も、常在の霊山を道場に移す。
仏語は実に虚《むなし》からず、無上の仏道を法莚に開かむ。
仍ち、声を揚げ、教主を讃え、躰を投げ、
大師を礼さん。頌に曰く。
釈迦如来の因地の時は、劫を歴《へ》て共行せんこと不思議なり。
頓《たちまち》に身財を捨て妙法を求め、唯だ仏と仏すなはち□□。
　南無大恩教主釈迦牟尼如来。

書云
承久四年三月廿五日草之了
同四月十一日清書了
執筆成源僧都
願以此功徳　為一仏土縁
金剛佛子慈圓
康暦二年五月二日以正本自之御筆也
令書寫之畢
金剛佛子慈済記之

」十五紙

第III部　仏神の世界像

第九章　中世の仏神と曼荼羅

——密教と神仏習合の世界——

一　霊地の図像学

（1）〈聖なる図像〉の基盤としての密教図像学

中世日本における世界像を宗教図像の世界からとらえようとするならば、はじめに、密教における図像の意味と機能を再認識することが必要であろう。密教により日本に導入された、あらたな世界認識——宇宙観——の一環として、図像という領域がある。即身成仏の理を体現するための、身口意の三密をはたらかせて修行する行法は、自覚的な図像学の原点といえよう。

その端的な実践として、阿字観がある。悉曇字母の第一たる𑖀《ア》字に本初・不生の義ありとして、この一字に全宇宙を包摂し、本不生の理を観ずる行である。本来は心中に観念するのであるが、その助けとして、蓮台上の月輪中に𑖀字を大書した図を以て本尊として観ずる行法もある。これがさらに展開した例に藤田美術館蔵『阿字義』絵巻がある（図1）。覚鑁の『阿字観』を基に和文化した「阿字義」「阿字功能」、および「唐房法橋消息」「浄三業真言（釈）」等の仮名法語というべきテクストを、美麗な装飾を施した料紙に能筆の書をもって詞とし、これに二図の人

図１　『阿字義』絵巻（藤田美術館蔵）

物像が配される。男は直衣姿の俗躰、女は剃髪した尼姿の法躰で、ともに胸中に月輪中の𑖀字を抱き、そこから光明が放たれている。これは詞の「阿字功能」冒頭の一節「もしはじめてこの字を観《クワン》ぜむときに心《コヽロ》いまだ純《シユン》熟《ズク》せずは、まづゑに蓮花《レングエ》をかき、月輪《クワチリン》の中《ナカ》に阿字《アジ》をかきて観《クワン》ずべし。若《モシ》人、此観《コノクワン》を純熟《ジユンズク》せむときには、この字のひかり、むねのなかより四方《シハウ》に散《サン》じて、あまねく十方《ハウ》の一切《サイ》仏刹《セツ》に遍《ヘン》ぜむ。このひかりは、いたゞきよりあしにいたりて行者《キヤウジヤ》の身《ミ》をめぐりめぐらむ……」、すなわち阿字観を成就し六根清浄の境地に至った行者の姿を象ったものだろう。十二世紀末と推定されるこの絵詞の成立事情は明らかでないが、密教に帰依した高貴な女人の勧化のために特に意を用いて製作されたものかと推測されている(1)。

事相すなわち密教の行法に際して、図像表現は、十八道の基本から始まり、本尊の種子・印契・真言を明かし、次いで道場観を修して本尊を勧請する、この過程で成り立つものであった。道場観とは、他方世界に在《まし》す仏の身土を観じ、これを本尊として建立表示する営為であり、また自己の心に本来もつところの仏の身土を観じ、次に他方の仏を迎えて両者を一体化する作業でもある。これに広・中・略の観法があり、広は器界（国土の構造）、中は宝楼閣（宮殿）、略は曼荼羅（本尊および眷属の配置）の三段階であるが、その最も基本となるのは曼荼羅である。それは、狭義には法を修するために結界した壇（勧請された本尊等の聚集する区画）をさす。さらに『大日経疏』に多義を説くのであるが、いずれも、世界全てが仏であり仏の所生なる理を表象するイメージに集約されよう。曼荼羅には、種子による法曼荼羅・印契による三昧耶曼荼羅・形像による大曼荼羅、そしてこの三種―三身の威儀事業を具えた羯磨《かつま》曼荼羅の四種がある。これは、金剛頂経による四曼の説と大日経による三種秘密心の説とに大別されるが、それぞれ金剛界九会曼荼羅と胎蔵界曼荼羅の両界大曼荼羅に包摂され、両界法の次第に具現されるのである。

両界とは別に、個々の本尊の修法に対応する曼荼羅として、別尊曼荼羅が、如来・仏頂・諸経・観音・菩薩・忿怒・天等の諸部に分かたれて形成される。事相中の諸尊（異尊）法はこれに対応する次第である。その形成は日本における密教の展開と歩みを同じくし、別尊図像もまたこの過程であらたに創出される。その集成は、白河院時代の恵什による『図像抄（十巻抄）』に始まり、広沢流の『別尊雑記』や小野流の『覚禅抄』、台密の『阿娑縛抄』等が代表的な類聚として、それらの図像と修法の様相を伝える。実に多彩にして珍奇ともいうべき諸尊とその修法が院政期に数多《あまた》産みだされ、法皇の許での王朝国家の貴族達の政治的かつ現世的願望に応えて催された[2]。阿闍梨の意楽《いぎょう》に任せて自由に製作された多くの別尊曼荼羅（それと同時に経軌や口決も作られる）は、こうした歴史的背景を負って描き出された（阿闍梨の多くはまた自ら図像を能く描いた画僧でもあった）〝欲望〟の図像化といえよう。これら豊饒に変容を遂げる密教図像の展開の裡から、中世のあらたな〈聖なるもの〉の図像も誕生するのである。

（2）〈仏＝神〉図像としての御正躰

あらたな〈仏＝神〉図像の成立を告げる典型として、金峯山の蔵王《ざおう》権現像が挙げられる。『三宝絵』巻下、東大寺千花会条に参照された東大寺大仏の縁起（石山寺縁起を含む）における、金峯山《かねのみたけ》の蔵王と開基良弁僧正の関わりは、古く『霊異記』巻中にある山林修行者金鷲行者の神変譚に根ざしている。その記憶は今も東大寺において、修行の遺跡である法華堂（三月堂）の本尊不空羂索観音と一具として後戸に祀られる執金剛神像に留められている[3]。また、石山寺においては、本尊として巌上に座す如意輪観音の脇侍として、執金剛神と並んで蔵王権現が祀られている。

この蔵王権現の図像は、密教図像の体系からすれば、胎蔵界曼荼羅の金剛部院に配される金剛童子に求められる。これは台密寺門派の秘法の本尊であり、その修行の場は熊野であって、後に熊野―大峯の山中に権現の眷属として八大金剛童子が祀られるのも、これに関連しよう。

蔵王権現像の、現存する最古の作例として、大峯山上出土と伝える西新井大師総持寺蔵長保三年（一〇〇一）銘の三葉鏡形銅板に線刻された蔵王権現像がある（図2）。怒髪に宝冠を戴き、天衣と瓔珞で身を厳飾し、右手を振り上げて三鈷を握り、左手は腰に当て五指を伸ばし、右足を挙げた、華麗にして偉大な像容である。異類異形というべき眷属達の奇怪な姿態がその周囲を取り巻く。鏡の裏面には、阿弥陀種字を中心に二重に種字が圏を成し、併せて表裏で蔵王権現曼荼羅を構成すると思しい。銘文に知られるところ、これは内匠寮の史生壬生某により造られた。すなわち朝廷により調進され、公式に認定された蔵王権現像なのである。これは寛弘七年（一〇一〇）の道長による金峯山参詣と埋経が行われる直前にあたり、この時期が蔵王権現像成立の画期となった可能性が高い。この、あらたな〈仏＝神〉としての蔵王権現図像の成立については、これを祀る、金峯―大峯―熊野を行場とした山林修行者の、山岳斗擻《とそう》に臨んでの宗教経験がいかなるものであったかが問われなければなるまい。

図2　蔵王権現御正体（総持寺蔵）

『日蔵夢記』[4]およびその略本である『扶桑略記』所引の『道賢上人冥途記』には、上人(日蔵)が大峯の笙の窟に籠るうちに死して冥界に旅し、執金剛神の変化身なる禅侶や天童に遭い、また宿徳和上に導かれて遥か山上に登り、黄金の地――北方金山の窟中にて、彼より「我はこれ釈迦の化身蔵王菩薩、此所は金峯山浄土也」と明かされる。広本である『日蔵夢記』では、その像容を示した後、「異類雑形」の眷属が囲遶するという。あるいは『法華験記』巻中、転乗法師伝に、彼が金峯山での安居行を終えるにあたり、夢に、龍冠を戴き天衣・瓔珞に身を飾り、手に金剛杵を執り、足には華蘂《ずい》を踏み、眷属に囲遶された夜叉形の像を見たという。山中修行の極みに到達する入定や夢想という回路を通して、行者の前にあらたな本尊が顕現し、その図像が霊験として認知される。ここに、密教の道場観――曼荼羅発得は、山中修行の過程で変換されつつ実現している。

こうした本尊感得の機制は、現存する蔵王権現像の遺品[5]の表現形態――素材および技法――に結びつくものであろう。「黄金浄土」たる金峯山を守護する、金色に輝く忿怒する神王の像容は、鋳銅塗金の金色像としても造顕されたが、何より最も多い作例は、前述の長保三年(一〇〇一)銘のそれをはじめとした、鏡面上に線刻または半肉彫の像を貼り付けて形象されるものである。この御正躰という媒体こそは、神変の顕現としてのあらたな〈仏＝神〉の影向が象られる具であった[6]。

蔵王権現像の顕現は、縁起の言説にも象られる。中世の金峯山縁起は、文観撰述の『金峯山秘密伝』という密教儀軌の次第に倣ったテクストにおいて、また、無住の『沙石集』に含まれる役行者説話のごとき唱導テクスト[7]において、いずれも役行者による蔵王権現感得譚として説かれる。行者は、わが国にふさわしい本尊を祈り出そうと大峯に臨み、まず現われた釈迦や弥勒などの仏の相好を拒み、最後に出現した畏るべき忿怒形の姿に至って漸く受け容れるのである。このような縁起が表す、あらたな〈仏＝神〉の図像感得のプロセスは、いわゆる本地垂迹の関係を物語的に説明するものであるが、それは蔵王権現像の中世的展開にも呼応しているようである。如意輪寺蔵の嘉禄二年(一二二六)源慶作蔵王権現像を収める延元元年(一三三六)銘の厨子は、その制作および銘文の偈頌に文観の関与が想定されているが、内面全体に四季に彩られた山岳を描き、その裡に金剛童子をはじめ吉野諸神の垂迹形や役行者等を配し、全体として金峯山曼荼羅というべき、霊地とその神々の図像体系を現出しているのである。(8)

（3）御正躰の図像学としての唱導

御正躰という、あらたな〈仏＝神〉の図像媒体は、蔵王権現図像の形成と不可分な関係にあった。この、懸仏《かけぼとけ》とも鏡像とも呼ばれる図像媒体は、中世にいかに認識されていたのであろうか。たとえばそれは、御正躰による神像の造立供養に際しての仏事法会の唱導説法に窺われる。その所説には、既にして一種の図像学というべき理解が表明されている。

安居院聖覚によって編まれた唱導文献の一大類聚『転法輪鈔』(9)のうち「神社」部上に、澄憲による「高松院日吉社七箇日金泥御経供養」の表白類が収められる。叡山の鎮守である日吉山王権現の宝前において営まれたこの経供養において、願主である鳥羽院の皇女高松女院は四日間の斎会を設け、金泥法華経等を供養するのに伴い、七社毎に「金銅鏡像」を宝前に捧げた。結願表白によれば、これは鏡面上に七仏すなわち各社の本地仏の像を顕したもので、この「御聖（ママ）躰鏡」は九面を一具とし、法報応の三身と空仮中の三諦を象り、就中、鏡を以て三諦の理に喩《たと》うること、譬《たと》えば中鏡において「其意最視」なりとその意義を説く。また、これに顕された諸仏菩薩について釈した後、鏡面に「聖像」を顕すことについて、第一に鏡に種々の徳あり、として四種の功徳を列挙している（以下、私に原文を訓み下しする）。

一に「未だ見ざる境界を顕す」事、これについては「天竺国王、観音霊験所を見る事」が説かれる。

二に「物の本質を知らしむる事」、これには「鬼魅の変作、鏡を以て之を知る事、本地を顕すに尤も便なり」と説かれる。

図 3　『山王宮曼荼羅』（大和文華館蔵）

三に「小面に大像を顕す事」、これは「不思議解脱の喩なり」とし、これについて「浄名経の翻訳を羅什三蔵、姚秦に示す事」が説かれる。

四に「色像を写すに非ず、又、心相を写す事」、これには「秦皇跡に鏡を瞻《み》る」が説かれる。

以上はいずれも説くべき箇条の目録というべく、鏡の徳用が釈され、その譬喩として因縁・故事・伝記等が引かれるのである。この後に諸経が形のごとく釈され、「法花一躰三宝事」が別の「草子」を参照しつつ説かれ、最後に施主段として、高松女院の永年にわたる日吉社信仰の深き功徳が讃歎されて了《おわ》る。[10]

また、同書の同じ部に収められている某「孫王妃宮御事」表白において、この施主妃宮は、宿痾の故に年来日吉社に帰依し、参籠の次いでに手ずから「小比叡山王（すなわち地主権現の本地薬師）」の御正躰を図し奉り、また薬師本願経二千巻を転読し、夢想の告げを蒙りし故に、今重ねて供養する、という。その旨趣には、「今、此の社頭の習いとして、本地の形像を顕して、すなはち霊祠の荘厳となす。或は鏡面に鋳し、或は絹上に図すこと、往々これあり」と、その風儀を評し、故に、かの儀を模して鏡像の上には本地の種字を張り上げ奉る、という。

日吉山王七社の各社殿には、中世、こうして供養奉納された大小数多の御正躰が、軒下の長押に懸け並べられ瑩いていた。その光景は、大和文華館蔵の鎌倉時代制作の山王宮曼荼羅（図3）に、鮮やかに写し留められている。また、中古天台法華教学の法門の名目には「鏡像円融」のごとき、鏡を譬喩として悟達の境地を説くものもあり、映徹する鏡像として本地仏の影《イメージ》が浮かび上がる仕掛けの御正躰は、そうした象徴的な思惟を共有する顕密寺社世界の「心相」までもが写し出される素材媒体であった。『神道集』巻一「御正躰事」は、安居院唱導の末流において、そうした思惟の所産たる鏡をめぐる諸言説を網羅して述べる点で貴重な一節であろう。また、専修念仏の徒の談義本『熊野教化集』(11)の対話様式による枠組が、熊野の御正躰供養の仏事の道場において導師を待つ間になされる物語であるという設定も興味深い。唱導の言説は、御正躰をめぐる象徴と観念とを、様々なかたちで説き明かそうとしていたのである。

（4）伊勢曼荼羅——御正躰図像と社頭図像

曼荼羅と別尊図像を基本とした密教図像学が、中世のあらたな〈仏＝神〉の認識ひいては発見へと展開していった中心的な場のひとつは、伊勢であった。

皇祖神たる天照大神の本地が何であるかは、院政期の貴族—知識層にとって大きな関心事であった。(12)それを、顕密仏教の側から説明しようとする試みもまた為されたのであるが、(13)その一説たる天照＝大日のアナロジーは、この過程で高度に精緻化していく。その早い例が、十二世紀半ばに遡っての成立が推測される、称名寺蔵（金沢文庫寄託）鎌倉時代写本『天照大神儀軌』(14)である。

『天照大神儀軌』は、儀軌と解の二部に分かれ、第一部の儀軌は、序に当たる部分で、毘盧遮那仏が天照皇大神の変化にして大日遍照尊も同体であると説き、また十一の別宮がその十一王子眷属であるという、一種の本位記を述べ、次いで「天照大神各別真言経」という諸神の真言を記して密教経典の体裁に倣っている。第二部の儀軌解は、「宝志和尚口伝」と題され、漢文表記ながら文末を「也気里《ナリケリ》」と結ぶ口決の態《モード》で、観音化現の神僧として説話化される存在でもある宝志和尚を主格とする本文の釈が述べられる。和尚により礼拝のために四句の偈頌が唱えられ、誦されると「天石門」が開け、天照大神の顕現を拝する。ここに和尚は入定観念し、日月輪たる内外両宮の真実の御躰を観ずる。すると、内宮は胎蔵界、外宮は金剛界、七処の別宮は天の七星と観念され、これを三衣それぞれに移した。神は自ら讃を声に出して十二句の偈頌を唱え、了るとともに宝志は自ら額より身を割いて光を放ち、観音の真身を現じた、という一種の霊異記ないし験記といえる。

この『儀軌』とその所説については、同じく称名寺蔵『宝志和尚伝』および今は寺外にある『天照大神御天降私記』や『伊勢大神宮御躰日記』等のテクスト群が体系をなしていたようである。(15) その中核として、天照大神の本地顕現と感得の神話的言説が、宝志を媒ちとして、儀軌と口決という密教図像創造―伝授の方法に拠って表現されたのである。(16)

一方、図像としての〝伊勢曼荼羅〟も構想された。同じく称名寺蔵の膨大な印信類のなかに、神道灌頂の一括があり、天照大神を本尊とし、その本地に関し念誦・秘口決・印信印明・血脈の四種を切紙伝授するものであるが、なかに覚鑁上人作・空躰房本を写したと識す両宮の種字曼荼羅がある。内・外宮を共に四角四重に区画し、そのなかに諸神を表示したものである。別に釼阿より素睿に伝授した神道秘決一括中にも両宮曼荼羅が含まれ、また秀範所伝素睿伝授の分にも、区画を設けず種字を配したのみの両宮曼荼羅がある。釼阿所伝の印信中には、ほかにも『天子紹運灌頂印信』『天照念誦秘口決』などがあり、本尊を十一面観音として、愛染王の三摩地に入り、金胎不二にして和合の義を示すとて、種子・印契・真言を明かすものである。それらは総じて密教の伝法灌頂―印信伝授の修行階梯の形式に倣って、天照大神（の本地）を本尊に入壇受法する儀を巧《たく》んでいる。そのなかで、いわば〝御正躰図像〟としての伊勢曼荼羅が観念されるのである。そうした活動はまた、『麗気記』というテクスト群を所依の神典―儀軌として、麗気灌頂という一大体系を構想するところにひとつの達成を見せ、汎く流布することになる。(17)

それに対し、正暦寺蔵鎌倉時代写の『伊勢両宮曼荼羅』二幅は、内・外宮の社頭の全景を背後の山岳も含めて描

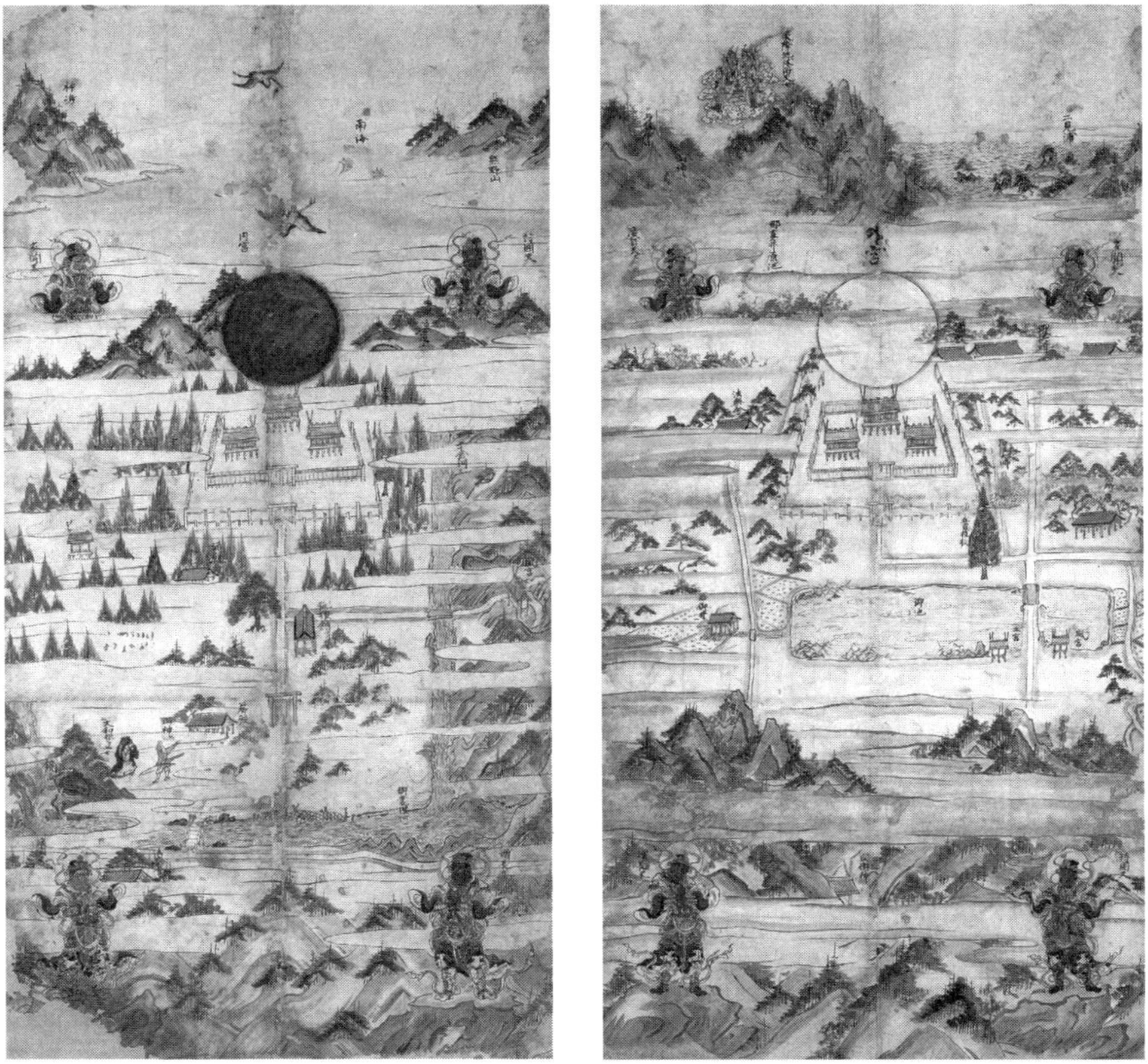

図 4　『伊勢両宮曼荼羅』内宮（左）と外宮（右）（正暦寺蔵）

くものである。内宮に日輪、外宮に月輪を貼り付けて配し、それぞれ四隅に四天が守護し、またいくつかの縁起伝承の場面や霊跡が描き込まれている（図４）。それらは、中世に成立した『倭姫命世記』や『天照大神御天降私記』等の伊勢における神典―縁起テクストや、通海『大神宮参詣記』等の伊勢をめぐる神道説を唱導するテクストの所説と密接に対応するものであることが指摘される。[18] 中世にあらたな宗教的世界が再構築された伊勢をめぐって、〝御正躰図像〟と並んで、縁起絵的な〝社頭図像〟の体系が形成されていたのである。

（５）〝霊地図像〟の展開

伊勢における密教的な儀軌・印信による御正躰図像と顕教的な縁起・唱導による社頭図像のごとき二系列の〝霊地〟の図像体系は、中世に伊勢と深いつながりのあった長谷寺においても認められる（第十章に詳述）。『長谷寺密奏記』は、伝菅原道真撰『長谷寺縁起文』に対する神祇篇というべき性格の、同じく菅公仮託書である。[20] 宣命体で表記され、寺司の言上を道真が公家―天皇に奏する体裁をもつ。その説くところ、開山本願の徳道聖人が手力雄命に導かれ、聖人の前生は役優婆塞であり、密厳本有の地たる長谷山に天照大神が降臨した深秘が明かされる。聖人は、天照大神の本地を顕かにしようと伊勢五十鈴河上磯宮に百日参籠し、満ずる日、宝殿の前に輝く日輪中に十一面観音が影向し、その図相が詳しく釈される。さらに、その本誓が告げられ、重ねて六句の偈頌が説かれた。聖人はこの像容を巧匠に写させ、また仏師の正躰である春日一・三殿の本地が明かされ、これが本尊を造顕したことは深旨ありと述べて、当山は天地開闢の根元、天下鎮護の浄場なり、と結ぶ。すなわち、これは長谷における天照大神の本地が本尊十一面観音なることを霊験記として明かし、その御正躰図像を開示する、もうひとつの縁起テクストなのである。

これに対し、本篇たる『長谷寺縁起文』は、漢文により本尊の顕現（霊木の漂流と霊異）・金剛宝座の顕現・造像供養と、次第を逐って通時的に叙述されるが、この縁起中にも、行基による山内巡見と八大童子による霊地の開示という霊験記的一段が含まれている。これは徳川美術館蔵の零巻に知られるごとく鎌倉時代に絵巻化され、その詞書は『縁起文』を和文化したものである。長谷寺蔵室町期三巻本および小型の六巻本をみれば、絵巻下巻の末に、『縁起文』にはない聖武天皇御幸の一段が付加されている。その絵の最後の画面は、参道から始まる御幸の行列から長谷寺一山全体を奥院まで描いたもので、これは中巻に位置する行基の山内霊地巡見の図と照応しよう。顕現已前の過去（密）と已後の現在（顕）の対比である。それはまた、境内図であると共に参詣図として歴史的な記念図像でもあるという多義性を包摂して、縁起の唱導を締めくくる〝霊地〟の図像として社頭図像とも重なる性格をもっている。(21)

このような〝霊地図像〟は、高野山においても見いだされる。鎌倉時代作の「高野山山水屛風」六曲一双は、『一遍聖絵』巻二の高野山の場面と極めて似た(22)一山全体の俯瞰図をなしているが、これが高野山における灌頂の道場に用いられた山水屛風であった点に、その一山の図像の象徴的な意義と機能が籠められていよう。これに、金剛峯寺蔵の同じく鎌倉期の問答講本尊図の、中央に弘法大師と丹生・高野明神を三尊風に配し、上部に高野奥院、下部に天野の社頭を描いた〝高野山曼荼羅〟ともいうべき作例を併せて、顕教的な図像体系の存在は明らかである。そして、また一方では密教的な〝高野曼荼羅〟が観念され、鎌倉期に中院流の秘事として口決されていた消息も『高野山秘記』等によって知られるところである。(23)

他方、高野山縁起は、平安期の『金剛峯寺建立修行縁起』から、中世に『高野物語』（第六章参照）を経て、『高野大師行状図画』という大師絵伝として展開した。(24)その絵巻（地蔵院蔵六巻本・白鶴美術館蔵十巻本等）の末尾は、やはり高野山御幸の参詣図であり一山の〝霊地図像〟なのである。これは『高野物語』以来、行状図画に引き継がれる、白河院が大江匡房の勧めにより高野へ参詣した盛儀を叙べることを通じて高野山の霊地を形象した、いわば歴史叙述の一環として縁起を接続したテクストである。同時に一方で『平家物語』とも結びつき〝高野巻〟としても流布した、〝霊地〟高野を唱導する物語(25)にも対応する図像である。さらにこれは、絵巻の形態のみでなく、尾道浄土寺蔵室町期弘法大師絵伝のごとく、掛幅画のうえにも展開される。そこでは全八幅のうち二幅にわたり白河院御幸図と複合した高野山図が大きく展開されているのである。それは、さらに独立した二幅一具の高野山参詣曼荼羅と呼ぶべきもの（ハーバード大学・東京芸術大学蔵室町後期作、花岳寺蔵室町末期作等）への系譜が辿られる。[26]

熊野においても、〝霊地図像〟の系譜は確かにとらえられる。『一遍聖絵』巻二の三山参詣の社頭図は、同時代のクリーブランド美術館蔵熊野三山曼荼羅と極めて類似した構図をもつが、その曼荼羅に典型を見るような、御正躰図像と社頭図像の一体化して完成された図像体系から時を経て、この三山の〝霊地図像〟は、『熊野の本地』の絵巻化された末尾に配されることになる。[27]『神道集』に初見する熊野本地譚が、かつて人界に受難して憂悲苦悩し、本朝に垂迹して神と転生したという物語を説く、その図像化された掉尾に〝霊地図像〟が位置づけられることの意義は決して軽くない。そうして、三山の最後に位置する那智山図は、独立して〝那智山参詣曼荼羅〟となって汎く諸国に流布し、観心十界図[28]と一具として熊野比丘尼と御師山伏の勧進に供せられたのである。[29]法皇から衆庶にわたる熊野詣の盛行を担った修験者や念仏聖の活動と結びついた、熊野三山の御正躰—社頭図像の世界から、熊野の本地の〝霊地図像〟と参詣曼荼羅への展開は、より普遍的な〝霊地の図像学〟の成り立つ可能性を予感させる現象といえよう。

二　神道曼荼羅の構造と象徴体系

（1）御正躰のかがやき

仁安四年（一一六九）、後白河院は十二度目の熊野御幸の際、本宮の長床に通夜した。[30]

> こなたは暗くて、柴燈《さいとう》の火に御正躰の鏡十二所、おの〱、光をかゞやきて、応化《おうげ》の姿映《うつ》るらんと見ゆ。これかれの奉幣の声、やう〱に聞ゆ。

院はそこで今様の曲を尽した。暁方、人も寝静まった時、西御前より麝香が漂い、神の示現を彼は感ずる。

> さて御簾《みす》をかゝげて、人の入らむやうに御簾はたらきて、懸《かゝ》りたる御正躰の鏡ども鳴りあひて、みなゆるぎて久し。

熊野には限らない。中世、諸社の神殿は何れも、正面の御簾の上に御正躰を掛けて神の存在を示していた。古くから、その鏡自体が神の形代であったのだが、いつしか鏡面には神の本地垂迹の像《すがた》があらわされ、礼拝のために奉納されて神殿に掛け並べられるようになった。それは中世の神を表象する独特の形態であったが、なお、その輝きや動《ゆる》ぎ合う響きまでも神の影向を言触《ことぶ》れするものであった。

御正躰は、中世の神と仏の関わりの端的な象徴として造られた。安元元年（一一七五）、後白河上皇の御願寺である蓮花王院の惣社に祀られた八幡以下二十一社の神に対して「本地御正躰図㆓絵像㆒」という[31]。これは「日前宮・熱田御本地無㆓所見㆒、仍只被㆑用㆑鏡」とあれば、御正躰の鏡に各社の本地仏を描いたものらしい。それは、御正躰が当時の本地垂迹説のあり方をまのあたりに反映する媒体であったことを示している。後白河院が熊野で拝した御正躰もまた、そうした世界を映しだしていたろう。「日本第一大霊験所根本熊野三所権現」と鳥居の額銘が謳うように、熊野は従来の神とは異質の、新たに生まれつつある霊地であり〈聖なるもの〉であった。天竺の王が降臨し、猟師によって祀りあらわされたと縁起にしるされたこの神は、本地の仏菩薩が権《かり》にこの地に迹《あと》を垂れて現われたものともされた。あらたな神の登場と本地垂迹の認識とは不可分の関係にあったようであり、御正躰はその仕組みを形象化したものなのである。

こうした消息は、熊野と一体の世界を形成していた金峯山から出土した遺物によって窺うことができる。[32] 熊野を胎蔵界、金峯を金剛界として両部曼荼羅によって象徴されたこの世界は、前節に述べたように、蔵王権現というあらたな神をもって聖なるものをあらわす。大峯山上からは、平安中期から末期にかけて奉納された多数の金銅製蔵王権現像が出土しており、これは権現像を線刻であらわした鏡と同じく御正躰の一部を構成するものであったらしい。それらが表現するのは、髪を逆立て瞋恚の形相で手足を振りあげた姿であり、これは密教の金剛童子に多くを負うにしても、紛れもなく従来になかったあらたな図像であった。縁起[33]はその最初の顕現について述べている。

役行者が大峯でわが国にふさわしい仏を祈り出したところ、初めに釈迦が現われた。だが行者は、そのような慈悲の姿では末世に相応せずこの国の衆生は度しがたいと納受しない。次に弥勒の形を現じてもなお肯じなかった。重ねて祈請すると遂に盤石のなかより忿怒の相すさまじい姿で涌出したという。釈迦と弥勒という本地仏の垂迹形がこの蔵王権現なのであるが、この縁起は、あらたな神の出現ということが、同時に本地垂迹説の成立とあらたな図像の獲得ということにほかならなかった中世の認識をものがたっている。実際の遺物からみると、そうした図像や本地説は、古代から中世にかけての長い時間を経て成立していったのである。[34] 前節に取り上げた長保三年（一〇〇一）という在銘最古の蔵王権現御正躰[35]は、本尊の権現像と左右に多くの眷属が線刻された絵画的にも優れた作品だが、裏面には阿弥陀を中央に胎蔵界大日・釈迦・阿閦・弥勒の種子、その周囲に胎蔵界大日と聖観音の真言を刻んでいる。これは表の図像と裏の種子・真言とが本地垂迹説の体系を示すと共に、全体がひとつの金峯山曼荼羅をあらわすものといえよう。それは、金峯山のあらたな神についての無数の変奏の一例に過ぎない。しかし、御正躰があらたな神の顕現を縁起とは異なった素材《マテリアル》と細工の次元で構造化していることが、ここには明示されている。それでは、こうした御正躰は、霊地全体を〈聖なるもの〉として認識し、対象化する場合に、いかなる位置を占めるだろうか。

（2）社頭図の誕生

建保二年（一二一四）、後鳥羽院は院御所中で熊野を礼拝するため、次のような本尊を造らせた。[36]

今日、熊野三御山御宝殿、弁御正躰等、令レ図二絵之一。於二御正躰一者、奉レ造二半出一奉レ懸レ之。是為三毎々月十八日奉二祈念一也。仍今日令レ供二養之一。廻廊以下悉摸レ之、一無レ違レ之。

それは、熊野の本宮・新宮・那智の社殿をあまねく描いた絵図と、本地仏をレリーフにして造りつけた御正躰とを組み合わせて一具としたものであった。その三山の図は各社頭全体を実景に違わず精細に描写したものらしい。この前に御正躰を懸けて供養し、導師の説法があり、上皇と天皇をはじめ廷臣一同が礼拝した。後鳥羽院も熊野の熱心な信仰者であったが、宮中にあっても熊野を如在に拝すための社頭図を描かせ、その上に御正躰をもって神とその本地をあらわすという、いわば二重の構造によって、霊地と〈聖なるもの〉を象ったのである。熊野詣の盛行が頂点を迎えた時代に、熊野信仰者の頂点にある人の構想と制作および実修であるだけに、それが意味するものはきわめて大きい。

御正躰の背後に浮かび上がった社頭図は、中世のあらたな神の相貌であった。そうした経緯をよく伝えるのは、たとえば八幡神の図像においてである。熊野より早く、仏教と深く結びつき、中央に進出してかつて応神天皇であったという縁起を創造した八幡神は、僧形神像という独特な姿をもって顕わされた。それは、この神が自ら託宣して「護国霊験威力神通大自在王菩薩」と称す[37]ことから知られるように、わが国における王法と仏法を守護する独自の菩薩として登場したことと無関係でない。諸大寺に鎮守神として勧請されて古神像を遺す[38]が、最も重要な図像は神護寺の僧形八幡神影であろう。神護寺はもと神願寺と称し、和気清麻呂が八幡神の託宣により延暦年中（七八二～八〇五）に建立したものを、弘法大師により神護国祚真言寺と改められた、いわば総神宮寺ともいうべき寺であった。その金堂の艮《うしとら》隅に、八幡大菩薩の画像が祀られていた[39]。それは、赤蓮花座に坐し頭光上に日輪をいただき錫杖と念珠をもつ壮年の僧の姿である。承平元年（九三一）以前に成立していたこの図像は、弘法大師感得の伝説をもち、またその古本には次のような頌文が讃として書かれていたという。

得道来不動法性　自八正道垂権跡　皆得解脱苦衆生　故号八幡大菩薩[40]

この四句文には、八幡神が仏（法）の垂迹であるという思惟が読みとれる。このような引用によって、この法躰の神像はあらたな垂迹形の図像として認識され、やがて八幡においても本地垂迹説が成立していくのである。嘉禄元年（一二二五）、石清水八幡宮別当であった法印宗清は、一通の「勧進文」[41]に自らの石清水八幡宮に対する信仰を具象化しようと試みる。黒漆厨子には大菩薩以下の八幡諸神の垂迹像を祀り、両界曼荼羅には神の本地や帰依の仏菩薩を描く。これらは八幡宮の本地垂迹神図像で、広義の御正躰に属するものだろう。さらに注目すべきは、「御山の図一鋪」というものである。これはおそらく石清水の社頭を含む男山の全景を描いた画像であったらしく、次のような旨趣が述べられる。

件図は、あしたゆふべに和光の月を礼拝し奉り、居ても伏しても垂迹の露をなめむが為、青巌の勢ひを写して、紫庭の形をかきたて奉らんとす。

以上三点のほか、別当家の先祖武内大臣の本地という阿弥陀、また愛染王の画像、法花経一部を加えて一具とするのである。この全体のなかで、「御山の図」は「和光」「垂迹」のかたちとして意義づけられている。つまりこの社頭図は、あらたな神の垂迹のすがたなのである。それはさきに挙げた「熊野三御山御宝殿」の図を想起させよう。それらの僅かな事例は、従来の御正躰に代表される本地垂迹神像の図像体系のほかに、社殿から周囲の山水にわたる社頭図というあらたな図像体系が出現したことを示しているようである。少なくとも、社頭図とは神に対するあらたな認識と祭祀の形象化であるといえよう。ふたたび『後鳥羽院宸記』の記述に戻るなら、その両者が一体化して礼拝されたという。いずれも礼拝儀礼のために制作された、尊像図像と一具となる宗教図像テクストなのである。それは、新旧ふたつの図像体系が重なり合うことによる、神＝社のあらたな図像が成立したことを物語っているのではなかろうか。

（3）春日曼荼羅の構造

寿永三年（一一八四）、平家没落にともなう未曾有の混乱のなかで、右大臣藤原兼実は興福寺信円僧正の許より「図絵春日御社一鋪」をとりよせ、厳重な潔斎の後、この「御社宝前」で祭祀を行った[42]。それは幣帛をもって拝し束帯のまま般若心経一千巻を転読し奉幣して退くという「随分之苦行」であって、兼実以下九条家の一族を挙げて七日間続けられたのである。了った後、鏡一面を神宝として副えて信円に返却した[43]。兼実はこの祭祀を「抑、此御社渡御事、自他有二霊夢一、尤可二信仰一」と記す。すなわち、この「図絵春日御社」は春日社そのものに異ならず、これをいわば神体として兼実邸まで勧請したものといえよう。

この「図絵春日御社」については、従来、現存の春日曼荼羅と同様に本地垂迹図像が描かれていたものと見なして[44]、その史料上の初見とされるが、その祭祀には法楽として心経転読があるばかりで本地仏への修法等がない点は、むしろ単に「春日御社」すなわち四所明神と若宮等の社殿を中心とした社頭図であったと思われる。つまり、先述の熊野や石清水における社頭図と共通した礼拝用図像の初出ととらえるべきであろう。一方で兼実は、文治四年（一一八八）にやはり信円の許へ「春日本地御正躰四所若宮幷五躰」を送って供養させており、建久二年（一一九一）にも同じく「於二春日社宝前一、大明神本地一鋪五躰、不空羂索・薬師・地蔵十一面二躰、幷五尊図鋪也。」を信円に供養させている[45]。前者は御正躰の鏡像であろうし、後者は画像である。こうした本地垂迹（御正躰）図像のみの造顕があることは、その一方で「春日御社」の図絵が社頭図として独立した領域にあることを示すものだろう。

現在われわれの前にある中世の典型的な春日曼荼羅は、春日山から一の鳥居までの広大な神域のなかに春日四所と若宮等の社殿や東西の御塔を描き、この社頭図のなかに四所・若宮等の本地仏を配すような作例であろう[46]（図5）。こうした形態においては、さきに指摘した本地・垂迹神像の図像体系（以下これを御正躰図像と略称する）と社頭図の図像体系（同じく社頭図像と称す）の二種が一画面中に同時に表現されていることが見てとれる。さらに多様な変奏を示す春日曼荼羅の作例全体を通観しても、大半の作品がこの二種の図像体系に属する諸要素の組み合わせによって構成されているのである。例外は、単なる御正躰図像か社頭図のみの場合であって、二種の図像体系から逸脱するものはない。すなわち、御正躰図像と社頭図像のふたつの図像体系をひとつに融合させたところに、春日曼荼羅は成立したといえよう。それは兼実の「春日御社」図絵による祭祀からさして遠からぬ時期になされたと思われる。

このような視点から春日曼荼羅の諸形態をつらぬく構造の分析を試みるために、それらを構成する諸要素を二種の図像体系のなかに還元してみたい。御正躰図像の側では、八幡における僧形八幡神像のごとく、春日では鹿に騎乗する束帯姿の神を独自な神像とするが、その鹿は単なる神使でなく、そのものが春日神の主要な垂迹形であり、

図5 『春日宮曼荼羅』（湯木美術館蔵）

ゆえに、鹿(a)に榊（藤・幣帛）(b)を乗せるもの、[47]さらに榊上に神鏡(c)を掛けるもの[48]（図6）、そして垂迹神像(d)が主な垂迹形として挙げられ、本地形には本地仏像(e)、御正躰（(c)に重ねて本地仏を描くもの）(f)、種子(g)等がある。一方、社頭図像の側を大別すると、春日山（御蓋山・月）(a)、春日社殿（四所・若宮・三十八所・水屋他）(b)、東西御塔(c)、一鳥居（二鳥居）(d)等が挙げられる。さらに、この春日社頭とともに、興福寺の諸堂伽藍(e)を描くものがあるが、[49]これは社頭図像のなかで宮寺として本地（興福寺）と垂迹（春日社）を描こうとしたのである。ただし、諸堂の本尊以下の諸仏像のみを描いて興福寺を示そうとする図像[50](h)は、広義には社頭図像の一環であるが、南円堂の不空羂索をあらわすもの[51](i)と同じく御正躰図像の体系に属すだろう。また、補陀落山[52]や浄土変相図[53]を社頭図と対するように一図の中に描くものがあり、それは一見すると社頭図的要素を示すが、仏教図像の一部である故に御正躰図像といえよう。更に、社頭図の随所に点景としてちりばめられる鹿は、春日における社頭図の一要素として理解されよう。なお無視できないのは、春日山の描写に必ずと言ってよいほど併う月（日）の問題である。[54]この山の端の満月もしくは日輪は、時として非常に巨大に描かれ、神鏡とも月輪とも見える象徴性を示すものがある。画布上

図6　『春日鹿曼荼羅』（陽明文庫蔵）

図7　『春日本迹曼荼羅』（宝山寺蔵）

図8　『春日本迹曼荼羅』（静嘉堂蔵）

に円相を描き、そこに本地仏像をあらわせば月輪中の諸仏はたちどころに御正躰と拝せるように[55]、こうした重なり合いが内包する多義性は絵画のもつ本質的な特性であり、そうした作例はそこから発する象徴喚起力を充分に活用したものである。以上のごとき二種の図像体系中の諸要素は、実際の春日曼荼羅製作においていかに再構成され、創造されているのだろうか。

　春日社の古記録中に「春日御正躰事」という一節がある[56]。これは春日四所以下十社の本地と垂迹を記したものだが、特に垂迹形について詳細な説明がある。その構成と記述は、現存作例に照らすと、宝山寺や静嘉堂に蔵す春日本迹曼荼羅図と全く一致するのである。ゆえにこの文書は、春日社における本地形と垂迹形を対応させた形の御正躰図（d・e）を製作する場合の図像を指示したものと思われ、貴重な資料であるが、残念ながら年代や発案者は不明である。宝山寺本はこの「春日御正躰事」の範囲内でそれを忠実に図像化したもので、純然たる御正躰図である（図7）。しかるに静嘉堂本においては、画面中段に大きく宝山寺本と同じ御正躰図（d・e）を配し、その上段には春日山(a)が描かれ、下段には二鳥居(d)が描かれて、社頭図像が組み合わせられている（図8）。つまり静嘉堂本では二種の図像体系が結合されており、社頭図像は(a)(d)のみで象徴され、その間にあるべき社殿群(b)が御正躰図（d・e）に代えられているわけである。さらにMOA美術館本に至ると構成は一層複雑となる（図9）。これには御正躰図（d・e）を画面上段に位置づけ、その配列を変えて二段に並べ、一宮のみ上段に位する。また一宮と若宮には二種の本地仏を描くが、これも先の「春日御正躰事」にある異説注記に一致する。中・下段には主な要素(a)(b)(c)(d)を備えた社頭図を描く。それのみを切り離せば全く独立した純然たる春日社頭図といえようが、その御蓋山の頂きには白鹿が鏡を掛けた榊を乗せて立つ垂迹図像(a)(b)(c)を加えている。しかもその神鏡(c)の円相は春日山に出ずる月とも観ぜられる位置にあり、また御正躰図と社頭図の境界上にあって二種の体系を結合するかのように見える。総じてMOA美術館本は、二種の図像体系を豊かに盛り込みながらよく統一された構成を示している。これらが示すように、春日曼荼羅は全体としても御正躰図像と社頭図の二

図9　『春日本迹曼荼羅』（MOA美術館蔵）

体系が結合することによって構成されている。そして、この結合が絵画表現のなかで、本地垂迹説を象徴させるための融合へと変じていく現象も見いだされるのである。

（4）日吉・熊野・石清水曼荼羅の変奏

多様な作例を遺す日吉山王、熊野、石清水の曼荼羅において、二種の図像体系はいかなる様相を示しているだろうか。

まず、山王曼荼羅をみよう。日吉社は大宮・二宮以下の上七社を中心に、中七社、下七社の計二十一社をもって構成されるが、御正躰図像は主に上七社を中心に本地仏・垂迹形それぞれが多く描かれた。その特徴的な形態は、画面全体をひとつの神殿と見立てるように、上部に御簾や軒を描き下部には縁・高欄・狛犬・階《きざはし》などを描いて、その間の神殿内部というべき空間に御正躰図像を配する構図である。[57] この場合、社頭図の要素は架空の神殿の表示に過ぎぬ御正躰図像の背景と化し、僅かに階《きざはし》に遊ぶ猿が日吉社頭を象《かたど》るにとどまる。全体は正面観により御正躰図が中心に君臨している。こうした形態の曼荼羅は春日に全く見られず、熊野に散見され、石清水には僅かである。

一方、社頭図の側からみると、遺例は少ないながら興味ある変奏が見いだせる。日吉社では、八王子山とその山麓に大宮と二宮を核として広がる二十一社の社殿景観を描く構図が典型であったらしい。[58] 奈良国立博物館本は、そうした社頭図を基に、上部に山王二十一社の種子・本地形・垂迹形を三段に並べて御正躰図像の体系を表示する整然とした作品である。百済寺本は、そうした社頭図から社殿を捨象して山水のみを背景として社殿の位置に上七社の本地形と中下七社の垂迹形を配している。霊雲寺本は、同様の背景に二十一社を本地形にて描く。[59] 大和文華館本（前掲図3）は、視野を狭めて山水の背景に上七社を中心に描くが、その社殿は実際の景観を無視して楼門以外全て正面観で描き、各神殿の中央には祭神の本地形を月輪中にあらわしている。それはまさしく神殿に実際に懸けられていた御正躰を想起させよう。[60] それは社頭図が変形され、神殿がさながら御正躰図像に転化しつつあるようであるが、やはり二種の体系が絵画表現のなかで融合された所産であった。また、正面観による神殿描写と御正躰図像の嵌入は、さきに挙げた神殿を象徴するいくつかの表示を画面のフレームとする御正躰図の構造と共通するものがある。

熊野曼荼羅においても二種の図像体系が存在するが、その結合の様相はまたほかと異なっている。熊野は、三山が各自に十二所権現を中心としてそれぞれに多くの眷属神や護法神を祀る広大複雑な組織のため、御正躰図像も独自の様式を示す。本地仏を示す場合がそれで[61]、画面中段に月輪を配しその中に八葉を描いて、証誠殿阿弥陀を中尊とする十二所権現中九尊の本地仏をそこに配置する（図10）。月輪上部には三山の主な眷属神の本地仏と八大金剛童子・蔵王権現・役行者等を山岳中に配し、下部には十二所の残りの本地仏と九体王子を配する。ここに胎蔵中台八葉を用いるのは、熊野が胎蔵界と観念されていたことに拠る[62]。しかしそれが月輪中に描かれた様は、御正躰上に顕現した本地仏の姿を彷彿とさせ、上下の暗冥な山岳を背に輝くように浮かび上がっている。その他の御正躰図像

図 10　『熊野本地仏曼荼羅』（高山寺蔵）

には、日吉と同様に神殿を象った構図のなかに本迹神像を配す形の作例も多い(63)。ただ熊野の場合、さきの胎蔵八葉を採り入れた本地仏曼荼羅のように、その上下に山岳中の金剛童子や王子等を描く三段構成の形態(64)が多く、この上下の典型化した単位は、熊野独自の世界観を示すもので、背景の山岳や那智滝の描写などには社頭図的性質も象徴的に含まれている。この形態に属すうち注目すべきは聖護院蔵の二本で、そのうち本迹曼荼羅は、社頭図の要素がいくぶん強調され、那智滝が画面中央右側に位置して十二所の本地図像を側に押しやり、上下段の山岳描写を繋いで山岳は全体を取り巻いている（図11）。また垂迹曼荼羅は、三段の構図の上に両界種子曼荼羅を描き熊野・金峯を象徴する。中段は十二所の垂迹形を本宮の社殿を象った大小六棟の神殿内に描いており、社頭図像である社殿を御正躰図の表現に融合させる点、大和文華館本の山王曼荼羅に近いが、これは構図の典型に嵌入して全く本来の配置を改め、既に御正躰図像の荘厳と化してしまっている。

図 11 『熊野本迹曼荼羅』（聖護院蔵）

熊野における社頭図の典型として二つの遺例がある。クリーブランド美術館本[65]は三山の社頭を一幅に描く。下より本宮・新宮・那智の各社壇を俯瞰的に同角度に配し、それぞれを特徴づける四囲の山水（たとえば本宮と新宮の前に熊野川が流れ、那智は滝を配す）を豊かに描写する。各社壇の後は青く霞がたなびき、そこに各社の本地仏が月輪中にあらわされている。この霞は同時に三山を区切るが、山水と混じりあい機械的なものではない。社壇の規模を下より次第に逓減させて描くので画面は自然な安定感と奥行きを感じさせる。フリーア美術館本[66]は三山を各一幅に描く。各社頭の視点や構図は前者と共通点が多いが、一幅に一山を宛てるゆえ四囲の山水描写等は一層豊かである。それらのうちで御正躰図像は、本宮が社壇上方に垂迹形を障子を背にしてあらわされ、那智が同様に本地仏を月輪中にあらわす。新宮は全く示されない。おそらく並べて一具として拝されるものゆえの省略か。いずれの作品も社頭図としての景観描写を主とし、御正躰図像はそれを乱さぬよう控え目に挿入されるに過ぎない。その社頭図像は、『一遍聖絵』における熊野三山の社頭とその間の自然描写に類似し[67]、ある典型の存在を暗示するが、特にクリーブランド本はその構図の優れた点、先行の作品を粉本としたようであり、そのなかの御正躰図像を省くならば、あるいは後鳥羽院が描かせた「熊野三御山御宝殿」の社頭図としての図絵とはこうしたものであったかと思わせる。

社頭図と御正躰の図像体系を等しく熊野曼荼羅中に複合させた作例が青巌渡寺本[68]である。御正躰図像を中段に山岳を上段に配して三段構成の名残りをとどめるが、下段に三山の社頭図を充て中段左側に那智滝を描き、さらに上方に七星と日月を象るなど多くの要素を導入している。これも含め熊野の社頭図像に共通する特質は、多数の参詣者を描き入れることである。山中を熊野へ歩む人、熊野川を舟で下る人、社頭に額き、奉幣する人、僧、山伏、道者、女人などの群像を描くことは、他社の曼荼羅にほとんど見ることのできない光景であろう[69]。それは熊野詣の様相を如実に示すものであり、一見静態的な礼拝図としての曼荼羅に、ある種の運動が表現されている。それは曼荼羅の図像体系全体の上で社頭図像というものがいかなる世界を包摂しているのかという問題を提起し、また後世に那智参詣曼荼羅と称される、膨大な数の新しい勧進唱導のための図像の誕生にまで繋がる問題ともなるだろう。

熊野社頭図像の体系を象徴するのは、那智の瀧の図像である。それは社頭図は無論のこと、御正躰図像のなかでも必ず描かれる。何故なら瀧そのものが飛瀧権現として神体であったからで、本地仏のみを描く場合にも千手の図像と共に必ず瀧があらわされる。単なる垂迹図像でもなく、むしろ熊野全体にとって根源的な象徴であった。ゆえに、那智瀧のみを描いた厳《いつく》しくも美しい根津美術館本は、社頭図であると共に二種の体系の象徴が全て収斂していく本質的な曼荼羅といえるのである。[70]

石清水においては、僧形八幡を中心とする御正躰図像と男山と社殿を描く社頭図像とが結合してひとつの曼荼羅を構成した例は、ほとんど見いだされない。[71] 石清水八幡宮全体の社頭図として、山上社殿と山下の頓宮を中心に男山を俯瞰する視点から切り取ったような構図の作例がある。[72] これは「貞和感得図」として祠官が伝承していたものだが、遺品は鎌倉期に遡り、また『一遍聖絵』が描く社頭図と構図が酷似していることから、その典型は早く成立していただろう。あるいは先述した宗清の「御山の図」との関連も想像される。男山の自然描写を含む社頭図で、そのほか一切の象徴（御正躰図像）を交えぬ点で願文の意趣と共通し、それ自体を垂迹図として構想された作品と思われる。

この社頭図がそれ以上の展開を示さぬのに対し、興味深い様相を示す二本の曼荼羅がある。栗棘庵本は、かなり縦長の画面に楼門から神殿まで本殿を正面観にて俯瞰して描く（図12 a）。中門の幣殿は省いて石畳のみを示し、本来何もないその両側空間に摂末社の神殿を三棟、やはり正面観に配置する。大胆に社殿を再構成した社頭図で、山水は僅かに本殿上部に暗示されるに過ぎない。すべての要素は左右対称に統一されるが、唯一の破調は、画面中央の石畳上に置かれた仏供机の香炉から立ち昇りゆらめく紫煙のみ。[73] しかしそれが逆に画面全体を引きしめ、厳粛な静寂が生じている。本殿には緑青あざやかな御簾が下がるほかは何物もあらわさず、本図も御正躰図像を全く示さない社頭図なのである。だがこれに一幅の小品、帳台中に束帯姿のあでやかな童子が坐す「若宮八幡神影」というべき図（図12 b）が付属している。これを一具とすれば、神を祀る空間を社頭図によりあらわし、そこに象徴さ

図 12a 『八幡宮曼荼羅』(栗棘庵蔵)

図 12b 「若宮八幡神影」(栗棘庵蔵)

図13　『八幡宮曼荼羅』(井上家旧蔵，京都国立博物館蔵)

れる影向を御正躰図において具象化するような関係があったかもしれない。そうした二つの図像体系は、井上家旧蔵本[74]において融合している（図13）。前者同様、本殿を正面観で描き石畳を下に示す左右対称の構図であるが、楼門廻廊も省き、斜めに配した四棟の末社を含めて神殿の建築描写は幾何学的構図により捨象させられ、その神殿が構成する枠一杯に月輪中の本地仏が描かれる。つまり、御正躰図像を社頭図のなかに融合させ整然と表現するため、社殿は前者以上に変形させられて全くあらたなヴィジョンが現出している。石畳上には机や礼盤に代って、神人や武士など参詣者が描かれる点も前者の静態的な感覚と異質である。同様な社頭図の構図をもつ二例のこの相違がものがたるのは、御正躰図像との融合がいかにその絵画表現のあらたな可能性を触発するかということであろう。

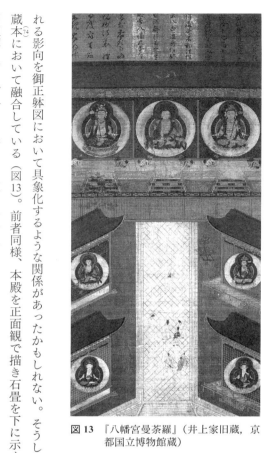

(5) 社頭図像の展開

御正躰図像と社頭図像の二体系がひとつに構造化されるところに生ずる中世の神々のあらたな相貌は、中世仏教の側における神の認識と深く関わり、寺院における神の造型（図像）と交錯していた。たとえば、その一端を示すものが神名帳[75]である。修正・修二会等の法会に護法神として勧請され、秘仏として隠された本尊と共に悔過などの修法によって祭祀される諸神は、いまだ独自の姿をあらわさない[76]。天台宗の如法経供養では、創始者の慈覚大師が国中有勢の諸神を毎日の守護神として勧請したと伝え、やがて三十番神を祀る[77]が、中世初期の如法経会では未だ神名帳による勧請形式であった[78]。鎌倉末期にようやく本尊として図像が製作されるようになる[79]。それは垂迹神像が一幅中に順番に配列される形式で、室町期以降日蓮宗寺院で多く祀られるようになるが、全て御正躰図像（集）の領域にとどまるものであった。

一方、対照的なのは、鎌倉末期の正和三年（一三一四）に原本が成立して南北朝・室町時代に盛んに製作された融通念仏縁起絵巻上巻における神名帳の段である。良忍上人が融通念仏を創めて名帳によって結衆を勧進しようとした時、鞍馬の毘沙門が影向して名帳に入り、やがて諸天冥衆をはじめ日本国中の諸神祇を列ねた神名帳を授けたという[80]。絵巻ではその場面を絵画化するに際して、諸神をそれぞれの社頭図をもって表現しているのである。図像化されたのは、伊勢・熊野・八幡・春日・住吉・厳島・賀茂・稲荷・北野・日吉・祇園の各社で、それぞれ最も単純な図様でその独自性を表現しようと試みており、特徴的な社殿や鳥居のみでなく、八幡ならば男山を描くような多様さを示すのである[81]（総説Ⅰの図13参照）。それは社頭図のもつ象徴性をよく利用しており、また、当時の各社に社頭図像の体系が広く行き渡っていた消息を示している。さらに、融通念仏の運動が神祇を社頭図によって表現する点は、『一遍聖絵』において一遍が諸国遊行のなかで諸社に参詣し神と結縁する有様を、全て社頭景観のなかに描いている方法と無関係ではないように思われる。『聖絵』ではまた、高野山・善光寺・四天王寺など寺院の〝霊場〟も同様な方法の許に描くのであり、いわば、それらもまた神祇と認識のかたちを共有しているのである。

こうした霊場の世界を描くもので、無視しがたいのは善光寺縁起絵であり、聖徳太子絵伝である。この両者は、中世仏教の展開のなかで、仏法の伝来に関わるきわめて神話的な意義を担い、互いに交渉をもちつつ善光寺如来と聖徳太子の唱導の媒体として数多く作られた。そこに前者は善光寺の伽藍、後者は四天王寺の伽藍が大きな比重を占めて描かれる。縁起絵と絵伝という常識的には全く異なった領域中の霊場図であり、しかも絵解きという独特の媒介を経て享受されるものだが、図像として絵画化された形態は社頭図像と共通するものがある。むしろ、これら寺院の図像は、中世に縁起や僧伝説話の文脈と結合してあらわされたととらえるべきだろう。一方にこうした霊場の視覚的な認識が存在していることは、神道曼荼羅と無関係ではあるまい。また、太子絵伝のなかには、善光寺縁起絵と複合した本證寺本のように、厳島や熊野・三輪山などの社頭図が太子伝説話に対応して描かれることがある。中世に、太子が神仏の媒介者であり、本地垂迹を顕わす存在と観念されていた消息は中世太子伝[82]に詳しいが、絵伝中の社頭図はいわばその象徴といえよう。太子自身が観音の垂迹とされて、一箇の御正躰図像体系を中世に創りだしていたのである。法隆寺蔵の聖皇曼荼羅（重文・鎌倉時代・法隆寺僧顕真の創案になる）は、まさしく太子を中心とする眷属の垂迹形による曼荼羅であり、真宗寺院に多く遺る太子曼荼羅図も同様であった。それらのなかには勝鬘経講讃図を中心として太子絵伝の一部を組み合わせている例が多くあり、太子の場合は絵伝の図像体系が御正躰に結合されるべきものであったらしい。

社寺縁起絵において社頭図が占める位置は大きい。興味深い事例は北九州の八幡をめぐる神々の縁起絵であろう。志賀海神社の縁起絵（重文・鎌倉時代）は、二幅に八幡縁起を描き、もう一幅は社頭図を描く。玉垂宮大善寺の縁起絵（重文・鎌倉時代）も、一幅に八幡縁起、一幅に社頭図を中心に玉垂宮自体の縁起をちりばめて描く。これを基にした高良大社縁起絵（室町時代）は、社頭図の一幅に一山全体のみならず門前町の光景までを描き出している。これらは、やはり八幡縁起の絵解き唱導（玉垂宮では近年までこれによる絵解きが伝承されていた）と結びついて展開された社頭図像なのであった。

（6）大神宮御正躰厨子の精神史

ふたつの図像体系の結合もしくは複合による神道曼荼羅の成立にとって、中世仏教は具体的にどのような役割を果たしたか。その一例を、南都における戒律の復興者である叡尊の残したもののなかにみたい。西大寺に、「伊勢大神宮御正躰厨子」と称される箱型の黒漆塗厨子が伝わる（図14）。全高五〇糎余のこの厨子は、両面開きの扉の内に二枚のパネルが収まり、取り外しができる。それぞれ表側に胎蔵界と金剛界の種子曼荼羅を彩画し、その裏面には黒漆地に大（桜花双鶴文鏡）小（秋草虫類文鏡）の白銅鏡を嵌め込み、その内側にそれぞれ仏眼仏母と愛染明王の種子曼荼羅をあらわし、それらは両界を統合し、より深秘として止揚する瑜祇経による本尊である（図15）。パネルの両面には計四帳の羯磨文を織りだした錦の御帳が掛けられる。その大小の鏡が内宮と外宮の御正躰であり、内側の曼荼羅がその本地をあらわし、外側の胎金の曼荼羅は両宮の全体をあらわすもの、すなわちこの厨子そのものが伊勢大神宮の立体的な御正躰図像体系というべきものなのであった。そして、この厨子には叡尊とその弟子による一連の文書が収められていた[83]。それらは、叡尊の文永十年（一二七三）、同十二年、弘安三年（一二八〇）の三度にわたる大神宮参詣の際とその前後の伊勢の託宣記であり、夢想記であり、あるいは伊勢に対する本地垂迹説を記したものであって、併せて彼がいかなる動機と背景のもとにこの厨子を製作したかを物語っている。

わが国の王権において、その根源であり神祇の頂点に位置づけられた伊勢大神宮において、中世仏教との関係はきわめて緊張をはらんだものであった。大神宮が他社と大きく異なるのは、延喜式に載せられた三宝の忌詞が示すように、仏教を厳しく忌む習いであった。ここには、神道曼荼羅を多く残す既述の諸社のように、早くから仏教が祭祀に深く関わるような状況は容易に成立しなかった。しかし、従来固く禁じられていた個人の奉幣が院政期には次第に行われるようになると共に、祀官の間にも仏教が浸透し、十一世紀初めには祭主永頼が氏寺を建て、神宮に参詣したところ十一面観音が本地として示現した[84]とか、大江匡房が救世観音を内宮の本地であると述べるようにな[85]る。それは『長寛勘文』に伊勢と熊野とを同一視する認識があったことを伝えるような状況とも連なっていよう。

図 14　伊勢大神宮御正体厨子（正面）（西大寺蔵）

図 15　伊勢大神宮御正体厨子（裏面）

そして院政期の当時、天台・真言の顕密仏教側では、すでに大神宮全体について密教的解釈をほどこし、本格的な本地垂迹説の体系を構築していた。『天照大神儀軌』(86)によれば、内宮・外宮はそれぞれ日月また胎金両部の曼荼羅であり、天照大神は盧舎那仏あるいは大日・観音であるという。そして、その本地身を観音の化身である宝志和尚が入定して顕わしたと説く。こうした理解は縁起説話と結合して中世初期に広く行き渡っていたらしく、第十章に述べる長谷寺縁起の一環である『長谷寺密奏記』(87)では、本願の徳道上人が伊勢に参籠して天照大神の本地として長谷寺の十一面観音の図像が日輪中に影向するのを感得したという。さらに、『東大寺要録』(88)等には、大仏造立に際して聖武帝が橘諸兄を大神宮に遣わして奏問したところ、帝に玉女の夢告があり、「日輪者大日如来也、本地者盧舎那仏也」というに依り天照大神の本地を知ったという説話が見られる。やがてこれに、行基が勅命により参詣して所持の舎利を奉ると天照大神が示現し、本地を顕わし仏法を喜ぶという説話が加えられる(89)。これらは全て伊勢（天照大神）の本地説を聖《ヒジリ》的な僧の媒介による神秘的な顕現に託してものがたる（それらの託宣は全て偈頌の形式をとる）テクストであったが、叡尊がかの御正躰厨子に納入した文書中の一点は、まさにその最後の説話を記したものであった。重源が参宮し霊告を得て発起し、更に文治二年（一一八六）五月に東大寺衆徒が集団で参宮し法楽を捧げたのは行基の伝説的先蹤を意識したものであったと思われるが(90)、叡尊もまたそうした伝統の上に立っていたのである。その消息は叡尊周辺の律僧著作と推測される『三輪大明神縁起』(91)冒頭の「天照大神本迹二位事」によっても窺われる。そのなかで叡尊は某年の参宮において天照大神の名義を知ろうと社頭の河辺で祈るが、御殿と覚しい宮中に声あり、「第一義天金輪王、光明遍照大日尊」と承わった。これを「天第一義天、照光明遍照也、尊大日尊」と解して法報応の三身に配当し、天照大神の本地を三身即一の大日と釈したという。彼は弘安三年（一二八〇）の参詣にあたって両宮に一切経を奉納したほか、両宮の本地院として弘正寺を創建し、両部大日を本尊としたと伝える(92)。そうした活動の結果として、この御正躰厨子の製作があったのである。

天照大神を盧舎那・大日等の垂迹とし、両宮の社壇と神々を両部曼荼羅と観ずるような中世の僧侶たちの大神宮

図 16　不退寺本堂内大神宮神祠

をめぐる理解は、観念的なものにとどまらず必然的に多くの図像製作を伴うものであったが、[93] それは大部分が寺院内部の世界に閉ざされ、広く衆庶の礼拝のための図像に発展することはなかったようである。御正躰厨子も同様に、西大寺愛染堂の内陣脇壇に、叡尊の肖像[94]と相対する春日厨子中に秘められて祀られていた。このように一見すると諸社の曼荼羅とはかけ離れた存在のごとくであるが、既に示した神道曼荼羅の構造から見れば、それは全体が御正躰図像の体系を本地垂迹説にもとづいて立体的に構造化したものであって、社頭図像はあらわされないが、それは厨子そのものを勧請神の神体＝神祠として祭祀するのであるから、それ自体がいわば社頭として観ぜられるべきものだったのである。つまりこの厨子も、神と社の存在を画面に構造化した曼荼羅とその構造を共有しているということができ、決して特殊な存在ではなかった。そして、かかる構造が形をとって創出される精神史的背景を蔵している点で、あるいは伊勢もまた、中世にあらたな神としての図像を獲得していた消息を伝える点で、これは貴重な遺産ということができよう。

　大神宮御正躰厨子に見られるような神の祭祀のあり方は、叡尊の門流に継承されていたらしい。その一例を不退寺に見ることができる。室町初期に再建された不退寺本堂には、その内陣両脇の庇を各一室に仕切り、左に本願阿保親王の御影を安置し、右に伊勢大神宮の神祠（図16）を造り付けにしてある。仏堂内に神を勧請しているのであり、これも西大寺の大神宮御正躰厨子と同じ形の祭祀といえよう。[95] この社殿は、妻入りの簡素な破風を僅かに突き出した下に扉を設けただけで神殿の正面観を示し、左右の壁に日月と師子を描いて荘厳する、半ば絵画的ともいえる平面的な造作である。これはまさしく社殿を表示することにより堂内に神を勧請していることをあらわす。されぱこの神殿がさながら社頭として拝されるわけであり、立体的な社頭図像としてもとらえられよう。この不退寺に小型の黒漆塗厨子（室町時代）が伝えられている（図17）。その厨子の形は大神宮御正躰厨子と驚くほど似ており、蓮花を象った金銅製金具まで同形で、雛形と言ってよい。これも両面開きの扉のなかに二面のパネルが収まり、一面は固定して表に金銅製五輪塔形舎利容器を装着し、もう一面は嵌め込み式の板の表（つまり舎利塔と反対側の正面）に涅槃図を細密画風に描く。そして、この裏面（つまり、隠されて決して扉を開けて拝すことのできない面）に春

図17　不退寺春日御正体厨子（正面）

図18　不退寺春日御正体厨子（裏面）

日曼荼羅を描いているのである（図18）。その図像は、束帯姿の鹿島武雷命《たけいかずち》が白い神鹿に騎乗する垂迹形神影が中央に描かれ、上部に春日・御蓋山・月、下部に一鳥居という社頭図が配される。社殿に代わって御正躰が春日野に影向する様をあらわす。これも小品ながら丹念に描かれ、金を刷いた春日野の上に立つ神影の背景は群青に彩られ、清鮮な対比をなしている。これも、二者の図像体系が結合して構成された、典型的な春日曼荼羅の一変奏といえるだろう。そうして、この厨子の内包する構造が見えてくる。中世、春日一宮（武雷命）の本地は釈迦とされていた。釈迦の遺身が舎利であり、舎利を表示するために涅槃図がある。ゆえに舎利は春日の神体ともいえるのである。つまりこの厨子は春日御正躰厨子というべきもの(96)であって、正面に舎利を拝するのは内側に隠された春日曼荼羅を拝することでもあった。その基本的な構造は、やはり大神宮御正躰厨子と共通していよう。不退寺の以上ふたつの遺品は、大神宮御正躰厨子のもつ世界が分化しつつ更に展開する様相を示す。その展開には社頭図像の要素が次第に大きな比重を占めて、それが当時の神道曼荼羅の世界と同様の構造のもとに産みだされた存在であることを示す。そして、これら立体的な曼荼羅のもつ構造もまた、平面的な絵画による曼荼羅に通底するものであるといえよう。

（7）曼荼羅から響く偈頌

ふたたび春日曼荼羅に立ち戻り、その諸作例を見渡すと、それらのうち、画面に色紙形を付し、讃文が書かれているものがある。このテクストは図像といかなる関係があり、どのような意味と機能をもっていたであろうか。それは曼荼羅の図像学と密接な関連があるに違いない。たとえば、一例として陽明文庫本春日鹿曼荼羅（重文・鎌倉時代・図6）の銘文を挙げてみよう。

a「為護応理円宗之教文、移榊乗鹿而出鹿嶋宮、成憐法相三千之学侶、和光垂跡而客春日里、于時神護景雲戊申歳矣」

b「本躰盧舎那　久遠成正覚　為度衆生故　示現大明神」

c「已依聖教及正理、分別唯識性相義、所獲功徳施群生、願共速証無上覚」

これらの文句のうち、aは神が春日の地に垂迹して興福寺の僧と教えを守護しようと言い、cはその教えを明らかにすることで得た功徳により衆生と共に悟りの境地に至ろうという、それぞれ神の誓願を述べた文句である。bもまた同様な誓願文であるが、他と異なり、そこには神の本地垂迹の関係とその意義が明らかに記されている。この四句文は、他の春日曼荼羅[97]にも幾度か登場するもので、おそらくは春日の神を象徴するような文句であったらしい。それではこの四句文は、いかなる背景をもっているのであろうか。

本躰観世音　常在補陀落《ふたらく》の山《せん》
為度《ゐと》や衆生　生々示現《しけむ》大明神

『梁塵秘抄』四句神哥のひとつに、こうした今様がある。これも、春日におけるのと同様な四句文に拠ったもので、大江匡房の『本朝神仙伝』には、泰澄が諸神の社に向かいその本覚（本地）を問うたところ、稲荷社において夢に女人が帳《とばり》より出でて、「本躰観世音　常在補陀落　為度衆生故　示現大明神」と告げたという。あるいは『八幡大菩薩　御託宣』[98]に、大同四年（八〇九）の託宣として、「昔於霊鷲山　説妙法花経　為度衆生故　示現大明神」という。こうした末尾の二句を同じくする四句文が、既に平安末期には成立して、諸社の神の本地垂迹を明し衆生済度の誓いを示す要文として流布していたと思しい。鎌倉期の春日社では、一宮（本地釈迦）を礼拝する詞として「本躰盧舎那……」が用いられ、四宮（本地十一面）のために「本躰観世音……」が唱えられたという。[99]それはまた、曼荼羅を拝す際に想起され、唱えられる偈文でもあった。では、春日においてこの四句文が通用した背景に、どのような思想があったか。

承安五年（一一七五）の『注進春日大明神御躰御本地事』[100]には、諸神の本地を挙げた後、「本縁云」として春日が天照大神とともに王位を護る神であると説き、次のような文証を示す。

文云。「[a]毗盧舎那善誓尊、道樹降魔成正覚、普随一切衆生心、転大法輪充満海」土宣里。此神、則、[b]照蒼天日輪大日遮那乃所化、鎮護日域大円鏡智、奉崇九重賢所也。故、本誓云。「往昔勤修成仏道、垂跡閻浮護王位、[c]為度衆生天照尊、円満大願遍照尊」土宣利。

この一節と要文は、専ら天照大神について述べられたものだが、同時に君臣の契約を結んだ春日を説明する文脈でもある。伊勢と春日とは、この文脈の上で一体とされている。aに「毗盧舎那」とあって本地身を明かし、cには「為度衆生」として垂迹神の本誓を示すところは、春日において典型化した四句文と共通の主題が認められる。そして両者をつなぐbの一節には、天照大神が日輪＝大日＝盧舎那であるとする、さきに前節で述べた、伊勢をめぐって平安末期に形成された本地垂迹説が姿を見せている。盧舎那とは広義には仏の真実の法身であるから、あらゆる神の「本躰」に通ずるものであった。叡尊の大神宮御正躰厨子の背景として挙げた伊勢における本地垂迹の論理は、ここで春日においても普遍化されているのである。こうして生みだされた例の四句文は、南都の神祇信仰とも関わりの深い説話集である『撰集抄』[101]巻一第二話にも見えて、そこでは広く神祇一般の本質を示す要文とされる。一話の結びに神明を讃える部分である。

和光利物の恵み、かへす〴〵もかたじけなく侍り。
「本躰盧舎那　久遠成正覚　為度衆生故　示現大明神」
これなり。久遠正覚の如来、雑類同塵したまふらん、ことにかたじけなく侍りけり。

この四句文と春日曼荼羅との関係を理解する最良の資料は「春日講式」である。講式は元来、結縁衆が一座に会し共同で仏事法会（講）を営む、その旨趣・意願を本尊に述べて祈請礼拝するための台本（式）であった。「講」という祭祀の方法はいわば中世を象徴するものともいえよう。二十五三昧会の六道講・往生講・迎講などの浄土教上の儀礼をはじめとして、中世のさまざまな信仰が講の形式の裡にあらわされた。本尊とすべき対象もさまざまで、仏菩薩に限らず、諸天・祖師、そして神祇におよんだ。春日講式の成立や諸本の様相については未だ十分な調査を尽くしていないが、管見に入った諸本には必ずこの四句文を含んでいる。たとえば、大原勝林院魚山叢書本『春日講式(102)』の冒頭には、次のようにある。

　敬白　法相擁護春日大権現大明神而言
　夫、「本躰盧舎那　久遠成正覚」者、八相成道利物之終。
　「為度衆生故　示現大明神」者、和光同塵結縁之始。大悲深重之至極、広度衆生之方便也。

いま、諸本中では比較的早く成立したとおぼしい天理図書館本『春日権現講式(103)』について、その構成のなかで四句文がいかなる位置にあるか見てみよう。

この講式は「本地垂跡之尊」たる春日大明神を敬礼《きょうらい》するため、初めに「垂迹方便」を讃え、次に、「五所本地」を明かし、後に「廻向志願」を述べるという「三門称揚之筵」を展べ「五所権現之納受」を請い、「散花焼香之供」を捧げて「出離解脱之勝利」を祈るものであると言い、講演の場が設定される。三段のうち垂迹に関する叙述が、講における神と人との関わりを明らかにしている。神代のはじまりには天照大神を扶けて国土を安じ、人代に及んで「春日之霊地」に移ってより「殊興福一寺、惣《ジテ》南都一村」を済度すること四百余年に及び、その善巧利益は測りがたい。「爰、〳〵我等、自幼年之昔、至暮齢之今、慈悲眸前仰加護而数十年」と、ここで講師は自ら一座の代表として、その身の賤しく心の拙きを嘆き、悪道の火宅を脱れ発心修業を成就するには、ただ神を恃《たの》むばかりである。

そして漸く見仏聞法の機根を得たならば、「早顕二本地之相海一、立三現微妙之浄土二」、その世界のなかで母にしたしむ嬰児のように遊ぶことができよう、と述べる。そして一段の終わりに「伽陀（偈頌）」を唱えるのだが、これが例の「本躰盧舎那……」の四句文なのである。(104)

神前における「春日講式」の講演とは、春日曼荼羅を本尊として行うものであったことを、この伽陀と春日曼荼羅中の偈頌の一致は明らかにものがたっている。室町時代には既に興福寺の衆徒や神人をはじめとして広く春日講が営まれ、その本尊に春日曼荼羅が懸けられ、儀礼の中心に春日講式が読まれたことが知られている。(105)このとき、曼荼羅は講式という回路を通して、神と共同体とを繋ぐ媒体として機能していたといえよう。加えて、その講式は、興福寺の遊僧（延年などの芸能を専業とする下級僧）たる「声明師」が読む習いであったという。(106)講式中の伽陀などは、もっとも彼らの芸能者としての技量を発揮させる段りであったろう。そうした、神の祭祀が芸能と結びついて展開される伝統は、中世に深く根ざすものであり、本地垂迹としての神の顕現を語る伽陀の一例が、さきに引いた今様としても謡われていることは決して不思議ではない。その歌謡の響きは、曼荼羅を拝する人々にとって神のあらわれを告げるものであった。

（8）凡夫の浄土と曼荼羅

能『春日龍神』は、明恵上人（ワキ）の渡天を留《とど》めようと、宮守の翁（シテ、実は時風秀行）が春日大明神の和光垂迹のことわりをものがたる。

シテ 昔は霊鷲山　地 今は衆生を度せんとて　大明神と示現し　この山に宮居《みやゐ》し給へば　シテ すなはち鷲の御山とも
地 春日のお山を拝むべし

この神託により入唐を思いとどまった明恵の前に、やがて「三笠の山に五天竺を移」す有様を見せようと、「神託まさにあらたなる　声の内より光さし　春日の野山金色の世界となりて草も木も　仏体となるぞ不思議なる」という奇特が顕われ、八大龍王（後シテ）が登場して[107]春日野に釈尊の八相成道の様を示し、ついに猿沢池にかくれる。そこに述べられる明恵の志を翻す根拠であり、この能の主題ともいうべき「今は春日のおん山こそ、すなはち霊鷲山なるべけれ」という主張は、決して能の独創ではなかった。さきの引用と似たような一節は、やはり春日を舞台とした能『采女』にもあるが、それは春日とりわけ八幡の本地垂迹を説く四句文の偈頌にもとづく詞であった。

図19　『春日権現験記絵』巻十八（東京国立博物館蔵）

春日山を霊鷲山とも観じようとする思惟は、既に『春日龍神』の拠となった明恵に対する春日大明神の託宣説話のうちに見えていた。明恵の渡天を制止するため親縁の女人が春日の託宣を行い、それに従って社参したところ奇瑞あげて数うべからざるものがあったことは彼自身が『僧成弁願文』[108]に述べるところである。その奇瑞について『明恵上人神現伝記』[109]には、春日社参のとき「御宝前ニシテ聊眠入ルニ、夢ニ霊鷲山ニ詣シテ釈迦大師ニ奉仕シ奉ルト見ル」と云うが、これが更に『高山寺明恵上人行状』[110]巻中では一層説話的に展開されている。

詣シ二社壇ニ一、坐スル二宝前ニ一之間、欻然トシテ睡眠、如シレ不ルカレ弁ヘ二前後ヲ一、同法恠ムレ之ヲ、彼熟眠間、社壇忽ニ変シテ、成ル二霊鷲山ト一、本師尺尊弁ニ諸大眷属、柄然トシテ而現ス二夢中ニ一、悲喜相交テ瞻仰礼拝ス、

こうした説話は、春日の一宮の本地が、従来主に不空羂索と考えられていたのが、貞慶の主唱により明恵当時には釈迦を中心とするようになったという、あらたな本地垂迹説の転換と無関係ではない。さらに、その表現に

おいて、社壇が忽ちに変じて霊山となるというように、社頭がさながら聖なる世界に変化することを説く点が注意される。明恵関係の説話を組み入れて延慶二年（一三〇九）に成立した『春日権現験記絵』では、この説話を巻十八第三段に描くが、そこで画家の高階隆兼は、ただ四社の神殿と瑞垣、その前で眠る明恵の姿を描写するばかりである（図19）。社頭はそのまま霊山でもあるのだ。そして、『験記』全体の末尾には次のように述べられている。

随心浄処即浄土所なれば、我神すでに諸仏也。社壇あに浄土にあらずや。しかれば、浄瑠璃霊山やがて瑞籬の中にあり、補陀落清涼山なんぞ雲海の外にもとめむ。明恵上人の霊山とをがみ、俊盛卿に菩提の道としたまひし、このことはりなりけん。

社壇に霊山を幻視することは、本地垂迹説より発想された説話次元での表現であるが、こうした表現に触発されつつ、社壇自体がさながら浄土世界であるという認識を、中世の春日社は獲得していたのである。[111] その認識は、浄土往生を神に祈るという廻向の願いが示すように、さきに紹介した『春日権現講式』にも胚胎するものであった。本地垂迹説の成立による神のあらたなる認識は、垂迹としての神に対する帰依を勧めることに発し、その結果としてもたらされたものであった。そのように、垂迹のかたちとしての社頭や社壇の図像こそ、真に礼拝すべき対象として当時の人々は意識していたのではなかろうか。正中二年（一三二五）花園天皇が日記にしるした清経なる者の「春日曼荼羅」は「社頭之気色」を図絵して曼荼羅と称したもので、近頃人ごとに所持していたという。[112] 身貧しくして社参が叶わぬために、これを本尊として「社頭之儀」に擬らし供物を備え法楽を捧げた、という清経の心意がいかなるものであったかまで天皇は詳しく述べていない。だが当然、そこには社頭をかくあるものと信仰して参詣する共通の観念があった。

こうした中世の春日社に対する信仰を平易に説くのが『春日水精記』[113] である。まず春日山を、霊鷲山の浄土に対して和光垂迹の霊地、すなわち一切衆生を望みのごとく救おうとの誓いにより立てられた霊地であると述べ、次いで西方極楽や南方補陀落の浄土に較べてその特質を明かす。

> 然に、此春日山は、無猒苦欣寂安楽の刹土たり。忝も、法性安楽の仏界を去て、一惑未断の樹下に社壇をあらはして、たちどころに本有の都をおがませ給へり。（中略）されば、当山に詣でゝ、鳥居の内を踏たらん者は、二度悪趣にかゑさるべからず。三毒も則滅し、悪趣にもかへされずんば、凡夫ながら和光同塵のめぐみにあって、現身より成仏を得て、五社本地、釈迦如来の内証利生にあづかり、天上にのぼり、五宮の住居をうべし。（中略）かゝるまのあたりなる凡夫の浄土へまいらずして、何ぞ神国の外に浄土をもとめねがはんや。（中略）受苦沈淪の衆生をそのまゝたすけましますす、神明権現の社内宮中に詣でゝ、よろづの望を現身にかなへ、生々世々まで明神に値遇し奉らん事は、歓喜踊躍なるべし。

社壇を目前の「凡夫の浄土」として拝し、参詣によって悪趣を脱し現身成仏できるという唱導は、春日講において講式と春日曼荼羅があいまって創りだしていた世界観をも、率直に表明するものであったといえよう。こうした主張は、決して春日社固有のものではなく、たとえば日吉社の場合も同様な所説が早く成立していた。『耀天記』所収の「山王事」[114]では、本地垂迹説が日吉の社頭を霊山に異ならぬ処とし社壇を成仏得道の場とする論理を導いて、やがて参詣による往生の利益を説く点で全く一致を見せる。その結論は、第二章に言及したヒトクメ譚の主人公である陰陽堂僧都慶増が山王の示現を蒙って作ったという今様を引いて終わるのである。

> 大宮権現ハ　恩ヘバ教主ノ釈迦ゾカシ　一度モ此ノ地ヲフマム人ハ　霊山界会ノトモトナル

これらが語るような、社頭がそのまま浄土であるという霊地観は、古代の神々が仏教によって変貌を遂げてあらたな神となり、その聖地があらたな霊地として中世に登場してくる過程で、既に胚胎していたものであったろう。そうした霊地としてもっとも早く登場した熊野にも、それはむろん見いだされる。仮構ではあるが延久二年（一〇七〇）奥書をもつ真福寺蔵『熊野三所権現王子眷属金剛蔵王本位[115]』は、熊野と金峯の諸神の本地垂迹とその利益を明かした後、次のように結論する。

　一度此霊地履人、一度此神命（ママ）拝者、所望悉成就立所故、現世保千秋万歳之仮（佳）齢、為施権現之冥助、当生登九品三茎之蓮台、為檀覚位之証果矣。

　これらの霊地と神々を中世に絶えず変貌させていく運動の先端に、社頭図が生みだされ、そこから神道曼荼羅のあらたな図像学が形成されていく。一幅の画絹の上に実現された御正躰図像と社頭図像のふたつの体系の結合は、本地垂迹の象徴にもとづいて多様な変奏を生む。それは絵画という媒体の特質のなかで、単なる構成にとどまらず、より深い次元での形態の変容・象徴の複合をともなう融合となってあらわれた。そこに生じたあらたな象徴構造は、決して画家一人の創造によるものでなく、彼の背後にある世界の共同の所産であった。神道曼荼羅は、霊地とその聖なる構造の小宇宙として、霊地への参詣の過程を礼拝の儀礼として、あらたな神の許に集う共同体の象徴として、解読されるべき多義的な位相をもつテクストであるといえよう。

第十章　中世の霊地と縁起
——元興寺と長谷寺——

一　元興寺の縁起と伝承

（1）仏教伝来と元興寺縁起の形成

『日本書紀』の欽明紀から推古紀にかけての仏教伝来の記事は、日本における紛れもない文化衝撃の顚末をものがたる叙事詩として、仏教国家成立の神話というべき叙述をつくりあげている。それは、『古事記』が仏教を全く排除してその世界を構築したことと、いちじるしい対照を示している。

『書紀』が欽明天皇十三年（五五二）に位置づけた百済の聖明王よりもたらされた仏法の公伝は、『元興寺縁起』では戊午年すなわち『書紀』にいう欽明の治世を遡る西暦五三八年のこととされる。『書紀』の仏教伝来記事が金光明最勝王経によって修飾されていること、後世の『扶桑略記』が示すように、その年が仏滅後一千五百一年目すなわち入末法の第一年に相当することなど、年次の差異は『書紀』編纂の際にこの事を然るべく記念的な時点に位置づけようとした作為の所産であろう。『扶桑略記』に収められた吉野比蘇寺の縁起でもある仏像伝承のように、それ以前から、半島と往来する氏族の間へ仏教は個々にもたらされていたはずである。それが、この六世紀半ばの時期に、王から王へ、国家間の贈与という形であらためてなされたのには、より積極的な動機があった。百済をはじめ半島諸国が倭の支配下にあった任那を捲きこんだ激しい闘争をくりひろげている最中において、仏法とは、それらの利害の交錯するなかで撰択された高度に戦略的な文化装置であったからでもあろう。(1) ただし、それは直ちに倭の大王とその臣たちに受け容れられたわけではない。仏法をめぐり、彼らの間でもあらたな抗争が生ずるのであり、その葛藤は大王による古代国家の形成過程とも不可分な連関をもっている。

古代史上の多くの重要な問題をはらむ仏教伝来の展開と、古代における主要寺院のひとつであった元興寺の創建過程とは、これも分かちがたく連なっている。そうして、これを叙《しる》す『書紀』と『元興寺縁起』の文脈は、重なり合いつつも互いにさまざまに異なる相をみせる。この相違に注目しつつ、本章では、古代日本における仏教の神話叙述として、縁起がいかなる世界像を描くかということを読み解いてみよう。そして、これを契機として、まず元興寺をめぐる仏法伝来と展開の諸相を考察していくことにする。

醍醐寺に伝えられた建永二年(一二〇七)書写の諸寺縁起集のうちに収められる元興寺帖は、長寛三年(一一六五)慈俊により記され勘注が付せられたものであるが、そのなかに天平十九年(七四七)に成立した『元興寺縁起流記資財帳』が含まれる。後半の資財帳部分は省略されているが、前半の縁起は、付加された本尊釈迦仏の「丈六光背銘文」と「塔露盤銘」を併せて、元興寺創建の経緯を寺みずからが記述し主張するものとして貴重な文献である。(2) また、一帖の冒頭には「仏本伝来記」も付加されており、これも元興寺縁起と仏教伝来とが密接に結びつけられて認識されていたことを示している。

古代史上の重要な文献として、この縁起は研究・分析の対象となってきた。まず文献学的研究により、これに含まれる縁起的部分は、元興寺の古称たる豊浦寺の縁起にもとづいていること、その上で全体に元興寺の縁起として多くの潤色が加えられていることが明らかにされた。(3) 元興寺の縁起には、別に『上宮太子拾遺記』等に逸文が引かれる「本元興寺縁起」と称せられる異本があり、これらから、〝豊浦寺系縁起〟と区別される〝飛鳥寺系縁起〟の存在が指摘された[4]。更に、縁起の分析にもとづいて、(a)豊浦寺創立の過程を述べた（蘇我本宗家滅亡以前の）本来の縁起部分と、(b)元興寺と欽明―推古―太子との師壇関係を主張する（大化以降の）新たに付加された部分とに弁別し、それぞれ叙述の志向と成立時期とを異にする二つの縁起が合成されたという解釈も提出された[5]。いずれも、現存の縁起が、その典拠と性格の認識こそ論により異なれど、古層の縁起の上に新たな縁起が重ねられ潤色されているとみる点で共通する。これらの研究をふまえて『元興寺縁起』の説くところをうかがおう。

縁起の全体は、序と跋にあたる外郭の大きな枠組のなかに、いわゆる縁起部分が組み込まれるかたちで構成されている。序の冒頭に、癸酉歳（推古廿一年・六一三）、馬屋戸豊聡耳皇子《うまやどのとよとみみのみこ》（聖徳太子）が、等与称気賀斯岐夜比売命《とよみけかしきやひめのみこと》（推古天皇）の勅を受けて元興寺の本縁とその発願および群臣の発願を記す、という部分があり、これに対応するかたちで末には、太子による縁起撰述の経緯が述べられる。それは、仏法の護持者たる「大大王《おおきおおきみ》」（推古）への讃美として、天皇の生年一百歳を言祝ぐ劇（儀礼）的な構成のもとに、太子の善言《よごと》奏上とこれに応えての大大王の懺悔・発願・礼拝という次第のあと、天皇より太子にその撰述を命ずるというかたちで示される。この、天皇と太子との儀礼的なやりとりのなかで、僧尼を住まわせた最初の寺として「元興寺」の名があらわれ、寺の興隆はすべて天皇の徳であり、大聖の化現ともいうべきだとして、御名を「法興皇」と称し世に弘めよう、との言が太子の口より白《もう》し上げられる。

内側の、太子によって書かれた体をなす縁起部分は、仏教公伝のことから始まる。欽明の御世に聖明王より伝えられたものは、「太子像并灌仏之器一具及説仏起書」であった。天皇はこの受容を諸臣に諮るが、彼らは、我が国は「天社国社一百八神」を礼《いやま》い奉る、その御心の恐《かしこ》き故に他国の神を礼すべからず、と拒む。この後、たびたび「神の心《いかり》」が発《おこ》り、これが他国神を礼する罪故であるとして、蘇我大臣稲目のみが申しうけて私宅で礼拝された仏像は、大臣の死後に難波江に流し棄てられてしまう。この時に、灌仏器のみは隠し蔵《おさ》めて、「今この元興寺に在《あ》るはこのこれなり」と、事の顚末を寺の宝物の由来に結びつけて説くのは、当時の縁起の語りくちの一端をうかがわせて興味深い。また、難波江に棄てられたということは、八十島祭にその意義をとどめたように、古代の難波江が国（すなわち王）の穢れを攘《はら》うハラエの祭儀を行う聖地であったことに重ねられ、仏がまさに「他国神」として荒ぶる疫神と認識されていた消息を示すものであろう。すると、その翌年、国に災厄が起き天皇が病を得、遺言して二人の御子（推古と用明）に「仏神《ほとけかみ》」は恐《かしこ》き物ゆえに捨てるべからず、牟久原《むくはら》の後宮を仏に奉れと告げて崩じたというが、これは縁起としての潤色であろう。

大大王（推古）と池辺皇子（用明）の二人による仏教崇敬は、縁起が一貫して強調する皇室による仏法護持の起点である。それは、牟久原の後宮を桜井に遷して道場とし、稲目の子の馬子が卜筮により出家者を求め、高麗の還俗僧恵便と尼法明により嶋女《しまめ》ら三人の少女が出家し、甲賀臣が百済より将来した石の弥勒菩薩像を家の口に安置して礼拝供養を始めることにつらなる。日本最初の出家者がみな渡来系氏族の女性であったことは、『書紀』も『縁起』と等しく述べるところである。

斎食《いもい》の飯の上に舎利を獲た奇跡をうけて、馬子は豊浦崎（大野丘）に刹柱を立て大会《だいえ》を催すが、敏達天皇はこの柱を伐り、仏や殿を焼き滅ぼし、三尼は捕えられて市にて恥ずかしめられた。この時、国に悪疫が流行し人々は痛み苦しみながら死んでいった。この、欽明と敏達の両度にわたる仏法排斥は、明らかに天皇自身の意志によって行われたものである。『縁起』はこの時も、桜井道場は大大王の後宮である故に犯されず、また馬子のみが三宝を敬うことを許された、と主張する。

敏達の崩後に即位した用明天皇に、その皇子である馬屋戸皇子が仏法興隆を奏し、三尼は桜井道場での居住を許され、彼女たちは百済に渡って受戒し正式な比丘尼とならんと請い、許される。『縁起』における太子の初めての登場である。翌丁未歳に、百済の使の言にもとづき、天皇の命により法師寺を作り正式な戒を授け僧尼を居住せしめるために、皇子と馬子は共に寺地を定めたという。

『書紀』によれば、この年、用明が病により崩じた後、王位継承をめぐって、物部守屋を中心とする勢力と蘇我馬子の率いる勢力が衝突し、物部氏は滅亡する。『書紀』崇峻即位前紀では、この戦いに臨み、馬子は「諸天王・大神王」に祈り、もし勝たば寺塔を起《た》て三宝を伝えよう、と誓う。果たして勝利を得て、飛鳥の地に「法興寺」が建てられたという。また、同時に、厩戸皇子が四天王に勝利を祈り、その誓願を果たさんがために建てられたのが難波の四天王寺であるという。すなわち、『書紀』はここに蘇我氏（馬子）による法興寺の縁起と太子による四天王寺の縁起とを同時並行して組み込んでいる。

『元興寺縁起』は、不思議なことにこの物部氏滅亡に至る内戦のことについて全く記さない。それは、『書紀』から『聖徳太子伝暦』をへて後世に流布された伝承、すなわち、この合戦が破仏派の首魁守屋を太子が滅ぼして仏法興隆の始まりとなったという象徴的かつ寓意的合戦譚として成長していったの[6]と対照的である。それは『縁起』が破仏記事においても物部と中臣らの氏族名を示さぬところにも一貫しており、ようやく後文に至り、太子に従って仏法興隆を天皇に誓う臣の名として初めてそれらが見えることは、それ以前の条においてその名や破仏派としての対立のことが意識的に削除された作為を示すものであり、それは『縁起』撰述者の立場を暗に物語るものといえよう[7]。そして、『縁起』では尼寺の成立とあらたに創られた法師寺の建立も、終始、太子が領導し、その奏により推古天皇が詔を下すかたちの許になされている。

なお、『縁起』における寺の呼称について触れておこう。仏法最初の寺として尼寺である桜井道場（桜井寺）が「元興寺」と名付けられ、また「建興寺」とも称された。そして、これを成り立たせるに必須の受戒と羯摩《こんま》を行うための法師寺が創られて「建通寺」と称された。太子が法師寺のため等由良宮を寺としたことに由来する「豊浦寺」は、『縁起』の文脈では法師寺のことである。両寺は、理念的な名称としての建興・建通が示すように一体として観念されており、その上で「元興寺」は、尼寺に由来しながらも両者に通じその上に立つ総称として用いられているようである。

『元興寺縁起』は、こうした展開と各種の寺名を挙げながらも、『書紀』にいう「法興寺」の名はついに挙げず、蘇我氏による〝法興寺縁起〟をその表面から消し去ろうとしている。稲目から馬子へと受けつがれる仏法崇敬の事績はさすがに無視できず最小限に留め、逆に「大大王」推古の本願により太子がその意を承けて奉行し、その縁起を記したという一貫した枠組のもとに、皇室の寺、官の大寺としての元興寺の存在を主張しようとするのである。

これに対し、『書紀』には、本来の蘇我氏による法興寺の縁起が、先述した「崇峻即位前紀」の馬子を本願とする記事より始めて、しばしば引かれている。崇峻元年（五七八）に、飛鳥衣縫造《きぬぬいのみやつこ》の祖樹葉《このは》の家を壊《こぼ》ち、始めて法興寺を作る、と見え、同五年十月、「大法興寺」の仏堂と歩廊が建てられ、推古元年（五九三）正月、仏舎利を法興寺の刹柱の礎のなかに置き、刹の柱を建てた。そして同四年十一月、法興寺を作り竟《おわ》り、馬子の息「善徳」を寺司として、恵慈・恵聡らを住まわせた。それらの記事は、「法興寺」の創建と造営が明らかに蘇我氏を主体として行われたことを示している。次いで、推古十三年四月、天皇が皇太子と大臣以下諸臣に詔《みことのり》して、銅・繡の丈六仏像各一体を鞍作鳥《くらつくりのとり》に命じて造らせ、翌四月にこれを造り竟《おわ》り、「元興寺」の金堂に坐せしめた、という。この際、丈六仏を鳥仏師が戸を壊たずに堂内に安置したというエピソード[8]が語られて注意される。ここに至り、はじめて見える元興寺の称が、やはり『縁起』と同じく推古と太子に結びついてのものであることに注目すべきであろう。『書紀』は、単に二つの寺名を並べるのみならず、それにともなう二系統の縁起説を材料としているようである。

『書紀』は、それ以降も、法興寺と元興寺の二通りの名による縁起―記録を用いている。法興寺についてみれば、印象的なのは、皇極元年（六四二）七月、旱天に際して蘇我大臣蝦夷《えみし》は「大寺」（この場合、明らかに「大法興寺」の略）にて仏前に祈雨するが僅かな験《しるし》しかなく、一方、天皇が南淵にて天に祈れば大雨となったとの記事は、両者の立場を示す暗示的な記事である。同三年、上宮王家が蝦夷の子入鹿によって滅ぼされたのち、豊浦大臣（蝦夷）が蓮花を蘇我氏の栄える瑞《しるし》として「大法興寺」の丈六仏に献じたという。これなどは、明らかに「法興寺」が蘇我氏の寺としての呼称であることを証している。何れがこの寺の本質であるかということは、従来より議論されて未だ結論の出ないことであるが、天皇家の寺としての「元興寺」と蘇我氏の寺としての「法興寺」のそれぞれの側面が史料のうえで対立し相克する消息は、あざやかに浮かび上がってくる。

（2）大槻樹の下

飛鳥川の川原の東、「飛鳥の真神原」の地に、飛鳥衣縫造の祖樹葉《おやこのは》の宅のあとに建てられた法興寺は、その地名によって飛鳥寺とも称され、歴代の大王が繰り返し宮を営んだ飛鳥の地の中心を占めた。この地が当代の王権にとって、一種の聖なる中心というべき象徴的な意味をもっていたことは、この寺の西に、その当時なお巨大な樹影を投げかけていた槻樹《つきのき》の林によってしるしづけられる。

法興寺の西門と飛鳥川の間に古くから生い繁っていた槻樹の下《もと》は、『書紀』によれば、推古朝以降、天武朝まで、たびたび隼人をはじめとする辺境の国の民の、大王への服属儀礼とこれにともなう饗宴の舞台となった。「斉明紀」三年に、飛鳥寺の西の北の丘上に須弥山を造ったとあるのも、蕃族に対する大王の示威の具として仏教上の宇宙観の中心の象《かたち》をこの地に重ねてあらわしたものであろう。槻じたいが古来、宇宙樹としての性格をもっていた。『古事記』巻下、雄略天皇の豊明《とよのあかり》の宴の庭で、天皇の盃に舞いおちた槻の葉は、天皇と三重采女との間に交わされた歌物語の発端であり、象徴である。それは、大王の王権を言祝ぐ祝宴歌であり、槻が月と感応する（また女性の「月のものが立つ」ことにまで及んで）古代のコスモロジーを体現する大王の偉大さが讃えられる。飛鳥の法興寺（元興寺）は、槻の樹がその記憶をあらたにし続ける、そのような伝統につらなる王権の聖地の傍らに地を占めたのである。衣縫造の祖樹葉とは、おそらくその聖地の祭祀を司る役目を負っていたのであり、その役割が仏教に譲られ取って変わったのだろう。

『今昔物語集』巻一一「推古天皇始造本元興寺語第廿二」の説く元興寺の縁起では、堂が建つべきところに「当《マサ》ニ生《オヒ》ケム世モ不知ズ古キ大ナル槻《ツキノキ》有リ」という。この槻樹に宿る神が、天皇の寺を造るために木を伐ろうとするのを祟りをなして妨げる。そこで、ある僧が蓑笠を着てひそかに木の下に赴いて樹神の語らうことを聞き、そのごとく注連《シリクベ》を廻らし中臣祭文を読み杣立《そまだち》の者に然るべき作法をもって切らせれば、神は鳥となって飛び立ったのを社に祀り、無事伐りはらって寺を建てることができた。この話の典拠は知られないが、鳥とあらわれた槻樹の神こそ、飛鳥真神原の地主の神とみてよかろう。『書紀』にいうところの、この地に宅を構えていた樹葉なる者も、あるいはその祭祀者であったかもしれない。説話の後半は、堂供養に際し翁の化人が仏像を無事に堂内に運び入れる話だが、これは『書紀』における鳥仏師の巧みの挿話にもとづくものであろう。つまり、この元興寺縁起は『書紀』の飛鳥元興寺創建記事の行間もしくは背後の伝承をふくらませた物語であった。古代の大王の祭祀と深く結びついていたらしい槻樹(とそこに坐します神)が、新たに渡来した「他国の神」たる仏法にその座を譲り、寺が建立され仏が安置される。新旧の王権を支える儀礼—象徴体系の転換としての神仏の交替劇が、この説話からは確かにみてとれる。

この地はなお、王権の交替劇を生む舞台であり続けた。『書紀』皇極紀三年のあるとき、この槻樹の下に打毬する中大兄皇子に中臣鎌子が接近し、これを機としてひそかに時めく蘇我氏打倒の謀をめぐらしはじめた。翌四年六月、鎌子は中大兄と力を合わせて入鹿を宮中に殺害し、蝦夷は自邸に火を放って自殺し、ここに稲目以来の蘇我本宗家は滅亡する。この時、中大兄はただちに法興寺に入り、これを城《き》として護りを固めている。この先制的な法興寺占拠が蝦夷に最後の抵抗を断念させた決定的な打撃であったことは容易に想像される。ここでも、この寺とその場所が蘇我氏と皇室の双方にとって枢要な意義をもっていたことが明らかであろう。

孝徳紀元年六月、即位したばかりの新帝は、この大槻樹の下に群臣を召集して忠誠を盟《ちか》わせた。一方、それ以前に、有力な皇位継承者として帝位に推されながら蘇我氏との深いつながりをはばかって辞退した古人大兄皇子は、法興寺の仏殿と塔との間に詣でて出家し、吉野山に入る。彼はやがて謀叛露見の咎を蒙って殺されることになる。そのような軌跡は、のちに中大兄が即位して天智天皇となったとき、その弟として皇太子であった大海人皇子も再び践《ふ》むことになる。ただし、彼の出家しての吉野入山は単に危難を回避するにとどまるものでなく、そこからひそかに脱出し、あらたな王権獲得のための英雄的冒険へと赴く経路であった。その壬申の乱において、畿内に侵攻した大海人の軍を迎え討つために飛鳥の旧都に派遣された近江朝廷の軍は、法興寺の西の槻樹の下を軍営と定め、次いで詭計によって遁走した。そこにも、やはりこの地の戦略拠点という以上の意義がうかがえるであろう。

飛鳥に宮都を復帰させた天武天皇にとっても、この寺とその傍らの槻樹は変わらぬ祭政上の聖地であり続けた。天武紀六年（六七七）八月、天皇は飛鳥寺に大いに設斎し、一切経を読ませ、自ら南門に出御して三宝を礼した。同九年四月、もとより大寺として功ありし飛鳥寺を特に官司の治める所とした。ここに、この寺は公に国家の寺として再出発し、かつての蘇我氏の影は一掃されたであろう。その年の七月、かの大槻の枝が風なくして自ずから折れた。それは、やがて発病し不予に至る大王天武の運命の予兆としても読むことができそうである。

（3）童子としての道場法師

『書紀』のごとき正史に記された、法興寺と元興寺という呼称の背後に横たわる蘇我氏と天皇家との葛藤は、仏教伝来以降の古代日本において、国家と仏法とがいかなる関係を結びつつ新たな国家像をつくりあげていくか、という波瀾にみちた歩みを如実に映しだすものであった。『元興寺縁起』は、それが最終的に天皇による王権の枠組の許に収めとられていった結果であろう。しかし、この寺をめぐって、仏教伝来はまた別の異なった次元で世界の精神史的変容を促してみせてくれる。

『日本霊異記』巻上「雷《いかづち》の憙《むがしび》を得て生《う》ましめし子の強き力ある縁《えに》第三」は、その結びにおいて、一話の主人公であるこの子が「元興寺の道場法師、強き力多《あまた》あり」という後の世の人の語り伝えしことわざの由来を説く口承の枠組を介して〝説話〟として記述されるものである。そこに説かれるのは、およそ次のようなことの次第である。

敏達天皇の代、尾張国の農夫が田作りする折、その足許に小子《ちいさこ》の姿で堕ちた雷神は、命を救われ昇天を得たことへの報恩にその子として転生する。頭を二匝《めぐり》する蛇を戴いて誕生したこの霊童は、十余歳にして朝廷に上《のぼ》り、王たちとの力競べで異能をあらわし、元興寺の童子となる。そこに、この寺の鐘堂の童子が夜毎に殺される怪異が起きた。この童子は、謀《はかりごと》をもって鬼を捉《とら》えようと、後夜《ごや》に出現した鬼の髪を捉《つかま》えて離さず、ついに鬼は頭髪を引き剝いで逃げ、血の跡を追えば、かつて寺の悪しき奴《やっこ》を処刑して埋めた衢《ちまた》に至った。この功により童は優婆塞となり寺に住む。やがて、寺の作る田に引く水を、諸王たちが妨げて入れないという紛争がおきた。そこに、この優婆塞は巨大な鋤鍬を作って杖に撞《つ》き（これは、冒頭の雷神落堕（降臨つまり神招《を》ぎ）の因（すなわち依代）たる農夫の衝《つ》く金の杖と呼応する）水口《みなくち》に立て、また大きな石を取り塞《ふさ》いで寺田に水を入れ、諸王はついに侵しえなかった。寺の衆僧は寺田を守った功績により彼の得度を許し、出家させて道場法師と号《なづ》けた、という。

　この話は、一種の日本仏教史を構成する『霊異記』において、第四縁の聖徳太子の事の前に位置するように、神話的古層に属するものである。[10] 第一縁が雄略天皇の代における小子部栖軽《すがる》により雷神が捉えられる話、第二縁が欽明天皇の代に大力の異能をもつ狐の直《あたい》の異類婚による誕生を物語るもので、第三縁はその両者が道場法師において複合させられたかたちで、仏法伝来以前の神話伝承の世界と伝来以降の世界との接点に立つ伝承でもある。

　はじめに「小子《ちいさこ》」として降臨した雷神化現の霊童は、出自に由来する威力を発揮して元興寺を護る。一方では、処刑されて悪鬼となった寺奴の災異すなわち寺家の権力のもたらした犠牲と怨念という内部の脅威からも、他方では、諸王との水争いの紛争つまり寺領への王権の侵犯という外部からの脅威からも、寺を護るはたらきをなす。そもそも、彼は最初から「王」つまり天皇家の勢力と対抗しこれを凌ぐ力能を見込まれて元興寺へ雇い入れられたとみてよい。彼もまた一人の「力人《ちからひと》」、すなわち公に貢進されるべき後世の相撲《すまい》人《ひと》と等しい存在であった。古代における寺の童子とは、これも寺奴の一身分である。童子とは、中世にいたるまで、いかに成長し年老いても、寺ないし僧に対してその技芸の能をもって奉仕する身分であり、その身体的標象として結髪加冠せず童子髪のままであることが条件とされた。それが寺のために功あって優婆塞となり法師と成り上がったとは、元興寺という寺家権門の防衛にすぐれて大きな役割を果たしたことを示している。その力能は、単なる暴力的パワーでなく、雷神に由来するマジカルな、水を支配し、悪鬼を調伏するような威力であった。それは、既に柳田國男が説いたように、小さ子

譚や賀茂別雷神の本縁にみるような、古代の普遍的神話としての若宮・御子神誕生の物語につらなるものであった。(11)

この道場法師譚が、ある特定の伝承圏に取材したものであったことは、中巻第二十七縁で、法師の子孫が同じく尾張国においてまた大力《だいぢから》の異能を揮《ふる》うことが物語られることによって推測される。これも主人公の力女が国守の強欲に抗して彼を屈伏させるところに、やはり国家—王権と土着的霊威との相克がうかがえる。そこに、血筋もしくは家系において道場法師の流れが継承されていることは、彼が雷神—若宮の神話伝承の系譜上にあることを証するものだろう。元興寺は、そうした血脈を外部(周縁)から摂り込むことによってその領域もしくは権利の独立性を保持し続け、または雷神のもたらす攘災の威力と豊饒の恵みを享けたのである。道場法師の退治した鬼の頭髪が「今に元興寺にありて財《たから》とす」という一節も、そのあたりの消息を示唆するものだろう。それは、この譚《はなし》が形式としては寺宝の開帳のごとき機会に説かれた寺の祭儀的な場を生成するものであった消息をも示そう。実際、『扶桑略記』所引の寛弘三年(一〇〇六)の藤原道長が行った高野山参詣記によればその帰途、飛鳥の本元興寺に詣で、宝蔵よりこの鬼の頭髪を取り出させて拝見しようとするのである。この時、そこには「比和子の陰毛」なる巨大な絡まり合った縵《かずら》の網の如き奇怪な代物も伝えられていたという。〝鬼〟と〝女〟の何れも強烈な霊力そのものであるところの毛髪が大蛇の蟠《わだかま》るように籠め納まっているありさまは奇怪というほかない。元興寺の宝蔵には、仏法の荘厳具より神話的始源へ遡らせる古代の呪宝が満ちていたようである。

奈良の元興寺には今も「ガゴゼ」と呼ばれる鬼の存在が伝えられ、元興寺観音堂には「八雷神面」という奇妙な鬼面が伝存する。この鬼の伝承は、元興寺の、官の大寺としての国家仏教上の建前とは表裏をなす闇の領域を象徴するものだろう。元興寺の鎮守社として、いつしか奈良時代末から平安初期にかけて謀叛反逆の罪に問われて非業の死を遂げた皇族・貴族たちが八所御霊(京都の御霊神社に先行すると伝えられる)として祀られるようになったことも、鬼の伝承と無関係ではあるまい。それは、滅ぼされた元興寺の前身法興寺の本願である蘇我氏の存在と通底するのではなかろうか。『伝暦』以降の中世太子伝や『扶桑略記』では、誅戮された蘇我入鹿は「大鬼王」となって種々の祟りや怪異をあらわしたと伝えるのである。[12]

このように〝童子〟とは、後世の酒呑童子を引き合いに出すまでもなく、〝鬼〟と近しい、境界的で両義的な存在である。鬼を退治した童子、鬼に害された童子を含めた寺の童子（堂童子）とは、処刑されて悪鬼となった寺奴と同じく、寺に隷属する階級として、寺の秩序体制の維持のためにその芸能をもって奉仕し、ひいては排除されたり犠牲にされたりする一方、道場法師のごとく漸く出家が許される存在であった。[13]

こうした元興寺における童子像は、以降もくりかえし伝承のなかで再生産された。第二章にも言及した、醍醐天皇の御子重明親王の『吏部王記』逸文に記された金峯山中の深秘の霊地阿古谿《あこだに》の由来は、貞崇禅師が金峯山の神変を述べたこととして引かれる。本元興寺の童子阿古は幾度も試経に及第しながら師が他人を得度させたのを恨み恚《いか》り、この山中に来って捨身し龍に変身した。師は驚き悲しんでこの地に至り龍と対面するが、もはや人心を喪い師を襲おうとする。僧の祈りにより巌が崩れ龍は地底に圧伏されたという。のち、貞観年中に観海がこの龍を法華経供養により成仏せしめた、という後日譚が加えられている。大峯山系を抖擻する山岳修行の秘所として修行者の間に伝承されていた霊地の〈聖なるもの〉は、童子の捨身によってそのはじまりをしるしづけられている。捨身の動機として説かれるのが、本元興寺の僧と童子との間での試経・得度をめぐる身分の対立であり従属と抑圧の果ての反抗の極みというべき破局であるのは、単なる合理化とは思われない。道場法師とは逆に、阿古は制度から排除され犠牲となった。それがあらたな修験の霊地の〈聖なるもの〉を生みだすのである。それはやがて、〈聖なるもの〉をめぐって語り出される中世の童子―児《ちご》の物語をつらぬく根源的な逆説構造の、もっとも早いあらわれであった。[14]

（4）夜叉の霊験

平城京に都が遷されて、元明天皇の御願により、元興寺もまた新都に遷された。養老六年（七二二）頃に供養された新元興寺は、左京猿沢池をはさんだ興福寺の南に、弥勒仏を本尊とする二層の金堂を中心とする巨大な伽藍であった。長元八年（一〇三五）の損色帳により創建時の壮麗な規模がうかがわれるが、その用材の一部は飛鳥より運ばれたものであった。旧の元興寺も「本元興寺」として存続し、以降、元興寺の歴史は故京飛鳥と南都平城の二つに岐《わか》れることになる。

本元興寺の僧義照が九世紀半ばに撰録した『日本感霊録』は、いまその一部が零本として伝わるのみであるが、現存する龍門文庫本十五話は、両元興寺の「霊異事」として何れも中門の四天王と、その眷属たる薬（夜）叉の霊験譚である。その記述形式は、各表題が「――縁」と名づけられ、また本文と賛との二段から成るなど『霊異記』に似て、その影響のもとに成ったものらしい。

『今昔物語集』巻十七の最末話は「元興寺中門夜叉施霊験語第五十」であるが、説話の冒頭部のみが存し以下の本文は欠けている。そこに続けられるべき具体的な内容を『感霊録』は伝えてくれる。平安初期、飛鳥・平城の両元興寺において、中門の夜叉神は、あらたかな霊験を施すことによって、寺僧のみならず衆人の祈りを集めていたものらしい。『感霊録』で表向き祈りの対象は四天であるが、その霊験は夜叉のはたらきとして顕われ、四天への祈願もその背後の夜叉に捧げられてもいるとみえるのである。女人もこの中門に参籠したし、人々は燈明や銭幡《ぜにはた》などを奉納して己が祈願をこめた。それに応えて顕われた験《しるし》は、『感霊録』中のいくつかの話では「簿《ふみた》」に記されて宝前に掲げられ、寺僧はじめ人々に喧伝され、また編者も自らのあたりにして、それら言談や記録を聚めて成ったのがこの『感霊録』であった。[15]

『感霊録』の成立は、元興寺が、単なる官の大寺としてでなく、一箇の〝霊場〟としてその内側から変貌しつつ姿をあらわしたことを物語る。その霊場の光景は、南都の元興寺については、十二世紀前半の大江親通による『七大寺日記』（一一〇六）と『七大寺巡礼私記』（一一四〇）に記されるところである。親通にとって、中門の二天（『今昔』も同様で、このころは既に四天でなく二天となっている）とその八夜叉の像は「心ヲ静テ可見」言語道断の奇物であり、とくに左方の東柱際に立つ夜叉神は、左手に蛇を取り右手を下して拳を握り、口を開けて右に引き□（欠字）つ

図1　『興福寺曼荼羅』における中門夜叉神

様の絶妙な力動態をあらわした霊像であった[16]（図1）。その図像には、何処か例の道場法師の面影がひそんでいはしまいか。この夜叉神を祀る中門堂は、階上に長谷寺十一面観音の分身というべき観音像を安じ、これまた霊験掲焉として道俗の参詣が絶えぬ処であり、六十人の行人が中門衆として修練していたという。現存の『感霊録』にこの中門観音の存在は見えないが、四天が千手観音と同体として祈念されたり、豊山寺（長谷寺）や壷坂山寺の道俗が登場することからは、既に両元興寺が後節に論ずる長谷寺をはじめとする大和の観音霊場と深いつながりをもった場であったことが知れよう。

ここに展開する霊験の様相こそは、元興寺のはらむ複雑な性格――官寺としての国家仏教秩序の底にある異質な民俗神話的な領域――が相互にせめぎあい、新たに移建されてもなお継承され存在し続ける葛藤と深いところで呼応するもののようである。冒頭第一話の舞台は平城の元興寺らしいが、寺僧聖護と勝寧の座具の所有をめぐる諍いに際し、無実の責めを負った勝寧の四天王への祈りに応えて出現した「擗攊神」（雷神）は、聖護を跳《ふ》み挫《くじ》いて死に至らしめたばかりか、そのまま僧房に住みついて寺の人々を滅し悪事絶えずして禍《わざわい》を惹きおこし、まさに〝荒ぶる神〟として災厄をまきちらす。そこで行旭大徳がこれを他処に遷して祭祀したという。これは、四天王眷属の夜叉神の起源というべき条と思われるが、そこに顕われた荒ぶる使霊の性格は、まさに道場法師の誕生に際してあらわれたその本質たる雷神を想起させる。加えて、童子が捉えて殺した霊鬼の禍と同様な寺中の災厄をその神が自ら発揮することも注目される。僧房中の霊鬼が災をなすことは第六縁にもみえるが、そうした伽藍の裡にひそむ霊鬼の存在は、その災や怪異を防ぎ寺を守護する護法神と表裏一体であるという消息を、冒頭話は端的に示すのである。

『感霊録』の霊験譚のなかには、蘇生譚や憑依・託宣がしばしばあらわれるが、それらは何れも夜叉神にかかわってのことであり、これが極めて巫覡的な性質を帯びた神であると察せられ、それは後代の霊場や開山の高僧に奉仕随従する使霊―護法童子ときわめて近しい存在であるといえよう。[17] その霊験の相は、病気平癒であり、また盗難および貧窮からの抜苦においてあらわれ、反面、寺の財物や供物などを侵し盗む輩に対しては容赦なく失明や速やかな死をもっていましめるという、きびしい両面性をもつ。それは、前述した夜叉の護法―使霊としての両義性と同根の現象である。その冥罰は、もっぱら寺の「堂童子」また「浄人」と呼ばれる寺に隷属し寺務に奉仕する人々の上にくだされる。彼らは、寺の庭を掃き不浄を除く役を勤めながら、死穢の不浄に触れて寺を汚《けが》した咎をもって責められもする。そうした彼らの姿からは、明らかに中世の被差別民の存在を想起させられる。元興寺という寺家とその霊場―霊験にかかわって、善悪の因果という仏法の原理のみならず、浄―不浄という観念と差別の構造がここに垣間みえることは無視できない。そうして、その霊験の構造を体現する夜叉や童子たちは、まぎれもなく道場法師の末裔であった。

（5）龍神と珠

醍醐寺本諸縁起集の元興寺縁起帖の後半には、もうひとつ全く別な元興寺縁起が写し加えられている。「東天竺吉集姓云」とはじまるこの縁起文は、きわめて読み難く文意の通らないところが少なからずある。これとほぼ同内容の縁起は、『菅家本諸寺縁起集』（興福寺大乗院伝来、室町中期成立）にも載るが、これはむしろ『今昔物語集』巻一二「元明天皇始造元興寺語第十五」の記事や文により近いものである。

これは平城の元興寺の縁起説であった。その金堂の本尊である弥勒如来像が、はじめ天竺にて造られ、次いで古（胡）国（『今昔』では白木すなわち新羅）を経て本朝に至る、三国伝来の経過を説く。仏像に象徴される一種の仏法伝来の物語である。寺院縁起において、同様に三国を経ての仏像将来を仏法伝来とかけて物語るものに、善光寺縁起と清涼寺縁起があるが[18]、いずれも縁起の文献的成立は平安末期より以前に遡って確認できず、その意味でこの元興寺縁起が最も早い成立ということができる。

縁起の大筋を醍醐寺本をもとに『今昔』を参照しつつ記してみる。東天竺生天子国の長元王は、満月を望んで真の仏法に逢おうと発願する。これに応えて賢僧が到来（『今昔』ではこれが海上より漂い来たる還俗僧と語ることは興味深い）して最勝王経を説き、次いで童子が現われて九日の間に二丈一尺の弥勒仏を造り顕した。この童子の巧匠は化人であった。この国の仏法が滅びようとするとき、胡国の焦善王がこの仏を入道宰相に命じて渡海せしめて将来しようとする。帰途に龍王のため船も人も没しようとするとき、海人の教示で仏の眉間珠を龍王が所望する故と悟り、その玉を海へ入れる。かくして仏に光なく尊貴も失せたのを悲しみ、宰相は龍王に玉の代りに龍の三熱の苦を済《すく》うため金剛般若経を講じようと約せば、玉は返された（ただしその光は失せた）。胡国の王が造営した伽藍は、天竺の規範に則した菩提・涅槃の二義と四相を象るものという。更に胡国の仏法が滅びようとするとき、日本の元明天皇が本願となって（賢き僧を遣わして）この仏と伽藍の規模を移したのが、今の元興寺であるという。縁起の末尾は、六月三日の金剛般若会が龍の忌日、同二十七日の最勝会が長元王の忌日とされ、如上の伝来の縁起にもとづいて報恩の法会を営むのだという。法会の縁起ともいうべき伝来譚をしめくくる一節に、『今昔』は更に続けて、中頃に悪僧が天竺の王の忌日など行う必要はないと主張し反対する寺僧たちを追放した、それ以降元興寺は荒廃した、という後日譚を加えている。それは、より『今昔』編述に近い時点に引きつけて記されており、それぞれの国の法滅を期《ご》として遷り来った三国伝来の仏法も、遂にこの元興寺において滅びようとしている、というように縁起を素材とした末法観の認識を物語っているのである。

ここに注目すべきは、この縁起が示す、あらたな仏法伝来の〝神話〟ともいうべき物語であろう。三国伝来という枠組のもとに浮かび上がるのは、仏像（その精髄たる眉間珠）という仏法のシンボルが、彼方から海（龍神の世界）という異界を経て此土にもたらされる、という明らかな構図であろう。珠は〈聖なるもの〉のシンボルであると同時に異界と人間界との間の交換・贈与の媒体であり、これを奪ったりまた返し与えるという両義的な役割を果たす龍は、異界の領域を司るものであると同時にシンボルの機能を担う存在である。それは、古代神話の一環である豊玉姫と彦火火出見尊の物語にみるように、仏法に限らず世界の始源についての普遍的な神話主題のひとつであろう。それが日本の仏法の始源をかたどる〝神話〟として再生したのが、この元興寺縁起であった。飛鳥の本元興寺から分離して、平城南都の元興寺が名実ともに独立するためには、こうしたあらたな〝神話〟としての縁起の創造が必須であったのだろう。

この〝神話〟は、やがて中世に至って、隣接する興福寺の縁起として拉し去られてしまう。すなわち、中金堂本尊丈六釈迦仏の眉間珠たる「面向不背珠《めんこうふはいしゅ》」なる宝物を、大唐の皇帝から送られながら龍神によって奪われ、これを取り戻すために讃州志度浦の海人《あま》が不比等大臣との契約により命を捨てて潜《かず》き上げた、という物語が唱導されるようになる。それは、志度寺における縁起の絵解きとしても在地で物語られ、更に能『海人』の本説ともなり、あるいは舞曲『大織冠』として、芸能のなかで繰り返し再生され、近世文芸の世界の一源泉ともなっていくのである。(19)

ひるがえって、元興寺においてこのような伝来〝神話〟が成立するのには一脈の前史がある。『続日本紀』文武紀三年三月の元興寺僧道昭の薨伝には、次のような所伝が含まれている。孝徳天皇の白雉四年に入唐し、玄奘三蔵に学んだ道昭は、その法器を師に愛され、前生よりの契りが明かされる。禅定の法を授かり、帰朝にあたって玄奘は、舎利・経論に加え一の鐺子《(ナベ)》を与え、これは自らが西域より携えて来たもので、これにて食物を煎れば病悉く癒ゆる験《しるし》ありと教えた。道昭の乗る帰朝の船は海上に止まり七日も進まず、卜人は龍王がこの鐺子を欲すと言う。止むなくこれを海中に投ずれば船は進み本朝に到った、という。彼は本元興寺の東南に禅院を営んだ。この禅院は平城元興寺に移され、その将来した多数の経論書籍がここに伝来するという。初期の入唐留学僧による仏法伝来にまつわる一挿話が、彼の伝えた仏法の象徴というべき鐺子なる宝物を渡海の途上で龍王に奪われた、という伝承であることは、やがて平城の元興寺をめぐる先の縁起の祖型をたしかに窺わせるものだろう。

興味深いことには、この道昭に鐺子を授けた玄奘三蔵においても、同様な伝承が物語られていた。『今昔物語集』巻六「玄奘三蔵渡天竺伝法帰来語第六」は、玄奘の西域を経て五天竺にまたがる求法の旅を各種の材料を合成しながら構成するが、出典未詳とされる末尾の一段は、天竺の戒日王より与えられた「一《ノ》鍋《カナヘ》」にかかわる顛末である。この「入《タル》物、取《ルト》云《ヘトモ》不尽《ス》」また「其《ノ》入《レル》物《ヲ》食《フ》人、病无《シ》」（これは道昭の授りし鐺子と同じ）という徳用ある宝を賜っての帰途、信度《(インダス)》河を渡る際、河中で船が傾き、多くの法文が没せんとするに祈れど甲斐なく、もしは龍王の欲する物のあるか、験を見すべしといえば、河中より老翁現じてこの鍋を乞う。これに応じて投ずれば安く渡河し得た、という。『今昔』のこの話において、玄奘が伝えた（興福寺の）法相宗の法が末だ盛りである、という結びは、さきの法滅を説く元興寺縁起とは対照的であるのも興味深い。

玄奘に限らず、三蔵の求法と伝法の旅にまつわる伝承の類型としては、彼の渡海において龍神をめぐる宝物の争奪が物語られたものらしい。法文・経典と引替えに宝物を与えたりするように、そのシンボルはやはり交換の媒体である。鎌倉時代の古絵巻として伝来する『羅什三蔵絵』（京都国立博物館蔵）は、鳩摩羅什の伝記を説話絵巻化したものであるが、そこに全く羅什の正伝や他文献にはない、亀茲から中国へ向かう際に渡海の途上で悪風が吹き船が没しようとするとき、三蔵が荒海のなかへ梵網経を投じて龍神を供養し、無事に渡海を果たすという、あえて地理を無視した一段が絵と詞とに含まれているのである。

こうした仏法伝来〝神話〟伝承の独特な類型と流れ[20]とを窺うならば、元興寺がその伝承の形成と展開において大きな役割を果たしていたことが、あらためて知られよう。

（6）智光の夢

平安時代の半ばに至り、南都元興寺の僧房の一隅は、浄土教の聖地としてあらたに生まれかわった。大江親通の『七大寺日記』では、そこを「極楽房」と呼んでいる。金堂の北に東西によこたわる大房の、馬道《めどう》によって区切られた東側の第一房には、昔、智光と頼光という両聖人が居住しており、ここに智光が現わしたところの浄土の相を図写せる「極楽曼陀羅」があった。房の名はそれに由《よ》っている。その縁起は、本邦最初の往生伝である慶滋保胤の『日本往生極楽記』第十一話に記されるところである。

少年の時より同室に学ぶこの二人の僧のうち、頼光は年たけてから人と語ることなく言語を失ったごとく、智光の問いにも応えぬまま死んだ。智光は、彼が行法なくして徒らに逝《い》ったからには後生の善悪を知り難いと歎き、三カ月間祈念すると、ある夜、夢中に頼光の所に至った。浄土のごときその地を問えば、極楽という。智光は頼光に積年の問いを投げかける。我もまた浄土に生ずるを望むに、いかにして行業なくして浄土に生ずることを得たのか、と問えば、頼光は、ただ弥陀の相好と浄土の荘厳のみを観念し、その功が漸く往生の業因となった、という。この答に智光は悲泣し、またいかにして決定往生を得るや、と問えば、頼光は、ただ仏に問え、と率いて阿弥陀仏の前に詣でた。阿弥陀は「仏の相好・浄土の荘厳を観ずべし」と告げ、凡夫として観念の力及ばぬと歎く智光のために、右の掌《たなごころ》のなかに「小浄土」を現じた。智光は夢覚め、観たところの掌中の浄土の相を画工に描かせ、一生これを観じてついに往生を遂げたという。

この往生譚は、『今昔物語集』の往生話を聚めた巻十五の冒頭にも配され、また永観の『往生拾因』にも引かれ、『扶桑略記』を介して『水鏡』にも記される。以降、中世の説話集等にも採られてよく流布した物語であった。同時にそれは、了誉の『当麻曼陀羅疏』に位置づけられるごとく、当麻曼荼羅・清海曼荼羅と並んで日本古代に伝来・成立した阿弥陀浄土変相図(21)の一変奏である智光曼荼羅の縁起でもあった。

『今昔物語集』のその話の末尾に加えられた一節には、智光往生の後、彼の房を極楽房と名付け、その写せる絵像を係《か》けてその前にして念仏を唱え講を行うこと今に絶えず、と結んでいる。それは、この往生譚がその当時極楽房に結衆された念仏講の儀礼の場で形成され伝承されてきた物語であったことを知らしめる。事実、十二世紀に至ると、極楽房は智光・頼光両上人往生の処として念仏往生の聖地となり、南都の聖人たちが此処に営まれる百日の念仏講に結縁し、往生を遂げるようになる（『後拾遺往生伝』巻上、興福寺龍華院上人某）。建久二年（一一九一）実叡による『建久御巡礼記』元興寺条にその半ばを占めて記された「極楽房ノ曼陀羅ノ起」は、往生譚としての枠組は変わらないが、物語としては少なからず変貌しており、この場に伝承され繰り返し語られた縁起が女院の参詣にあたっていかに唱導されたか、その様相をよく伝えるものだろう。

この物語は、奈良時代に元興寺に属した著名な（ただしその行実はほとんど知られない）学僧である智光(22)を主人公とする。彼は官寺の僧として国家仏教を体現する古代の智識人の一典型である。これに対し、その同朋として創出された頼光という架空の存在は、同じ僧房に住みながら、人事を捨て、言語を絶つ。その姿に体現されるのは、まさしく国家仏教がその柱とする僧綱制度や学問論義を拒絶し否定する〝聖《ヒジリ》〟の存在様態《ビヘイビア》であろう。彼のその否定が、実は阿弥陀仏に證誡される浄土往生のための唯一の道であるところの観念（観相念仏）の皮相であった、という逆説を、智光は身をもって感得し、回心に及び、往生を遂げるに至る。彼の感得した曼荼羅は、そうした一箇の思想転換の劇の証拠であり、また、その歩みに倣って往生を願う人々にとっての媒ちとなる〝聖遺物〟なのである。

この、あまりにも寓意的で思想上の主張の傀儡のごとき、往生譚における智光の役割は、突然にふりあてられたものではない。それは、古代仏教の唱導説話の形成過程において培われた所産であった。

既に『日本霊異記』巻中第七縁において、智光（河内国鋤田《すきた》寺の沙門として登場し、いまだ元興寺と結びつけられていない）は行基に対する批判者として登場する。彼は「古徳の大僧」「智者」と称され、智恵第一の学匠として経論の疏を製し読み伝える人物である。これに対して行基は、「浅識の人にして具足戒を受けず」という一介の「沙弥」に過ぎぬ存在である。ところが、その行基が大僧正に任ぜられたのを智光は嫉妬し、寺に籠居して頓死する。そこで冥途に堕して地獄巡りの苦患を嘗め、一方で行基が金宮《こがねのみや》の住人なることが示され、誹謗の罪を諭されて蘇生したのち、行基の前に出て懺悔する、という話である。ここにおいて智光は既に国家仏教の体制の側から、これに属さぬ自度の沙弥集団の代表としての行基を非難する（ただし、それはあからさまな攻撃ではなく自らを超越しての昇位への妬みと裏返しの増上慢という己れの罪としてあらわされる)。その現報としての堕地獄の苦患と冥界巡りにより漸くその非を悟り、行基の「内には菩薩の儀を密《かく》し、外には声聞の形を現はす」という聖なる本質を示されて心を改め、現世に還って帰依するに至る。その末尾に行基の入滅(「慈神《たましい》かの金の宮に遷りき」と浄土往生を示す)と智光の遷化を説くが、それを含めて、これは『極楽記』の智光頼光往生譚と基本的に相似の構図を描いていることに気付くだろう。『霊異記』の撰者景戒もその一人であったと思しい行基を仰ぐ自度僧集団が担った思想と行動は、やがて浄土教の許に、聖人《ヒジリ》たちによる観想と念仏において継承され発現するのである。そこに、この智光を狂言回しとする回心の寓話は、他界への往還という神話的な構造を核としながら再生するといえよう。

『今昔物語集』巻十一「行基菩薩学仏法導人語第二」は、行基伝に加えて、この『霊異記』の智光譚を要約しつつ記すが、そこではより端的に、行基の「心ニ智深《サトリ》」き行業と、これを非難する「止事无キ学生」たる元興寺の智光との対決が語られる。そして、その上に更に重ねられているのは、智光と行基の転生をめぐるあらたな因縁譚である。行基は前世に或る家の娘であり、その家の下童として「庭ノ糞令取棄ル者」であった真福田丸という者が「心ニ智有テ」法師となろうと暇を乞うて修行に出ようとする時、娘が手ずから水干袴の片袴を継いでやった。童は元興寺に出家して、やがて智光という尊い学匠となった。後に老僧となった智光が法会の講師に請ぜられて高座に登り説法を畢えようとすると、後ろから頭青き小僧が論義を出《いだ》すには、「真福田ガ修行ニ出デシ日藤袴、我レコソハ縫ヒシカ片袴ヲバ」という。智光はこれを自分を罵《の》るものと嗔るが、小僧は咲って逃げ去った。小僧は行基であった、という。本話は、前後の話の続きの整合性に苦しんで文脈の混乱が目立つが、これは本来別の物語であったものを無理に継ぎ合わせたためであろう。ただ、元興寺僧智光の出自が賤しい童であるということ——下姓の身ながら後世のため発心し出家のために元興寺へ赴いて法師となる、という設定には、例の、元興寺において連綿と続く童子伝承の系譜が思い合わされて興味深いものがある。

行基が彼を二世にかけて仏道へいざなったという、この真福田丸(これも、「真の福田を得し者」というきわめて寓

図2　智光曼荼羅（『覚禅抄』勧修寺蔵）

意に富んだ名であることは言うまでもない）の物語は、[23]そのよく整ったかたちのものが『奥義抄』や『古本説話集』に収められている。「芹摘みし昔の人もわがことや心に物のかなはざりけむ」という古歌に結びつけられて語られた物語であった。『奥義抄』では、仁海僧正が文殊供養の時に説いた因縁という。長者のいつき姫に懸想した賤き童が、姫に導かれて学問し、出家し、尊き学匠となって修行に出立ち、姫の死を機縁にやがて真の発心に至る——姫の後身が行基であることは、智光没後の追善仏事に彼が導師として勤めた際、「片袴」の一首のみを詠じて高座を退くことによって明かされる——という仕掛けである。古歌を種子《たね》としての唱導説法が生みだした、最も美しい小品であろう。だが、それはもはや元興寺からは離れた世界での物語であった。

平安末期に至り、元興寺は既に古代の官の大寺としての実体を失い、興福寺の勢力下に属することになる。歌人としても知られた興福寺別当永縁の別当兼任、また龍華院主尋範による禅定院支配に次いで、中世には尋範を祖とする大乗院門跡の成立とともに、その所領に包摂されていってしまう。そのなかで、極楽房のみが、無縁の聖人たちによって営まれる念仏講を中心に、半ば独立した活動を続けていく。ただし、これとても興福寺の念仏別所的な性格の強いものであった。

その念仏勧進の営為は、いまに伝世する膨大な中世庶民信仰の遺物として残された。その基盤となったのは、曼茶羅に結縁し往生を祈念するための納骨供養であって、これは高野山奥院などとつながりあって、浄土教が民衆の死生観の基底に根付く媒ちとなった現象であり、極楽房では近世まで継承されていた。極楽坊に伝来した大量の柿経《コケラ》は、中世にこの別所を拠とした勧進僧集団が営んだ写経による集団作善事業の遺産であるが、それが後世に西行法師による勧進の所産であると伝承される（『大乗院寺社雑事記』）ことも、ここがそうした高野聖ともつながる民衆仏教の活動の舞台であったからであろう。ここでの宗教活動は、陰陽道や声聞師など世俗祭祀とも複合して汎宗派的に展開し、聖徳太子や弘法大師など祖師崇拝も含み込んで、併せて中世民衆の精神世界と民俗の接点をうかがう稀有な資料群である。[24]室町中期の大乗院門跡尋尊の残した膨大な日記には、極楽房における、これら遺物群を生みだした活動の様相が詳細に記されている。彼の兄一条兼良も応仁の乱を逃れて南都に滞在し、極楽房に葬られたのである。智光の住房と伝える僧房（禅室）を改造したその本堂は、勧進猿楽や平家や曲舞を興行する貴賤衆庶の芸能の舞台となっていた。[25]

かつて元興寺がその先端として担っていた古代の日本における仏教伝来がもたらした壮麗な世界像は、いわば智光曼荼羅（図2）の掌中の夢のごとき小画面に凝縮されて、僧房の一隅に残光をとどめるばかりとなった。その曼荼羅の原本も宝徳の土一揆で湮滅してしまい、いまは模本を伝えるのみである。だが、芸能が、人々に忘れがたい主題を繰り返し語り続けるように、元興寺をめぐって語りだされた物語は、そこに営まれた夢の数々を、読む者のうちに甦らせ続けるようである。

二　長谷寺の縁起と霊験記

（1）長谷寺縁起の形成

仏教の伝来が日本にもたらした文化衝撃というべき影響は、国家仏教の体制や都城に建設された中央の大寺院など宗教世界の頂点にあたるところにだけあらわれるのではない。より広く深く、民俗的な地平において受容され、そこからあらたな仏教のすがたとはたらきが生まれていった。『日本書紀』に見える最初期の仏教伝来伝承のひとつが、和泉茅渟海に漂着した光と響きを放つ霊木を、天台学僧覚超の先祖にあたる池辺直《あたい》が取り上げ仏像に刻んだという「吉野光仏」の縁起であるように、それは〝海から来る仏〟であり、また海や他界の彼方から依り来るカミとしての仏の神話でもあった。

そうした伝承のひとつのはじまりに、太古、一本の巨大な樹が深山より漂出したという。その霊木は、至る処に神の祟りをふり撒きながら流転し、やがて民衆の手で泊瀬河上の地に曳きだされた。そこは、上代には神聖な祭祀が行われ、王の宮処が置かれ、かつ死者の魂が通う葬地でもあった場所である。これを、ある聖《ヒジリ》が知識を催して仏像として刻もうとする。それが、長谷寺（泊瀬寺）という日本を代表する観音霊場―霊験所の始まりを説く縁起の骨子である。

『七大寺年表』[26] 養老五年（七二一）条には、近江国より流出した霊木が宇治河を経て此地に至り、道明という僧がそれをもって十一面観音として刻み、長谷寺を建立したという短い伝承を載せる。大臣藤原房前が朝廷に申請して三千束の稲を賜り、また雷公が降臨して盤石を摧き仏像を安ずる宝座をあらわしたという。一木をもって二丈六尺という巨大な観音像が造られ、それは大地より湧出した金剛のごとき巌の上に祀られなければならない。すなわちそれは、神奈備における依代の標木《しめのき》と巌座《いわくら》の関係が、仏教の装いをまとって再現したものである。しかしそれは、天平期前後の、東大寺大仏造営をその頂点とする、古代国家と民衆が莫大な資力を費して作りだした巨像建立の運動の一環であり、それはまた、西域より大唐を経て伝来した仏教のもたらした文化衝撃が、古代的王権と結合するにあたり生みだした象徴的営為でもあった。

当初は東大寺の末寺であった長谷山寺は、十世紀末に興福寺の支配下に入る。[27] その直前の永観二年（九八四）に記された『三宝絵』巻下「長谷菩薩戒」条には、「徳道道明等ガ天平五年ニシルセル観音ノ縁起并《ナラビ》ニ雑記」にもとづいたという縁起が説かれる。これは、前半に近江の三尾崎からの霊木の流出と出雲ノ大水による観音造立の発願と木曳きのいきさつを詳しく記し、後半に徳道による造仏の祈請と房前大臣ならびに天皇による奉加と造立、そして盤石顕現譚を述べる。おそらくは行基や良弁と同様な民間僧（私度沙弥）たちが、衆庶の合力によってこの巨像を祀り顕わしたのであろうが、その人々の存在は徳道という名のもとに結晶していく。縁起もまた、彼に託されて既に一箇の典拠をかたち造り、流布されることになった。(28)

十世紀から十二世紀にかけて、幾度もの炎上と再興を繰り返しながら貴賤上下の広汎な帰依を聚めてきた長谷寺は、やがて、あらたな縁起テクストの体系化をはかる。その第一段階は『三宝絵』が拠ったという縁起にもとづいた仮構の縁起の擬作で、これにより典拠としての権威構築をはかろうとした。護国寺本『諸寺縁起集』（『校刊美術史料』上巻所収、康永四年写本）に収められる三種の文書がそれである。

「仏子徳道誠恐惶上表状　観音霊化縁起状」（天平五年九月十一日付）
「菩薩前障子文」（十一面本縁起）
「太政官符」（神亀六年三月二日付）　（更に加えて、これらに金剛宝石顕現の口伝が付随する）

そこでは、まず徳道による上表状という体裁のもとで先行の縁起伝承が集成され、これに徳道の伝記が付されて彼の存在の輪郭が明らかにされる。さらに霊木伝承には八木の小井門子による発願譚が加上され、また道明による本長谷寺創建と徳道による後長谷寺つまり十一面堂の建立という形で混沌とした草創伝承を整理しようとする。あるいは、藤原北家（すなわち後の摂関家）の祖である房前が班田の勅使として当山に至り徳道に逢ったという説を支える根拠として、太政官符の体裁をとる公文書が偽作された。これらの縁起は十二世紀末までその命脈を保ったらしく、『建久御巡礼記』はおよそこれらに拠って長谷寺の縁起をしるしている。

菅原道真を撰者に擬す『長谷寺縁起文』は、十三世紀初頭に成立したと考えられる。建保四年（一二一六）の『諸寺建立次第』には未だ引かれない。それが先行する縁起の抄出であったとしても、南都興福寺の中枢で成立した縁起集にその末寺である長谷寺の公式縁起として位置づけられる『縁起文』の所説が全く反映されないはずはないであろうから、この段階では未だ成立していないと判断される。それゆえ、『縁起文』は、おそらく建保七年の焼亡による復興を機に創られたものであろう。寛平八年（八九六）二月十日撰進の日付をもつこの『縁起文』は、院政期に成ったらしい寛平七年菅公撰と称す『大安寺縁起』の先蹤を追っている。天皇の勅宣により奏上するという形で、流記資財帳の系譜を引く公文書としての体裁をとり、寺家三綱の署名に、執筆までの官人の職位等も対応し、流記など寺家側の記録を基にしたという点など、外面的な類似は多い。その上で『縁起文』は、序に『行基菩薩国符記』七巻、『流記文』三巻、『本願（徳道）上人上表状』一通にもとづいて勘出したと述べ、「傍に流記を兼ぬ」ともいう。つまり先行の寺家による諸位相の記録をこれが吸収しふまえていることを示すのだが、同時に、第一段階の縁起が、あらたな第二段階の縁起として転生し成立した消息を語るものでもある[29]。

『縁起文』の漢文による叙述は、きわめて修辞的で晦冥なものである。それは、多元的な本尊顕現の霊験譚の錯綜した構造のなかに、先行の縁起の要素を包みこむ。そこにあらたに付加された要素に注目すると、『縁起文』が、従来の縁起と異なる全く新しい枠組を創りあげていることがわかる。特に重要なのは、房前の結縁にあたって徳道の語として示される、天照大神と春日大明神の二神による日域への降臨と利益衆生の契約のことである。それは二神の子孫たる天皇家と藤原氏による国家の統治と、そこにもたらされる仏法の繁昌を予告している。いわゆる二神約諾説と呼ばれるこの神話は、天皇と摂関家による国家支配の淵源を説明する論理として、『愚管抄』に典型をみる中世初期の世界観と共通するものであるが[30]、長谷寺の観音は、その神話体系の根源にあってそれを支えるものなのである。この説に対応するものとして、造像説話において、仏師の稽文会が地蔵、稽主勲は不空羂索であったという霊験を説く。これは、さきの神話とは直接に結びつかないようだが、実は、それらの記述を貫いている象徴の体系は『縁起文』のみで完結するものではない。

『長谷寺密奏記』は、『縁起文』と同じく菅公の奏上という形式をとり、同じ日付をもつ、「長谷寺司等謹勘言上とはじまるテクストである。その末尾に、件の造像説話を想起して「其ノ儀具ニ見ニ縁起ニ一」とあり（『縁起文』では説話の末に「其ノ具記有リレ別ニ」と言い、明らかに照応している）、仏師の本地の顕在は春日大明神の第一殿武雷槌命と第三殿天児屋根命の本地として示されたものであるという。すなわち春日大明神が本尊十一面観音を作ったと主張する。そして『密奏記』の記述の収斂するところは、この長谷寺の十一面観音が天照大神の本地の姿にほかならないということである。長谷寺が「我朝開闢之根元」である、その濫觴を説くこの縁起では徳道聖人に手力雄明神が天照大神の神勅を示し、聖人の前身を明かし、その誓願を告げる。霊告の内容は、この山が日域最初の天照大神降臨の霊地なることを示し、聖人は過去世に役行者としてこの山に精舎を建立しようとしたことである。徳道はこれに応えて、天照大神の本地を祈り顕わそうと伊勢神宮に参籠する。すると日輪中に十一面観音が影向し、その独特な（つまり長谷寺型十一面の）図像を現わす。また貴女が現われ来たり本地を説き六句の偈文を告げる。そこで聖人はその姿を造り顕わそうとするという、本尊造立の内因が明かされるのである。(31)

『密奏記』における以上の記述は、長谷寺とその本尊の本質についての秘密の領域を明らかにする。春日大明神が巧匠と現じて天照大神の本地たる観音像を刻んだというところに、『縁起文』の天照・春日契約説と造像説話を繋ぐ意義がはじめて浮かび上がってくる。『密奏記』とは、かような長谷寺の本地垂迹説の秘説を開示するテクスト(32)であって、『縁起文』と表裏一体となって機能する縁起であった。

（2）『長谷寺験記』の成立

『縁起文』と『密奏記』によって作りだされた長谷寺の神話的な体系は、そのまま『長谷寺験記』序文のなかに集約されている。序文は、はじめに『密奏記』前半の天照大神と天児屋根命以下の諸神による長谷降臨のことを説き、次いで『縁起文』の「心ヲ得テ……仮名ニ和ゲテ一筆ニ注シ侍リ」と取意の要点を掲げる。その大半は古来あまねく知られた縁起の基本的要素ではなく、『縁起文』に至ってはじめて登場する部分である。たとえば、行基菩薩に対して守護の使者童子が出現してこの山の霊場たる種々相を観せて利益を説くところであり、あるいは聖武帝・徳道・行基・菩提という聖者それぞれの本地を示すくだりである。ここには、明らかに東大寺における四聖（聖武・良弁・行基・菩提）の影響が認められる。[33] そして、特に房前と徳道の邂逅にともなう天照大神と春日大明神の契約説を、ほとんど書きくだしといってよいほど詳しく引く。その房前にはじまる摂関家の繁栄を述べて、これを観音による利生の最初に位置づける。この文脈に一貫して流れているのは、長谷寺が国家の始源としての神仏の秩序を具象化している聖地である、という主張であろう。それは『縁起文』と『密奏記』があいまって示そうとする主張を、端的に説くものである。こうした前置きによって、『験記』はこれらの縁起と一連の不可分なテクストであることを自ずと語っている。

ただし、『験記』は、『縁起文』と『密奏記』が一具として構成する権威的言説とは明らかに異質なテクストである。これは成立や作者を示さず、また文書としての様式を擬装し仮構するところがない。加えて文体も、前者が漢文であり後者は宣命体であるのに比して、これは片仮名交り文で平易に叙述されている。両者が文道の祖でもある道真の筆のもとにテクストの存在そのものに権威を与えているのに対し、これはむしろ読み説いて衆庶に聴聞させることによりはじめて機能するような、開かれた唱導の媒体としての志向を明らかに示すのである。『験記』のこうした特質は、縁起との全き隔絶なのではなく、むしろ相互補完的な役割をものがたる。[34]

『験記』序文は、続いて、観音の利生の種々相を概観し、それら利生譚を類聚するにあたっての方法を示すに及ぶ。これが、いわゆる序にあたろう。その最初に「有ル時ニハ寺門甍鮮《イラカアザヤカ》ニシテ、渇仰ノ恵《メグミ》ヲ衆生ニ施シ、有時ニハ炎ニ上リテ、追恋ノ益ヲ群類ニ得セシム。是故ニ、度々ノ回禄ニ霊瑞奇特ニシテ益ニ預ル者、数ヲシラズ」と、寺の焼亡に関わる霊験を強調していることに注意しなくてはならない。それはのちに上巻の分析の際に言及することになるが、『験記』が意図し目的とすることに深く関わっているのである。次いで「上巻ニハ十九説法ヲ象《カタド》リテ、当寺ノ旧記《キウキ》ヲ拾《ヒロ》イ、下巻ニハ三十三身ヲ擬《コラン》ジテ、諸家ノ記録ヲ撰ス。凡、二巻ニ定ムル事ハ親疎ヲ分《ハカタ》ンガ為、時代ヲ連《ツラヌ》ル事ハ文選ノアトヲ追フ」というように、『験記』は上巻に長谷寺内部に伝承されたものを用い、下巻では、寺外の資料に拠った。「観音ノ本誓ニ寄セテ数ヲ定ム」とあるように、そのテクストは数の背負う象徴によって〈聖なるもの〉を含意する。のちに『縁起文』にもとづいて作成された『長谷寺縁起』絵巻三巻[35]も、絵・詞それぞれ三十三段に分かたれた。観音の三十三身にちなむのは『石山寺縁起』絵巻や『粉河寺縁起』も同様である。さらに各話を時代順に配列したことは、『験記』が単なる霊験の呈示にとどまるものでなく、一箇の寺の歴史叙述としても意識されていたことを思わせる。

事実、上巻はたしかに長谷寺みずからの手になる寺史というべきひとつの纏まりをみせている。たとえば、そのうちのいくつかの段の末尾に、「当寺ノ流記ニ見タリ」という注記が存している。それは、『験記』成立以前に存在していた長谷寺の『流記』(これは『縁起文』が拠ったという「流記文」とも重なるものであろうか)が上巻の主要な材料であったことを伝える。さらに、もはや『験記』本文にはその注記がない段においても、それが『流記』に既に含まれていたことが知られる例もある。[36]いま佚亡した『長谷寺流記』は、『縁起文』と『密奏記』の成立に深く関わると共に、一方では『験記』として転生したらしいのである。

『験記』上巻と縁起との繋がりは、想像以上に強い。第二段は、聖武天皇の事蹟を中心に叙べられ、それは、『縁起文』に対応し、なお先行の『上表状』や『太政官符』をもふまえ、これらを敷衍して詳述する。「当寺ヲ御建立其(ノ)由来、広ク縁起・流記等ニ有(リ)」というが、むしろ縁起には書かれない次第が記されたものであろう。また「(徳道)上人自リ当寺建立ノ天照大神ノ冥慮ノ旨ヲ重テ奏ス」とあるのは、『密奏記』をふまえたものらしい。第三段は、『縁起文』にある開眼供養のことを発端として、蓮花院と蓮花会の創始を記す。これは長谷寺における修験寺院としての側面を如実にうかがえる段だが、ここでは『行仁上人記』(後述)を引き、蓮花院の地が役行者以来の修行の霊場であるという。さらに『縁起文』の行基霊所巡礼のこととそれにともなう孝謙帝への奏上(これは『縁起文』の拠ったという『行基菩薩国符記』なるテクストと対応する記述であろう)を言い、蓮花院円堂の供養に及ぶ。

これに付して蓮花会の祭祀の濫觴と代々の奇瑞を記し、一箇の完結した縁起記述である。このような寺内の院家に関する縁起というべき段はほかにもあり、第七段は、宇多・醍醐両帝の本願による長勝寺の創建と美福門院による再興を記して首尾完結する。なお、ここには菅原道真の関与を説き、「天神（菅公）并ニ当寺ノ俗別当・三綱等、縁起・秘記ノ二巻ヲ以、公家ニ奏ス」と『縁起文』『密奏記』の撰進のことを述べて『験記』のなかで縁起の成立を歴史的に位置づけている。

菅公はやがて天神となって長谷寺に影向し、与喜山に祀られてあらたな寺の鎮守神となった。[37] いわゆる与喜天神縁起というべきものが第十一段である。これが何に拠ったものかは詳らかでないが、本来の地主神である瀧蔵《たきのくら》権現とは別に、十一面観音を本地とする天神を寺の鎮守として勧請し祭礼を始めたことは、長谷寺における神仏の祭祀の新しい段階を象徴する出来事であったろう。『験記』はこれを北野天満宮創建より早い天慶九年（九四六）のこととする、むろんそのように古いことではなく、おそらく菅公撰と銘記する『縁起文』『密奏記』の成立の前提となったであろうことからすれば、天神縁起が形成されるに至る十二世紀頃の現象だろう。ここでも『縁起文』が想起されて、「都テ当山ハ、他方ノ冥衆、朝暮ニ供養ヲ延べ、我朝ノ諸神、日夜ニ擁護ヲ成スト伝事ハ、此縁起ノ心ナリ」と呼応し、また、「聊カ、神ノ御事ヲバ旧記ニ譲ルト雖モ」として、あとは行円という修験者による白山権現（同じく十一面を本地とする）の勧請の縁起を記すにとどめている。

長谷寺に来臨する神々の縁起は、また多様なかたちをもつ。第六段は、第十二段の新羅国后説話と共に、海彼の貴人にまで及ぶ霊験の功徳を説くが、それらの寺における伝承の媒介となるのは、彼女たちが施入したと伝える宝物である。つまりこれらの段は異国より伝来した宝物の縁起譚という側面をもつが、特に第六段の馬頭《めず》夫人説話は寺にとって格別な意義をもつものであった。唐帝の寵愛ふかき馬頭夫人は、その名のとおり異相の面ばせであったが、ほかの后妃らの嫉みにより恥しめられようとするに際し、長谷観音を念じて忽ち美女となる。その報謝のために宝物を寺に遣し、やがてのちに当山の護法善神となって影向したという。その示現は寺の修正・修二会の最中と信ぜられていたというところには、神名帳を読み上げて国中の諸神を勧請し、あるいは過去帳を読み有縁無縁の精霊を供養する寺の祭式とも結びついた伝承であったことが分かる。それは、仏の力により人が世の苦難をまぬがれて神に転生するという、熊野の本地の五衰殿物語を想起させるような中世の神々の本縁譚の基本的なかたちをもっており、寺における縁起の生成とは後世のいわゆる本地物語に通うものがあったと想像される。

『験記』の背後にある当時の物語―説話伝承世界との交流は、我々の想像を超えた活発で流動的なものであったらしい。寺外資料に拠った下巻にその様相はよくうかがえるのであるが、上巻の白眉たる第一段もまたそうである。既に本書でたびたび言及した『江談抄』に初見する吉備大臣渡唐説話は、十二世紀末には『吉備大臣入唐絵詞』や『吉備大臣物語』として展開されるが、また一方では、長谷観音の霊験譚として換骨奪胎された見事な例である。本文中に已れの典拠として『江談抄』を明らかに意識しつつ、末尾で「当寺流記ニ見エタル也」と、既に早くより寺側で摂取改変した物語として成立していたことを示す。縁起および流記はこうした物語とも深く関わっていたのである。

寺史であり縁起叙述の展開としての『験記』上巻のなかで、最も注目すべきは第十六段の行仁上人伝である。彼は永承七年（一〇五二）すなわち当山第四度の焼亡直後に長谷寺に入り、西方往生を望むならば此山を再興せよ、との観音の夢告をうけて「勧進聖」となり、「当寺ノ霊験・建立ノ次第ヲ、本流記ニ継録シテ（白河院ニ）院奏」した（これがのちに『行仁上人記』と称されるものにあたろう）。そして白河法皇の御願として安養院という院家を建立、ここを拠点として勧進活動を行った。行仁による「本流記」の「継録」は、霊験や建立の次第というように、永承炎上後の寺の再興に関する実際的な記録にとどまらない。それは『流記』を前提とし包含するところの『縁起文』や『密奏記』、ひいては『験記』の成り立ちを考えるうえで無視できない営みであった。[38]

(3)『長谷寺験記』における霊験の構造

『験記』成立までの、五度に及ぶ寺の炎上と再興のことは、炎上のたびごとに現われた奇瑞と、再興の勧進や事業に結縁した人々に対する得益については上巻第十段にまとめて叙べられ、反面、その際に障碍をなした者、また不信不善の者に対する治罰については同じ第十七段に、ともに年序を逐って述べられている。こうした霊験と建立の記録とは、まさしくかの行仁上人の記録に連なるものであった。そこには、炎上が却って逆縁となり多くの人々に結縁の功徳を修させる因となる、という勧進の論理というべきものが一貫して流れているが、その主題は、前述したように序文に宣言され、さらに上巻の締めくくりとなる第十九段にも明らかに説かれている。度々の焼失に本尊の霊験へ疑いを抱く関白頼通の参籠中の夢に、童子が告げるのは、次のような言葉である。

大聖ノ方便、努々《ユメ〳〵》不審スベカラズ。当山ハ是、往昔ヨリ以降《コノカタ》、伽藍未ダ顕ハレ給ザリシ前ヨリ、生身ノ観音利生ノ砌トシテ、鎮《トコシナヘ》ニ国土ヲ護リ、衆生ヲ顧ミル。此ヲ有縁ノ機ニ示サムト、仮ニ霊木ヲ刻ミ玉フ。盛衰只利益衆生ノ方便也。然ラバ則チ、度々ノ焼失ニ、或ハ財宝ヲナゲテ縁ヲ結ビ、或ハ土木ヲ引キテ寺ニ入レ、或ハ遙ニ回禄ヲ聞テ、恋慕ノ歎ヲ含ミ、或ハ親《マノアタ》リ供養ノ場ニ望テ、渇仰ノ掌《タナゴコロ》ヲ合ス。如レ是ノ遠縁近縁ノ者、随分ノ益ニ預ル事、無量無数ニシテ、ハカリ難シ。

そして童子は三巻の巻物を展げて「当寺焼失結縁ノ人ノ得益イマダ定マラザル者ノ交名」という。また水瓶からは五色の雲が涌き出て、そのなかでは仏菩薩や天人が光を放つ。それは、結縁者の得益の相なのである。結縁者交名帳は、まさしく勧進活動の具であり象徴である。結縁する人々にとってはそこに己れの名を記入されることが既に得益を約束される証明にほかならなかったが、この説話ではそれをふまえて、なお、さきに引いた童子（それはとりもなおさず勧進聖の化身でもある）の主張に対する〝信〟によって決定《けつじょう》するのだ、と房前大臣の末裔である藤原摂関家の長に対して説くのである。

『験記』の霊験とは、かような〈絶えざる再興のための勧進を支え、その利益を証明し宣揚する〉という唱導の機能のもとに作りあげられ、奉仕するものであったといえよう。

右のようなことが『験記』の外因（対外的機能）をなすとすれば、なお、そこに記された霊験とは何か、という内因（内在的動機）が問われなければならない。霊験とは、観音がその信仰者にもたらす奇蹟すなわち利生の謂《いい》である。そして利生とは、観音より直接与えられ「速疾」に果たされるばかりでなく、むしろ種々の象徴《しるし》の授与という形においてなされた。長谷寺への参詣―参籠とは、それを獲得するための営みであった。参籠者は、御帳《とばり》に隠された本尊の前に、礼堂の大床や局《つぼね》に籠《こも》る。籠もりとは、験《しるし》を得るために、一定の期間を限ってこの聖なる場所で精進し勤行することであった。なお果たされなければ、さらに期限を延べ、または繰り返して祈りを籠めた。そこで彼らが求めた利生のありようは、人の世の実相に応じてまことに多様であった。『験記』を一瞥するだけでも、菩提心の在処《ありか》、往生の引導《みちびき》、前世の因縁《ゆらい》、追善の功徳《いとなみ》、婚姻の仲介《なかだち》、子孫の繁昌《さかえ》、得福の手段《てだて》、脱苦の方途《すべ》、およそ聖俗にわたるあらゆる切なる願いが観音の許に持ち込まれる。「此ノ観音ハ、余ノ仏菩薩ノ捨テ給フ事ヲモ助給フナレハ」（下第六段）というように、それは他に拒まれるような難かしい望みをも叶えてくれるという格別な存在なのであった。

その答えは、多く、夢という回路を介してなされた。夢は、観音のお告げであり、それが変化《へんげ》した様々な姿をとった使者がその裡に出現して、告知し、何ものかを授与する。それは、古代における神との交流が中世に形を変えてあらわれたものにほかならない。[39]「観音験《しるし》を見する寺」（『梁塵秘抄』霊験所哥）とは、夢をみせることなのである。夢は、それ自体が利生そのものであったが、多くはそのさとしにより身の処し方を定め、『今昔物語集』などにみえるわらしべ長者譚の青侍のように、その告げに従って世俗に立ち戻って行動をはじめるのである。

夢想を蒙った参籠者は、ただちに堂より退出し山を降らなくてはならない。また蒙った夢告は、居合わせた人々にも語られ、合わせられ判ぜられて、ただちに解釈された。あるいは心中に秘めてほかに告げず、ひそかに下向する場合もあった。おのおのに、その生の根源に関わるかけがえのない経験を獲得したのである。長谷寺という霊験所は、〈籠り〉と、そこからもたらされる〈夢〉によって、人生ひいては世界の運命の転換をなしとげるための巨大な聖所であった。夢が、人間と仏神など冥の世界との関係を媒介する象徴的経験といえるならば、そこは中世社会における〈象徴交換の場〉であったともいえよう。その大部分が夢を軸として展開されている『験記』の霊験譚の構造は、このような長谷参詣―参籠のしくみに深く根ざすものであった。そして、その構造は必然的に『縁起文』にも及んでおり、それもまた菅公の参籠と夢想によって起筆されるという霊験の構造をもつのである。

　一方、この霊験の構造において象徴《しるし》をもたらし、お告げをなすもの、つまり、この場の機能を担う媒介者の存在を無視してはならない。それは、まさしく生身の観音そのものであったり、あるいは僧形もしくは貴女の姿をとったが、多くは童子として現じた。『縁起文』において未だ顕われざる霊地の開示者であり、案内者であった「八大金剛童子」や「金剛使者童子」は、『験記』のなかでも随所で参籠者の夢中に現われ、もしくは小児等に憑き託して観音の示しを告げた。彼らの多くはただ「童子」と呼ばれるが、また「金色童子」であり、「八大童子」（またはそのうちの「石精」「香精」童子）であり、「守護童子」でもあった。それは、観音の分身たる「童男」としての変化の姿であり、眷属として仕える「護法」すなわち使霊の姿でもあった。それは第一章で論じたように、〈聖なるもの〉をさまざまな位相において媒介する存在とされていた中世の童子に対する観念をよく反映するものであった。下巻に摂り入れられた諸寺の縁起のうちには、こうした童子の在り方が一層の広がりをもって示されている。長谷観音が童子と化して仏像を造る話（下第一・第十四段）があり、また童子（稚児）が僧に仕えたのち死して長谷観音と現われ彼の道心を開発《かいほつ》せしめた話（下第二十二段）は、興福寺大御堂の朝欣《ちょごん》上人にかかわる縁起譚としてばかりでなく、十四世紀には『児《ちご》観音縁起』絵巻としても成立し、中世の児物語の流れのうえに大きな位置を占めるものであった。いとけない小児の願いに応えて風車を与え、それを壊した者に憑き祟る観音の「石精童子」（下第二十九段）が直截に示すように[40]、彼らは観音の祝福と治罰という両義的性格を端的に発現させる存在であって、その働きは霊験の構造を具象化するものなのである。

(4)『長谷寺験記』における霊験の本質

長谷寺は、中世のあらゆる人々にとって、霊験を求め、その徴《しる》しを受けとる場であったが、それによって人々の間には、あらたな関係が生じ、あるいはめぐり逢いがなしとげられ、何ものかが産みだされる。霊験所とはそのような出会いの場でもあった。『験記』の霊験譚が(その結果である)利生として示すのは、もっぱらそうした邂逅ないし誕生のさまざまなかたちである。

「都《スベ》テ、当寺ノ利生ニ預カル人ハ、房前ノ臣ヨリ始テ、此(光仁帝ノ)御事マデモ、貴賤上下皆、子孫ノ繁昌憑シキカナ」(下第三段)。既に縁起において当初《そのかみ》よりの大壇那とし、古えより俗別当もこの流から出すと称する藤原氏との由縁は、長谷寺が興福寺末寺となる以前からのことである、という。『験記』序文が利生の随一に掲げる藤原氏の繁昌とは、この家より出る女人が代々の王の后妃となり、世継の皇子を産み、外戚たる男子が摂籙として輔佐の臣に位することである。長谷の観音とは、その根源を支えるものとされているのである。

山蔭中納言説話(惣持寺縁起に拠る——下第十三段)は、その利生が藤原氏に脈々と受け継がれていることを知らしめるが、のみならず王家そのものも深く長谷観音の利生に預っていた。やがて清和帝の后として陽成帝の母となる高子が参籠して不具を転じ高貴の相を得る話(下第十二段)は、藤原氏の女人に対する利生を明らかに説く。あるいは美福門院による近衛院出生(上第七段)や鳥羽院誕生もこの観音が授け賜うたものという。その利生は藤原氏以外の家にも及ぶ。紀長谷雄はこの観音の化生した童子であったと言い(上第四段)、三善清行にも同様な話を説く(下第十一段)。婚姻を成り立たせ、貴き子を得て栄える観音の験《しるし》とは、このような実在の貴人のうえに語られるばかりではない。

貧者白介《シラスケノ》翁は、善光寺如来の示しに従い未だ顕われざる長谷の霊地に詣でて、童子の告げにより帰途に出逢った美女を妻に得る。以下は、昔話として普く伝承されている天人女房譚と共通する難題婿の物語であり、やがて翁は長者となり、のち昇天した女房は観音の化現であったという。この信濃新長谷寺縁起に拠るという下巻第一段の話は、民衆の口承世界に深く根ざした得福の物語[41]であり、繁昌のあらゆる相を語るところ、この観音の霊験の基層とは何であったのかを、わらしべ長者譚と並べて想起することにより更なる奥行を示唆させる。

『験記』の霊験譚の多くは、より単純な相貌をもつ。美しい妻を望む横暴な国司が課した連歌の難題を、夫が観音の示しにより解いて契りを保つ話(下第二十段)や、恋慕した貴女より難題の和歌を詠ぜよと試された下﨟が、これも観音より歌を賜り彼女を獲る話(下第二五段)のように歌を介して夫婦の契りがとげられるもの、いずれも「婬愛輪廻ノナカダチト成ハ、罪業ノ因縁ナレドモ、責テ人ノ願ヲ満給フ」という観音のはたらきなのであった。長谷の観音は、たとえば『住吉物語』がその構造のなかで自ら示すように、男女の間を結びつける媒《なこうど》的役割を果たしている。のみならず、一旦別離した夫妻がめぐり逢うのもこの観音の許においてである。散佚した『扇流《おうぎながし》』という物語に拠るらしい藤原高光(多武峰少将)の出家譚では、遁世して山に籠った少将の行方を尋ねる妻が長谷に参詣して導きを得る(下第十段)。こうした話は中世にひとつの伝承上の典型となったらしく、『撰集抄』において尼となった西行の妻は、長谷寺に詣でて聖《ヒジリ》となった西行に出逢っている。遁世譚独特の表現のなかで屈折しつつも、それは長谷という〝場〟の神話的伝統のもとに支配されているのである。それはやがて親子の再会譚にも連なるものだろう。母に捨てられた息子が実の父の家に拾われて育《はごく》まれ成長し、参詣を機に母と再会し名乗りあう話(下第二十四段)や、観音に申子して得た娘が貧窮の父母を助けるため自ら人商人に身売りするが、船は難破して救われ却《かえ》って大福を得る話(下第三十一段)など、いずれも中世に広く語られ、やがては能にも摂取され芸能として脚色される種子となりうるような物語であった。

これらの霊験をものがたる説話を通して立ちあらわれてくるのは、世間・出世を問わず人々の間の結びつきを宰領するものとしての観音の存在である。そうして、そこからあらたな何物かが産みだされていく。それは夫婦や親子という最も社会の基本をなす個の水準においてまずなされるのだが、それが実現するところのものは広く社会全体に及び、ひいては王権すら長谷の観音を根源として誕生せしめられた。まさしく中世世界の奥深い母胎というべき聖所として存在したこの観音の機能を、『長谷寺験記』の霊験譚は多声的《ポリフォニック》に語り、提示しているのである。

第十一章　中世の浄土と往生伝

――冥界をめぐるテクスト――

唐浄土教の生みだした最大の達成というべき、浄土世界とその仏菩薩を織りあらわした巨大な変相図が日本へ伝えられ、それは安置された寺の名をとって当麻曼荼羅《たいままんだら》と呼ばれた。中世に語り出された、ある高貴な姫の発願による曼荼羅の奇蹟の織成伝承は、姫の往生をもって結ばれる。

折口信夫の小説『死者の書』は、この当麻曼荼羅縁起の伝承をもとに、その舞台となった天平末期の〝古代の秋〟を、大伴家持と恵美押勝を狂言回しとして描き出す。そこでは、藤原南家の郎女《いらつめ》が彼岸の入日に見た「俤《おもかげ》びと」の姿を追って出奔し、当麻寺の結界を侵した贖《あがな》いの忌み籠りの間、そこに二上山《フタガミ》の頂に葬られた叛逆者「滋賀《シガ》津彦《ツヒコ》」すなわち大津皇子の甦った魂が訪れるという邂逅の劇が進行する。やがて郎女の魂の変成は、死者の執心を、幻視した光り輝く仏へと変容させ、手ずから紡ぎ織り、そして縫い上げた布のうえに、郎女は命を搾《しぼ》りだすように仏国土の像《カタチ》を描きあらわして去っていく。(1)

折口が『死者の書』に籠めた意図を自ら解題したエッセイ「山越しの阿弥陀像の画因」は、作中に繰り返し幻視される、山の端にあらわれる「俤びと」光の仏のイメージの拠《よりどころ》となった山越阿弥陀図の創出に至る、他界観念をめぐる普遍宗教と民俗信仰の出会いのありようをさまざまに説き示す。(2)そのなかで、冷泉為恭の筆になる山越阿弥陀図（図1）を契機として「こぐらかつたやうな夢」を自分に見せた「故人」を想い、その魂の供養のためにこの書を著したのだと明かす。この僅かな示唆と自撰年譜が手がかりとなって、この「故人」こそ若き日の折口の恋人であり早く世を去った「新仏教家」藤無染であったことが明らかとなり[3]、更に藤が挺身した「新仏教」運動の内実、仏教とキリスト教の源流を同根とみて両者の融合から宗教革命を夢みた青年仏教者たちの夢の形見が、折口の思想形成に深く影を落とし、『死者の書』の構想と照応することまでも解き明かされた[4]。

折口にとって、『死者の書《テクスト》』は、なお死に至るまで織り続けられる営みであった。遺された未完の続篇は、時を遥かに隔てた鳥羽院政期の〝王朝の秋〟に、当代最高の知識人であり男色家でもあった藤原頼長を登場させ、天王寺から高野山へと舞台を移しながら、そこで彼は宋より渡来した「日ト京」なる秘法の噂を聞く。奥院に入定する大師と重ねながら、それは明らかにイエスの磔刑と復活の秘蹟を象るものであった[5]。この先にいかなる展開が想い描かれていたかは知るべくもないが、おそらくはより鮮やかに、あの秘教的神秘思想の再現前が巧まれたであろう。

図1　『山越阿弥陀図』（大倉集古館蔵）

あるいは、『死者の書』の、新たに将来された阿弥陀浄土変と、今や絶えなんとする神語りの裡に生きる古き神々の世界との融合と変成も、それと等しいヴィジョンを含意していたかもしれない。それは、折口の分身でもある郎女という女人の魂のうちに受胎し、生み出された〝光の御子〟のごとき存在であったか。

山越阿弥陀図という、中世に創出された独特の来迎図が表象する世界像は、折口にとってひとつの他界への回路を開く扉であった。

一　浄土願生者の夢と冥界巡り

日本において成立した最初の往生伝、慶滋保胤の編んだ『日本往生極楽記』[6]には、当初の段階ではなかった聖徳太子と行基菩薩の伝が、冒頭に位置づけられている。この後に添えられた識語によれば、中書大王兼明親王の夢想により、二人を往生人に加えるべき旨が示されたという。太子と行基は、前後して成った源為憲『三宝絵』法宝にも、役行者と共に日本仏法史を象るべき存在としてその伝が構成され、また後に鎮源『法華験記』でも、更に『今昔物語集』でも同じ位置を与えられている。しかし、こうした歴史上の偉大な人格の伝記とは別に、浄土曼荼羅という彼岸の〈聖なる世界〉のイメージを介して語り伝えられた、夢によってその彼方の世界への道筋を示すような伝承が、この『極楽記』という記念碑的な往生伝に登場することは見逃せない。[7]

智光伝は、彼の住した奈良元興寺の僧房に伝わる浄土変相図の縁起というべきものであり、それを彼は夢中に極楽に赴いて感得したという。学僧智光は、同室の常に睡眠してばかりで無行無智のままに死去した頼光の後世の行方を案じていたが、夢中に赴いた極楽で彼と対面する。実はひたすら念仏観想の行を修していたこと、その結果としての往生が智光に示され、証拠として弥陀如来より掌《たなごころ》に顕わされた浄土の相を、覚めた後に画工に描かせたものがこの図だという。

追加された行基伝には、後述する『日本霊異記』由来の、行基を妬んだ智光が頓死して冥途に赴き閻羅王から教誡を蒙る説話が含まれるが、この〝智光曼荼羅縁起〟というべき伝承は、同じく智光を狂言回しとして、その霊異記の説話を換骨奪胎して創られた寓話といえようか。後に永観の『往生拾因』、更に『今昔物語集』にも採られ、浄土曼荼羅の縁起として当麻曼荼羅の縁起と並んで記録、伝承されるようになる（『覚禅鈔』、聖聡『当麻曼荼羅疏』）。院政期南都における伝承は、大江親通の『七大寺巡礼私記』に詳しく、ここに念仏講が営まれていた消息も知られて、更に実叡『建久御巡礼記』（当麻曼荼羅の縁起伝承がはじめて記された）にも記され、前章第一節に述べたように、やがてこの曼荼羅を伝える元興寺極楽坊が興福寺大乗院門跡の一院となり、念仏追善の道場となっていく経過が以降の記録からうかがわれる。[8] 鎌倉期には西大寺流律僧も入り、密教や太子信仰と結びついた勧進も営まれ、市中の葬送や芸能興行の場として無縁の聖地となった。[9]

智光曼荼羅の説話伝承は、『極楽記』以後の往生伝にしばしば見いだされる、往生人について誰かが夢中に来迎の瑞相や浄土転生を感見してその人の往生を知るという、霊験記録としての伝記の祖型ともいえる。夢による越境をもって浄土という他界への転生を認識する回路とするのは、古代人の死生観および世界観からの本質的な転換を端的に示す、あたらしい精神の経験でもあろう。そうした夢という回路が、古代末期にもたらされた仏教世界像の極相というべき浄土変相図の縁起において伝承されるモティーフとして語られることは、ただ象徴的という以上に鮮やかな画期を示す事態なのではなかろうか。

編者景戒自身が夢見る人であり、また夢を解き記す主体でもあった『日本国善悪現報霊異記』[10]は、そのなかにいくつもの他界との往還の霊異譚を含むが、いまだそこに明確な浄土世界への往生はイメージされていない。たとえば、大野屋栖野古連《やすのこむらじ》が蘇生して、黄金の山（五台山金色世界）の頂きで薨《みまか》れる聖徳太子に遇って示された予言を語る（上巻「三宝を信敬し現報を得る縁第五」）。それは聖武天皇と行基による仏法興隆の未来記という趣であるが、あの「天寿国繡帳」ほどにも浄土の相は鮮明でない。むしろ地獄へ赴く物語の方が『霊異記』では多くかつ詳らかであり、その一人が前述の智光である。

中巻「智者、変化の聖人を誹《そし》り妬みて現《うつつ》に閻羅の闕に至り地獄の苦を受くる縁第七」は、聖武天皇により大僧正に任ぜられた行基に嫉妬し誹謗した学僧智光が忽ち病死し、弟子に遺言して己が遺体を焼かずに置き、そこから死せる彼の魂の旅が始まる。まず閻羅王の使に召されて西方に往き、行基の来往すべき黄金の楼閣を見る。その宮門にて神人に召され北方の道を往くと、そこは焦熱地獄で、鉄の柱を抱かされて身を焼かれ、また復活して銅の柱を抱かされる。更に阿鼻地獄では釜のなかで煎《に》られる責苦を受ける。やがて宮へ還り、この堕地獄の因縁を説き示され、九日後に蘇り、弟子に「具《つぶさ》に閻羅の状《さま》を述べ」ただちに行基の許へ向かって、この「口業の罪」を懺謝したところ、行基は智光の念《おも》うところを知り、自らの生所を「金《こがね》の宮」と告げられて喜んだ。これが行基の〝極楽浄土〟への往生を示すというのは、さきに触れた『極楽記』の解釈であるが、むしろ興味深いのは、これが智光による冥界遍歴―地獄巡りのモノガタリであることだろう。それは、再三にわたる肉体焼滅の苦患と復活を自ら甦って弟子に語る述懐であり、行基への懺悔語りとしてなされるものである。

ここにひとつの始発点をみる、浄土と地獄にわたる他界遍歴を、冥途蘇生というモノガタリの枠組の許で展開する伝承の系譜は、以降、中世を貫くように脈々と継承・再生され、多様な展開を見せる。そのなかで最も大きな影響を与えたのが、『扶桑略記』天慶四年（九四一）三月条に「道賢上人冥途記」の名で抄録される『日蔵夢記』（宗淵編『北野文叢』所収内山永久寺旧蔵本）である。[11]

三善清行の子、浄蔵の兄弟と伝えられ、声明・音楽の系譜にも名を連ねる修行者道賢は、大峯の笙の窟において参籠中に息絶える。十三日後に蘇生して入冥の間の「日記」を記録したのが『夢記』であるという。彼は執金剛神に導かれ、窟より北の金峯山浄土へ赴く。そこで釈尊の化身たる僧形の蔵王菩薩の会座に参じ、日蔵の名を記した短札を賜る。そこに西方より大王即位行幸のごとくに「日本太政威徳天」が到来し、これに伴われて遥か大威徳城へ行き、その宮殿を巡る間に、元は菅丞相であったと告げられ、世界の一切の災難を司り、国土を滅す使者「火雷天神」ら眷属悪神を支配する存在と明かし、我が言《こと》を伝え形像を作り名号を称え祀れと、日蔵の名を釈して授ける。そして兜率天を経て閻羅王宮に率《いざな》われ、閻王は獄領に命じて諸地獄を巡見させる。この裡の鉄窟苦所に堕ちていた「延喜王」に遇い、堕獄の因となった道真を罪なくして罰したことをはじめとした諸の罪の告白と、抜苦のための仏法興隆の願いを聞く。再び閻王宮に還り、更に蔵王の満徳法主天宮に到って、太政威徳天による災厄とこれを脱《まぬか》れ怨心を宥める修善造寺を営むべきことを示されて遍歴を了える。

このように『夢記』は、きわめて複雑な多重構造の世界を日蔵が往還・巡歴し、それは同時に新たな名を授かる彼自身の生まれ変わり《イニシエーション》でもあった。それぞれの世界では、そこを宰領する王から天宮の快楽より地獄の苦患まで悉くその因果応報を教示され、その究みが地獄の底に受苦する俗世の人王より直《じ》かに罪の懺悔と救済の手立てを聴き世に伝えることなのである。これこそが、『夢記』の冥界からのメッセージの核心であり、目的であった。[12]

『日蔵夢記』の成立と前後して、比良宮の太郎丸の託宣が披露され（『扶桑略記』）、北野の地に巫女文子《あやこ》が託宣をうけて祀った天神の小祠の傍に、天台僧たちにより寺院が創建され、更に藤原師輔により天満宮の社殿も造営され（『最鎮記文』）、宮寺として成立する。北野天満宮と天満天神の創祀にとって最も大きな役割を果たした宗教テクストが、この『夢記』であった。[13] のみならず、やがて十二世紀末にその縁起として『北野天神縁起』（建久本）が書かれると、菅公の伝記から怨霊の発動をへて創祀から霊験に至る構成の中核に、『日蔵夢記』のメッセージは重要な位置を占めることになる。総論Iで述べたところだが、承久年間に巨大な絵巻として制作され北野社に奉納されたこの『聖廟絵』では、日蔵の笙窟での入冥―他界への飛翔のみが描かれ、それ以降は単なる六道絵が連なるばかりである。むしろ『日蔵夢記』の忠実な図像化は、詞書を含めて、かつて伊豆走湯山に伝来したメトロポリタン美術館蔵『北野天神縁起』絵巻（図2）において実現されている。[14] そこでの冥途巡歴の諸場面では、山臥修行者姿の日蔵が必ず登場して導かれ、旅する。彼は他界遍歴の主役であると同時に目撃者かつ証人であり、世界の根源から

図2 『北野天神縁起』絵巻(メトロポリタン美術館蔵)

のメッセージを伝達する存在、冥途蘇生記のテクスト構造を端的に表象する〝アイコン〟なのである。

『平家物語』は、この伝承を日蔵の〝六道巡り〟として、物語の大尾「灌頂巻」において、建礼門院の平家滅亡を生きながら六道を経《へ》めぐったことに譬える懺悔語りを受けた後白河法皇に想起させている。それは、天神縁起によるだけでなく、それ以上に『日蔵夢記』そのものがこの滅亡物語の構想に深い影響を与えたことを示唆していよう。

古代から中世にかけての冥途蘇生記の系譜を辿ると、それが発信された時代の現世と他界との往還のなかで、宗教者の担った世界認識が鮮やかに照らし出される。[15] 『日蔵夢記』のしばらく後、『僧妙達蘇生注記』(天治二年(一一二五)写本、観智院本『三宝絵』中巻付載「妙達和尚ノ入定シテヨミガヘリタル記[16]」)は、『法華験記』巻上、出羽国竜華寺の妙達伝と呼応しており、天暦九年(九五五)に妙達和尚が閻王宮に請ぜられ「日本国中の善悪の衆生の所行作法」を聴き、本国へ還って「善を勧め悪を誡めて衆生を利益せよ」と教勅を蒙る。そこに示されるのは、東国奥州世界に活動した聖俗の人々によるいわば宗教地図である。あるいは承安二年(一一七二)に記された摂津清澄寺尊恵の『冥途蘇生記』(「求道沙門尊恵夢状」)は、これも『平家物語』の一節をなしてその成立に関わった宗教テクストである。[17] 持経者尊恵が閻魔王の請により入冥し、王宮にて法華講会に参仕、閻王の授記を得て平清盛が良源の再誕であると示される。やはり夢記であるこの『記』は室町期に至っても、有馬温泉寺の縁起絵として絵解き唱導されていた。[18]ほぼ時を同じくして、仁安二年（一一六七）、東大寺の能恵得業が病死して炎魔宮に至り、大般若経書写の発願ゆえに王よりこれを使命として蘇生することを得た（『百練抄』嘉応元年（一一六九）に八幡宮における勧進と経供養の記事が見える）説話は、早くに絵巻化されて『能恵得業絵』として流布した。[19]更に鎌倉初期には、その絵が契機となり、女人の霊病と神明の託宣を介して、あらたな石清水八幡宮の霊験譚として成立する（『八幡愚童訓』[20]乙本）。

鎌倉時代には、各地の霊場においても冥途蘇生譚はその縁起のなかで生い育つ。たとえば、後述する『善光寺縁起』は、本願本田善光の息子善佐《よしすけ》が頓死し閻王宮に赴いて本尊脇侍観音の働きで蘇生するが、これに皇極女帝の堕地獄を救う功徳を併せて語る。あるいは『志度寺縁起』に連続して集成されるいくつもの冥途蘇生譚は、どれも本尊十一面観音の分身が閻魔王と化して王宮へ赴いた聖《ヒジリ》たちに修造勧進の使命を与えて蘇らせる。[21]これらはいずれも大型の掛幅縁起絵により絵解かれていた。その典型は、南都の霊場寺院の代表的な縁起である矢田地蔵金剛山寺の満米《まんべい》聖人の冥途蘇生譚であろう。聖人は「生身《ショウジン》」の本尊地蔵に引導されて冥途へ赴き、地獄の責苦を受ける罪人たちを地蔵が救いだすのを目撃し、蘇生してその功徳を唱導する。これも、縁起絵巻や掛幅画によって絵解きされた。[22]同様な冥途蘇生譚は、南都春日社の第三殿（天児屋根、枚岡《ヒラオカ》）本地地蔵の霊験としても説かれた。『春日権現験記絵』巻八（その前身《プレテクスト》である貞慶『御社験記』に遡る）には、楽人狛行光の入冥・堕地獄とこれを導き救う地蔵（春日第三殿の本地）のはたらきが鮮やかに描き出されている。[23]それは、同じく『験記』巻十七（璋円得業事）に、春日の神は春日山の下に地獄を構えて、興福寺僧はじめゆかりの者たちを一時ここに居らしめ、漸々と浮かび出るように往生に導く（これも女人への託宣に示された）という話とも響きあって、それぞれの霊地独特の宗教空間のトポスにおける死と再生の世界観を、冥途蘇生譚が象っているといえよう。

室町から江戸時代にかけても、冥途蘇生のテクストはなお生命力を持続し再生し続けていた。摂津の宗教商業都市平野の長宝寺において成立した『平野よみがへりの草紙』[24]はその一例である。とりわけ伝承の持続という点で注目されるのは、『吾妻鏡』(正治二年(一二〇〇)四月三日条)にみえる仁田四郎による富士の人穴への探険の記事(これを命じた将軍頼家の運命と結びつけられる年代記の一節)を起点として成立し、近代まで写し継がれて広く流布した『富士人穴の草子』[25]であろう(同書は民衆による富士講の縁起として享受された)。人穴に入って見た驚異と深秘は口外無用の秘事として公には封印されたが、地獄巡りの一変奏であるその記録は、民衆宗教の通過儀礼を司るテクストとして伝承されることになったのである。それは更に文芸としてパロディ化されもする。お伽草子絵本『義経地獄破り』(チェスター・ビーティー・ライブラリー蔵)[26]は、地獄に堕ちた義経主従一行が、その武勇を発揮して地獄の門を破り獄卒の鬼を討ち取り閻魔王を降伏する。富士の麓から冥途に赴いた修行者がその一部始終を見物するように全ての場面に立ち会い、主従の来迎往生に至る。それは遠く、『日蔵夢記』の絵巻化としてのメトロポリタン本天神縁起絵巻にあらわされた冥界巡歴する日蔵の姿とも、時空を隔てて呼び交わしあっているようである。

二　山中他界の夢――浄土と地獄の往来

冥途蘇生記というテクストが、霊地という宗教空間の世界像と分かちがたく生成し機能するものであれば、注目されるのは、それらが多く山中や海辺の境界的な場《トポス》であることだろう。その空間イメージは、来迎図にあらわされる山岳の彼方より紫雲に乗じて到来する如来聖衆のそれ(観音の来迎図においては補陀落山から海波の上を渡って到来する)に重なり合う。光明寺本『当麻曼荼羅縁起』絵巻大尾の来迎図は山岳と海の上を越えて本願女人の許に来たり(総説I図7)、当麻曼荼羅そのものが来迎する当麻奥院『十界図屏風』では、峻嶮な山岳の陰から曼荼羅が姿を現わすが、その下には海辺の光景が広がっている。あるいは山越阿弥陀図の最古の作例である禅林寺本(図3)でも、仏が姿を現わす山の端の上(彼方)には水波が描かれて、海を象ると思われる。それらが等しく示唆するのは、山岳ないし海辺が他界に通ずるトポスであり、ひいては他界そのものとする観念であろう。

『大日本国法華経験記』(27)は、多様な霊験譚を含む持経者・修行者・聖人の伝を往生の事蹟を含めて集成するが、その最後はいわゆる〝道成寺伝承〟の最古のテクストである「紀伊国牟漏郡悪女事」で締めくくるように、女人や異類をめぐる霊異譚も多い。そのひとつ、第百二十四「越中国立山女人」は、逸名の修行者が立山山中の「地獄」に往き、そこで一人の若き女人に逢う話である。彼は「霊験所に往詣し、難行苦行せり」という山臥であり、立山はその抖擻の霊山のひとつ（『新猿楽記』次郎真言師）であったが、同時に「日本国の人、罪を造れば多く堕ちて立山の地獄にあり」という霊場でもあり、『験記』は彼の眺めたこの地獄の様相を詳しく描写する。その、無人の境であるはずの深山幽谷に現われた女を見て、僧は「鬼神、羅刹女」かと怖れる。当時、立山は女人禁制の結界であったからだ。女は近江蒲生の仏師の娘と出自を明かし、父が仏物を私用しこれを衣食とした罪により死後この地獄に堕ちたという。この消息を父母に伝え、作善による抜苦を望む故に、観音縁日のため苦患が休まる隙に来ったと告げる。僧は父母の許に赴きこの旨を伝え、法華供養の作善を営むと、父の夢に娘は立山の地獄を出て忉利天に生じたと示す。立山の地獄についての最古の文献が、この女人堕地獄とその抜苦救済の霊験譚である。観音の代受苦と法華の功徳を説くが、そこで修行者はその使者《メッセンジャー》として、あくまで媒ちの役割をつとめるのみであった。これは冥途蘇生記の基本的な構造に通ずるものだろう。

図 3　『山越阿弥陀図』（禅林寺蔵）

　同じく立山の地獄に堕ちた女人を救う類似の地蔵霊験譚

図4　『地蔵菩薩霊験記』絵巻　立山地獄に堕せる女人を救済する地蔵（フリア・ギャラリー蔵）

に、『今昔物語集』巻十七「越中の立山地獄に堕ちし女、地蔵の助けを蒙れる語《こと》第二十七」があり、修行者延好が逢った若き女人は京七条の住人だが、祇陀林寺の地蔵講に参った功徳で日夜三時に地蔵がその苦に代ると告げ、抜済を願う。鎌倉時代に作られた『地蔵菩薩霊験記』絵巻（フリア・ギャラリー蔵）では、山中の地獄で衣服を剥がれ全裸となった女人が責苦を受ける様と、身替りに地蔵が火炎に焼かれ女人が救われて僧と対面するところとが、ひとつに図像化されている[28]（図4）。また、『今昔物語集』巻十四「修行僧越中立山に至り小女に会う語《こと》第七」は『験記』に拠るものだが、更に続く「越中国の書生の妻死して立山地獄に堕る語第八」が加わる。国府の書記の妻が病死したのち、遺児三人が母の生所を恋い、「いざ、かの立山に詣で地獄の燃《も》ゆらむを見て、我が母のことをも惟《お》し量《はか》りて思ひ観ぜむ」と、貴き聖人を具して登る。僧に錫杖を唱えさせながら十余所の地獄を巡るに、巌のはざまに姿は見えず母の声ばかりして子を呼ぶ。それは生前の造悪の報いでこの地獄に堕ちたという懺悔語りであった。子がその苦を遁れる方途を問うに、それは法華千部の書写供養のみという。この「夢なむどに示すは常のことなり、現《うつつ》にかく告ぐること、世に聞えぬこと」のメッセージに驚いた書生一家は、国司に訴え北陸諸国を挙げて勧進し漸く千部を成就した。すると太郎の夢中に、この功徳により忉利天に昇天したと告げる。これを併せてみれば、山中の地獄としての他界が、娘や母という女人が負う罪業によって苦患を蒙る場として設定されていることが明らかであり、そこは修行者のみならず、肉親の生者との交信の場であり、訪《とぶら》ってその声に耳を傾け、そのメッセージを聴く処でもあるのだった。それは、恐山などに今も生きている、盲目の巫女による死者との交流を想起させるものである。

立山の地獄に堕ちたのは、女人ばかりでない。元雅作と推定される能『善知鳥《うとう》』は、奥州外《そと》の浜で殺生の業《わざ》を営む猟師がその罪によりここに堕ち、修行者に己が片袖を託して遺族に告げ知らせる。これと同じ設定で善光寺参詣の巡礼者に立山で片袖を託す亡者の話が、室町時代の『清涼寺縁起』の霊験譚にも見える[29]（更に近世の平野大念仏寺の『片袖縁起』絵巻では箱根山中を舞台とする）。立山においては、やはり女人こそ救済の最大の対象であった。近世には、山麓の御師集落芦峅《あしくら》寺において、布橋《ぬのはし》大灌頂の儀式が女人を対象に盛大に催された。彼女たちは目隠しして閻魔堂から布橋へ自ら寄進した布を踏んで渡り、対岸の立山独自の尊格「媼《うば》尊」を祀る媼堂に入ることで立山入山を遂げるという通過儀礼が営まれていた[30]。この儀礼を担った御師たちにより唱導された立山曼荼羅には、極楽浄土でもある（弥陀の来迎も山頂にあらわされる）ところの立山の地獄に登山する参詣の姿と共に、山麓での布橋灌頂の祭儀が描かれており、その布橋は地獄絵における三途河のイメージに重ねられ、作例によってはその傍に奪衣婆まで登場している[31]。立山曼荼羅に具現される立山のコスモロジーにあっては、地獄と浄土は連なり合って一体の世界となり、布橋灌頂は、いわば霊験譚のものがたる神話的次元に応じた、女人による地獄と浄土の境界の越境を、儀礼の次元で体現した祝祭なのである。

三　霊地の宗教空間とその運動――南北軸と東西軸の焦点

古代から中世にかけて、日本の国土には、霊地をその焦点として、宗教的世界観の中心軸と言うべき可視ないし不可視の動線が形成されていた。それは、寺院の伽藍が構成する堅固な軸線から、祝祭芸能の場で初めて顕現する運動まで[32]、始源の時空より今に変化し続ける動態までを含む、種々の位相において象られる。

たとえば修二会の道場である東大寺二月堂についてみれば、本尊の秘仏「生身」の十一面観音は、実忠の祈請により補陀落山より海上を渡り難波浦に到来する、寄り来る神のごとくである。その勧請は、今も小観音《こがんのん》の遷座として後戸から内陣を巡り、西側の礼堂へ一旦出されて礼拝の後、渡御するように南から内陣へ入り本尊として檀上正面に据えられる儀として繰り返されている。[33] 修二会の創始伝承（『二月堂縁起』）では、実忠が笠置の龍穴より赴いた兜率天の常念観音院における天衆の行《おこな》いを移したのが、今も「走り」として修される作法であるという。それは垂直軸（天界―地上）を経て内陣で本尊の周りを走り廻る水平の旋回運動に転換される。その背景となる宗教空間として、笠置山から長谷寺まで、奈良の東山中を北から南へ修行する、日蔵を縁起作者とする「一代峯《いちだいのみね》」の修験行場が存在していた（『諸山縁起』）。また『二月堂縁起』[34]は北方の若狭国に坐す遠敷《おにゅう》明神について修二会で読まれた神名帳の起こりを説く。神名帳の読み上げにより日本国中の神々が参るのに、この神ばかり漁に夢中で遅参した科《とが》を償《つぐな》うために、行法に用いる香水《こうずい》を湧出させた（今は若狭の神宮寺で〝お水送り〟が催され、その水が十日間をかけて奈良へ届き、〝お水取り〟において汲まれる）という。この南北軸と、本尊を迎えた東西軸、および実忠が悔過行法を伝えた垂直軸の交わるところが二月堂なのであり、練行衆の作法は、この多元重層的なコスモロジーの絶えざる再現前を摸し演じて担うための故実なのである。[35]

一代峯の終点にあたる長谷寺は、中世に蓮華会の延年芸能が催され、更に蔵王権現影向の霊地を含む吉野金峯山を望む「生身」十一面観音の霊験所であった。更に奈良盆地の南方には、紀伊半島全体にまたがる列島最大の霊地が連なり、熊野に収斂する。そこには、日本が独自に生み出した仏神一体の尊格である蔵王権現が祀られ、吉野を北端、熊野を南端として半島中央を貫く奥駈《おくがけ》道の中心、大峯山上に湧出したと伝える。中世の修験行者は「峯入り」として抖擻修行を双方から営み、峯中の宿々での行法は金剛界と胎蔵界の両部曼荼羅と行者が一体化する、即身成仏への路である。入峯が顕密仏法の象徴体系のマッピングであることは、東北に位置する一代峯が両部を統合する三部蘇悉地に当たり、西北の葛木峯が法華経二十八品に宛てられているところにも見てとれよう。そのコスモロジーは、鎌倉初期、慶政の書写した『諸山縁起』において、それぞれの縁起と宿次第において行者の伝承しテクスト化された修験の世界像が、一冊のうちに集成されている。(36) とはいえ、その世界は全てがテクスト化されて象られるのではない。あくまで入峯修行において行法を営む行者の身体のうえで実践され、その過程で秘密を口伝により開示されることによって成就するものなのである。

眼を転じてみれば、国土の東西にわたる仏神の祭祀の運動は、いかなる相を示すのだろうか。古代から中世にかけての目ざましい現象は、あらたな神の東遷である。その代表が仏法の許に創出された神格である八幡大菩薩だが、この神は九州の宇佐から盛んに託宣を発し、ついには東大寺大仏の造立を助成しようと巫女と共に輿に乗って入京する（『続日本紀』）。その記憶を今に留めるのが、東大寺に鎮座し、後に手向山に祀られた八幡宮である。後に空海により東寺の境内にも祀られ、また神護寺の金堂内にも祀られたように、顕密仏教の成立と同時にその中枢に位置し、姿を顕わした神でもある。(37) 東大寺では、西大門に当たる転害（手掻）門より八幡神が入御した故事にちなみ、転害会としてここが恒例の祭祀に際して神輿渡御の場となり、中世には手掻会と呼ばれ郷民たちによる盛大な風流芸能を伴う都市的祭礼が催された。

九州から畿内・京洛に至る西国筋には、八幡宮も多く祀られていたが、古来から疫病の侵入経路であり、その間には幾重もの境界祭祀が営まれ、疫神を防ぐ結界が設けられていた。その祭祀はやがて仏教と陰陽道の習合の許で牛頭天王という疫神を宰領する尊格を主神として、西国からの路の終点に当たる鴨川の対岸東山四条に南都僧円如により観慶寺感神院が創祀されるに至る。この神は祇園社として朝廷からも崇められるが、祇園御霊会として盛大な風流《ふりゅう》による祭礼が洛中の民衆によって営まれ、山と鉾をその御躰の象徴として立て、芸能を以て飾り曳き渡す都市祭礼の原型となった。(38)

平安京には八幡神も南都大安寺僧行教により城南男山に勧請され、石清水八幡宮寺として朝廷が伊勢・賀茂と並んで重んずる「宗廟」となる。その尊格もいつしか応神天皇として皇祖神に連なるに至るが、その間に展開したであろう石清水をめぐる祭祀の運動は、突出した二つの出来事が『本朝世紀』に記録されている。天慶二年（九三九）、東国への路、粟田口の先にある山科の藤尾寺の尼が石清水の八幡大菩薩の像をあらたに造立しこの地に祀ると、その霊験は多くの参詣者を集め、楽人舞人をあまた集めた放生会は本宮を凌ぐほどの盛況となった。脅かされた石清水からは多勢の神人が発向してこの「新宮」を打ち毀し、霊像を奪って護国寺に移したという（『扶桑略記』『今昔物語集』『古事談』にも記される）。しばらく後の天慶八年（九四五）、西国筋から志多羅神が神輿に担われ民衆に豊饒をもたらす神として歌舞と共に祀られながら上洛し、朝廷はその動向を逐一追跡するが、入京の直前になって巫女の託宣により神輿が急に男山へ移り、そのまま今に至るまでここに祀られることになる。[39] この二つの事件は、石清水八幡宮を一方の当事者として、天慶年間の東国と西国の叛乱という不穏な情況を反映するかと思われる。託宣のみならず新興の霊験を顕す仏神への熱狂、あるいは遊行する流行神《はやりがみ》の芸能を伴う遷座など、八幡神に内在する性格の発現とも言うべき運動と、これに対抗する強訴や動座など、のちに中世寺社権門が暴力的に行使する祭政一体の示威活動の原型が全て認められるのである。

　八幡宮はまた軍神《いくさがみ》でもあり、武門の源氏の祖神として、更に東国鎌倉にまず若宮が勧請され、やがて成立した幕府の祭祀の中心として鶴岡八幡宮寺が創建され、将軍が参仕する放生会が営まれた。一方、中世の八幡神は本地阿弥陀如来の垂迹と認識されるようになり、石清水では不断念仏が営まれ、浄土往生を願う僧俗の参詣するところともなっていくのである（大江匡房『石清水不断念仏縁起』、同『続本朝往生伝』[40]）。

　阿弥陀如来を本尊とする、中世東国最大の霊場が善光寺である。[41] 自ら光を放つばかりか詞《ことば》を発す、つまり託宣する仏である善光寺如来は日本独自の尊格と言ってよいが、その縁起は、仏法の三国伝来を本尊が体現するようにして、西から東への遷座というべき運動を示している。すなわち、天竺の釈尊の許で月蓋長者の本願により造られた一光三尊「生身」の弥陀如来は、海を渡って百済の王宮から本朝へ渡され、守屋大臣の破仏に遭って難波の堀江に棄てられ、やがて本田善光に託して信濃国に到り、更に同国水内郡に遷る。まさに東遷する今来《いまき》の仏であるが、今もその伽藍が南面して建てられているように、古代寺院以来の立地をその宗教空間は伝えている。

中世に成立し、掛幅の縁起絵を用いて唱導された『善光寺縁起』（『信濃国善光寺生身如来御事』『善光寺如来本懐』）[42]では、三国伝来の縁起に加えて、前述した善佐の冥途蘇生譚を加えるが、それは天竺造像因縁において釈尊の命により目連尊者が龍宮に赴き龍王より閻浮檀金を請うところと照応し、冥途と龍宮という二つの異界にまたがる善光寺如来が司《つかさど》る世界像を物語るものである。この冥途蘇生譚は、現在にも継承される善光寺の死者・祖霊を祭祀する霊場としての性格を象るであろう。今も本尊に奉仕し修正会の堂童子を勤めて諸国の神祇を勧請奉斎する役割を担う半僧半俗の中衆《なかしゅう》や、中世に葬送や追善供養を担った妻戸時衆の存在（『大塔物語』）など、それは、東国を中心に善光寺如来を造立して新善光寺などの念仏道場を営みつつ展開したいわゆる善光寺聖の活動に連なる一端であった。親鸞の東国における門徒たち、とりわけ善光寺如来を本尊として太子を祀った高田専修寺の真仏もその一人と言うことができる。

これら聖《ヒジリ》たちの担ったはたらきは、霊地の仏神の霊験として、中世芸能のうえに鮮やかに象られる。世阿弥による改作を経て今に伝わる能『柏崎』では、訴訟叶わず鎌倉で客死した没落武士柏崎殿の妻が、遁世し行方知れずになった吾が子を尋ね、物狂いとなって善光寺の女人結界の内陣に推参し本尊に祈りを捧げる。その念仏の狂いを契機として聖となった子どもと邂逅する。という筋立てである。それは同じく女人禁制の結界である高野山を舞台とした、世阿弥自筆能本を伝える『多度津《タダツ》の左衛門』と同様、霊地独特の習いを前提とした曲である。強い思いゆえの〝結界破り〟が却って霊地の〈聖なるもの〉のはたらきを喚起するという、それは唱導劇とも呼ばれる霊験能の本質的な構造をよく示すものだろう。[43]結界破りの趣向こそないが、やはり三国伝来の縁起を伝える生身釈迦、清凉寺の本尊の許で催される大念仏に推参して狂乱のうちに念仏踊りを見せた曲舞《くせまい》女の母が、生き別れとなった我が子と巡り会う『百万《ひゃくまん》』も、それぞれの霊場を舞台として、その本尊の霊験の奇蹟を顕わすために、誰しもの心に響

く愛別離苦の物語として巧み出されたドラマであるといえよう。(44)

中世の〈聖なるもの〉の祭儀や顕現をめぐって、霊地の世界軸が交錯する格別な霊場としてあらためて注目されるところは、仏法最初の寺とされる難波の四天王寺である。この天王寺の霊地としての性格を規定する根本的なテクストが、本願である聖徳太子の御自筆として、その真正性を証すために本文の上に太子の「御手印」を捺《お》した『四天王寺御手印縁起（本願縁起）(45)』である。その識語には「皇太子仏子勝鬘」の署名を加え、太子自ら中心伽藍敬田院已下四箇院の創建から寺領寄進に至る資財帳までを記し、これを侵す者に罰が下されようという誓言を含む。それは後世に流布する「太子未来記《みらいき》」の源流をなす〝中世神話〟の祖のひとつといえよう。そのテクストの最大の焦点が、この伽藍を「釈迦如来転法輪所、極楽浄土東門中心」と位置づける一句である。いわゆる四天王寺式伽藍として、南大門から塔、金堂、講堂など南北軸で配置される古代寺院空間のうち、その西門が極楽浄土へ到る「東門」の中心として転換され、あらたに聖別される。しかもそれは、釈迦転法輪の地として寺院成立を遡る始源に設定された〈聖なる座標〉としての東西軸なのである。西門の西方、難波の海に面した寺域の入口には鳥居が建てられ、その額銘に「東門中心」の句が掲げられた。ここは、現世に開かれた浄土への扉口であった。

院政期には、『拾遺往生伝』巻上仙命伝にみるように、「太子手印記」つまり『御手印縁起』に示された霊地のコスモロジーを拠《よりどころ》として、諸国から浄土願生者である念仏聖たちが集まり、やがて、この西門と鳥居の間には念仏別所が設けられ、往生講などが営まれて、鳥羽法皇までも結縁するに至る。(46)『後拾遺往生伝』巻上永暹伝は、出雲鰐淵寺の持経者永暹が天王寺にて百万遍念仏を満たすと来迎の瑞夢を感得し、天仁二年（一一〇九）、天王寺の西門において修した念仏が果てた日に太子の御墓所に赴いて往生を遂げたという。これら『拾遺』と『後拾遺』の両往生伝の編者、三善為康もまた天王寺に足繁く参った浄土願生者であった。『拾遺往生伝』序では、彼が夢中の臨終の刻《きざみ》に弥陀仏の来迎に逢い、その約定を蒙って、実否を確かめるため、康和元年（一〇九九）に天王寺に参り、百万遍を満《み》てて金堂に詣って太子の聖遺物である舎利に祈り、出現の奇瑞を感得する。その行業は、往生伝中の往生者たちのそれと明らかに呼応しているのである。

太子の縁起が、あらたな信仰軸をめぐる浄土願生者たちの運動を喚びおこすことは、やはり『拾遺往生伝』巻上安助伝に見事な例がみえる。彼の檀越、河内高安の河瀬吉松の夢中に、所領の苑林にある庵室に金色の安助をみるところ、現《うつつ》に上人が訪れ、この地が天王寺の東門に当たり、「定めて知りぬ、極楽東門の中心なることを」と告げ、ここで夕陽に日想観を修すべき適地として往し修行を重ね、長久三年（一〇四二）に往生したという。それは河内六万寺往生院の縁起でもあるのだが、このように、霊地の東西軸の延長線上にあらたな霊地が派生する運動は、天王寺において殊に顕らかである。同じく『拾遺』巻下永快伝の記すところ、治暦年中（一〇六五～六九）に、彼は彼岸の中日に天王寺へ詣で、念仏百万遍を満て「海に臨みて滅せり」と、この霊地での往生を更に西の難波の海辺に出て遂げることもなされた。更に進んでは、その海の中へ入って、入水往生を試みることもあったのである(47)。

『後拾遺往生伝』巻下行範伝に、世間の無常を観じ、大治年中（一一二六～三一）天王寺に詣で一心に念仏し、衣のうちに砂を盛り、舟を出して海上に至って投身、瑞相のうちに沈んだという。ただし、同行の夢には極楽でなく都率内院に生じたと告げ、その図相を指し示したと結ぶ。記録から知られる入水の例は、六波羅密寺近辺から発掘された入道西念の『極楽願往生歌』に伴った二種の供養目録の願文にみえるところである(48)。西念は「伝聞、天王寺之西門者、極楽之東門通」として保延六年（一一四〇）八月に天王寺に詣で、仏経供養の後、その目録を頸に懸けて西方海上に舟を出し投身入水した。しかし未だ死期に至らず延引し、二年後の永治二年（一一四二）、自宅中に穴を掘って往生の地とした。その命終に至る間、改元して康治元年六月に『極楽願往生歌』を詠じたのである。

入水往生は、物語の次元で、まさしく劇的な最後として語られる。『平家物語』の延慶本と長門本、そして『源平盛衰記』に見える髑髏尼《どくろのあま》の哀話がそれである。酷烈な平家の残党狩りのエピソードを語るうち、我が子を殺された平経正の女房がその首を懐《いだ》きながら上人の勧めにより出家し、天王寺で百日念仏の後に入水して果てる。延慶本と長門本は渡辺川（橋）とするが、『盛衰記』では天王寺の海として、見聞の人々による瑞相が説かれる。それは、

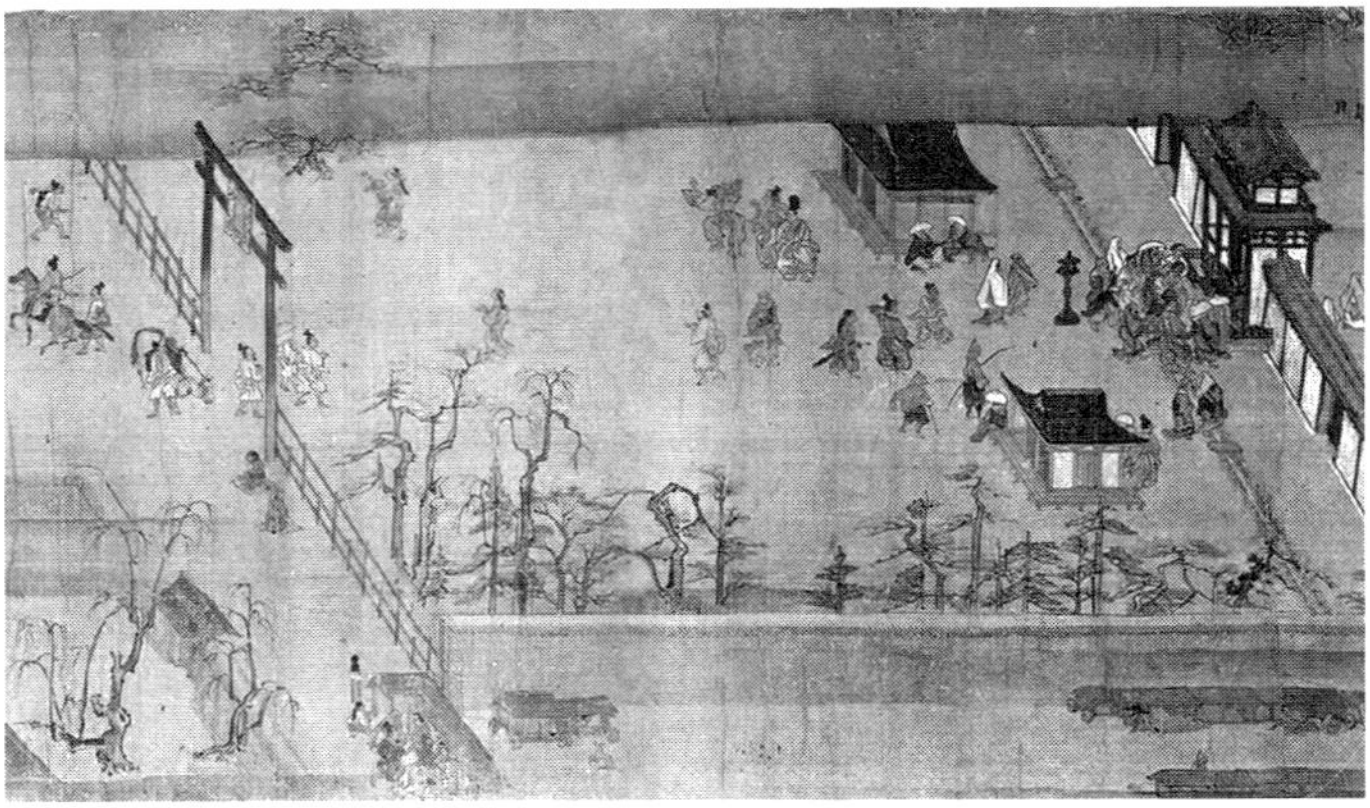

図5　『一遍聖絵』巻二　天王寺西門から鳥居への景観

天王寺西門念仏に集う聖や尼たちの間に立ち交って成し遂げられた、覚悟の往生である。[49]

しかし、西念の「投身入海」が未遂に終わったように、誰もが理想的な入水往生を果たせるわけではない。その一方で、この霊地では、誰もが遊び戯れのうちに浄土へ赴くことを生きながら体験する習いがいつしか生じた。天王寺別当をつとめた慈円は、この霊地と太子を鑽仰するのを介して真俗二諦の理に至ることを主題とした『難波百首』のなかで、それを次のように詠む。

　吾が寺の浄土まいりの遊びこそ　戯《たはぶれ》ながら真《まこと》なりけれ

この「浄土参《まい》りの遊び」の姿は、『一遍聖絵』巻二、一遍が天王寺に詣でる場面に描かれる（図5）。その構図は、まさに天王寺の西門を中心とする東西軸に沿って伽藍と境内をあらわし、西門前から鳥居の間を目隠しして手探りで歩む人々が、それを貫く動線を明らかに体現している。これを「遊戯《あそびたはぶ》れ」と言うのは、西門から目隠しして「心に西方（の浄土）を念じて歩みを運び、首尾よく鳥居の間を通り抜ければ極楽往生間違いなし」という、子供の遊び「目無《めんな》い」の応用である。浄土願生者たちは、それを一種の卜占ともいえる参詣儀礼に仕立てたのだろう。[50]

こうした遊戯のしわざは、西門をへて鳥居から難波の海を望み、あの安助上人が遥か東の山麓から修したような、西方に没する夕陽に日想観を重ねること、つまり浄土に到る最も容易な観想行の営みなのである。

天王寺の霊地をめぐっては、遊戯から芸能へと次元を超出するワザも生起した。それは、またしても霊験の奇蹟の劇《ドラマ》化である。元雅の作になる能「弱法師《よろぼし》」は、説経「しんとく丸」と根を同じくする物語（その背景には仏典に由来するクナラ太子説話が潜在している）であるが、説経は、継母の呪咀により業病を受け「違例者《いれいじゃ》」となり失明した長者の子・俊徳丸が天王寺西門傍の引声《いんぜい》堂の床下に乞食となる流離を語る。能は、この西門前を舞台に、彼岸中日、時正の日に父長者が施行を引き、そこによろぼいながら俊徳が登場し変わり果てた姿で再会する。この弱法師は、むしろ盲目の乞食となったが故に、避け難い運命として己が身に蒙った業苦を逆縁として西門に立ち、自《おの》ずからなる日想観を凝らして沈む夕陽から彼方の島山、そして仏の御国を観る。つまり、心の眼を開くものこそ浄土を感見するという開悟の歓喜が一曲の頂点を成す。それは、同じ霊地の場において遊び戯れながら興ぜられる浄土参りを、伝承物語の悲劇のうえに重ねて、それをさながら〈聖なるもの〉の感得へと転換し昇華させる、演劇ならではのカタルシスを実現したものといえよう。天王寺という、聖俗が交錯し重層する境界的な霊地にもたらされる奇蹟は、さきの「柏崎」や「百万」とも等しく、あくまでも人間の愛別離苦の相において顕わされる。それは、神がかつて人であった（「仏も昔は人なりき」『梁塵秘抄』今様歌）昔の苦悩を語る、中世の本地物語と等しい思惟のあらわれなのであった。

天王寺はまた、南方（南山）の二つの霊地に赴く路の起点である。都から遥かに詣でる者にとっては、南北の道の中継地でもあった。すなわち、熊野山という、王から庶民まで等しく目指す霊地への道程である紀路の始まりは、ここ天王寺の南大門であり、その前に今も置かれる「熊野権現遥拝石」が巡礼参詣の出発点となり、道中の九十九王子の第一が阿倍野王子である。また、もうひとつの「南山」、つまり弘法大師の入定して坐《ま》します高野山への参詣路（高野道）もここに発する。加えて、「俊徳道」や「太子道」など、いくつもの霊地を繋ぐ伝承に彩られた路が、全てここに結ばれるのである。

四　霊験所に顕われる像——影向と感得

「日本第一大霊験所」と称する熊野は、南方最大の霊地であり、文字通り「海山のあひだ」（折口信夫）の辺路《へじ》を経て辿りつくところであった。それぞれに大きな自然地形上の特色をもつ三山から成り、金峯・大峯の山岳抖擻修行と一体化した複合霊場として比類ない規模を有する。およそ十世紀に始まり、十二世紀には爆発的に全国規模で盛行した熊野詣は、宇多院、花山院、そして白河院以降歴代の治天の君がその王権の許で領導する、中世社会の全てを覆う巨大な運動であった。その参詣作法は、前行の精進屋入りから厳重な潔斎を伴う、垢離《コリ》や祓《ハラへ》を修しつつ法楽の読経から和歌芸能を捧げて長途を歩む苦行であって、還向《げんこう》作法に至るまで、それは〈聖なるもの〉に参入し〝生まれ清まり〟を遂げる全人的な宗教経験が籠められた過程《プロセス》であったといえよう。その試練は、熊野詣の始源を記録した神話的テクスト「役行者熊野山参詣日記」（慶政写『諸山縁起』所収）に鮮烈に表現されている。[51]

その地《トポス》そのものが〝幽冥の世界〟であり他界というべき熊野は、[52]古代以来、ここに赴いた修行者によって究極の苦行としての捨身が果たされるところである。『日本霊異記』巻下「法華経を憶持する者の舌、曝《さ》れたる髑髏の中に著《つ》きて朽ちざる縁第一」には、菩薩と称えられた永興禅師の許に訪れた持経者が、熊野河上流の山中で投身したその屍がなお法華経を誦し続け、髑髏の舌は生けるごとく鮮やかに朽ちず、そこから声を発し続けていたことを霊異として語る。那智奥院の妙法山には、この永興の火定塚の遺跡を今なお伝えている。

熊野における捨身行の伝統は、明治十九年（一八八六）に那智滝より投身入定した実利《じつかが》行者まで続いていた。[53]『平家物語』の文覚荒行も、それを背景に語られたものだろう。中世には、捨身行を遂げた行者が、その功徳で王に転生したが、残った髑髏が巌にはさまれ王の頭悩となり、熊野詣を遂げその供養を果たすことで平癒するという奇妙な因縁譚も説き出された。それは宇多院（『三僧記類聚』）、花山院（『古事談』）、後白河院（『吉口伝』他）など、歴代熊野詣の画期をなす王について等しく伝承される[54]。こうした、熊野をめぐって行者から王まで貴賤の参詣者たちが織りなす、捨身をその究みとする行動は、熊野において最も鮮やかに顕われる、〈聖なるもの〉の現前に遇い、または向き合うための手立てなのである。それは、死を突き抜け、もはや死穢をもはばからない、骸《むくろ》さながら〈聖なるもの〉と化してしまうような次元である。

熊野では、山中ばかりでなく、那智の海辺、浜の宮補陀落山寺において舟に乗り、補陀落を目指して南海へ赴く、補陀落渡海行者の伝統が中世末期まで存続していた[55]。そのイメージは、那智参詣曼荼羅のなかに図像化され、那智滝の文覚荒行と共にこの霊地を象るイコンの一環をなしている。物語の次元では、没落した平家一門の嫡流なるべき維盛が屋島より離脱し、高野山で出家遁世した後、霊地を巡礼し、ついに那智の沖で入水して果てる。『平家物語』の「維盛入水」段において、その自死は既に宗教的行儀として極楽往生を願う行為として描かれる。これも補陀落渡りを前提として語られてはいないか[56]。

補陀落渡海の明らかな記録は、『吾妻鏡』（天福元年（一二三三）五月二七日条）である。同年三月七日、智定房なる者が那智浦より補陀落山に渡ったと注進された。彼はもと下河辺行秀なる武士で、那須野の狩において将軍の御前で鹿を射損じた恥辱に耐えず逐電、いつしか熊野山で持経者となった。使が将軍の許へ持参した智定の「状」は、彼の在俗より遁世後の行状が詳しく記され、その渡海の状況まで詳細に伝えている。往生人と同様、彼を見守り記録した者がいたのだ。

熊野に限らず、南海の辺路の果てるところは、等しく補陀落渡りに赴く地であった。『発心集』巻三「或る禅師、補陀落山に詣ずる事。付《ツケタリ》賀東上人の事」の某上人は、臨終正念を期し「身灯」を試みるも詮なしと、「この身ながらも詣《まう》ずべき所」補陀落へと志し、土佐国より船で南へ去る（この地が室戸であることは、添えられた賀東上人の例《ためし》によって知られる）。渡海にあたり「妻子留《とどむ》るに甲斐なし、空しく行きかくれぬる方を見やりてなん、泣き悲しみける」と、恩愛深い者たちの別離の悲歎を書き添えることが注意される。行秀入道の場合と同じく、必ずこれを見送る縁《ゆかり》の人々がそこに立ち会って居たのである。

足摺岬にも補陀落渡海が伝承されている。『とはずがたり』巻五、遁世の尼となって西国・四国を巡礼する後深草院二条が語るのは、この岬の観音堂（金剛福寺）の、参り集《つど》うあらゆる人々を隔てなく受け入れる無縁所の縁起である。慈悲ゆえに食を与えた小法師のみが、観音の正躰を顕わした小僧と同船して南海へ漕ぎ去って行くのを、坊主は遥かに望んで悲泣し足摺りした。その跡が巌の面《おもて》に今も留まるという。これも、彼方に去って行く者を後に留まって見送る者の悲歎の名残りなのである。そうした足摺りの有様は、明恵の制作になる『華厳縁起』義湘絵の一節、出帆した義湘の船に遅れて悲泣する善妙の姿に鮮やかに描き出されている。

足摺りは、更なる南海の辺路の極み、中世日本の国土の果てにある鬼界島に流された『平家物語』の俊寛の物語の頂点をなす場面でもある。赦免された者たちの帰る船に追いすがり、ついに空しく海辺で足摺りして身もだえする流人俊寛の姿は、補陀落渡りの行者の反転した姿を想わせる。この物語が単なる流人の悲話でなく、宗教的救済を説く寓話であることは、鬼界島において康頼が始めた熊野詣に見立てた真似びに背を向ける不信者俊寛だけが赦免に漏れ、いわばその応報として現世の異界に取り残されたことで明らかだが、その極みにする足摺りこそは、その象徴というべき所作といえよう。[57] やがて有王丸が妻子の消息を携えて来たとき、生きながら餓鬼の姿に堕していた俊寛は、ついに食を停《とど》め、覚悟の臨終を迎えて、いわば断食往生を遂げるに至るのである。

辺路から彼方へと赴く補陀落渡海をめぐる〝宗教的人間〟の行動と所作は、熊野詣をする人々の希求し、到ろうとする身ぶりでもあり、やがてその先に顕われるであろう何ものかに出逢い、見あらわすのは聖《ヒジリ》や行者だけではなかった。男女を問わず受け入れる熊野の霊地にあって、それは女人のうえにも果たされる。

和歌説話として伝承される「名取の老女」と呼ばれた奥州名取の里の女人は、年来《としごろ》深く熊野を信仰し毎年の参詣を欠かさなかったが、漸く年老いて行歩叶わず、遥かの路を経て参るのを断念しようとすると、そこに神より示現の歌が下される。清輔『袋草紙』下巻、希代歌に「神明の御歌」の例《ためし》として左注と共に挙げられたのは、次のような一首である。

　みちとほし年もやう〳〵おいにけり　思ひおこせよ我も忘れじ

　　これは、陸奥国より年ごとに参詣しける女の年老いたりし後、夢に見たる歌なり。

『新古今和歌集』神祇歌には、この歌が二句・三句を「程《ほど》も遥かに隔たれり」と異なって収められ、詞に「この歌は、陸奥に住みける人の、熊野へ三年詣でんと願を立てて参りて侍けるが、いみじう苦しかりければ、いま二度を如何にせんと歎きて、御前に臥したりける夜の夢に見えけるとなん」と、その霊験譚のかたちを異にする。これらを起点として中世に流布した、この熊野夢中示現神詠歌の伝承はさまざまな文献にあらわれるが、殊に興味深い伝承の場とその実態を示すのは、女人の熊野参詣を導く道中に先達によって、道者の女人に向けてまさに老女と重ねるようにして語られる、実意『熊野詣日記』（応永三四年・一四二七）であろう。[58]

　一方、室町後期には、これを「名取」の地の老女のこととして、地元の奥州名取熊野堂の縁起（永正二年（一五〇五）本奥書『熊野堂縁起』）が伝わる。[59]そこには、保安四年（一一二三）に老女が熊野三山を勧請したと伝え、年老いて参詣が叶わなくなったところ、保延年中、熊野山伏の夢に梛《なぎ》葉の虫喰の神詠として示現した歌とする。山伏はこの歌を携えて奥州へ下向、この地が熊野に異ならぬ霊地とみて神を祀り、老女が幣帛を捧げて祈念し、祭文を奏せば、権現の使者護法善神が来現、これによって本宮証誠殿の傍らに老女の宮を建てたという。

　この縁起と等しい霊験を演劇化したのが、能「護法」（寛正五年（一四六四）『糺《ただす》河原勧進猿楽日記』に「名取老女」として所見）である。[60]これは、神能のうちでも古態な〝護法〟型と呼ばれる霊験能の典型とされるが、老女の祈りに応《こた》えて後シテとして護法善神が登場、ハタラキの後、祝福の神託を告げて昇天する。あるいは、備後の比婆荒神神楽の能「金剛童子ノ法者《ホサ》」は、その詞章を「護法」と共有しながら、熊野音無川上に住む垢離《コリ》の金剛童子を使者とする法者（修験者）がその功力を以って童子を拝さんと祈請すれば、童子が影向して行者を祝福する。それは護法を駆使する験者が威力を発揮する祭儀そのものといえる。[61]

名取老女をめぐる説話伝承と祭儀芸能の二つの位相を、宗教図像としてイメージの次元に象った中世の遺品が、檀王法林寺蔵「熊野権現影向図」である（図6）。禅僧南山士雲の画讃を付し、元徳元年（一三二九）までに制作されたもので、熊野神（本宮証誠殿）が本地阿弥陀如来として熊野山中に顕われた〈聖なるもの〉とこれを拝する人々の姿を描いた、尊像画像であると同時に霊験説話画といえよう。付属する近世の由来書は、これを「熊野権現示現位立空中の弥陀霊像」と号し、奥州名取里の老女が感得した霊像とする。老女は四十八度の参詣を立願し、齢七十となって一度を残して叶わず、名取に三山を勧請したところ、僧が虫喰歌を現わす梛葉を与え、この神詠を得て権現の化現と知り、強《し》いて参詣を企て神体を拝さんと誓うに、浜の宮において紫雲立ち虚空の中に涌現した仏―神を拝す様《さま》である、という。たしかに、画面右下の小祠の前に小さく手輿に乗った尼と随う数人の道者が、山岳の間から湧き立つ紫雲の裡より上半身を顕わした巨大な弥陀尊を拝している。この、影向する弥陀の図像は、垂迹画であると同時に、紛れもなく山越阿弥陀図との相似が認められよう。そして、この画幅の宗教テクストの一部を成

図6　『熊野権現影向図』（檀王法林寺蔵）

す画讃が注目される。士雲は建長・円覚両寺の住持をつとめた当代一流の五山僧であるが、その讃は「思心尼」に授与したとする次のような七言詩である。

授誠遠詣熊野山　尊相高顕紫雲瑞　満路万人都不見　有此一類得拝観
須信百年夢破後　必随三尊向西還　正知楽邦不在外　只有衆生正念間

「紫雲」中に顕われた弥陀尊を拝す「一類」の中心は、確かに名取老女を想わせる尼であり、その傍には満開の椿が描かれて彼女が熊野比丘尼であることを示唆している。[62] 讃が端的に教えるように、この仏は熊野の霊地に顕われた〈聖なるもの〉であり、ここは往生の地であり、「楽邦」すなわち浄土は拝する衆生の「正念」のうちに在る。つまり〝己心の浄土〟をそれは指し示しているといえよう。

熊野という霊地における〈聖なるもの〉顕現の霊験伝承は、神詠を媒ちとして、熊野詣という修行儀礼の裡に、勧請・奉幣・祝詞祭文等の奉唱など祭儀の場がさながら影向の奇蹟劇として巧み出され、あるいはその奇蹟の場を尊像と共に図像化するという、諸位相の複合した宗教テクストとして生成されたのである。

熊野はまた、そこに詣でることにおいて仏神の顕現に逢うことを通して、自他の往生を欣《ねが》い、開悟に至る聖《ヒジリ》の集うところであった。『一遍聖絵』巻三には、熊野へ詣でる一遍が、道中で逢った僧に賦算《フサン》の札《フダ》を「一念の信」が起こらぬと拒まれ、強いて授けたものの疑念はやまず、本宮証誠殿に通夜の間、山臥姿で現われた権現の夢中の教誡——行者のはからいで往生するのでない、既に往生は決定《けつじょう》しているのであり、「信不信を撰ばず、浄不浄を嫌はず」その札を賦《くば》るべし——を蒙って「融通念仏勧むる聖」としての確信を得た、という。名取老女のそれとは対照的ながら、熊野における霊験は共に往生への導きをその霊地に至る道の果てに夢に示すのである。

その一遍を知識（導き手）として往生を遂げる人々の姿もまた『聖絵』の描くところである。およそ七例を数える往生譚は、編者聖戒により組み込まれ、多くは末尾に編集句というべき一遍聖者化の文脈が付与されているが、その最初の鰺坂《あじさか》の入道の富士川での入水往生（巻六）と最後の花の下《もと》の教願の臨終（巻十）は、そこで一遍が手向け、かつ交わした詠歌と相まってひときわ深い印象を与えずにおかない。そして、聖は自らの死を覚悟したとき「我臨終の後、身を投ぐる者あるべし」と告げ、我執により空しく捨身することを制すのだが（巻十二）、果たして兵庫での入滅後、「遺誡のごとく、時衆ならびに結縁衆の中に、前の海に身を投ぐる者七人なり」とあって、その光景は絵にも描かれる。これを聖戒は「身を捨てて知識を慕ふ心ざし、半坐の契、同生の縁、あに空しからずや」と讃えるのであるが、それは一遍の本意とはいささかならず齟齬しているようである。

五　往生を妨げるもの――『発心集』における往生と魔

源太夫往生譚として知られる『今昔物語集』巻十九「讃岐国多度郡五位、法を聞き即ち出家する語」は、今もこれを読む者に強烈な感動を与え続ける物語である。作善仏事の庭に推参した源太夫は導師に仏法の功徳を問い、聴くや否やただちに発心出家するばかりか、ひたすら西へと歩み出し、「阿弥陀仏よや、おい〳〵」と喚《よ》ばう。鉦《かね》の音と共に響くその声は、最後に海を望む岬の樹上で、微妙《みみょう》な「ここにあり」の声に迎えられ、そのまま往生を遂げた。その瑞《しるし》に、彼の口からは一本の蓮花が生じていた。これは、どのような往生と名付ければよいだろうか。

鴨長明による『発心集』は、さきだつところの往生伝を前提としながら、それらとは異なる発心ひいては往生の姿を描きだすことを試みた、中世仏教説話集の起点に立つテクストである。その巻三には、この源太夫往生譚が一連の往生譚の冒頭に配されている。物語の大筋は同じだが、『今昔』のテクストが放つインパクトはこれになく、「西ざまに向きて、声のある限り、南無阿弥陀仏と申して行く」というように源太夫の行動も洗練された表現であり、その声も常の念仏と化している。その往生も、西の海際に差し出でた山の端の岩の上に居りながらなされて、

『今昔』の樹上往生と異なる。何より、その舌から生じた青蓮花は、国司を介して頼通の許へ献上された、と結ばれ、とすればこの異相往生の証《あかし》は宇治の宝蔵に納められたのであり、この奇蹟は、此世の極楽である宇治の御堂を造りだした権力の許に収めとられたことになる。

この後に続くのが、前述した「或る禅師、補陀落山に詣ずる事」であり、捨身行としての補陀落渡りによる現身往生である。次は「或女房、天王寺に参り海に入る事」。娘に先立たれた女房が悲歎のあまり天王寺に詣り、太子の御舎利に手筥と衣を奉り、三七日《さんしちにち》参籠し念仏の末に海に遊び、突如投身し入水往生を遂げる。これに奇瑞と夢記が加えられ三七日目に来迎を感得する。その次の「書写山の客僧、断食往生の事」では、持経者の客僧は臨終正念による往生を願うが、捨身にあたって身の痛みなく妄念の起きぬ方法を希う。「身灯、入海なんどは事様《ことざま》も余り際《きは》やかなり、苦しみも深かるべければ」と、断食して安らかに終焉しようとする。ところが無言行で断食往生を目指すことを書写の長吏が思わず世間に披露してしまい、忽ち衆人雲集して礼拝する。この喧騒に苦痛を覚えるも何も言えぬ客僧は、ついに這い隠れて姿を消す。この皮肉な結末を語りながら編者は、「濁世の習ひ」は人の誹謗や天魔の心をたぶらかす妨げは必定、と教訓する。しかし、発心して臨終正念を覚悟するなら、断食や身灯、入海によっても往生は可能だとして、善導でさえ樹上より投身往生を遂げた、と例《ためし》を示す。

更にこの後に説かれるのが「蓮花城入水の事」である。世間に蓮花城として知られた聖、同法の卜蓮に入水往生の介添を頼み桂河で入水を遂げる（『百練抄』によれば安元二年（一一七六）八月十五日のこと）。やがて卜蓮に「物の怪めかしき病」が付き、霊がその口を借りて告げるのは、卜蓮が制止したにもかかわらず「我が心の程を知らで、言ひ甲斐なき死《しに》をして侍り」と悔い、「いかなる天魔のしわざにてありけん」入水の際に未練の心を生じながら死に、「すずろなる道」に入ってしまった、というのである。この話の結びでは、あえて「或る人」の教訓として、「諸々《もろく》の行《おこな》ひは、皆我が心にあり」と示され、往生も所詮は心によるのだ、という。こうして、『発心集』の一連の往生譚は、ただ一途に往生行をめでたたえるばかりでなく、一歩踏み誤まれば堕ちかねない陥穽である「心」のあやうさと表裏のものとして「魔」のしわざを語る。
この、臨終正念ひいては往生を妨げる「魔」の姿は、巻四の二つの話にあらわれる。「肥州の僧の妻、魔となる事」は、『拾遺往生伝』巻下「肥後国聖人失名」の伝に拠っている。年たけて妻《め》を儲け、落堕の体ながら、後世に思いを放たず観念修行する僧、いよいよの臨終に至って、志深く仕えた妻には知らせず、めでたく命終した。これに妻は怒り狂い絶入し、倶留孫仏の時より菩提を妨げようと生々世々に転生しつつ親しみ謀《たばか》り付きまとったが、最後のところで取り逃した、「妬《ねた》き業《わざ》かな」と喚《わめ》き叫んだ、という。加えられる教訓が「人の心は、縁により靡き易し」。いかに発心しようと悪縁に逢うおそれは付きまとうというのである。次の「或女房、臨終に魔の変ずるを見る事」では、この女房の臨終の際に、善知識の聖は、女房の前にあらわれた火車、天人、僧など様々な変化を全て魔として退け、最後に正念に導いたという。その「魔」は、いかに尊き上人ですら、その作善業を名聞や我執のためにすることで彼の心を侵し、やがてその妄念は彼そのものを異なるものに変化させてしまう。巻八の「或る上人、名聞の為に堂を建て天狗になる事」、次の「仁和寺の西尾の上人、我執にて身を焼く事」は、そうした纏末をつぶさに物語る。そこに加えられる教訓は、「いみじき功徳を作るとも、心調《ととの》はずは甲斐なかるべし」であり、または「あたら身命を捨てて、さる心を発《おこ》しけん」として、魔と化すかどうかは、やはり「心」にこそ依るのであり、そこに避けがたく測り知れぬ困難をみるのである。

このような魔への転落は、しかし未来永劫の堕獄ではない。巻二「真浄房、暫く天狗に作《な》る事」が、その魔となる因縁とそこからの出離の筋道を語っている。鳥羽僧正の弟子真浄房は、往生を願い遁世して三昧堂の供僧となる。やがて入滅する僧正と後世を契り、念仏一筋でなかった隣坊の僧はめでたく臨終正念を遂げられたのに、彼は物狂おしいまま死んだ。人々が怪しむに、老母に彼の霊が託《つ》いて、恩愛深い師との契りにより「思はぬ道」に引き入れられたと語る。「天狗と申すことは、あることなり」と説き、しかる後にやがて得脱したことが示される。これは、中世に至って自覚された「魔道」ないし「魔界」という世界に堕ちた人の霊魂の証言なのである。

魔界とは、中世独特の、仏法によって生みだされた世界認識といえよう。[63] その位相を端的に示すのは、鎌倉時代制作の「地獄極楽図屏風」(金戒光明寺蔵)である。生死の大海を隔てて彼方の極楽浄土と此岸の人界および地獄が上下に鮮やかに描き分けられ、往生を願い来迎に預かる者や造悪ながら救済される者などをあらわす諸相の一画に、草庵中で一心に祈る行者を塀の陰から窺う天狗の姿が、文字通り垣間見える。それは、六道や十界という仏教世界観の枠組の〈外部〉でありながら、同時にそれらの境界に常に接して往還ないし侵犯可能な、〝中有〟の領域からの使者である。魔について、中世の〈知の体系〉からとらえた輪郭は、天台記家の学僧光宗による『渓嵐拾葉集』「怖魔」帖に参照される。また、物語の次元では、延慶本『平家物語』と『源平盛衰記』巻八に収められた、後白河法皇が天王寺で灌頂を遂げた際に住吉社で参籠し、そこで己れの〝嬌慢〟をめぐって住吉明神と〝天狗問答〟が交わされるなかで、魔界とその住人である天狗の世界について詳しく語られる。[64]『閑居友』を著した慶政により記録された『比良山古人霊託』は、隠岐にて遠島のままついに帰洛が叶わなかった後鳥羽院の崩御した延応元年(一二三九)に、霊病を患った九条道家に憑いた霊「古人」すなわち天狗との問答記であり、それは同時に中世における魔界のすぐれた現況報告《ドキュメント》となっている。[65]「異類異形」の代表としての天狗は、仏法における魔の領分を端的に担う存在だが、そのはたらきは、何よりもまず往生の障碍として露《あら》われる。それについて最も印象深く語るテクストは、またしても『今昔物語集』である。

天狗に関わる物語が聚められた巻二十のうち「伊吹山三修禅師、天狗の迎へを得たる語第十二」は、栄海『真言伝』にも用いられた三善清行『善家秘記』を出典とするものらしい。三修は『三代実録』に見える実在した伊吹山護国寺の僧である。この聖人は「心に智《サトリ》なくして法文を学ばず、ただ弥陀の念仏を唱ふるより他のことを知らず」。すなわち、後世にいうところの専修念仏の行者であった。来迎の告げを聞き、待ち儲けていた聖人は、西の山の峯の松樹の隙《ひま》より差し出でた金色の光を放つ仏の緑の御頭《みぐし》を見る。「御髪際は金《こがね》の色を磨けり。眉間は秋の月の空に曜《かがや》くがごとくにて、御額《ひたひ》に白き光を至せり。二の眉は三日月のごとし。二つの青蓮の御眼《まみ》見延びて、やうやく月

図 7　『七天狗絵』天狗（魔）来迎の図（個人蔵）

の出るがごとし。又さまざまの菩薩、微妙《みめう》の音楽を調へて、たふときこと限なし」（以下略）。それは、ほとんど正真の来迎、あるいは来迎図に描かれた仏のイメージに相違ない。それが現われるところは、あの山越阿弥陀図の山の峯よりさし出でた光り輝く仏の御姿をただちに想起させるだろう。聖人は菩薩のさし出した蓮台に這い乗って、そのまま昇天した。誰もが往生を遂げたと思うところ、やがて弟子たちは深山の樹上に縛り付けられ喚《おめ》くばかりの聖人を発見、彼は狂乱のままに死んだ。『今昔』編者がこの話に加えた編集句は、「魔縁と三宝の境界とは更に似ざりけること」であり、それは「智《サトリ》」なくしては弁《わきま》えることができない、という教訓である。しかし、魔と仏とを弁別する智とは、どのようにして獲得されるのか。その手立てを物語そのものは何も示さない。

臨終正念や往生ばかりか、菩提心の発得（発心）を妨げる魔をいかに脱《まぬが》れ、克服するか。それは、中世の道心を希求する僧たちにとって、極めつきの難問《アポリア》であった。ひいては、中世仏教が直面した思想的課題のひとつであろう。『今昔』では、法門（法文）に無知な「智」を欠いた行者ゆえに魔来迎に遭ったという。しかし他方では、学侶が学解・学問の「智」を誇るゆえに堕ちるところとも説かれる。前述した『春日権現験記絵』にみる法相学匠璋円の霊託は、その報いを示している。その疑問についてのひとつの答えが、璋円の師であった解脱房貞慶による『魔界廻向』表白である（『渓嵐拾葉集』怖魔帖所載）[66]。そこで彼は、己れの先達たる中古以来の顕密修学の有徳の高僧たちが多く嬌慢のために魔界に堕していることを歎き哀れみ、彼ら霊の悪趣からの出離解脱を祈る。それは、中世に出現した全くあたらしい自省の詞《テクスト》といえよう。その詞は、まず「仏子」自身の、出離を欣《ねが》い仏法を受くるも常に世俗の事を思い名利に汚《けが》され、日夜の所作は皆魔業と化している、という懺悔に始まる。菩提心を忘失すれば忽ち魔にとらわれるのが我らの業障である。とりわけ命終の時こそ魔界の難は行業至れる人すら遁《のが》れがたく、それは「我聞く、設《たと》ひ魔王の形を化すと雖《いへど》も、悟れば則ち真仏となり、設ひ真仏の来迎すと雖も、迷へば還りて魔界となる」という、あの魔来迎に及ぶものであった。これを脱《まぬが》れ臨終大事を成就するには一念の誠こそ肝要、と行者の用心が示される。より劣機の当代において魔の障難は必至であるが、そこであらためて魔界に堕した「彼の諸霊」に告げられるのは、この悪趣に沈むことは汝等の「心の過《トガ》」であるが、その「心の底」に仏種を具《そな》え、一念の改悔により妄を出で真に帰さんことを祈り、仏法の力をもって救うために一期の善根を廻向しよう、と誓うのである。そこで魔界に堕し天狗となった先徳たちの霊に呼びかけ開悟をうながす鍵となるのは、やはり「心」にほかならない。

　貞慶の『魔界廻向』が、寺院社会から遁世した聖による魔界に向けて発せられたメッセージであるとするなら、顕密仏教寺院の側からは、その魔界の世界像を正面から主題化した絵巻も創り出された。『七天狗絵』（天狗草紙）は、中世の顕密諸宗寺院社会そのものが魔界と化しているのを絵と詞とで諷刺した複合的な宗教テクストである。詳しくは次章で論じるが、その最終巻には魔の勝利を示す一連の逸話が配され、そこにあの伊吹山聖人の魔来迎も図像化されている（図7）。その果てに登場するのは、当時の仏教界を風靡した一遍聖の踊り念仏と自然《じねん》居士の放《ほう》下《か》芸の有様である。当代流行の禅と念仏を、彼ら聖《ヒジリ》たちの所業を魔―天狗の所業として批難する、あからさまな差別に満ちた視線を構えることによって浮かび上がらせる、意図的な戦略がそこには窺われる。(67)

六　往生する西行というテクスト

願はくは花の下《もと》にて春死なん　その如月《きさらぎ》の望月のころ　（『山家集』）

その詠歌のごとく、西行は建久元年（一一九〇）二月十六日、河内弘川寺にてその生涯を閉じた。その消息を伝える慈円『拾玉集』は、この願った通りの入滅を讃える自他の歌人の詠を収めて、この希有な〝歌聖〟を鑽仰すると共に、彼を往生人として永遠に記念したのである。

往生伝をその基盤のひとつとし、豊かな展開を遂げた中世説話の運動は、やがて、この西行を撰者に仮託し、善通寺の草庵にて書かれたとする一篇の「集」を生みだす。作中の「西行」は諸国を旅し、見聞し、出逢い、また架空の伝記を読む。そこで見知ったところの発心遁世者、隠者、そして往生人の姿を次々と取りあげ、己れの述懐を延々と添える。これに彼の巡った寺社霊地の景観や縁起、霊験が交えられ、和歌のみならず詩文の故事も交えて全九巻を成す。この『撰集抄』という、他に類のないユニークなテクストは、たとえば往生という一点に限っても、「西行」はその目撃者であり証人として、あるいは伝記から有り難き例《ためし》として採用した、およそ従来の往生伝編者の権能を全て兼ね備えた全能者として君臨する[68]。そのうえで中世日本の国土全てにわたる領域を回国修行する行動[69]と結びついて、仮想の〈西行好み〉の世界が創りあげられているのである。

同じく鎌倉時代に、おそらく絵巻として成立した西行の一代記が『西行物語』である。数多の諸本を派生させ、近世には板本としても流布するが、その根幹は、『新古今集』に入集した西行歌を中心に、詠歌を経《たていと》とし、西行の生涯（歌の名誉、遁世、諸国遍歴、邂逅譚）を緯《よこいと》として（そのうちの重要な逸話のいくつかは『発心集』に拠っている）、ありうべき西行一生涯の草紙が創出された。そこには、西行歌を種子として、発心遁世の聖としての西行、抖擻修

図8　『西行物語』絵巻（サントリー美術館蔵）

行者としての西行、参詣鎮魂する巡礼者としての西行、善知識としての西行など、さまざまな〈西行〉がひとつのテクスト上に統合され、それらは全てが最後の東山双林寺での「願はくは」の詠の通りに往生を遂げるところへ収斂するのである（図8）。その歌と共に、物語も自らの発願を述べるようなかたちで自ずと成就するような宗教テクストを志向している。[70] つまり『西行物語』は、一篇を挙げて西行ただ一人の往生伝と化しているといえよう。[71] それは、祖師高僧伝のそれとは全く異質な、〝物語〟において成就された往生なのである。

古代から中世に至る、往生をめぐるテクストの諸相――そこには、ひたすら彼岸に赴こうとする人々のはたらく姿や、冥界と往還した人々の言説も交錯する――の響きあうなかに、仏教がもたらした世界像を受容した日本の世界観の変容が、鮮やかに顕わし出されている。彼方の浄土は、そこでは寄り来る神霊の着く海辺や、立ち昇る霊魂の去る山岳に観念され、あらたに生まれ出る神を斎い祀り、生まれ変わる生死の境界を超越する修行によって、国土をいわば座標化するような運動が、中世日本の世界像を形成することになる。

乱世を惹きおこし現身《うつしみ》ながら魔界に堕ちたと伝えられる帝王の魂

に喚《よ》びかけ（よしや君昔の玉の床とてもかからむ後は何にかはせむ――『山家集』）、地獄絵の唱導を歌のうえにさながら再現した（『聞書集』地獄絵を見て）西行は、まさしくその運動の前衛であった。「仏には桜の花を奉れ我が後の世を人とぶらはば」と花を詠じ、「闇晴れて心の空にすむ月は西の山辺や近くなるらむ」と観心の月を詠《なが》めた生得の歌人の、その往生は、人々の庶幾する理想の往生人としての西行を生みだすテクスト生成の運動をも含めて、これまでに見わたした壮大な精神史の流れに、たしかに棹さすものではなかったか。

第十二章　中世の魔界と絵巻

――『七天狗絵』とその時代――

『天狗草紙』と呼ばれる絵巻は、永仁四年（一二九六）という成立の時点をしるしづけ、絵師の優れた画技により、対象となった中世寺社の世界が鮮やかに描き出され、更にその世界のなかに跳梁する「天狗」という存在が活写された、興味深いテクストである。何故、このような絵巻が作られたのか。その制作にはいかなる動機や背景がひそみ、また、そこにはどのようなメッセージが籠められているのだろうか。そうした問いは、畢竟、この絵巻の図像を含めたテクストそのものを読む営みにおいてこそ探られる。だが、そのためには、この絵巻をめぐる鎌倉時代後期の思想・文化の状況と宗教の言説を挙げて参照する必要があるだろう。この絵巻は、そうした重なりあう領域の視界のうちに、たしかに一箇の焦点を結んでいたからである。

天狗という存在は、中世の説話伝承の世界において、異類として最も活躍する魅力ある役柄である。既に『今昔物語集』巻二十に、天竺から日本に飛来して登場し、仏法の威力に抗いつつ高僧を堕落させたり王権を犯すに至る、多様な姿はたらきを見せている。(1) 散佚した『宇治大納言物語』に由来するとおぼしいそのなかの一話は、やがて絵巻化され、『是害房絵』というヲコの興趣あふれる作品が寺院に伝来したが、それはいまだ天狗の世界の一面をとらえるにとどまる。一方で、天狗とは、中世宗教の希求する〈聖なるもの〉の障碍者、その反転した陰画的領域としての〈魔界〉という領分を宰領する主《あるじ》であり、道心深い遁世者に常に畏怖される存在であった。『天狗草紙』こそは、そうした中世の天狗を正面から対象化し、その世界を全て描き出そうと試みた、〈魔〉とその範疇を主題とした希有なテクストであるといえよう。

『天狗草紙』については、早く基礎的研究および資料紹介がなされ(2)、これを土台として、主に美術史の分野からの研究(3)が重ねられてきた。その上で、近年は中世史の分野でこの絵巻に注目が集まり、特に宗教史や文化史から関心が寄せられている。十三世紀後半からのモンゴルによる日本侵攻をはじめとする、東アジアを席捲する大変動のインパクトの許で、『天狗草紙』は、日本社会の大きな転換期としての十四世紀を予告する表象のひとつとして認識された(4)。やがて、仏教史のなかでも禅宗を焦点として、絵巻全体についてその成立基盤に及ぶ考察を加えた研究(5)が、また宗教文化史の立場からも同じく絵巻における〈魔〉ないし天狗について考察する研究(6)が相次いで発表され、『天狗草紙』はあらためて注目された。ともに、その前史として、鎌倉前期に九条道家の周辺に憑依した天狗との問答を記録した『比良山古人霊託』の著者慶政に注目し、この絵巻の成立の背景にも慶政の属した寺門派―園城寺の周辺が想定されており、そこから絵巻の主張自体も解釈されるという議論も提出された(7)。それらの研究成果をふまえて、英文による本格的な研究成果がこのテクストについて出版されたことも注目される(8)。

その過程で、成立と享受の消息を伝える画期的な新出資料が、金沢文庫寄託称名寺聖教のなかから発見された(9)。称名寺二世長老釼阿の手沢本である、「七天狗絵詞」と称すべき一具の写本（以下、「釼阿写本」という）を無視して、絵巻だけで『天狗草紙』を論ずることはもはやできない。この絵巻が、その序に永仁四年（一二九六）の成立を銘記するのを想起するなら、鎌倉幕府滅亡（一三三三）までに書写されたことが確実な釼阿写本は、その間に位置づけられ、絵巻の詞書として最も早い時期の写本であることが注目される。本章では、この新資料をも併せて絵巻を読み直し、このテクストのはらむ問題を様々な視野から再発見することを試みたい。

一　釼阿写本と絵巻

釼阿写本の全貌が明らかになった現在、従来『天狗草紙』と呼ばれていたこの絵巻は、全面的に見直される必要がある。何より、その本来の書名が、釼阿写本第一・第二帖の内題により「七天狗絵」であることが確認されたことは、既に指摘されていた行誉編『壒嚢鈔』[10]に言う「七天狗ノ絵」と本絵巻の同一性の証左となり、また、室町後期の東寺僧の修学用目録『連々可稽古草子等事』[11]にも「七天狗二帖」と見えており、本絵巻は『七天狗絵』と称すべきであろう。更に、釼阿写本と絵巻のテクストを対比したところ、両者の異同を含めてその大きな特徴が現象する。それはそのまま『七天狗絵』の包蔵する本質的な問題となろう。いま、主な三つの点について指摘したい。

第一は、テクスト全体の構成に関わる、新たな本文の出現である。『七天狗絵』は、大きく分けて二部から成る。その前半が、序に言う「天狗の七類」に当たる諸寺の僧徒を描いた部分である。絵巻は、現存する分では、興福寺・東大寺・延暦寺・園城寺・東寺をそれぞれ対象として一巻を成した五巻で前半を構成し、これは七類のうち五類に対応して、七類中に挙げられた「山伏・遁世」に当たる巻は無い。そこで、「伝三井寺巻」と通称されていた残り二巻がこれに相当するかとも考えられたが、その内容が禅と念仏への批判を中心とする点からは一致しない。かねてより不審とされていたところである。しかし釼阿写本は、絵巻の五巻に対応する四帖に加えて、「山伏・遁世」に相当する無題の「第五」帖があり、これは絵巻に無い全く独自の本文である。加えて、前半と後半を繋ぐ橋渡し的な設定をもつ同じく無題の「第六」帖があり、その末尾が探幽縮図のみに見いだされる説話の前半と重なるばかりで、それより前はやはり独自本文である。この後半の発端部は、絵巻では、探幽縮図によって知られる冒頭話を含めて三話の独立したエピソードによって構成されるのだが、釼阿写本は、冒頭話の前半（後半は落丁か）と第二話の冒頭のみが写され、以下は空白のまま了《おわ》っている。おそらくその底本が以下の本文を欠いていたか、あるいは書写者が以下の説話に関心を示さず省略してしまったかの何れかの事情によろう。以下、後半に当たる絵巻二巻分（個人蔵の甲巻と根津美術館蔵の乙巻で構成され、「伝三井寺巻」と通称される）は、釼阿写本では第七（無題）・第八「諸宗異解」・第十「伝口尺」の三帖に相当するが、第九帖に当たる問答の一部と、絵巻に無い全体の跋文と思われる漢文の一段が第七帖に付され、一方で第七・第九の本文の一部が落丁により失われていることになる。

とりわけ貴重なのは、第七帖に付されながら独立した丁付けを有する跋文の存在であろう。冒頭に「蓋斯画図之趣」と、これが絵巻として制作された旨趣を述べて、その叙述の構造と当時の仏法に関する認識を示すところは、次節に後述する序と呼応し、本書の思想を端的に表明する文章として重要である。その最後に「高野大師遺誡」つまり空海の『御遺告』の一節を引いて天狗すなわち〈魔〉の所在を示して結ぶことも、著作の拠となった基盤を示唆するものだろう。(12)

総じて釼阿写本は、伝来の間にかなりの乱脱を生じながらも、首尾完結した一篇の著作としての輪郭を明らかにしており、絵巻と併せ見ることによって、その全貌を復原することがおよそ可能となった。しかも現存絵巻に無い、序の示す構想では本来備わるべき章段の詞が存在し、続く一段によって前半と後半の転換点が明確となり、全体を連続して読むことが可能となったのである。ここに『七天狗絵』の全体像がいかなるものであったか、という問いが提起される。ひとつの推測は、絵巻における「山伏・遁世」および後半発端部分の欠巻、つまり当初には制作されたが佚亡して現状のごとくになった、という考え方である。反対に、これらの部分は初めから絵巻としては制作されず、敢て序に示した構想と齟齬を生ずるにもかかわらず、七巻という現状の構成で絵巻としては完成されていた、という可能性である。それは更に、絵巻の完成形態がいかなるものであったかを想像するにとどまらず、釼阿写本をいかに位置づけるか、ひいては『七天狗絵』そのものの成立に関する根本的な問題に及ぶ。すなわちそれは、釼阿写本の底本と絵巻との関係（その底本が現存絵巻の絵詞でありえないことは、両者に共通する部分の本文が絵詞に還元できない点からも明らか）であり、その底本が絵巻に先立って成立した稿本のごときものか、それとも後出の異本であるか、という両様の可能性に収斂しよう。その答えは、更なる現存絵巻と釼阿写本とのより精しい比較と分析から見いだされるだろう(13)。

第二は、そこで注目されるべき、釼阿写本におけるいわゆる画中詞の存在である。まず気付くのが、絵巻の画中詞と共通する詞として第二「園城寺」と第四「延暦寺」帖のそれぞれ末尾に付加される、衆徒の僉議詞である。それぞれに記述の精疎を異にし、絵巻と必ずしも一致しない。このほかに絵巻と対応する画中詞は見えず、特に絵巻において最も豊かに展開する後半においては、釼阿写本の現存分では全く存在しない。その一方で、絵巻に無い中間の部分、第六帖の愛宕山における天狗集会の段り、やはり本文が一段落した後に四条の詞(一を除く、二・三・四の発言順の番号を頭書した僉議詞)が記される。その順序で僉議の問答が展開していくことが読みとられ、それは、前半の諸大寺における天狗の相を象る僉議をふまえながら、後半の展開をうながす天狗の僉議を演出するための脚色というべき画中詞にほかならない。そこに絵が存在したか否かとは別に、絵を介して語らせることを前提とした詞である。

この絵巻の特質のひとつである画中詞については、既にその作画の過程のなかで、絵巻として制作された最終工程までにおいて、絵師により一筆で書き入れられたものであることが明らかにされている(14)。そうした画中詞の一部は絵師の自由な裁量の許で為され、全てが詞書作者の作文・指導に拠ったのではないであろうことも併せて指摘されている。絵巻のこうした在り方は、釼阿写本における画中詞と思しいテクスト、すなわち僉議詞の位相を考える上でも注意されよう(ただし、園城寺帖は僉議詞以外の堂舎や儀礼についての指示を含んでおり、それは現存絵巻に無いものが多い)。両者の落差は、釼阿写本が或る絵巻を底本として写した際に恣意的に画中詞の一部を抄写した結果によるものか、またはその底本が既に画中詞的詞章を本文の一部として含んでおり、それも一緒に写したことで生じた結果かという、二様の可能性を示している。何れにせよ、釼阿写本における画中詞の存在は、それが僉議詞という絵巻の本来的構想を実現するのに欠かせない詞章であることからすれば、このテクストにおいて絵詞と不可分にはじめから画中詞が存在した消息を示唆しており、それは初発の、著者による撰述の段階にまで遡って存在した可能性がある。

第三に注意すべき点は、両者の本文自体が示す異同のあり方である。それは前半に顕著で、後半はほとんど同文と言ってよいほどに比較的僅かな差異にとどまる。前半の諸寺の巻々で、本文の対比が可能な園城・延暦・東寺の三巻分についてみれば、園城寺と延暦寺の巻は、それぞれ第二・第四帖と較べるに、記述を構成する全体の大きな枠組は等しく、そのなかで展開される記事の順序もおよそ同じだが、記事の各段落で文が入れ替わったり相互に異文となる形である。それに対して東寺巻は、第三帖と較べるに全体が大いに異なっており、その本文の量からして後者は前者の倍以上あり、他寺の巻に匹敵する長さで、逆に絵巻はきわめて簡略である。両者に共通する本文は、釼阿本の中間と末尾の段りが絵巻の後半に一括してまとめられた形であり、ほかは一部の文辞が絵詞の独自文のなかに鏤められているかたちである。全体に、この東寺（真言宗）についての一章は、釼阿写本の叙述の方が整序されて首尾一貫した論理と構成をもっており、それは後述する序に示してある本書の趣旨によく適った内容となっている。この部分に限っては、絵巻の詞書は、釼阿写本のごとき広本から抄略し再構成された本文であり、逆に絵詞の要約された本文から釼阿写本が増補改訂されて成立した可能性は少ない。なお、絵巻の詞書が平仮名を用いるのに対して釼阿写本が片仮名表記である差異は、後者が寺家・僧侶の書写文化の許で仮名テクストを写すにあたって生じたもので本質的な違いはない。全体として、釼阿写本の本文が、絵巻の本文に収まることのない広本というべき独立し完結したテクストであることが推定される。逆に、絵巻の詞書は、さきに触れた画中詞を除けば、その異同や釼阿写本が喪った部分を含めて、基本的にその範囲から出ることのないテクストであると想定できよう。

以上を綜合して仮説を提出するならば、釼阿写本は、『七天狗絵』詞書の著者による、絵巻制作のための草案つまり稿本のごときテクストからの写しである可能性が高い。そうした結構を備えたもう一本の絵巻が存在した可能性も、僅かではあるが考慮に入れておいてよいだろう。(15) 現存の絵巻は、釼阿写本の底本のような土台を、更に改稿し、本文を書き替えるのみならず、大幅に中間を削除し、各巻の特色や個性をとりどりに強調するため、また絵による〝語り〟を併用して展開するべく、大量の画中詞を添えた場面を採り入れて創り上げられたと想像される。一部に欠脱部分があるとしても、現状の七巻が「七天狗」絵としての完成形態であるとしたら[16]、七類のうち「山臥・遁世」は最初から絵巻としては制作されなかったのではないか。

何故、こうしたテクストを釼阿は写したのか。金沢北条氏一門との緊密な関係の許にあった称名寺二世長老として釼阿の立場や、仁和寺御流をはじめとする顕密諸法流の伝受、聖教書写と声明、唱導、神道など多岐にわたるその活動は先行研究[17]に譲り、本章では『七天狗絵』の著者の側から周知の資料を読み直してみたい。『壒嚢鈔』巻八「砂《ママ》石集ニ天狗ト云事」条で、編者行誉は中世における天狗観の典型[18]として流布した『沙石集』の所説を引いた次いでに、「其モ、八坂ノ寂仙上人遍融、七天狗ノ絵ト云事ヲ書レタレバ、定テ由緒侍覧」と付記する。この寂仙上人なる人物が、天台宗の円頓戒の律僧にして記家の学僧であった道光上人光宗の編になる『渓嵐拾葉集』の総序というべき「縁起」に登場する[19]。そこで光宗は、師である伝信和尚興円の談ずるところ、戒律・顕宗・真言を仏法として弘通すべし、と説く。加えて「因師物語云」と、やはり興円からの聞書として、徳治年中（一三〇六〜〇八）に「霊山院ノ寂仙上人」が関東へ下向した際、幕府公文所での評定の次いでに（評定衆が）「談合」して、当時の国家に有用とされた真言・禅・律の諸宗に対し、天台宗は八講など公請論義のための学問ばかりで無用と判ぜられた。これに上人が応酬して、天台宗円頓戒の功用と優越を説き一座の宗論を展開したことが記されている[20]。

当時の鎌倉幕府の中枢は、正安三年（一三〇一）に得宗貞時が出家した後もなお権力を握り、執権となった北条師時の許で有力な北条一門や御内人たちによる評定衆の合議により運営されていた。この鎌倉末期の武家政権を仏法の側から支えていたのが、真言・禅・律の各宗であった。その体制に対抗して、天台宗がいかなる自己認識の許に他宗との優越を主張し論理を展開したか、その一端がこの「物語」から窺われる。ただし、その弁護士は山門や寺門の僧綱でなく遁世の上人であった。あるいはその主張の支証として自ら草した『七天狗絵』詞を携え、披露したことがあったものか。何らかの経路でそれは釼阿が借覧し書写するところとなった。時に六波羅探題の任にあった称名寺外護者たる金沢貞顕の媒ちがあったかもしれぬ。すくなくとも、『七天狗絵』が、鎌倉末期の宗教および政治の動向と密接に関わる重要なテクストとして釼阿に評価されたことは、確かに伝来した写本それ自体が雄弁に物語るところである。[21]

二　『七天狗絵』を読む

『七天狗絵』の主張を、ここであらためてその序文から始めて確認しておきたい。そこで提起された訴えが、いかに本篇で具象化され、前半から後半へと展開されていき、何処に焦点を結ぶのか。その過程で描き出される天狗像とそこに付与された意味を、またそれらを創り出していく論理を、釼阿写本と絵巻の図像を併せて辿ってみよう。

序は、およそ四段に分かたれる。その始めに、天竺より唐土へ仏法が伝来して吾朝に至り「三国相承の仏法、偏《ヒトヘ》に豊葦原の州《クニ》に留まれり」と、日本のみが仏法流布の国であるとし、『弘仁格』や『延喜格』を引いて、上古以来の諸寺はみな代々の御願に由って建立され、朝廷の聖運を祈る「真言」と「止観」がその中核をなすという。更に、求法の大師たちの仏法請来の事蹟を述べ、以降も有智高徳の聖人が数多輩出したことは天竺・震旦にも恥じない、と讃える。この第一段では、三国伝来の仏法は本朝においてこそ律令的秩序に支えられた国家仏教として他国に優越するものである、という大前提が示される。その正統な仏法とは、いわゆる顕密仏教体制である。[22]次に、その「上古」を以て「末代」の今を鑑みるに、「正法」を受習しながら「邪見」に引き入れられていると指摘する。何故なら諸寺諸山が何れも御願による創建を誇り己れのみを優越すると思い、その末流が互いに「我執」を深めてしまう。そして「顕密二宗の学者、南北二京の禅侶」は公請法会に勤仕することを専らとして「論談」「決釈」するため、却って釈尊出世の本懐に背くことになった。一方、「桑門の隠侶」たる遁世門の僧も殊に「我執」「憍慢」の思いが深く、これが誤った考えの基となって永く菩提の道から離れ、智者の責めを逃れぬ恥ずべき有様となった、と歎ずる。そして、これら「遍執」の類《たぐい》はみな「天魔外道の伴侶」だと断ずる。この第二段が、著者の鎌倉時代仏教界についての現状認識であり、公私の僧侶が陥いる悪徳（遍執・憍慢）を指摘し、彼らがしでかす反仏法的状況を慨歎する。

次の第三段が著作識語に相当する。「画をつくり、天狗の七類を顕はして、人執の万差なる事を示す」とは、前述したように、当初からの構想として、絵巻のうえで七類の天狗に託して描きあらわすことで、それら堕落した諸寺諸山の僧侶の遍執の様々なる生態を示そう、という企てなのである。そして謙辞の後に、「于時、永仁四年之天、初冬十月之日なり」と著作の時点が明示される。この、永仁四年という時期に『七天狗絵』の成立が銘記されるということ自体が、このテクストの負うひとつの使命であろう。

最後の段で、さきに示した「魔」についてあらためて説く。「魔界の果報とは、憍慢を以て正因とし、諂曲を以て助業とす」と定め、その「慢」に七種ありと本文を引いて分別する。そして前述の「天狗の七類」がこれに当たるとして、「これすなはち、興福・東大・延暦・園城・東寺・山臥・遁世の僧徒なり」とその具体的対象が指示され、「これ皆、我執に住し、憍慢を抱き、名聞を先とし、利養を事とす。故に常に魔界に堕す」と結ぶ。その、首尾に提示される「魔界」という領域が、または、その世界を生みだし立ちはたらく天狗たちの存在が、この絵巻の対象であると言うのである。

以上、序に表明されるのは、当時の仏教界を構成するあらゆる領域が魔界となり、そして僧侶のあらゆる類いがその住人となったとする認識であり、その許に、以下の本篇では、「かれらが心操を尋れば」と、その七類それぞれの有様を示すべく、諸寺の僧徒たちの主張するところに暫し耳を傾けてみよう、ということになる。

この序に導かれて、ただちに興福寺巻が始まり、以下、東寺巻までの五巻は、釼阿写本が示す異同を含めて、基本的に共通した構造を以て叙述されている。絵巻においても、各巻は詞一段の後に絵が連続するという単純な構成である。それぞれ（南都・北嶺の四箇大寺と東寺・仁和寺・醍醐寺・高野山の真言寺院）は、何れも天皇の御願により伝法の祖師が草創し、歴代の先徳高僧により発展し、国家鎮護を祈る法会を修し、神祇に冥護される霊地であると自讃されるのであるが、末尾に至り一転し、その栄光がさながら斯寺の僧徒の我執となり憍慢となって一寺を挙げてみな天狗となった、と結ばれる。この叙述の構造が、さきに序において確かめた問題提起の際の認識と重なるものであることは容易にみてとれる。すなわち、絵巻の前半に当たる五巻は、序に掲げられた、三国中に優越するはずの吾朝の仏法がもはや現在は魔の領ずるところとなったという認識を、諸寺の縁起をはじめ自宗一門の優越を宣説する記文等を用いて再構成しつつ、その言説が喚起する憍慢や我執を検出し、故に魔となったことを具体的に立証するような仕組みとなっているのである。

右の五巻が扱うのが、中世の国家仏教を担う顕密寺院の本山であるのに対し、絵巻に無く釼阿写本のみにある山臥・遁世は、その体制の周縁たる修験と遁世門である。その叙述は、山臥の場合、諸山の縁起の要を列挙し、祖師の修行と法皇の参詣そして験者の験徳（これを智証大師と「三井智証門人」後白河法皇および行尊の事蹟を殊更に述べる点、寺門派修験に偏した記述）そして「大峯の為躰《テイタラク》」として霊地修行の景を叙す点で諸寺巻と基本的な構造を共有する。その結びは極めて端的で「心染ヨリ初テ形躰ニ至マデ、天狗ノ修因ニ非《アラズ》ト云コトナシ」とあるのみ。一方、これに続く遁世の側は対照的で、その半分程の分量で、「誠ニアラマホシキ道ナリ」と空也以下の著名な遁世聖人（玄賓・僧賀・千観・性空・永観）を列挙し「皆是名利ヲ遠(厭)離セシアトナルベシ」と讃えながら、「爰（ニ）当世隠遁ノ輩ハ、内心ハ無慚無愧ニシテ外相ハ持戒持律ナリ」以下、延々と当代の遁世上人に対する悪罵を連ねている。「無徳ニシテ長老ヲノゾミ、無智ニシテ唱導ヲノゾム、名ヲ興隆ト称シテ勧進ヲ業トシ、事ヲ利生ニヨセテ知識ヲサキトス」との評は、叡尊教団をはじめとする鎌倉後期の禅律僧の行業を指弾するものと見て間違いないだろう。更に「因果撥無ノ邪達磨、外法交雑ノ悪真言」と禅と密教に傾倒した律僧の行態を罵る。そして最後に、「証義探題ニ非ドモ論談決択ヲ稽古シ、修法ノ阿闍梨ニ非ドモ大法秘法ヲ習学ス、是ハ魔界ノ修因ニ非ズヤ」と結ぶところ、彼らが顕密仏教の中核である公請のための学問と修法のための事相を学び修すようになった風潮を念頭に置いて批難している。

「山臥・遁世」を以て天狗の七類を説き了ったところで、『七天狗絵』は後半へと転換する。冒頭に、愛宕山上に集会した天狗たち（それは以上の七類全てなのであろう）の大衆合議という場を設けなし、その発議の詞という体裁で「我朝ニハ天狗バカリコソ仏法ニ敵対シ、出離ヲモ障碍スレ」と言挙げし、聖徳太子以降、上古の先徳がみなその魔障を妨げてきた、と述べる。ここに注意されるのは、後鳥羽院の時の一心房と後嵯峨院の代の龍象房が何れも天狗を崇敬し、その咎で台家（天台宗）の「勅勘」「治罰」により配流・逐電したという、近代の天狗を祀る張本の名を挙げていることである。彼らの正体は定かでないが(23)、それが特に言及されることは、それらの院の御代を乱した僧の存在が暗に当今の治天のそれを諷する意図に出たものである可能性もあろう。その発議は「面々ニ才学ヲメグラシ、各々ニ方便ヲマフケテ、仏法ヲ衰微セシメ、魔界ヲ興隆セムト思フ」という檄となり、天狗一同して諸方へ散在した。その後、仏法を障碍する天狗たちの蠢動がはじまる。

この本文の後に、前述した画中詞と思しい僉議詞が付記され、その発起は「夫、魔群蜂起ノ意趣ハ」と始まる。この「魔群蜂起」こそ、この一段の題にふさわしい語句だと思われるが、以下の詞もまた、惣寺の一揆、強訴のための蜂起に用いられたような言辞を転じた狂言であろう。その詞のなかに、「昔、是骸房トイヒシ天狗、大唐ヨリキタリテ、我朝ノ仏法之効験ヲハカラントシテ、慈恵・静観・余慶ニ降伏セラレテ踊躍ニ及之間、本意ヲトゲズシテ、ムナシク本国ニ帰ニキ」と、天狗による仏法障碍の試みが失敗した例《ためし》として、是害房説話が想起されている。この名高い天狗説話がその同類の口から語られることは、それが『七天狗絵』著者の想定する魔界の領域（もしくは魔界年代記）のなかで典型的な伝承であったものが露われたものか。その拠は、『今昔物語集』の元になった『宇治大納言物語』ではなく、むしろ後年にそれを踏まえて河内の太子廟磯長寺で底本が作られたという曼殊院本『是害房絵[24]』の制作基盤を想定すべきだろう。

　この後に続く三つの天狗の障碍をものがたるエピソードは、第一話、西山の遁世上人の許に小僧が寄食するうち天狗の正躰を露わし、僧はこの天狗に臨終の魔障を脱がれたいと希う。この天狗の秘計で饗応に預かった天狗たちは合議の末に領掌し、僧は往生を遂げた、という天狗の失敗を語る滑稽譚である。第二話（絵巻は現状ではここから始まる）、山門の某学生の心神が天狗と化して飛行し、三井寺の学生の許へ現われて小刀にて鼻を切られてしまう。いま一人の学生の所にも現われたがよく切れない刀であったせいで長く悩まされた。「不思議の事なり」と結ぶ、これも滑稽めかした天狗の失敗譚である。第三話、ある念仏聖が天狗の偽来迎に誑かされ、深山中に遺棄されたのを見いだされた。「あさましかりける事なり」と結ばれる、ささやかな障碍の成功である。

　こうして、さしたる成果を上げられなかった天狗たちは、再び集う。丹波国篠村[25]で或る僧が深山に迷い込み、なお仏法衰亡を企てるこの天狗たちの評定を、木の洞《うろ》の裡で聴くという設定で次の舞台が廻る。この天狗評定の謀議において、末座の僧が「世間の道俗男女を、念仏専修になし、達磨の一行を修せさせば、聖道すたれ、教法衰微せむこと疑ひなし」と説く。別の天狗が、浄土門や禅門も然るべき正統な修行によれば往生や得法も可能だろう、と反論すれば、更にこの僧、「めづらしく異曲をわかして［異説を唱えて］人に信をとらせ、邪見に入《（イラ）》しむべし。或は空より花をふらし紫雲を現じ、或は得法の思ひを抱きて日頃知らざる法を述べさせ、小通［天狗の通力による神反］を現はさば、一天これになびくべし」と提案し、一同して退散する。この天狗評定は、先の釼阿写本第六帖「魔群蜂起」の集会僉議の趣向を縮小しながら繰り返した形である。今度の規模は小さいながら、企てるところは狙いを外さなかった。

　この天狗評定を受けて、「其後いく程もなくして、世間に世の常ならぬ姿振舞する輩（オホク）見えきたり侍」（釼阿写本第七帖はこの部分から始まる）という。それが「一向衆」つまり一遍の率いる時衆であり、また「放下の禅師」すなわち自然居士たちである。前者は、神祇を拝礼せず、裳無衣《もなしごろも》などの、あさましい風体と乱りがわしい

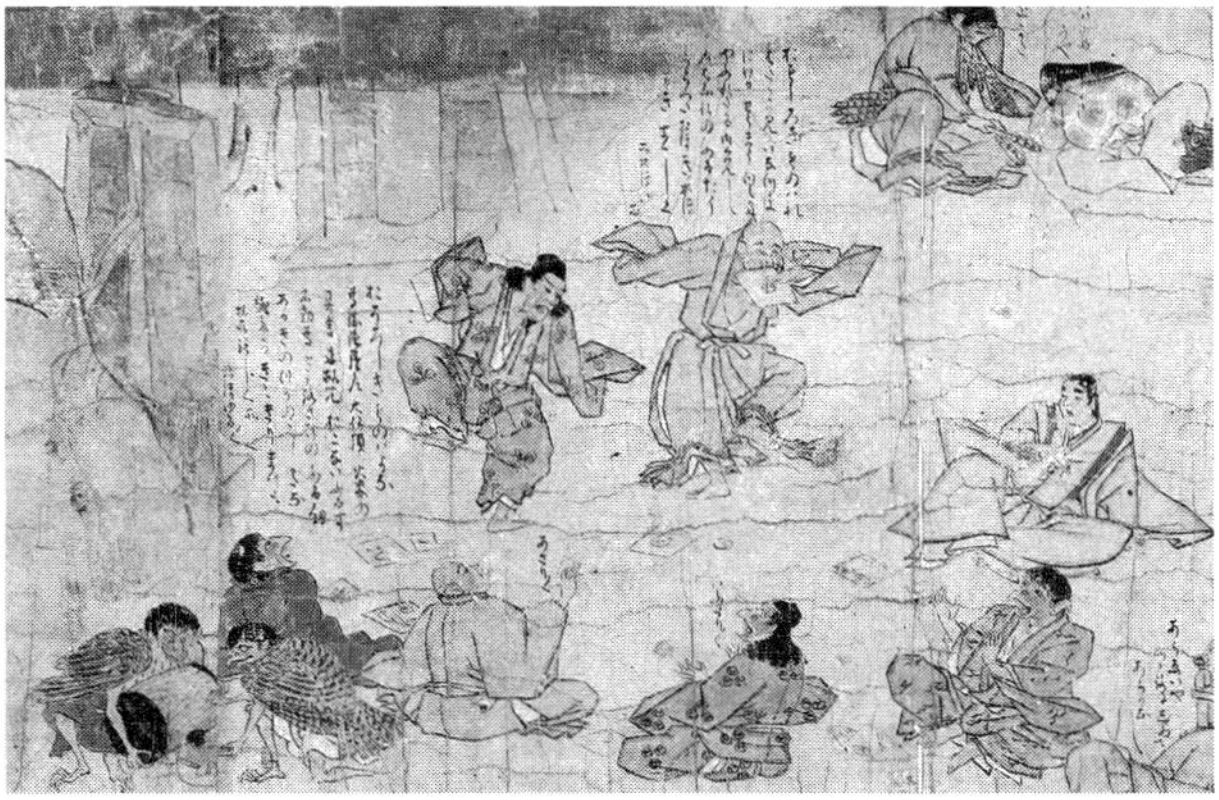

図１　『七天狗絵』甲巻　天狗興宴，乱舞する山臥（伝三井寺巻・個人蔵）

行儀で踊り念仏を興行する徒党であり、これを「併《シカシナガラ》畜生道の業因」とみる。また後者は、蓬髪の俗形で巷間を往来し狂言の芸能を営む徒輩であり、これを「痴見解の至極なるべし」と評する。その彼らが魔であり「法滅の妖恠（怪）」なることを『摩訶止観』と『大集経』の本文を引いて証し、その上で「凡《ヲヨソ》我朝の仏法は、「中比の一向専修興行と近来の達磨禅法繁昌の故に」余教はおゝよそ凌廃す」る状況であり、[26]宋が亡びたのは「教法」が癈《すた》れ「禅門」の盛りとなった故であり、教法の衰微をこそ「君も臣も斟酌し給ひ、僧俗も傷嗟し侍べきをや」と世間に警告を発する。彼ら一向衆と放下の禅師が世にはばかるその姿態は、絵なればこそよく表現し得るところであり、『七天狗絵』のなかで最もよく知られた場面（後掲の図２）である。「如此、天狗、処々の道場に至りて、異曲をわかし凶害をなす。これによりて、人多く邪見に住して愚儀を専らにす」。かくして、彼ら天狗は勝利の凱歌をあげるのであった。

以下の展開は、物語的な装いを呈す。一人の若者の非業の死を契機として一同が発心し、修行の末にゆゆしく得脱を遂げるとは、中世の児《ちご》物語に見いだされる普遍な話柄であるからだ。[27]「天狗共、しおほせたる心地して、こゝかしこに遊行し興宴しける」その興宴は、絵において僧や山臥と児《ちご》たちの酒宴の狂態として、同時に興に乗った乱舞で謡われる白拍子（画中詞）によって表現される（図１）。その舞台となった荒れ寺は、詞に「金剛勝院」とあり、[28]白河の地にあった美福門院の御願寺であったが、そこを天狗の跳梁によって衰亡した仏法を象る場としている。そうした濫吹の挙句、椿事が生ずる。

「ある天狗、酔狂のあまり、四条河原辺に出て肉食せむとしけるに」そこに生業《なりわい》を営んでいた「穢多童(29)」の罠に掛かって、あっけなく殺されてしまう。この一天狗の横死を機縁として、天狗たちは打ち揃って無常を悟り発心する。彼と契り浅からぬ垂髪（児）や同法の天狗たちの愁歎は、絵において児と天狗連中による追善の管絃講と各自の詠歌で表現される。絵巻はここで後半の甲巻分が了る。

続く乙巻（釼阿写本第八帖「諸宗異解」以下）、天狗たちは「邪執を翻へし、憍慢を倒して、面々に誠の心をぞ発《(ヲコ)》しける」。そこで天狗が各々に述べたてる「所存の趣」つまり得脱に至ろうとする修道の要旨は、何れもその拠って立つ自宗のそれである。浄土門より始まり、天台・華厳法相・禅・真言の順で陳弁され、七類にも重なる主張が言いたてられる。これを総括して、天狗の長老は「何れも〱貴けれども、各々になを本意(絵巻「本執」)を執して、我執いまだ除こらずと聞えたり」と判ずるのであるが、更に「所詮、いずれの教にても、急ぎ精進に修行して、早く我身の無常を観じ、生死の本源を達し給へ」と教命して、天狗たちはこれに従い、「即、面々に本所学の法によりて、閑寂の道場を占めて修行を企て、(兼テ)急ぎ堂舎塔廟を建立して事の六度を行じ、亦、大乗経（等）を講じて了因の種子を植へ侍ける」。つまり造寺と講経という仏法興隆が、宗旨の差異にかかわらず、等しく天狗得脱のための所詮なのである。絵は、一座に会合して所存を談ずる諸宗代表の天狗の面々の姿を描き（その肩書や構成が『魔仏一如絵』と根津本とで異なる点が既に指摘されている(30)）、次に天狗たちが大工に立ち交って堂舎建立に働く場面、そして講経談義の仏事の場面を描いている。更に最後、僧房のなかで倚子に坐禅する僧と月輪中の蓮台に坐す僧の姿を描いて了る。おそらくこれが天狗の得脱を遂げた姿を両様（見性得法と即身成仏）に象ったものと思われる。

絵の後に付く詞では、なお疑問を残す天狗たちが「為《(シ)》慣れし決釈心を以て」交す魔についての教理問答というべき一段が本文より一段下げた形で加えられる（釼阿写本には第九帖の一部とおぼしいその冒頭の断簡がある）。

かくして、天狗たちは漸く得脱成仏を遂げることになる。以下の詞（釼阿写本では第十帖「伝口尺」）は、前段で各々発心の所存を述べたところと呼応して、諸宗各様の得脱の姿が示され、魔界の身を転じて仏となり、あるいは天狗さながら法界を開き、魔界も十界の裡として「魔界則仏界の一徳」と説く。ここに、〝魔仏一如〟という命題を掲げ、この理を諸宗の法門に則して悟ることで天狗の得脱は果たされた。彼らは諸寺・諸山ひいて一切の魔所において成道したという。この一段の最後で「天狗」の字義を生仏不二・両部不二を象るものと釈し、「此則事而真の法門をさとりて、もろ〳〵の天狗みな成仏得脱しけるとなむ」と結び全体を締めくくる。この「となむ」の一言で、一篇はすべて伝聞説話の枠に収められ(31)、それは一幕の戯論と化すことになる。

以上に通覧したごとく、釼阿写本を併せ読むならば、『七天狗絵』は、その序から結末に至るまで一貫した構想の許に、仏法の体系を軸として一筋の脈絡を以て構成されていたことが知られる。ただ、絵巻として制作されるに際し、その構成を大きく変更し一部を省略したと思しく、そのために本来の結構が損なわれ、矛盾をきたすことになった。釼阿写本の出現は、あらたな本文を加えたのみでなく、その不審の一端を解消するものであったが、なお解明を待つ課題は多い。しかし、釼阿写本によっても確かめられたように、『七天狗絵』は最初から絵巻として構想されたテクストであった。その詞は絵と一具となるべく著されたのであり、画中詞の一部も同様であった。しかも、それは絵巻の制作過程の最終段階にも及ぶものであり、絵師との共同の所産でもあった消息が明らかである。その証は、甲巻の天狗興宴における山臥姿の天狗の乱舞に書き入れられた延年の白拍子であろう（図1）。相方が謡う（天狗にとって）「面白き物」の連事《ツラネ》に応じて、彼は「怖しき物は」と数えるのだが、尊勝陀羅尼から始まるその末は、「穢多が肝切《きもきり》までも怖《おそろ》しくぞ覚《おぼ》ゆる」である。この場面に続けて、絵は河原で童子形の男が鳶を捕えて殺す場面に移るが、これが詞に言う「酔狂」の余り浮かれ出た若天狗が遭った災厄にほかならない(32)。とすれば、かの興宴で乱舞する山臥こそ、ここに鳶と化して横死した天狗であろう。彼は自ら謡った「怖しき物」の最下品たる「穢多が肝切」によってはかなく落命してしまった。この皮肉は明らかに絵師の領分でなされた仕掛けであるが、かく巧んだのは果たして絵師一人のみのしわざであったろうか。

そのような周到な配慮の許で魔すなわち天狗の存在を形象する『七天狗絵』絵巻において、このテクストが最も

図2　『七天狗絵』甲巻　一遍と自然居士の姿

具体的なイメージとして顕わし、直截な批判の対象として焦点化するのが、一遍と自然居士である。前半五巻の諸寺（加えて山臥・遁世）において、各々の僧徒はみな天狗と化したとされるが、絵巻におけるその表現は、寺中を徘徊する僧や児の一部が嘴や翼など天狗を表示する形貌であらわされるばかりで、当然のことながら特定の顔や名をもたない。一座に集う諸宗の代表者たる天狗たちも同様である。それに対して、後半の甲巻において、際立って個性的で似絵風に描かれたのが、詞で名指しされた一遍と、絵において画中詞を介して示された自然居士なのである。特に一遍は、正安元年（一二九九）に制作された『一遍聖絵』や数多く遺された肖像からも窺われるその特異な容貌が明らかに写しだされており、絵師は確かに意識してそれと似た風貌を描こうとしている。同時代人の記憶にある彼らの姿そのままに〝天狗〟として認識されるよう、いわば指名手配されるのが、一向衆の首領一遍であり、放下の禅師の頭目自然居士なのであった。そしてこの二人を首魁として活動する集団の姿も、時衆の僧尼たちとその乱りがわしい行儀(33)、とりわけ踊り念仏と、放下僧の蓑虫や電光・朝露と画中詞に一々その名を示す一党の芸能(34)が、彼らを囲繞し見物する衆人と共に、如実に描き出されている（図2）。それは、絵詞作者の意図を汲んで絵巻を手がけた絵師が最も力を注いだところであったろう。

三　抗争するテクスト

一遍と自然居士を標的とする『七天狗絵』の企ては、その序が銘記する永仁四年（一二九六）という時点に臨んで、その時代固有の状況の許で、ある切実な問題に対する時宜に適った応答であり、意見表明であったと思われる。そうした仮定は、はからずも同時代のそれぞれ位相を異にしたテクストによって検証される。

まず参照すべきは、既にその関連を指摘されている『野守鏡』である。[35]その跋文に永仁三年九月の成立をしるしづけ[36]、書写山如意輪堂において聴聞した某僧の通夜物語という仮構の枠組に託して主張されるのは、当時一世を風靡した京極為兼の歌風への批判である。それはおそらく永仁元年に為兼が勅撰集の撰者の一人に任ぜられたことに関わるものであり、さればそれは自ずから為兼を深く信任し自身も京極派和歌に傾倒した伏見天皇へ向けられた政道批判にほかならない。そうした狙いを秘めた為兼批判が六箇条にわたって繰り広げられる前半のうち、彼の和歌の風体の非なることをあげつらうのに連なって、一遍とその踊り念仏について、仮構の話者が直接に見聞したこととして、一遍の行儀を非難する一節がある。著者の分身と思しいこの話者の自画像は、叡山天台に属し良忍を祖と仰ぐ大原流声明を相承した、歌道に執心深い遁世僧であるが、彼は「終《つひ》にその砌へは臨《のぞ》まざりき」と言いながら、かつて一遍に対して、その踊り念仏に関し三箇条の疑難を呈したことがある、と語る。一遍は歌を返したのみ、これに彼が二首の詠歌を添えて諷したばかりでこの対論は結着がつかなかったのであるが、やがて一遍の臨終の有様を湊河にあって間近に伝聞した彼は、「兼ては紫雲立ち、蓮花ふるなど、おどろ〳〵しく言ひ立てしが」実際にはさしたる奇瑞もなく終わった消息を皮肉交じりに述べて、己れの難の正しさと、翻って一遍の非なることを証している。『七天狗絵』における一遍批難の一年前のことである。

踊り念仏をめぐる両者の対論について、時衆の側も重く受けとめていたことは、聖戒の『一遍聖絵』にも、宗俊

図3　『一遍聖絵』巻四　佐久伴野の市場で紫雲を拝する一遍一行と「重豪」（東京国立博物館蔵）

の『遊行上人縁起絵』にも共に取り上げられていることで明らかである。特に『聖絵』は正安元年（一二九九）に成立したのであるから、それは『野守鏡』および『七天狗絵』の批判に応えるべく、敢えて一遍の伝記中に組み入れられたものかもしれない。『聖絵』巻四は、弘安二年（一二七九）の信州佐久における踊り念仏始行の事蹟を叙すに続けて、近江守山の琰魔堂に居た（近江を一遍が経廻したのは弘安六～七年の間である）一遍の許に、叡山の東塔桜本兵部竪者重豪なる僧（『縁起絵』は「叡山桜本兵部阿闍梨宴聡」とする）が訪れて踊り念仏を難ずるが、一遍はただ「はねばはねよをどらばをどれはるこまの　のりのみちをばしる人ぞしる」と歌を詠じて応えるのみ。これに重豪の歌（これは『野守鏡』と一致しない）と一遍の返歌が添えられる。更にこの僧が後には念仏の行者となり摂津国小野（昆陽）寺に遁世した、と後日譚を加えることで間接的に一遍の化導に服したように取りなしている。

なお興味深いのは、右の詞に対応する『聖絵』同段の絵である。詞には、信州佐久伴野の市庭の在家にて歳末の別時念仏に際して紫雲が立ったという。小田切の里での踊り念仏の場面に先立って、伴野の市庭の一角で一遍と向きあう一人の僧が描かれ、これに「重豪」と注してある（図3）。これが後人の恣意による所為でなく絵巻制作に伴う書入れだとすれば、画家円伊は詞の説くところとは別に、この叡山僧を遥々信州まで下向させ、加えて時を遡って一遍に対面させていることになり、矛盾を犯しながら意図的な作為をなしている。[37] その絵では、市に居る一同は時衆も庶人もみな彼方の空に立つ紫雲に注目し拝しているが、「重豪」とその従僧と思しく乞食の方へ向いて手鼻かむ僧の二人だけが紫雲に背を向けているのも意図した演出であろう。紫雲と花については、『七天狗絵』の一遍の踊り念仏の場面[38]において、一遍すなわち天狗の表象として踊り念仏の上に描かれ、そこで天狗が偽紫雲のなかから花を降らせる役割を与えられ、画中詞にこれを奇瑞と信ずる人々の声と呼応する「天狗の長老一遍房」の勧誘の詞とを書き入れている（図4）。それこそは前述した詞における天狗の謀計が成就した有様であった。一方で『聖絵』は、一遍の遊行する至るところで生起した紫雲と花の奇瑞をその典拠や本文と倶に叙す。同時に、これを否定し「花の事は花に問へ、紫雲の事は紫雲に問へ、一遍しらず」と言い放つ一遍の詞を併せて記しており、紫雲等に託された霊験の期待の地平と一遍その人の言説との矛盾を露呈させてもいる。[39]『七天狗絵』と『一遍聖絵』は、そうした宗教的表象をいかなる位相において位置づけ評価するかという点でも、鋭くせめぎあっているのである。

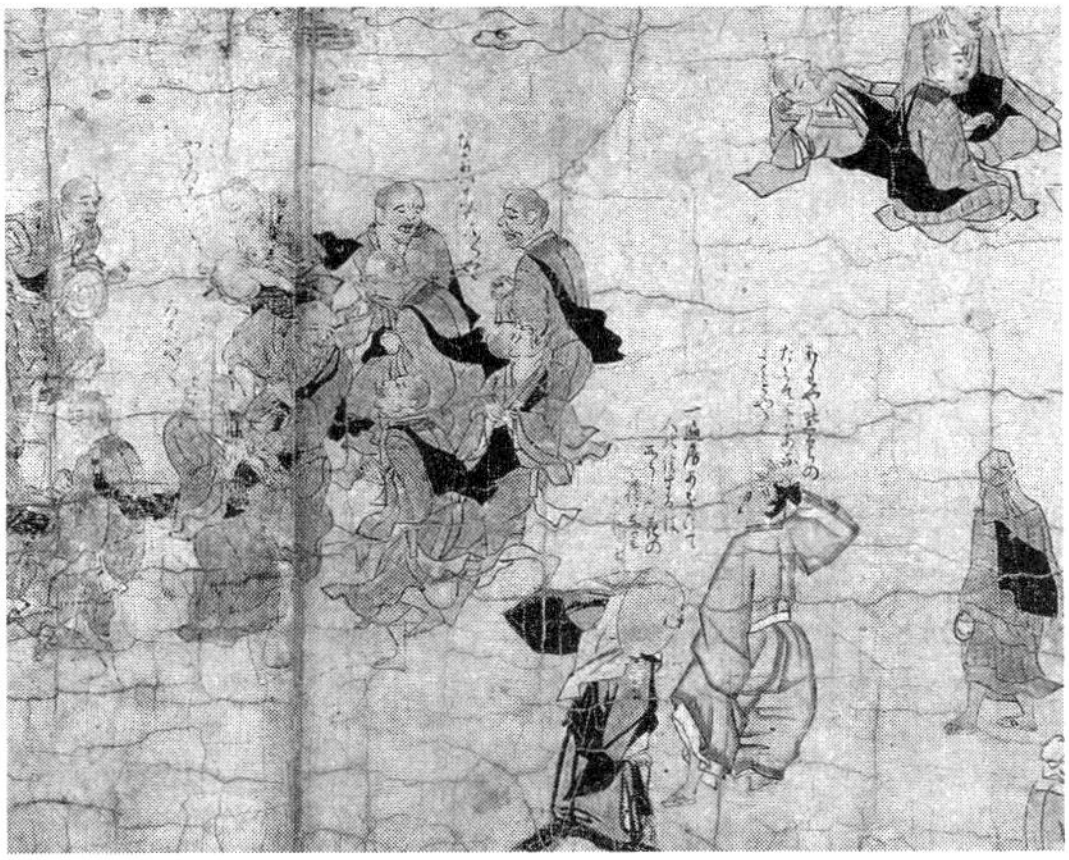

図4　『七天狗絵』乙巻　一遍の踊り念仏（紫雲の中から花を降らせる天狗）

　一遍をめぐって抗争する二つの絵巻を繋ぐテクストであった『野守鏡』は、またその後半で専修念仏と禅宗に対する批判を展開している。そして禅と念仏の両宗が末世流布の法として当時の人々の「遍執」や「憍慢」の故に繁昌する現状を歎じて全体を結ぶ。その思想的位置が『七天狗絵』に接近していることは、つとに指摘された通りである。次に、その禅批判の側から『七天狗絵』を照らし出すテクストを見てみよう。

　一遍と並んで天狗として指弾される「放下の禅師」たる自然居士については、能『自然居士』のシテであることも相まって、芸能史や国文学でも関心が高く、その行実や資料が様々に紹介されている。(40) そのなかでも『七天狗絵』に最も関連するのは、『渓嵐拾葉集』に収められる「禅宗教家同異事」という独立した一書というべきテクストである。(41) 本書については、そのなかに見える永仁二年正月に叡山衆徒により洛中を追却された「異類異形輩」の筆頭「サヽラ太郎」が自然居士であるとされる。(42) これをふまえ、本テクストの全体が天台宗による東福寺聖一房（聖一国師・円爾弁円）の禅宗興行に対する批判であることが注目され、自然居士がその弟子として叡山からの直接弾圧の対象となった背景も論ぜられている。(43)

『七天狗絵』に則してみるなら、「禅宗教家同異事」は更に重要な問題を含んでいる。本書は、教（天台円教）と禅との「勝劣・同異」は如何、という発問に始まり全体が問答で構成されている。(44) そのなかで、「僧都御房」と呼ばれる天台僧が関東下向の際「道証禅門師ト云宗門者」と対話したことに言い及ぶ。これはあるいは無住の弟子無尽道証かと推測されるが、その話題に聖一房の事が取り上げられ、その禅宗修学の動機を、日本に天台・真言の行人や本寺本山は多いが禅を弘通する人は無く、世間の評判になる（つまり名利の）ためにしている、と謗られている。その上で、近来・当世の禅師たちの内証に不審ありとして、件の自然居士の事に言い及ぶのである。「サヽラ太郎・夢次郎・電光・朝露等ノ輩」は、大衆の僉議により「仏法ノ滅相」と断ぜられ、その興行を停止されて洛中から追放されたのであったが、それは「山門沙汰」として、あくまで叡山の私検断であった。それ故か「但シ於二在家ノ人一罪業也ト申合。不レ知二子細一故也」と、世間ではこの仕置きを批判する声もあったことを伝えているのは興味深い。しかし、それ以上に注目されるのは、この処分に続いて、衆徒が重ねて僉議して訴訟に及んだのが、「禅林寺ノ法皇、改二皇居一、造二建禅堂一条、是甚不レ可レ然由」であったことである。すなわち、亀山法皇がその離宮を南禅寺として禅の道場に改めたことを批難したのである。この訴えは奏聞を経るに至るも院の勅により斥けられたとあるが、ここに叡山の、自然居士一党に対する圧迫の背後に目懸けられた、より上位の批判の対象が明らかとなる。

　こうした批判の根拠には、次の設問において立てられる、禅宗の興隆により仏法が衰微し亡国の基となる、という命題が伏在しているのであるが、これはさきの『野守鏡』が示すのと全く共通する認識である。禅宗に対抗し、国家を護る仏法の随一として天台宗および叡山の優越を説くその言説は、『七天狗絵』延暦寺巻の吾山吾宗の優越を述べるそれとよく重なっている。単に所説が共通するばかりでなく、その要である、桓武天皇の御願により寺が建立され、峯に生身の仏が祀られ、麓の鎮守山王によってその仏法が擁護されるという点で、延暦寺以外の諸寺巻の結構とも同様な宗教的構造を示すのである。特に、天台に加え南都諸宗の仏法が何れも神明により護持されると説く点は、『七天狗絵』全体に通底する思想を端的に表明したと言ってよいほどである。これを受けて、亀山院がそうした正統な王法・仏法相依の秩序に背いたことを再び批難する。「然るに、禅林寺の法皇、総じては日本国の風儀を忘れ、別しては桓武・嵯峨の叡慮を忘る。真言・止観の両宗を閣《お》き、山王の御本誓を忘る。或いは一向専修の口称念仏を好み、宗門を翫びて御興行の条、甚だ然るべからざる事なり」（原漢文）。ここに、院が禅宗への帰依興隆ばかりでなく、一向専修念仏への好尚と併せて難ぜられていることに注意すべきだろう。更に時代を遡って、後嵯峨院の時に極楽寺の仏法房（道元）が追却された顚末を述べ、あからさまに時の王権に対して禅宗への帰依を罷め、国家仏教体制から除くように求めている。そして全体を結ぶにあたり、安然の『教時諍』論に拠り、あらためて禅門を天台宗の教義体系の裡に包摂し、その異端性を無化しようと計るのである。その末に安然の本文を引き、天台四教十六門に諸宗も禅門も全て摂されるとして、天台と諸宗の学徒が各々の一門に執して互いを破すことは「義門」に在っての「遍執」に過ぎない、と判ずる。諸宗が己の法門の義理に遍執して相互に諍うとも、天台教の理はその全ての上に立ち止揚するというのである。それは、まさに『七天狗絵』が展開し主張する論理を、当時の政治（王法）と直結する教義論争の水準で、天台の立場から我田引水して表明したものと見なせる。

『野守鏡』と「禅宗教家同異事」の二つの書物は、（敢えて前者の直接の標的を暫く措いていえば）共に叡山天台に立脚して、専修念仏と禅宗の流行・興隆を敵視し排除すべき異端として批判する論争的テクストである。それぞれの著者はなお定かでないが、自ら明かし知られるところ、声明道や記家という天台教学の体系の一環を成しながら、遁世という周縁的立場にあって諸宗門に自由に関与・発言できる位置から著し得たものであろう。『七天狗絵』と共通するのは、単にその批難の対象が一遍ないし自然居士であるというばかりでなく、そこに表明される思想とそれを支える論理においてである。それは『七天狗絵』の一部に天台の立場を代弁している言説と重なるだけでなく、一篇の中核をなす諸宗・諸教の差異をさながら認めつつ全体を融即させようと企てる理念と、にもかかわらず具体的な批難の標的を設定しこれを確実に排除しようとする戦略において符節を合わせている。しかも、なお注目すべきことは、二書それぞれの批難の矛先が、同時にそれを許容し興行させる当代の王たちにしかと向けられていることである。故に、この二つのテクストは、ただ文芸上の、もしくは宗義の論争文書というにとどまらず、より普遍的な思想闘争を目論み、ひいては政治的な意図を籠めた挑戦として時代に投ぜられたのである。両者が共に、永仁年間という『七天狗絵』成立前夜の時点を自らしるしづけ相次いで発信されていることは、特に示唆するところが大きい[45]。そこには、確かに或る対立や差異を前景化し、そこに生じた問題を王権の次元にまで及ぼして闘諍に打ち克とうとする企てが底流として認められる。『七天狗絵』は、そうした潮流に棹さすべく創りだされたのである。

四　『七天狗絵』の亀裂

『七天狗絵』は、天狗の存在とはたらきをそこに見いだすことを通して、魔界としての当代仏教の世界像を体系的に表象しようと試みる。その世界とは、前半に展説されたところは、国家仏教としての寺院権門であり、黒田俊雄が命名した顕密体制に相当する。その周縁の一画をなし、また新たな補完者たる修験と遁世門は、詞章は作られたが絵巻としては残されなかった。また、その体制から逸脱し異端として排撃される念仏や禅の一派も、後半の展開のなかで、発心遁世譚の類型に身をゆだねて、法門論義において己れの宗旨への遍執さながら、最終的には顕密体制の秩序の裡へ摂り込まれ「成仏得脱」という形で回収されることになる。はじめから絵および画中詞を構想に含めたテクストの筆法は、たとえば縁起や祖師の本文に拠って各寺の立場と主張を構成してみせたり、伝記説話ないし物語を用いて展開を企て叙述してみせたり、論義問答など教学上に流通した言説を借用してみせたりと、様々な意匠をこらしているが、それらを繋ぎ合わせたうえで天狗の得脱を現じてみせることにより「魔仏一如」の理が具象化するという、一篇の戯論が呈示されるのである。こうした巧みは単なるパロディではない。その脈絡は、天狗が己れの魔なることを自覚し省みた果てに成仏に至るという、逆縁の論理を具現しているのであり、それは妄想顛倒の遊戯から真如へ導かれるとする狂言綺語観に支えられた宗教文芸の理念がなせるしわざであろう。

ただし、『七天狗絵』そのものは、全てが一如に帰すという予定調和を必ずしも完璧に実現してはいない。著者が企てた周到な設計と入念な修辞にもかかわらず、そこには、大きな亀裂が露呈しているようである。それは、何より絵のイメージのうえに鮮やかにみてとれる。

その、諸宗・諸寺の憍慢と遍執を顕わしだす全体を通じて、誰とは特定されることのない天狗と化した僧たちが登場するに過ぎないものが、こと一遍と自然居士に限っては、前者は詞書においても名指しされ、その本地身は「大勢鵄菩薩」(46)つまり天狗だとされる。絵ではともにその面貌・風体・行儀を如実に描きだして、それ故にこそ天狗として罵られる理由を具さに示すのである。特に一遍と時衆に注がれるあからさまな敵意に満ちた侮蔑のまなざしは、他の天狗たちの振舞についてうかがわれる洗練された遊びとは次元を異にしている。絵師の技量が卓越しているだけに、その落差は一層際立つ。また、彼らを「穢多」と呼ぶ民の一類と因果で結ぶしかけは、確かに著者の企みに出るものであるが、絵師はその実現に奉仕して見事に連関させている。この底意ある仕掛けにおいて顕在化するのは、「異類異形」と称し特定の類《たぐ》いを標的として排除する動きをつくりだす、社会自体の差別の固定化と世界および人間観の図式化にほかならない。それは必然的に〝異質なもの〟を見いだして犠牲にまつりあげ、その排斥には様々な手段が暴力として行使される。絵巻というメディアもまた、その効果的な装置と化すのである。

縁起・霊験・伝記など唱導の具としての絵巻が、かくも攻撃的なメッセージを蔵す宣伝媒体《メディア》に選ばれて制作されるのは、むしろ制作する側の世界が分裂し、対立して抗争していた状況を映しだし、あるいはその状況にうながされて自らを防衛するための警告であった。『七天狗絵』成立の時代、その制作母体と思しい寺院社会は、まさしくそうした紛争の渦中にあり、世界は暴力の季節を迎えていた。

『七天狗絵』にも描かれた、叡山と園城寺双方の大衆僉議の応酬が示すような、山門と寺門の永い伝統というべき争いについては言うまでもない。むしろ注目すべきは、各寺の内部に生じた新たな分裂が露呈したことである。山門内部の抗争については、後に『元徳二年日吉社叡山行幸記』[47]律部がその顚末を記すところである。永仁三年（一二九五）の妙法院門主一覚と有力山徒との闘諍が直接の引金となり、同五年に至り全山を巻き込んだ大規模な争乱へと拡大した。「悪党」による殺害・閉籠・放火の際限ない応酬は、大講堂はじめ講堂諸院の焼失など山上を全く荒廃させ、麓の社頭も汚穢に満ちた。こうしたなかから、遁世して山門交衆を離れ、円頓戒の律僧となった恵鎮上人円観が、山門を復興し後醍醐天皇の叡山行幸を奉行することになる。南都の側でも同様な状況に陥っていた。『南都闘乱根元事』によれば、興福寺の一乗院と大乗院の門主相承をめぐる争いは、永仁元年の若宮御祭に際し合戦に至り、同三年には後深草院御幸直後に勃発した擾乱のなかで春日社の神体が争奪され分裂する事態となった。[48]翌四年には維摩会の講師をめぐり「言語道断之珍事」（『三会定一記』）すら出来し、[49]やがて正安三年（一三〇一）には『春日権現験記』に描かれる「悪党」による神鏡強奪という前代未聞の事件が惹きおこされ、遂に嘉暦二年の衆徒合戦による中金堂炎上という惨事に至るのである。なお、その間の嘉元三年（一三〇五）四月には、衆徒が蜂起し大和における禅の拠点である達磨寺へ発向、焼打を敢行している。

そうした分裂と内訌は寺社の至るところで生じていた。永仁四年から五年にかけて、伊勢神宮の内宮と外宮は、外宮の自称する豊受皇太神宮の「皇」字の可否をめぐって朝廷に訴訟を提起した。『皇字沙汰文』はその相論記録である。その裁判は一面で思想闘争の性格を有し、外宮度会神主による独自の神道説が展開する大きな契機となったのだが、一方では南北朝から室町にかけて繰り返された「神都合戦」に及ぶ両宮の武力を伴う紛争の火種ともなったのである。それらの争議は、内部の紛擾にとどまらず、何れも朝廷に持ち込まれて係争され、その裁許処分がまた更なる紛糾を喚び起こした。そこに幕府の関与は避けられず、軍事介入による強硬な治安回復行動も稀ではなかった。この時期以降に多発する抗争の背後には、皇室の両統迭立に至る宮廷から社会全体に及んだ分裂と対立が、さまざまな階調で色濃く影を落としている。それぞれに内側から崩壊しつつあった世界に属していた『七天狗絵』の著者は、法滅というべき事態を眼前にし、もしくは予感しながらも、なお外部に敵を求めて指弾しなくてはならなかった。『七天狗絵』そのものが差別の視線に引き裂かれ、その亀裂が露呈しているのは、さような難問《アポリア》を内に抱えこんでいるからではないだろうか。

論を結ぶにあたり、『七天狗絵』の成立に関わって無視することのできない問題について触れておきたい。それは、この絵巻が一体誰のために作られたのか、ということである。言い換えれば、いかなる読者を想定して著され、絵巻として作りだされたのか、また実際に誰に読まれたのか、という問いである。

この絵巻が、上述したように大きな主題と構想をもって、然るべき規摸を備え一流の技巧を凝らしたテクストとして遺されて在るのに、それがただ制作者の自ずからなる創造意欲に拠って成ったというのは全く非現実的である。それは必ずや、詞と絵とがあいまって精緻に仕組まれた周到な主張を、ただちに看取し了解しうるであろう知的水準に属する享受者を念頭に置いて制作されたはずである。どう見てもこの絵巻は民衆教化のための唱導の媒体ではありえず、かつての説話絵巻や後世の御伽草子のように物語伝承に根ざした創造とも質を異にする。それは、制作者の属す仏法の側から世俗の王法の側への、確信犯的な思想の位相に立って発信する政治上の思惑を秘めた伝言《メッセージ》だろう。釼阿写本が示すように、それは成立からさして時を隔てず関東にもたらされ、幕府中枢の受けとめるところとなったようである。ならばそれは、「徳政」を期すべく公武の権門へ絵詞に形を変えた訴陳状として披露されたものであったかと推察される。敢えて大胆に一歩を進めていえば、『七天狗絵』は、当代の皇室へ進覧すべく企てられた絵巻ではなかったか。

　そうした想像にはいささかの根拠がある。遥か後年のことであるが、『看聞日記』永享三年（一四三一）四月十七日条によれば、後崇光院となった伏見宮貞成親王は、吾が子後花園天皇の内裏から「七天狗絵七巻」を下された。この頃活発に行われていた、天皇の求めに応じて諸方から絵巻や物語草子を借り求めて進覧に供したり、また禁裏からも貸し下されたりする書物のひとつであった。それが現在に伝わる絵巻そのものであるか否かは確かでないが、後世の宮廷にその写本が伝えられていた消息は、後土御門天皇の許での禁裡御本再興事業の成果を伝える『禁裡御蔵書目録』(50)のなかに「七天狗絵宣秀卿筆一冊」が見えることからも証されよう。それは、天皇の許に備わるべき書物のうちに在ったのであり、たしかに絵巻として中世の王たちの御覧に供されたことがあったのである。

　中世において、王が読むべき庭訓として著され、進献された書物として名高いのは、花園院が東宮量仁親王（光厳天皇）に自ら書き与えた『誡太子書』である。そこには、将来の治世を担う王たるべき道を示すと共に、その道を乱す近代の学問の風儀への激しい批判と、遠からぬ未来の「土崩瓦解」と「衰乱時運」を聡くも予告している。(51)そうした大文章ではなく、あえて絵巻という親しみやすい、しかし強力な媒体を用いた例として想起されるのは、遥か昔、平治の乱の直前に、その標的となった信西入道が暗主後白河院に諷諫のために奉ったと『平治物語』に伝えられる『長恨歌絵』のことである。後にこの絵巻を覧《み》た九条兼実は、それに付された通憲自筆の「反古」に感嘆して日記に写している。(52)その言うところ、典拠の本文を抄し古えの「行事」を勘え「彰二於画図一」したその意趣とは、「伏望、後代聖帝明王、披二此図一、慎二政教之得失一」にあるという。それは、目前に迫った内乱を予感しながら未来の王に託した形見であった。『七天狗絵』に託された意図と、それは必ずしも同じではない。しかし、絵巻という一箇のテクストを著して制作し、歴史に投機したそのありようは、なおも隠されたその機微を遥かに照らし出すもののようである。(53)

終章　中世世界像の鏡
――縁起絵巻というメディア――

中世にもっとも目ざましい発展を遂げた複合テクストであり、独自なメディアでもあった絵巻は、今に伝わる遺品の全てが、すぐれて中世日本の世界を映しだす鏡であり、その世界像を探る窓と言ってよい。この終章では、絵巻という窓を通して本書の議論を通覧するとともに、様々な世界像諸位相の遍歴から見渡す一つの中世認識を提示してみたい。

現存する絵巻のなかでも、とりわけ傑作といえる『信貴山縁起』をはじめとして、中世絵巻の遺例の多くを占め、かつ重要な作品が、「縁起」という、寺社や神仏など宗教世界の――より抽象的にいえば〈聖なるもの〉の――始源を主題とするものであることが注目される。また、中世にあらたに創りだされた縁起の多くが、ほどなく絵巻という形態をとってあらわされ、披露されたことは、宗教的意義もさることながら、少なからぬ社会的かつ文化的なインパクトがあっただろう。そのことは、鎌倉初期の縁起テクストの成立から時をおかず制作された『北野天神縁起』絵巻（承久本）や『当麻曼荼羅縁起』絵巻（光明寺本）という記念碑的な大型絵巻が、雄弁にものがたるところである。

信貴山縁起の霊験

それにしても、「信貴山縁起」と名付けられた説話絵巻は、なぜ命蓮聖《ヒジリ》の霊験譚を「縁起」と呼ぶのか。『今昔物語集』では、「明練」が山中に多聞天の石櫃を見いだしたと伝え、『古本説話集』の冒頭では、聖が「すゞろにちひさやかなる厨子《づし》仏《ほとけ》を行《おこな》ひ出《い》でたり」と云い、『宇治拾遺物語』はそれが毘沙門であったというが、それらは縁起記述の断片でしかない。絵巻は、聖の駆使する鉢が長者の倉ごと飛ばして山に運ぶ悪戯《いたずら》めいた活躍と、帝の治病のために遣わされた護法童子が虚空を翔《か》ける疾走、そして姉の尼が弟の聖を尋ねて旅の果てに巡りあう情愛にあふれた物語から成っている。これらを縁起としてまとめるのは、尼君が聖のためにもたらした「たい」（衲）の破《や》れ衣を納めた飛倉の朽ち破れた木の端までも護《まも》りとして参詣の人々に買い求められたという、霊験ある護符の由来として語りおさめる末尾によるのである。そのうえで、

さて信貴《しぎ》とて、えもいはず験《げむ》じたまふ所に、いまに人〴〵あけくれまいる。この毘沙門《びさもむ》は、命蓮《れん》ひじりの行《おこな》ひ出《い》でたてまつりたる所《ところ》なり。

と結び、はじめと呼応する、聖の感得した本尊の霊験として構成される。それは、ほとんど感染呪術と言ってよいような、霊験をふるった聖の身に付けた衣から、それを納めた倉の木端にまで験《げん》が及び、その木の端で作った毘沙門像を護りとして、福徳がつくことを求める人々の欲望に応えるという、いかにも庶民信仰の世界の福神である毘沙門天の縁起だった。

そうした民俗的な世界の表象は、『信貴山縁起』絵巻のなかに確かに織り込まれている。尼君の巻で、聖の行方を尋ねる尼君が訪《おとな》う家の前には、道祖神《サヘノカミ》が描かれる。老樹の下に小祠《ほこら》と丸石神が祀られ、訪われる翁の家の角には石神《しゃくじん》（金精様）が立てられて、それは陰陽の対偶神として平安京の辻に祀られていた様相を写しだしている。それらを背にした尼君と翁とは、まるで陰陽の化身のようである。説話のテクストが語る以上に、絵巻には、信貴山

の公的な縁起とは別次元の、神話的な始源の層がイメージとしてあえて表象されているようだ。やがて、この尼君が赴く先は、東大寺大仏であった。

道祖神に表象される、仏法にとっては底下の、しかし決して無視できない基層を支える民俗的世界（説話のことばを借りれば「さる無仏世界のやうなる所」）を通りぬけて、尼君は大仏の御前に推参する。ここでも絵巻は、詞書には語られない、女人結界の大仏殿の扉口からその裡《うち》に入りこんで祈り夢想を蒙る尼君の行動を描きあらわしている（総説Iの図1）。通夜のうちに得た大仏の霊告に示された紫雲立つ信貴山を目ざし、歩み登る尼君は「命蓮小院」と再会を果たし、携えてきた「たい」の授与、そして二人で山寺に同居して修行する姿が描かれ、最後に倉の屋根が示されて、その中に納められた「たい」の霊験が暗示されるところで絵巻は幕を閉じる。

大仏殿の圧倒的な巨大さと、その扉を大きく開け放って正面に金色に輝く大仏の円満な偉容のもとで、祈る尼君はいかにも小さい。しかし大仏は、その切なる働きかけ、訴えを容れ、包みこむような慈悲の相としてあらわされる。その場面の構図は、明らかに盧遮那大仏が蓮華蔵世界そのものの法身仏として仏法世界像の中心であることを示象ると同時に、民俗神話次元の世界から到来した卑小な人間の願望に応《こた》え、導いてくれる存在でもあることをイメージであった。『信貴山縁起』絵巻のコスモロジーは、そのように、決して一元的ではない聖俗の融通する交感に満ちた、深い奥行きをもつ世界なのである。(1)

変身する女人の絵巻

縁起絵巻が開示してみせる中世日本の世界像は、境界を越えて世界を往還し変容する、ダイナミックな運動をみせるものでもあった。高山寺の明恵による『華厳縁起』絵巻がその典型である。とりわけ義湘絵の白眉、新羅の入唐求法僧義湘を慕う善妙が海にその身を投じ、たちまち大龍に変ずる場面こそは、絵巻でなければ実現し得なかった、越境と変身の物語の視覚化といえよう。しかも、この水界に身を投げる女人が異類へと変貌を遂げる絵ものがたりの伝承は、『華厳縁起』だけではない。もうひとつ、『法華験記』の説話（「紀伊国牟婁郡悪女」）にもとづく道成寺説話による『道成寺縁起』絵巻がその主題とするところであった。熊野へ赴く修行僧に恋慕し、欺かれたことを知って追いかけ、ついに日高川に身を投げて大蛇に変身し、鐘に隠れた僧を焼き殺してしまう畏《おそ》るべき女人として、ふたたび絵巻の上にあらわれることになる。

鎌倉初期に、洛北高山寺の明恵による仏法修行の理想を象った絵巻と、室町後期に紀州道成寺で勧進唱導のため（今も道成寺ではこの絵巻の写しを用いて絵解きが行われている）に制作された絵巻とは、時代も場所《トポス》も互いに大きな懸隔がある。しかし、ともに「縁起」絵巻として、画中詞を多く交えた中世〝絵ものがたり〟の典型であり、僧への恋慕を機縁とした女人の、水界に臨んでの龍蛇への変身という物語イメージを共有しているのである。(2)

読経の声と遊女

絵解きという、絵ものがたりのナレーションの語りの声に限らず、中世の宗教空間をめぐる環境は、第一章に示したように豊かな音声《おんじょう》に満ちていた。梵音《ぼんおん》や伽陀《かだ》など、法会のなかで唱えられる声明がその主役であるが、それらの基調をなすのは経典の読誦、いわゆる読経の声であった。道明阿闍梨が和泉式部と一夜を過ごした暁の、清浄ならざる法華読経のめでたき声を、ただ五条道祖神のみが参って聴聞できたことを感謝した、という『宇治拾遺物語』冒頭話は、その功徳を逆説的に語る皮肉な伝承である。一方で、これも法華持経者として〝能読〟の後白河法皇が選んだ『梁塵秘抄』に収められる今様のなかには、遊女《あそび》たちが互いに能読の持経者である山の聖《ヒジリ》に扮して名のり、彼らを真似てからかうような、法華読経と勤行の声をうたう歌謡がいくつも見える。(3) 法華経は、そのテクスト自体が自らを熱烈に讃える個性あふれる聖典だが、その聖なるテクストの読誦の声とそれを担う聖《ヒジリ》に戯れかかる女たちもまた、逆縁ながら結縁してその功徳を蒙る（十羅刹女のごとき）存在である。ひいては霊告を得て生身の普賢を拝すべく神崎の遊君の長者の許へ赴く六根清浄の持経聖性空が目を閉じながら見あらわしたように、遊女その

ものが菩薩の化身でもあったのだった。(4)

絵巻においても、遊女たちは物語の主人公となって立ちはたらく。室町初期の白描物語絵『藤の衣物語』(仮題)では、遊女の長者の娘が都の貴公子と契りを結び、姫をもうけながらはかなく往生を遂げる。(5)絵巻の全貌はいまだ知られないが、その太政大臣家の養君となり、やがて入内し、国母にまで至る落胤をめぐって更に遁世修行の流離や仏神の霊験が展開する、壮大な中世王朝物語をなしていたことが察せられる。その物語の発端に響いているのもまた、遊女の声わざなのであった。

越境する童子と女人

『信貴山縁起』絵巻で活躍した護法童子の霊験のような童子のはたらきは、第二章に説いたように更により広い縁起の領域で発揮されている。たとえば『粉河寺縁起』絵巻では、後白河院も信仰した粉河の生身千手観音の顕現にあたって、その化身である童男《どうなん》行者が、猟師大伴孔自古《くじこ》の殺生のなりわいから観音の出現と感得へと導き、仏道にいざなう役割を果たしている。(6)

あるいは、後白河院の蓮華王院宝蔵に収集された絵巻のひとつとして「宝蔵絵詞」と呼ばれた『切部絵』(後半の詞書のみを貞成親王が写したテクストが伝わる)は、修行僧に仕える護法童子が腹立ちして僧を殺してしまい、熊野権現に片足を切られて山中に追放され、熊野詣の人々の福幸《ふくさいわい》を奪う荒ぶる神と化す。それが、稲荷山の阿古町《あこまち》の敬愛《きょうあい》と契約により切目《きりめ》王子として道中の守護神となるという、熊野参詣の還向作法の縁起物語であった。(7)

女人の変身や童子の逸脱など、縁起絵巻はさまざまな位相の越境に満ちているが、それは物語絵になると、いっそう複雑で目まぐるしい越境の様相を呈するに至る。むしろ、絵ものがたりとしての創造が、物語の主人公となるものの越境をうながすかのごとくである。それは、第三章で扱ったように、主役となる男女の性の境界や役割《ジェンダー》分担を超えさせたり、交換したりする趣向に顕著にあらわれる。平安の王朝物語のなかから生まれた『とりかへばや』はその先駆けとなったものだが、残念ながら物語絵は残されていない。ただ、その主人公兄妹の本来の身体的性からの乖離が天狗の祟りであると説明されていることは注意しておいてよいであろう。また、性の転倒や変装、いわゆる異性装は、中世日本の持者《じしゃ》などの巫覡《ふげき》にみることのできるシャーマンの特性であり、憑依や託宣など宗教的な環境が基盤にあることも承知したい。そのうえで、異性装による主人公の性の越境を主題とする物語絵巻が、室町時代に白描小絵として相次いで生みだされた。

ひとつは、男に化けて新参の蔵人《くろうど》として帝に仕えた地下《ぢげ》階級の娘が、帝の寵愛を蒙って子までなしてしまう『新《しん》蔵人《くろうど》物語』絵巻、[8] もうひとつは、女房に変装して今参《いままい》りの女房となって恋する大臣家の姫君に仕えた叡山の児《ちご》が思いを遂げ、しかも姫を身籠らせてしまう『児今参《ちごいままいり》物語』絵巻である。こちらには彩色絵巻も伝わるが、両者の白描小絵巻に共通するのは、いずれも豊かな画中詞とそれに対応する本文を有し、それが絵ものがたりとしての有機的で多声的《ポリフォニック》な交響の成就によく貢献している点である。画中詞は、主人公だけでなく絵にあらわされる全ての登場人物たちの饒舌な台詞《せりふ》に満ちていて、それが物語を生かすのに欠かせないはたらきの一部を成す遊戯《あそび》でもあった。『源氏物語』をはじめとする古典を享受し再生産する宮廷女房たちの手により、王朝物語を基盤としながら、そこに寺院を舞台とする児《ちご》物語の世界を複合させた、あたらしい趣向の物語世界が、異性装による越境を視覚化する絵巻のフォーマットのうえに実現されたのである。

とりわけ『児今参』では、その後半に大きな冒険が用意されている。すなわち、懐妊した姫に思いをのこしながらいったん叡山に帰った児が、座主にもてなされる宴《うたげ》の最中、天狗に攫《さら》われてしまう。児の失踪を知った姫は邸を出奔し、山中に迷いさすらううち、尼天狗に導かれて児と再会し、尼天狗の自己犠牲により二人とも帰還して大団円を迎える——そこに至るまでの一種の通過儀礼《イニシエーション》が、天狗の世界へのトリップなのである。

絵巻に賑《にぎ》やかに描きだされた天狗の宴会（それは叡山の座主の元での僧侶たちの遊宴と明らかに好一対をなしている）は、魔界ともいえる、仏法の聖なる世界を反転させた〝反仏法〟の領域である。その異類たちが挑梁する世界は、物語のなかに中世の宗教的世界像を尋ねようとするとき、欠くことのできない領域であった。この天狗の世界もまた、すぐれて絵巻が表現するところである。

天狗絵巻の描く仏法世界

曼殊院本の『是害房絵』をはじめとする、天狗を主人公とする一連の戯画絵巻は、『今昔物語集』や『真言伝』に収められた、古くから伝承される天狗説話の絵巻化であった。大唐の天狗是害房が、日本の天狗日羅房に案内され、叡山に登って僧に障りをなし仏法を妨げようと企てるが、次々と出会う高僧たちに近付くこともできず、法の威力に逃げまどい、ついには護法童子に見つかり散々に打ちこらされ、腰を踏み折られてしまう。仲間の天狗たちに歌い囃《はや》されながら賀茂河原に設けた湯屋で療治したあと、日本ほど畏《おそろ》しいところはないと退散した滑稽な纏末が、画中詞を含む遊びに満ちた趣向のヲコ絵として展開される。それはしかし、反語的な日本仏教世界の讃美であった。曼殊院本絵巻の詞書末尾には、日本の諸寺諸山の霊験所や祖師の遺徳を列挙するくだりが加えられ、それらはさながら天狗による縁起語りの讃嘆とも読めるのである。

更に、中世仏教の世界像を、天狗という視点から全体にわたって映《うつ》し出そうとする絵巻が創りだされた。第十二章で取りあげた、永仁四年（一二九六）成立の『七天狗絵』である。興福・東大・薗城・延暦の南都北嶺の四箇大寺に真言（真言）を加えた顕密諸宗に、山臥（修験）と遁世（禅・律）を加えた七類で中世仏教世界を代表させ、これらの僧徒がみな嬌慢のために天狗と化したその理由が、彼らのそれぞれ主張する自宗と我寺の縁起説による優越の言挙げなのである。詞書だけでなく、絵のうえでも諸寺の天狗—魔界化の表象は端的であった。はじめに挙げた『信貴山縁起』と比較すると、東大寺についてみれば、もはや大仏殿は描かれず、律僧たちの活動の拠点となった戒壇院での受戒儀式の周辺で遊び戯れる童子たちの姿があらわされるのみで、かつての壮麗な大仏の世界像は全く捨象されてしまう。興福寺においても、国家仏教上の存在意義を担う維摩会は描くのだが、会場へ向かう講師の行列をあらわすのみで、むしろ中心は集まった衆徒の蜂起であり、維摩会の延年の白拍子舞に興ずる大衆をあらわして、彼らがこぞって天狗化した有様として示すのである。

『七天狗絵』で、眼前の天狗として指弾される標的となったのが、一遍と自然居士であった。後半の物語的な展開のなかで、諸寺諸宗にはびこった天狗たちがいよいよ日本を悉く魔界化するための最終兵器が、一遍の踊り念仏と自然居士の放下芸なのだった。その企てが大成功した有様は、踊り念仏と放下芸に貴賤の見物が群集するところ、その周囲で一遍と時衆の僧尼の乱りがわしい行儀をあからさまに描くことと併せて、露骨なまでに彼らの天狗ぶりを強調してみせる。ササラを摺りながら恋の小歌をうたい踊る自然居士の姿には、そこまでの悪意は籠められていないようだが、それでも能説の説経師が放下の芸能を尽くして、人商人から少女を救いだす観阿弥作の能『自然居士』のヒーローとしての活躍と較べれば、全く対照的なまなざしの許に描かれているのを諒解できよう。これらを総じて、『七天狗絵』の絵巻としての戦略は、当時の仏法世界を、表の側からではなく、芸能や祭礼あるいは僉議や蜂起など紛争闘諍に及ぶ陰の側面、また遊戯や興宴の逸脱したありさまを、画中詞に彼らの放つ声や歌までも再現し、その熱狂すらも冷徹に描写することで、それが全く魔の所業と境涯であることを示そうとしたといえよう。その意図は、たしかに絵巻として作られることではじめて実現するたぐいのことなのである。

宗教テクストとしての対話様式

この『七天狗絵』と相前後して成立した『野守鏡』は、その著作の目的であり批判の標的であった京極為兼の歌風を難ずる文脈のなかで、一遍の踊り念仏を引合いに出して直接に一遍へ疑難を投げかけたという。こうして『野守鏡』は、単なる歌論の枠に収まらず、この時代に持明院統王権に深く喰い込み権勢をふるった為兼を攻撃する、きわどい政治的メッセージを発信する。それと同時に、良忍から始まる天台の大原声明の正統を自認し、後半では禅と念仏の誤りを列挙してその非を主張する、宗論のテクストでもある。何よりこのテクストの仮構の枠組は、ある入道が西国から播州書写山に参詣し、観音霊場の如意輪堂で出会った僧と問答し、その説き語ることを聴き書きとめたという、対話様式の方法によって創り出された一篇の通夜物語として成り立っている。

こうした対話様式のテクストは、『大鏡』以来の「鏡物」と呼ばれる歴史物語など古典文学作品と認められている範囲に収まらず、およそ中世の各領域にわたって生みだされた。そのなかには、『宝物集』のように、説話集とも和歌集ともいえる多面的な位相を示す、しかもその聴き手かつ書き手として平康頼という実在する、物語上でも著名な人物を登場させるという、手のこんだ仮構を巧むものがあり、大きな影響を及ぼしたが、一方でそれは、諸宗の仏法の唱導に活用される宗教テクストなのであった。そして、空海『三教指帰』が示すごとく、宗教テクストの領域こそは、対話様式の根ざすところであり、また中世に最も活発に展開し繁茂する場なのである。第六章に論じたように、このような対話様式テクストの展開の様相と、それらが対象化する領域や問題を見わたしてみれば、その〝鏡〟に映しだされるのは、まさに中世日本の知の世界像と言ってよいだろう。

対話様式による〝鏡〟が映しだす世界像とはまた、『野守鏡』のように、分裂し対立を深める時代の状況に臨んで、そこに投機すべく、強いうながしによって創りだされたメッセージに彩られている。『七天狗絵』との密接な連関を想起すれば、『野守鏡』の攻撃的《アグレッシヴ》なまでの批判への志向は、この絵巻が体現する同時代への諷刺を企てる批評精神と明らかに呼応するものである。

慈円の天狗観と批判

再び天狗に戻ろう。絵巻に写し出される中世の世界像の大きな特色でもある、魔界とその眷属である天狗の存在を認識し、その世界と交渉することは、中世の知の領域を担い、とりわけ宗教を司る立場にあっては重要なつとめであった。そうした役割を意識して果たし、自ら記述した担い手の一人が、天台座主慈円であった。

慈円が著者としての己の名を匿し、第三者として登場させている歴史叙述『愚管抄』は、後白河院が没した後、院に仕えた源仲国とその妻が、その霊託と称して様々な要求を言い立てたのを、「慈円僧正」が後鳥羽院に進言し、狂言と断じて追放に処した事件に言及する。慈円はそこで、彼らの振舞を狐や天狗に憑かれたために過ぎないと、流罪を止め近くの寺に押しこめ、禍根を残さず終息したという。これに続いて、後白河院が身分の低い人々と親しく交わり、猿楽《サルゴウ》の狂い者や神子（巫覡）、銅《アカガネ》細工など、民間の宗教芸能者や職能者たちに取り巻かれていた様子を述べ、院が彼らの芸能に興じ、時にそのはたらきを利用することもあった姿を、辛辣な筆致で記している。そこに言及こそないが、彼ら芸能者のなかには、当然、『梁塵秘抄』の基盤となった今様雑芸を介した遊女《あそび》や傀儡子《くぐつ》たちも含まれていたであろう。当時の絵巻制作と収集の一大中心であった後白河院の文化圏を、慈円はそのように突き放して評価している。

その記事に続いて、『愚管抄』は、当時の社会に大きな影響を及ぼした法然の主唱する専修念仏の流行と、そのなかで起きた安楽・住蓮らによる醜聞事件によって法然が配流されたことに触れる。そして、これを順魔と逆魔という、反仏法としての魔のはたらきの対照的なあらわれととらえ、法然を順魔、つまり一見仏法に順うように振舞いながら、仏法を滅そうとする魔の類いと判ずる。それゆえに、法然の臨終は世間に往生と喧伝しながら、その瑞相も見えず、弟子たちが急ぎ葬送して取りつくろったと、これも冷めたまなざしで評している。これらの、『愚管抄』における互いに連関した文脈での魔と天狗に対する認識は、慈円の拠って立ち、また彼がその理論的支柱となって保とうとした、九条摂関家の政治的立場と天台座主としての宗教上の権威からもたらされたものであろう。

天狗との対話が写しだすもの

九条家こそ天皇の政《まつりごと》を輔佐する摂籙のつとめを担う嫡流であるというのが、慈円の一貫した立場であった。彼が支えるべき対象は、兄の兼実を継承した良経からその子道家へと移ったが、その道家の兄であった慶政上人もまた、宗教的に九条家を支える役割を果たした。(9) その一端が延応元年（一二三九）、隠岐に配流されていた後鳥羽院の死が報ぜられたあとで道家が病み、彼に憑いた天狗をよりましの女房を介して慶政が尋問した記録である『比良山古人霊託』に示されている。慶政はそこで、「比良山古人」と名のる天狗に向かい、道家に取りついた「本躰霊気」の正躰を探りだし、誰が死後に魔界に堕して天狗となり、世を乱したかを問い質す。皮肉なことに、天狗の返答では慈円大僧正もまた「威勢多キ人」として天狗の主領の一人とされてしまうのである。

更に、慈円ばかりか、彼にとって後継者となるべき血縁の弟子が魔界に堕ち天狗となったと伝えられる。兄九条兼実の子、良尋は、幼少より慈円の許に入室し、その教えを受け、僧となっては秘伝聖教を授かり、無動寺や楞厳三昧院の管領など要職を譲られていたが、何故か不和となり、建仁二年（一二〇二）七月に青蓮院を出奔し逐電した。そのまま大峯の山臥となり、建永二年（一二〇七）十月に「大峯岩屋」で入滅したとも、生きながら天狗となったとも伝えられる（『華頂要略』）。この愛弟子との破局とその破滅は、むろん慈円その人に深い悔恨を残した。後に彼は良尋のために五悔講を営み、その式文を自ら草しているが、表白のなかで、この離別を宿業の悪縁と言い、良尋が「大峯生巌（笙の巌《いわや》）」に難行苦行し、ついにそのまま下泉したことを述べ、そして誰もその後生を弔わなければ、悪念を発《おこ》して「魔界」に入るであろう、と危ぶむ。その救済のため、彼の「妄執之綱」を断つべく追福を修す、と述べている（『門葉記』九十六　勤行七）。ここに、弟子の亡魂が堕し、とらわれているとする「妄執の綱《つな》」とは、そのまま慈円自身を纏縛する思いであったろう。[10]

歴史叙述に投映された慈円の世界認識は、より高次な祈禱修法の場として構想された大懺法院の『起請』や、その本尊の曼荼羅を解釈し、そのなかに自らの生涯を意義づける『本尊縁起』などに理念化されつつ記しづけられる。その理想は、実朝の横死により道家の子三寅《みとら》が将軍として下向し、仲恭天皇の即位によって道家が摂政となることで、「文武兼行の摂籙臣」の実現として完成したかに見えた。しかしその直後、後鳥羽院の惹きおこした承久の乱の敗北により、全て潰え去ってしまったのである。この挫折により慈円の蒙った打撃と失意は想像を絶するものがある。生涯の暮方に直面したこの事態を、彼はいかに受けとめたか。乱後に営まれたのは二十五三昧であり、翌承久四年（一二二二）三月に自ら草した式文が、第八章に紹介した『六道釈』であった。そこには慈円が眼前にした乱逆をはじめ、世の闘諍をさながら六道の苦患と認識し、救済を願う祈りで全篇が満たされる。修羅道のみならず、三悪道から人・天にわたる苦悩が悉く現世の争乱によって観ぜられた諸相として顕わされた。この宗教テクストが体現する卓抜な発想は、やがて『平家物語』終幕の「灌頂巻」において、平家滅亡の後に一人生き残った建礼門院が大原に遁世籠居するところを訪れた後白河院に向かい、自らの嘗めた運命を生きながら六道を経めぐったと譬える「六道の沙汰」に明らかに共通し、発想の種子として、その宗教的根拠を支えるテクストとなったであろう。

天神縁起絵巻と六道絵

物語芸能ばかりではない、六道のヴィジョンを介して慈円は縁起絵巻の創造にも関与していた可能性がある。すなわち、総説Ⅰに言及した承久本『北野天神縁起』絵巻（北野聖廟絵）成立の問題である。その後半、『日蔵夢記』に拠り、日蔵が笙岩屋から冥界を巡るところで、承久本はそれ以降をただの六道絵として絵巻全体を終わらせる。その点で、これは未完の縁起絵巻である。従来から指摘されているように、もし慈円および九条道家がその発願者――制作主体であるならば、必ずや承久の乱と、それに伴う大変動――つまり後鳥羽院らの流罪や自身の没落――を反映させずにはおかなかったであろう。

もうひとつの天神縁起絵巻、東国伊豆の走湯山に伝来したメトロポリタン美術館本は、『日蔵夢記』に忠実に、その冥界巡歴の世界をあらわす。(11) その果てに、鉄窟苦処で延喜帝が業火に焼かれ、無実の菅公を罪に処した報いの苦患と告げて、その救済を望むところは、天神縁起のなかで最も強烈なインパクトを放つ場面である（総説Ⅰの図9）。それは、天皇でさえも遁れることのできない因果応報の運命を端的に示すメッセージに満ちたくだりである。それはまた、承久の乱に六道のありさまを眼のあたりにして『六道釈』を草した慈円にとって、とうてい描かせるに忍びない、もはや禁忌といってよい場面であったろう。既に院は現身《うつしみ》ながら修羅道に堕ち、その責めに遭っているのである。そのような文脈からすれば、承久本天神縁起の六道絵には、ひそかに『六道釈』の祈りが籠められていたのかもしれない。

さきに述べた魔界に堕ちた慈円の弟子良尋が生を終えた大峯の笙の巌《いわや》とは、大峯斗擻最大の霊地であり、行尊が「もらぬ岩屋」と詠み、西行がそれを逐って修行した秘所であるが、何より、日蔵がここに頓滅し、魂を冥途に巡らせた場所であった。もし、慈円があの承久本『北野天神縁起』絵巻に関与したのだとすれば、そこに描かれる日蔵の笙の岩屋の場面とは、彼にとっては紛れもなく、ここで天狗と化しそのまま魔界に堕したかと惧《おそ》れる良尋の終焉の地に重ねられよう。そこから日蔵の魂魄は執金剛神に載かれて冥途に赴くが、その先をあえて六道絵とした、その六道に託した祈りには、六道のうえに重ねられた魔界への廻向も秘められていたのではないか。

鎌倉時代のはじめに、『北野天神縁起』が承久本という未完の大作を通して切り拓《ひら》いた縁起絵巻の世界は、以降、中世を通じて大きな展開を遂げることになった。[12] なにより、寺社縁起というテクストそのものが中世の所産と言ってよい。その図像化としての縁起絵巻も、縁起の包蔵するテクスト諸位相の複合的な発展として、縁起テクスト生成の運動の先に生みだされたものである。それはまさに、中世的な世界像のテクスト化そのものといえるだろう。

天神縁起による中世縁起の生成

中世縁起の形成は、平安時代中期（十一世紀初頭）に、難波四天王寺と高野山金剛峯寺において、それぞれ本願の聖徳太子と開創の弘法大師による「御手印」を捺した〝自筆〟の縁起が出現したところから始まると言ってよい。[13] 既に太子聖霊や入定大師という偉大な尊格を獲得していた本願や祖師に擬らされた「手印」の身体的な物質性を濃厚に帯びた縁起テクストの神聖な権威を根拠に、寺領支配の正統性を主張し、伽藍の再興や組織の拡大を追求する運動が生起した。それらが中世を通じて効力をもち、継承していった現象の先に、縁起絵巻というあたらしいメディアが誕生したのである。それは、天神というあらたな神格を創成し、その祭祀と共に立ちあげるための、絵巻というテクストの、厖大な変奏をともなう運動なのであった。

天神縁起は、中世後期には御伽草子化した『天神の本地』に至る、中世の本地物語を生みだす源泉として変奏しつつはたらき続ける。南北朝時代の本地物語と神道説の集成、安居院『神道集』巻第九に「北野天神事」として、その多様に発展した変奏のうち最も説話的に饒舌な安楽寺本系統の本文が収められることが(14)、その運動の赴くところをよく示している。付け加えれば、『神道集』の本地物語縁起説は、巻二「熊野権現事」の、天竺摩訶陀国王の后五衰殿の受難からあらたな神が生まれる、熊野の本地物語から始められるのである。民衆のための唱導教化の物語—語り物や絵解きという芸能化した媒体《メディア》として本地物語は生成したのであるが、天神縁起とその絵巻化の多彩な変奏も、その地平を共有していたと思われる。

天神縁起に典型を見いだす、中世的な縁起の成立と展開の運動は、第十章に扱った元興寺や長谷寺においても、同様に認めることができる。ただし、元興寺の場合は、平安末期に元興寺金堂本尊について説かれていた仏法の三国伝来を語る縁起説が、鎌倉時代には興福寺中金堂本尊の眉間珠の縁起伝承として語られ（また、志度寺縁起として讃岐の霊場寺院の縁起絵となり、絵解きにより唱導される）、「面向不背珠《めんこうふはいのたま》」の海人《あま》による龍宮からの珠取り物語として、やがて能『海人』や幸若舞曲『大職冠』などの芸能を通してあまねく知られるようになる(15)。いわば、寺の衰退と共に有力な隣りあう大寺に奪われてしまい、自らの中世縁起を持つことはなかった。

一方、長谷寺においては、中世に注目すべき重要な縁起が誕生した。菅原道真（菅公）にその作者を仮託した『長谷寺縁起文』である。これは、寛平八年（八九六）に道真が長谷寺の「旧記」により「勘出」したとする「流記」を兼ねた縁起とするが、同じく道真により本地垂迹説にもとづく長谷寺の神祇の世界を勘奏するかたちの『長谷寺密奏記』と一具として、寺家を経て宇多天皇に奏上される公文書の体裁をとった縁起である(16)。

既に伴信友が、その菅公撰述の虚構であることを明らかにした『長谷寺縁起文』の成立に関しては、『密奏記』を含めたその内容が、鎌倉時代中期までには成立していた説話唱導テクストである『長谷寺験記』に踏まえられ、前提となっていることから、それ以前、十三世紀初頭に遡るものと考えられる。何より『縁起文』の中世縁起としての独自な特質は、その中核的思想として、二神約諸神話が縁起の叙述をつくりあげていることであろう。すなわち、皇祖神としての天照大神（伊勢神宮）と輔佐臣の祖天児屋根命（春日社）との神代以来の盟約を、天皇の政《まつりごと》を藤原氏の大臣（摂籙）が担う役割の根拠とする、摂関家による国家体制の正統性を神話により説明する中世王権神話である。(17)『縁起文』はこれを、霊木に祈る徳道聖人が、藤原摂関家の祖である房前と邂逅して説くという形で、彼にその使命を自覚させる。興味深いのは、聖人がまず〝第六天魔王〟神話から説き始めることである。それは、国土開闢の際に、天照大神が魔王に日本を乞い受けて領土とすることを得て、代りに伊勢においては仏法を忌避するという契約をした、という中世仏教神話である。(18)これら二つの、始源の時における神々の契約の神話を『縁起文』はひとつの文脈に結びつけて、摂関家の祖、房前大臣が、聖武天皇の御願を受けて天照の本地でもある長谷寺の本尊十一面観音を造立した、というあらたな神話叙述に展開させるのである。長谷寺が平安時代中期から、春日社と一体であった南都興福寺の末寺となったことを踏まえれば自然なことであるが、『縁起文』が、この二つの中世神話の流布と享受融合のうえに成立した宗教テクストであり、かつ、そのテクストを蔵王権現の影向の夢想を得て撰したのが菅原道真であるとすることに、あらためて注目したい。その、神話の媒介者としての役割は、明らかに菅公が十一面観音の垂迹とする天神信仰の影響下に設定されており、長谷寺にも与喜山天神として地主神とは別に鎮守の客人神《まろうど》が中世には勧請されていたのである。(19)

慈円と二神約諸神話

中世社会において、その二神約諸神話を歴史思想上の主題として提起する上で大きな役割を果たしたのもまた慈円であった。『愚管抄』は、二神約諸神話にもとづく摂籙家の使命と責務を唱え、それが彼の「道理」に立脚する歴史観の基盤を成している。その上で慈円は、観音有縁の本朝において、観音垂迹の権者として国を治め、仏法を興隆する、「真俗二諦」を体現する存在が、聖徳太子であり、慈恵大師であり、そして菅原道真なのであり、彼らがこぞって神話に根ざす体制を支えたと主張する。その認識のもとで天神として化現する菅公は、決して摂関家と対立する存在ではなく、むしろその正統性を支え、守護するものとなる。『北野天神縁起』もまた、この論理と認識を共有するが、このような慈円の構築した思想体系を介して『長谷寺縁起文』を読むとき、その菅公を媒介者とした中世神話の結合によるヴィジョンは、彼による二神約諾神話のうえに構築した宗教的思惟による歴史像と同調するものであることが察せられるのである。

この『長谷寺縁起文』も、やがて絵巻化され、中世縁起絵巻の世界の一環を成すことになった。その詞書は、ほぼ『縁起文』を仮名化したものだが、末尾に聖武天皇による長谷寺御幸の盛儀を加え、それとともに長谷寺の全景を長大な画面にあらわして参詣図をもって結ぶ。徳川美術館に鎌倉時代後期制作の上巻が伝来しており、十四世紀初めには成立していただろう。鎌倉後期には、前述した天神縁起絵巻についても、北野社で制作された、いわゆる弘安本だけでなく、永仁六年（一二九八）の播磨の津田天神社本や、応長元年（一三一一）の周防の松崎天神社本、元応元年（一三一九）の鎌倉荏柄天神社本など、各地方の天神社において本格的な天神縁起絵巻の制作が次々と行われるようになっていた。

神国日本を支える寺社縁起絵巻

日本の各地において寺社縁起とその絵巻が簇生する時代とは、モンゴル帝国の二度にわたる侵攻という未曽有のインパクトが日本社会を直撃した、その余塵いまだ収まらぬ時期である。あらゆる領域に及んだその影響は、とりわけ寺社と神仏の世界に大きな変化をもたらした。それを縁起の面でみれば、蒙古の脅威に直面し対抗した宗廟であり「護国霊験」の神である八幡大菩薩の神威を、応神天皇の母神である神功皇后神話の再生というかたちで、あらたな中世神話(20)として『八幡愚童訓』の編纂が始められた。また、それを元にした『八幡縁起』絵巻が制作され、元亨二年（一三二二）の出光美術館本によって知られるように、鎌倉末期には既に畿内各地の八幡別宮において写され流布するようになっていた[21]。以降、室町時代には、豊後大分の由原八幡宮本のような土佐派による優作を除けば、現存する絵巻の多くは、素朴で粗笨な民衆的ともいえる画風で大量に全国各地の八幡宮で作られた遺品である。むしろ、その流布と制作書写に在地の人々が費した厖大なエネルギーに思いを致すべきだろう。そのなかで特筆すべき中世八幡縁起絵巻の頂点に立つのが、永享五年（一四三三）に将軍足利義教が河内の応神天皇陵に祀られる誉田八幡宮に奉納した絹本絵巻、『神功皇后縁起』と『誉田宗廟縁起』の一具であろう[22]。これら中世における八幡縁起絵巻の、全国的な八幡宮ネットワークというべき広がりのなかで流布し写された大量の絵巻諸本のうえに、将軍による豪華な記念碑的大作が君臨するという構図は、序章および総説に取り上げた融通念仏縁起絵巻における、良鎮勧進本絵巻群とその到達点としての清凉寺本縁起絵巻のありようを想起させるものである。

中世における寺社縁起絵巻の形成と再生産の目ざましい活動は、室町時代に及び、応仁の乱の混乱をへた室町後期、十六世紀まで更に展開し続けた。その一端に、序章に取りあげた『融通大念仏亀鐘縁起』絵巻も生みだされたのである。いま、この時期の典型をひとつ挙げるなら、『当麻寺縁起』絵巻が注目される。本尊当麻曼荼羅の原本に代るべく、後柏原天皇の宮廷も関与して制作された文亀本当麻曼荼羅の完成に伴い、勧進聖祐全が企てたあらたな当麻寺縁起が、享禄本『当麻寺縁起』絵巻三巻であった[23]。それは、鎌倉時代の大作『当麻曼荼羅縁起』絵巻とは大きく異なり、上巻に古代の当麻寺創建縁起を壬申の乱の戦いも交えてあらわし、中巻には本願の横佩大臣の娘の物語が継子「中将姫」の受難の物語として大きく展開されている。それは中世の本地物語、たとえば伊豆・筥根二所権現の本地物語として鎌倉末期には『箱根権現縁起』絵巻（箱根神社蔵）ともなり、『神道集』巻二「二所権現事」にも収められた中世東国の縁起[24]とも共通した、女主人公の受難と救済の物語であった。室町初期に東国で活動した浄土宗僧による曼荼羅談義の唱導に説かれた、本願の姫の因縁物語は、三条西実隆により詞書として草案され、貴族の寄合書で詞書になり、土佐光茂により絵巻化された。この絵巻が源となり、そこからやがて『中将姫』の物語が御伽草子絵巻や絵本として生みだされ、流布していくことになる。また、この絵巻に描かれた中将姫の隠れ住み、父大臣とめぐり逢う「雲雀山」は、能の「雲雀山」の舞台ともなって、芸能化もされることになる。総説Ⅰで取りあげた、中世日本の世界像を代表する象徴的な本尊図像である当麻曼荼羅の世界は、このように中世を通じて縁起絵巻を介して変奏しつつ、豊かな創造を生みだしていったのである。

もうひとつの霊場世界像――参詣曼荼羅

こうして中世縁起絵巻の創造が最後の実りの季節を迎えていた頃、その運動の舞台となった寺社霊場では、それらの世界を象る、もうひとつの世界像をあらわす宗教図像が生まれていた。参詣曼荼羅と呼ばれる、掛幅により寺社霊場の空間を周囲の山川河海も含めた景観ごとあらわす図画である。それは第九章に論じた宮曼荼羅のような、御正躰図像と社頭図像の体系構造をもたない、しかし明らかに宮曼荼羅に根ざして中世に展開した宗教図像である。何よりその大きな特徴は、その境内や霊場に至る道の至るところで無数の参詣者（道者・巡礼者）たちがあらわされ、そこで活動する宗教者や種々の芸能者たちと共に、生きいきと立ちはたらいていることである。そのことで、参詣曼荼羅は、静まりかえった宮曼荼羅の社頭の〈聖なる空間〉とは対照的に、喧騒に満ちた生気あふれる霊場を現出させている。

この参詣曼荼羅を代表するのが熊野那智参詣曼荼羅であり、最も多くの遺例を伝える。総説Ⅰに示したように、それは中世の熊野三山の宮曼荼羅における那智山部分が独立した形であり、更には『熊野本地物語』絵巻の末尾に付された熊野三山図（総説Ⅰの図10）のうちの那智山の構図を継承・拡大したものである。既に絵巻の三山図には数多《あまた》の道者たちが描きこまれている。それが重要なのは、ほかの何より、参詣曼荼羅が本地物語を主題とした縁起絵巻の文脈《コンテクスト》の延長上に展開した、唱導と勧進のための宗教図像テクストであることだろう。参詣曼荼羅については、その始発の相をあらわすと想定され、しかも現存諸作例の頂点に位置するモニュメンタルな作品として、狩野元信とその工房による「富士参詣曼荼羅」（富士浅間大社・十六世紀初）を逸することはできない。一幅のうちに、日月をその左右の虚空に配し、幾重にも層をなす雲霞の上に聳え立つ富士山の偉容が中心にあらわされ、それは「三国一ノ山」（『三国伝記』富士山事）にふさわしい、須弥山にも等しい宇宙軸としての聖なる山のヴィジョンである。輝いて荘厳な山嶽の頂きには本地の御正躰が顕わされ、この禅定を目ざして、数多の道者たちが諸国から参詣の路を辿り、垢離《こり》をかき、列をなして登拝するありさまが、頂上に達するまで克明微細にあらわされる（図1）。中世の伝承世界は、この富士山をめぐって、八葉の頂の裡にある地獄に聖徳太子の祖母にあたる赫奕《かぐや》姫は人間の恩愛の契りゆえに堕したと伝え（『正法輪蔵』太子九歳口伝）、また山麓では、鎌倉殿頼朝が催した巻狩に臨んだ曾我兄弟が仇を討ち御霊と祀られ、あるいは人穴に入って地獄巡りする物語が語り伝えられる。この曼荼羅世界もまた、

図1　『富士参詣曼荼羅』（富士浅間大社蔵）

浄土と冥界を兼ねそなえた霊地であり、曼荼羅はそのすぐれた表象であった。中世の世界像を映しだす最後の鏡というべき参詣曼荼羅も、縁起と物語の絵巻と離れたものでなく、むしろそこから生い育った果実なのである。

こうして幾許かの中世寺社縁起の絵巻化をめぐる現象の輪郭とその背景を素描してみた。そこから浮かび上がるのは、縁起というテクストが、それを作り発信する寺社の側でも、それを受けとめ支える国家王権の側でも、絵巻という形をとることにより、中世日本の世界を成り立たせるヴィジョンの焦点となるということであろう。縁起絵巻には、縁起という宗教テクストに籠められた神話的な思惟と宗教的な論理の結合や再構築——それは慈円において生涯にわたって営まれた〝知の格闘〟の所産でもある——により、奇蹟や霊験に満ちた幻想をいかにイメージし、表象するかという、巨大な難問が課せられていた。その意味で、今に伝わる中世縁起絵巻は全て、それぞれ自覚的に、神仏の加護の許での日本の国土とその世界観の諸位相を鏡のように映しだすテクストだといえよう。それらはどれも、その生い育ち、伝えられた社会の共同体から中世日本の世界像をまなざす遺産《レガシー》なのである。

注

序　章　はじまりのテクスト

（1）坂本亮太「荘官の家と説話――『国覓系図』の世界」『和歌山県立博物館研究紀要』一八、二〇一二年。『特別展　中世の村をあるく――紀美野町の歴史と文化』和歌山県立博物館、二〇一一年。
（2）赤松俊秀「藤原時代の天台浄土教と覚超」『続 鎌倉仏教の研究』平楽寺書店、一九六五年。
（3）田代尚光『融通念仏縁起之研究』名鏡社、一九四七年（増訂版、名著出版、一九六八年）。吉田友之「融通念仏縁起絵巻について――シカゴ、クリーブランド両美術館分蔵本の検討」『新修日本絵巻物全集　別巻1』角川書店、一九八〇年。
（4）阿部美香「『融通念仏縁起』のメッセージ――正和本絵巻成立の意義をめぐって」昭和女子大学女性文化研究所編『女性と情報』御茶の水書房、二〇一二年。同「中世メディアとしての融通念仏縁起絵巻」説話文学会編『説話から世界をどう解き明かすのか』笠間書院、二〇一三年。
（5）阿部泰郎「『融通大念仏亀鐘縁起』絵巻の創造と展開――中世後期宗教図像テクストの一考察」開宗九百年記念・大通上人三百回御遠忌奉修局編『融通念佛宗における信仰と教義の邂逅』法藏館、二〇一五年。
（6）阿部泰郎『中世日本の宗教テクスト体系』名古屋大学出版会、二〇一三年、序章（注2、3）参照。
（7）石母田正『中世的世界の形成』東京大学出版会、一九四六年（岩波文庫、一九八五年）。
（8）石母田正『平家物語』岩波書店（岩波新書）、一九五七年。
（9）伊藤正義「中世日本紀の輪郭――太平記における卜部兼員説をめぐって」『文学』四〇―一〇、一九七二年。
（10）伊藤論文の問題提起を受けて、思想史からあらためて人文学上の課題として「中世日本紀」を提示したのが桜井好朗『祭儀と注釈――中世における古代神話』（吉川弘文館、一九九三年）である。桜井氏は、これに先立ち、寺社縁起テクストにおいて中世世界の特質を問う研究として『神々の変貌――社寺縁起の世界から』（東京大学出版会、一九七六年。ちくま学芸文庫、二〇〇〇年）を発表している。
（11）網野善彦『蒙古襲来』（日本の歴史10）小学館、一九七四年（『網野善彦著作集』第五巻、岩波書店、二〇〇八年所収）。
（12）黒田俊雄『日本中世の国家と宗教』岩波書店、一九七五年（『黒田俊雄著作集第二巻　顕密体制論』法藏館、一九九五年）。
（13）上島享『日本中世社会の形成と王権』名古屋大学出版会、二〇一〇年。

(14) 本書において引用した各種のテクストのうち、特殊な稀覯文献を除いて、文学作品、歴史書等の出典については特に注記を付さなかった。これらは主に、日本古典文学大系、新日本古典文学大系、日本思想大系および岩波文庫（いずれも岩波書店）に拠り、一部は新潮日本古典集成（新潮社）、日本古典文学全集（小学館）および角川文庫、講談社学術文庫版を用いている。また、史料では国史大系（吉川弘文館）、正続群書類従（同刊行会）、校刊美術史料（中央公論美術出版）に拠った。仏典類は大正新修大蔵経（大蔵出版社）、大日本仏教全書（鈴木学術財団）に拠る。ただし、全般にわたり読みやすさを重んじて私に仮名や用字などの表記を改め、訓み（ルビ）を加えていることをお断りする。

総説I　中世日本の世界像

(1) 阿部泰郎「山に行う聖と女人――『信貴山縁起絵巻』の深層構造」『湯屋の皇后――中世の性と聖なるもの』名古屋大学出版会、一九九八年（初出一九九二年）。
(2) 佐藤道子『悔過会と芸能』法蔵館、二〇〇二年。
(3) 佐藤道子『東大寺　お水取り――春を待つ祈りと懺悔の法会』朝日選書、二〇〇九年。
(4) 阿部泰郎「修正会・修二会と儀礼テクスト」『中世日本の宗教テクスト体系』名古屋大学出版会、二〇一三年（初出二〇〇四年・二〇〇七年）。
(5) 阿部泰郎「海から来《きた》る仏《ほとけ》――古代・中世寺院縁起における仏法伝来伝承」カリフォルニア州立大学サンタバーバラ校国際研究集会「海からみた日本宗教」報告論文、二〇一六年。
(6) 黒田日出男『龍の棲む日本』岩波新書、二〇〇三年。ハーバード美術館蔵『日本并須弥諸天図』応永九年（一四〇二年）醍醐寺隆意写本一巻（「五つの仏教地図」として登録）は、行基日本図、天竺図、四大河図、四大洲図、須弥山図から構成されるように、行基図と五天竺図が須弥山世界の許に連続して布置された三国世界像が具象化されており、それが真言寺院の聖教の一環を成す宗教テクストとして継承されていた点が注目される。末木文美士「世界：日本の世界像」『日本思想史の射程』敬文舎、二〇一七年。
(7) 伊藤聡『中世天照大神信仰の研究』法蔵館、二〇一一年。
(8) 佐倉由泰「奥羽の豊かさを語るということ――陸奥五十四郡言説を起点として」『説話文学研究』四四、二〇〇九年。
(9) 『真宗史料集成　第四巻　専修寺・諸派』同朋社、一九八二年所収、満性寺本「聖法輪蔵」。
(10) 榊原史子『『四天王寺縁起』の研究――聖徳太子の縁起とその周辺』勉誠出版、二〇一三年。
(11) 国文学研究資料館編／阿部泰郎・山崎誠編集責任、真福寺善本叢刊第二期第五巻『聖徳太子伝集』臨川書店、二〇〇六年、総説および同書所収『仏法最初弘仁伝』解題参照。
(12) 牧野和夫『伝承文学資料集成第一輯　聖徳太子伝記』三弥井書店、一九九九年。

(13)太田昌子「法隆寺絵殿本「聖徳太子絵伝」の語りの構造――太子絵伝研究序説」『金沢美術工芸大学紀要』四二、一九九八年。阿部泰郎編『日本における宗教テクストの諸位相と統辞法』「テクスト布置の解釈学的研究と教育」第四回国際研究集会報告書、名古屋大学大学院文学研究科、二〇〇八年。
(14)阿部泰郎「中世聖徳太子絵伝におけるテクスト複合」『中世日本の宗教テクスト体系』前掲書(初出二〇〇九年)。
(15)牛山佳幸『善光寺の歴史と信仰』法蔵館、二〇一六年。
(16)上川通夫「奝然入宋の歴史的意義」『日本中世仏教形成史論』校倉書房、二〇〇七年(初出二〇〇三年)。
(17)奥健夫『清凉寺釈迦如来像』(日本の美術五一三)至文堂、二〇〇九年。
(18)小泉弘・山田昭全・小島孝之・木下資一校注『宝物集 閑居友 比良山古人霊託』(新日本古典文学大系40)岩波書店、一九九三年。
(19)阿部泰郎「霊地荘厳の声」『聖者の推参――中世の声とヲコなるもの』名古屋大学出版会、二〇〇一年(初出一九九九年)。
(20)倉田邦雄・倉田治夫編『善光寺縁起集成1』竜鳳書房、二〇〇一年。
(21)阿部泰郎「『大職冠』の成立」吾郷寅之進・福田晃編『幸若舞曲研究』第四巻、三弥井書店、一九八六年。
(22)安城市歴史博物館編『ものがたり善光寺如来絵伝』二〇〇二年。
(23)注14前掲論文。
(24)真福寺善本叢刊第二期第三巻『中世先徳著作集』臨川書店、二〇〇六年所収、伊藤聡解題。
(25)『扶桑略記』は、『聖徳太子伝暦』の本記事を摂り込んで自らの仏法年代記を構成しており、そのうえで漢土と仏滅度紀年を併せて参照して三国仏法年代記を構築する。
(26)出雲路修校注『三宝絵――平安時代仏教説話集』平凡社(東洋文庫)、一九九〇年。出雲路修『説話集の世界』岩波書店、一九八八年。
(27)安田章編『鈴鹿本今昔物語集』京都大学学術出版会、一九九七年。
(28)今野達・池上洵一・小峯和明・森正人校注・解説『今昔物語集』(新日本古典文学大系33-37)岩波書店、一九九三―九九年。
(29)森正人『今昔物語集の生成』和泉書院、一九八六年。
(30)阿部泰郎「天狗――魔の精神史」『国文学 解釈と教材の研究』四四―八、一九九九年。
(31)横内裕人『日本中世の仏教と東アジア』塙書房、二〇〇八年。
(32)奈良国立博物館・朝日新聞社編『天竺へ』特別展図録、二〇一一年。
(33)阿部泰郎「中世芸能と太子伝」『観世』四八―一二、一九八一年。
(34)阿部泰郎「説話と縁起――「建久御巡礼記」における〝説話〟をめぐりて」『国文学 解釈と教材の研究』四〇―一二、一九九五年。

(35) 一例を挙げれば、顕意の聞書は、亀山院后西園寺嬉子と後深草院後宮の相子の姉妹を願主として営まれた逆修法会において講説された記主上人道教（一二三八～一三〇四）による当麻曼荼羅の聞書である（正応三年から嘉元二年の間）。湯谷祐三編『顕意上人全集第一巻　當麻曼荼羅聞書』浄土宗西山深草派宗務所、法蔵館、二〇〇三年。

(36)『当麻曼荼羅縁起・稚児観音縁起』（日本絵巻大成24）中央公論社、一九七九年。奈良国立博物館特別展図録『當麻寺』二〇一三年。

(37) 龍谷ミュージアム特別展図録『極楽へのいざない――練り供養をめぐる美術』二〇一三年。

(38) 元興寺文化財研究所編『日本浄土曼荼羅の研究』中央公論美術出版社、一九八七年。

(39) 笠井昌昭『天神縁起の歴史』雄山閣、一九七三年。村上學「縁起の物語小史」『鑑賞日本古典文学第二三巻　中世説話集』角川書店、一九七七年。

(40) 源豊宗「北野天神縁起絵巻について」『新修日本絵巻物全集9　北野天神縁起』角川書店、一九七七年。注39笠井前掲書。

(41) 多賀宗隼『慈円の研究』吉川弘文館、一九八〇年。

(42) 注41前掲書。

(43) 本書第八章を参照。

(44) 花野憲道・小林芳規「仁和寺蔵後鳥羽天皇御作「無常講式」影印・翻刻並びに解説」『鎌倉時代語研究』一一、一九八八年。

(45) 山本五月「『日蔵夢記』の成立」『天神の物語・和歌・絵画――中世の道真像』勉誠出版、二〇一二年。阿部美香「示水遺影本『日蔵夢記』――解題と影印・翻刻」『学苑（昭和女子大学）』九〇一、二〇一五年。

(46) 村瀬実恵子「メトロポリタン本天神縁起絵巻」『新修日本絵巻物全集別巻2　天神縁起絵巻　八幡縁起　天稚彦草紙　鼠草紙　化物草子　うたたね草紙』角川書店、一九八一年。阿部美香「浄土巡歴譚とその絵画化――メトロポリタン美術館本『北野天神縁起』をめぐって」『説話文学研究』四五、二〇一〇年。

(47) 小峯和明・宮越直人『チェスター・ビーティー・ライブラリィ所蔵　義経地獄破り』勉誠出版、二〇〇五年。

(48) 恋田知子「西国観音巡礼縁起の成立」『仏と女の室町――物語草子論』笠間書院、二〇〇八年。

(49) 本書第十章参照。

(50) 注46阿部美香前掲論文。

(51) 小峯和明『中世日本の予言書――〈未来記〉の世界』岩波新書、二〇〇六年。

(52) 総本山醍醐寺編『枝葉抄――影印・翻刻・註解』勉誠出版、二〇一〇年。

(53) 小嶋博巳編『西国巡礼三十三度行者の研究』岩田書院、一九九三年。

(54) 大阪市立博物館編『社寺参詣曼荼羅』平凡社、一九九〇年。
(55) 本書第九章第二節参照。
(56) 小栗栖健二『熊野観心十界図集成』岩田書院、二〇一〇年。
(57) 福田晃「解説」、笹川祥生他編『真名本曾我物語2』平凡社(東洋文庫)、一九八八年。
(58) 阿部泰郎「文と日本国大将軍――真名本曽我物語の世界像」村上美登志編『曽我物語の作品宇宙』至文堂、二〇〇三年。本書第四章二節参照。
(59) 注2佐藤前掲書。
(60) 上島享『日本中世社会の形成と王権』名古屋大学出版会、二〇一〇年。
(61) 一宮研究会編『諸国一宮の研究』上・下、岩田書院、二〇〇二年・二〇〇四年。
(62) 三橋健『国内神名帳の研究』おうふう、二〇〇二年。
(63) 阿部泰郎「『類従既験抄』解題」、真福寺善本叢刊第二期第四巻『中世唱導資料集二』臨川書店、二〇〇八年。
(64) 湯之上隆『日本中世の政治権力と仏教』思文閣出版、二〇〇一年。同「中世仏教と地方社会――六十六部聖を手がかりとして」『日本中世の地域社会と仏教』思文閣出版、二〇一四年(初出二〇〇二年)。
(65) 京都国立博物館編『藤原道長――極めた栄華・願った浄土』二〇〇七年。
(66) 阿部泰郎「宗教テクストによる国土の〈経蔵〉化――一切経と埋経の融合」『中世日本の宗教テクスト体系』前掲書(初出二〇一二年)。
(67) 注66前掲書。
(68) 小松茂美編『融通念仏縁起』(続日本絵巻大成11)中央公論社、一九八三年。
(69) 阿部美香『『融通念仏縁起』のメッセージ――正和本絵巻成立の意義をめぐって」昭和女子大学女性文化研究所編『女性と情報』御茶の水書房、二〇一二年。同「勧進帳としての融通念仏縁起絵巻」開宗九百年記念・大通上人三百回御遠忌奉修局編『融通念佛宗における信仰と教義の邂逅』法蔵館、二〇一五年。
(70) 阿部美香「中世メディアとしての融通念仏縁起絵巻」説話文学会編『説話から世界をどう解き明かすのか』笠間書院、二〇一三年。
(71) 高岸輝『室町王権と絵画――初期土佐派研究』京都大学学術出版会、二〇〇四年。同『室町絵巻の魔力――再生と創造の中世』吉川弘文館、二〇〇八年。
(72) 東京大学史料編纂所編『平安鎌倉記録典籍集』八木書店、二〇〇七年。
(73) 阿部泰郎「伊勢に参る聖と王――『東大寺衆徒参詣伊勢大神宮記』をめぐりて」今谷明編『王権と神祇』思文閣出版、二〇〇二年。

(74)平田英夫『御裳濯歌合　宮河歌合新注』青簡舎、二〇一二年。

総説II　中世的世界の形成

(1)森万数子「『百練抄』の性格と編者について」『法政史学』四六、一九九四年。近藤成一「百錬抄」項、『国史大系書目解題』下巻、吉川弘文館、二〇〇一年。

(2)摂関家氏長者の「宇治入り」と経蔵開検儀礼については、『殿暦』康和五年三月十一日条(忠実)、『兵範記』保元二年十月十七日条(忠通)、『玉葉』文治三年八月二十一日条(兼実)に、いずれも初度の宇治入りの際の記録がある。それらによると、まず目録(一切経と宝物)を披見し、これによって八角櫻御厨子に納められた弘法大師本尊愛染明王と舎利・手本・楽器類を披見している。横内裕人「中世前期の寺社巡礼と宝蔵」中野玄三他編『方法としての仏教文化史――ヒト・モノ・イメージの歴史学』勉誠出版、二〇一〇年。

(3)上川通夫「中世の即位儀礼と仏教」『日本中世仏教形成史論』校倉書房、二〇〇七年(初出一九八七年)。阿部泰郎「中世王権と中世日本紀――即位法と三種神器説をめぐりて」『日本文学』三四―五、一九八五年。

(4)伊藤聡『中世天照大神信仰の研究』法蔵館、二〇一一年。

(5)藤田経世編『校刊美術史料』中巻「諸寺供養記」所収、中央公論美術出版、一九七五年。

(6)清水擴「六勝寺伽藍の構成と性格」『平安時代仏教建築史の研究――浄土教建築を中心に』中央公論美術出版、一九九二年。

(7)平岡定海「六勝寺の成立について」『日本寺院史の研究』吉川弘文館、一九八一年(初出一九七九年)。

(8)林屋辰三郎「法勝寺の創建」『古典文化の創造』東京大学出版会、一九六四年。

(9)仁和寺紺表紙小双紙研究会編『守覚法親王の儀礼世界――仁和寺蔵紺表紙小双紙の研究　本文篇一・二』勉誠社、一九九五年。

(10)松尾恒一「仁和寺御室と法勝寺修正会――牛玉加持作法をめぐって」阿部泰郎・山崎誠編『守覚法親王と仁和寺御流の文献学的研究』勉誠社、一九九八年。

(11)山岸常人「法勝寺の評価をめぐって」『中世寺院の僧団・法会・文書』東京大学出版会、二〇〇四年(初出一九九八年)。山岸氏の論点について、上島享氏は史料に基づき、法勝寺に住持する供僧たちを考察したうえで、僧団のない寺院、劇場のような臨時の会場という法勝寺に対する山岸氏の認識を批判する(上島享「法勝寺創建の歴史的意義――浄土信仰を中心に」『日本中世社会の形成と王権』名古屋大学出版会、二〇一〇年、初出二〇〇六年)。

(12)注7前掲書。

(13)注6前掲書。

(14) 真福寺善本叢刊第二期第十一巻『法儀表白集』臨川書店、二〇〇五年。
(15)「法勝寺御八講問答記」特集号『南都仏教』七七、一九九九年。
(16) 上川通夫「一切経と中世の仏教」『日本中世仏教史料論』吉川弘文館、二〇〇八年(初出一九九九年)。
(17)『覚禅抄』「宝珠法」(大正新脩大蔵経図像部第五巻所収)。
(18)『平泉町史　史料編一』平泉町、一九八五年。
(19) 落合俊典「平安時代における入蔵録と章疏目録について」『七寺古逸経典研究叢書六　中国・日本経典章疏目録』大蔵出版社、一九九八年。
(20) 杉山信三「院の御所と御堂」『院家建築の研究』吉川弘文館、一九八一年。
(21) 竹居明男「寺院の宝蔵(経蔵)と院政期の文化」『日本古代仏教の文化史』吉川弘文館、一九九八年。
(22) 阿部泰郎「宝珠と王権——中世王権と密教儀礼」『岩波講座　東洋思想第一六巻　日本思想2』岩波書店、一九八九年。
(23) 泉武夫「王朝仏画論——儀礼と絵画」京都国立博物館編『王朝の仏画と儀礼』至文堂、二〇〇〇年。大原嘉豊「大治二年真言院後七日御修法五大尊十二天画像の問題に対する展望——顕密体制論が与えた衝撃」『図像解釈学——権力と他者』(仏教美術論集4)竹林舎、二〇一三年。上川通夫『日本中世仏教形成史論』校倉書房、二〇〇七年。
(24) 古代学協会編『後白河院——動乱期の天皇』吉川弘文館、一九九三年。
(25) 阿部泰郎「唱導と王権」水原一・広川勝美編『伝承の古層——歴史・軍記・神話』桜楓社、一九九一年。
(26) 注21竹居前掲書。
(27) 田島公「中世天皇家の文庫・宝蔵の変遷——蔵書目録の紹介と収蔵品の行方」同編『禁裏・公家文庫研究』第二輯、思文閣出版、二〇〇六年。
(28)『古今著聞集』「後白河院の御時絵づくの貝おほひの事」条参照。
(29) 髙岸輝・黒田智著『乱世の王権と美術戦略——室町・戦国時代』(天皇の美術史3)吉川弘文館、二〇一七年。
(30) 小峯和明『説話の森——天狗・盗賊・異形の道化』大修館書店、一九九一年。
(31) 小峯和明『『野馬台詩』の謎——歴史叙述としての未来記』岩波書店、二〇〇三年。
(32) 川口久雄『大江匡房』吉川弘文館、一九八九年。
(33) 本書第七章参照。
(34) 山崎誠『江都督納言願文集注解』塙書房、二〇一〇年。
(35) 深澤徹『中世神話の煉丹術——大江匡房とその時代』人文書院、一九九四年。
(36) 吉原浩人「八幡神に対する「宗廟」の呼称をめぐって——大江匡房の活動を中心に」『東洋の思想と宗教』一〇、一九九三年。

(37)川口久雄訳注『新猿楽記』平凡社（東洋文庫）、一九八三年。
(38)吉原浩人「石清水八幡の縁起」『国文学　解釈と鑑賞』五二―九、一九八七年。
(39)棚橋光男『後白河法皇』講談社、一九九五年。石上英一編『歴史と素材』（日本の時代史30）吉川弘文館、二〇〇三年。
(40)中村啓信『信西日本紀鈔とその研究』高科書店、一九九〇年。
(41)山崎誠「国立歴史民俗博物館蔵「筆海要津」翻刻並びに解題」『安居院唱導資料纂輯三』国文学研究資料館文献資料部調査研究報告、一九九三年。
(42)小原仁「三宝院経蔵目録（一）」醍醐寺文化財研究所『研究紀要』二〇、二〇〇五年。同「三宝院経蔵目録（二）」醍醐寺文化財研究所『研究紀要』二一、二〇〇六年。阿部泰郎「宗教テクストとしての経蔵と目録」『中世日本の宗教テクスト体系』名古屋大学出版会、二〇一三年（初出二〇一〇年）。
(43)横内裕人『日本中世の仏教と東アジア』塙書房、二〇〇八年。
(44)馬淵和夫・田口和夫「翻刻・醍醐寺蔵『転法輪秘伝』」醍醐寺文化財研究所『研究紀要』一八、二〇〇〇年。
(45)阿部泰郎「唱導における説経と説経師――澄憲『釈門秘鑰』をめぐりて」『伝承文学研究』四五、一九九六年。
(46)山崎誠・小峰和明『安居院唱導資料纂輯五』国文学研究資料館文献資料部調査研究報告、一九九五年。
(47)永井義憲・清水宥聖編『安居院唱導集　上巻』角川書店、一九七二年。
(48)多賀宗準「称名寺所蔵金沢文庫保管転法輪抄について」『金沢文庫紀要』八、一九七〇年。阿部泰郎・松尾恒一編、国立歴史民俗博物館研究報告『中世における儀礼テクストの綜合的研究――館蔵田中譲旧蔵文書『転法輪鈔』を中心として』二〇一七年。
(49)阿部泰郎・山崎誠編『守覚法親王と仁和寺御流の文献学的研究』勉誠社、一九九八年。
(50)武内孝善「寛信『類聚抄』とその目録」『勧修寺論輯』一、二〇〇四年。
(51)阿部泰郎「仁和寺御流聖教における密教図像」『仏教美術と歴史文化』（真鍋俊照博士還暦記念論集）法蔵館、二〇〇五年。
(52)国東文麿『今昔物語集成立考』早稲田大学出版部、一九七八年。
(53)池上洵一『『今昔物語集』の世界――中世のあけぼの』筑摩書房、一九八三年。
(54)荒木浩『説話集の構想と意匠――今昔物語集の成立と前後』勉誠出版、二〇一二年。
(55)戸田芳実「荘園体制確立期の宗教的民衆運動」『歴史学研究』三七八、一九七一年。井上満郎「永長元年の田楽騒動」『芸能史研究』三六、一九七二年。
(56)阿部泰郎「芸能としての唱導――説経師という芸能者たち」『国文学　解釈と鑑賞』七四―一〇、二〇〇九年。
(57)守屋毅『中世芸能の幻像』淡交社、一九八五年。
(58)河音能平「ヤスライハナの成立」『中世封建社会の首都と農村』東京大学出版会、一九八四年。

(59) 五味文彦「馬長と馬上」「勧進聖人の系譜」『院政期社会の研究』山川出版社、一九八四年。
(60) 久保田収「熱田大明神講式」(『神道史の研究』皇學館大学出版部、二〇〇六年)によれば、院政期に成立した『熱田大明神講式』には熱田社祭神五社等の本地垂跡説が明確に形成されており、そうした地方諸社の情報までは院庁の許に集約し得なかったことが判明する。
(61) 馬場光子『梁塵秘抄口伝集 全注釈』講談社学術文庫、二〇一〇年。
(62) 阿部泰郎『聖者の推参――中世の声とヲコなるもの』名古屋大学出版会、二〇〇一年。
(63) 菅野扶美「後白河院派今様の構成者」『東横国文学』二三、一九九一年。
(64) 猪瀬千尋「後白河院における声と儀礼」『中世王権の音楽と儀礼』笠間書院、二〇一八年三月刊行予定。
(65) 柴佳世乃『読経道の研究』風間書房、二〇〇四年。
(66) 清水真澄『読経の世界――能読の誕生』吉川弘文館、二〇〇一年。注65柴前掲書。
(67) 磯水絵「琵琶秘曲伝授作法の成立と背景」『説話と音楽伝承』和泉書院、二〇〇〇年。
(68) 阿部泰郎「芸能王の系譜」『天皇と芸能』(天皇の歴史10)講談社、二〇一一年。
(69) 菅野扶美「今熊野神社考――後白河院御所・法住寺殿論その二」『東横国文学』二五、一九九三年。
(70) 永池健二「熊野参詣の歌謡――結界と道行」『芸能史研究』一〇七、一九八六年。
(71)『弘法大師伝全集』第十巻「高野物語」巻五、六大新報社、一九三五年。
(72) 阿部泰郎『中世高野山縁起の研究』元興寺文化財研究所、一九八二年。
(73) 戸田芳実『中右記――躍動する院政時代の群像』そしえて、一九七九年。
(74) 真福寺善本叢刊第十巻『熊野金峯大峯縁起集』臨川書店、一九九八年。
(75) 川崎剛志「『熊野権現金剛蔵王宝殿造功日記』という偽書」『説話文学研究』三六、二〇〇一年。
(76) 桜井徳太郎他校注『寺社縁起』(日本思想大系)岩波書店、一九七五年。
(77)『本朝諸社記』(真福寺本)がその一例として注目される。真福寺善本叢刊第二期第四巻『中世唱導資料集二』臨川書店、二〇〇八年(川崎剛志解説)。同書には熊野大峯・伊勢・白山等の諸社の縁起説が抄出されるが、そのなかに信西(通憲)の文庫の蔵書記録(日記)が反映されていることが注目される。
(78) 藤田経世編『校刊美術史料』上巻、中央公論美術出版、一九七二年。
(79) 注78前掲書所収。
(80) 注78前掲書所収。
(81) 鎌倉末期の東大寺において記家的な役割を果たし、記録等の文献を収集して縁起を作成したのが、根来寺僧として頼瑜門下でもあった学僧頼心であった。彼の手になる「東大寺縁起」の草稿（真福寺善本叢刊第八巻『古文書集一』所収）は、後の『東大寺縁起』絵詞の土台となっているほか、醍醐寺との本末相論の訴詔に関する文書の作成者であった。牧野淳司「鎌倉時代後期の寺院社会とその文化的環境」『中世文学』五六、二〇一一年。

(82) 大串純夫『来迎芸術』法蔵館、一九八三年。

(83) 注40前掲書。

(84) 中尾堯『中世の勧進聖と舎利信仰』吉川弘文館、二〇〇一年。

(85) 真福寺善本叢刊第八巻『古文書集一』臨川書店、一九九九年所収。

(86) 真福寺善本叢刊第六巻『両部神道集』臨川書店、一九九九年所収。『両宮形文深釈』等が勝賢と守覚によって成立した背景については、阿部泰郎「書かれたものとしての神道――密教聖教の中の神祇書」『中世日本の宗教テクスト体系』注42前掲書（初出二〇〇七年）。

(87) 阿部泰郎「伊勢に参る聖と王――『東大寺衆徒参詣伊勢大神宮記』をめぐりて」今谷明編『王権と神祇』思文閣出版、二〇〇二年。

(88) 谷知子「建久六年伊勢公卿勅使について――九条家と東大寺供養」『国語と国文学』七六―八、一九九九年。

(89) この僧形八幡神像造立のために行われた東大寺八幡宮・遷宮については、重源のパートナーとして東大寺僧を代表してそれを唱導において担った弁暁による、鎮守八幡宮般若心経講讃の法会の説草が注目される。阿部泰郎「東大寺図書館蔵『八幡大菩薩并心経感応抄』（解題・翻刻・釈文）」福田晃・廣田哲通編『唱導文学研究』第四集、三弥井書店、二〇〇四年。弁暁の唱導の全体像に関しては、神奈川県立金沢文庫編『称名寺聖教尊勝院弁暁説草――翻刻と解題』（勉誠出版、二〇一三年）参照。

第一章　中世の音声と音楽

(1) 松前健『古代伝承と宮廷祭祀』塙書房、一九七四年、第三章「鎮魂祭の原像と形成」、第四章「内侍所神楽の成立」。

(2) 佐々木信綱校訂『新訂梁塵秘抄』岩波書店（岩波文庫）、一九五六年。

(3) 注1前掲書。

(4) 注2前掲書。

(5) 林屋辰三郎『中世芸能史の研究』岩波書店、一九六〇年。

(6) 清水真澄『読経の世界――能読の誕生』吉川弘文館、二〇〇一年。

(7) 高松政雄『日本漢字音の研究』風間書房、一九八二年。沼本克明『日本漢字音の歴史』東京堂出版、一九八六年。

(8) 岩田宗一『声明の研究』法蔵館、一九九九年。

(9) 櫛田良洪「声明成仏思想の受容」『真言密教成立過程の研究』山喜房仏書林、一九六四年。
(10) 馬渕和夫『五十音図の話』大修館書店、一九九三年。
(11) 阿部泰郎「守覚法親王と紺表紙小双紙」仁和寺紺表紙小双紙研究会編『守覚法親王の儀礼世界』勉誠社、一九九五年。
(12) 平岡定海『東大寺宗性上人之研究並史料』臨川書店、一九八八年、中巻「啓白至要抄第二」。
(13) 柴佳世乃『読経道の研究』風間書房、二〇〇四年。
(14) 清水真澄「能読の世界——後白河院とその近臣を中心に」『青山語文』二七、一九九七年。同「能読の系譜——『読経口伝明鏡集』を中心に」『國學院雑誌』九八、一九九七年。注13前掲書。
(15) 植木朝子「今様起源譚考」『文学』八–四、一九九七年。
(16) 深沢徹『中世神話の煉丹術——大江匡房とその時代』人文書院、一九九四年。
(17) 阿部泰郎『聖者の推参——中世の声とヲコなるもの』名古屋大学出版会、二〇〇一年、序章。
(18) 小島裕子「「一心敬礼声澄みて」考」『文学』一〇–二、一九九九年。
(19) 阿部泰郎「中世の音声——声明／唱導／音楽」『中世文学』四七、二〇〇一年。
(20) 三崎良周「五大院安然と本覚讃」『台密の理論と実践』創文社、一九九四年。吉原浩人「院政期における〈本覚讃〉の受容をめぐって」菅原信海編『神仏習合思想の展開』汲古書院、一九九六年。
(21) 渡辺貞麿『平家物語の思想』法蔵館、一九八九年、第二部第二章第四節「祇王説話とその周辺」。
(22) 清水真澄『読経の世界——能読の誕生』吉川弘文館、二〇〇一年。
(23) 大隅和雄「中世神道論の思想史的位置」『中世神道論』(日本思想大系) 岩波書店、一九七七年。
(24) 岡田荘司「両部神道の成立期」安津素彦博士古稀祝賀会編『神道思想史研究』、一九八三年。
(25) 伊藤聡「第六天魔王神話の成立——国土創成神話の中世的変奏」『中世天照大神信仰の研究』法蔵館、二〇一〇年 (初出一九九五年)。
(26) 注23前掲論文。
(27) 注23前掲書所収「中臣祓訓解」注釈参照。
(28) 伊藤聡「三角柏伝記」解題、真福寺善本叢刊第六巻『両部神道集』臨川書店、一九九九年。
(29) 注16前掲書。
(30) 佐藤道子『悔過会と芸能』法蔵館、二〇〇二年。
(31) 大東敬明「儀礼篇——寺院儀礼における中臣祓」新井大祐・大東敬明・森悟朗『言説・儀礼・参詣——〈場〉と〈いとなみ〉の神道研究』弘文堂、二〇〇九年、第二部。

(32)阿部泰郎「聖の歌——古代・中世の聖人の詠歌の系譜」阿部泰郎・錦仁編『聖なる声——和歌にひそむ力』三弥井書店、二〇一一年。
(33)山田昭全「西行自歌合考」『西行の和歌と仏教』明治書院、一九八七年。総説I注74参照。
(34)阿部泰郎「東大寺衆徒参詣伊勢大神宮記」解題、真福寺善本叢刊第八巻『古文書集一』臨川書店、二〇〇〇年。

第二章　中世の童子と芸能

(1)小西甚一『梁塵秘抄考』(三省堂、一九四一年)以来、諸家の注は基本的にその枠組みから変わらない。近年の研究では、馬場光子『走る女——歌謡の中世から』(筑摩書房、一九九一年)参照。同「歌謡と説話」(『説話とその周縁』説話の講座第三巻、勉誠社、一九九三年)では、この歌の主語が明示されていないところから「多面的な「場」を許すのが、一首の言葉の多面性である」と指摘されるが、なおその主体を遊女にのみ限定している。
(2)西郷信綱『梁塵秘抄』日本詩人選、筑摩書房、一九七六年。
(3)妙法院本『山王絵詞』巻三(近藤喜博校訂『中世神仏説話続』古典文庫九九、一九五五年)。『山王事』(群書類従本『耀天記』所収)末尾にも同話の後半が述べられている。この説話については、阿部泰郎「和光同塵の遊びの声」(『聖者の推参——中世の声とヲコなるもの』名古屋大学出版会、二〇〇一年、初出一九九二年)を参照。
(4)『山王事』では「ヒヽクメ」。院政期の『作庭記』に「凡、石を立る事は、逃《に》ぐる石一両あれば、追《を》ふ石は七八あるべし。たとへば童部のとてうくひゝくめといふたはぶれをしたるがごとし」と見えるのが最も古い。『名語記』巻九「小童部ノ遊戯ニヒフクメトイフ事アリ」(下略)。『三国伝記』巻八第二十七話「比々丘女始ノ事」に、「童部ノ戯ニ、比々丘女《ヒヒクメ》ト伝事ノ根元ハ……」としてまた異説を載せる。恵心僧都が『閻羅天子故心王経』の心に鑑みて始めたもので、地蔵が冥途に赴く罪を哀れみ奪い取ったのを獄卒が取り返そうとするのを象ったと説く。「爰ヲ以、僧都、地蔵ノ悲願ヲ感悦ノ余リニ、般若院(叡山横川)ノ地蔵ノ前ニ参テ、此経ヲ被レテ講ゼ後、児共・童部ヲ多ク集テ、彼ノ地蔵与獄卒、取ラン不被取ラジスル所ヲ、地蔵法楽ノ為ニ両方ヘ衆ヲ分テ、学ビテ踊給ケリ」。また、この遊びは吉野天川の弁財天の御前でも老山臥まで加わり行うという。池上洵一校注『三国伝記(下)』三弥井書店、一九八二年、補注五四、三三四頁参照。
(5)『春日権現験記絵巻』第十巻「林懐僧都事」。なお、『とはずがたり』巻四で後深草院二条が若宮拝殿の巫女の数える白拍子で聴いた物語では、林懐の師の真喜僧正の話として語られていた。
(6)阿部泰郎「中世寺社の宗教と芸能」『聖者の推参』注3前掲書(初出一九八七年・一九九二年)。
(7)阿部泰郎「聖俗を遊戯する女人——遊女・白拍子・曲舞の物語をめぐりて」『湯屋の皇后』名古屋大学出版会、一九九八年(初出一九八八年)。

(8) 詞書「嵯峨に棲みけるに、たはぶれ歌とて人々よみけるを」。山木幸一『西行の世界』塙書房、一九七九年。

(9) 守覚『右記』管絃音曲等事に、「童体携此芸事、先閣内外深義、暫見遊宴逸興、緩心悦耳媒也。若又、毀形剃頭之後、声明習字学之時、尤大切事歟」とある。こうした認識が西行のこの歌に通ずるものかと思う。阿部泰郎「中世の声」(『聖書の推参』注3前掲書、初出一九九二年)参照。また、慈円もその秘訣である『毘逝』中に同様な認識を児と遊びにかけて説いていることは、阿部泰郎「神秘の霊童――児物語と霊山の縁起をめぐりて」(『湯屋の皇后』注7前掲書、初出一九八五年)に論じた。

(10) 三木紀人『多武峯ひじり譚』法蔵館、一九八八年、二二〇頁参照。

(11)『天満宮託宣記』(群書類従本)所収。『扶桑略記』巻二十五には天暦九年条に載せる。また、天神縁起の建久本・健保本は天慶九年とする。

(12) 桜井好朗『神々の変貌――社寺縁起の世界から』東京大学出版会、一九七六年、第二章「天神信仰における国家と民間」。

(13)『宮寺縁事抄』(『神道大系　石清水』所収)。『石清水八幡宮史料叢書第二巻　縁起・託宣記』参照。

(14) 萩原龍夫校注『寺社縁起』(日本思想大系)岩波書店、一九七五年、『北野天神縁起』補注四〇七頁参照。

(15) 巻三「コノ日本国観音ノ利生方便ハ、聖徳太子ヨリハジメテ、大織冠・菅丞相・慈恵大僧正カクノミ侍ル事ヲ、フカク思シル人ナシ」(一五八頁)。赤松俊秀校注『愚管抄』(日本古典文学大系、岩波書店、一九六七年)に拠る。

(16) 永井義憲校訂『長谷寺験記』(長谷寺蔵鎌倉期古写本、長谷寺、一九五四年)に拠る。その成立については、同『日本仏教文学研究　第一集』(豊島書房、一九六六年)参照。野口博久「長谷寺験記――その成立と影響」(『説話集の世界1』説話の講座第四巻、勉誠社、一九九二年)も参照。

(17)『群書類従』・『大日本仏教全書』所収。成立については、逵日出典『長谷寺史の研究』(巌南堂書店、一九七九年)参照。なお、本書第十章も参照。

(18)「八大童子秘記」逸文は、長谷寺蔵室町時代写本『長谷寺縁起文』裏書に引かれる(『豊山伝通記』にその本文が転載されている)。阿部美香「浄土巡歴譚とその絵画化――メトロポリタン美術館本『北野天神縁起』をめぐって」『説話文学研究』四五、二〇一〇年。

(19) 池上洵一『説話とその周辺』和泉書院、二〇〇八年。

(20)『今昔物語集』巻十一第十五「元明天皇始造元興寺語」。醍醐寺本『諸寺縁起集』所収『元興寺縁起』(『校刊美術史料』上巻所収)。本書第十章も参照。

(21) 友久武文校訂『瀬戸内寺社縁起集』(中世文芸叢書九、一九六七年)所収。梅津次郎「志度寺絵縁起に就いて」『絵巻物叢考』中央公論美術出版、一九六八年参照。

(22) 阿部泰郎「中世宗教世界のなかの志度寺縁起と「當願暮當」」『国立能楽堂上演資料集三　當願暮當』一九九一年。

(23) 冥途蘇生譚は、『日本霊異記』巻下第九話の藤原広足のそれを初期の例として、『今昔物語集』巻十七には地蔵霊験譚として多く聚められている(本書第十一章参照)。このうち第二十六話は『白杖童子縁起』の典拠となったものだが、その主人公は「下人」であって「童子」ではない。また、独立した冥途蘇生記として、東大寺の能恵法師(『能恵法師絵巻』)、清澄寺の尊恵(『平家物語』「慈心房」)が知られ、寺院縁起としては『善光寺縁起』中でも大きな要素を占めている。しかし、それら全体として冥途に往還する者に〝童子〟はきわめて稀である。ただ、『今昔』巻十七第十九話は、三井寺浄照が出家以前の童子であった時、遊び戯れに地蔵を刻み「もろもろの童部と共に遊び戯」れて供養した功徳により、堕獄を免れて地蔵の助けにより蘇るを得たという。童子の遊び戯れを結びつけている点は注意される。

(24) 『長谷寺験記』下巻第二十六話「入当山逆人遁地獄業再還閻浮事」にみえるように、寺外の伝承ではあるが、長谷寺でも冥途蘇生譚が霊験譚として存在した。

(25) 土谷恵『中世寺院の社会と芸能』吉川弘文館、二〇〇一年。

(26) 「童子」「童形」についての研究の代表的なものとして、網野善彦「童形・鹿杖・門前——再刊『絵引』によせて」(『異形の王権』平凡社、一九八六年)、また、黒田日出男「『童』と『翁』」(『歴史地理教育』三六〇、一九八一年)、同「『女』か『稚児』か」(『姿としぐさの中世史』平凡社、一九八六年)などがある。

(27) ただし、現実の仏師は多く僧形であり番匠は烏帽子を着る。元興寺縁起や志度寺縁起などで「童子」が制作者となるのは、〈聖なるもの〉を現世にもたらすための媒ちとしての、神話的な象徴のすがたなのであろう。

(28) 地蔵院本絵巻『高野大師行状図画』第一巻「誓願捨身事」(『弘法大師伝全集』第九、六大新報社、一九三五年所収)をはじめとする弘法大師絵伝諸本にみえる。また、大師出家の寺である槇尾山施福寺の参詣曼荼羅にもこの場面が描かれている(大阪市立博物館編『社寺参詣曼荼羅』平凡社、一九八八年)。

(29) 六代の物語については、『六代御前物語』という独立した古写本(延慶二(一三〇九)年識語)が存し、おそらく唱導に供されたものと推定されている(富倉徳次郎『平家物語研究』角川書店、一九六四年)。岡田三津子「「六代御前物語」の形成」『国語国文』六二、一九九三年。

(30) 護法童子についての主要な研究を以下に掲げておく。柳田國男「護法童子」(『定本柳田國男集　第九巻』所収)。筑土鈴寛「使霊と叙事伝説」『復古と叙事詩』青磁社、一九四二年。小松和彦「護法信仰論覚書」『憑霊信仰論』伝統と現代社、一九八二年。中野千鶴「護法童子と堂童子」『仏教史学研究』二七—一、一九八四年。

(31) 光宗『渓嵐拾葉集』「弁財天法秘訣」には、背振山の縁起を引き、天竺より影向した徳善大王の第十五童子が乙護法である、と説く。現在も背振山や阿蘇山など九州の修験霊山には乙護法が祀られている。

(32) 弁慶については、『弁慶物語』という独立した物語(その一例としては、チェスター・ビーティー・ライブラリー本『弁慶物語絵巻』があり、徳田和夫『お伽草子』（岩波セミナーブックス、一九九二年）に詳しく紹介・分析される）があり、他に『じぞり弁慶』『橋弁慶』などがある。

（33）『弁慶物語』では、若一と名付けられ熊野若一王子社の後ろの山に捨てられる。こうした、捨てられる弁慶が、『熊野の本地』の五衰殿が山中で産み育てられる王子（若一王子）の縁起に通ずることは、すでに南方熊楠によって示唆され、岡見正雄の論じたところである（日本古典文学大系『義経記』解説）。

（34）追放される童子が熊野の縁起世界のなかで護法童子として登場するのが、『宝蔵絵詞』（書陵部蔵、伏見宮貞成親王写、『書陵部紀要』二十一所収）である。権現の命により熊野参詣の僧に仕えた「切目の王子」は、つい怒りのあまり僧を殺してしまう。その咎により片足を切られ山中に追放され、道者の利生を奪い取って糧としていた。これを稲荷の阿古町が敬愛により宥めるという、熊野参詣の故実の由来を説くものである。阿部泰郎「寺社縁起の構造——道成寺縁起絵巻の深層構造」『国文学　解釈と鑑賞』五六—一〇、一九九一年（『湯屋の皇后』注7前掲書所収）参照。なお、〝荒ぶるもの〟としての弁慶の推参という物語上の特質については、阿部泰郎「推参考」（『聖者の推参』注3前掲書、初出一九九〇年）参照。

（35）『酒呑童子異聞』平凡社、一九七七年、岩波書店、一九九二年。

（36）同上書（岩波書店、同時代ライブラリー版、四七頁、「童形垂髪」）。

（37）高橋昌明『酒呑童子の誕生——もうひとつの日本文化』中公新書、一九九二年。

（38）牧野和夫「叡山における諸領域の交点・酒呑童子譚——中世聖徳太子伝の裾野」『日本中世の説話・書物のネットワーク』和泉書院、二〇〇九年（初出一九九〇年）。

（39）書陵部蔵、九条家慶政書写本（『図書寮叢刊・諸寺縁起集』）、桜井徳太郎校注・日本思想大系『寺社縁起』所収。引用はそれに拠った。

（40）『梁塵秘抄』霊験所歌のうち、「根本中堂へ参る道」にはじまる叡山参詣登山（ここも女人禁制の霊山であることに注意）の道筋の名所をつらね、その末に「阿古也《あこや》の聖が立てたりし千本の卒塔婆」とある。

（41）舞曲『景清』で夫を裏切り密告する清水坂の遊女「あこわう」もしくは「阿古屋」。説経『かるかや』の中の「高野巻」で弘法大師の母「三国一の悪女」にして女人結界の高野山に登ろうとして果たせぬ「あこう御前」が想起される。阿部泰郎「女人禁制と推参——トラン尼伝承と結界侵犯の物語をめぐりて」（『湯屋の皇后』注7前掲書、初出一九八九年）。

（42）中世寺院における童子については、伊藤清郎「中世寺社にみる『童』」中世寺院史研究会編『中世寺院史の研究』上巻、法蔵館、一九八八年。さらにあらたな知見をひらくのは、土谷恵「中世寺院の童と児」『中世寺院の社会と芸能』吉川弘文館、二〇〇一年（初出一九九二年）。なお、寺院の童子としての「阿古」については、同じく元興寺の童子であった道場法師（『日本霊異記』上巻第三話、都良香『道場法師伝』）の伝承（本書第十章第一節「元興寺」参照）に注目すべきである。

(43) 童子と師僧との関係については、大江匡房『本朝神仙伝』に初見して中世に広く行われた南都興福寺の学僧中算（仲算）とその童の物語（「松室童子」）に通ずる。叡山より盗みだした小童を、はじめ愛寵しながら忽ち疎遠となり、捨てられた童は吉野山に入り経を誦して仙《ひじり》となり、これを尋ねて山中に逢った中算に対し、成道した良縁なれば怨まず、と告げて去ったという。中世に盛行する児物語の出発点であり、典型といいうるこの物語と「阿古」の伝承が相似の構造をもつことは、児物語が由来する世界の古さと深さを推測させる。

(44) 注41前掲拙稿参照。「都覧尼」についてはやはり『本朝神仙伝』に初見する。

第三章　中世の性と異性装

(1) 丸山静『熊野考』せりか書房、一九八九年。

(2) 細川淳一『女の中世――小野小町・巴・その他』日本エディタースクール出版部、一九八九年。

(3) 真福寺善本叢刊第十一巻『熊野金峯大峯縁起集』臨川書店、一九九九年（川崎剛志解題）。

(4) 『続群書類従』帝王部第八七巻（第四輯上）。

(5) 月曜会編『世阿弥自筆能本集』岩波書店、一九九七年。

(6) 阿部泰郎「女人禁制と推参――トラン尼伝承と結界侵犯の物語をめぐりて」『湯屋の皇后――中世の性と聖なるもの』名古屋大学出版会、一九九八年（初出一九八九年）。

(7) 若の前にも比定される大臣藤原宗輔の女若御前については、その箏（鼓ではない）の芸能に関する伝承に男装して演じたと伝えられることが注目される。白拍子の異性装についての近年の研究には、辻利和「中世芸能の異性装」（服藤早苗他編『歴史のなかの異性装』勉誠出版、二〇一七年）がある。ただし、辻論文が白拍子の異性装における宗教性ないし聖性を全く否定する点は、中世の白拍子芸が寺社の祭儀の場を主な舞台とする点、および「仏神の本縁を歌う」という役割を本義とする点から賛成できない。

(8) 『とはずがたり』巻二、伏見御所での今様伝授の後宴に参入した白拍子の姉乙菊は遊宴の主後深草院の求めに応えて既に白拍子芸を廃していたのに心ならずも無理に立たせて舞わせられる。その境遇を二条は同情する。そこにはもはや誇りと共に推参する遊者の姿は見いだされない。

(9) 阿部泰郎「聖俗を遊戯する女人」『湯屋の皇后』注6前掲書（初出一九八八年）。

(10) ナンダ・セレナ（蔦森樹、カマル＝シン共訳）『ヒジュラ――男でもなく、女でもなく』青土社、一九九九年。國弘暁子『ヒンドゥー女神の帰依者ヒジュラ――宗教・ジェンダー境界域の人類学』風響社、二〇〇九年。

(11) 加須屋誠・山本聡美編『病草紙』中央公論美術出版、二〇一七年。山本聡美「『病草紙』における説話の領分――男巫としての二形」小峯和明監修、出口久徳編『絵画・イメージの回廊』（日本文学の展望を拓く2）笠間書院、二〇一七年。

(12) 阿部美香「伊豆峯行者の系譜――走湯山の縁起と真名本『曽我物語』」『説話文学研究』三七、二〇〇二年。
(13) 奈良国立文化財研究所監修『西大寺叡尊伝記集成』法蔵館、一九七七年。
(14)『大日本仏教全書』第一〇五巻所収。
(15) 阿部泰郎「中世寺社の宗教と芸能」『聖者の推参――中世の声とヲコなるもの』名古屋大学出版会、二〇〇一年（初出一九八七年）。
(16) 信如と教円は、興福寺の学匠で貞慶の弟子であった彰円が「落堕」して一家を成したその子女であった（『聖誉鈔』）。その彰円は死後に魔道に堕ち、一家の女人の託宣により春日大明神に救済されることを告げた（『春日権現験記』巻十六）と伝える。
(17) 阿部泰郎編、鹿谷祐子・江口啓子他『ちごいま注釈』名古屋大学文学研究科比較人文学研究室研究年報別冊、二〇〇九年。
(18) 阿部泰郎監修、江口啓子・鹿谷祐子・玉田沙織編『室町時代の少女革命――『新蔵人』絵巻の世界』笠間書院、二〇一四年。
(19) 阿部泰郎「腰を打つ女房――『とはずがたり』の性愛をめぐりて」『国文学 解釈と鑑賞』七〇―三、二〇〇五年。
(20) 阿部泰郎「西行における〈神〉の発見――参宮というテクスト」『西行学』創刊号、笠間書院、二〇一〇年。

第四章　中世の王権と物語

(1) 大田晶二郎「上代に於ける日本書紀講究」『本邦史学史論叢』冨山房、一九三八年。関晃「上代に於ける日本書紀講読の研究」『史学雑誌』一九四三年一二月。津田博幸「日本紀講の知」『古代文学』三七、一九九七年。なお、〈儀礼国家〉の語および概念は、桜井好朗『儀礼国家の解体』（吉川弘文館、一九九六年）に拠る。
(2) 中村啓信『信西日本紀抄とその研究』高科書店、一九九〇年。
(3) 赤松俊秀『国宝卜部兼方自筆日本書紀神代巻・研究篇』法蔵館、一九六八年。
(4) 神野志隆光「古代天皇神話の形成」『国語と国文学』七三―一一、一九九六年。同「「日本紀」と『源氏物語』」『国語と国文学』七五―一一、一九九八年。
(5) 徳盛誠「『日本紀竟宴和歌』におけるニギハヤヒ」『国語と国文学』七二―一〇、一九九五年。
(6) 神野志隆光「平安朝における「日本紀」」『日本文学』四七―五、一九九八年。赤瀬知子『院政期以後の歌学書と歌枕――享受史的視点から』清文堂、二〇〇六年。
(7) 西宮一民「仮名遣を通して見たる住吉大社神代記」『萬葉』六三、一九六七年。坂本太郎「住吉大社神代記について」『国史学』三九、一九七二年。
(8) 尾崎知光「尾張国熱田太神宮縁起について」『説林』一五、一九六七年。
(9) 三浦祐之「『住吉大社神代記』の成立と内容」『古代文学』二一、一九八二年。谷戸美穂子「『住吉大社神代記』の神話世界」『古代文学』三七、一九九七年。
(10)阿部泰郎「中世日本紀と八幡縁起――『百合若大臣』の世界から」『現代思想』二〇―四、一九九二年。
(11)『室町時代物語大成』第八巻所収（慶應義塾大学図書館蔵）。
(12)『熱田神宮史料　縁起由緒編』熱田神宮宮庁、二〇〇三年所収（熱田神社宝物館蔵、応永四年写本）。
(13)桜井好朗「社寺縁起と説話」注1前掲書所収（初出一九八九年）。本書第十章参照。
(14)本書第十章第二節参照。
(15)堀内秀晃「太子伝と日本書紀」『国語と国文学』七一―一一、一九九四年。
(16)阿部隆一「室町以前成立聖徳太子伝記類書誌」『聖徳太子論集』平楽寺書店、一九七一年。
(17)吉原浩人による善光寺縁起に関する一連の研究を参照。「『善光寺縁起』生成の背景」『解釈と鑑賞』六三―一二、一九九八年。
(18)赤松俊秀「一遍の著述と推定される聖教について」『鎌倉仏教の研究』平楽寺書店、一九五七年所収。
(19)赤松俊秀注18前掲書所収「慈鎮和尚夢想記について」。阿部泰郎「中世王権と中世日本紀」『日本文学』三七―五、一九八五年。
(20)阿部泰郎「変貌する日本紀――『春秋暦』をめぐりて」『解釈と鑑賞』六〇―一二、一九九五年。
(21)阿部泰郎「『日本紀』は中世に如何に読まれたか――『秋津嶋物語』を読む」『別冊国文学　古事記・日本書紀必携』學燈社、一九九五年。
(22)阿部泰郎「中世における〝日本紀〟の再創造――『春秋暦』から『秋津嶋物語』へ」『中世文学』四二、一九九七年。
(23)黒田彰「源平盛衰記と中世日本紀――三種宝剣をめぐって」『国語と国文学』七一―一一、一九九四年。
(24)伊藤正義「中世日本紀の輪郭――太平記におけるト部兼員説をめぐって」『文学』四〇―一〇、一九七二年。
(25)注21前掲論文。上川通夫「中世の即位儀礼と仏教」『日本中世仏教形成史論』校倉書房、二〇〇七年（初出一九八七年）。阿部泰郎「宝珠と王権――中世王権と密教儀礼」『岩波講座　東洋思想第十六巻　日本思想2』岩波書店、一九八九年。
(26)伊藤正義「慈童説話考」『国語国文』五五五、一九八〇年。
(27)阿部泰郎「『入鹿』の成立」『芸能史研究』六九、一九八〇年。
(28)桜井好朗『祭儀と注釈』吉川弘文館、一九九三年。
(29)阿部泰郎「慈童説話の形成――天台即位法の成立をめぐりて」『国語国文』六〇〇・六〇一、一九八四年。松田宣史「慈童説話の成立――恵心流俊範の口伝」『天台宗恵檀両流の僧と唱導』三弥井書店、二〇一五年（初出二〇一一年）。
(30)福島金治「重要文化財『金沢文庫文書』未翻刻文書の紹介」『金沢文庫研究』三〇一、一九九八年。
(31)伊藤聡「伊勢の神道説の展開における西大寺流の動向について」『中世天照大神信仰の研究』法蔵館、二〇一一年（初出一九九三年）。

(32) 阿部泰郎「中世宗教思想文献の研究㈠——仁和寺蔵『天照太神口決』翻印と解題」『名古屋大学文学部研究論集』一七八、一九九七年。

(33) 鈴木英之『中世学僧と神道——了誉聖冏の学問と注釈』勉誠出版、二〇一四年。阿部泰郎「良遍『日本書紀』注釈の様相」『国語と国文学』七一—一一、一九九四年。『麗気記』を中心とする神祇灌頂伝授の所産としての体系的な宗教テクスト群が、鎌倉末期の称名寺聖教および南北朝期の真福寺聖教中の密教法流聖教の一角を成している。その流れを汲む室町後期の仁和寺御経蔵聖教の『麗気記』と「麗気本尊」図および神道印信類については、阿部泰郎編（伊藤聡・原克明解説）『仁和寺資料二「神道灌頂資料」集』（名古屋大学比較人文学研究年報別冊、二〇〇一年）に紹介した。

(34) 藤森馨「二神約諾神話淵源考」「二神約諾神話の展開」『古代の天皇祭祀と神宮祭祀』吉川弘文館、二〇一七年。

(35) 本章第十章第二節参照。

(36) 久保田収『中世神道の研究』神道史学会、一九五九年、第三章一節「両部神道の成立」。西山克「通海参詣記を語る」『シンポジウム　伊勢神宮』人文書院、一九九三年。

(37) 伊藤聡「第六天魔王譚の成立——国土創成神話の中世的変奏」『中世天照大神信仰の研究』法藏館、二〇一一年（初出一九九五年）。

(38) 注36久保田前掲書第一章三節「伊勢神道書の成立」。

(39) 伊勢神道書を中心に形成された中世のあらたな〝日本紀〟世界を論じたのが、山本ひろ子『中世神話』（岩波文庫、一九九八年）である。また、中世伊勢神道書研究の現在の達成は、真福寺善本叢刊第二期第八巻『伊勢神道集』（阿部泰郎解説、岡田荘司他解題）臨川書店、二〇〇五年、および『神道宗教』二〇二シンポジウム「中世神仏文化の点と線——真福寺の神道書と伊勢神道」（司会、岡田荘司）に報告される。

(40) 真福寺善本叢刊第二期第九巻『類聚神祇本源』（阿部泰郎・伊藤聡・原克明解題）臨川書店、二〇〇四年。

(41) 天理図書館吉田文庫蔵『神祇陰陽秘書抄』（大永五年写）に含まれる一説は舞曲『日本記』と大略同文であり、既に舞曲として成立流布していた詞章をテクスト化したものと思われる。

(42) 阿部泰郎「『大織冠』の成立」吾郷寅之進・福田晃編『幸若舞曲研究』第四巻、一九八六年。阿部泰郎「中世日本紀と八幡縁起——『百合若大臣』の世界から」『現代思想』二〇—四、一九九二年（中野幡能編『八幡信仰事典』戎光祥出版、二〇〇二年再収）。

(43) 小峰和明『『野馬台詩』の謎——歴史叙述としての未来記』岩波書店、二〇〇三年。

(44) 黒田彰「応仁記と野馬台詩注」『中世説話の文学史的環境　正』和泉書院、一九八七年（初出一九七九年）。

(45) 黒田彰「都遷覚書——太子伝との関連」『中世説話の文学史的環境　続』和泉書院、一九九五年（初出一九八八年）。

(46) 阿部隆一「室町以前聖徳太子伝記類書誌」聖徳太子研究会編『聖徳太子論集』平樂寺書店、一九七一年。

(47) 阿部泰郎「中世聖徳太子伝『正法輪蔵』の構造――秘事口伝説をめぐりて」『絵解き――資料と研究』、一九八九年。
(48) 林幹弥「上宮一家について」『太子信仰の研究』吉川弘文館、一九八〇年。
(49) 注47前掲論文。
(50) 片桐洋一『中世古今集注釈書解題（一・二）』一九七一年、一九七三年。
(51) 阿部泰郎「『正法輪蔵』東大寺図書館本――聖徳太子伝絵解き台本についての一考察」『芸能史研究』八二、一九八三年。
(52) 牧野和夫「中世太子伝をめぐる一、二の問題（三）」『東横国文学』一五、一九八二年。
(53) 伊藤正義・黒田彰編『和漢朗詠集古注釈集成』第三巻、大学堂書店、一九八九年。
(54) 黒田彰「『三国伝記』と『和漢朗詠集和談鈔』」『中世説話の文学史的環境　正』和泉書院、一九八七年（初出一九八二年）。
(55) 注28前掲書。
(56) 新井栄蔵『京都大学国語国文学資料叢書（二）』解説、一九七七年。
(57) 大東急記念文庫蔵『古今集灌頂』（古典文庫九九）は、即位灌頂の記事を含み、末尾に「富士煙ト長柄橋トヲ被引合事」を載せている。
(58) 原克明『中世日本紀論考――註釈の思想史』（法蔵館、二〇一二年）は、主に釈家を中心とした中世の「日本紀」注釈の活動が形成した〝知の範疇〟の全体像を描き出した労作である。加えて附載の「〈中世日本紀〉関連年譜」も有用である。
(59) 中村啓信『信西日本紀鈔とその研究』高科書店、一九九〇年。
(60) 久保田収『中世神道の研究』神道史学会、一九五九年。
(61) 称名寺聖教『天照大神儀軌解』「宝志和尚口伝」、神奈川県立金沢文庫『金沢文庫の中世神道資料』一九九六年所収。
(62) 注24伊藤正義前掲論文。
(63) 原克明「了誉聖冏による神代紀註釈とその諸本」『中世日本紀論考』注58前掲書。鈴木英之注33前掲書。
(64) 山本真吾「御調八幡宮蔵日本書紀神代巻聞書第二」『鎌倉時代語研究』一七、一九八九年。伊藤正義監修『磯馴帖　村雨篇』和泉書院、二〇〇二年所収。原克明「良遍による神代紀註釈とその諸本」注58前掲書。
(65) 伊藤正義「熱田の深秘――中世日本紀私注」『人文研究』三一、一九七九年。同「続・熱田の深秘――資料『神祇官』」『人文研究』三四、一九八二年。
(66) 阿部泰郎「中世王権と中世日本紀――即位法と三種神器説をめぐりて」『日本文学』三八三、一九八五年。
(67) 本書第四章第二節を参照。
(68) 神野志隆光『古事記の世界観』吉川弘文館、一九八六年。同・山口佳紀校注『古事記』（日本古典全集）小学館、一九九七年。
(69) 坂本太郎他校注『日本書紀』（日本古典文学大系）岩波書店、一九六七年。

(70) 注69前掲書。小島憲之他校注『日本書紀』（日本古典全集）小学館、一九九四年。
(71) 太田晶二郎「上代に於ける日本書紀講究」『太田晶二郎著作集』第三巻、吉川弘文館、一九九二年。
(72) 西崎亨『本妙寺本日本紀竟宴和歌本文・索引・研究』翰林書房、一九九四年。
(73) 神野志隆光「「日本紀」と『源氏物語』」『国語と国文学』七五、一九九八年。
(74) 注22前掲論文。
(75) 大隅和雄校注『中世神道論』（日本思想大系）岩波書店、一九七七年所収。
(76) 注75前掲書所収。
(77) 宮地直一『八幡宮の研究』蒼洋社、一九八五年。
(78) 神道大系編纂会『神道大系・石清水』、一九八八年所収。
(79) 注10前掲論文。
(80) 荻野龍夫校注『寺社縁起』（日本思想大系）岩波書店、一九七五年。
(81) 大石直正「外の浜・夷島考」『日本古代史研究』吉川弘文館、一九八〇年。
(82) 青木晃他校注『真名本曽我物語』平凡社（東洋文庫）、一九八七年。
(83) 山西明「真名本『曽我物語』冒頭をめぐって——鬼王安日のこと」『曽我物語生成論』笠間書院、二〇〇一年（初出一九七四年）。
(84) 大石直正「中世の奥羽と北海道——「えぞ」と「日のもと」」『北からの日本史』第一集、三省堂、一九八八年。入間田宣夫「中世奥北の自己認識——安東の系譜をめぐって」『中世武士団の自己認識』三弥井書店、一九九八年（初出一九九〇年）。同「中世奥羽における日本紀享受——津軽安東の系譜について」『国文学　解釈と鑑賞』六四—三、一九九九年。
(85) 湯之上隆「頼朝転生譚の生成——唱導説話生成の一齣」『日本中世の政治権力と仏教』思文閣出版、二〇〇一年（初出一九八八年）。
(86) 佐藤晃「二つの夢合せ譚と頼朝六十六部聖伝承」『日本文学』四五、一九九六年。
(87) 応地利明『絵地図の世界像』岩波書店、一九九六年。
(88) 村井章介『アジアのなかの中世日本』校倉書房、一九八八年。
(89) 小峯和明「野馬台詩の言語宇宙——未来記とその注釈」『思想』八二九、一九九三年。
(90) 阿部泰郎「『高野物語』の再発見——醍醐寺本巻三の復原」『中世文学』三三、一九八八年。
(91) 伊藤正義校注『謡曲集下』（日本古典集成）新潮社、一九八八年、解題参照。
(92) 松本隆信校注『御伽草子』（日本古典集成）新潮社、一九八〇年。

(93) 荒木繁他校注『幸若舞1』平凡社（東洋文庫）、一九七九年。
(94) 阿部泰郎「『大織冠』の成立」『幸若舞曲研究』第四巻、三弥井書店、一九八六年。
(95) 山口麻太郎『百合若説経』一誠社、一九三四年。福田晃「『百合若説経』と幸若・説経・古浄瑠璃――〈宝競べ〉〜〈忍び入り〉をめぐって」『伝承文学研究』六四、二〇一五年。
(96) 坪内逍遥「百合若伝説の本源」『早稲田文学』一九〇六年二月。

第五章　中世的知の形態

(1) 小峯和明『説話の森――天狗・盗賊・異形の道化』大修館書店、一九九一年（岩波現代文庫、二〇〇一年）。
(2) 阿部泰郎「笑いの芸能史」『聖者の推参――中世の声とヲコなるもの』名古屋大学出版会、二〇〇一年（初出一九九四年）。なお、本章におけるテクストの引用にあたっては『今昔物語集』をはじめ原文が片仮名表記であるものは、あえて全て平仮名に直して表記した。この処理は、読者に、他の『宇治拾遺物語』などと同様な言説の水準において本章が目的とするところの〝説話〟の位相の構造を、分かりやすくとらえてもらうためである。それはまた、本章が扱う課題の言語的水準を示すものでもある。
(3) 阿部泰郎「芸能としての唱導――説経師という芸能者たち」『国文学　解釈と鑑賞』七四、二〇〇九年。
(4) 「今は昔」については、荒木浩「説話の時間と空間」（『説話の講座第一巻　説話とは何か』勉誠社、一九九一年）を参照。同論は後に増補展開されて著書『説話集の構想と意匠――今昔物語集の成立前後』（勉誠出版、二〇一二年）に収められた。
(5) 「説話素体」の概念は、〝説話〟をこれと「説示語句」からなる構造体としてとらえた、今成元昭「説話文学試論」（『論纂説話と説話文学』笠間書院、一九七九年）に拠り、本章ではこれを「物語」と呼ぶ。
(6) 「話末評語」なる術語は、西尾光一『中世説話文学論』（塙書房、一九六三年）に拠る。
(7) 「枠組」の概念は、既成の「枠物語（フレーム・ストーリー）」の術語と、たとえば春日和夫氏の言う説話文についての『今は昔……とぞ語り伝へたる』という「額縁」のなかにはめこまれた絵画そのものと考へることができる」（『説話の語文――古代説話文の研究』桜楓社、一九七五年）という比喩を参考としたものである。
(8) 「けり」については、竹岡正夫「助動詞「けり」の本義と機能――源氏物語・紫式部日記・枕草子を資料として」（梅原恭則編『論集日本語研究7　助動詞』有精堂出版、一九七九年）における、「「けり」の使われている部分は、「物語中の現場」からは他者（別場面・別世界）の「あなたなる」場での事象であることを示す」という認識が適切かつ示唆的であろう。更に「けり」を「純乎たる物語叙述の用語、歴然たる物語《イストワール》の用語である」と論ずる、佐竹昭広「説話の原則――歴史叙述と物語叙述」（『日本文学講座3　神話・説話』大修館書店、一九八七年）が示唆的である。
(9) 島津忠夫「宇治拾遺物語の序文」『中世文学』二八、一九八三年。

(10)森正人「〈場の物語〉としての無名草子」『場の物語論』若草書房、二〇一二年（初出一九八二年）。
(11)藤井貞和『源氏物語の始原と現在』冬樹社、一九八〇年。
(12)『栄花物語』「玉のうてな」「をむかく」巻を中心とする三人の老尼による法成寺巡礼物語は、栄花全体のなかでも半ば独立した「対話様式」による作品的テクストをなしているととらえられる（本書第六章第三節参照）。
(13)山口眞琴『西行説話文学論』笠間書院、二〇〇九年。
(14)美濃部重克「沙石集における『近代ノ事』『髄ナル事』」『南山国文論集』一、一九七六年（『中世伝承文学の諸相』和泉書院、一九八八年所収）。大隅和夫「『沙石集』における「髄かなこと」」『説話文学研究』五二、二〇一七年。
(15)鷲尾順敬編『国文東方仏教叢書』第四巻、東方書院、一九二六年。
(16)注15前掲書所収。
(17)ブライアン・ルパート「聖教に関連する文学研究の今後に向けて」説話文学会編『説話から世界をどう解き明かすのか』笠間書院、二〇一三年。
(18)田中貴子『『渓嵐拾葉集』の世界』名古屋大学出版会、二〇〇三年。
(19)真福寺善本叢刊第二巻『法華経古注釈集』臨川書店、二〇〇〇年。
(20)廣田哲通・阿部泰郎他編『日光天海蔵直談因縁集――翻刻と索引』和泉書院、一九九八年。

第六章　中世的知の様式

(1)大正新脩大蔵経第五二巻所収。
(2)渡邊照宏・宮坂宥勝校注『三教指帰　性霊集』（日本古典文学大系71）岩波書店、一九六五年。本文中に引用した本文は、同書の訓み下しを参考に私に読みやすく改めてある。
(3)この自叙伝的記述は、藤原良房撰『大僧都空海伝』および、『続日本後紀』空海薨伝の「三教論」より引用される部分との一致が注目される。また、後世に展開する大師信仰や真言宗の秘事説・縁起説、ひいて空海伝の源泉となった『御遺告』の拠ともなっている。
(4)『三教指帰』の注釈には、古く、成安撰『三教指帰注集』（長承三年（一一三四）写）、藤原敦光撰『三教勘注抄』、覚明撰『三教指帰注』などがあり、寺家と博士家の双方においてなされていたことが知られる。
(5)真福寺善本叢刊第九巻『中世高野山縁起集』臨川書店、一九九九年所収（本章第二節を参照）。
(6)『三宝絵』の伝本には、平仮名表記の関戸家本・片仮名交り表記の観智院本のほかに、漢文（真名）表記の醍醐寺本があり、これは中世に寺家で真名本化して用いられたものと推定される。小泉弘・高橋伸幸編『三本対照三宝絵諸本集成』笠間書院、一九八二年。

（7）松村博司校注『大鏡』（日本古典文学大系21、岩波書店、一九六〇年）の底本である東松本（鎌倉時代写）。

（8）『今昔物語集』巻第十五「始雲林院菩提講聖人往生語第二十二」がその縁起と思われ、寛和年間（九八五〜九八七）以降、三月二十一日を恒例として法華経が講説された。なお『宇治拾遺物語』五十八話の同話では「東北院」とする。

（9）森正人「大鏡〈物語の場〉と法華経」『場の物語論』若草書房、二〇一二年（初出一九九〇年）。

（10）太田晶二郎「上代に於ける日本書紀講究」『太田晶二郎著作集』第三巻、吉川弘文館、一九九二年（初出一九三八年）。

（11）道長の仏教信仰、とりわけ金峯山参詣・高野山参詣・法隆寺以下南都七大寺参詣の事跡（『扶桑略記』）などが、弥勒の世という認識や大師・太子再誕説に対応する可能性がある。一方、道長治政下でそれぞれ寺から「出現」した高野山や天王寺の「御手印縁起」も、道長神聖化を意図した寺家側からの働きかけであろう。

（12）小峯和明「大鏡の語り――菩提講の意味するもの」『院政期文学論』笠間書院、二〇〇六年（初出一九八六年）。

（13）阿部泰郎「芸能としての唱導――説経師という芸能者たち」『国文学　解釈と鑑賞』七四―一〇、二〇〇九年。

（14）注12小峯前掲論文に論及される『宇治拾遺物語』第五十七話「石橋の下の蛇の事」は、異類までも救済する菩提講の功徳を説く霊験譚として、雲林院をめぐって展開した唱導を想像させる。

（15）能勢朝次『能楽源流考』岩波書店、一九五五年。ただし近年の研究ではこれを仮託書として南北朝以前の成立と考えられている。落合博志「資料紹介『法華五部九巻書』」『芸能史研究』一〇九、一九九〇年。

（16）本章第二節参照。

（17）森下純昭「大鏡研究の動向」『歴史物語講座第三巻　大鏡』風間書房、一九九七年。なお、林屋辰三郎『中世芸能史の研究』岩波書店、一九六〇年、第一部第一章第三節「御賛と芸能」に基本的な指摘がなされている。

（18）山内益次郎「今鏡に於ける源氏物語論」『今鏡の研究』桜楓社、一九八〇年。海野泰男「今鏡の源氏物語論――〈作り物語のゆくへ〉」『常盤国史』六、一九八一年。

（19）本章第三節参照。

（20）阿部泰郎「中世における〝日本紀〟の再創造――『春秋暦』から『秋津嶋物語』へ」『中世文学』四二、一九九七年。同『日本紀』は中世に如何に読まれたか――『秋津嶋物語』を読む」『古事記日本書紀必携』別冊国文学、一九九五年。

（21）小泉弘・山田昭全校注『宝物集　閑居友　比良山古人霊託』（新日本古典文学大系40）岩波書店、一九九三年。

（22）山口眞琴『西行説話文学論』笠間書院、二〇〇九年。

（23）仏説五王経は、湛然『法華文句記』に「往詣仏所」の釈として引かれ、中世の法華経直談や唱導書のなかに散見する（栄心『法華経直談鈔』・『直談因縁集』・能信写『肝心集』等）。

（24）注21前掲書、山田昭全解説。

（25）森正人『場の物語論』若草書房、二〇一二年、「無名草子〈物語の場〉の構造」（初出一九七八年）、「〈場の物語〉としての無名草子」（初出一九八二年）、「無名草子の老尼」（初出一九八八年）。
（26）岩佐美代子『校注文机談』笠間書院、一九八九年。同『文机談 全注釈』笠間書院、二〇〇七年。
（27）馬淵和雄他「高野物語巻一〜二」『言語と文芸』四九〜五五、一九六六—六七年。
（28）長谷宝秀編『弘法大師伝全集』六大新報社、一九三四年。
（29）阿部泰郎「『高野物語』の再発見——醍醐寺本巻三の復原」『中世文学』三三、一九八八年。
（30）小島鉦作「通海僧正事蹟考」『伊勢神宮史の研究』吉川弘文館、一九八五年（初出一九二八年）。久保田収『中世神道の研究』神道史学会、一九五九年。黒川典雄・桜井治男編『太神宮参詣記』（神道資料叢刊二）皇学館大学神道研究所、一九九〇年。
（31）寺崎修一「野守鏡考」『文化』二—二、一九三五年。福田秀一『中世和歌史の研究』角川書店、一九七二年。
（32）梅津次郎「天狗草紙考察」「魔仏一如絵詞考」『絵巻物叢誌』法藏館、一九七二年。高橋秀栄「『七天狗絵』の詞書発見」『文学』（隔月刊）四—六、二〇〇三年。中世禅籍叢刊第七巻『禅教交渉論』臨川書店、二〇一六年所収、原田正俊解題。
（33）阿部泰郎「天狗——〝魔〟の精神史」『国文学』四四—八、一九九九年。本書第十二章参照。
（34）南北朝期には、『峯相記』参詣通夜物語が播州における鎌倉末期の「悪党」の活動を描き幕府滅亡の背景を示して一篇を締めくくり、南北朝末期の亮海『諸国一見聖物語』が至徳四年の洛中法華寺院の破却を契機に成立した消息を識語に記す。室町後期には『旅宿問答』が上杉禅秀乱を中心とした東国の関東公方の内訌と争乱を物語る。しかし、これらの歴史的事件が、各対話様式テクストの中心的な主題とする諸宗論や寺社勢力の縁起や歴史、地理的な布置を説明しようと企てることとの緊密な照応はみられない。
（35）米田真理子「文学史からみた『妙貞問答』」末木文美士編『妙貞問答を読む——ハビアンの仏教批判』法藏館、二〇一四年。
（36）森正人氏は物語を語り聞く〈場〉への視点を中心に中古・中世の古典作品を把握し「場の物語」と名付けて論ずる。注25参照。
（37）注12前掲論文。
（38）京都大学国語国文資料叢書第二十九所収（臨川書店、一九八一年）。
（39）大神宮叢書『神宮参拝記大成』神宮宮庁、注30前掲書参照。
（40）『神道大系・文学編・参詣記』所収。康応元年（一三八九）姉小路元綱作。
（41）注29前掲論文においては、その構成が法花経の教相判釈と深く関わっていることを指摘したが、それを対話様式による各テクスト全体に無媒介に適用することはできない。但し、『桂川地蔵記』の結びが（石地蔵を礼拝する四句偈頌の後）「聞《キヽ》ニ此ノ偈一ヲ、已一-会緇素《シソ》、異-口同-音ニ称-名讃-嘆、信-受奉-行作レ《シテ》礼而去ヌ」と、経典の形式に則しているのは、同書の後半が和朝における地蔵利益を説く宗教テクストであることに拠るものとして例外的な享受利用である。高橋忠彦他、古辞書研究会編『尊経閣文庫本桂川地蔵記——影印・訳注・索引』八木書店、二〇一二年。

(42) その状況を知る好例としては、後述する仁和寺の守覚による『右記』等の御記類が挙げられる。その「童形等消息事」、また彼の著作になる『釈氏往来』等が参照される。

(43) 中世の学僧が関与したテクストの諸領域の全体像を示す一例として、東大寺宗性の書写した典籍・聖教が参照される。平岡定海編『東大寺宗性上人之研究并史料』丸善出版部、一九六三年(臨川書店再刊、一九八七年)。

(44) 門跡寺院における記録類の集成としては、慈円の著述を多く編入する青蓮院尊円による『門葉記』(大正新脩大蔵経図像部第十二巻所収)がその好例である。

(45) 硲慈弘『日本仏教の開展とその基調』下、一九四八年所収「中古日本天台の研究」「中世比叡山に於ける記家と一実神道の発展」参照。その典型として、光宗による『渓嵐拾葉集』が参照される。

(46) 叡山文庫天海蔵聖教。義源著『山家要略記』七冊本のうち一冊。久保田収『中世神道の研究』一九五九年、第三章一節参照。山本ひろ子「説話のトポス——中世叡山をめぐる神話と言説をめぐって」『説話とは何か』(説話の講座1)勉誠社、一九九一年。小川豊生「新羅征討説話と記家の言説——『扶桑古語霊異集』瞥見」『説話文学と漢文学』(和漢比較文学叢書第十四巻)汲古書院、一九九四年。

(47) こうした方法を核とした聖教典籍の体系が網羅的に展望される貴重な例に、明恵の教学を中心とする高山寺聖教がある(『高山寺資料叢書』とりわけ『高山寺経蔵古目録』一九八五年参照)。

(48) 中世後期の例であるが天台の法花経直談の注釈にその典型がみられる。廣田哲通『中世仏教説話の研究』勉誠社、一九八七年、第五章「直談系の法華経注釈書とその周辺」参照。

(49) 事相関係の集成・類聚書として、東密では『覚禅抄』、台密では『阿娑縛抄』が同じく鎌倉初期に成ってその頂点に位置する。

(50) 大正新脩大蔵経第七十八巻所収。

(51) 守覚の問と師勝賢の答とから成る、しかも消息体による仮名交りの文体で『野決』十二巻およびその具書から成る秘伝書群はその事相書の典型であり、かつ最も多岐にわたる大規模な宗教テクスト体系を成している。阿部泰郎「書かれたものとしての神道——密教聖教の中の神祇書」(『中世日本の宗教テクスト体系』名古屋大学出版会、二〇一三年、初出二〇〇七年)参照。

(52) 上述した研学のための論義問答の場として慈円が創始した天台勧学講が注目される。「天台勧学講縁起」(『門葉記』第九一(勤行二)所収)。以下、『愚管抄』の引用は日本古典文学大系本に拠り、私に読みやすく訂して記した。

(53) 慈円の著作聖教の多くに自問自答の門答体による論述が見いだされる。慈円の密教聖教は『續天台宗全書』密教3に収録。

(54) 山﨑誠「真俗交談記考——仁和寺文苑の一考察」『国語と国文学』五八、一九八一年。のちに堀川貴司氏により、その仮構の可能性が指摘され、必ずしも全てが守覚の自撰に帰せられないことが指摘された。

(55) 守覚の著作として知られるものについては、和田英松『皇室御撰の研究』の守覚法親王の項に挙げられるほか、仁和寺紺表紙小双紙研究会『守覚法親王の儀礼世界』勉誠出版、一九九五年。阿部泰郎・山崎誠編『守覚法親王と仁和寺御流の文献学的研究』勉誠出版、一九九八年。また、『秘抄』の成立状況について、静遍の『三宝院流伝受目録』（大日本史料元仁元年四月二十日条所載）に興味深い記述がみえる。

（56）大正新脩大蔵経第七十八巻所収。

（57）注56前掲書。

（58）『御記』（北院御室拾要集）末尾参照。

（59）真福寺善本叢刊第九巻『中世高野山縁起集』臨川書店、一九九九年所収。

（60）高山寺調査団編、高山寺資料叢書『高山寺経蔵典籍文書目録第四』（東京大学出版会、一九八一年）に拠る。

（61）丙本の高山寺本は、目録にこの奥書について言及がない。

（62）この、対話者が行方をくらまして姿をかくすのは、『大鏡』以来の対話様式のひとつの約束事のごとくであり、『帰命本願鈔』の語り手の老僧が真如堂より朝露のなかに姿を消し、続編の『西要鈔』で再び嵯峨清涼寺礼堂に登場するように、それは、それぞれの本尊生身弥陀と生身釈迦の化身という含意をはらんでいる。

（63）『続古事談』（建保六年、一二一八年）巻四の石間寺条は、建久二年（一一九一）信観写『石間寺縁起』（『阿娑縛抄諸寺略記』石間寺項はその抄出）を元に再構成したもの。「巌間寺正法寺といふ、山城国宇治郡上醍醐の奥、笠取山の東の峯也」として泰澄の修行創建を説き、「日本第三の霊験所」という。三井寺叡効の捨身行霊験譚も記す。神戸説話研究会編『続古事談注解』和泉書院、一九九四年。

（64）石間寺が『聞持記』著作の当時に霊験所であった消息は、醍醐寺三宝院聖教『一切葉（業）集』（四四五函一七号、室町後期重賀写本、建保三年（一二一五）尊恵本奥書、治承二年（一一七八）法性寺にて書かれた旨の著作識語を有し、付載されたその「裏日記」に拠る）巻三本奥書著者識語にみえる。著者は承安二年（一一七二）六月に「石間礼堂」で夢中に「太上法皇（後白河院か）」より「円護」を賜り、「桂入道」光頼と共に堂内でこれを開き拝見すると五指量愛染王像であり、この御仏は院の護《まもり》として長く貴房に安置するようにと告げられ持《つ》つと見て覚めた。また七月にも同所で後夜の夢に、卒塔婆建立の木のなかより龍脳香を得て、座主の不可説の霊香と言うに従い紙に裹むと見て覚めた、という。後白河院や藤原光頼が登場する点で記主には醍醐寺の勝賢が想定される。しかし、石間寺礼堂の霊験所としての宗教空間について示唆的である（文化庁編『醍醐寺聖教類目録』九、二〇一〇年。

（65）乙本奥書によれば、この批判の的となった人物に成蓮房兼意を比定している。覚印の批難した『諸尊別行』ないし『道場要集』の著者としての兼意の事績はいま定かにしがたいが、前者は高山寺聖教にその存在が確認され（第一目録九八頁）、またこれと関連する書とおぼしい『諸尊末上・下』二帖並びに『諸尊略上・中・下』三帖には兼意抄出を伝える奥書が記される。更に、覚印の唯一の付法に常喜院心覚が居る（応保二年六月十七日に受法『血脈類集記』巻六）。彼は守覚とも関わりが深く、先述の『真俗交談記』また『真俗擲金記』にも登場するが、彼はまたそれより先の保元元年兼意にも受法した。あるいはこうした事情も本書の述作に関係するかもしれない。

（66）『大鏡』の本文は東松本に拠る。ただし、板本系の増補部分のうち、末尾に付加された「二の舞の翁の物語」の冒頭には「皇后宮の大夫殿書つかはれたる夢也」とあって、東松本において厳密に守られていた約束事は無視されている。

（67）いわゆる地の文ないし草子地を担う主体であるこの聴き手を、『大鏡』作者の分身として、筆記者もしくは記録者ととらえるのが『大鏡』研究の上では一般的な見解のようである。近年の論考では小峯和明「大鏡の語り――語り手と筆記者の位相」（『日本文学』三七―一、一九八八年）や稲垣智花「『大鏡』の「語り手」と「聴衆」――「記録者」をめぐって」（『中古文学』四五、一九九〇年）などが挙げられるが、本章はこの自明に見える前提を再考するところから出発している。そのような前提はあまりにも先験的に過ぎよう。また、いわゆる〝作者〟とこの聴き手の存在とを峻別すること（これについては先の小峯論文に指摘がある）も必要であろう。

（68）『増鏡』には、老尼による〝語り〟のなかにも、「さのみは記しがたし」とか「書きつくしがたし」など記述における省筆の辞を加えており、これは仮構の〝語り〟の統一性を破壊する所為と見えるが、この序における〝書くこと〟と併せみれば、〝語り〟が再び〝書かれた〟次元における言辞ととらえることもできよう。

（69）山口眞琴「撰集抄――中世説話集の〈書くこと〉をめぐって」『西行説話文学論』笠間書院、二〇〇九年（初出一九九二年）。

（70）山口眞琴は注69前掲書において、はじめから西行をその作者として仮託する『選集抄』の独自な構想を分析し、文学史の上で普遍化を試みている。

（71）この童蒙の口伝という枠組のみは、院政期の唱導口伝書である『転法輪秘伝』（醍醐寺三宝院蔵・鎌倉写本）の問答体による設定にも意識されている。馬淵和夫・田口和夫「翻刻・醍醐寺蔵『転法輪秘伝』」醍醐寺文化財研究所『研究紀要』一八、二〇〇〇年。

（72）森正人、注25前掲の各論参照。

（73）田渕句美子「『無名草子』の作者像」『国語と国文学』八九―五、二〇一二年。同「『無名草子』の視座」『中世文学』五七、二〇一二年。

（74）藤田経世編『校刊美術史料』中巻、中央公論美術出版、一九七五年。

（75）一例を挙げれば、巻十七に登場する、法成寺供養の試楽の日の見物にあらわれる「七八十の嫗・翁、杖ばかりを頼しきものに出で立ちたる様ども」の「あやしの者ども」「このえもいはぬ老者ども」のなかに、『大鏡』の繁樹も立ち交っていたらしい。巻五の彼の詞「おのれは大御堂の供養の年の会の日は、人いみじう払ふべかめりとき〻しかば、試楽といふこと三日かねてせしめたまひしになん参りて侍りし」の言は、『栄花物語』のかの描写をふまえたか。

(76)森正人「大鏡〈物語の場〉と法華経」（注25前掲書所収）は、より踏み込んでその構造上の深い関係を考察している。

(77)空海自筆（草稿）本として伝わる異本『聾瞽指帰』の序は文章が全く異なるが、引用部分の、仮構の五人を創り出して立ち働かせ、その上で「一巻」を「勒」すという箇所は重なり近似する。ただし、それにはいかにも空海を想わせるような自伝的部分は全く見えず、修辞はより晦渋難解であり、その「余」は一層抽象的な存在である。

(78)加えて、守覚法親王による『真俗交談記』『真俗擲金記』もその一類といいうるが、これについては、注54前掲論文、および山崎誠「秘説の興宴——真俗交談記・真俗擲金記」『日本文学』三七—六、一九八三年を参照。

(79)馬淵和夫他「『高野物語』——翻印」『言語と文芸』四九〜五五、一九六六〜六七年。麻原美子「『高野物語』覚え書」『言語と文芸』五八、一九六八年。注29前掲論文。

(80)鷲尾順敬編『国文東方仏教叢書　法語部』名著普及会、一九七八年。

(81)中世仏教テクストの中での対話様式による著作には、了誉聖冏『鹿嶋問答（破邪顕正鈔）』（続群書類従・浄土宗全書所収）浄土系の対話様式による仮名法語テクスト『慈巧上人往生極楽問答』・『熊野教化集』（共に『真宗史料集成第五巻談義本』同朋舎、一九八三年所収）などがある。

(82)島津忠夫「宇治拾遺物語の序文」『中世文学』二七、一九八二年。小峯和明「宇治拾遺物語の〈宇治〉の時空——序文再考」『日本文学』三七—六、一九八八年。

(83)絵巻の画中に〝絵を描くこと〟をあらわす絵師の作為は、鎌倉末から南北朝にかけての絵巻作品の中で、たとえば『絵師草紙』（三の丸尚蔵館蔵）における絵師の子弟の画の手習いの場面、また『慕帰絵』（西本願寺蔵）において、覚如が絵師に指示して親鸞伝絵を描かせている場面などが想起されるが、これらと『信貴山縁起』の〝書く〟老僧の姿とではやはり大きな懸隔がある。

(84)木村紀子「四鏡の設定した語り手」（『書《ふみ》と声わざ——『宇治大納言物語』生成の時代』清文堂、二〇〇五年、初出一九八一年）は、『大鏡』等の〝語り〟を書記言語（文字文化）と拮抗する口頭言語に属すことばの世界を担ったものとして、それぞれの緊張の位相に精神史上の変化をみようとする。ただし、木村論文でも『大鏡』の例の聴き手をやはり筆録者ととらえている。

第七章　中世的知の集成

(1)和田英松『皇室御撰之研究』明治書院、一九三三年。

(2)仁和寺紺表紙小双紙研究会編『守覚法親王の儀礼世界——仁和寺蔵紺表紙小双紙の研究』勉誠社、一九九五年、本文篇所収。

(3)注2前掲書所収。阿部泰郎「守覚法親王「紺表紙小双紙」金沢文庫本をめぐりて」『金沢文庫研究』二九四、一九九五年参照。

(4)奈良国立文化財研究所編『仁和寺史料　寺誌編一』一九六四年所収。

(5)注2前掲書所収。阿部泰郎「守覚法親王と紺表紙小双紙」第一章四節参照。

(6)山崎誠「岩瀬文庫蔵『表白御草』翻印と紹介」『国書逸文研究』一〇、一九八〇年。
(7)牧野和夫「鎌倉初・前期成立十二巻本「表白集」伝本の基礎的調査とその周辺(一)――「類聚」ということ」『実践国文学』三五、一九九二年。
(8)注5前掲拙稿、第一章五節参照。
(9)京都国立博物館編『大覚寺の名宝』展図録、一九九二年所収。
(10)阿部泰郎・山崎誠編『守覚法親王と仁和寺御流の文献学的研究』勉誠社、一九九八年。
(11)山崎誠「『釈氏往来』考」『国文学研究資料館紀要』一九、一九九三年。
(12)注2前掲書、付録資料集所収。
(13)注5前掲拙稿、第四章参照。
(14)山崎誠「真俗交談記考――仁和寺文宛の一考察」『国語と国文学』五八―一、一九八〇年。同「秘説の興宴――真俗交談記・真俗擲金記」『日本文学』三九―六、一九八八年。
(15)注1和田前掲書、および注10前掲書資料篇参照。
(16)『参語集』巻二「伽陀事」。鷲尾順敬編『国文東方仏教叢書』随筆部(名著普及会、一九七八年)所収。
(17)『梁塵秘抄口傳集』巻十二・十三、『新訂 梁塵秘抄』岩波文庫、一九七一年。
(18)『體源抄』巻九・十ノ上、羽塚啓明編『日本古典全書』所収。
(19)太田晶二郎「「桑華書志」所載「古蹟歌書目録」」『日本学士院紀要』一二―三、一九五四年。注14山崎前掲論文、および千草聡「守覚法親王略年譜――和歌活動の面を中心に」『筑波大学平家部会論集』三、一九九二年参照。
(20)橋本進吉「法橋顕昭の著書と守覚法親王」橋本進吉博士著作集第一二冊『伝記・典籍研究』岩波書店、一九七二年。
(21)注16前掲書。巻三「佛事次第事」「堂達事」「講演作法并唄合殺梵音等事」、巻四「阿闍梨修法事」、巻五「四度并灌頂加行事」「十八道次第事」「結縁灌頂小阿闍梨次第事」等を参照。
(22)牛山佳幸「「賜綱所」と「召具綱所」――仁和寺御室の性格究明への一視点」『古代中世寺院組織の研究』吉川弘文館、一九九〇年参照。
(23)所功『平安朝儀式書成立史の研究』国書刊行会、一九八五年。なお、先駆研究として、和田英松『本朝書籍目録考證』(一九三五年)および『故実叢書』参照。
(24)注23所前掲書、九一三頁。
(25)『富家語』には、忠実の口伝を介して記述された最も単純にして端的な〝次第〟の例がある。「仰云。持参御遊具時、先笛筥、次持参絃(下略)」。

(26) 藤原宗俊『除目次第』（一一〇三年）、源俊明『御賀次第』（一一一二年）、藤原師長『白馬節会次第』（一一九一年）、藤原定家『釈奠次第』（一二一〇年）等（注23前掲書に拠る）。

(27) 『続群書類従』巻九百六十九（第三十三輯上）所収。

(28) 唱導の〝道〟の最大の〝家〟となった安居院においても、各種の唱導文献の類聚が営まれたが、そのうち最大の規模をもつ『転法輪鈔』（聖覚の編と推定される）は、金沢文庫に釼阿の書写になるその目録が伝来する。その原本は建長二年（一二五〇）に仁和寺で書写されたものであった（『安居院唱導集　上巻』角川書店、一九七五年所収）。その八部八百帖余に及ぶ類聚のうち、第六のなかに、「一結次第等」があり、帝王次第・女院斎宮斎院次第・天台座主次第・官位相当・惣持院供養・法金剛院供養次第・吉事次第・本文要句抄・擬表・謝山梁園・無常導師作法・帝王等・百官唐名などの各帖が含まれ、いわゆる系譜歴名の〝次第〟と仏事法会の〝次第〟および要文・文例集などが混在した、〝次第〟の多義性がそのまま反映される形である。また、時代が降って信承の『法則集』（一二九八、同書所収）は、唱導のための仏事法会の口伝を含んだ便覧というべきテクストであるが、その内題は「法則次第」である。

(29) 山崎誠『江都督納言願文集注解』塙書房、二〇一〇年。

(30) 真福寺善本叢刊第一巻『法儀表白集』所収（小島裕子解題）臨川書店、二〇〇六年。

(31) 集大成と位置づけられるのが『法守法親王曼荼羅供次第』（仁和寺自筆本は『法則勘例』続群書類従所収）である。

(32) 以上の歌学書については、引用を含め、全て『日本歌学大系』に拠った。寺家側においては、大伝法院の頼瑜（一二二六～一三〇四）が、『真俗雑記問答抄』に「和歌合次第」を含む和歌故実とその次第を載せており、この面での両者の交流が明らかである。

(33) 菊地仁「〈歌合〉〈歌会〉の場」『国文学』三二―七、一九八七年。

(34) 宮内庁書陵部編、図書寮叢刊『伏見宮旧蔵楽書集成一』一九八九年。

(35) 阿部泰郎「芸能王の系譜」『天皇と芸能』（天皇の歴史10）講談社、二〇一一年。

(36) 以下に引用する楽書については、全て群書類従に拠った。

(37) 『群書類従』管絃部、巻第三百四十四（第十九輯）。

(38) 『群書類従』管絃部、巻第三百四十三（第十九輯）。

(39) 注16参照。

(40) 琵琶灌頂の伝授の次第と対応する伝授の際の楽譜類は、『伏見宮旧蔵楽書集成三』（宮内庁書寮部編、明治書院、一九九八年）に収録される。

(41) 漢籍における「次第」の用例を『大漢和辞典』に拠って挙げるならば、『漢書』燕刺王旦伝「旦自以次第当立」。『後漢書』第五倫伝「以次第為氏」。『南史』梁元帝紀「置読書左右、番次上直、昼夜為常、常眠熟大鼾、左右有睡、読失次第、或偸巻度紙、帝必驚覚、更令追読」等が参考となる。

(42)『興福寺維摩会研学竪義講師次第』等がその一例である。

(43) 一例として、『古今著聞集』における〝次第〟の用例を挙げて、その公事や儀式の各領域における意味の範疇をうかがう(引用は古典文学大系本に拠った)。

〔神祇〕(北野宰相輔正) 彼卿宰府のあひだ、(安楽寺の) 寺家の佛神事の儀式、寺務のあるべき次第など、くはしく記し置かれて、「三巻書」と名付けて、宝蔵におさめて、いまにつたはれり。

〔公事〕内宴は、弘仁年中にはじまりたりけるが、長元より後、絶えておこなはれず、保元三年正月廿一日におこしおこなはるべきよし、沙汰ありける(中略)。次第のことゞも、ふるきあとを尋ねておこなはれけり。

〔管絃歌舞〕同(延長) 七年三月廿六日、踏歌後宴のまけわざ、次第の事どもはてゝ、御遊ありけり。

〔飲食〕順徳院の御時、新蔵人源邦時、分配をしける。極﨟以下、下侍にて、次第の事どもおこなひけり。

後三者の例は、何れも右の「次第の事ども」の後における御遊や披講など遊宴の際の逸事を記すことが、それぞれ一話の本体というべきものであり、却って「次第の事」の位相が明らかである。

(44) 小林保治他編『能・狂言図典』小学館、一九九九年。

(45) 阿部泰郎編『説話の場——唱導・注釈』勉誠社、一九九三年。

(46) 堀一郎「我国の学僧教育について」『印度学仏教学研究』一、一九五二年。同著作集第三巻『学僧と学僧教育』未来社、一九七八年。

(47) 平岡定海『東大寺宗性上人之研究并史料』臨川書店、一九八八年(初版一九六三年)。

(48) 永井義憲「覚鑁『真言宗談義聴聞集』の説話——平安末期高野山教団内の説話資料」『日本仏教文学研究』第三集、新典社、一九八五年(初出一九六七年)。藤井佐美『真言系唱導説話の研究——付・翻刻　仁和寺所蔵『真言宗打聞集』』三弥井書店、二〇〇八年。

(49) 田中貴子『『渓嵐拾葉集』の世界』名古屋大学出版会、二〇〇三年。

(50) 山崎誠「学侶と学問」注45前掲書所収。

(51) 永村眞『中世寺院史料論』(吉川弘文館、二〇〇一年) は、寺院における「聖教」の史料性を調査にもとづいて体系的に論じた、歴史学からの方法論の提示である。更に、上川通夫『日本中世仏教史論』(吉川弘文館、二〇〇八年) も参照。

(52) 高山寺典籍文書綜合調査団編『高山寺資料叢書』東京大学出版会、一九七二〜二〇〇七年。同編『高山寺経蔵典籍文書目録　完結篇』汲古書院、二〇〇七年。

(53) 安田彰編『鈴鹿本今昔物語集——影印と考証』京都大学学術出版会、一九九七年。

（54）釼持雄二「唱導資料としての『類集抄』について」『講座平安文学論究４』風間書房、一九八七年。原田信之「『今昔物語集』と『三国伝燈記』――南都法相系成立説の一徴証」『唱導文学研究』第一集、三弥井書店、一九九六年。
（55）中世初頭に平安末期までの南都教学を継承したのは興福寺では貞慶であるが、その法相教学と唱導の両面を説話から総合的にとらえる研究は未だ提示されていない。一方、同時代の東大寺の弁暁については、称名寺聖教に伝えられたその唱導文献の全体が紹介された。神奈川県立金沢文庫編『称名寺聖教 尊勝院弁暁節草――翻刻と解題』勉誠出版、二〇一三年。
（56）筆者が関与した「資料学」および中世文学・説話文学に関する研究史とそのなかで提起された課題の探究は、中世文学会創設50周年記念シンポジウム「中世文学研究の過去・現在・未来」「第一部「中世文学と資料学」――学問注釈と文庫をめぐる」（中世文学会編『中世文学研究は日本文化を解明できるか』笠間書院、二〇〇六年）、更に、説話文学会設立50周年記念シンポジウム（第二セッション）「説話と資料学、学問注釈――敦煌南都・神祇」（説話文学会編『説話から世界をどう解き明かすのか』笠間書院、二〇一三年。阿部泰郎シンポジウム総括報告「寺院資料調査研究と中世文学研究」『中世文学』五六、二〇一一年。阿部泰郎編『中世文学と寺院資料・聖教』（中世文学と隣接諸学第二巻）、竹林舍、二〇一〇年）などを参照。
（57）山崎誠「秘説の饗宴――真俗交談記・真俗擲金記」『日本文学』三七―六、一九八八年。
（58）注２前掲書。
（59）注10前掲書。
（60）土屋恵「中世初頭の仁和寺御流と三宝院流――守覚法親王と勝賢・請雨経法をめぐって」注10前掲書、論文篇所収。
（61）横内裕人「仁和寺と大覚寺――御流の継承と後宇多院」注10前掲書、論文篇所収。
（62）福島金治「仁和寺御流の鎌倉伝播――鎌倉佐々目遺身院とその役割」注10前掲書、論文篇所収。
（63）神奈川県立金沢文庫編『仁和寺御流の聖教――京・鎌倉の交流』一九九八年。
（64）阿部泰郎・山崎誠・福島金治編『守覚法親王と仁和寺御流の文献学的研究　資料編金沢文庫御流聖教』勉誠出版、二〇〇〇年。
（65）阿部泰郎「仁和寺御流聖教における密教図像――「故御室折紙」と「密要鈔」」真鍋俊照編『仏教美術と歴史文化――真鍋俊照博士還暦記念論集』法蔵館、二〇〇五年。
（66）神奈川県立金沢文庫編『よみがえる鎌倉の学問』二〇〇六年。
（67）永井義憲・清水宥聖編『安居院唱導集　上巻』角川書店、一九七二年。
（68）注67前掲書所収。
（69）阿部泰郎・松尾恒一編『中世儀礼テクストの総合的研究――田中譲旧蔵『転法輪鈔』を中心に』国立歴史民俗博物館研究報告第一八八集、二〇一七年。
（70）西岡芳文「金沢文庫の唱導資料と調査の概要」『仏教文学』二五、二〇〇一年。金沢文庫特別展図録『仏教説話』一九九七年、同『仏教説話の世界』二〇一五年。
(71) 西岡芳文・阿部美香「称名寺聖教・堪睿伝領本『上素帖』について」『金沢文庫研究』三二六、二〇一一年。
(72) 阿部泰郎「仁和寺本『釈門秘鑰』翻刻と解題」国文学研究資料館『調査研究報告』一七、一九九六年。
(73) 山崎誠「東大寺図番館蔵宗性写『転法論鈔』解題と翻刻」国文学研究資料館『調査研究報告』一八、一九九七年。阿部泰郎「中世宗教思想文献の研究(二)」『名古屋大学文学部研究論集』一九八、一九九七年。注63前掲書。
(74) 奥書「已上見在書合点了、建長二年六月廿二日、於仁和寺、虫払之次勘定之、無合点書等可尋之云々」(注67前掲書)。
(75) 第十二章注9参照。
(76) 原田正俊「『天狗草紙』にみる鎌倉時代の仏法」『日本中世の禅宗と社会』吉川弘文館、一九九八年(初出一九九四年)。本書第十二章も参照。
(77) 中世禅籍叢刊第四巻『聖一派』、第十一巻『聖一派 続』(臨川書店、二〇一五年)に真福寺大須文庫における安養寺流聖教の全体像を収録。
(78) 名古屋大学人類文化遺産テクスト学研究センター(CHT)では、真福寺に伝来収蔵される古典籍を採訪し、その上で全聖教の網羅的な調査に取り組んでいる。その前史は長く、既に昭和初期に、東京大学の黒板勝美博士により、真福寺聖教・古文書の悉皆調査と整理が行われ、総目録が完成されている。その成果が『真福寺善本目録』(一九三五年)および『(同)続輯』(一九三六年)の二冊である。CHTの調査は、いわばこれを継承するもので、将来的には全点のデジタル・アーカイヴス化と新たな総目録の作成が目指されている。現在までの成果は、国文学研究資料館編『真福寺善本叢刊』として公刊された。同書には、日本学術振興会の科学研究費による真福寺聖教・典籍に関する調査と研究により解明された文献が収録されている。その過程で、あらためて真福寺聖教の全体像を、その形成主体である学僧の活動に則して、生成的かつ体系的にとらえることが可能となった。
(79) 阿部泰郎「真福寺聖教の形成と頼瑜の著作」三派合同記念論集編集委員会編『新義真言教学の研究——頼瑜僧正七百年御遠忌記念論集』大蔵出版、二〇〇二年。
(80) 真福寺善本叢刊第一巻『真福寺古目録集』臨川書店、二〇〇〇年。山崎誠解題参照。
(81) 真福寺善本叢刊第三巻『説経才学抄』臨川書店、一九九八年。
(82) 真福寺善本叢刊第二期第一巻『真福寺古目録集二』臨川書店、二〇〇五年。
(83) 称名寺聖教(金沢文庫寄託)『説法明眼論』文永五年(一二六八)写本は、鈴木英之『中世学僧と神道』(勉誠出版、二〇一三年)に翻刻収録。
(84) 大島薫「安居院澄憲草『法華経品釈』管見」『金沢文庫研究』三〇〇、一九九八年。
(85) 真福寺善本叢刊第二巻『法華経古注釈集』臨川書店、一九九九年。

(86)真福寺善本叢刊第四巻『中世唱導資料集』臨川書店、二〇〇〇年。同第二期第四巻『中世唱導資料集二』臨川書店、二〇〇八年。
(87)注55前掲書。
(88)真福寺善本叢刊第二期第八巻『伊勢神道集』臨川書店、二〇〇六年、阿部泰郎解説参照。
(89)伊藤正義「九世戸縁起――謡曲『九世戸』の背景」『叙説』一二、一九七九年。牧野和夫「『日本記抄』翻印・略解――『日本記三輪流』系神祇書の一伝本」『日本中世の説話・書物のネットワーク』和泉書院、二〇〇九年(初出、一九九七年)。阿部泰郎「日本記三輪流」解題、真福寺善本叢刊第七巻『中世日本紀集』臨川書店、二〇〇〇年。
(90)神奈川県立金沢文庫特別展示図録『金沢文庫の神道資料』一九九六年所収
(91)真福寺善本叢刊第七巻『中世日本紀集』臨川書店、一九九九年。
(92)稲葉伸道「尾張国真福寺の成立――中世地方寺院の一形態」科学研究費研究成果報告書『室町時代における幕府と王朝の寺社政策』、二〇〇一年。
(93)阿部泰郎「室町時代の一律僧の生涯――『鎮増私聞書』をめぐりて」『春秋』三一三・三一四・三一六、一九九〇年。田中貴子『室町お坊さん物語』講談社現代新書、一九九九年。
(94)シンポジウム「天台談義所の学問と交流――成菩提院の聖教を中心に」『仏教文学』三一、二〇〇五年。
(95)注85前掲書所収。
(96)阿部泰郎・田中貴子・小林直樹・近本謙介・広田哲通共編『日光天海蔵直談因縁集　翻刻と索引』和泉書院、一九九八年。
(97)真福寺善本叢刊第九巻『類聚神祇本源』臨川書店、二〇〇四年、阿部泰郎解説。
(98)真福寺善本叢刊第二期第一巻『真福寺古目録集二』臨川書店、二〇〇五年、近本謙介解題。
(99)横内裕人『日本中世の仏教と東アジア』塙書房、二〇〇八年。
(100)名古屋市博物館編、阿部泰郎監修『大須観音――いま開かれる奇跡の文庫』二〇一二年。
(101)真福寺善本叢刊第二期第七巻『往生伝集』臨川書店、二〇〇四年。
(102)真福寺善本叢刊第十巻『熊野金峯大峯縁起集』臨川書店、一九九八年。
(103)真福寺善本叢刊第二期第四巻『中世唱導資料集二』臨川書店、二〇〇八年、阿部泰郎解題。

第八章　中世的知の統合

(1)『続天台宗全書　史伝2　日本天台高僧伝類I』春秋社、一九八八年所収。
(2)『門葉記』第一二八「門主行状二」によれば、承久元年九月に大熾盛光法を後鳥羽院の御祈のために修した記事をもって院のための祈禱は絶えている。その後、承久二年十二月の舎利報恩会の記事から、承久の乱をはさんだ翌年九月に有馬温泉に下向する記事まで、年譜は全く空白である。多賀宗隼『慈円の研究』吉川弘文館、一九八〇年。
（3）赤松俊秀「愚管抄について」『鎌倉仏教の研究』平楽寺書店、一九五七年。
（4）注3前掲書。
（5）注2多賀宗隼前掲書。
（6）山本一「文武兼行の摂籙臣——『愚管抄』における歴史と希望」『国語と国文学』六七—一一、一九九〇年。
（7）『慈鎮和尚自歌合』と通称される。石川一「慈鎮和尚自歌合考」『慈円和歌論考』笠間書院、一九九八年（初出一九八七年）。同「『慈鎮和尚自歌合』再考」『慈円法楽和歌論考』勉誠出版、二〇一五年（初出二〇〇四年）。この跋文についての分析は、山本一「慈円「法楽百首群」の範囲と性格」（『和歌史の構想』和泉書院、一九九〇年）に詳しい。なお、この跋文末尾「三十余年之後、承久三年五月雨之比、記置之畢。于時天下不静歟、後人勿嘲哢、努々」の歴史的位置づけについては、依然として課題を残しており、本章の認識はあくまで試みである。
（8）この歌は、良経と慈円が共同して編んだ『南海漁夫北山樵客百番歌合』（建久五年）の九十九番に掲げられ、その基となった慈円の百首歌中の「述懐」に含まれていたと考えられる。山本一「建久期後半慈円の歌歴上の問題」『慈円の和歌と思想』和泉書院、一九九九年（初出一九九六年）。更に『新古今和歌集』神祇歌にも撰ばれている。なお、『自讃歌』の成立は未詳、慈円自撰の可能性も定かではない。
（9）三千院門跡『三千院円融蔵聖教目録』一九八〇年。
（10）天台座主、横川妙香院主、岡崎実乗院主、青蓮院尊道法親王資、貞治五年十一月十七日入壇灌頂（『門葉記』）。
（11）成源は権僧正、岡崎実乗院主、成円資。（『門葉記』）神田本『慈鎮和尚伝』に慈円の弟子の一人として所見。慈円草『慈恵大師講式』を建保二年七月に清書（『東京大学史料編纂所報』八号）、『法華別帖私』を承元四年九月に書写（『続天台宗全書　密教III』）、『毘盧遮那仏別行経私記』を寛元四年に書写（同上）をはじめとして、多くの慈円聖教著作を慈円自筆聖教を収めた「真」「実」皮子から書写している（山本信吉他編『青蓮院吉水蔵聖教目録』汲古書院、二〇〇〇年）。なお、西教寺正教蔵『師説集』巻二には、「成源僧正云」として、結縁灌頂の式に関連して「故和尚（慈円）」の言として「講ノ式ナド読様ニ打上ゲテ貴ケニナト読」という当時の講式の読み様の故実が示されている。
（12）『毘盧遮那仏別行経私記』本奥書「覚大師門人末学金剛仏子慈—」。『瑜祇経秘要鈔』本奥書「于時承元三年乙巳初冬第十之候、乍懐甚恐記之訖、金剛仏子慈—」。『私手記（仮題）』本奥書「建久七年十一月四日抄之、外見有恐、愚眼之外、不可披之、金剛仏子慈—記」（『大日本史料』所引金剛蔵聖教目録）、『難波百首』序文末尾「金剛仏子慈円」（『拾玉集』第三冊）等。
（13）慈円作の講式としては、注11前掲『慈恵大師講式』のほか、晩年の作と思しい四天王寺聖霊院所用の『皇太子五段嘆徳』（注2多賀前掲書所収）がある。

(14) 井上光貞『日本浄土教成立史の研究』山川出版社、一九五六年。石田瑞麿『源信』(日本思想大系) 岩波書店、一九七〇年。

(15) 山崎誠「安居院唱導資料纂輯(二)『魚山叢書目録』」『(国文学研究資料館) 調査研究報告』一二、一九九一年。

(16) 山田昭全他、講式研究会編「二十五三昧式」『大正大学綜合仏教研究所年報』四、一九八二年。

(17) 永井義憲・清水宥聖編『安居院唱導集　上巻』角川書店、一九七五年。

(18) 「嘉禄元年十一月六日、於尊勝寺北対西端南面書写校点了、松殿廿五三昧間、領其請、仍為用意、所書留也、経劫必可付属領者也、仍記、澄恵」。

(19) 『大智度論』六に、『諸法無行経』の「貪欲是涅槃」等の文を引き、「婬欲即是道、恚痴亦如是、如此三事中、無量諸仏道アリ」(『織田仏教大辞典』)。

(20) 『法華文句記』十に、「若其機感厚ケレハ、定業亦能転」(『織田仏教大辞典』)。

(21) 『往生要集』の本篇は大文第九で完結するところ、大文第十「問答料簡」を加えて一書の結びとしたことを言うか。

(22) 慈円の著作中には、しばしば問答形式の部分が含まれる。『愚管抄』巻七の末尾に、「物ノ果《ハ》テニハ問答シタルガ心ハ慰《ナグサ》ムナリ」として一連の問答を試みている(本書第六章第二節参照)。また、『毗逝』上(『続天台宗全書　密教3』所収)に含まれる「夢想記」(承元四年) 末尾にも問答を加える。なお後述の『大懺法院再興願文』にも末尾に「難者」の問を設けこれに答える一段を付す。これらは『往生要集』の影響も考えられる。

(23) こうした先蹤を前提とする歴史認識は、第三節に後述する『(大懺法院) 発願文』にも、より端的なかたちで見いだされる。

(24) 筑土鈴寛『慈円——国家と歴史及文学』三省堂、一九四二年(『筑土鈴寛著作集』第二巻、せりか書房、一九七八年に再収)。

(25) 注3前掲書「慈円と未来記」。

(26) 注2前掲書、第一部「生涯と行実」。

(27) 注2前掲書、第一部第二十二章参照。

(28) 史料編纂所蔵願文断簡(注24前掲書に「雑々消息抜萃」として所収。注2前掲書参照)。なお、この間、歳末に恒例として催されていた管絃や和歌を伴った盛大な舎利報恩会は、この年は略儀として吉水の山王新宮にて行われ、以後、盛儀に復することは無かった。

(29) 「伏見宮御記録」(注2前掲書、二九八頁参照)。

(30) 注2前掲書、第一部第二十七章参照。

(31) 注2前掲書、第一部第十六章参照。

(32) 慈円が院との関わりのなかで構想した〝王権〟のヴィジョンと、その〈性〉と〈聖なるもの〉との関係を中心として、慈円の入滅までを論じた旧稿が、阿部泰郎「慈円と王権——中世王権神話をうみだしたもの」(『別冊文藝　天皇制——歴史・王権・大嘗祭』河出書房新社、一九九〇年）である。

（33）寿永二年九月十五日条、同三年二月十五日条、同年三月十五日条、文治二年二月十五日条、同四年二月十八日条（この時は二十五三昧に併せて先年卒した良通の遠忌が修された）。

（34）金沢文庫本（釼阿書写）『釈門秘鑰』については、阿部泰郎「仁和寺本『釈門秘鑰』翻印と解題（安居院唱導資料纂集（六））」（『（国文学研究資料館）調査研究報告』一七、一九九六年）にその目録を提示した（第十七之三「阿弥陀経惣釈五篇」帖に含まれる。金沢文庫本には、このほかにも舎利報恩講のための「報恩講式」等が含まれている）。なお、同釈は、東大寺宗性書写『法華経并阿弥陀経釈』（建長五年写東大寺図書館蔵）一帖中にも含まれている。また、同書には慈円の山王法楽のための阿弥陀経釈一篇も含まれ、その末尾の一文「保元大乱以来、既以数度、其間、人臣ノ邪正、如レ糸乱、朝廷賞罰、如レ反レ掌。昨日誇二朝賞一、踏二人頂一者、今日伏二誅罰一、亡レ頭。昔伏罪、投二千里一避レ暮者、今蒙二抽賞一、為二一朝政柄一。」は、それと具さに想起される体で当時の盛衰があざといまでに修辞化され、澄憲の説経の口吻をよく伝えるが、その修辞が〝思想化〟されるか否かという一点で、慈円の表現と区別されるように思われる。

澄憲およびその息聖覚が慈円の催す仏事法会の導師をしばしば勤めたことは、『門主行状』に散見されるが、安居院の唱導文献『転法輪鈔』や『釈門秘鑰』に見える慈円の仏事修法のために彼ら唱導者が草した表白や釈の側からも、慈円の宗教世界とその表現を照らし出す必要があろう。その一端は、安居院唱導文献の最古写本である田中教忠旧蔵建保二年（一二一四）書写『転法輪鈔』の紹介を目的とした共同研究で報告した。阿部泰郎・松尾恒一編『中世における儀礼テクストの総合的研究――田中譲所蔵『転法輪鈔』を中心として』国立歴史民俗博物館研究年報第一八八集、二〇一七年。

（35）多賀宗隼編『校本拾玉集』（吉川弘文館、一九七一年）に拠る（以下に引用する歌に付載したのは、同書の番号。ただし表記は私意による）。

（36）山本一「慈円の所謂「歌論」の成立と西山隠棲」『慈円の和歌と思想』和泉書院、一九九九年（初出一九八二年）。なお、注2前掲書、第十七章参照。

（37）同上山本論文では、この教説内容について『往生要集』大文第一と第二、六道の世界と浄土とを描いた「厭離穢土」「欣求浄土」の部分のそれに相当すると見てもよい」と指摘する。従うべき見解であろう。

（38）二十五三昧と慈円の思想については、注24筑土前掲書に次のような注目すべき指摘がある（第二部六節「歌と表現」）。「慈円は臨終に際して、死後に荘厳の法会を営むことなかれ、ただ二十五三昧をもつてせよと言ひおいた（引用者注：神田本『慈鎮和尚伝』所引遺誡による）が、この式は（中略）……慈円は生前度々これを修した。要は往生極楽の行業であるが、そこにまた慈円の志も見える。二十五三昧といふのは、この輪廻の生死界を四趣、欲、色、無色の世界として、二十五種に分つが、この二十五世界を破する方法が、二十五三昧で（中略）……恵心僧都の二十五三昧式はこれ（引用者注：『止観』の説）により、諸法実相観を以て、三界二十五有を破し、大念仏界に入る行業としたのである。慈円のこれを修する趣旨はまたそこにあつたのだが、死後において、あくまで諸法の実相を信じ、慈円の「志」もろともに、現世一切が、一味の法界に、その地位を占むべきことを、未来に願つたのである。慈円の時代は、根本背捨の世であつた。それゆゑ慈円は、これを一味に融ぜんとして思煩つた。二十五三昧は、慈円の永遠に志してゐるものである」。

第九章　中世の仏神と曼荼羅

（1）小松茂美「『阿字義』とその背景」『阿字義・華厳五十五所絵巻』（続日本絵巻大成）中央公論社、一九八四年。成原由貴「阿字義絵の詞書編者と絵をめぐる新知見」『仏教芸術』二二一、一九九三年。

（2）栗本徳子「白河院と仁和寺——修法からみる院政期の精神世界」『金沢文庫研究』二八六、一九九一年。

（3）法華堂後戸の秘仏である執金剛神を納める厨子の両脇にある室町時代の障子絵には、その縁起（右）と霊験譚（左）が描かれている。

（4）帝室博物館学報第八『金峯山経塚遺物の研究』一九三七年。

（5）田辺三郎助「総持寺・蔵王権現鏡像の周辺——鏡像から御正躰へ」『MUSEUM』三九二、一九八三年。同「山の仏教とその造型」『図説日本の仏教六　神仏習合と修験』新潮社、一九八九年。

（6）『私聚百因縁集』巻八「役ノ行者ノ事」は、行者の伝記中に大峯（熊野・金峯）を両界曼荼羅と観ずる説が含まれ、その末に「或説」として短くこの感得説話に言及する。

（7）阿部泰郎「修験道における宗教テクスト空間」『中世日本の宗教テクスト体系』名古屋大学出版会、二〇一三年（初出二〇一〇年）。

（8）永井義憲・清水宥聖編『安居院唱導集　上巻』角川書店、一九七五年。

（9）高松女院は安元二年（一一七六）に薨去しており、本表白はそれ以前の成立であろう。なお、角田文衛「高松女院」『王朝の明暗』東京堂、一九七七年参照。澄憲が関与した高松女院の仏事唱導については、筒井早苗「高松院と澄憲」（阿部泰郎・松尾恒一編『中世における儀礼テクストの総合的研究——田中穣所蔵『転法輪鈔』を中心として』国立歴史民俗博物館研究年報第一八八集、二〇一七年）参照。

（10）千葉乗隆編、真宗史料集成第五巻『談義本』同朋舎、一九七九年。

（11）『江談』仏神事「熊野三所本縁事」では、源俊明の説として、大神宮は救世観音の変作という。『江談抄　中外抄　富家語』（新日本古典文学大系）岩波書店、一九九八年。

（12）東密側では成尊『真言付法纂要抄』、天台側では慈円の夢想記等の著作に窺われる。

(13) 櫛田良洪「神道思想の受容」『真言密教成立過程の研究』山喜房仏書林、一九六四年。以下は本書に拠る。

(14) 伊勢をめぐるこれらの両部神道文献は、真福寺善本叢刊『両部神道集』(臨川書店、一九九八年)、『中世日本紀集』(二〇〇〇年)および『伊勢神道集』(二〇〇五年)に収録。

(15) その先蹤として、聖武天皇が夢に天照大神から伊勢神宮の本地を東大寺大仏(毘盧遮那)と告げられたという説話(『大神宮雑事記』『東大寺要録』等)があり、その影響が考えられる。

(16) 伊藤聡『中世天照大神信仰の研究』法藏館、二〇一一年。原克明『中世日本紀論考――註釈の思想史』法藏館、二〇一二年。鈴木英之『中世学僧と神道――了誉聖冏の学問と思想』勉誠出版、二〇一二年。

(17) 西山克「鶴と酒甕――正暦寺本『伊勢曼荼羅』と縁起」『日本文学』四一―七、一九九二年。

(18) 山本ひろ子「心の御柱と中世的世界」『春秋』三〇二〜三三九、一九八九〜九二年。

(19) 鎌倉中期、外宮祠官度会行忠を中心とした伊勢神道の創成については、行忠自筆本『伊勢二所皇御大神御鎮座伝記(大田命訓伝)』(真福寺大須文庫本)の紹介を機に行われた岡田荘司氏による研究により、行忠による撰作であることが明らかになり、その歴史過程が明らかになった。真福寺善本叢刊第二期第八巻『伊勢神道集』臨川書店、二〇〇五年。

(20) 永井義憲「長谷信仰」『岩波講座　日本文学と仏教　第七巻　霊地』岩波書店、一九九五年。本書第十章二節参照。

(21) 長谷寺縁起の〝霊地図像〟の展開は、『志度寺縁起絵』に『縁起文』の冒頭が絵と共に転用され、さらに志度寺の〝霊地〟生成に発展していくところによく窺われる。大西昌子「志度寺縁起絵の語りの構造」『能と縁起絵』国立能楽堂、一九九一年。

(22) ただし『聖絵』は、壇上の伽藍配置や奥院の構図から見るに、明らかに紛本を逆転させて描いており、絵巻としての構成上あえて意識的に行ったものと判断され興味深い。

(23) 阿部泰郎『中世高野山縁起の研究』元興寺文化財研究所、一九八二年。

(24) 梅津次郎「池田家蔵弘法大師伝絵と高祖大師秘密縁起」「地蔵院本高野大師行状図画」「東寺本弘法大師絵伝の成立」『絵巻物叢考』中央公論美術出版、一九六八年。注23前掲書。

(25) 阿部泰郎「高野山――〝高野物語〟の系譜」『国文学』三七―七、一九九二年。

(26) 稲本万里子「高野山曼荼羅の構造分析」『仏教芸術』二〇一、一九九二年。日野西真定編『高野山古絵図集成』清栄社、一九九〇年。

(27) 鈴木宗朔・橋本観吉「柳川家本『熊野の本地』絵巻断簡」『くちくまの』八七、一九九一年。川崎剛志解説『和歌山県立博物館蔵　熊野権現縁起絵巻』勉誠出版、一九九九年。

(28) 小栗栖健治『熊野観心十界曼荼羅』岩田書院、二〇一一年。

(29) 荻原龍夫『巫女と仏教史――熊野比丘尼の使命と展開』吉川弘文館、一九八三年。

(30)『梁塵秘抄口伝集』巻第十一（佐々木信綱校訂『新訂梁塵秘抄』岩波文庫、一九七一年版）。

(31)『百練抄』第八、安元元年六月十六日条。

(32)石田茂作・矢島恭介編『金峰山経塚遺物の研究』（『帝室博物館学報』八）、一九三七年。

(33)『沙石集』巻一、『金玉要集』巻四「金峯山象王権現御事」、『金峯山秘密伝』延元二年（一三三七）等。

(34)蔵王権現像の平安時代における遺品は、姿や持物などに多様な変化を見せており、図像が一定していなかった消息を窺わせる。

(35)西新井大師・総持寺蔵。金峯山山上より出土したものと伝承する。「長保三年辛丑四月十日辛亥内匠寮史生壬生」の銘文より、朝廷の工房で製作され金峯山へ奉納したものであることが知られる。三弁形の銅板で上半部だけ残存する。なお、裏面に転法輪印を結ぶ釈迦如来像を刻む蔵王権現御正躰も存在する（『垂迹美術』所収一四八図参照）。

(36)『後鳥羽院宸記』建保二年四月八日～十八日条。

(37)『八幡大菩薩御託宣』（金剛三昧院本）によれば、貞観三年（八六一）行教に本地垂迹の相を述べ王位を守る誓いの託宣中に載す。『八幡愚童訓』巻上、遷座事、参照。

(38)岡直己「僧形神像の研究」『神像彫刻の研究』角川書店、一九六六年参照。教王護国寺・薬師寺の鎮守八幡宮の神像は十世紀前後の製作とする。

(39)『神護寺略記』正和四年（一三一五）以降成立。堂院事、金堂条。

(40)景山春樹「八幡神影像の展開」『神道美術』雄山閣、一九七三年。この偈頌は、醍醐寺本『諸寺縁起集』所収・延暦元年（七八二）成立と称する勝尾寺縁起『弥勒寺本願大師善仲善筭縁起文』に、開成皇子の写経を助成するため影向した際の偈という。

(41)『法印宗清勧進文』大日本古文書『石清水田中家文書』第二巻所収。

(42)『玉葉』寿永三年五月十六日～二十四日条。

(43)本来「金銀師子形」を副えるはずであったが、その完成が遅れたためであるという（注42前掲史料）。

(44)川村知行「春日曼荼羅の成立と儀礼」『美術史』三〇―二、一九八一年。ボストン美術館蔵ビゲローコレクション本のような古態の社頭図のみを示し御正躰図像を一切示さぬ作例がおそらく兼実の言うものにあたろう。

(45)『玉葉』文治四年六月二十日条・建久二年九月二十七日条。

(46)典型的な春日宮曼荼羅の作例のひとつ、湯木家蔵春日曼荼羅（重文）は、軸銘に「正安二年（一三〇〇）庚子十月被図之、大施主正二位藤（原）宗親、絵師観舜法橋、御画加持制心上人、供養御導師権大僧都静兼、銘太上法皇禅林寺殿、十一月十一日午時供養」とあり、基準作とするにふさわしいもの。画上部色紙形には亀山法皇御筆と伝えられる「若我誓願大悲中　一人不成二世願　我堕虚妄罪過中　不還本覚捨大悲」等の偈頌が書かれる。

(47)陽明文庫蔵春日鹿曼荼羅（重文・鎌倉時代）。

(48) 春日鹿曼荼羅の作例は非常に多い。その多くは神鏡中に本地仏や種子などを描いて御正躰としてあらわす。春日宮曼荼羅に関する図版を含む最新の研究成果は、白原由起子「春日宮曼荼羅――図様の諸相と展開」根津美術館編『春日の風景――麗しき聖地のイメージ』二〇一一年。春日宮曼荼羅を含む垂迹曼荼羅全般に関する考察とその研究史の整理に関しては、藤原重雄「垂迹曼荼羅の環境・景観描写ノート」津田徹英編『仏教美術論集2　図像学I』竹林舎、二〇一二年。
(49) 興福寺蔵春日社寺曼荼羅・大阪市立博物館蔵同曼荼羅（ともに室町時代）等。
(50) 京都国立博物館蔵春日社寺曼荼羅（重文・鎌倉時代）等。
(51) 長谷寺蔵春日曼荼羅（室町時代）等。
(52) 根津美術館蔵春日補陀落山曼荼羅図（鎌倉時代）。
(53) 能満院蔵春日浄土曼荼羅図（鎌倉時代）。
(54) 柳原家蔵春日曼荼羅（室町時代）等。
(55) 東京国立博物館蔵春日曼荼羅（鎌倉時代）等。
(56) 『春日神社文書』七一六。注40景山前掲書第一篇四「春日芸術の展開」に指摘される。
(57) 山王曼荼羅の典型として神殿内に垂迹形の諸神が並ぶ画面の上部に種子や七星、あるいは神輿など御正躰図像を、下部には唐崎松などの社頭図像を配す変奏を含む。『天台を護る神々――山王曼荼羅の諸相』大津市歴史博物館、二〇〇六年。
(58) 延暦寺蔵日吉山王社頭図（室町時代）。
(59) 両作例いずれも大宮川に掛かる波止土濃（橋殿）以下三橋は省略せずに描く。
(60) 同図の各神殿を注視すると、その軒下には数多の御正躰が懸けられている様が描かれている。
(61) 高山寺蔵熊野本地仏曼荼羅（重文・鎌倉時代）等。
(62) 『諸山縁起』（九条家本）には「熊野山胎蔵界因曼荼羅、金峯山金剛界果曼荼羅」とある。
(63) 西教寺蔵熊野本地仏曼荼羅（室町時代）。同図の階下に描かれる道者姿の人物は後白河法皇であると伝承されている。また、仁和寺本熊野曼荼羅（南北朝時代）は後述のごとき三段構成であるが、中段一杯に社殿を描きそのなかに本地仏を配している。
(64) ボストン美術館蔵熊野本地仏曼荼羅（鎌倉時代）等。
(65) 奈良長岳寺（行者講）伝来（鎌倉時代）。近藤喜博「熊野曼荼羅について」『国華』七〇八号、一九五一年参照。
(66) 大阪杭全神社神宮寺伝来（室町時代）。近藤喜博「再び熊野曼荼羅について」『国華』七一九号、一九五二年参照。
(67) 細部を比較すると相当な差異が見いだされる。建築の描写は決して同一でなく、また、曼荼羅が二例とも各神殿正面に御正躰を懸ける様を描くのに『聖絵』は全くこれを省いている。
(68) 鈴木昭英「金峰・熊野の霊山曼荼羅」『修験道の美術・芸能・文学II』（山岳宗教史研究叢書第一五巻）名著出版、一九八一年。

（69）宮曼荼羅の社頭図像中の参詣者の存在については、石清水曼荼羅に数例の例外（旧井上家本、神奈川県立歴史博物館本など）が認められるほか、熊野宮曼荼羅のなかに多数の参詣者を描く例がある（和歌山県立博物館蔵近世模本熊野三山御幸図など）。

（70）滝の上部山岳の辺りから半ばを出す巨大な月輪もその象徴の一部であろう。

（71）八角院蔵八幡諸神画像（重文・鎌倉時代）は上部に瑞雲のたなびく男山を描き、その下の神域に僧形八幡神をはじめ三神とこれを礼拝する貴人を配するが、影向図ととらえるべきものと思われる。

（72）大倉集古館旧蔵本・根津美術館本。前者は随所に参詣者を描く点、注目すべきである（『神社古図集』所収）。

（73）石清水社の幣殿石畳上に仏供机はじめ礼盤・磬架・神饌机などが配されていた状況は、『春日権現験記』巻十二に描かれた社頭図でも同様である。しかし、曼荼羅は正面観のなかに香煙をもって、まさに始まろうとする仏事を暗示している。

（74）本図の文明十一年（一四七九）修理銘には「当宮御影、自久我殿御寄進当于時、役者之座中毎月十一日八幡講之御本尊也」等とあって、中世の祭祀のあり方が知られる。また、図上部は本殿の三尊と等しく分割された色紙形中に銘文があり、中央には勝尾寺の頌文、右に「昔在霊鷲山説妙法花経　為度衆生故　示現大明神」、左に「稽首八幡大菩薩　示現神道度衆生　断除十悪為十善　覆護衆生能与楽」という八幡神の本地垂迹を示し衆生済度を誓う偈文が書かれる。

（75）修正神名帳の現存最古の写本は、貞慶筆『海住山寺修正神名帳』（重文）である。また、東大寺二月堂所用の神名帳も古態を残すものと思われる。佐藤道子『悔過会と芸能』法蔵館、二〇〇二年。

（76）神名帳により勧請される諸社神祇とは別に、法会を障碍する鬼神（毘那耶伽）や守護する役割を負った神々は咒師等を媒介として、芸能のなかに鬼や翁として姿を現わすことになる。松岡心平「翁芸の発生」『翁と観阿弥――能の誕生』（能を読む①）角川学芸出版、二〇一三年。

（77）『叡岳要記』所収「壹道記」ならびに「良正記」。

（78）『門葉記』第八十〜八十九。

（79）称名寺蔵三十番神画像（鎌倉時代）は、神殿中に御正躰図像が並置される、山王曼荼羅一流の形式によっている。

（80）田代尚光『増訂融通念仏縁起之研究』（名著出版、一九七六年）は、正和三年（一三一四）に本絵巻の祖本が成立する基盤には、この神名帳を含む『融通念仏勧進状付本帳（名帳）』があると指摘する。阿部美香「勧進帳としての融通念仏縁起絵巻」開宗九百年記念・大通上人三百回御遠忌奉修局編『融通念佛宗における信仰と教義の邂逅』法蔵館、二〇一五年。

（81）明徳版本以前の正和本および良鎮勧進本と清凉寺本とでは、社頭図の諸社の構成や構図に多少の相違がある。

（82）中世太子伝のうち、明らかに太子絵伝と結合した絵解き唱導のためのテクストである『正法輪蔵』（文保年間（一三一七〜一九）を中心に成立）には、本地垂迹説が深く刻印されている。

（83）一、『伊勢託宣本如房御状』文永五年（一二六八）叡尊記

二、『大神宮託宣□』文永十年（一二七三）叡尊記
三、『霊託第二度』癸□（文永十年）叡尊記
四、『伊（勢）託（宣記）』弘安三年（一二八〇）性海記
五、『伊勢往間《ママ》夢想記』（某年般若寺における夢想のみ存）
六、『興正菩薩ノ御事』（三輪大明神の託宣記）
七、『行基菩薩御参宮記』
八、『大神宮啓白文弘法大師自高野送遣之』
付、五香・五薬（愛染法修法の具）

(84)『古事談』第五神社仏寺。

(85)『江談抄』。

(86) 金沢文庫本・神宮文庫本等。櫛田良洪『真言密教成立過程の研究』（注13前掲書）第二編第三章第五節によれば、金沢文庫本『宝志儀軌相伝事』弘安元年（一二七八）写本によると、伊勢祭主承頼の子孫である園城寺僧證禅が百光房律師慶暹より伝授した本を長寛二年（一一六四）に書写したものと言う。岡田荘司「両部神道の成立期」神道思想研究会編『現代神道研究集成七』神社新報社、一九九九年。

(87) 長谷寺本・内閣文庫本・成簣堂文庫本等。金沢文庫本・尊経閣文庫本には正和三年（一三一四）識語を付すが成立は平安末から鎌倉初期にかけてであろう。

(88) 同書本願章第一、天平十四年条「大神宮禰宜延平日記云」。また『大神宮諸雑事記』にも。注15参照。

(89)『両宮形文深釈』巻上・『行基菩薩秘文』等。

(90)『東大寺衆徒大神宮参詣記』文治二年（一一八六）。

(91) 西田長男「三輪神道成立の一齣」『神道史研究』九―六、一九六一年。

(92)『西大勅諡興正菩薩行実年譜』弘安三年条。

(93) 注86前掲櫛田良洪書、第二編第三章第五節「儀軌思想の展開」。

(94) 弘安三年（一二八〇）に造立された寿像（重文）で、胎内には自筆の『自誓受戒記』をはじめ過去帳や弟子交名、結縁者交名以下多くの納入文書が収められていた。奈良国立文化財研究所編『西大寺叡尊伝記集成』法蔵館、一九七二年。

(95) この神祠内には、かつて伊勢御正躰と伝える平安末期の白銅八陵鏡が祀られていた（現在寺外に流出）。その面には中段に五大明王、上段に釈迦・弥陀・薬師、下段に千手・毘沙門・地蔵を線刻している。『垂迹美術』所収五三図解説参照。

(96) 同様の構造をもつ興福寺蔵春日御正躰厨子は、天文六年（一五三七）に不退寺僧高円が春日社西屋に寄進したもので、春日厨子

の正面に火焔宝珠形舎利塔を装着し、裏面に鹿曼荼羅を描く。能満院蔵の舎利塔（おそらく大乗院尋尊が造立したもの）は一層複雑な構造で、四面開き厨子の一面に金銅神鹿御正躰を、他三面に五輪塔形・火焔宝珠形舎利塔と大般若経宝幢を装着している。『垂迹美術』所収一八七・一八八・一八九図解説参照。

なお、聖衆来迎寺蔵山王御正躰厨子（鎌倉時代）も、正面に中台八葉を描いて山王各社の本地仏を配し、中央に舎利を安置して大宮（釈迦）を象るという構造を示している。京都国立博物館蔵板絵春日宮曼荼羅（室町時代）は、伝来は不明であるが、裏面に涅槃図を描いており不退寺厨子と共通の構造をもつ。

(97) 奈良国立博物館蔵春日宮曼荼羅（南北朝時代）・大阪某氏蔵春日曼荼羅（鎌倉時代）等。奈良国立博物館編『春日曼荼羅』一九七八年。

(98) 金剛三昧院本。また『石清水八幡宮叢書』巻四、託宣記集を参照。

(99) 内閣文庫本『春日御社御本地幷御託宣記』建武三年（一三三六）奥書、所収「春日御事」（『神道大系　春日』所収）。

(100) 注99前掲書所収。

(101) 高木豊「『撰集抄』管見――その神明説話をめぐって」『日本歴史』三八五、一九八〇年。阿部泰郎「『撰集抄』と説草『僧賀上人発心事』」『説話文学研究』一七、一九八二年。近本謙介「『春日権現験記絵』と貞慶」神戸説話研究会編『春日権現験記絵注解』和泉書院、二〇〇五年。

(102) 注44前掲川村論文に拠る。同論文は春日講式と春日曼荼羅の関係について問題を提起している。

(103) 奥書「保延四（一一三八）歳次戊午三月十五日。解義了」。識語「大徳鳥羽覚融(ママ)僧正法義之春日権現講式、為誦読之、百日参籠於而安居屋、沐浴済戒而感得法身之義。仁治元（一二四〇）庚子年十月十七日。恵日坊成忍」。すなわち覚猷僧正の作と伝えるが疑わしい。後出のごとく神護景雲二年（七六八）より四百余年を経ると述べるのであるから、仁安三年（一一六八）以降の成立でなくてはならない。さらに一宮の本地を釈迦とする点からは、鎌倉初期に成ったものと考えられる。なお、成忍は高山寺明恵の弟子で画僧であった成忍と同一人物か。

(104) 金沢文庫本釼阿写『諸経伽陀要文集』下に「神祇（講式）三段」の第一段の伽陀としてもこの四句文を譜付で載せている。鎌倉時代には『神祇講式』が仏事儀礼のなかでしていた消息も知られる。その現行本文（日本大蔵経『修験道章疏』所収）に拠れば、法楽に際し本地垂迹を讃嘆するためあらゆる神社で通用するべく製作された講式である。萩原龍夫『神々と村落』（弘文堂、一九七八年）第二部九「山村にとどまる神祇講式と田遊び詞章」には、駿河国日向に伝わる神祇講式の片仮名書写本（天正十八年）が翁の詞章とともに紹介されている。読誦のための台本として、中世におけるその機能の一面を暗示する資料であろう。その成立と作者については、岡田荘司「『神祇講式』の基礎的考察」（『大倉山論集』四七、二〇〇一年）および佐藤眞人「貞慶『神祇講式』と中世神道説」（『東洋の宗教と思想』一八、二〇〇一年）により、鎌倉初期に解説房貞慶の撰述になるものと論ぜられる。醍醐寺蔵弘安九年晴珍写本がいま知られる最古の伝本である。星優也「『神祇講式』の流布と展開」(『鷹陵史学』四二、二〇一六年)は、諸伝本から寺院より修験の手を経て広く民間の祭儀に用いられた様相を示す。同「神祇講式」を招し祈らん——蘭牟田神舞「切利の法者、切利の小神子」をめぐって」斎藤英喜・井上隆弘編『神楽と祭文の中世——変容する信仰のかたち』(思文閣出版、二〇一六年)は南九州の神舞における祭文「聖教」の儀礼過程の要に神祇講式が読まれ、神々を招喚するその実態を示す。

(105) 永島福太郎「春日曼荼羅の発生とその流布」『美術研究』一三三、一九四三年。同『奈良文化の伝流』目黒書店、一九五一年、第三編第一章三節。

(106) 同上論文。『大乗院寺社雑事記』明応七年(一四九八)正月二十二日条。なお、「三塔の遊僧」(能『安宅』)とも謡われる弁慶は、屋島合戦の直前に観音講に行き合って観音講式を読んだという(『源平盛衰記』巻四十二)。

(107) 『春日龍神』における八大龍王は、春日社・興福寺に潜在する龍神の祭祀を反映している。猿沢池—春日奥山—室生寺等を繋ぐ龍神の世界があった(『興福寺流記』)。それは、春日宝珠筥(鎌倉時代)という立体的な春日曼荼羅のなかに姿をあらわしている。

(108) 伊藤正義『謡曲集』上(新潮日本古典集成、一九八三年)「春日龍神」解説(『高山寺古文書』所収)。

(109) 『明恵上人資料』第一(『高山寺資料叢書』第一、一九七一年所収)。

(110) 同上書所収。なお、明恵の春日信仰に関して、高山寺にはもと「高山廻《めぐり》明神」と称する唐櫃に(明恵自作『大明神講式』と共に)収められた小形の八角厨子入の金銅製神鹿(御正躰)・水晶舎利塔があって、これは寺僧らの春日講の本尊であった。また、春日宮曼荼羅(鎌倉時代)や木彫神鹿、春日・住吉明神画像等が伝来する。注40景山前掲書、第四編一「高山寺の鎮守社とその遺宝」参照。

(111) 川村知行「春日浄土と春日曼荼羅」『美術史研究』一七、一九八〇年。主として貞慶の著述から春日社を此岸浄土として認識することが春日曼荼羅の思想的背景であると論ずる。また、『春日権現験記絵』が全体として貞慶の思想と宗教活動の影響下に基盤を置き成立したことを論じたのが、近本謙介「『春日権現験記絵』と貞慶——『春日権現験記絵』所収貞慶話の注釈的考察」(神戸説話研究会編『春日権現験記絵注解』和泉書院、二〇〇五年)である。

(112) 『花園天皇宸記』正中二年十二月二十五日条。

(113) 天理図書館保井文庫本。奥書に「弘仁十四年(八二三)書之」「天正五年(一五七七)丁丑六月廿六日、(春日社)西屋本写之」等とある。室町時代の成立であろう。

(114) 仁治三年(一二四二)以降数年間の成立と推定され、山王社における仏事のための唱導テクストと見なされる。「尺迦如来ハ大宮権現ト顕テ、日吉ノ神殿ノ中ニハタラカズシテヲハシマセバ、天竺ノ霊山ニ何レカ異ナラン」。

(115) 鎌倉時代写本。『熊野三所権現御記文』・『熊野権現金剛蔵王宝殿造功日記』・『熊野三所権現金峯金剛蔵王降下御事』と一括。真福寺善本叢刊『熊野金峯大峯縁起集』臨川書店、一九九八年所収。

第十章　中世の霊地と縁起

（1）田村圓澄『飛鳥・白鳳仏教史』上巻、吉川弘文館、一九九四年、第一章二節。

（2）田中卓「元興寺伽藍縁起并流記資財帳の校訂と和訓」『南都仏教』四、一九五七年。藤田経世『校刊美術史料』寺院篇上巻、中央公論美術出版、一九七二年。桜井徳太郎『寺社縁起』（日本思想大系）岩波書店、一九七五年。

（3）福山敏男「飛鳥寺の創立」「豊浦寺の創立」『日本建築史研究』墨水書房、一九六八年（初出一九三四〜三五年）。

（4）松木裕美「二種類の元興寺縁起」『日本歴史』三二五、一九七五年。同「飛鳥寺の創建過程」『日本史学論集』上巻、吉川弘文館、一九八三年。

（5）田村圓澄「元興寺古縁起（元興寺伽藍縁起并流記資財帳）私釈・私考」『古代史論叢』中巻、吉川弘文館、一九七八年。

（6）仏教伝来をめぐる太子（および蘇我馬子）と守屋大連との戦いは、『伝暦』を典拠とする中世太子伝の中心主題として「守屋合戦」は更に宗教的な寓意（アレゴリー）を象り演ずる物語芸能において展開する。阿部泰郎「中世芸能と太子伝」『観世』四八―二、一九八一年。牧野和夫「『無明法性合戦状』の一側面」「無明法性のこと覚書」『中世の説話と学問』和泉書院、一九九一年。

（7）注5前掲論文。

（8）一例を挙げれば、『今昔物語集』巻十二「山階寺焼ケテ更ニ建立《コンリツ》セル間ノ語《コト》第廿一」には、永承元年（一〇四三）に焼亡した興福寺の同三年に再建され三月二日に供養するにあたっての「希有ノ事」を『造興福寺記』に拠って説く。最後に法会の開始に臨み、仏（本尊）を渡し天蓋を釣る段になり、仏師定朝が天蓋を支える天井上の巨材を設置し忘れていたことを指摘し、釣るためには壁を破る必要があり、今日の供養は叶わないという大事となった。そこに大工吉忠が内陣担当の工《タクミ》に問えば、兼て材をその箇処に備えてあることが明らかになり、供養は無事に営まれた、という。このように、大寺院造営と供養にあたり、本尊搬入の際に巧匠の能による名誉譚が、寺院縁起の周縁で伝承されていた消息がうかがえる。

（9）天平十九年（七四七）の『大安寺伽藍縁起并流記資財帳』には、舒明天皇が十三年（六三九）に百済川の側に九重塔を建て封戸を施入して百済大寺と称したが、子部社の地をひらいて寺地としたため社神の怨をうけ、塔と金堂石鴟尾を焼いた、という説話があり、これは後の宝亀六年（七七五）淡海三船作と伝える『大安寺碑文』や伝菅原道真作の『大安寺縁起』（いずれも醍醐寺本『諸寺縁起集』所収）にも受け継がれている。いま後者を引けば、「尓時造寺司等、多伐社ノ樹ヲ、社神悉怒テ、放火ヲ焼寺ヲ、天皇愁悶之間、寝膳乖常ニ、遂崩于百済ノ宮矣」とある。あるいはこの説話の影響があるか。

（10）守屋俊彦『日本霊異記論――神話と説話の間』和泉書院、一九八五年。丸山顕徳「『日本霊異記』道場法師説話と龍蛇信仰」『立命館文学』五〇五、一九八八年。出雲路修『説話集の世界』岩波書店、一九八八年。

（11）柳田國男「雷神信仰の変遷――母の神と子の神」『妹の力』創元社、一九四〇年（初出一九二八年）。なお南北朝期の『神明鏡』に、この道場法師説話を載せて、その末に彼の名を「太駄法師」と記すのは、諸国に汎く存在するダイダラ坊伝説のごとき巨人伝承とのつながりを想起させて興味深い。

(12) 阿部泰郎「『入鹿』の成立」『芸能史研究』六九、一九八〇年。

(13) 童子論、とりわけ寺院の童子についての研究は、黒田日出男『境界の中世・象徴の中世』(東京大学出版会、一九八六年)に収められた諸論をはじめ、伊藤清郎「中世寺社にみる『童』」(『中世寺院史の研究』下巻、法蔵館、一九八八年)、土谷恵「中世寺院の童と児」(『中世寺院の社会と芸能』吉川弘文館、一九九九年、初出一九九二年)が参考となる。本書第二章参照。

(14) 阿部泰郎「慈童説話と児」『観世』五二—一〇・一一、一九八五年(鎌田東二編『翁童信仰』雄山閣、一九九三年所収)。

(15) 辻英子『日本感霊録の研究』笠間書院、一九八一年。

(16)『神護寺略記』によれば、文覚の勧進によって再興された神護寺の中門の二天および八夜叉像は、建久七年に性我と運慶により元興寺のものを摸写して造られたものであるという。ただしこれも現存しない。稲木吉一「元興寺中門夜叉像へのまなざし——説話・図像様式をめぐって」(大橋一章博士古稀記念会編『てら　ゆき　めぐれ——大橋一章博士古稀記念美術史論集』中央公論美術出版、二〇一三年)は、この霊験像として名高い元興寺中門二天および夜叉神像について、『感霊録』の験記から、更に運慶の神護寺像の影響がその子康弁の興福寺西金堂天燈・龍頭二鬼像に及ぶ可能性が指摘されている。なお、古くに元興寺中門霊験像の影響を受けたもうひとつの興福寺中門二天と眷属夜叉神の図像を、鎌倉初期成立の『興福寺曼荼羅』(京都国立博物館蔵)が伝えているということも注目される。これは間接的に、喪われた元興寺八夜叉像の面影を伝える稀有な図像であろう(図1参照)。

(17) 書写山の性空聖人に随逐した乙・若の二護法(『悉地伝』『今昔物語集』)や信貴山の命蓮聖人の劔護法(『信貴山縁起絵巻』『古本説話集』)などが代表的である。中野千鶴「護法童子と堂童子」『仏教史学研究』二七、一九八四年。小松和彦「護法信仰論覚書」『憑霊信仰論』伝統と現代社、一九八二年。

(18) 中野玄三・奈良国立博物館編『社寺縁起絵』一九七〇年。

(19) 原道生「『大織冠』論(一)——近松以前」『近松浄瑠璃の作劇法』八木書店、二〇一三年(初出一九七二年)。阿部泰郎「『大織冠』の成立」『幸若舞曲研究』第四巻、三弥井書店、一九八六年。

(20) 阿部泰郎「見えないものを見る——仏法伝来神話としての珠と龍をめぐる物語」『大仏と鬼——見えるものと見えないもの』(歴史を読みなおす5)朝日新聞社、一九九四年。

(21) 岩城隆利編『日本浄土曼荼羅の研究』中央公論美術出版、一九八七年。

(22) 井上光貞『日本浄土教成立史の研究』(山川出版社、一九五六年)には、浄土教学の先駆者としての智光の学問とその後代への影響について詳述されるが、伝承とのかかわり、その意義については論じられない。

(23) 山岡敬和「真福田丸説話の生成と伝播」『伝承文学研究』三一・三二、一九八六年。

(24) 五来重編『元興寺極楽房中世庶民信仰資料の研究』法蔵館、一九六四年。元興寺文化財研究所編『日本仏教民俗基礎資料集成』

中央公論美術出版、一九七四―八二年。

(25)市古貞次「幸若舞・曲舞年表」『中世小説とその周辺』東京大学出版会、一九八一年。

(26)「七大寺年表」は、永万元年（一一六五）に東大寺東南院主恵珍により編まれた〝東南院本僧綱補任〟というべき史料である。小山田和夫「東大寺東南院経蔵十二巻本『僧綱補任』の性質について――真福寺宝生院蔵『七大寺年表』の分析を通して」『立正大学文学部論叢』八〇、一九八四年。

(27)『東大寺要録』末寺章、長谷寺項参照。

(28)『扶桑略記』には、『三宝絵』の引用と共にその抄録が載せられ、以後のいくつかの史書にも継承される。逵日出典『長谷寺史の研究』（巌南堂書店、一九七九年）および「長谷寺縁起考――古縁起の系統と新縁起の形成」（『奈良朝山岳寺院の研究』名著出版、一九九一年）は、これらの基となった縁起を「古縁起」とし、後述の護国寺本諸寺縁起集所収の縁起以下を「新縁起」として区別する。その位置づけは基本的に妥当であろう。

(29)『長谷寺縁起文』の成立に関しては諸説あって定まらない。主な説を挙げると、天禄二年（九七一）頃（永井義憲「蜻蛉日記「をとせでわたる森」考――長谷、伊勢同体信仰の源流」『日本仏教文学研究三』新典社、一九八五年・初出一九七〇年）、十二世紀初め（上島享「中世神話の創造――長谷寺縁起と南都世界」『日本中世社会の形成と王権』名古屋大学出版会、二〇一〇年、初出二〇〇六年）、十二世紀半ば（逵日出典『長谷寺史の研究』巌南堂書店、一九七九年）、十三世紀初め（阿部、本章）、十三世紀後半（藤巻和宏「『長谷寺縁起文』書写・享受の一齣――筑波大学附属図書館蔵本の改変箇処から見えるもの」『むろまち』八、二〇〇四年）等である。更に、田島公氏により陽明文庫本が紹介され、鎌倉長谷寺本と共に、二条良基の跋文が付された重要な伝本として本文研究の必要性が提起された。田島公「陽明文庫所蔵『長谷寺縁起文』の解題と翻刻――鎌倉長谷寺本との比較検討を中心に」田島公編『禁裏・公家文庫研究』第六輯、思文閣出版、二〇一七年。

(30)長谷寺縁起文の成立についての所説は、注29を参照。

(31)ここにみえる勧進聖人の伊勢参宮とそこでの天照大神の霊告および託宣としての偈頌の授与という伝承は、中世の両部神道書（両宮形文深釈など）にみえる、東大寺大仏造立勧進の行基における説話（縁起説）と全く共通する形である。これは、文治二年成立の『東大寺衆徒参詣伊勢大神宮記』に見る大勧進重源による伊勢参宮と夢告を発端とした宗教的運動の影響を受けての成立と思われ、その位置づけは考慮する必要があろう。

(32)東大寺大仏（盧遮那＝大日）を天照大神の本地仏とするいくつかの縁起説と、それにもとづいて十二世紀初頭に成立したらしい『天照大神儀軌』の影響が認められる。伊藤聡『中世天照大神信仰の研究』法蔵館、二〇一一年。

(33)横田隆志『現代語訳長谷寺験記』総本山長谷寺、二〇一〇年。永井義憲校訂『長谷寺験記』同、一九五四年。

(34)永井義憲「勧進聖と説話集――長谷寺観音験記の成立」『日本仏教文学研究』一九六〇年参照。同論によれば、『験記』の成立は正治二年（一二〇〇）から建保七年（一二一九）までの間とするが、その下限は縁起文の成立と推定される時点と重なり合うことが注目されよう。

（35）『長谷寺縁起』絵巻の最も早い作例は十四世紀前半の徳川美術館本であり、以降、十五世紀の長谷寺本をはじめ室町期には大量に作成されたらしく、遺品も多い。おそらく勧進活動と密接に結びついた故であろう。

（36）野口博久「『長谷寺験記』と『流記』」西尾光一教授定年記念論集刊行会編『論纂説話と説話文学』笠間書院、一九七九年所収。同「長谷寺験記――その成立と影響」『説話集の世界』（説話の講座4）勉誠社、一九九二年所収。

（37）奈良国立博物館編『初瀬にますは与喜の神垣――與喜天満神社の秘宝と神像』二〇一一年。

（38）注29前掲上島論文は、行仁上人を長谷寺縁起文の作成者に擬して、縁起成立の担い手として重視する。

（39）西郷信綱『古代人と夢』平凡社、一九七二年参照。

（40）池上洵一著作集第四巻『説話とその周辺』和泉書院、二〇〇八年。

（41）阿部泰郎「絵ものがたりの秘密――観音の神話をめぐりて」石川透編『広がる奈良絵本・絵巻』三弥井書店、二〇〇八年。

第十一章　中世の浄土と往生伝

（1）『死者の書』初版は青磁社（一九四三年）、角川書店版（一九四七年）、中央公論社版全集（一九五三年）は第二四巻所収。

（2）「山越しの阿弥陀像の画因」は初出一九四四年、全集第二七巻所収。

（3）富岡多恵子『釋迢空ノート』岩波書店、二〇〇〇年。

（4）安藤礼二『光の曼陀羅――日本文学論』講談社、二〇〇八年。

（5）新編『折口信夫全集』第二七巻、中央公論社、二〇〇〇年。

（6）井上光貞・大曽根章介校注『往生伝　法華験記』（日本思想大系）岩波書店、一九七四年。

（7）荒木浩「書物の成立と夢――平安朝往生伝の周辺」上杉和彦編『生活と文化の歴史学1――経世の信仰・呪術』竹林舎、二〇一二年。

（8）元興寺文化財研究所編『日本浄土曼荼羅の研究』中央公論美術出版、一九八八年。

（9）五来重編『元興寺極楽坊庶民信仰資料の研究』法蔵館、一九七六年。

（10）出雲路修校注『日本霊異記』（新日本古典文学大系30）岩波書店、一九九六年。

（11）『神道大系　神社篇11　北野』神道大系編纂会、一九七八年。所収テクストの底本は、北野天満宮蔵宗淵編『北野文叢』であるが、更に阿部美香「示水遺影本『日蔵夢記』――解題と影印・翻刻」（昭和女子大学『学苑』九〇一、二〇一五年）により、四天王寺大学恩頼堂文庫蔵の、宗淵が嘉永四年（一八五一）に内山永久寺本を直接模写した写本が紹介された。

(12) 村上學「縁起以前——『日蔵夢記』の言説の戦略」『中世宗教文学の構造と表現——佛と神の文学』三弥井書店、二〇〇六年。山本五月『天神の物語・和歌・絵画——中世の道真像』勉誠出版、二〇一二年。
(13) 河音能平『天神信仰の成立』塙書房、二〇〇三年。
(14) 注12山本前掲書、阿部美香「浄土巡歴譚とその絵画化——メトロポリタン本『北野天神縁起』絵巻をめぐって」『説話文学研究』四五、二〇一〇年。
(15)「夢記」が冥途蘇生記ひいては託宣記として生成・享受されていく宗教テクストであることについて、荒木浩「宗教的体験としてのテクスト——夢記・冥途蘇生記・託宣記とその周辺」(阿部泰郎編『中世文学と寺院資料・聖教』竹林舍、二〇一〇年)参照。
(16) 馬淵和夫・小泉弘・今野達校注『三宝絵　注好選』(新日本古典文学大系31)岩波書店、一九九七年。
(17) 後藤丹治『改訂増補　戦記物語の研究』大学堂書店、一九七二年。清澄寺本は『宝塚市史第四巻(資料篇一)』所収(一九七七年)、旧温泉寺蔵龍雲院本は錦仁『東北の地獄絵』(三弥井書店、二〇〇三年)所収。
(18)『臥雲日軒録抜尤』宝徳四年(一四五二)四月十八日条。
(19)『日本絵巻大成25』中央公論社、一九七八年。
(20) 萩原龍夫校注『寺社縁起』(日本思想大系)岩波書店、一九七五年。
(21) 国立能楽堂編『能と縁起絵』日本芸術文化振興会、一九八七年。
(22) 梅津次郎「矢田地蔵縁起絵の諸相」『絵巻物叢考』中央公論美術出版、一九六八年。
(23) 神戸説話研究会編『春日権現験記絵注解』和泉書院、二〇〇四年。
(24)『室町時代物語大成9』所収、角川書店。
(25)『室町時代物語大成11』所収。
(26) 小峯和明・宮腰直人『義経地獄破り』勉誠出版、二〇〇五年。
(27) 注6前掲書。
(28)『続日本絵巻大成12』所収、中央公論社、一九八四年。
(29) 奈良国立博物館編『社寺縁起絵』角川書店、一九七五年。
(30) 福江充『立山信仰と布橋大灌頂法会——加賀藩芦峅寺衆徒の宗教儀礼と立山曼荼羅』桂書房、二〇〇六年。
(31) 福江充『立山曼荼羅——絵解きと信仰の世界』法蔵館、二〇〇五年。
(32) 当麻寺に例をとるならば、古代伽藍として東西両塔と金堂・講堂が構成する南北軸と、その両堂の間を曼荼羅堂から娑婆堂まで、練供養の日のみ橋が掛け渡され菩薩が来迎する迎講の儀を演ずる東西軸が現出する。
(33) 佐藤道子「小観音のまつり」『悔過会と芸能』法蔵館、二〇〇二年。

(34)『続々日本絵巻大成　伝記・縁起篇6』中央公論社、一九九四年。
(35)鈴木正崇「東大寺修二会の儀礼空間」『民族学研究』四七―一、一九八二年。阿部泰郎「修正会・修二会と儀礼テクスト」『中世日本の宗教テクスト体系』名古屋大学出版会、二〇一三年（初出二〇〇四年）。
(36)桜井徳太郎校注『寺社縁起』注20前掲書所収。
(37)宮地直一『八幡宮の研究』理想社、一九五六年（『宮地直一論集4』蒼洋社、一九八五年）。
(38)柴田実「祇園御霊会――その成立と意義」『中世庶民信仰の研究』角川書店、一九六六年。脇田晴子『中世京都と祇園祭――疫神と都市の生活』中公新書、一九九九年。
(39)注13前掲書。
(40)吉原浩人「『石清水不断念仏縁起』考――付訳注」『中古文学と漢文学II』（和漢比較文学叢書4）汲古書院、一九八七年。同「『続本朝往生伝』の論理――真縁上人伝を中心に」『国文学　解釈と鑑賞』五五―八、一九九〇年。
(41)五来重『善光寺まいり』平凡社、一九八八年。
(42)倉田邦雄・倉田治夫編著『善光寺縁起集成一』龍鳳書房、一九九九年。
(43)阿部泰郎「女人禁制と推参」『湯屋の皇后――中世の性と聖なるもの』名古屋大学出版会、一九九八年（初出一九八九年）。
(44)阿部泰郎「聖俗を遊戯する女人」注43前掲書所収（初出一九八八・一九九二年）。
(45)榊原史子『『四天王寺縁起』の研究』勉誠出版、二〇一三年。
(46)菊地勇次郎「天王寺の念仏」『源空とその門下』法蔵館、一九八五年。
(47)『金葉集』には、源俊頼の歌に天王寺の海へ法師が舟に乗って漕ぎ出す様を描いた絵を詠む例が見える。
(48)三宅米吉「院政時代の供養目録」『極楽願往生歌』勉誠社、一九七六年（初出一九二四年）。
(49)名波弘彰「『平家物語』髑髏尼説話考」『文芸言語研究』文芸編二八、一九九五年。
(50)梅谷繁樹「四天王寺西門信仰をめぐって」『中世遊行聖と文学』桜楓社、一九八八年。
(51)注43前掲書。
(52)五来重『熊野詣』淡交新社、一九六七年。
(53)アンヌ・マリ・ブッシイ『捨身行者実利の修験道』角川書店、一九七七年。
(54)阿部泰郎「熊野考」『聖者の推参――中世の声とヲコなるもの』名古屋大学出版会、二〇〇一年（初出一九九二年）。
(55)根井浄『補陀落渡海史』法蔵館、二〇〇一年。
(56)益田勝実「フダラク渡りの人々」『火山列島の思想』筑摩書房、一九六八年（ちくま学芸文庫、二〇〇六年）。
(57)阿部泰郎「霊地荘厳の声」注54前掲書（初出二〇〇〇年）。佐伯真一「「足摺」考」『平家物語遡源』若草書房、一九九六年。

(58) 小林健二「名取老女熊野勧請説話考」『中世劇文学の研究——能と幸若舞曲』三弥井書店、二〇〇一年。
(59) 注58前掲書。
(60) 小林健二「能〈護法〉考」注58前掲書。
(61) 備後比婆荒神神楽が伝承していた神楽能の演目に「金剛童子ノ能」があり、その台本として庄原市東条戸宇の朽木家所蔵寛文四年（一六六四）神楽能本が伝わる。岩田勝『神楽源流考』（名著出版、一九八三年）は、この神楽能と能『護法』との密接な類似から、中世に遡り神楽の祭儀を担った法者《ほさ》と神子《みこ》の役割を具現化した証として位置づけている。
(62) 梅沢恵「熊野権現影向図考」特別展図録『聖地への憧れ——中世東国の熊野信仰』神奈川県立歴史博物館、二〇〇五年。
(63) 阿部泰郎「天狗——魔の精神史」『国文学』四四—八、一九九九年。
(64) 延慶本および盛衰記と共通する独立した宗教テクスト『天狗物語』（応永二六年（一四一九）写本）が潟岡孝昭により紹介されている。「新資料『天狗物語』と平家物語との関係」『大谷学報』一九五九年・一九六〇年。牧野淳司「延慶本『平家物語』「法皇御灌頂事」の思想的背景」『説話文学研究』三八、二〇〇三年。
(65) 木下資一校注『宝物集　閑居友　比良山古人霊託』（新日本古典文学大系40）岩波書店、一九九三年。久保田淳「魔界に堕ちた人々——『比良山古人霊託』とその周辺」『中世文学の世界』東京大学出版会、一九七二年。
(66) 大谷大学図書館蔵室町後期写本『魔界廻向』一巻はその伝本のひとつだが、奥書に「春日社論義屋」とあり、中世に春日の社頭で法楽の一環にこの表白が用いられていた消息が窺われる。
(67)『七天狗絵』については本書第十二章を参照。
(68) 近本謙介「往生の集としての撰集抄」『語文（大阪大学）』五五、一九九〇年。山口真琴「結縁の時空」『西行説話文学論』笠間書院、二〇〇九年（初出一九九八年）。
(69) 小島孝之「撰集抄の回国性」『中世説話集の形成』若草書房、一九九九年（初出一九八六年）。
(70) 山口真琴「西行の〈願文〉と鳥羽院」注68前掲書（初出一九九二年）。
(71) 山口真琴「『西行物語』の構造的再編と時衆」注68前掲書（初出一九九二年）。

第十二章　中世の魔界と絵巻

(1) 森正人「天狗と仏法」『今昔物語集の生成』和泉書院、一九八六年（初出一九八五年）。小峯和明『説話の森——天狗・盗賊・異形の道化』大修館書店、一九九一年。
(2) 梅津次郎「天狗草紙考察」『絵巻物叢誌』法蔵館、一九七二年（初出一九三六年）、「魔仏一如絵詞考」同書（初出一九四二年）。同「天狗草紙について」『新修日本絵巻物全集27　天狗草紙　是害房絵』角川書店、一九七八年。

（3）上野憲示「『天狗草紙』考察」『続日本絵巻大成19　土蜘蛛草紙　天狗草紙　大江山絵詞』中央公論社、一九八四年。

（4）網野善彦『蒙古襲来』（日本の歴史10）小学館、一九七四年。

（5）原田正俊「『天狗草紙』にみる鎌倉時代後期の仏法」『日本中世の禅宗と社会』吉川弘文館、一九九八年（初出一九九四年）。同「『天狗草紙』を読む――天狗跳梁の時代」『大仏と鬼――見えるものと見えないもの』（歴史を読みなおす5）朝日新聞社、一九九四年。

（6）若林晴子「『天狗草紙』にみる鎌倉仏教の魔と天狗」藤原良章他編『絵巻に中世を読む』吉川弘文館、一九九五年。

（7）若林晴子「『天狗草紙』に見る園城寺の正統性」『説話文学研究』三八、二〇〇三年。

（8）*Haruko Wakabayashi, The Seven Tengu Scrolls : Evil and the Rhetoric of Legitimacy in Medieval Japanese Buddhism* (Honolulu : University of Hawai'i Press, 2012).

（9）高橋秀榮「新出資料・絵巻物『天狗草紙』の詞書」『駒沢大学仏教学部研究紀要』五六、一九九八年、五八、二〇〇〇年。同『『七天狗絵』の詞書発見」『文学』（隔月刊）四―六、二〇〇三年。高橋秀榮他編、中世禅籍叢刊第七巻『禅教交渉論』収録（原田正俊解題）臨川書店、二〇一六年。

（10）注2前掲梅津論文。

（11）高橋秀城「東京大学史料編纂所蔵『連々令稽古双紙己下之事』をめぐって――室町末期真言僧侶の素養を探る」『仏教文学』三一、二〇〇七年。

（12）「高野大師遺誡」の同文が叡尊『感身学正記』に見いだされるという高橋秀榮氏の指摘（注9前掲論文）は重要である。

（13）寂仙上人遍融については、初出稿発表後に大きな研究の進展があった。土屋貴裕「寂仙上人遍融と「七天狗絵」の成立」『仏教文学』、同「「天狗草紙」の復元的考察」（『美術史』一五九、二〇〇五年）、および牧野和夫「新出東寺蔵『［七天狗絵詞抜書（外題「延暦寺園城寺東寺三箇寺由来」）］』一巻をめぐる二、三の問題」同「寂仙上人遍融とその周辺」『日本中世の説話・書物のネットワーク』和泉書院、二〇〇九年（初出二〇〇六年）参照。本文翻刻・影印は武久堅監修『中世軍記の展望台』（和泉書院、二〇〇六年）に掲載。

（14）注2前掲梅津論文。

（15）梅津次郎（注2前掲）は、探幽縮図をも参照しつつ、『魔仏一如絵詞』との本文比較から、『天狗草紙』絵巻が、それら諸異本の原本ではなく、何らかの底本に拠った二次的写本であることを明らかにした。『魔仏一如絵詞』の絵は大略『天狗草紙』の絵を省略した形であるが、探幽縮図は現状の絵巻に全く還元できない部分をもつ。そこで三者の共通祖本としての〝絵巻〟を更に想定することになる。だが、それらの現象は絵詞本文に限ってみれば、鈎阿写本の底本のごとき画中詞をも含んだ稿本を想定すれば、絵巻という完成形態を介さずとも成り立つ異同といえよう。

（16）後述『看聞日記』に「七天狗絵七巻」とあり、この時点で七巻一具として伝来していたことは、その推定を支える。

（17）称名寺二世釼阿の事蹟、その法流伝受、聖教書写を中心とする学問および幕府との関係については、納富常天『金沢文庫資料の研究』法蔵館、一九八二年参照。

（18）注6前掲論文。

（19）大正新脩大蔵経・続諸宗部第七六巻（五〇五頁）。『渓嵐拾葉集』については、田中貴子『『渓嵐拾葉集』の世界』（名古屋大学出版会、二〇〇三年）に、その編者・諸本・成立を含めた輪郭が概観され、多様な視点から論ぜられるが、特に第八章「『渓嵐拾葉集』における「怪異」の諸相」に同書における魔―天狗について分析がなされる。同書には「怖魔事」一巻が含まれ、編者光宗による「魔」をめぐる各種文献の抄出と伝承が収録されており、中世天台の百科全書というべき『渓嵐拾葉集』中の重要な主題として「魔」の領域が位置づけられ、天狗伝承に関心が払われていた消息をよく示している。

（20）『渓嵐拾葉集』「縁起」中の寂仙上人に関する「師物語云」の全文を参考のために以下に掲げる。そのなかの上人の言説は、あくまで円頓戒を中心としながら（これに興円の立場が反映している可能性もある）天台教法と真言密教の顕密仏教の優越を結論として、『七天狗絵』の思想的位相と共通している。なお、注13前掲牧野論文では、この一件について、後宇多法皇灌頂の賞としての聖宝への大師号宣下に端を発する徳治年間に生起した東密諸寺と山門との抗争に注目し、遍融がそこにおいて果たした役割を示唆する。

徳治ノ比、霊山院ノ寂仙上人、関東ニ下向ノ事有キ。公文所評定次、談合云。真言宗者、攘災秘術也。其護持大功也。律宗者、戒行如法ナル方ニ可ニ崇敬一也。禅宗者、坐禅工夫、為ニ出離大要一也。而ルニ天台宗者、八講請用許也。論義学匠、非レ為ニ護持一、非レ為ニ出離一。総以無用宗也。爰、和尚歎シテ曰。彼方、天台学侶無レ之哉。又、真言学者無レ之哉。先、戒法ノ事ハ、南都・北京ノ戒法者、依ニ憑小乗権宗一故、不レ窮ニ如来出世本懐一者也。争及ニ円頓妙戒一哉。次、真言宗事、自身即仏ノ宗旨、而建ニ立心仏国一、唱ニ成等正覚一ヲ。以心伝心之秘法也。豈攘災一偏《ノミナラン》哉。大方迷ニ宗旨一者歟。次、禅宗者、悟道得法置テ不レ論。然ルニ末代愚鈍禅僧等、教法者、不レ学故無智也。心地者、未ニ開通一故暗証也。道而無レ可レ論者也。可レ秘可レ秘。夫、天台円頓教法者、三学倶伝ノ妙法、即身頓学ノ直道也。所謂、戒法者、於ニ受戒即座一ニ、尽ニ三惑ノ非一ヲ六即成仏スト云々。又、定恵二法者、天真独朗ノ内証、無作本覚ノ仏也。前代未聞ノ宗義、諸宗所ニ分絶一也。所以ニ、出離生死者極ニ天台宗一ニ、即身成仏ト者在ニ真言宗一哉。加之、弘仁皇帝、建ニ於我山一為ニ本命ノ道場一ト、安ニ置於早法一ヲ禁ニ固ス於魑魅ノ路一ヲ。豈非ニ攘災秘術一哉。将又、持経擁護之神呪、是非ニ除災方便一ニ哉。不レ知ニ子細一ヲ難勢非ニ所論一スル者也矣。

（21）『七天狗絵』は今後、釼阿写本を含めてその宗教思想の位置が問われなければならないが、その延暦寺巻については、既に牧野淳司「『天狗草紙』延暦寺巻の諸問題――延慶本『平家物語』延暦寺縁起の考察に及ぶ」（『金沢文庫研究』三〇四、二〇〇〇年）が、延慶本中の延暦寺縁起説との共通性を指摘した。更に「延慶本『平家物語』「法皇御灌頂事」の思想的背景」（『説話文学研究』

三八、二〇〇三年）では、延慶本における〝天狗物語〟が示す思想的課題を一遍『播州法語集』と対比して論じたなかで『七天狗絵』にも言及している。

（22）黒田俊雄「中世における顕密体制の展開」『黒田俊雄著作集第二巻　顕密体制論』法蔵館、一九九五年（初出一九七五年）。

（23）後鳥羽院時代の「一心房」については院に近侍し熊野三山検校となった長厳が或いは該当するか。後嵯峨院時代の「龍象房」については当時外法を修し人肉喰の噂があった同名の僧が日蓮遺文により知られるが確証はない。後勘をまつ。

（24）曼殊院本『是害房絵』は文和三年（一三五四）写本であるが、その底本は延慶元年（一三〇八）に河内磯長寺（太子廟）で写された本を嘉暦四年（一三二九）に写したもの。その下巻、日羅房の詞に「吾朝ハ神国也」と日本国の勝地が磯長寺をはじめとして四天王寺・金剛山・高野山・叡山と列挙讃歎される一節があり、これに応え是害房が「仏法ヲサマタグル者本地アサキニアラズ」と魔仏一如の理を談ずるところなど、『七天狗絵』に通ずる魔―天狗の認識が示される。そうした所説の流通し絵巻の成立に収斂する場としての寺院と、それを担う学僧の学問体系が注目される。牧野和夫「中世太子伝と説話――〝律〟と太子秘事・口伝・「天狗説話」」『説話の場』（説話の講座3）勉誠社、一九九二年、注13牧野前掲書所収。

（25）篠村を舞台とするのは、『宇治拾遺物語』第二話「丹波国篠村平茸生事」で此地に大量に生えた平茸を仲胤僧都が不浄説法した僧の転生だと諷した話と、次の第三話「鬼ニ癭《コブ》被レ取事」の翁が山中に迷い木のうつぼに居て鬼衆の宴会に逢う話との連想が働いているか。

（26）この部分は『天狗草紙』甲巻の詞書第十五紙の後一紙分が脱落し失われていることが『魔仏一如絵詞』との比較により梅津論文（注2前掲）で指摘されている。原田論文（注5前掲）はこれを『魔仏一如絵詞』独自の増補とみて立論しているが、それは右の事実を見落としたものである。なお、釼阿写本はこの部分を有している。

（27）梅津次郎「魔仏一如絵詞考」（注2前掲）注十一参照。

（28）『天狗草紙』甲巻絵詞ではこの部分が省かれ、釼阿写本・『魔仏一如絵詞』にある。この寺が天狗興宴の場とされたのは、美福門院が帰依していた密厳上人覚鑁が生前から天狗視されていた（『中外抄』）ことと関係するか。

（29）中世の被差別民の呼称としての「エタ」は『塵袋』を初見とするが、それを「穢多」と宛てる初例は本書であり、社会史および心性史の上からも注目される。横井清「中世の触穢思想」『中世民衆の生活文化』東京大学出版会、一九七五年。

（30）注5前掲論文。

（31）本書第五章参照。

（32）絵詞は「穢多童にとられて、くびをねぢころされにけり」とあり、全く絵と対応するのではない。

（33）黒田日出男「『天狗草紙』における一遍」『姿としぐさの中世史』平凡社、一九八六年。

（34）原田正俊「放下僧・暮露にみる中世禅宗と民衆」『日本中世の禅宗と社会』注5前掲書所収（初出一九九〇年）。

（35）注2前掲梅津論文。

（36）福田秀一『中世和歌史の研究』角川書店、一九八二年、第三篇第五章。なお、永仁三年の成立については、本文中に為兼への批難に関して仮構された著者自らがその咎めを蒙って「みつしほのからき罪に沈」む畏れを述べて配流を想起させる詞が見え、もしこれが永仁六年春の為兼失脚と佐渡遠島を意識した辞とすればそれ以降の成立ということになる。ただし、既に永仁四年五月に籠居していることからすれば、その処分以前にそのような風評が立っていた反映かとも考えられる。

（37）『一遍聖絵』の絵における書入と連動した重要な作為は、ほかにも巻五第五段の鎌倉入りの場面で露わになる。詞書は、巨福呂坂より入ろうとした一遍に大守の出行を人が告げ道を変えるよう勧めるが、聖は突入を強行した。そこに「武士むかひて制止をくはふ」とあり、直接「大守」執権時宗と対話を交わしてはいない。ところが絵では、一遍と路上で向き合う馬上の武士に「太守」の書入があり、両者は直接対決したという演出が加えられているのである。現在も『聖絵』のこの部分に言及するものの多くが、この作為に惑わされている。

（38）注33前掲論文。

（39）伊藤博明「『一遍聖絵』と紫雲」一遍研究会編『一遍聖絵と中世の光景』ありな書房、一九九三年。

（40）伊藤正義『謡曲集　中』日本古典集成、新潮社、一九八六年、「自然居士」解題に従前の研究成果が集約されている。

（41）「禅宗教家同異事」は、叡山文庫真如蔵本が、中世禅籍叢刊第七巻『禅教交渉論』（臨川書店、二〇一六年、末木文美士解題）に収録される。

（42）徳田和夫「中世歌謡の論・三題」『学習院女子短期大学紀要』一八、一九八〇年。

（43）注34前掲論文。

（44）『渓嵐拾葉集』巻第九「禅宗教家同異事」について、田中前掲書（注18）では、これ（同書は「禅家、教家同異事」に作る）を編者光宗の自著とみて、永仁二年の自然居士追却に至る叡山大衆の僉議を、当時十九歳の光宗が立ち会い見聞した記録と解する（八・一七四頁）が如何であろうか。本書の文脈では「私」の発問に対し「新仰云」として示される某師の答えのなかで、この事件が述べられており、これを光宗の聞書とすれば、それは自身の見聞ではあるまい。第百十二巻の慈遍撰「密法相承審論要抄」の如く一書全体が別人の著作を引用した可能性もあり、その位置づけは慎重を要する。なお、その後に「興㆓禅宗㆒仏法可㆓衰微㆒事ハ勘文ノ事有㆑之如別紙」とある「勘文」の存在が注意される。

（45）五味文彦「永仁の前奏曲——世阿弥の時代へ」（『ＺＥＡＭＩ　中世の芸術と文化』01、森話社、二〇〇二年）は、本書および『野守鏡』の成立した永仁年間という時代を社会変動の初発期として注目し、永仁の南都闘乱とも結びつけて、「場・時・躰・心・論」という視点から分析を試み、その動きを遥かに世阿弥の能の源流としてとらえようとする。

（46）『七天狗絵』第七（釼阿本）で或る聖人が夢に見たとする「一遍本地身、大勢鵄菩薩、為誑衆生故、度々来此土」という四句の偈頌は、法然伝にみえる三井寺公胤が感得したとする法然の本地を勢至と明かす四句偈をふまえた、そのもじりである。たとえば、『伝法絵流通』巻四に、かつて法然を批判した公胤僧正が聖人の七七忌法事を営み、のち建保四年（一二一六）に聖人の夢告として十六句の偈頌を蒙るが、その末尾四句が「源空本地身、大勢至菩薩、衆生為化度、来此界度々」である。この話は各種法然伝に継承され流布しているが、四十八巻伝の公胤関係説話には見えない。

（47）川端善明解題「日吉社叡山行幸記」『室町ごころ』角川書店、一九七八年。同書はもと「青蓮院絵本」つまり絵詞として著されたもの。そのなかに当時の神祇不拝の徒として「時世粧の禅僧」と「踊念仏の類」を批難する一節があることは注意される。

（48）安田次郎「永仁の南都闘乱」『中世の興福寺と大和』山川出版社、二〇〇一年（初出一九八七年）。

（49）注6前掲論文。

（50）山崎誠「禁裡御蔵書目録考証（三）」『調査研究報告（国文学研究資料館）』一一、一九九〇年。

（51）岩橋小弥太『花園天皇』吉川弘文館、一九六二年。

（52）『玉葉』建久二年（一一九一）十一月五日条。

（53）本論発表後の『七天狗絵』に関する主な研究の展開は、著者寂仙上人遍融については注12前掲土屋・牧野論文参照。注釈の試みとして、三角洋一「『七天狗絵』略注（一）・（二）・（三）」（『超域文化科学研究』九、二〇〇四年、同一一、二〇〇六年、同一三、二〇〇八年）があり、興福寺、東大寺、園城寺、延暦寺の各巻について解説がなされた。その論文化として、「『七天狗絵』における顕教の扱いをめぐって」（『国語と国文学』八一—一二、二〇〇四年）がある。また、山口真琴「諸宗論テクストと『七天狗絵』の生成をめぐって」（『国語と国文学』九二—五、二〇一五年）は中世仏教の〝諸宗論〟のひとつの到達点として位置づけを試みる。なお、若林晴子による *The Seven Tengu Scrolls*（注7前掲書）は、『七天狗絵』の全貌と中世仏教の魔界の伝統系譜を紹介した英文著書として重要な業績である。

終章　中世世界像の鏡

（1）阿部泰郎「山に行う聖と女人」『湯屋の皇后』名古屋大学出版会、一九九八年（初出一九九一年）。

（2）阿部泰郎「龍蛇と化す女人」注1前掲書（初出一九九一年）。阿部泰郎「絵ものがたりとしての「道成寺縁起」絵巻の世界」、高岸輝「「道成寺縁起」の成立圏——湯河氏と南都絵所の関与をめぐって」、『道成寺と日高川——道成寺縁起と流域の宗教文化』和歌山県立博物館、二〇一七年。

（3）たとえば「春《はる》の焼野《やきの》に菜《な》を摘《つ》めば　岩屋《いわや》に聖《ひじり》こそおはすなれ　唯一人《たゞひとり》野辺《のべ》にてたび〲逢《あ》ふよりはな　いざたまへ聖《ひじり》こそあやしの様《やう》なりとも　わらはらが柴《しば》の庵《いほり》へ」（三〇二）や「聞《き》くにおかしき経よみは　等覚高砂《とうがくたかさご》の明泉房　江口《えぐち》の淵《ふち》にたのやけの君《きみ》　淀《よど》には大君次郎君《おほぎみ》」（四四三）など（『新訂　梁塵秘抄』岩波文庫、一九七〇年）。

（4）阿部泰郎「聖俗を遊戯する女人」注1前掲書（初出一九八八年・一九九二年）。
（5）伊東祐子『藤の衣物語絵巻（遊女物語絵巻）――影印・翻刻・研究』笠間書院、一九九六年。
（6）保立道久「娘の恋と従者たち――『粉河寺縁起』を読む」『中世の愛と従属――絵巻の中の肉体』平凡社、一九八六年。
（7）石塚一雄「資料紹介『宝蔵絵詞』」『書陵部紀要』二一、一九七〇年。阿部泰郎「道祖神と愛法神」注1前掲書（初出一九九六年）。
（8）阿部泰郎監修、江口啓子・鹿谷裕子・玉田沙織編『室町時代の少女革命――『新蔵人』絵巻の世界』笠間書院、二〇一四年。
（9）近本謙介「慈円から慶政へ」中世文学会編『中世文学研究は日本文化を解明できるか』笠間書院、二〇〇六年。
（10）多賀宗隼「慈円と良尋」『論集中世文化史　下　僧侶篇』法蔵館、一九八五年。
（11）阿部美香「浄土巡歴譚とその絵画化――メトロポリタン美術館本『北野天神縁起』をめぐって」『説話文学研究』四五、二〇一〇年。
（12）中野玄三「社寺縁起絵論」奈良国立博物館編『社寺縁起絵』一九七五年。
（13）赤松俊秀「南北朝内乱と夢想記」『鎌倉仏教の研究』平楽寺書店、一九五九年。同「高野山御手印縁起について」『魚澄先生古稀記念国史学論叢』魚澄先生古稀記念会、一九五九年。桜井好朗『神々の変貌――社寺縁起の世界から』東京大学出版会、一九七六年。
（14）村上学「神道集巻第九「北野天神事」ノート一」『名古屋大学国語国文学』一五、一九六四年。同「神道集巻第九「北野天神事」ノート二」『名古屋大学国語国文学』一七、一九六五年。
（15）阿部泰郎「『大職冠』の成立」吾郷寅之進・福田晃編『幸若舞曲研究』第四巻、三弥井書店、一九八六年。
（16）田島公「陽明文庫所蔵『長谷寺縁起文』の解題と翻刻――鎌倉長谷寺本との比較検討を中心に」田島公編『禁裏・公家文庫研究』第六輯、思文閣出版、二〇一七年。
（17）上島享「藤原道長と院政」『日本中世社会の形成と王権』名古屋大学出版会、二〇一〇年。
（18）伊藤聡「第六天魔王譚の成立」『中世天照大神信仰の研究』法蔵館、二〇一一年（初出一九九五年）。阿部泰郎「魔王との契約――第六天魔王神話の展開」武久堅編『中世軍記の展望台』和泉書院、二〇〇六年。
（19）藤森馨「二神約諾神話淵源考」『古代の天皇祭祀と神宮祭祀』吉川弘文館、二〇一七年（初出二〇〇九年）。
（20）メラニー・トレーデ「八幡縁起絵巻――その概説、研究動向、奥書から見る絵巻の制作過程・流通・信仰背景について」『東風西風』一一、二〇一六年。
（21）高岸輝『室町王権と絵画――初期土佐派研究』京都大学学術出版会、二〇〇四年。同『室町絵巻の魔力――再生と創造の中世』吉川弘文館、二〇〇八年。

(22) 奈良国立博物館編『當麻寺——極楽浄土へのあこがれ』二〇一三年。
(23) 天正十年(一五八二)の制作になる御伽草子風の箱根権現縁起絵巻が箱根山麓の在地に伝えられている。その末尾には二所三島各社の参詣曼荼羅を付加しており、明らかに熊野本地絵巻に倣ったものと思われる。阿部美香「本地物語の変貌——箱根権現縁起絵巻をめぐって」『中世文学』四九、二〇〇四年。

あとがき――「中世日本の世界像」縁起

はじめて奈良に旅した十代の早春、たそがれの奈良町は、低い屋並みがどこまでも続いて闇に溶け込み、歩みながらそのまま時を超えて異界へ迷い込むような不安と恍惚を味わった。それはいまも、さながら自分の一部となっている。十年後、その奈良町の一角に仮寓して、元興寺極楽房のなかの研究所に居候しながら畿内の寺社霊地とその信仰遺産の調査に試行錯誤しつつ取り組んだ。傍ら、長谷寺の文化財調査に参加し、豊山に通って観音の膝下に夢を結びつつ信仰の遺産に触れることを得た。こうした若き日の得難い経験が、元興寺と長谷寺について論じた本書第十章に結晶している。

東大寺二月堂修二会を聴聞したり春日若宮おん祭りを見物しながら学び、修行した所産は、元興寺文化財研究所の発掘調査報告書の附録に加えた『中世高野山縁起の研究』（一九八二）となったが、これを契機として、桜井好朗氏から『大系　仏教と日本人1　神と仏』への執筆の機会を与えられて書いた神道曼荼羅の論文が、中世日本の世界像について探究を試みた最初の仕事であって、これが第九章となった。

説話文学会や中世文学会など、国文学界の研究の場に挑戦して発表を重ねるうちに、池上洵一氏や小峯和明氏らの末席に連なって『説話の講座』を編む企画に加わり、「説話とは何か」を問う試みを共にした。一九九〇年代の初め、折しも世界の急激な変化を眼前にして一瞬の希望を抱いた時期の産物であった。それが束の間の幻だったとしても、その問いから生まれた自分なりの試みの解答案は、幾度も繰り返し提出し続けて、それが第五章と第六章になっている。同時に、声の響きが生みだし、性の境界をめぐる葛藤がもたらす越境のはたらきと、その果てに顕われる〈聖なるもの〉をとらえようとする、中世への探究を続けていた。そこにまなざされていたのは、芸能を介して世界像の基層を成す、生きてはたらく力動であり身体であった。その結果は『湯屋の皇后』（一九九八）、『聖者の推参』（二〇〇一）としてまとめられたが、それはまた本書の第一・二・三章にも反映している。芸能を介してめぐりあった伊藤正義氏に導かれ、ともに寺社文庫の宗教テクストの世界を探査する旅の裡から立ち上がった〝中世日本紀〟概念の問題提起は、中世の世界像を変革する豊かな可能性を示したが、本書の中に全てを収めることは叶わないながら、その窓口となるべき論を第四章に収めた。

こうして、一九八〇年代から二〇〇〇年前後にかけて、本書を構成する幾篇もの論文が書かれたが、その媒体も形式も様々で、しかも長い時間にまたがっており、その後の研究の進展や資料情報の増大に対応することは、もはや到底叶わない。本書への収録にあたり、できるかぎりの補訂と加注による新しい情報の追加、および形式上の統一につとめたが、なお不十分なことをおそれる。しかしその一方で、長い時を通じて書き続けたこれら様々な論が成るにあたっては、そのどれにも共通する一貫した強いうながしが潜んでいることを、いつしか自覚していた。これらに扱われ、解読が試みられた中世の事象・文献・イメージ・言説など、すべては諸位相のテクストといえるが、それらが体現する世界像とは何か、を探ろうとする志向である。こうしたモティーフへの志向が自覚されたのは、皮肉にも、あの変革と連帯への希望が瞬く間に幻と化して崩壊し、剝き出しの醜悪な暴力が再び世界を覆う状況の現前したことに、確かに呼応している。

「中世日本の世界像」という主題は、集中講義に招かれた大学での課題にもしたが、容易にまとまった論述とはならなかった。そのとき、高橋昌明氏に指名されて執筆した『日本史講座』第三巻の「院政期文化の特質」は、この主題が形を成すのに格好の課題であった（このとき、規定の分量を遥かに超えた原稿となって高橋氏が斧正の労をとられたことにあらためて感謝したい）。しかし総論Ⅱとなるこの一篇をもってしても、なお世界像はその全き輪郭を明らかにしないように思われた。それから数年を経て、今度は末木文美士氏から『日本思想史講座』中世篇への執筆を依頼された。末木氏は大須真福寺における栄西著作の出現を機として、その復原紹介に始まった『中世禅籍叢刊』編纂という共同研究の成果発信を牽引されるが、その慫慂によって「中世日本の世界像」のテーマそのものを正面から問う絶好の機会をいただいた。本書の総論Iとなる本篇が書かれたことで、ようやく一著としての全体像が見渡せるようになった。この時点で既に編輯は動き出していたが、当時、所属する名古屋大学文学研究科（現在は人文学研究科）では、二期にわたるCOEによるテクスト学の国際研究拠点形成プログラムが遂行中であり、その研究推進者の任にもあたり、研究成果を公開しなくてはならない務めを負っていた。そこで先に編まれたのが、前著『中世日本の宗教テクスト体系』（二〇一三）である。この間に、もうひとつの企画『日本の思想』第四巻「自然と人為」のために書かれた、浄土と冥界をめぐる世界像の変遷についての論が加えられて、第十一章となった。

こうして最初に題名を定めてから十余年を経て、ようやく本書の刊行は動き出すことになった。一著を編むにあたり、第II部と第III部の末に配されたのは、人文学の根幹である文献学の徒として達成したささやかな成果だった。あくまでテクストとその解釈を通して己の課題を探り求めようとする者にとって、決定的な鍵となるテクストに巡り逢う幸運に生涯に一度でも恵まれることは、見果てぬ夢である。慈円『六道釈』の発見は、まさにそうした邂逅であった。『六道釈』の解読によって、慈円その人の生涯と思想の遍歴にとどまらず、広く当時の精神史に及び、中世の世界像の形成と展開についても、そのヴィジョンを創成するための宗教／儀礼テクストとして重大な意義を持つ座標を見いだすことができたと思う。

ただ新資料の発見という〝宝探し〟に終わらず、巨大な謎というべき対象として絶えず解釈を試み続けることを求める、手強い相手がある。それは文学テクスト（私にとっては『とはずがたり』がそれにあたる）である場合もあり、また宗教思想や歴史のテクスト（これも私にとっては慈円の未発見の分を含めた全てのテクスト）でもあるが、本書のなかに繰り返し取り上げられ、論ぜられるテクストもまた、そうした問いを常に投げかける謎に満ちたテクスト群なのである。そのひとつに『七天狗絵』がある。それは、ただ絵巻として伝わるだけでなく、詞書が金沢文庫

（十代の頃から通い続け、中世世界に迷い込む動機を与えてくれた場であった）に寄託された称名寺聖教の中から二世釼阿の自筆になる宗教テクストとして出現し紹介される（これも、若い頃から『中世禅籍叢刊』まで一貫してお世話になった高橋秀榮氏の手によってなされた）という機会を得て、あらためて全体の解釈に取り組むことができた。それもやはり長期にわたる取り組みであった。一九九九年にスタンフォード大学に居られたベルナール・フォール教授から中世仏教シンポジウムに招かれて（この時は桜井好朗氏が基調講演をつとめられた）初めて海外の地を踏むことになった際、報告したのが最初で、それから数年を経て今は休刊となった岩波書店『文学』誌のための研究会を催してようやく稿を成したのであった。慈円『六道釈』も同じく『文学』誌上で中世仏教と文学の研究会の成果として活字化された。『七天狗絵』がはしなくも露呈する、中世社会の分裂と抗争、差別による排除の光景は、決して過去の遠い世界の出来事ではない。我々の生きる世界の現実そのものである。本書における中世世界へのテクストを介した問いは、そのまま、現在《いま》を問い、未来に踏み出す路を探る営みにほかならないことにも、あらためて自覚的でありたい。

前著『中世日本の宗教テクスト体系』から本書の刊行に至るまでの間、著者をめぐる研究状況は大きく変化した。第一に、二〇一四年に文学研究科附属として人類文化遺産テクスト学研究センター（ＣＨＴ）が設立され、視覚文化部門の木俣元一教授と物質文化部門の周藤芳幸教授と共同して、アーカイヴス部門を担当すると共に、センター長として立ち上げに携わった。第二に、日本学術振興会科学研究費補助金基盤研究（Ｓ）「宗教テクスト遺産の探査と綜合的研究――人文学アーカイヴス・ネットワークの構築」（二〇一四〜一八）が前身科研（Ａ）から一年前倒しで採択され、より大きなスケールで広域の調査研究とそれらの充実した成果発信と社会貢献に取り組めるようになった。第三に、日本学術振興会の国際事業として、グローバル展開プログラム「絵ものがたりメディア文化遺産の普遍的価値の国際共同研究による探求と発信」（二〇一七〜二〇）、研究拠点形成事業「テクスト学による宗教文化遺産の普遍的価値創成学術共同体の構築」（二〇一七〜二一）に相次いで採択され、また学内では次世代最先端国際研究ユニット「文化遺産創成と記憶の力のテクスト学」（二〇一五～一七）に択ばれて、同僚や学外の若手研究者と共に、また海外の人文拠点大学の研究者と協同して、宗教テクストと文化遺産を中心に、多種多様な研究活動を展開している。本書はまさしくその渦中で編まれたものであり、これら未来の人文学のための国際的な研究のフォーラムに向けて提供する成果である。

本書が成るにあたり、構成する各論文が成稿される段階では、以上に掲げた方々をはじめとして、実に多くの研究者、そして貴重な文献や画像、資料等の中世の文化遺産を伝え、かつ保存されてこられた所蔵者と諸機関の方々に、調査、閲覧から研究報告、その後の成果共有に至るまで、あらゆる面で恩恵を蒙った。それらの御助成がなければ、本書に収録される論は一つとして世に出ることはなかった。その重みをいま、あらためてかみしめて、全ての方々に深く感謝申し上げる。

更に、名古屋大学出版会の橘宗吾編集部長には、最初の企画の立ち上げから十年以上の長い期間にわたり絶えず励ましと指南をいただいた。当座の研究活動の多忙に言寄せて容易にとりかかることをしなかったのを見放さず、機会ある毎に働きかけていただいたお蔭で、目標を見失わず取り組むことができた。編集にあたっては、前著に引き続き三原大地氏に全てお世話になった。氏の周到な目配りと配慮に満ちた段取りに従って動くことがなければ、本書は決して完成することは無かったろう。また図版については末松美咲君に、校正と索引は郭佳寧君に協力していただいたことを記しておきたい。

本書の刊行にあたり、日本学術振興会の平成二十九年度科学研究費補助金（研究成果公開促進費「学術図書」）の支援を得たことを感謝と共に銘記する。

二〇一八年一月

阿部泰郎

初出一覧

序　章　書き下ろし

総説Ⅰ　「中世日本の世界像」苅部直他編『日本思想史講座2　中世』ぺりかん社、二〇一二年。

総説Ⅱ　「院政期文化の特質」歴史学研究会・日本史研究会編『日本史講座3　中世の形成』東京大学出版会、二〇〇四年。

第一章　「聖なる声――日本古代・中世の神仏の声と歌」『岩波講座　宗教5　言語と身体――聖なるものの場と媒体』岩波書店、二〇〇四年。

第二章　「〈聖なるもの〉と童子」日本児童文学学会編『研究日本の児童文学1　近代以前の児童文学』東京書籍、二〇〇三年。

第三章　「性の越境」『いくつもの日本Ⅵ　女の領域・男の領域』岩波書店、二〇〇三年。

第四章　「〝日本紀〟という運動」『国文学　解釈と鑑賞』六四―三、一九九九年。

　　　　「中世注釈の重層性」『国文学　解釈と鑑賞』五六―三、一九九一年。

　　　　「中世〈日本〉の世界像――「日本紀」と「日本国大将軍」」『環』六、二〇〇一年。

第五章　「説話の位相――枠組としての〝説話〟」本田義憲他編『説話の講座　第一巻　説話とは何か』勉誠社、一九九一年。

第六章　「如是我聞の文学――日本における対話様式の系譜」『岩波講座　文学8　超越性の文学』岩波書店、二〇〇三年。

　　　　「対話様式作品論序説――『聞持記』をめぐりて」『日本文学』三七―六、一九八八年。

　　　　「対話様式作品論再説――〝語り〟を〝書くこと〟をめぐりて」『名古屋大学国語国文学』七五、一九九四年。

第七章　「〝次第〟を読む――守覚法親王「紺表紙小双紙」の世界から」『日本文学』四四、一九九五年。

第八章　「慈円作『六道釈』をめぐりて――慈円における宗教と歴史および文学」『文学』（季刊）八―四、一九九七年。

第九章　「霊地の図像学」『国文学　解釈と教材の研究』四一―四、一九九六年

「神道曼荼羅の構造と象徴世界」桜井好朗編『大系　仏教と日本人1　神と仏――仏教受容と神仏習合の世界』春秋社、一九八五年。

第十章　「元興寺」『岩波講座　日本文学と仏教　第七巻　霊地』岩波書店、一九九五年。

第十一章　「長谷寺の縁起と霊験記」『仏教民俗学大系1　仏教民俗学の諸問題』名著出版、一九九三年。

第十二章　「「往生」というテクスト」『岩波講座　日本の思想　第四巻　自然と人為』岩波書店、二〇一三年。

第十三章　「『七天狗絵』とその時代」『文学』（隔月刊）四―六、二〇〇三年。

終　章　書き下ろし

＊いずれの論文も本書への収録に際して大幅に加筆修正を行った。

《著者略歴》

阿部泰郎《あべやすろう》

1953 年　横浜に生まれる
1981 年　大谷大学大学院文学研究科博士課程満期退学
大阪大学文学部助手，大手前女子大学文学部助教授等を経て
現　在　名古屋大学大学院人文学研究科教授，人類文化遺産テクスト学研究センター長
著　書　『湯屋の皇后』（名古屋大学出版会，1998 年）
『聖者の推参』（名古屋大学出版会，2001 年）
『中世日本の宗教テクスト体系』（名古屋大学出版会，2013 年）
『守覚法親王と仁和寺御流の文献学的研究』（共編，勉誠社，1998 年）
『真福寺善本叢刊』（全 24 巻，共編，臨川書店，2000-11 年）
『中世禅籍叢刊』（全 12 巻，共編，臨川書店，2014-18 年）他

中世日本の世界像

2018 年 2 月 28 日　初版第 1 刷発行

定価はカバーに
表示しています

著　者　阿　部　泰　郎

発行者　金　山　弥　平

発行所　一般財団法人　名古屋大学出版会
〒 464-0814　名古屋市千種区不老町 1 名古屋大学構内
電話(052)781-5027/FAX(052)781-0697

印刷・製本 ㈱太洋社　　ISBN978-4-8158-0902-7
乱丁・落丁はお取替えいたします。

人名・神仏名索引

あ　行

か　行

さ　行

た　行

な　行

は　行

ま　行

や　行

ら・わ行

事項索引

あ 行

か　行

さ　行

た　行

な　行

は　行

ま　行

や　行

ら・わ行

図版一覧

序　章

図 1　『国覔系図』（和歌山県立博物館蔵）（和歌山県立博物館編『中世の村をあるく――紀美野町の歴史と文化』2011 年）……2

図 2　池辺家蔵『修善講式』覚超自筆本末尾と奥書部分（名古屋大学人文学研究科附属人類文化遺産テクスト学研究センター・アーカイヴスによる撮影，以下（CHT）と略記）……4

総説 I

図 1　『信貴山縁起』絵巻　大仏殿（尼君巻，朝護孫子寺蔵）（小松茂美編『信貴山縁起』中央公論社，1977 年，以下（信）と略記）……10

図 2　行基図（『拾芥抄』）（今泉定介編『故實叢書　拾芥抄　巻中』吉川弘文館，1906 年）……13

図 3　旧法隆寺上宮王院絵伝『聖徳太子障子絵伝』第九・十面（東京国立博物館蔵）（東京国立博物館編『法隆寺献納宝物特別調査概報 XXXII　聖徳太子絵伝 5』2012 年）……16

図 4　鶴林寺本『聖徳太子絵伝』第一幅の善光寺絵伝（鶴林寺蔵）（鶴林寺編『鶴林寺と聖徳太子――「聖徳太子絵伝」の美』法蔵館，2008 年）……21

図 5　『玄奘三蔵絵』巻一　登須弥山図（藤田美術館蔵）（奈良国立博物館・朝日新聞社編『天竺へ――三蔵法師 3 万キロの旅』2011 年）……26

図 6　『五天竺図』（法隆寺蔵）（同上）……27

図 7　『当麻寺曼荼羅縁起』阿弥陀聖衆来迎場面（光明寺蔵）（小松茂美編『当麻曼荼羅縁起・稚児観音縁起』中央公論社，1979 年）……29

図 8　『日蔵夢記』巻頭部分（四天王寺大学恩頼堂文庫蔵）（CHT）……34

図 9　『北野天神縁起』絵巻　堕地獄の延喜帝と対面する日蔵（メトロポリタン美術館蔵）（九州国立博物館『国宝 天神さま――菅原道真の時代と天満宮の至宝』2008 年，以下（国）と略記）……35

図 10　『熊野本地絵巻』熊野三山図（和歌山県立博物館蔵）（和歌山県立博物館『熊野〔和歌山県立博物館収蔵品選集〕』1999 年）……38–39

図 11　『住吉祭礼図屛風』絵解き比丘尼（フリア・ギャラリー蔵）（小栗栖健治『熊野観心十界曼荼羅』岩田書院，2011 年）……41

図 12　藤原道長奉納　金峯山金銅製経筒（金峯神社蔵）（京都国立博物館編『藤原道長　極めた栄華・願った浄土』2007 年）……45

図 13　『融通念仏縁起』絵巻神名帳段　諸社の結縁図（シカゴ美術館蔵）（小松茂美編『融通念仏縁起』中央公論社，1983 年）……48

総説 II

図 1　法勝寺伽藍復原図（冨島義幸『密教空間史論』法藏館，2007 年，335 頁より）……53
図 2　『法然上人絵伝』巻十巻に描かれた蓮華王院（知恩院蔵）（小松茂美編『法然上人絵伝　上』中央公論社，1981 年，以下（法）と略記）……60
図 3　『年中行事絵巻』祇園御霊会（國學院大學蔵）……69
図 4　『梁塵秘抄口伝集』巻第十（書陵部蔵）（宮内庁書陵部編『梁塵秘抄口伝集』1988 年）……72
図 5　快慶作「僧形八幡神像」（東大寺蔵）（東京国立博物館・読売新聞東京本社文化事業部編『東大寺大仏――天平の至宝』2010 年）……79

第一章

図 1　『聖徳太子絵伝』九歳螢惑星と八嶋（杭全神社蔵）（CHT）……91

第二章

図 1　『法然上人絵伝』竹馬遊び（知恩院蔵）（法）……109
図 2　『北野天神縁起』絵巻第一巻（北野天満宮蔵）（京都国立博物館編『北野天満宮神宝展』2001 年）……113
図 3　『長谷寺縁起』絵巻　行基山内巡見（長谷寺蔵）（彦根城博物館編『美術のなかの童子』2000 年，以下（美）と略記）……116

第三章

図 1　『鶴岡放生会職人歌合』遊女と白拍子（個人蔵）（森暢編『伊勢新名所絵歌合・東北院職人歌合絵巻・鶴岡放生会職人歌合絵巻・三十二番職人歌合絵巻』角川書店，1979 年，以下（伊）と略記）……135
図 2　『病草紙』より「二形の者」（関戸家蔵）（小松茂美編『餓鬼草紙・地獄草紙・病草紙・九相詩絵巻』中央公論社，1977 年）……137
図 3　『鶴岡放生会職人歌合』十一番「持者」（伊）……139
図 4　『七十一番職人歌合』六十一番「持者」（前田育徳会尊経閣文庫蔵）（前田育徳会尊経閣文庫編『七十一番職人歌合』勉誠出版，2013 年）……139
図 5　『新蔵人物語』（サントリー美術館蔵）（CHT）……146

第六章

図 1　対話様式作品の〈媒介の構造〉による分類モデル……233
図 2　対話様式による諸作品のヴァリエーション（鎌倉時代まで）……234–235
図 3　『聞持記』の構成……254
図 4　『信貴山縁起』絵巻　飛倉の巻末尾　長者の宅において“語り”を“書く”僧の姿（朝護孫子寺蔵）（信）……275

第八章

図 1　『六道釈』巻末（三千院円融蔵）（著者撮影）……313
図 2　『六道釈』巻頭（三千院円融蔵）（著者撮影）……314

第九章

図 1　『阿字義』絵巻（藤田美術館蔵）（小松茂美編『阿字義・華厳五十五所絵巻・法華経絵巻』中央公論社，1984 年）……345
図 2　蔵王権現御正躰（総持寺蔵）（田邊三郎助編『神仏習合と修験』新潮社，1989 年）……347
図 3　『山王宮曼荼羅』（大和文華館蔵）（奈良国立博物館編『神仏習合――かみとほとけが織りなす信仰と美』2007 年，以下（神）と略記）……350
図 4　『伊勢両宮曼荼羅』内宮（左）と外宮（右）（正暦寺蔵）（神）……353
図 5　『春日宮曼荼羅』（湯木美術館蔵）（根津美術館編『春日の風景――麗しき聖地のイメージ』2011 年）……362
図 6　『春日鹿曼荼羅』（陽明文庫蔵）（東京国立博物館他編『春日大社　千年の至宝』2017 年，以下（春）と略記）……363
図 7　『春日本迹曼荼羅』（宝山寺蔵）（神）……364
図 8　『春日本迹曼荼羅』（静嘉堂蔵）（財団法人静嘉堂編『静嘉堂宝鑑』1992 年）……364
図 9　『春日本迹曼荼羅』（MOA 美術館蔵）（神）……365
図 10　『熊野本地仏曼荼羅』（高山寺蔵）（大阪市立美術館編『祈りの道――吉野・熊野・高野の名宝』2004 年）……367
図 11　『熊野本迹曼荼羅』（聖護院蔵）（同上）……368
図 12a　『八幡宮曼荼羅』（栗棘庵蔵）（神）……371
図 12b　「若宮八幡神影」（栗棘庵蔵）（美）……371
図 13　『八幡宮曼荼羅』（井上家旧蔵，京都国立博物館蔵）（神）……372
図 14　伊勢大神宮御正躰厨子（正面）（西大寺蔵）（神）……376
図 15　伊勢大神宮御正躰厨子（裏面）（西大寺蔵）（神）……376
図 16　不退寺本堂内大神宮神祠（著者撮影）……378
図 17　不退寺春日御正躰厨子（正面）（不退寺蔵）（春）……379
図 18　不退寺春日御正躰厨子（裏面）（不退寺蔵）（春）……379
図 19　『春日権現験記絵』巻十八（東京国立博物館蔵）（小松茂美編『春日権現験記絵 中』中央公論社，1982 年）……385

第十章

図 1　『興福寺曼荼羅』における中門夜叉神（京都国立博物館蔵）（京都国立博物館編『興福寺曼荼羅図』1995 年）……402
図 2　智光曼荼羅（『覚禅抄』勧修寺蔵）（奈良国立博物館編『当麻寺　極楽浄土へのあこがれ』2013 年）……410

第十一章

図 1　『山越阿弥陀図』（大倉集古館蔵）（岡崎市美術博物館編『冷泉為恭展――幕末やまと絵夢花火』2001 年）……427
図 2　『北野天神縁起』絵巻（メトロポリタン美術館蔵）（国）……432
図 3　『山越阿弥陀図』（禅林寺蔵）（神）……435
図 4　『地蔵菩薩霊験記』絵巻　立山地獄に堕せる女人を救済する地蔵（フリア・ギャラリー蔵）（小松茂美編『山王霊験記・地蔵菩薩霊験記』中央公論社，1984 年）……436

図 5　『一遍聖絵』巻二　天王寺西門から鳥居への景観（東京国立博物館蔵）（小松茂美編『一遍上人絵伝』中央公論社，1978 年，以下（一）と略記）…………………… 444
図 6　『熊野権現影向図』（檀王法林寺蔵）（神）…………………………………………………… 450
図 7　『七天狗絵』天狗（魔）来迎の図（個人蔵）（梅津次郎編『天狗草紙・是害房絵』角川書店，1978 年，以下（天）と略記）…………………………………………… 456
図 8　『西行物語』絵巻（サントリー美術館蔵）（千野香織『絵巻　西行物語絵』至文堂，2001 年）……………………………………………………………………………… 459

第十二章

図 1　『七天狗絵』甲巻　天狗興宴，乱舞する山臥（伝三井寺巻・個人蔵）（小松和彦監修『妖怪絵巻——日本の異界をのぞく』平凡社，2010 年）……………………… 473
図 2　『七天狗絵』甲巻　一遍と自然居士の姿（個人蔵）（天）………………………………… 476
図 3　『一遍聖絵』巻四　佐久伴野の市場で紫雲を拝する一遍一行と「重豪」（東京国立博物館蔵）（一）…………………………………………………………………………… 478
図 4　『七天狗絵』乙巻　一遍の踊り念仏（紫雲の中から花を降らせる天狗）（個人蔵）（天）……………………………………………………………………………………… 479

終　章

図 1　『富士参詣曼荼羅』（富士浅間大社蔵）（静岡県立美術館・山梨県立博物館編『富士山——信仰と芸術』2015 年）………………………………………………………… 505